王仁湘

◇ 中国社会科学院考古研究所研究员。

◇ 关注研究中国彩陶30年，发表彩陶研究论文20余篇。

◇ 彩陶研究的主要成果为：辨识地纹彩陶；确认旋纹彩陶的大量存在；构建庙底沟文化彩陶『大鱼纹』分类系统；论证彩陶的象征意义。

内容要点

◇ 系统收集整理中国新石器时代庙底沟文化彩陶。

◇ 探讨彩陶八大艺术原理。

◇ 构建彩陶纹饰分类体系，明确「大鱼纹」分类系统。

◇ 研究彩陶的象征意义。

◇ 由庙底沟文化彩陶的大范围传播，探讨远古文化认同与文化一统化进程。

◇ 这是一部艺术考古专著，可供考古、文物、文物鉴赏、艺术工作者阅读。

本 书 为

国家科技支撑计划
"中华文明探源及其相关文物保护技术研究"
资助项目（课题编号2010BAK67B06）

"十一五"文化遗产保护领域
国家科技支撑计划重点项目

国家文物局"中华文明探源工程
成果转化与普及"资助项目

"十一五"国家重点图书出版规划项目

本 课 题 为

中国社会科学院考古研究所课题资助项目

南京师范大学特聘教授科研基金资助项目

史前中国的艺术浪潮

——庙底沟文化彩陶研究

王仁湘　著

文物出版社

责任编辑：张征雁

责任印制：陆　联

图书在版编目（CIP）数据

史前中国的艺术浪潮：庙底沟文化彩陶研究 / 王仁湘
著. —北京：文物出版社，2011.1
ISBN 978-7-5010-3134-4

Ⅰ.①史…　Ⅱ.①王…　Ⅲ.①彩陶—文化—研究　Ⅳ.①K876.34

中国版本图书馆CIP数据核字（2011）第009429号

史前中国的艺术浪潮——庙底沟文化彩陶研究

著　　者　王仁湘

出版发行　文物出版社

地　　址　北京东直门内北小街2号楼

邮　　编　100007

网　　址　www.wenwu.com

邮　　箱　web@wenwu.com

印　　刷　北京君升印刷有限公司

经　　销　新华书店

开　　本　889×1194　1/16

印　　张　37.25

版　　次　2011年1月第1版

印　　次　2011年1月第1次印刷

书　　号　ISBN 978-7-5010-3134-4

定　　价　320.00元

目　录

绪　言

1 陶器在人类历史上出现，是一个重大的科学事件，被一些研究者看做是新石器时代到来的重要标志之一。新石器时代到来的标志，还有农业、定居和磨制石器的出现[1]。史前制陶技术不断发展和完善，不仅为人类饮食生活的发展创造了新的重要的条件，而且为后来科学与艺术的发展奠定了一个非常重要的基础。

陶器在世界上出现的最早年代，目前还没有得到确认，15000年应当是一个大致的约数。制陶术从发明后达到成熟的阶段，应当有了不下10000年的历史（图1）。陶器是作为人类日常生活用具出现的，作为一种器具，无论是造型还是装饰，在一定意义上都属于艺术创作，这在史前时代也不例外。陶器一经发明，它的装饰就受到史前陶工的重视。随着制陶技术的发展与完善，陶工们在烧制各类不同用途陶器的时候，还通过刻意美化陶器的方式美化自己的生活，通过美化陶器的过程抒发自己的情感，传达先人的思想与精神。不同时代的陶器，保留着不同时代的信息。不同人群制作的陶器，烙印着不同的文化传统。

最初出现在陶器表面的装饰，多是在制作过程中留下来的一些印痕，如绳纹和弦纹之类（图2）。这些纹饰最初虽不是刻意的表现，却赋予了原始陶器质朴的美感。经过反复的实践，大约在距今7000年前，史前陶工逐渐掌握了在成坯后的陶器表面绘以矿物颜料色彩的技术，烧制后彩色不易剥落，未施彩的陶器表面和彩色花纹所构成的色差更为明显，彩陶工艺由此发明了。实际上当陶工们尝试着将艳丽的矿物颜料涂抹在质朴的陶器表面时，彩陶就出现在人类的面前了。

彩陶应当是那个时代最时尚的艺术品，它装点了史前居民多彩的生活，也焕发了世代蕴积的艺术精神。彩陶的出现，

图1　古老的陶釜（湖南道县玉蟾岩）

图2　半坡文化绳纹尖底瓶（陕西西安半坡）

[1]张之恒：《中国新石器时代考古》，南京大学出版社，2004年。

绪
言

001

可以看做是人类历史上的一个重大的艺术事件，开启了一个普世参与的艺术时代，第一次将艺术的种子深播广种在人类的大脑里。

随着绘画技巧的提高，一代一代传承的技能不断发展，也随着认知能力的一步步提升，彩陶纹饰的构图与内涵不断丰富，彩陶很自然地成为了体现史前时代艺术最高水准的载体。可以认为，彩陶是史前时代最卓越的艺术成就之一，是人类艺术史上的一块丰碑。中国史前彩陶奠基的艺术传统，影响了古代艺术的发展，它的余绪甚至一直影响到我们当代装饰艺术中的思想传统与基本架构。

中国史前的彩陶，出现的年代相当早。黄河、长江流域和南部沿海地区，彩陶都出现在7000年以前。黄河流域出土的彩陶数量多，纹饰也比较丰富。在两大河之外的其他地区，也出土了一些彩陶，只是数量与纹饰种类有限，而且还受到两大河文化的强烈影响。

在长江流域，彩陶在中游出现较早，洞庭湖附近的皂市下层文化的陶器上描绘着一些细碎的几何纹饰。后来的大溪和屈家岭文化都有精致的彩陶工艺，还制出了独具特色的薄如蛋壳的彩陶（图3）。在下游地区，在北阴阳营文化中发现一定数量的彩陶（图4），在其他考古学文化中绝少发现。不过江南地区分布在杭州湾附近的跨湖桥文化，却发现有年代很早的彩陶，有不下7000年的历史，太阳和阳光已成为彩陶纹饰中的鲜明主题（图5），当然彩陶的风格与色彩同黄河流域有着明显的差异。不过在那里，彩陶传统基本没有传承下来，

图3　大溪文化彩陶瓶
（湖北枝江关庙山）

图4　北阴阳营文化彩陶鼎（南京北阴阳营）

图5　跨湖桥文化彩陶片（浙江萧山跨湖桥）

后来的考古学文化中极少见到彩陶[1]。

在南岭的南北都发现了时代很早的彩陶，湘西沅水流域的高庙文化出有彩陶和填彩的陶器，年代在距今7800~6800年之间。珠江口附近也有早期彩陶出土，咸头岭文化的彩陶用红彩绘连续的几何纹，一般认为是高庙文化彩陶影响的结果。

在黄河流域，最早对陶器进行彩绘装饰的，是生活在渭水流域的白家村文化居民，尽管当时的彩陶还只是一些非常简单的点线类图案，色彩也比较单一，但它已经属于比较成熟的陶作艺术品了（图6）。后来的仰韶文化居民非常智慧地发展了彩陶艺术，其中以庙底沟文化居民的艺术成就更高。庙底沟文化的彩陶传播范围很广，具有非常强的感染力。黄河下游的大汶口文化的彩陶艺术，就受庙底沟文化彩陶的深刻影响，两者的彩陶纹饰有相似的风格和相同的主题。黄河上游的马家窑文化居民将彩陶艺术推向了新的顶峰，制作出许多精美的彩陶作品。马家窑文化彩陶不仅数量多，色彩艳丽，构图也比较复杂，传导出许多远古信息（图7）。

彩陶在世界上史前文化比较发达的地区都有发现，由于各地区文化传统上的差异，彩陶文化表现出明显的地域性。中国新石器时代彩陶的分布范围较广，时代跨度也比较长。彩陶艺术发端于新石器时代中期，它的发展一直延续到新石器时代末期，约有4000年之久的历史。彩陶的繁荣期大致是在距今6500~4500年前，延续也有2000年之久，有些学者为了强调彩陶艺术的成就，甚至将这个时段径直称为"彩陶时代"。彩陶装点着那个时代，是那个时代人文精神最集中的体现。

在这样的时代跨度内，中国许多新石器文化都有制作彩陶的传统，其中仰韶（半坡和庙底沟）、大汶口、大溪、屈家岭和马家窑文化居民对彩陶更为重视，拥有更成熟的彩陶工艺。这些新石器文化主要分布在黄河流域和长江中游地区，中心地区是在黄河中上游一带。在华南与北方地区也有彩陶发现（图8），但在数量与工艺上都不能与黄河流域相提并论。

由于制陶技术的进步，陶器的主色调由红色变为灰黑色，灰黑陶不像红陶那样可以较好地体现附加色彩，彩陶因之很快衰落。不过在这样的后彩陶时代，彩陶的生命力并没有完全终止，在少量的灰黑陶上，我们仍然还能见到色彩鲜艳的彩绘纹饰。从这些纹饰中，我们仍然可以看到先前那些熟悉的主题和惯常的构图传统（图9）。

彩陶虽然由它的顶峰衰落下来了，但是它所建构的艺术传统并没有消失，而是通过其他艺术形式得到了传承（图10），彩陶是古代艺术大厦的一方奠基石。

2 在中国新石器时代考古学文化中，庙底沟文化的地位非常重要。对于中国史前社会的发展，历史学家们都会以考古学的发现作研究的依据，在考古学上通常用考古学文化来区别不同的发展进程。例如在史前时代末期，文明正在形成之中，这个时期的代表性文化是龙山文化，所以严文明先生直接称它为"龙山时代"[2]。在龙山文化之前，是仰韶文化所代表的一个时代，这个时代被张忠

[1]浙江省文物考古研究所、萧山博物馆：《跨湖桥》，文物出版社，2004年。

[2]严文明：《中国史前文化的统一性与多样性》，《文物》1987年3期；《龙山时代考古新发现的思考》，《纪念城子崖遗址发掘六十周年国际学术讨论会文集》，齐鲁书社，1993年。

图6　白家村文化彩陶三足钵（陕西临潼白家村）

图7　马家窑文化彩陶壶（青海民和核桃庄）

图8　红山文化彩陶罐（辽宁凌原牛河梁）

图9　陶寺彩陶簋下部的旋纹，与庙底沟文化一脉相承（山西襄汾陶寺）

培先生称为"仰韶时代"[1]，这当然也是中国史前时期一个很重要的发展阶段。

仰韶文化是分布在黄河中游地区的一支重要的新石器时代文化，它是中国田野考古最早发现和确认的新石器时代文化，在中国考古学研究中占有相当重要的地位。当然不同的研究者对仰韶文化的理解会有明显的差异，关于它的分布范围、年代判断、类型划分、文化性质乃至社会结构，都存在一些不同的看法。仰韶文化的发现和确立已经过去了八九十年的时光，对于仰韶文化的研究，还在不断深入。

值得注意的是，在"大仰韶"的概念形成以后，一些研究者对传统的"仰韶文化"的命名有了重新考虑。有的提出了"半坡文化"、"庙底沟文化"和"西王村文化"的命名，用以取代仰韶文化一名[2]。仰韶文化分布范围很广，延续年代很长，事实上"大仰韶"影响最大最广的阶段是在庙底沟文化时期，而所谓的仰韶时代，其实指的也主要是庙底沟时期，这么说来，不如径直称为"庙底沟时代"更为明确一些。

我们在强调庙底沟文化的重要性时，是完全可以将它所代表的阶段作为一个"时代"来看待的，我们知道，这也是中国史前繁荣的彩陶时代。

对于庙底沟文化，我曾经作过一个简单的概括。庙底沟文化陶器以夹砂和泥质的红陶为主，主要器形有卷沿和敛口曲腹盆、敛口曲腹钵、重唇小口尖底瓶、葫芦口平底瓶、敛口深腹瓮、深腹罐、釜灶等。纹饰主要是线纹、绳纹和彩绘，彩陶除了黑彩，还有红彩和白衣彩陶，纹样有写实的鸟纹、蛙纹，大量见到的是由圆点、勾叶、弧边三角组成的几何图案，均绘于器外，不见内彩。生产工具中的石器以磨制为主，普遍采用了钻孔技术，主要器形有斧、锛、铲、刀和纺轮等。居住建筑多数仍为半地穴式，出现了一定数量的地面建筑，平面有方形的，也有圆形的。居址面积较大，立柱开始使用柱础。墓葬发现不多，成人采用单人仰身直肢葬式，很少有随葬品。儿童用瓮棺埋葬，葬具组合较多变化，有的是专门的瓮棺，有的是日用陶器。

这是庙底沟文化作为一个考古学文化的基本特征。

3 在中国新石器时代的彩陶中，庙底沟文化彩陶的地位非常重要。

黄河流域是世界上史前彩陶的发祥地之一。由于黄土地带的土质呈黏性，颜色纯净，用它制成的陶器对彩绘而言有十分理想的地色。因此，生活在渭水流域黄土塬上的新石器时代先民，很早就在陶器上施用了彩色。以黄土地带为主要分布区

图10　陶寺文化陶鼓上的刻划纹，带有庙底沟彩陶明显的印记（山西襄汾陶寺）

[1]张忠培：《仰韶时代——史前社会的繁荣与向文明时代的转变》，《文物季刊》1997年1期。

[2]丁清贤：《关于"仰韶文化"的问题》，《史前研究》1985年3期。

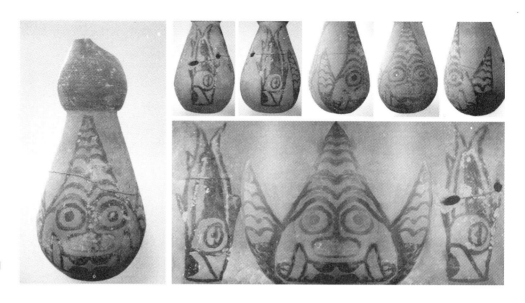

图11 半坡文化彩陶
壶（陕西临潼马陵）

的仰韶文化，它的彩陶在中国新石器时代彩陶中占有十分重要的地位。

仰韶文化的彩陶是最先受到研究者们关注的对象，也是考古最早发现的彩陶之一。仰韶前期半坡文化彩陶以红地黑彩为主要特色，纹饰多为动物形及其变体，具有浓厚的写实风格（图11）。半坡文化彩陶还有不少几何形纹饰，纹饰线条多采用直线和折线，纹饰结构均衡对称，是当时黄河流域彩陶的主流构图形式（图12）。

仰韶中期庙底沟文化除了继续见到红地黑彩，又出现了白衣黑彩，依然能见到不多的写实图案母题（图13），更多见到的是旋纹、花瓣纹与垂弧纹等，纹饰线条多采用弧线，少见直线，构图多为二方连续式，纹饰流畅而简练（图14）。

庙底沟文化的彩陶，是中国史前彩陶发展到繁盛时期的典型代表，它是史前艺术成就中最引人注目的凝聚点。庙底沟文化彩陶是史前艺术成熟期的作品，也是史前时期创作的文化内涵最丰富的艺术品。

庙底沟文化分布范围大，对周围文化产生过明显的影响，其文化张力非常强劲。而集中体现这种张力的就是庙底沟文化的彩陶。植根于黄河中游地区的典型庙底沟文化彩陶，它的影响所及，达到整个黄河流域的上游至下游地区。它还跨越秦岭淮河，传播到长江中游和上游地区，甚至在江南也能见到典型庙底沟文化彩陶的踪影。它更是北出塞外，影响到达了河套至辽海地区。庙底沟文化彩陶所奠定的艺术传统，还涉及更遥远的地域，它还影响到后来古代中国艺术与文化的开拓发展。

从这样的意义看，庙底沟文化彩陶掀起了中国史前时代的第一次艺术浪潮。

庙底沟文化彩陶的这种磅礴气势，在中国史前考古学文化中绝无仅有。庙底沟文化彩陶的魅力何在，彩陶文化的原动力何在，是很值得深入研究的课题。许多学者关注庙底沟文化，关注它的传播，它的彩陶是一个非常重要的看点。可以说，如果没有那些丰富的彩陶，我们所能感知到的庙底沟文化的影响也许不会有如此之大，学界对它的关注度也许不会有如此之高。

图12　半坡文化几何纹彩陶钵（甘肃秦安王家阴洼）

图13　庙底沟文化写实风格彩陶钵（陕西华县泉护村）

图15　许多新石器文化中都发现有类似的花瓣纹彩陶（湖北枣阳雕龙碑）

图14　庙底沟文化几何纹彩陶盆（山西洪洞）

4 彩陶是什么？彩陶里又有些什么？
那些变化多端的图案仅仅只是用作装饰的纹样么？

彩陶是艺术，但并不是单纯供史前人欣赏的艺术。

凡对于中国考古学略有涉猎的人，对新石器时代彩陶都会有所了解，不会不为中国绚烂的彩陶文化所打动。虽然并不是每个接触到彩陶的人，都能说出自己对彩陶的领悟与理解，但我们至少已经知道有些研究者有了许多的诠释。领会关于彩陶的这些纷繁的诠释，也不是一件很容易的事情，它们其中肯定包纳着正确的或比较接近正确的一些结论，当然更多的说法也许只不过是一些触及皮毛的推论而已。

对于彩陶的研究，因为研究者视角的不同，会有许多不相同的认识。同样的一件彩陶，不同的人会有不同的心灵感受，这是不难理解的，我们甚至有可能提出数种乃至数十种解释。所以会发生这样的事情，当然主要是因为彩陶的创作年代毕竟距离我们太遥远了，对史前陶工们的艺术表现手法，特别是他们在彩陶上所表达的原初的意境，我们是很难理解的。越是难于理解，学者们又越是想探求明白，有时自以为已经非常明晰，其实可能并没完全透析它的本来面目。当然种种的努力，不断地探索，会让我们更多感受到彩陶的精蕴，我们会一步步真正走近彩陶的绚烂，走进史前的绚烂。

对于彩陶的研究，过去也还有不少不当的解说，彩陶中也还有一些根本没有得到解释的内容。也还会有源源不断的新发现，都有待深入研究，还有不少未知的东西需要探索。

新石器时代彩陶以几何形纹饰为主要构图形式，是一种象征艺术。在那些几何纹饰中体现出来的，是创作者与使用者的活跃的灵魂。彩陶是史前人审美情趣的集中体现，也是史前艺术成就的集中体现，它为我们展示了史前人的一方多彩的精神世界。

彩陶是新石器时代最大众化的艺术形式，它造就了大批善画的陶工，装点着原始农人多彩的精神世界。陶工为彩陶描绘的纹样变化多样，他们采用有各种各样的母题，既取材于自然事物，也抒发自己的想象。

不同文化传统的陶工，他们经常描绘的图案是有区别的，表现的主题不同，色彩的运用也各有特点。在不同文化的彩陶图案中，也有一些共同的主题，存在相似的表达方式，文化的传播在彩陶上保留着确凿的记录（图15）。也许通过彩陶所传播的，不仅仅是一种艺术表现形式，而更重要的是彩陶所传导的艺术符号中所包容的文化信息。我们在探讨彩陶的艺术表现方式时，自然不能忽略彩陶中包容的种种信息，它是引导我们进入先民精神领域的一条闪耀着缤纷色彩的通道。

5 彩陶的研究意义虽然非常重要，但研究的现状却并不令人乐观。从一定的角度看，除了偶尔短暂的关注，考古界对彩陶的研究常常显得有些过于冷漠。

在考古学界，对彩陶的研究通常是比较关注新出土的资料，一向缺乏对材料作全面的整理研究。学者们关注的重点课题，是彩陶图案的演变及其在年代学上的意义。对于研究史前考古的学者来说，彩陶意义之重要莫过于此。学者们只需判定某种形式的彩陶在年代轴上的位置，编排出一个序列，研究也就算基本完成了。除此之外，也许对纹饰描绘的是什么都不会过多关注，他们只需给那些纹饰一个代号，以便讨论时更加便利一些。对于纹饰的含义，似乎没有关注的必要，以为不必讨论，有时甚至以为不能讨论，无法讨论，所以少有结论。

相比而言，美术史家们对彩陶的兴趣更加浓厚一些，论文一篇一篇地发表，著作也是一部一部地出版。

奇怪的是，对于美术史家们的讨论，包括对一些美术考古学家的研究，考古界通常是不置一词，你那里再热闹，与我们没有什么关系。之所以如此，一方面可能是觉得这些讨论太过于深奥，有时可能显得有些漫无边际，推测的成分太浓，严密的论证不足；另一方面可能是觉得这些讨论与考古学研究距离甚大，回应起来并不那么容易。

就这样，考古界始终恪守着自己的规范，对美术史界的彩陶研究不动些微声色。在文物考古专业方面的主流刊物上，一直是没有多少回响。

彩陶的研究，在最近的十数年来，在考古界似乎已经被忘却了。

图16 半坡文化瓮棺葬具人面鱼纹彩陶盆（陕西西安半坡）

6 我自己做彩陶研究的过程，前后虽然有了20多年，写出了若干论文，但多是些个案研究，不全面，也并不算深入。对现有彩陶资料的了解，自以为还比较熟悉，但全面的研究却不曾有过。相对而言，本课题对庙底沟文化彩陶的研究，可以说是从未进行过的较大范围的考量。这样说来，个人这次的彩陶研究可能是投入精力最多的一次。这次的研究其实是一个夙愿，酝酿的时间比较长了。也是因了南京师范大学特聘教授科研启动基金的支持与推动，不然也难有决心面对它。后来又有了"中国社会科学院考古研究所重点科研课题经费"和"中华文明探源工程Ⅲ"的进一步支持，这个研究也就得以最终完成。

还有，自以为我所进行的研究，与考古界同行稍有不同，没有受到传统考古学方法的过多约束，所解决的当然也不是

图17 仰韶文化彩绘人面陶塑（甘肃）

[1]《韩非子·定法》。

[2]张广立、赵信、王仁湘：《黄河中上游地区出土史前人形彩绘与陶塑初释》，《考古与文物》1983年3期。

[3]王仁湘：《甘青地区新石器时代彩陶图案母题研究》，《中国考古学研究论集》，三秦出版社，1987年。

[4]王仁湘：《论我国新石器时代彩绘花瓣纹图案》，《考古与文物》1989年7期。

[5]王仁湘：《庙底沟文化彩陶花瓣纹研究》，《庆祝何炳棣先生九十华诞论文集》，三秦出版社，2008年。

[6]王仁湘：《中国史前彩陶地纹辨识》，《中国史前考古论集》，科学出版社，2003年。

纯粹的考古学问题，其间发表的一些说法，自然也免不了被视作悖逆之论。当然与美术史界的讨论也有明显区别，会有一些不同的认识。所以对一些问题也要反复斟酌，要越雷池，还要一个准备好决心的过程。

但是，我还是有点心安理得，因为有些悖逆之论未必一定不能成立，也未必永远不被接受。学问之道，也不少见"故新相反，前后相悖"的成例[1]。想到这一层，我又多了一些信心了。

本属愚钝之辈，可是自以为向来于形变于色素，心性里却存有一种特别的敏感，眼眸的分辨力尚可。所以，多年来在读解中国史前彩陶时就有了一些异样的体会，觉得彩陶的亲切与神韵，对我有一种特别的吸引力。

首先引我注意的是半坡文化的人面鱼纹，它令许多研究者百思不得其解，也令我为之迷惑。这样的彩陶在半坡居址内没有发现，却毫无例外地是儿童瓮棺上的葬具（图16）。所以我曾以为，这样的纹饰一定有特别的意义，不属生活中纯粹的艺术品。当初在甘肃天水师赵村遗址发掘，我曾抟泥烧制人面纹陶饰。我将那样一个制作过程，看作是一种实验研究，一种对彩陶精髓的最直接的领悟（图17）。

很快我就黄河上游地区新石器时代的人形彩绘与陶塑作了一个全面的梳理，对史前先民自我表现的动机作了一番分析，以为从彩陶可以进入史前人的精神世界[2]。因为当时在西北做田野考古工作，为着熟识资料，接下来又花了一点功夫，对甘青地区出土彩陶作了一次整理。这是借用考古学类型学方法，对彩陶图案母题进行了分类研究，对不同图案单元的组合规则作了初步探索[3]。

不久因为离开了甘青地区的工作，被指派到渭河地区进行田野调查与发掘，于是又有机会对仰韶文化的彩陶作更亲密的接触。当时主要对庙底沟时期彩陶的典型花瓣纹作了排比研究，讨论了它的出现与成熟过程，对它大范围的传播作了一些讨论[4]，第一次感受到了庙底沟文化彩陶的特别魅力。这是初次全面接触庙底沟文化的彩陶资料，印象非常深刻，进一步开阔了彩陶研究的视野。当然那次对花瓣纹的研究很不成熟，所以在二十多年后又重新作了研究，自以为有了一点新进展[5]。

也正是因为有了当初那样一次全面地接触，也就有了今天的继续研究，这是本书撰写的一个基础。

此后停顿了将近10年，因为自己关注的学术重心转向西南，又转向西藏高原，没有精力继续进行彩陶研究。后来，大约是从1996年开始，因为承担《中国考古学》（多卷本）"仰韶文化"一章的撰写，让我又有了一回仔细审视仰韶文化彩陶的机会，很快获得了一些新的认识。不久，居然重又被派往西北，故地重游，对甘青地区的彩陶又有了许多亲密接触的机会。看到一些博物馆堆积如山的彩陶器皿，我感到了一种强烈的震撼，仿佛进入到了史前居民多彩的精神家园。

这后一时期比较重要的收获是提出了中国彩陶存在"地纹彩陶"的概念，认为仰韶文化彩陶中有相当一部分为地纹彩陶，确认画工要表现的纹饰是在彩绘图案间的空白之处[6]。以现在所获得的资料而论，中国史前在半坡文化中已开始出现比较成熟的地纹彩陶(图18),至庙底沟文化时期地纹彩陶的发展进入兴盛阶段,并一直伴随着其他彩陶的存在,直到一起消失。在研究了后彩陶时期的陶器装饰艺术后,以为地纹彩陶并没有随着彩陶的消失而从根本上绝迹,它是以一种衬花形式又出现在陶器装饰上(图19),这种衬花工艺与地纹彩陶有异曲同工之妙[1]。

有了这样一个全新的角度,很快在仰韶文化彩陶上读解出了新的纹饰,其中旋纹的确定可以算作是一个新发现[2]。这是一种长期被研究者视而不见、见而不识的纹饰,我们的眼睛被史前陶工蒙蔽了。这又是一种非常重要的纹饰,它传达出的信息所包含的文化与艺术价值,对于几千年之后的我们而言,现在读解起来并不那么容易。

近几年我还比较关注仰韶文化外围彩陶的发现与研究,对红山文化彩陶进行了研究[3],对湖北雕龙碑遗址出土彩陶片作了扩展研究[4],陆续有了一些新收获。还对彩陶的南传路线进行了探讨,提出西南地区、西藏高原和东南亚北部的陶作工艺都受到过黄河彩陶的直接与间接的影响[5]。最近又仔细研究了庙底沟文化彩陶中的"西阴纹",确认了江南发现的完全相同的"西阴纹"彩陶,觉得渐渐生成了一种难以割舍的彩陶情结[6]。

回首近年来对地纹彩陶的认识过程,让我生出许多感慨。沉静之时回想起来,彩陶最打动我的就是那一次,它曾让我茶饭不思,寝不成寐,如醉如痴,那是初次对史前彩陶旋纹的读解与研究。当初我在用反观的方式观察到仰韶文化的旋纹以后,一连几天心情都不能平静,这个过程让我体味到一种从未到达过的境界。我曾在一种相当亢奋的状态中写下了下面这样的话:

当我眯缝着双眼,用近乎观看三维立体画的方法再一次读到仰韶文化的这些彩陶时,我无法抑制自己的激动。面前的彩陶映出了与以往全然不同的画面,满目是律动的旋纹,我几乎没有看到前人所说花朵的构图。于是连续数日,它让我如入迷途,让我寝食不思。那感觉又像是一种顿悟,如释重负。

对庙底沟文化彩陶如此解读,我的感觉可以用这四个字概括:豁然开朗。采用了这个读法,多数原来感觉布局无规律、图形不明确,特别是那些无从读起的图案,我们都会一目了然,让人觉着真切明白。

我觉得有一些彩陶,特别是庙底沟文化的一些彩陶,只有像这样反转过来看一看,才可以看得更为明白,可以看出另一种全新的感觉,可以看到另一个天地。地纹彩陶可能具有比一般彩陶更深邃的文化内涵,这是一个被忽略了的研究领域,这个课题的研究还有待进一步开拓。

人们可以不相信我对彩陶这样的读法,甚至可以视之为奇谈怪论;也可以怀疑混沌中的仰韶人是否会真的用这样的隐晦方式描述自己的精神世界,我们甚至还可以问史前人又有什么必要非要采用这样的方式绘出这样一些图案来……但是在将这样的彩陶反转过来看一看,在耐心地看一看之后,也许真能步入到另一种意境中(图20)。

[1]王仁湘:《中国西南地区史前陶器衬花工艺研究》,《四川文物》2008年1期。

[2]王仁湘:《关于中国史前一个认知体系的猜想》,《华夏考古》1999年4期。

[3]王仁湘:《红山文化彩陶简论》,《红山文化研究——2004年红山文化国际学术研讨会论文集》,文物出版社,2006年。

[4]王仁湘、王杰主编:《雕龙碑史前彩陶》,文物出版社,2006年。

[5]王仁湘:《黄河上游彩陶南传之路探索》,中国彩陶网2005年12月19日。

[6]王仁湘:《彩陶"西阴纹"细说》,《古代文明》第7卷,文物出版社,2008年。

图20　反转来看的庙底沟文化地纹彩陶盆
（河南陕县庙底沟，上正色下反色）

图18　半坡文化的地纹彩陶壶
（陕西临潼姜寨）

图19　酷似彩陶的衬花陶罐（云南耿马石佛洞）

7 在有了这样的一些感觉之后，我突然觉得我们现代的人对彩陶的认识，可能远还没有到解开谜底的时候，尤其是对庙底沟文化彩陶的研究，也许我们还没有真正入门，还没有找到解密的正确途径。

大半个世纪的彩陶研究，从总体上看是成果斐然，但也并不是说就没有什么值得改进的地方了，也不能说不存在任何问题了。粗略检讨一下，我觉得主要问题表现在这样几个方面：

一是读法固定不变，对于大量的彩陶标本，我们常常采用一种固定不变的阅读方式，这可能会失去了从彩陶中获得更多信息的机会。

二是缺乏综合研究，虽然有些彩陶母题受到了比较广泛的关注，讨论也相当深入，但对于彩陶面貌却缺少整体把握。学者们更多关注的是彩陶的编年意义，对于它的文化史意义讨论较少，这明显影响了对彩陶含义的理解，也影响了对彩陶存在意义的评价。

三是急于诠释，对于新出土的某一件彩陶或某一批彩陶，我们迫切地对它进行诠释，希望了解到史前居民制作它的真实用心。但急中常常容易出错，没有深思熟虑的考论是难以奏效的。

四是孤立举证，孤立地分析某类彩陶纹饰，或者止于局部资料的考查，虽然常常也能自圆其说，好像已经探到谜底，但却经不起时间的检验，这样的结论很容易被新出现的资料所否定。

要知道我们作为研究者，距离彩陶制作和使用的时代也确实太遥远了，要完全明白它们的用意，是一件非常困难的事。但面对这些难得的艺术品，我们又不能无动于衷，它们对我们有一种强烈的感染力，我们一定要设法解释它们，于是这解释的途径就显得非常重要了。

为什么有的彩陶纹饰流传的范围很广，有的甚至覆盖若干个考古学文化，维系它生命力的能量是什么？作为一种艺术图案的纹样，它的生命力主要依靠它的象征性维系，而象征性本身，就应当包容着某种特定的认知体系。要了解这样的认知体系，当然也不是一件容易的事。

有时对一些新发现的古代艺术珍品，由于它的过于精美而令人不能置信，我们根本无法理解，不知从何进行解释，这应当说都是正常的。史前人将自己的灵魂注入到了他们的艺术中，彩陶就是他们精神家园中的最绚烂的希冀。就像有的人类学家说的那样，我们可能永远也不会知道史前艺术家在进行他们的艺术创作时想到了什么，"艺术语言对于了解它的人具有很大的作用，而对于不了解它的人则会感到困惑。"我们如何才能理解史前人的艺术语言呢？我想最简单而又最不容易的办法是，让我们的大脑穿越时空，回到遥远的史前。人类学家这样告诫过我们："我们今天拥有的古代图像是一个古代故事的若干片断，虽然我们迫切想了解它们含义的愿望是强烈的，但明智的做法是承认我们理解力可能会有的限制"[1]。这话非常有

[1]王海龙：《人类学入门——文化学理论的深层结构》，广西教育出版社，1989年。

道理，可我们的好奇心常常驱使着我们，要将那些一时无法真正明白的事物考究出一个结论来。这种努力是必要的，也是值得的。

相信后代的子孙们，总会拥有对先祖行为完全理解的能力，总会对史前艺术理解得越来越透彻。我们对读解彩陶有一种强烈的愿望，这愿望还会感染我们的后人，他们终会有达到目标的那一天。

彩陶摆在简陋的茅茨里，摆在肃穆的祭坛上，摆在阴沉的墓穴中，彩陶朝夕回旋在史前人的眼中，时时占据着史前人的心灵，它是人类一方美妙的精神家园。彩陶的艺术魅力，在新石器时代居民来说，他们能感觉到的比我们现代人大得多。可令人不好理解的是，为什么在新石器时代还没有结束的时候，彩陶艺术就已经消亡了？研究者们进行过各种推测，这样一种解释可能比较接近事实：在彩陶时代，采用的是氧化烧陶方法，陶器的成色多为红色或橙黄色，适宜描绘各种色彩的图案。当制陶工艺进步以后，采用密封方式以还原气氛烧造出的陶器多呈灰黑色，这样的陶器有一种素雅的美，不便于加彩也没有必要加彩来进行装饰，彩陶工艺就这样很自然地衰落下去了。虽然在少数灰陶和黑陶上偶尔也能见到彩绘，但那已经不能与繁荣时代的彩陶相提并论了。我们可以想象得到，史前人在彩陶上寄托的情怀，一定又转移到了新的载体上。

是制陶术的进步带来了彩陶的出现，又是制陶术的再一次进步导致了彩陶的消亡。彩陶的制作虽然不再继续，但彩陶却穿越了数千年的时光，将它永恒的魅力展示到了我们面前。

第一章　发　现

庙底沟文化的发现与认识，深化了仰韶文化的研究。越来越丰富的彩陶的发现与研究，又进一步提升了我们对仰韶文化及庙底沟文化的认识。系统整理发现的庙底沟文化彩陶资料，是推进彩陶研究的重要基础。

一　关于仰韶文化

仰韶文化，是黄河中游地区发现的重要的新石器时代文化，它代表中国新石器时代的一个非常重要的发展阶段。

仰韶文化又是中国田野考古最早发现和确认的新石器时代文化，在中国考古学研究中占有相当重要的地位。正是因为仰韶文化的发现与确认，才得以揭开发现与认知中国史前时代的序幕。正是仰韶文化的发现，才使得建筑在神话与传说基础上的中国史前时代开始呈现出形色丰满的面貌来。

我们知道，仰韶文化的发现和确认，是瑞典学者安特生(Andersson, Johan Gunnar)的功绩。这个发现自然也是在意料之外，是一次科学调查的副产品。1918年，在北洋农商部担任矿政顾问的安特生，到河南渑池仰韶村采集过古生物化石。两年之后的1920年，安特生的助手刘长山再次来到仰韶村，在村外意外收集到数百件石器。安特生据此认定在仰韶村一带肯定存在一处史前时代遗址，于是他在1921年4月又一次到仰韶村考察，这是一次十分重要的考古调查。安特生在村边冲沟的崖壁上发现了远古时代的文化堆积，采集到一些石器和陶片，包括绘有红色或黑色图案的彩陶片，他确认那里是一处重要的史前文化遗址。

安特生在征得中国政府的同意后，于1921年的年末在仰韶村遗址进行了正式发掘。参与这次发掘的还有当时中国地质调查所的5位工作人员，他们在仰韶村共发掘了17个地点，获得了大批珍贵文化遗物[1]。安特生在仰韶村的发掘，是中国第一次以学术研究为目的的正式考古发掘，这在中国考古史上是非同寻常的事件。

1921~1922年间，安特生又在渑池调查发掘了其他一些遗址。他认为这些地点的发现都属新石器时代末期的同一类遗存，于是提出了"仰韶文化"的命名。因为这些遗址都出土了风格类似的彩陶，所以安特生又称之为"彩陶文化"。

[1]安特生：《中国远古之文化》，《地质汇报》第5号，1923年。

是安特生成就了仰韶文化，也是仰韶文化成就了安特生，他因为仰韶文化而由一个古生物学家转变为考古学家，成为了对中国考古学研究作出卓越贡献的著名考古学家。

从此以后，仰韶文化的研究不仅成为中国近代考古学发端的一个重要标志，也成为中国史前考古学乃至整个中国考古学研究的中心课题之一，而且一直影响到中国现代考古学的发展。仰韶文化成就了安特生，也成就了后来众多的中国考古学家。

[1]中国科学院考古所河南调查团：《河南渑池的史前遗址》，《科学通报》1951年2卷9期。

[2]河南省文物研究所等：《渑池仰韶遗址1980－1981年发掘报告》，《史前研究》1983年1期。

[3]安特生：《中国远古之文化》，《地质汇报》第5号，1923年。

[4]梁思永：《后冈发掘小记》，《安阳发掘报告》第四期；《小屯龙山与仰韶》，《庆祝蔡元培先生六十五岁论文集（下册）》，1935年。

[5]夏鼐：《临洮寺洼山发掘记》，《考古学论文集》，科学出版社，1961年。

[6]苏秉琦：《关于仰韶文化的若干问题》，《考古学报》1965年1期。

30年过去之后的1951年，中国考古学家对仰韶村遗址进行了第二次发掘[1]。后来在又过了30年之后的1980~1981年，学者们对仰韶村遗址再次进行了较大规模的发掘[2]，进一步廓清了遗址堆积的内涵。经历了60多年之后，反复研究的结果表明，仰韶村遗址不仅有仰韶文化遗存，还包括有安特生当时所不知晓的龙山文化遗存。这60年的研究，当然还借鉴了其他遗址的发掘成果，这也说明相对准确的认识得来多么不容易。

经过了大半个世纪的田野考古调查和发掘，仰韶文化及受仰韶文化明显影响的遗址发现已有数千处，它的分布以陕西、河南和山西南部为中心，影响远达甘肃、青海、四川、湖北、湖南、安徽、江苏、山东、河北和内蒙古南部边缘地区。

作为中国史前考古学研究的中心课题，仰韶文化的研究经历了近90年的发展过程。在20世纪20年代，是开始发现与初步研究阶段，以仰韶村遗址的发现为标志，确认中国有发达的新石器文化存在，命名了仰韶文化。安特生当初很快就建立起一张黄河流域史前文化年代表，他推定"仰韶期"的绝对年代为公元前3200~2900[3]。

到了20世纪30~40年代，是仰韶文化深入认知的研究阶段，以1931年梁思永先生在河南安阳后冈"三叠层"的发现最为重要，由认知龙山文化而进一步了解仰韶文化，并且确认龙山文化晚于仰韶文化、殷商文化晚于龙山文化[4]。以1945年夏鼐先生重新改定齐家与仰韶两期相对年代为标志，中国学者基本否定了安特生早先判定的中国黄河流域史前文化年代表[5]。

进入20世纪50~60年代，随着有计划的田野考古工作的逐步展开，大规模发掘和全面研究使仰韶文化的面貌更为清晰，陕西西安半坡和河南陕县庙底沟等一系列遗址的发掘取得重要收获。半坡和庙底沟两个遗址的发掘，是仰韶文化研究全新的起点，确立了仰韶文化的半坡和庙底沟两个主要类型。这期间调查和发掘遗址数量大大增加，仰韶文化的地区与时代特征渐渐分明，类型和分期研究成为研究者们的重要课题。苏秉琦先生发表《论仰韶文化的几个问题》，对仰韶文化进行了全面研究，是这一时期仰韶文化研究成果的阶段性总结[6]。

到了20世纪70~90年代，仰韶文化专题研究蓬勃开展，探源研究成果显著。这一时期发掘的重要遗址有陕西临潼姜寨和河南郑州大河村等，为探索仰韶文化渊源而发掘的重要遗址主要有甘肃秦安大地湾、陕西临潼白家村、渭南北刘、河北武安磁山和河南新郑裴李岗等。这些发现极大焕发了学者们探索仰韶文化起源的热情，一些具有争议的话题至今还在吸引着探索者。一些研究者提出了"仰韶时代"的概念，将公元前5000~前3000年的新石器文化作为一个大的时段进行了系统研究[1]。郑州西山仰韶城址和关中、晋南一些典型遗址的发掘，为渐趋冷落的仰韶文化研究注入了新的活力。

更值得一提的是，由于自然科学实验方法的引入，在这期间获得了大批碳-14年代数据，仰韶文化绝对年代的研究成为现实。主观的经验性的年代学推论开始退出学术舞台，是碳-14测年法开启了史前考古年代学研究的新时代。

此外，专题研究涉及的内容比较广泛，主要有聚落形态、农业起源、生产工具、制陶工艺、彩陶、埋葬制度、社会发展阶段、文化源流等，通过多角度的全面深入研究，对仰韶文化的了解更加全面透彻。在中国新石器时代考古研究中，以仰韶文化发现时间最早，发现遗址最多，研究最为深入，影响也最广泛。

仰韶文化的研究在不断更新，关于它的分布范围、年代判定、类型划分、文化性质乃至社会结构的研究，不断有新成果问世，也常常有争论发生。在"大仰韶"的概念形成以后，一些研究者对传统的"仰韶文化"的命名有了重新考虑，有的提出了"半坡文化"、"庙底沟文化"、"西王村文化"、"下王岗文化"、"大河村文化"、"后冈文化"和"大司空文化"等命名，用以取代原有的仰韶文化中的文化类型[2]。

最近10多年以来，关于仰韶文化的研究相对趋于低潮，除了河南灵宝西坡和北阳平等遗址外，重要的发现也不是太多。不过包括华县泉护村和秦安大地湾在内的一批重要发掘报告的刊布，也引起一定程度的关注，一些新认识新观点也正在酝酿之中。

现在学者们一般所论的仰韶文化系统，主要指的是中心分布区域的仰韶文化，包括半坡文化、庙底沟文化、西王村文化等，这是仰韶文化一脉相承的三个发展阶段。

仰韶文化主要分布在黄土高原及附近地区，中心分布区是在关中—陕南—豫西—晋南，在这个范围之外的表现有相似特点的文化遗存，是仰韶文化影响的结果，重要的是这些外围遗存的来源与中心区域的仰韶文化并不完全相同（图1-1-1）。

以半坡、庙底沟和西王村文化为主干的仰韶文化，被有些研究者称为"典型仰韶文化"，其考古学文化特征表现在以下几个方面：

仰韶文化在长期定居的农耕村落基础上出现了大型环壕聚落，聚落中的居址构成几级社会结构。居址以圆形和方形半地穴式建筑为主，建筑方式主要为木骨草拌泥墙、红烧土地面。居址附近有大规模公共墓地，成人以单人一次葬为主，一度流行二次合葬，幼儿多采用瓮棺葬。随葬品以实用陶器为主，也有一定数量的生产工具和装饰品。日常生活用具主要为陶器，早期以红陶为主，器表装饰多见粗细绳纹，也有弦纹等，有一定数量的彩陶，器形有罐、瓮、尖底瓶、碗、钵、盆，多为平底器；中期灰陶比例增大，新增器形有釜、灶、鼎和豆，彩陶纹饰有所变化。生产工具有石器、骨器、陶器，以石器和骨器为主。早期有一定数量的打制石器，磨制石器主要有斧、锛、凿、铲和长方形小石刀。骨器大多磨制较精，多见镞、锥和针等。装饰品有骨

[1]张居中：《仰韶时代文化刍议》，《论仰韶文化——纪念仰韶村遗址发现60周年学术讨论会论文集》，《中原文物》1986年特刊；张忠培：《仰韶时代——史前社会的繁荣与向文明时代的转变》，《文物季刊》1997年1期。

[2]丁清贤：《关于"仰韶文化"的问题》，《史前研究》1985年3期。

珠、骨笄、陶笄和陶环等。

仰韶文化的聚落多在靠近水源的地方，有面积达数万至上百万平方米的大型村落，建有环绕的壕沟，村落附近有制陶的窑场和公共墓地。居址排列有序，在早期以圆形与方形半地穴式单间建筑为主，逐渐发展为平地起建的方形单间和套间建筑，建筑面积也有明显扩大。室内建有火灶，火灶由瓢形和圆形穴状灶坑向平

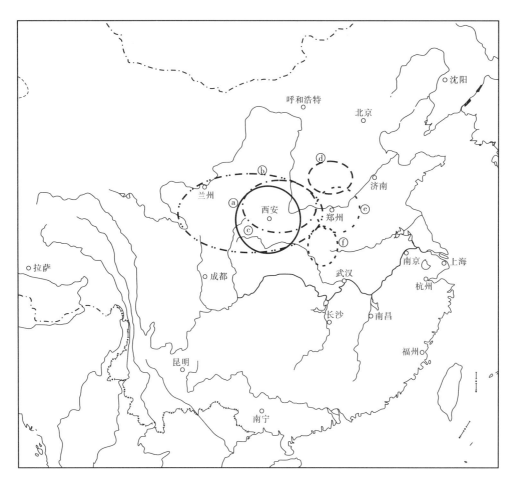

图1-1-1 仰韶文化及外围诸文化分布略图
a.半坡文化
b.庙底沟文化
c.西王村文化
d.后冈一期文化和下潘汪文化
e.大河村文化
f.下王岗文化

地起围的火塘演变。房屋的建筑方式基本为木骨草拌泥墙、烧土地面，晚期居住面使用了混合土抹浆技术。

仰韶文化居民有规范的埋葬制度，公共墓地设在村落周围附近，死者按一定的规则埋葬在各自的墓区。对成人流行使用土坑葬，以单人一次葬为主，死者葬姿多数头向西或西北。早期偏晚阶段一度流行二次合葬，合葬者数人、数十人不等。随葬品早期略为丰富，以实用陶器为主。幼儿多采用瓮棺葬，葬具用瓮与钵、盆套合而成，晚期也有用鼎、豆和尖底瓶作葬具的。

仰韶文化制陶工艺相当成熟，陶器为手制，主要采用泥条盘筑的制法。早期以红陶和红褐陶为主，灰陶与黑陶呈增加的趋势。主要器形中的罐、瓮、尖底瓶、碗、钵、盆，分别作为炊器、盛器、水器和食器使用，后来出现的一定数量的釜、灶和豆，主要用作炊器和食器。

陶器纹饰早期以有粗有细的绳纹、弦纹和锥刺纹为主，逐渐出现线纹、篮纹和附加堆纹，弦纹减少，锥刺纹消失。早晚都有一定数量的彩陶，由红、黑色的单色彩发展为带白衣或红衣的多色复彩，再变化为单色彩。彩陶纹饰由以象生类图案和直边几何图形多见，发展为以弧边几何形构成的图案为主，构图表现出由简而繁继而趋简的特点。彩陶的代表性图案早期是鱼纹、人面鱼纹、直边几何纹，中期开始是鸟

纹、花瓣纹和弧边几何形构成的纹饰。

仰韶文化的生产工具有发挥主要作用的石器和骨器，也有一些陶质器具。早期打制石器占较大比重，石器主要类别有斧、锛、铲、刀、盘状器、纺轮等，中期打制石器比例下降，出现窄条穿孔铲，长方形穿孔小石刀在数量上有明显增加的趋势，还见到大量陶刀。骨器主要类型为镞、锥、针等，多为狩猎和手工制作使用的尖刺类器具。

关于仰韶文化年代的研究，从它发现的时候起就是一个受关注的课题。1925年安特生对甘肃史前文化进行了分期，提出了仰韶文化"六期"说[1]。六期从早到晚依次是齐家、仰韶、马厂、辛店、寺洼和沙井，年代推定在公元前3500~前1700年之间，其中仰韶期为公元前3200~前2900年。1930年梁思永先生讨论西阴村出土的陶器，将仰韶文化的年代定在公元前2500~前2000年之间，与安特生的说法有了一定的差距[2]。

1931年梁思永先生意外发现了河南安阳后冈"三叠层"，在依据地层证据研究仰韶与龙山文化相对年代关系的基础上，他又将仰韶期的年代定为公元前2600~前2300年，又在仰韶期之前增加了一个后冈期，年代确定为公元前2900~前2600年，这实际上是将仰韶文化的上限提到了公元前2900年[3]。尹达先生1939年也研究了仰韶文化的年代[4]，他将仰韶分为后冈、仰韶和辛店三期，推定仰韶文化的上下限为公元前2600~前1800年。

1943年安特生将仰韶文化的绝对年代作了较大调整，推定仰韶期的年代为公元前2200~前1700年[5]，比他原先的说法拉后了足足1000年。当时中国学者们通过自己的实践一步步推翻了安特生的结论，将齐家期从仰韶文化中分离出来，独立命名为齐家文化，从根本上否定了他那修订了的仰韶文化年代表[6]。由于20世纪50年代以后田野考古工作的蓬勃开展，新发现层出不穷，中国学者很快就建立起了一个新的仰韶文化体系，对于仰韶文化的年代也有了全新的认识，一个新的年代表就逐渐建立起来了。

20世纪70年代以后，由于碳-14测定年代方法的广泛应用，研究者们获得了大量绝对年代数据，仰韶文化的年代学研究有了更为科学可靠的基础。由于大量碳-14数据资料的积累，现在可以得到比以往任何时候都要准确的绝对年代[7]。

半坡文化的碳-14年代，经过高精度校正的数据多数在公元前4700~前4200年之间。舍弃偏早偏晚的数据以后，最早的为公元前5048~前4770年（ZK-0516），最晚的为公元前4036~前3819年（ZK-2721），据此核定半坡文化年代的上下限，取两个数据的平均值为公元前4909~前3836年。年代最终可以判定在公元前4900~前3800年之间，延续时间达1000年以上。

庙底沟文化的碳-14年代数据，多数在公元前3990~前3500年之间，最早的为公元前4035~前3790年（ZK-2177），最晚的为公元前3302~前2910年（ZK-2180）。核定年代上下限，取两个数据的平均值为公元前3913~前3568年。据此判定年代为公元前3900~前3600年之间，上限与半坡文化年代的下限略有重合，延续达300年以上。

[1]安特生：《甘肃考古记》，农商部地质调查所，1925年。

[2]梁思永：《山西西阴村史前遗址的新石器时代的陶器》，《梁思永考古论文集》，科学出版社，1959年。

[3]梁思永：《小屯、龙山与仰韶》，《梁思永考古论文集》，科学出版社，1959年。

[4]尹达：《中国新石器时代》，《新石器时代》，生活·读书·新知三联书店，1955年。

[5]安特生：《中国史前史研究》，1943年。

[6]夏鼐：《临洮寺洼山发掘记》，《中国考古学报》第四册，1949年；《齐家期墓葬的发现及其年代之改定》，《中国考古学报》第三册，1948年；裴文中：《甘肃考古报告》，《裴文中史前考古学论文集》，文物出版社，1987年。

[7]碳-14年代数据参考中国社会科学院编：《中国考古学中碳十四年代数据集（1965－1991年）》，文物出版社，1991年，1991年以后的数据取自《文物》和《考古》杂志刊载的碳-14数据测定报告。

[1]王仁湘：《仰韶文化绝对年代研究检视》，《中国史前考古论集》，科学出版社，2003年。

[2]石兴邦：《黄河流域原始社会考古研究上的若干问题》，《考古》1959年10期；严文明：《论庙底沟仰韶文化的分期》，《考古学报》1965年2期。

[3]中国科学院考古研究所：《庙底沟与三里桥》，科学出版社，1959年；杨建芳：《略论仰韶文化和马家窑文化的分期》，《考古学报》1962年1期。

[4]石兴邦：《有关马家窑文化的一些问题》，《考古》1962年6期；苏秉琦：《关于仰韶文化的若干问题》，《考古学报》1965年1期。

[5]严文明：《论半坡类型和庙底沟类型》，《考古与文物》1980年1期；巩启明：《试论仰韶文化》，《史前研究》1983年1期；安志敏：《略论中国新石器时代文化的年代问题》，《考古》1972年6期；中国社会科学院考古研究所：《新中国的考古发现与研究》，文物出版社，1984年。

[6]戴向明：《试论庙底沟文化的起源》，《青果集——吉林大学考古系建系十周年纪念文集》，知识出版社，1998年；王仁湘：《半坡和庙底沟文化关系研究检视》，《文物》2003年4期。

西王村文化的碳-14年代数据，多数在公元前3600-前3000年之间，最早的为公元前3772~前3517年（BK79027），最晚的为公元前3016~前2707年（ZK-2058）。核定西王村文化年代的上下限，取两个数据的平均值为公元前3530~前2867年。据此判定年代为公元前3600~前2900年之间，其上限大体与庙底沟文化的下限相衔接，延续达700年以上。

以半坡、庙底沟和西王村文化为内涵的典型仰韶文化的年代，取半坡文化的上限为公元前4900年，和西王村文化的下限为公元前2900年，年代跨度大致在公元前5000~前3000年之间，延续发展达2000年上下。

大仰韶在公元前约5000年承续前仰韶文化而来，在公元前3000年以后演变为龙山时代文化而去，它是黄河中游地区延续发展了20个世纪的一支重要的新石器时代文化[1]。

二　关于庙底沟文化

到了20世纪50年代末期，随着考古调查与发掘的深入，学者们逐渐开始感到仰韶文化延续时间很长，分布地域又很广泛，各地的遗存表现出比较明显的差异。为着认识与研究的方便，仰韶文化类型划分的研究成为一个迫切的课题。

仰韶文化类型的研究，开始于半坡和庙底沟两个遗址相对年代与性质的讨论。因为这个讨论，将仰韶文化的研究向前推进了一大步。

陕西西安半坡和河南陕县庙底沟遗址的发掘，确立了仰韶文化的两个主要类型，也奠定了仰韶文化研究新的基础。两个类型很快确立了，新的问题随着也出现了。首先是对这两个类型的关系，学术界有过热烈的讨论，起初有认为半坡早于庙底沟的[2]，也有认为后者早于前者的[3]，还有认为两者是同时的[4]。一直到现在，不同意见之间的争论还依然存在，多数意见认为两个类型之间具有一脉相承发展关系，也有人说并不能完全肯定谁早谁晚[5]，近些年来这两个类型之间关系的讨论还在继续，分歧依然存在[6]。

随着发掘资料的不断丰富，表现有仰韶文化某些特点的遗存在更广的范围内有了更多的发现，研究者们认知过程中又提出了许多地区类型的命名。根据区域特征提出的地方类型命名有：

在陕西地区有半坡类型、史家类型、泉护类型、半坡晚期类型、北首岭类型；

在山西地区有东庄类型、西王村类型、西阴村类型、义井类型；

在河南有庙底沟类型、大河村类型、后冈类型、大司空类型、阎村类型、下王岗类型、王湾类型、秦王寨类型；

在河北地区有下潘汪类型、三关类型、钓鱼台类型、南杨庄类型、百家村类型、台口类型；

在内蒙古地区有海生不浪类型。

从20世纪50年代末期命名半坡和庙底沟类型开始，仰韶文化类型的命名已增加到了后来的二三十个之多。这些纷繁的类型名称，构成了一个庞大的仰韶体系。有的文化类型在地域上有较大的跨度，如关中—陕南—豫西—晋南，主要分布的是半坡、庙底沟和西王村类型，在这几个类型的划分上，学术界的意见大体是一致的。稍有不同的是，有的在半坡之前加上了"北首岭类型"[1]，有的在半坡和庙底沟类型之间增加了一个史家类型，有的又将庙底沟二期文化也包括在仰韶文化内[2]。对于分布在局部地区的其他一些类型的划分，则不大容易取得一致的意见，如河南地区的仰韶，同一内涵的遗存有时被冠以不同的命名，同一个命名有时又被界定出不相同的内涵。

比较有意义有影响的仰韶文化类型的命名，主要有半坡类型、庙底沟类型、西王村类型、后冈类型、大司空类型、大河村类型和下王岗类型等。

有的研究者认为，陇东—关中—晋南—河南的仰韶文化，还可以细划分为以下三区：

一是中心区，西起陕西宝鸡至河南陕县一带，以西安半坡和陕县庙底沟遗址的早期遗存为代表；

二是东区，为河南中部地区，以郑州大河村和洛阳王湾遗址为代表；

三是西区，为陇东地区，以秦安大地湾遗址为代表。

三区间的模糊分界，是崤山和陇山[3]。

另外有些研究者大而化之，认为仰韶文化大致可以分为以渭河流域及其周围地区和以中原地区及其周围地区两个大的区系，前者以半坡—庙底沟类型为主，后者以后冈—大河村类型为主[4]。

这样看来，学者们以往合力构建的大仰韶体系内涵并不是单一的，不仅有中心分布区与周边分布区的不同，还有内涵上的不同和源流上的不同。

我们赞同将分布在陇东—关中—陕南—豫西中心区的仰韶文化，分别命名为半坡文化、庙底沟文化和西王村文化，可称作典型仰韶文化，具有一脉相承的渊源关系；将这个区域一度划属仰韶早期的北首岭下层类型归入前仰韶文化；将河南地区与仰韶文化关系密切的遗存，与中心区明确区别开来，它们是冀南豫北地区的后冈一期文化和大司空文化、豫中地区的大河村文化、豫西南地区的下王岗文化。这其中最为重要的，便是分布范围最广、影响地域最宽的庙底沟文化。

庙底沟文化以原来的庙底沟类型为基础命名，庙底沟类型因陕县庙底沟遗址的发掘而得名。有的研究者或以内涵相同的夏县西阴村遗址命名为"西阴村类型"或"西阴文化"[5]，文化涵盖的范围并无明显不同。

庙底沟文化的陶器制作大多比较精致，以夹砂和泥质的红陶为主，主要器形有卷沿和敛口曲腹盆、敛口曲腹钵、重唇小口尖底瓶、葫芦口平底瓶、敛口深腹瓮、深腹罐、带釜的灶等（图1-2-1）。陶器上的纹饰主要是线纹、绳纹和彩绘。有较多的彩陶，除了黑彩，还有红彩和白衣彩陶，纹样有写实的鸟纹、蛙纹，大量见到的是由圆点、勾叶、弧边三角组成的花卉形几何图案，均绘于器外，基本不见内彩（图1-2-2）。生产工具中的石器以磨制为主，普遍采用了钻孔技术，主要器形有斧、

[1] 安志敏：《裴李岗、磁山和仰韶》，《考古》1979年4期。

[2] 严文明：《略论仰韶文化的起源和发展阶段》，《仰韶文化研究》，文物出版社，1989年。

[3] 苏秉琦：《纪念仰韶村遗址发现六十五周年》，《论仰韶文化》，《中原文物》1985年特刊。

[4] 魏京武：《汉江上游及丹江流域的仰韶文化》，《论仰韶文化》，中原文物1986年特刊。

[5] 杨建芳：《略论仰韶文化与马家窑文化的分期》，《考古学报》1962年1期；山西省考古研究所：《西阴村史前遗存第二次发掘》，《三晋考古》第二辑，山西人民出版社，1996年；张忠培：《仰韶时代——史前社会的繁荣与向文明时代的转变》，《文物季刊》1997年1期。

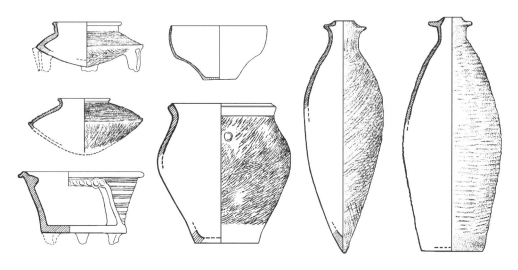

图1-2-1 庙底沟文
化典型素陶器（河南
陕县庙底沟）

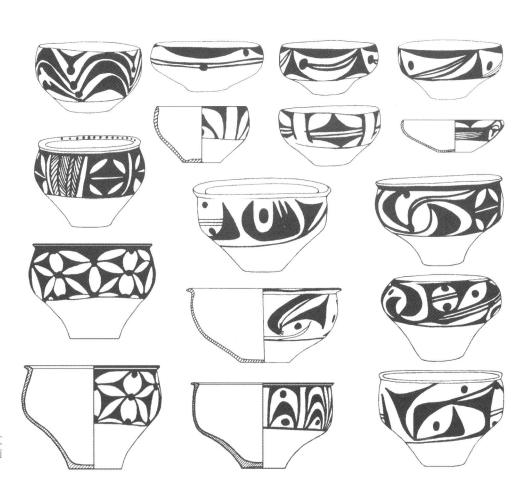

图1-2-2 庙底沟文
化典型彩陶器（河南
陕县庙底沟）

铸、铲、刀和纺轮等。此外，陶刀和陶纺轮也是常见的工具。

庙底沟文化的居住建筑多数仍为半地穴式，出现了一定数量的地面建筑，平面有方形的，也有圆形的。居址面积较大，立柱开始使用柱础。墓葬发现不多，成人采用单人仰身直肢葬式，很少有随葬品。不见多人二次合葬，儿童用瓮棺埋葬，葬具组合较多变化，有的是专门的瓮棺，有的是日用陶器。

庙底沟文化的分布范围，比半坡文化要大一些，典型遗址还有陕西宝鸡福临堡[1]、扶风案板村[2]、华县泉护村[3]、山西芮城西王村[4]、夏县西阴村、河津固镇[5]和甘肃秦安大地湾等[6]。

在大仰韶系统中，以庙底沟文化的地位最为重要。仰韶文化分布范围很广，影响很远，其实大仰韶中影响最大最广的阶段，正是在庙底沟文化时期。学者们近些年所论道的"仰韶时代"，主要指的也正是庙底沟文化时期，这所谓的仰韶时代，可以说其实就是"庙底沟时代"。

庙底沟文化的年代为公元前3900~前3600年，延续时间虽然并不算太长，只有300年上下，但它的文化冲击力却显得非常强劲，这种冲击力最集中体现在彩陶的播散上。庙底沟文化彩陶的传播，一定不仅仅只是一种艺术观念和艺术风格的传播，彩陶文化的大范围播散，应当有着更为深刻的文化背景。

三　彩陶发现：河南西部地区

庙底沟文化彩陶最初的发现，应当就是安特生在河南渑池仰韶村遗址的发掘，时间是在1921年。接着比较重要的发现，是李济先生在山西夏县西阴村的发掘，那是在1926年。后来的一些比较集中的发现，主要有河南陕县庙底沟、陕西华县泉护村、甘肃秦安大地湾等遗址，这些是20世纪50~80年代史前考古重要的收获。近些年来也陆续有一些重要发现，也还有相当多的资料未及正式公布。

本书对庙底沟文化彩陶的梳理与研究，主要是以一些重点遗址的发现为依据，它们大多显示有比较准确的地层年代关系，在进行纹饰的类型学研究时这是不可缺少的。对于一些典型遗址中的重点遗址，我们的叙述将尽可能详细一些，特别是对于有分期意义的材料，将尽可能做到全面收集。

在这里将大体以现行省区河南、山西、陕西、甘肃为序，概括叙述若干重要遗址的发现。庙底沟文化外围相关典型遗址发现的彩陶，要单立一节叙述。其他一些零星的发现，将在后文进行研究时提及，在此不拟细述。

河南地区发现的庙底沟文化遗址，主要分布在豫西一带。出土彩陶较多的比较重要的遗址，在这里要提到的主要有渑池仰韶村、陕县庙底沟和灵宝西坡与北阳平等处。这其中有最早发现的资料，也有最新发现的资料，都具有重要的研究价值。河南境内的其他相关发现，并入外围文化的发现叙述。

[1]宝鸡市考古工作队等：《宝鸡福临堡》，文物出版社，1993年。

[2]西北大学文博学院考古专业：《陕西扶风县案板》，科学出版社，2001年。

[3]北京大学考古学系等：《华县泉护村》，科学出版社，2003年。

[4]中国科学院考古研究所山西工作队：《山西芮城东庄村和西王村遗址的发掘》，《考古学报》1973年1期。

[5]山西省考古研究所：《山西河津固镇遗址发掘报告》，《三晋考古》第二辑，山西人民出版社，1996年。

[6]甘肃省文物考古研究所：《秦安大地湾》，文物出版社，2006年。

1. 渑池仰韶村遗址

渑池仰韶村是中国最早通过科学发掘发现彩陶的新石器时代遗址，也是庙底沟文化彩陶最早的发现地。1921年安特生在仰韶村考察，他在村边冲沟的崖壁上发现了新石器时代的文化堆积，采集到一些石器和绘有红色或黑色图案的彩陶片，中国的史前彩陶由此得到确认。安特生发掘了仰韶村遗址，又在渑池调查发掘了其他一些类似的遗址，很快提出了"仰韶文化"的命名，并且将这些彩陶遗存称之为"彩陶文化"。

[1]中国科学院考古所河南调查团：《河南渑池的史前遗址》，《科学通报》1951年2卷9期。

[2]河南省文物考古研究所等：《渑池仰韶遗址1980－1981年发掘报告》，《史前研究》1985年3期。

[3]中国科学院考古研究所：《庙底沟与三里桥》，科学出版社，1959年。

为着深入了解文化内涵，1951年中国考古学者对仰韶村进行了第二次发掘[1]，后来又在1980~1981年进行了第三次发掘[2]，最终证实仰韶村遗址不仅包含有仰韶文化遗存，还有龙山文化和更晚的文化遗存。根据后来的发掘得知，仰韶村的仰韶文化遗存，年代最早的一期文化正是属庙底沟文化，二期文化属仰韶晚期文化，没有见到年代更早的相当于半坡文化时期的遗存。

仰韶村遗址发现的彩陶，虽然数量并不多，完整器形也很少，但却是非常重要的。在安特生所获彩陶中，可以看出有一部分是属于庙底沟文化的，如以地纹方式描绘的花瓣纹（图1-3-1-1）和"西阴纹"（图1-3-1-2），后者是后来在夏县西阴村发现较多而以"西阴纹"取名的一种特别的纹饰，是庙底沟文化彩陶上很流行的一种纹饰。仰韶村遗址彩陶上的花瓣纹和"西阴纹"，都是庙底沟文化彩陶上常见的标准纹饰（图1-3-1-3）。

在仰韶村遗址的第三次发掘中，所见庙底沟文化彩陶刊布的只有4件，其中一件为绘单旋纹的曲腹盆，是庙底沟文化的标型器（图1-3-1-4）。据发掘者的描述，仰韶村遗址一期文化的彩陶"数量不多，颜色以黑彩为主，红色和白衣彩陶比较少见。常见的纹饰有圆点纹、三角纹、月亮纹、花瓣纹、网状纹、线纹、弧边三角纹和宽带纹"。以本书对庙底沟文化彩陶的认识，所谓月亮纹和弧边三角纹是并不严格不确切的名称，它们都应属于地纹图案的衬纹，并不是陶工们原本要表现的主体纹饰。

比起后文要提到的若干遗址，仰韶村遗址发现的彩陶无论在数量上还是在纹饰类型上都无法相提并论，但是这丝毫不能抹杀仰韶村彩陶的重要性。没有仰韶村遗址的发现，也许我们认识史前的彩陶不会那么早，它是一个难得的引子，是它导引考古学家发现了一个灿烂的彩陶文化时代。

2. 陕县庙底沟遗址

陕县庙底沟遗址面积约24万平方米，1956~1957年由中国科学院考古研究所进行发掘，发掘面积近4500平方米。下层堆积为庙底沟文化，发现遗迹不多，但出土陶器等文化遗物十分丰富，彩陶曲腹钵与曲腹盆、双唇尖底瓶、鼓腹罐、釜、灶为代表的陶器群具有明显的特色，使庙底沟成为仰韶文化繁荣时期的代表性遗址[3]，庙底沟类型和庙底沟文化的先后命名都是由此而来。

图1-3-1-1 河南渑池仰韶村遗址彩陶

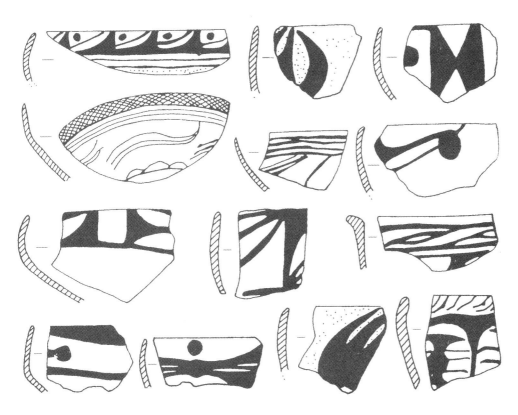

图1-3-1-2 河南渑池仰韶村遗址彩陶

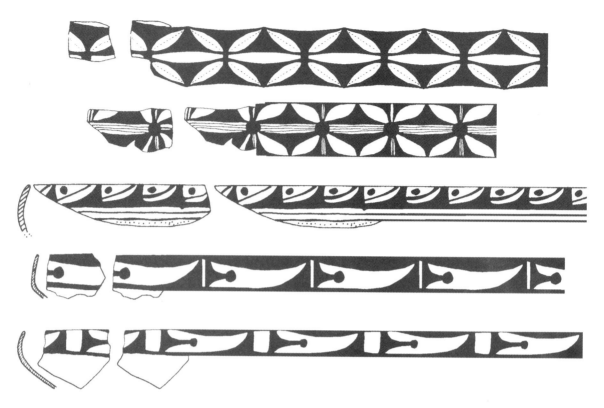

图1-3-1-3　河南渑池仰韶村遗址花瓣纹和"西阴纹"彩陶

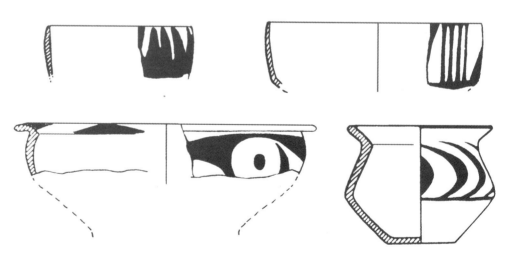

图1-3-1-4　河南渑池仰韶村遗址第三次发掘出土一期文化彩陶

庙底沟遗址出土彩陶占到陶器总数的近1/7，颜色以黑彩为主，也有一定数量的白彩和红彩。陶器表面打磨比较光滑，一般是在器表先施一层白色或红色地衣，以深红色陶衣多见，表面有光泽。用黑色与红色绘制图案，以黑彩多见，彩绘多绘于盆、钵和碗的肩腹部，不见内彩。

彩陶图案构图繁缛，富于变化，色彩对比强烈。有写实类的动物图案蟾蜍纹和写意的兽面纹（图1-3-2-1），更多见到的是各类曲线构成的几何类图案，有条纹、涡纹、方格纹、圆点纹等（图1-3-2-2）。几何图案的构成单元以弧边三角和圆点最为常见，弧边三角通常是作为衬底的图案，衬出变化多端的旋纹和其他图案来（图1-3-2-3）。

庙底沟彩陶最富特点的几何图案是以地纹方式表现的花瓣纹（图1-3-2-4）和旋纹（图1-3-2-5~7），也见到非常标准的"西阴纹"（图1-3-2-8），还有网格纹和垂帐纹等（图1-3-2-9~11）。

庙底沟遗址的彩陶多为钵类器，画面虽然不大，但图案布局合理，构图结构严谨。纹饰单元多以二方连续方式排列，敷色对比强烈（图1-3-2-12~14）。另外较多的是盆类器，多饰旋纹和花瓣纹，绘工细腻，图案工整。

庙底沟遗址还发现少量风格迥异的彩陶片，它们与庙底沟文化整体风格差别明显，应当属于外部文化的输入品，对此在后文还将进一步研究（图1-3-2-15）。

研究者们真正关注庙底沟文化彩陶的研究，是从庙底沟遗址的发现开始的，过去虽有仰韶村和西阴村遗址的发现，毕竟资料有限，复原器较少，研究欠深入。可能主要是因为以往在文化属性上没有明确界定，也因为发现的彩陶以碎片居多，认不清全貌，所以许多研究者就不得不望而却步了。

后来庙底沟遗址又进行过一次大规模发掘，出土彩陶数量与纹饰类型都超过原先的发掘，我们等待着这批新资料的刊布。

3. 汝州洪山庙遗址

汝州洪山庙遗址为一大型合葬墓地，1993年由河南省文物考古研究所发掘[1]。有研究者或将它归入大河村文化，在此仍将它列入庙底沟文化范畴，当然它的特点也非常突出。

洪山庙遗址瓮棺葬墓内发现排列较为齐整的瓮棺136件，多为成人葬，西部有一排儿童葬（图1-3-3-1）。

在许多缸形瓮棺上都有彩绘，图案一般是绘在缸体的中上腹位置，绘法各有不同。

一种是以白彩为地，个别以红彩为地，先在瓮棺上腹绘宽带一周，中部绘主体图案，有几何纹、动物和人形及人体器官图案等（图1-3-3-2、3）。

第二种是在两侧绘出2~4组主体图案，有几何纹、动物和生产工具图案等（图1-3-3-4）。

[1]河南文物考古研究所：《汝州洪山庙》，中州古籍出版社，1995年。

图1-3-2-1　河南陕县庙底沟遗址彩陶

图1-3-2-2　河南陕县庙底沟遗址彩陶

图1-3-2-3 河南陕
县庙底沟遗址彩陶

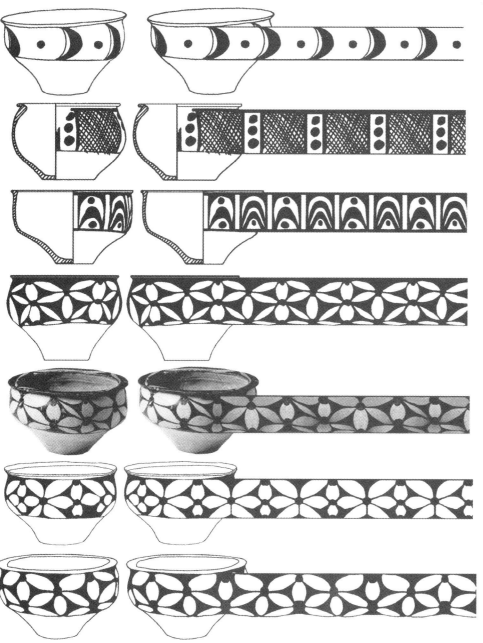

图1-3-2-4 河南陕
县庙底沟遗址彩陶

图1-3-2-5　河南陕县庙底沟遗址彩陶纹饰

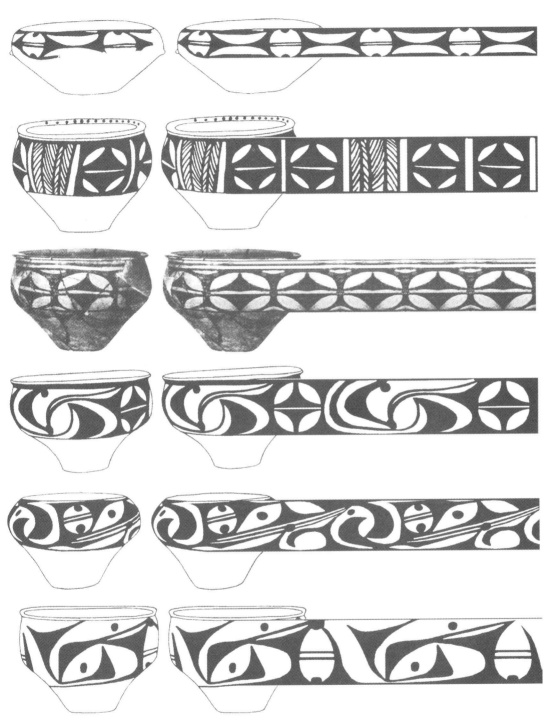

图1-3-2-6　河南陕县庙底沟遗址彩陶

图1-3-2-7 河南陕
县庙底沟遗址彩陶

图1-3-2-8 河南陕
县庙底沟遗址彩陶

图1-3-2-9 河南陕县庙底沟遗址彩陶

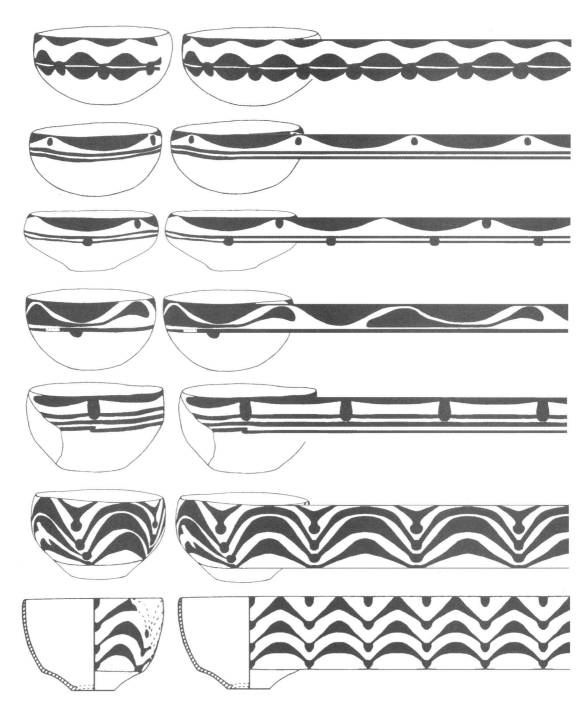

图1-3-2-10　河南陕县庙底沟遗址彩陶

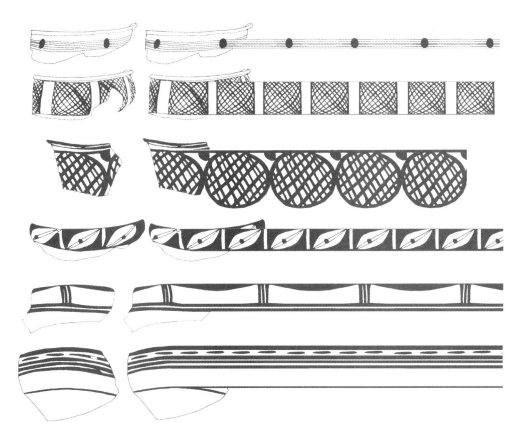

图1-3-2-11　河南
陕县庙底沟遗址彩陶

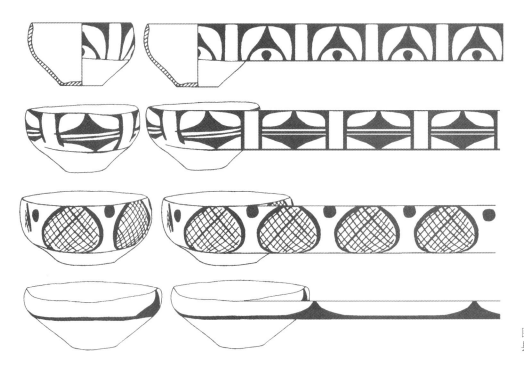

图1-3-2-12　河南陕
县庙底沟遗址彩陶

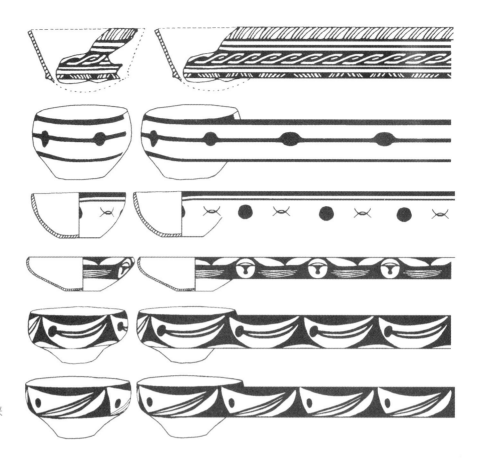

图1-3-2-13 河南陕
县庙底沟遗址彩陶

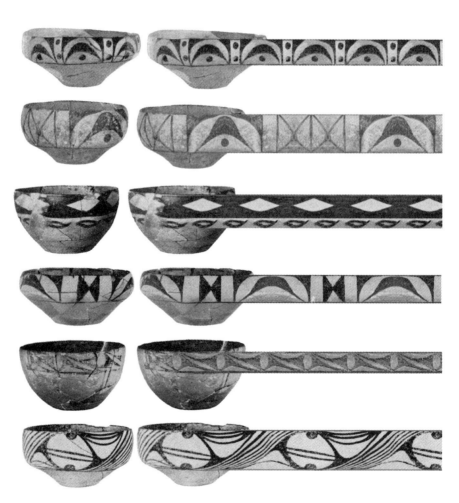

图1-3-2-14 河南
陕县庙底沟遗址彩陶

图1-3-2-15 河南陕
县庙底沟遗址彩陶

第三种是一侧以白彩为地，棕彩镶边，中部只绘一组主体图案，多为几何形纹饰。

第四种是纯以白彩绘纹，多为宽带纹，有卷曲的回纹、平行线纹、弧线纹，不见动物图案（图1-3-3-5）。

图1-3-3-1河南汝州
洪山庙瓮棺葬墓地

汝州洪山庙遗址是一处大型瓮棺葬墓地，因为全部为瓮棺葬具，所绘彩陶有独特之处，所见主要纹饰在其他地点基本没有发现过，其意义还有待深入研究。

4. 济源长泉遗址

济源长泉遗址面积5万平方米，1996年由河南省文物考古研究所发掘600平方米[1]。下层为裴李岗文化，上层为庙底沟文化堆积。

长泉遗址出土彩陶不多，纹饰一般装饰在盆钵上腹部位，以黑彩为主，有一定数量的棕褐彩，少见白衣彩（图1-3-4-1）。所见宽带纹较为普遍（图1-3-4-2），主体纹饰多见垂弧纹、弧边三角纹、圆点纹、网格纹、花瓣纹和旋纹（图1-3-4-3、4）。

长泉遗址还见到它处不见的类似动物的纹饰，因为残缺过甚而不明所绘为何物（图1-3-4-5）。

[1]河南省文物管理局等：《黄河小浪底水库考古报告（一）》，中州古籍出版社，1999年。

第一章 发现

037

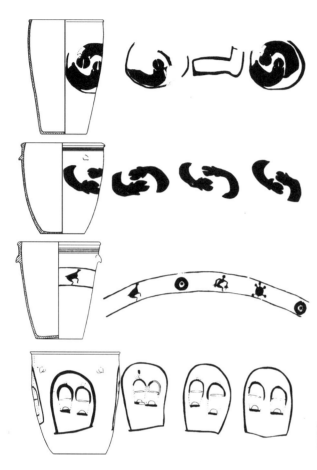

图1-3-3-3 河南汝
州洪山庙遗址彩陶瓮棺

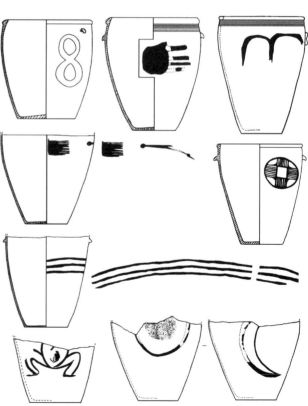

图1-3-3-2 河南汝
州洪山庙遗址彩陶瓮棺

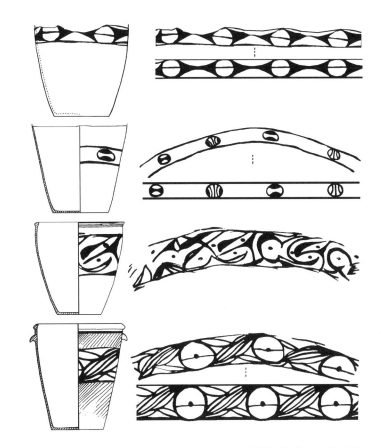

图1-3-3-4 河南汝
州洪山庙遗址彩陶瓮棺

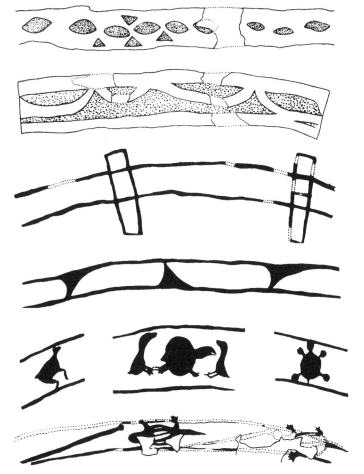

图1-3-3-5 河南汝州洪
山庙遗址彩陶瓮棺纹饰

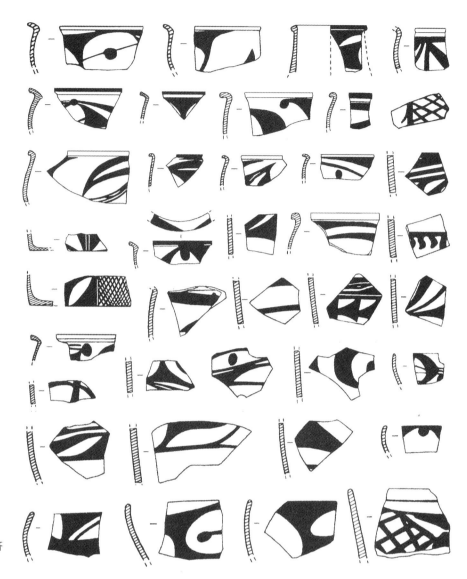

图1-3-4-1 河南济源长泉遗址彩陶

[1]河南省文物管理局等：《黄河小浪底水库考古报告（一）》，中州古籍出版社，1999年。

5. 新安槐林遗址

新安槐林遗址面积1.5万平方米，1996年由河南省文物考古研究所发掘400平方米[1]。为一处内涵单纯的庙底沟文化遗址，发掘者划归为"王湾类型"。

槐林出土彩陶较少，比例仅占3%。以黑彩为主，有少量白衣彩，主要绘于盆、钵和罐的上腹部与口沿上（图1-3-5-1）。纹饰单元有弧边三角纹、勾叶纹、圆点纹、平行线纹和长方形等，构成的花瓣纹和旋纹较为疏朗，与它处所见有所区别（图1-3-5-2~4）。

纹饰虽是疏朗，但在面积不大的陶钵表面绘出的图案却比较大气，如"西阴纹"、单旋纹和垂幛纹都别有特点（图1-3-5-5）。

6. 灵宝西坡遗址

灵宝西坡遗址面积约40万平方米，2001年由河南省文物考古研究所和中国社会

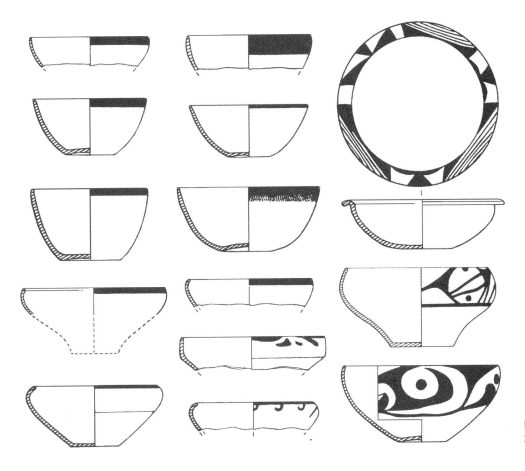

图1-3-4-2　河南济
源长泉遗址彩陶

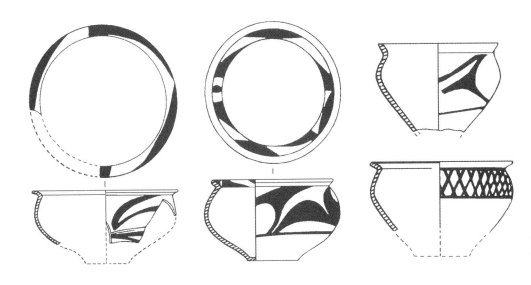

图1-3-4-3　河南济
源长泉遗址彩陶

第一章　发现

041

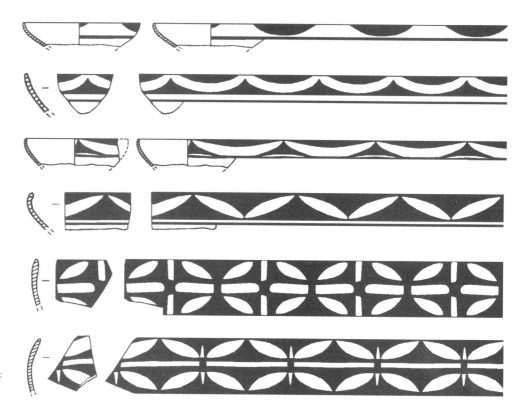

图1-3-4-4 河南济源长泉遗址彩陶

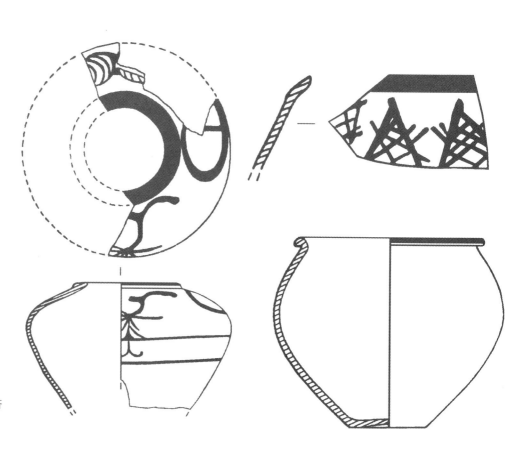

图1-3-4-5 河南济源长泉遗址彩陶

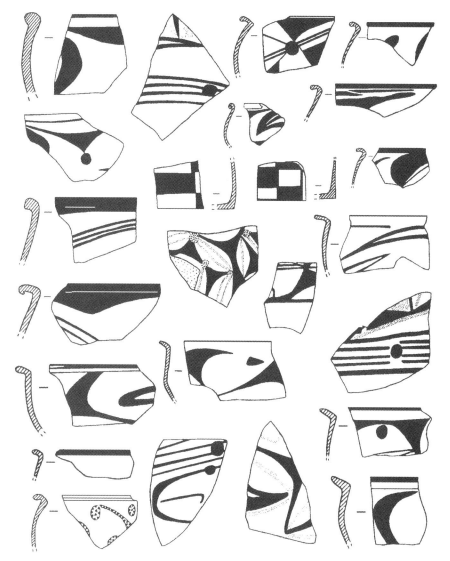

图1-3-5-1 河南新
安槐林遗址彩陶

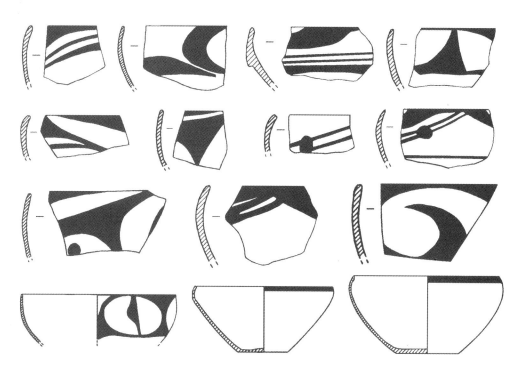

图1-3-5-2 河南新
安槐林遗址彩陶

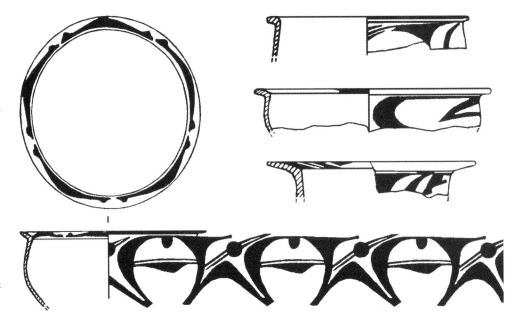

图1-3-5-3 河南新
安槐林遗址彩陶

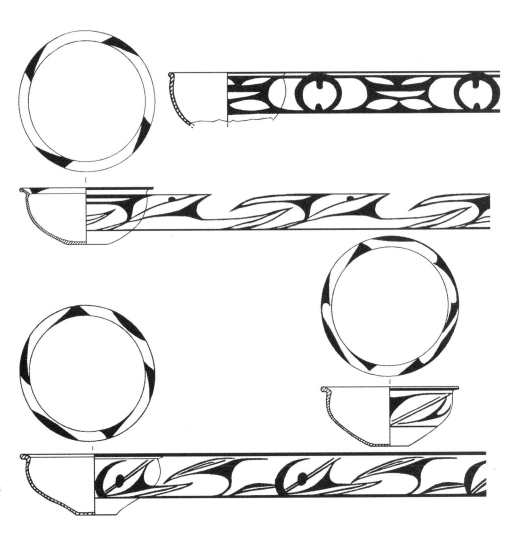

图1-3-5-4 河南新
安槐林遗址彩陶

图1-3-5-5 河南新
安槐林遗址彩陶

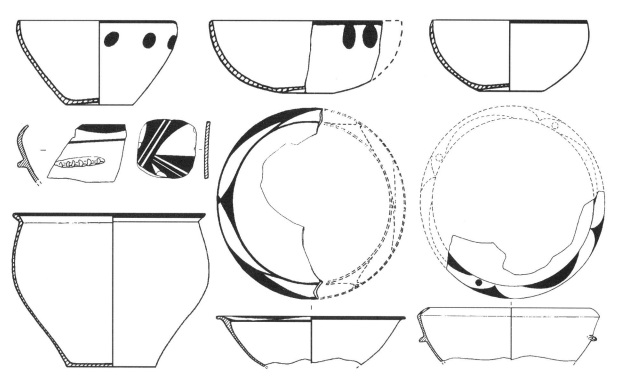

图1-3-6-1 河南灵
宝西坡遗址彩陶

[1]河南省文物考古研究所等：《河南灵宝西坡遗址2001年春发掘简报》，《华夏考古》2002年2期。

科学院考古研究所联合考古队发掘550平方米[1]。这是一处发现有大型建筑遗迹的庙底沟文化遗址，出土彩陶占陶器总数的6.27%。最近又发现有一处墓地，随葬器中有陶器，也有玉质的器具。

西坡遗址彩陶以黑彩为主，红彩很少，有少量黑红并施的复彩和白衣彩。在晚段白衣彩和复彩有增多趋势。纹样以弧边三角、圆点、直线和弧线为单元组成图案，主要有窄带纹（图1-3-6-1）、垂弧纹、凸弧纹、网格纹、旋纹（图1-3-6-2）和"西阴纹"等。

有一件筒形器以红黑复彩通体绘上中下三组"西阴纹"，每组分四个单元按二方连续方式排列（图1-3-6-3）。这样的器形与纹饰排列方式，在其他庙底沟文化遗址还不曾见到，是一件罕有的彩陶精品。

[2]中国社会科学院考古研究所河南一队等：《河南灵宝市西坡遗址试掘简报》，《考古》2001年11期；河南省文物考古研究所等：《河南灵宝铸鼎塬及其周围考古调查报告》，《华夏考古》1999年3期。

西坡遗址正式发掘之前，有过仔细的调查和小规模的试掘，发掘400平方米，也获得了一些重要的彩陶标本[2]。发现彩陶的比例为10%，主要是红衣彩，也有少量白衣彩，主要有弧线三角、垂帐、圆点、勾叶、网格、条带，报告还说见到了变体鱼纹，但在附图中并没有看到。见到带点的"西阴纹"，还有一种变体的旋纹（图1-3-6-4）。有非常典型的旋纹，既有单旋与双旋的组合，也有仅绘双旋纹的连续图案，还有一件精致的多瓣式花瓣纹（图1-3-6-5）。

7. 灵宝北阳平遗址

灵宝北阳平遗址面积达到90万平方米，主要为庙底沟文化堆积，是铸鼎塬遗址群中比较重要的一处大型遗址。北阳平正式发掘之前，在调查中也获得了一些彩陶标本。

[3]中国社会科学院考古研究所河南一队等：《河南灵宝市西坡遗址试掘简报》，《考古》2001年7期；河南省文物考古研究所等：《河南灵宝铸鼎塬及其周围考古调查报告》，《华夏考古》1999年3期。

1999年联合考古队对北阳平进行了正式发掘，发掘面积520平方米[3]。出土彩陶比例为4.19%，以红衣黑彩为主，有少量白衣和红彩，还有个别的内彩。彩绘元素有圆点纹、勾叶纹、弧线三角纹、垂帐纹和条带纹（图1-3-7-1）。

见到较多的仅在沿面绘彩的彩陶盆，沿面纹饰也非常简洁，这是一种风格素雅的彩陶（图1-3-7-2）。更多见到的是各类"西阴纹"，个别样式的图案在它处没有见到过。也有类似的双瓣式花瓣纹，但不是很典型（图1-3-7-3）。当然更精彩的还是构图繁复的双旋纹组合，还有多瓣式的花瓣纹。有些意外的是，北阳平还发现了简体鱼纹，简体鱼纹彩陶片见到不止一例（图1-3-7-4）。

在采集品中，还有类似半坡文化的鱼纹彩陶。如LB:003彩陶盆残片，按原来调查者的描述是"绘黑彩，口沿饰带状彩，腹饰弧线三角纹、圆点纹、垂弧纹"，其实这是鱼纹的嘴部与尾部，从参考其他发现所作的复原图看，这是非常典型的鱼纹，只是嘴部的变化形状不能完全确定（图1-3-7-5）。

[4]河南省文物考古研究所等：《河南灵宝铸鼎塬及其周围考古调查报告》，《华夏考古》1999年3期。

其实在灵宝铸鼎塬的调查中，不仅北阳平发现了鱼纹彩陶，在小常和永泉埠遗址也见到了类似的鱼纹彩陶片，只是因为残破过甚，所以没有被辨认出来[4]。小常的鱼纹在报告中称"腹饰圆点纹和弧线三角纹"，其实是鱼头鱼尾部位都有（图

图1-3-6-2 河南灵
宝西坡遗址彩陶

图1-3-6-3 河南灵
宝西坡遗址彩陶

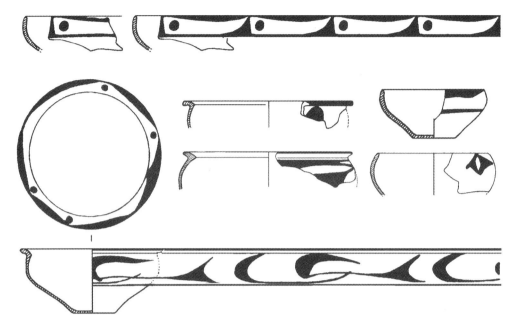

图1-3-6-4 河南灵
宝西坡遗址彩陶

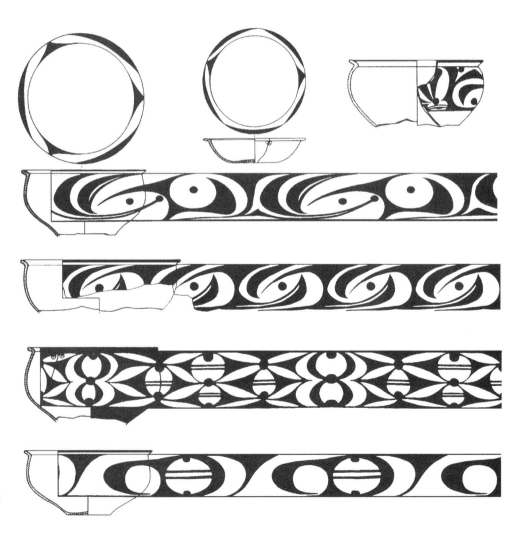

图1-3-6-5 河南灵
宝西坡遗址彩陶

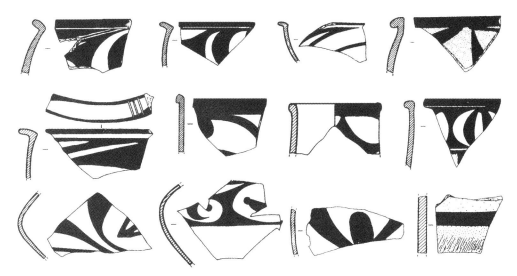

图1-3-7-1　河南灵宝北阳平遗址彩陶

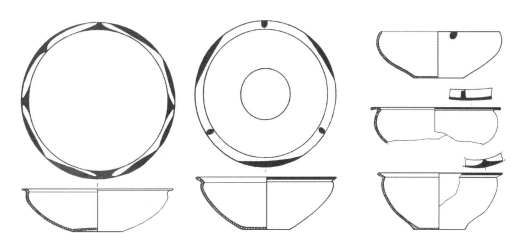

图1-3-7-2　河南灵宝北阳平遗址彩陶

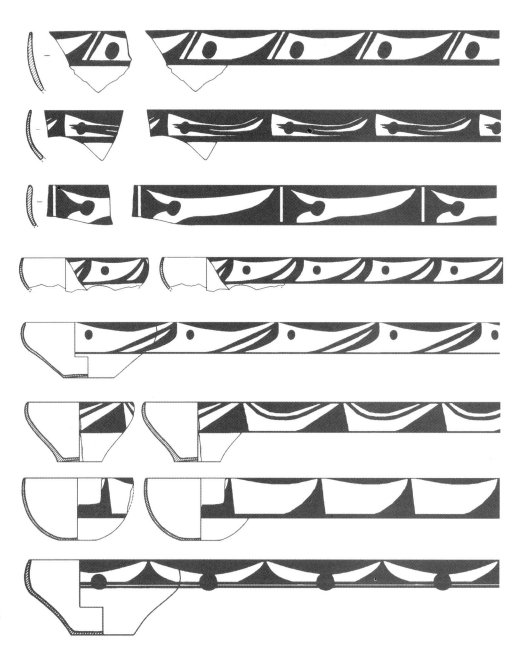

图1-3-7-3 河南灵
宝北阳平遗址彩陶

图1-3-7-4 河南灵
宝北阳平遗址彩陶

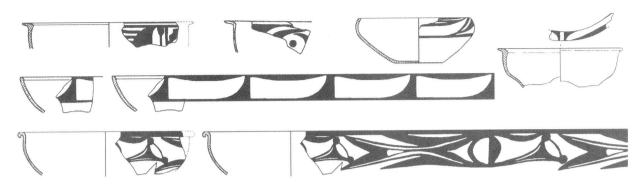

图1-3-7-5　河南灵宝
北阳平遗址彩陶

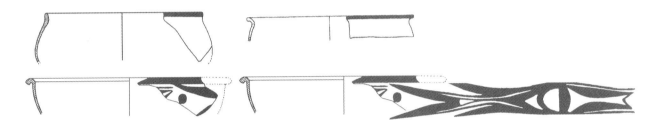

图1-3-7-6　河南灵宝
小常遗址彩陶

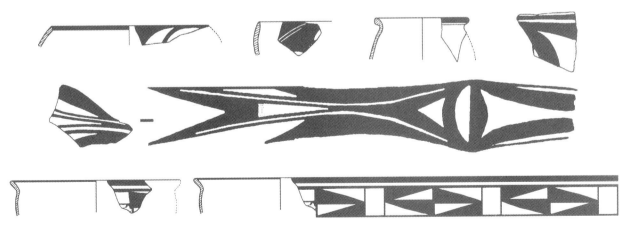

图1-3-7-7　河南灵
宝永泉埠遗址彩陶

1-3-7-6）。永泉埠的鱼纹正是中段部分，报告中只是简单地说明是"绘黑彩"（图1-3-7-7）。

过去在河南境内没有证实发现过半坡文化风格的鱼纹彩陶，现在甄别出了这些发现，提出了一些新的问题，我们留待后文讨论。

四　彩陶发现：山西南部地区

山西地区发现的庙底沟文化遗址，主要分布在晋南一带，晋中的偏南区域也有发现。出土彩陶丰富的遗址，在此要提到的主要有夏县西阴村、河津固镇、侯马乔山底、芮城西王村和垣曲小赵等处。

1. 夏县西阴村遗址

[1]李济：《西阴村史前的遗存》，清华学校研究院，1927年；山西省考古研究所：《西阴村史前遗存第二次发掘》，《三晋考古》第二辑，山西人民出版社，1996年。

夏县西阴村遗址面积30万平方米，1926年由李济先生主持进行首次发掘，发掘面积约40平方米；1994年山西省考古研究所进行了第二次发掘，发掘面积576平方米。遗址主要文化堆积属庙底沟文化，还有少量西王村文化和庙底沟二期文化遗存。发现庙底沟时期房址和壕沟，未见完整聚落址，出土大量彩陶等文化遗物[1]。

西阴村遗址出土的庙底沟文化彩陶，在李济先生的发掘中，主要获得的是陶片，在次年发表的报告中称为"带彩的陶片"（图1-4-1-1）。按照李济先生的描述，彩陶分两大类，一类添加有或红或白的地色，一类是直接在陶胎上绘彩，颜色以黑色最多，有时黑、红两色并用。彩纹的构成单元，较常见的是"横线，直线，圆点，各样和三角；宽条，削条，初月形，链子，格子，以及拱形也有"。

关于西阴村遗址出土彩陶纹样的组合，李济先生特别提到当时它处没有发现的一种角状纹饰，是左边一个宽头，右边弧收成翘起的尖角，中间有时点缀斜线与圆点，名之为"西阴纹"（图1-4-1-2）。这其实是后来发现数量很多的一种纹饰，一般作为折腹钵沿外的装饰，都是采用二方连续的构图方式。这种彩陶分布的范围也很广，是庙底沟文化彩陶的代表性纹饰之一。对于这种纹饰，在后面还将作进一步讨论。

李济先生在西阴村遗址发现的彩陶，除了他特别提到的"西阴纹"，还有宽带纹、花瓣纹、旋纹、网格纹、垂幛纹和圆点纹等，它们大都是后来在庙底沟文化彩陶上经常见到的一些纹饰。只是因为陶片较为破碎，当时难得看清全貌，不能了解纹饰的完整构成形式。我们现在有了较多的对比材料，才得以了解这些陶片上彩纹的原貌（图1-4-1-3、4）。

在西阴村遗址1994年的再次发掘中，又出土了相当多的彩陶。按照发掘者的描述，属于庙底沟文化时期的彩陶，约占到陶器总数的1/5。"彩陶多为黑彩，红彩极其少见，并有少量的白衣彩陶。纹样以勾叶纹（弧边三角纹）、圆点纹、网纹为主。勾叶纹变化及排列方式较多。彩陶主要饰于盆、钵器表，有少量壶及个别平底瓶腹

图1-4-1-1　山西夏县西阴村遗址彩陶（李济发掘）

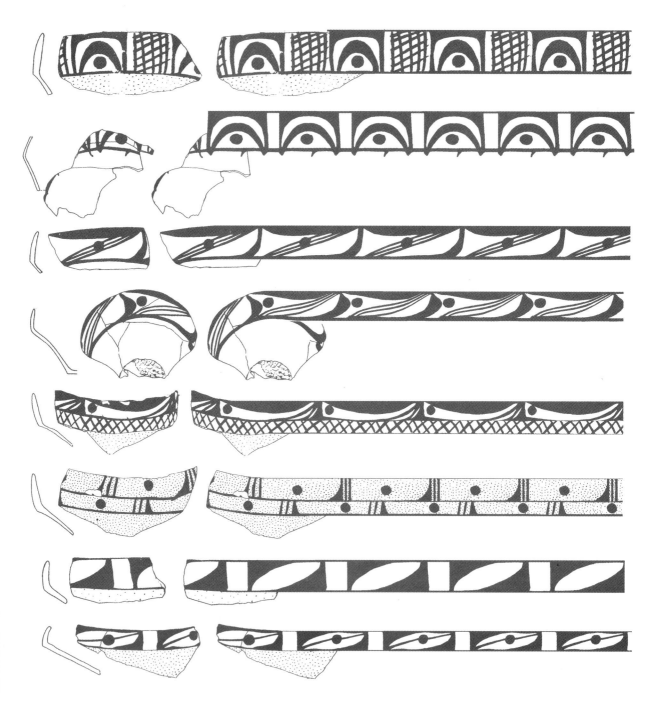

图1-4-1-2　山西夏县西阴村遗址彩陶（李济发掘）

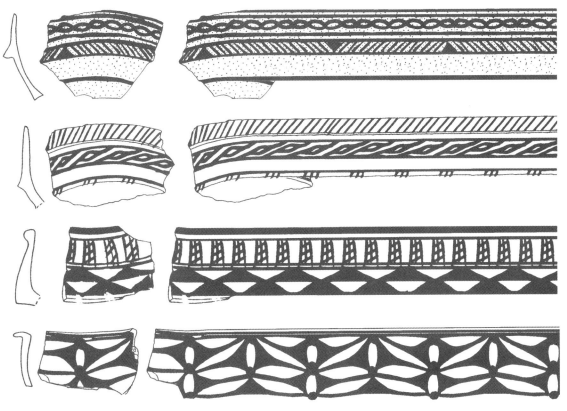

图1-4-1-3　山西夏县西阴村遗址彩陶（李济发掘）

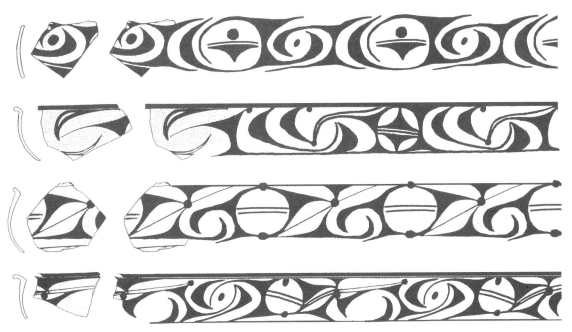

图1-4-1-4　山西夏县西阴村遗址彩陶（李济发掘）

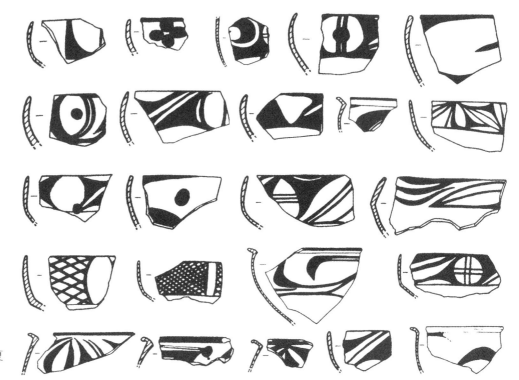

图1-4-1-5 山西夏
县西阴村遗址彩陶

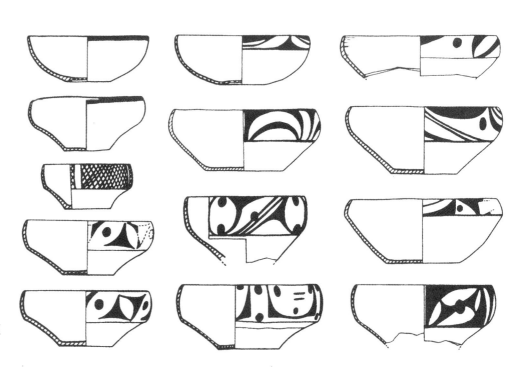

图1-4-1-6 山西夏
县西阴村遗址彩陶

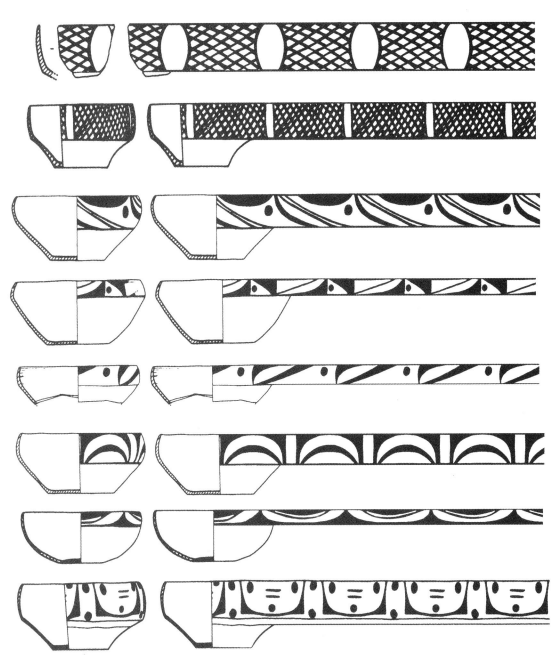

图1-4-1-7 山西夏
县西阴村遗址彩陶

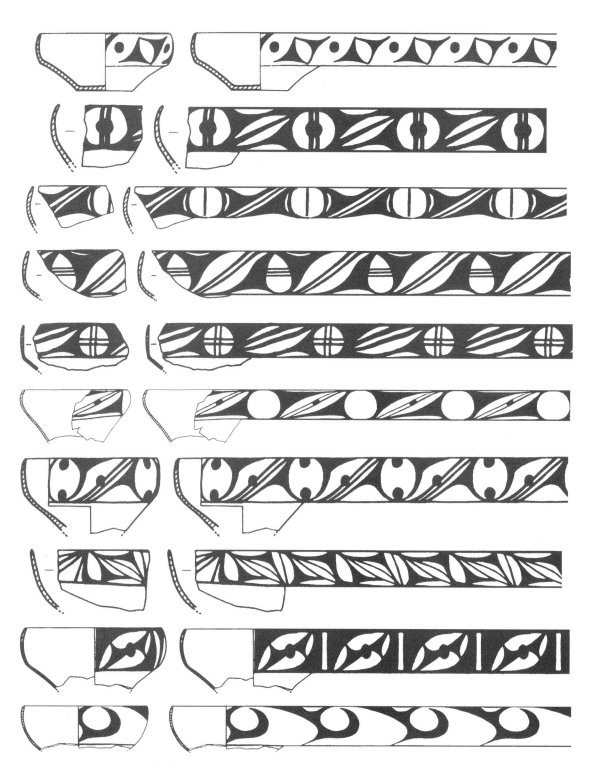

图1-4-1-8 山西夏县西阴村遗址彩陶

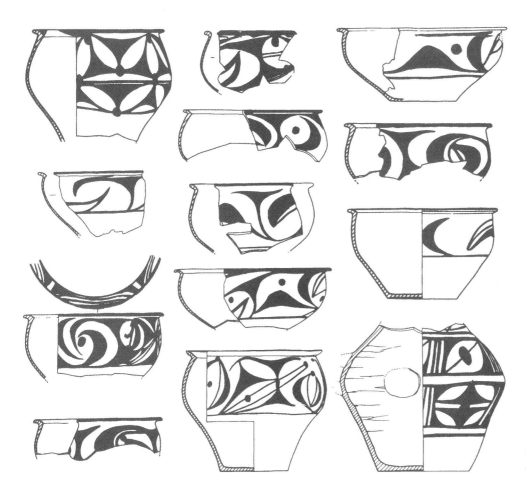

图1-4-1-9　山西夏
县西阴村遗址彩陶

图1-4-1-10　山西
夏县西阴村遗址彩陶

图1-4-1-11　山西夏县西阴村遗址彩陶

下部有一道黑彩"。

　　西阴村遗址的彩陶主要是盆、钵两类，以钵类数量为多（图1-4-1-5、6）。彩陶钵一般为折腹，上腹宽直，上腹直至口沿都绘满彩纹，可以想见这是专为绘彩制作的器形。这些纹饰几乎全部为二方连续构成形式，一个纹饰向左右扩展，将陶钵腹面一般等分为四个单元。纹饰带上的绘彩面与空白面大体相等，构图变化多样，有宽带纹、网格纹、圆点纹、花瓣纹、带十字的圆圈纹和旋纹等。还见到有一例罕见的悬璧纹，透露出一个重要的信息。值得注意的是，西阴村这一次的发掘，没有见到标准的"西阴纹"彩陶，只有少量类似的纹饰，可以看作是一种变体（图1-4-1-7、8）。

　　在盆类器上，彩陶纹饰稍有些不同。盆类器更多见到的是构图严谨的花瓣纹和富于变化的旋纹，这都是庙底沟文化彩陶最流行的代表性纹饰（图1-4-1-9~11）。

　　西阴村遗址的首次发掘，虽然在时间上要晚出仰韶村遗址几年，但就发现的彩陶而言，不论是数量还是纹样的种类，却是在仰韶村遗址之上，所以显得更加重要。尤其是后来又有规模更大的补充发掘，所获资料更加丰富。这些发现还带来文化命名上的争议，因为西阴村遗址的发掘在先，这成了一些学者主张废弃"庙底沟文化"而命名"西阴文化"的一个重要原因。

2. 河津固镇遗址

　　河津固镇遗址约10万平方米，1989年由山西省考古研究所发掘，发掘面积200平方米。遗址下层堆积属庙底沟文化，出土遗物最为丰富[1]。

　　固镇遗址下层堆积彩陶发现较多，在泥质陶中比例占到1/6强。对于彩陶纹饰发掘者有这样的描述：彩陶之彩纹很有特色，图案复杂多样，装饰性强。主要用黑色，少用红色，有极少的白衣彩。彩绘多出现在盆、钵类器具的显露部分，有的罐和平底器上也施有彩绘。纹饰最常见的是弧边三角纹、圆点纹、勾叶纹、垂弧纹，也见到平行线纹、曲线纹、条带纹等（图1-4-2-1）。

[1]山西省考古研究所：《山西河津固镇遗址发掘报告》，《三晋考古》第二辑，山西人民出版社，1996年。

图1-4-2-1　山西河津固镇遗址彩陶

这中间其实包含有用地纹方式表现的典型的旋纹，还有为数不少的"西阴纹"，后者多见于钵类器（图1-4-2-2、3），前者多见于盆类器（图1-4-2-4、5）。

3. 洪洞耿壁遗址

洪洞耿壁遗址面积5万平方米，山西省考古研究所1991年发掘，发掘面积140平方米，主要遗存为庙底沟文化，出土一批彩陶[1]。

彩陶占泥质陶比例约为1/7强，一般绘于钵和盆上，少量绘于罐和壶上。彩纹以黑色为主，见少量暗红色，个别在黑彩外描有白边。纹样有宽带纹、弧边三角纹、直边三角纹、圆点纹、平行线纹、斜线纹、弧线纹、网格纹和垂线纹等（图1-4-3-1）。

值得注意的是，耿壁遗址的彩陶纹样中也有旋纹和花瓣纹，也都是采用地纹表现方式。花瓣纹常见对开的双瓣花图案，多绘于盆钵类器上腹部，采用二方连续方式构图，花瓣较大。另外还见到一种简略的鱼形图案，长长的鱼身和鱼尾，鱼头则简化为一个圆点（图1-4-3-2、3）。这种鱼纹在庙底沟文化彩陶中是年代较早的图案，在后来不再见到。

4. 汾阳段家庄遗址

处于晋中地区的汾阳段家庄遗址，面积约2万平方米，山西省考古研究所和吉林

[1]山西省考古研究所等：《山西洪洞耿壁遗址调查、试掘报告》，《三晋考古》第二辑，山西人民出版社，1996年。

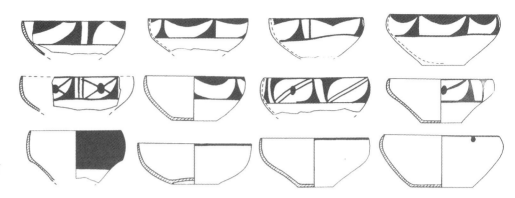

图1-4-2-2 山西河
津固镇遗址彩陶

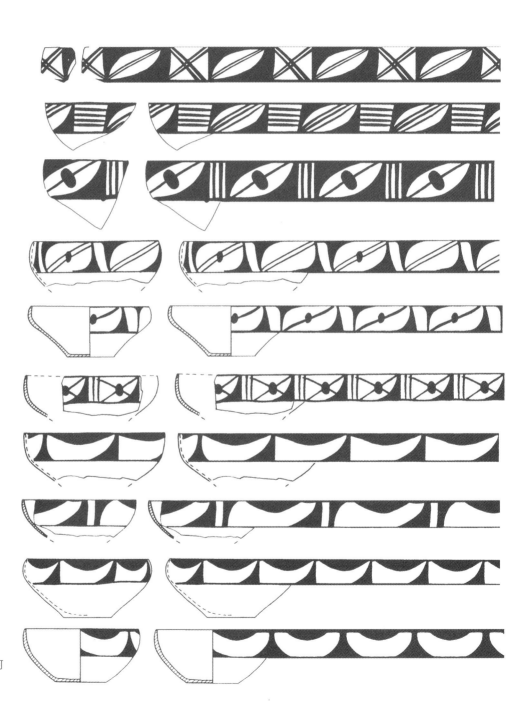

图1-4-2-3 山西河
津固镇遗址彩陶

史前中国的艺术浪潮——庙底沟文化彩陶研究

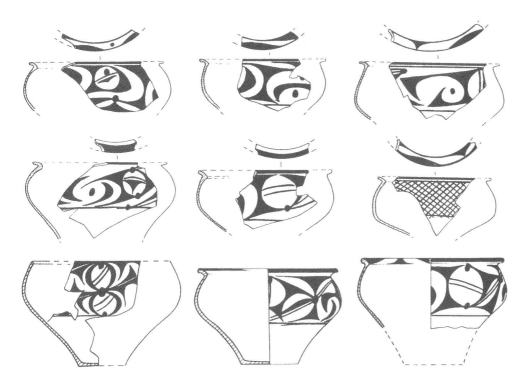

图1-4-2-4 山西河
津固镇遗址彩陶

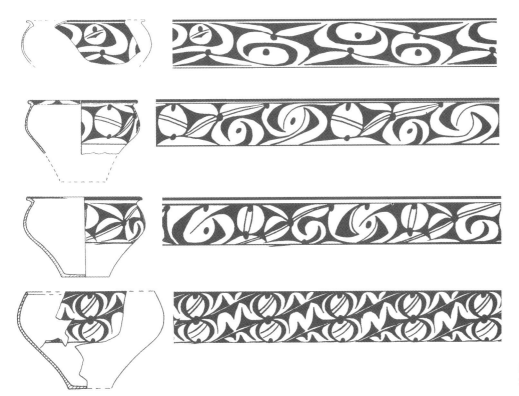

图1-4-2-5 山西河
津固镇遗址彩陶

图1-4-3-1 山西洪洞耿壁遗址彩陶

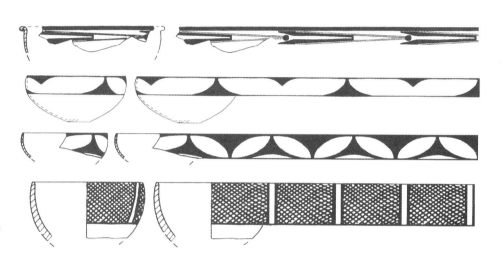

图1-4-3-2 山西洪洞耿壁遗址彩陶

图1-4-3-3 山西洪洞耿壁遗址彩陶

[1]国家文物局等：《晋中考古》，文物出版社，1998年。

[2]山西省考古研究所：《山西翼城北橄遗址发掘报告》，《文物季刊》1993年4期。

大学考古系于1982年联合发掘，发掘面积较小，只有20平方米，主要遗存为庙底沟文化，出土一些彩陶[1]。

彩陶占陶器比例约为1/10强。彩纹以黑色为主，由直线、曲线、圆点和弧边三角纹等构成图案（图1-4-4-1），有简单的叶片纹和盘形纹饰，也有构图繁复的花瓣纹和旋纹等（图1-4-4-2）。

在这样一处面积不大的遗址，发掘面积也非常有限，却出土了比较精致的彩陶，表明庙底沟文化彩陶的普及程度相当高。

5. 翼城北橄遗址

翼城北橄遗址面积40万平方米，1992年由山西省考古研究所发掘190平方米[2]。

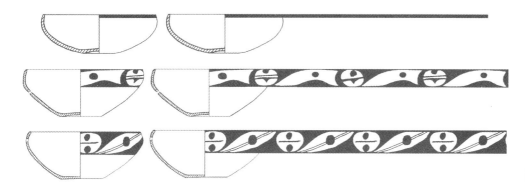

图1-4-4-1　山西汾阳段家庄遗址彩陶

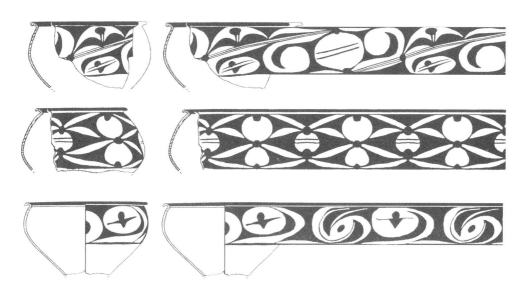

图1-4-4-2　山西汾阳段家庄遗址彩陶

图1-4-5-1　山西翼城北橄遗址三期彩陶

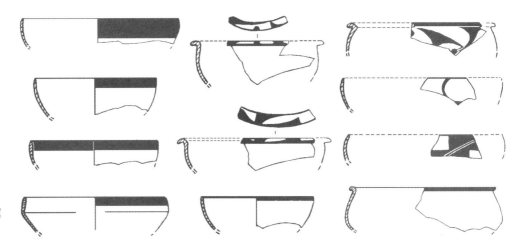

图1-4-5-2　山西翼
城北橄遗址三期彩陶

图1-4-5-3　山西翼
城北橄遗址四期彩陶

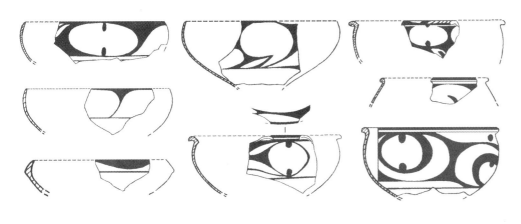

图1-4-5-4　山西翼城北橄遗址四期彩陶

图1-4-5-5　山西翼城北橄遗址四期彩陶

遗址第一、二期相当于半坡文化，三、四期属庙底沟文化。

　　第三期见白衣彩，纹饰有宽带纹、窄带夹圆点纹、弧边三角纹、花瓣纹、垂弧纹和网格纹（图1-4-5-1、2）。宽带纹施于器口部位，有的很宽，有的稍窄，个别的器内也绘有宽带彩。

　　第四期不见宽带纹，纹样大体同第三期，以大圆形为基本构图的纹样出现频度较高，也见到叶片纹与双瓣花瓣纹，对列的双瓣式大花瓣纹很有特色，还有典型的双点穿圆纹（图1-4-5-3~5）。

6. 侯马乔山底遗址

　　侯马乔山底遗址面积6万平方米，1989年由山西省考古研究所发掘300平方米[1]。

[1]山西省考古研究所侯马工作站：《山西侯马乔山底遗址1989年二区发掘报告》，《文物季刊》1996年2期。

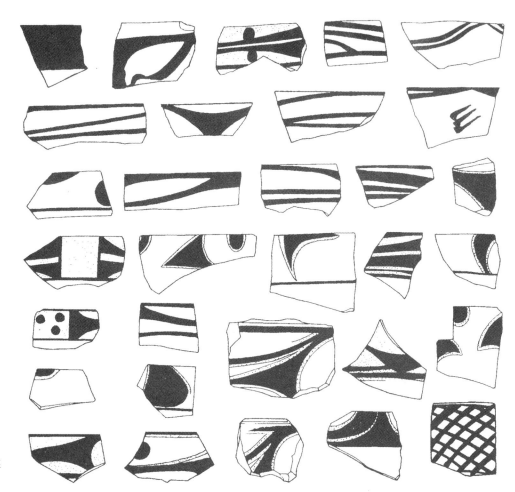

图1-4-6-1 山西侯
马乔山底遗址彩陶

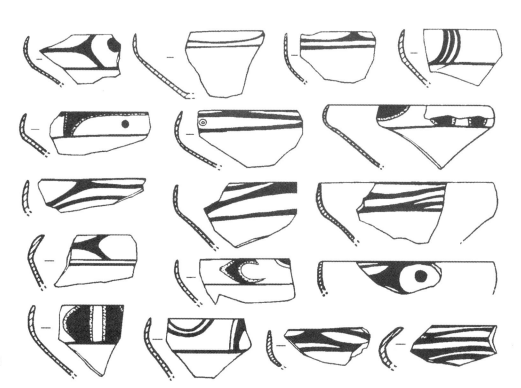

图1-4-6-2 山西侯
马乔山底遗址彩陶

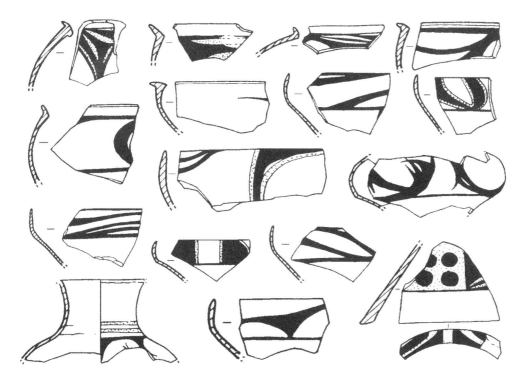

图1-4-6-3 山西侯
马乔山底遗址彩陶

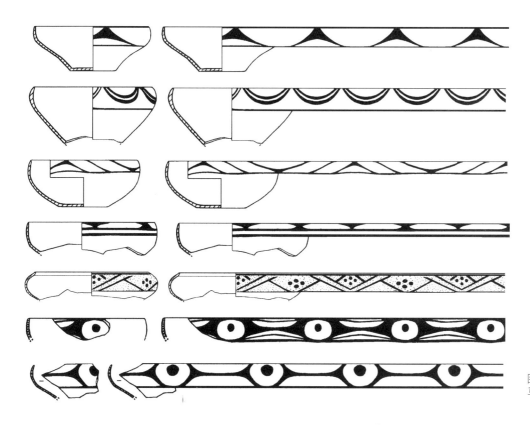

图1-4-6-4 山西侯
马乔山底遗址彩陶

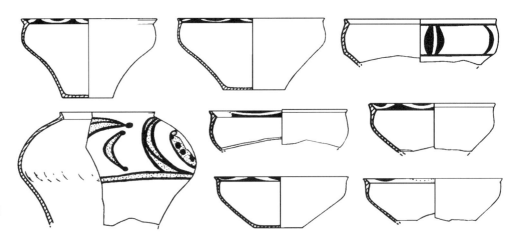

图1-4-6-5　山西侯
马乔山底遗址彩陶

下层属庙底沟文化，出有较多彩陶片。

乔山底遗址出土彩陶多黑彩和棕黑彩，有白衣陶和白彩，有的以白彩勾边。彩陶器有盆、钵、罐，彩绘于口沿和外腹部位（图1-4-6-1、2）。纹样有圆点纹、斜线纹、直线纹、弧边三角纹、网格纹和垂弧纹（图1-4-6-3、4）。各式垂弧纹较有特色，一种以弧边三角为衬的地纹垂弧纹最引人注意（图1-4-6-4）。

乔山底见有一部分彩陶罐仅在沿面内绘彩，腹部光素无纹，所见纹饰多为类似的垂弧纹，别具一格（图1-4-6-5）。

遗址虽然出土彩陶片较多，但没有见到典型的花瓣纹和大幅面的旋纹。

乔山底的彩陶布局较为疏朗，与它地有些微区别，现在还不能明白这是地域的还是时代的原因。

7. 芮城西王村遗址

芮城西王村遗址面积10万平方米，1960年由中国科学院考古研究所山西工作队发掘385平方米[1]。西王村遗址下层属庙底沟文化，出土一定数量的彩陶。

西王村遗址彩陶绘于盆、碗和罐外腹和唇沿，有黑红白三色彩，以黑彩为主（图1-4-7-1）。彩纹由条纹、弧线纹、弧边三角纹、网格纹和圆点纹组成，可以看出有花瓣纹，也有旋纹，还有较多的叶片纹和"西阴纹"。西王村所见的"西阴纹"非常典型，构图比较简练（图1-4-7-2）。

8. 垣曲小赵遗址

垣曲小赵遗址是一处较大的遗址，面积15万平方米，主要为包含有一定半坡文化因素的庙底沟文化堆积。中国社会科学院考古研究所山西队于1993年进行调查和试掘，试掘面积为70平方米[2]。

这一次发掘出土少量彩陶，复原器物并不多，彩陶元素多为宽带形和圆弧形（图1-4-8-1）。

[1]中国科学院考古研究所山西工作队：《山西芮城东庄村和西王村遗址的发掘》，《考古学报》1973年1期。

[2]中国科学院考古研究所山西工作队：《山西垣曲县小赵新石器遗址的试掘》，《考古》1998年4期。

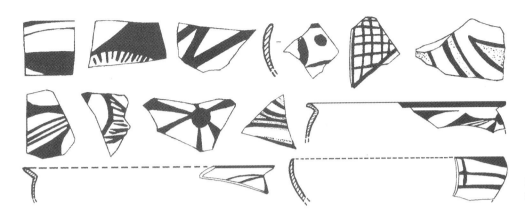

图1-4-7-1 山西芮城西王村遗址彩陶

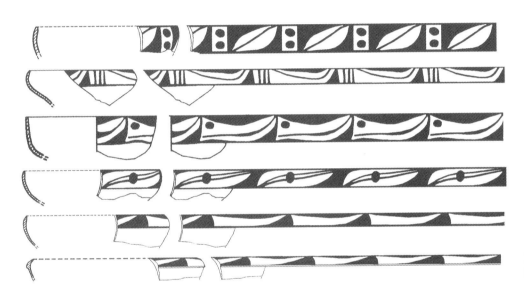

图1-4-7-2 山西芮城西王村遗址彩陶

图1-4-8-1 山西垣曲小赵遗址1993年发掘彩陶

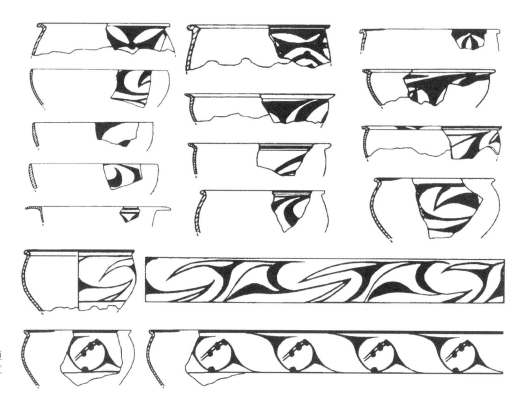

图1-4-8-2 山西垣
曲小赵遗址1996年发
掘彩陶

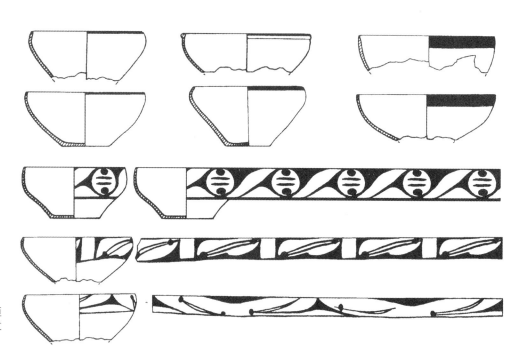

图1-4-8-3 山西垣
曲小赵遗址1996年发
掘彩陶

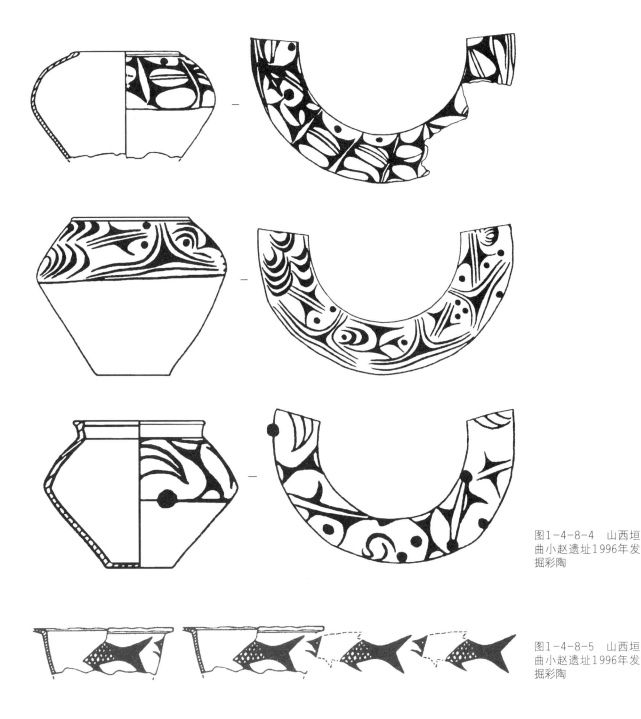

图1-4-8-4 山西垣
曲小赵遗址1996年发
掘彩陶

图1-4-8-5 山西垣
曲小赵遗址1996年发
掘彩陶

1996年中国社会科学院考古研究所山西队再次发掘小赵遗址，发掘面积为632
平方米[1]。出土的彩陶较多，占到8%。以黑彩为主，也有少量红彩，多宽带、窄带、横
杠、斜线、弧线、弧形、弧边三角、圆点和网格元素，以圆弧形图案为主，见到双旋
纹和双点穿圆纹（图1-4-8-2）。有一些彩陶上的窄带纹很窄，除了口沿的窄带，腹
面上不再绘纹饰，见到一些变形的叶片纹和双瓣式花瓣纹（图1-4-8-3）。

有三种深腹彩陶罐上的纹饰组合比较特别，为其他地点少见。构图的元素都是
以弧线和圆点为主，但并没有采用明显的二方连续方式构图，纹饰组合有一定的随

[1]中国科学院考古
研究所山西工作队：
《山西垣曲小赵遗址
1996年发掘报告》，
《考古学报》2001年
2期。

意性, 这样的例子并不多见 (图1-4-8-4)。

小赵彩陶中还意外见到一例鱼纹, 也是采用二方连续方式构图, 它的写实性很强, 鱼的形态表现得也很准确, 这在庙底沟文化彩陶中是仅见的一例, 在半坡文化彩陶中还没有发现过 (图1-4-8-5)。

小赵遗址因为表现出一些半坡文化的特点, 它应当是属于庙底沟文化中年代较早的遗存, 这对于了解两个文化之间的关系是非常重要的。

五 彩陶发现: 陕西地区

陕西地区发现的庙底沟文化遗址, 主要集中在关中地区, 陕南也有一些发现。在此要提及的比较重要的遗址, 主要是关中地区的华县泉护村、华阴南城子和西关堡、西安南殿村、扶风案板、岐山王家咀、陇县原子头和西乡何家湾等处。其中出土彩陶最丰富的最值得关注的是泉护村和原子头, 当然还有一些正在开展田野工作且资料还未及刊布的遗址, 这是很值得期待的。

1. 华县泉护村遗址

华县泉护村遗址是一处大型遗址, 面积达60万平方米, 1958~1959年由黄河水库考古队发掘, 发掘面积6000余平方米。遗址的仰韶层堆积属庙底沟文化时期, 发现有半地穴方形房屋基址和成组的陶窑群, 出土的花瓣纹与鸟纹图案彩陶为庙底沟文化时期彩陶图案的典型代表[1]。

发掘者将泉护村遗址的庙底沟文化堆积, 按地层早晚分为前后相接的三段, 由

[1] 北京大学考古学系: 《华县泉护村》, 科学出版社, 2003年; 黄河水库考古队华县队: 《陕西华县柳子镇考古发掘简报》, 《考古》 1959年2 期;《陕西华县柳子镇第二次发掘主要收获》, 《考古》·1959年11期。

图1-5-1-1 陕西华县泉护村遗址一期1段彩陶

史前中国的艺术浪潮——庙底沟文化彩陶研究

074

图1-5-1-2 陕西华县泉护村遗址一期1段彩陶

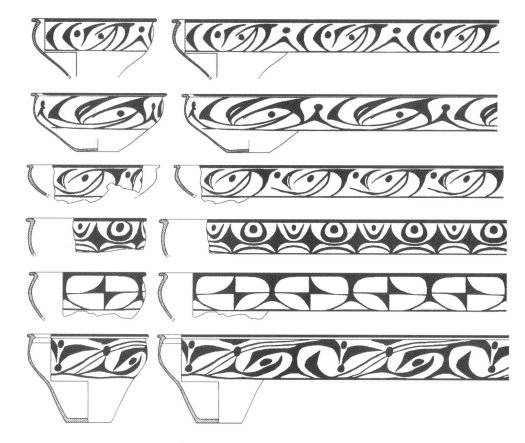

图1-5-1-3 陕西华县泉护村遗址一期2段彩陶

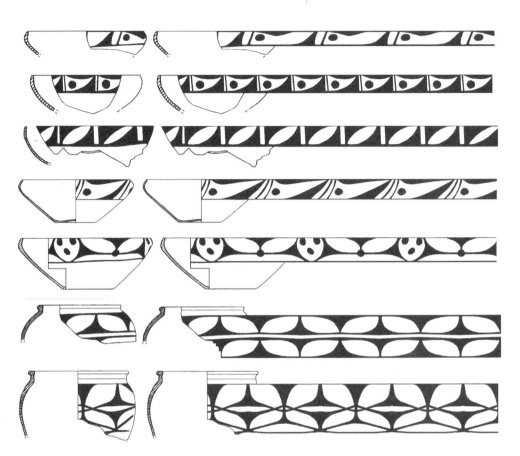

图1-5-1-4 陕西华县泉护村遗址一期2段彩陶

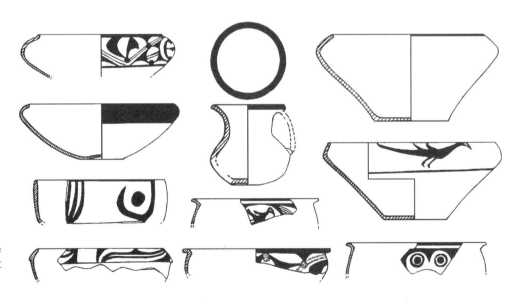

图1-5-1-5 陕西华县泉护村遗址一期2段彩陶

出土彩陶的变化看，三段的区分似乎略有些脉络可寻。

第1段：彩陶占到泥质陶的1/7，全为黑彩，用圆点、弧线、涡纹、弧形三角等组合图案，有"西阴纹"和叶片纹（图1-5-1-1），见大幅面的旋纹，写实的鸟纹很有特色，因背部绘一圆球形而被认作太阳鸟（图1-5-1-2）。

第2段：彩陶以黑彩为主，出现红彩和白彩。也是用圆点、弧线、涡纹、弧形三角等组合图案，较多见到"西阴纹"、叶片纹、花瓣纹和大幅面的旋纹（图1-5-1-3）。花瓣纹较为肥硕，有双瓣形，也有扩展的四瓣形（图1-5-1-4）。侧立的鸟纹有时绘在大圆圈中，也有时独立出现，体态较为瘦削（图1-5-1-5）。

第3段：彩陶以黑彩为主，见到单施的红彩器。纹饰趋于简单，象生图案也较为简化。有叠弧纹、四瓣式花瓣纹和变形花瓣纹（图1-5-1-6、7）。有叶片纹和双点穿圆纹，"西阴纹"和花瓣纹还能见到，但不见典型的旋纹（图1-5-1-8）。鸟纹发现较多，除了侧立的以外，还有正飞与侧飞的动态图像（图1-5-1-9、10）。当然那种蝌蚪状的图案是否一定就是鸟纹图像的简化，可能还有一些疑问。

发掘者在报告中对各类器形的演变及彩陶纹饰的风格，有比较详细的描述，下面是简单的摘录：

彩陶盆：早期容积较大，纹饰繁缛，由圆点、弧线、涡纹、弧形三角等组合而成，其中纹饰疏朗者似属更早的风格。象生图案比较写实，略显呆板。中期容积变小，纹饰母题仍为圆点、弧线、涡纹与弧线三角等，但纹饰线条细化，遒劲流畅，旋式"勿"字纹普遍。象生图案有写意趋向，生动逼真。晚期容积也不大，纹饰少且简单，多为涡纹和人字纹。象生图案更为简化，已不见写实表现手法。

图1-5-1-6　陕西华县泉护村遗址一期3段彩陶

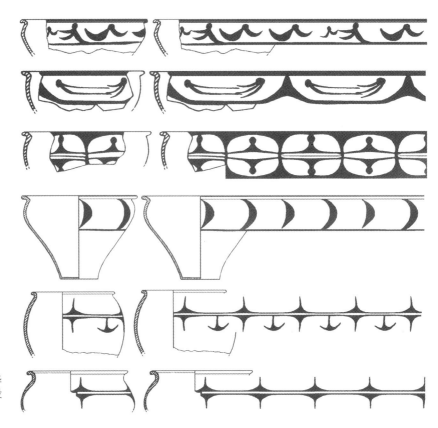

图1-5-1-7 陕西华县泉护村遗址一期3段彩陶

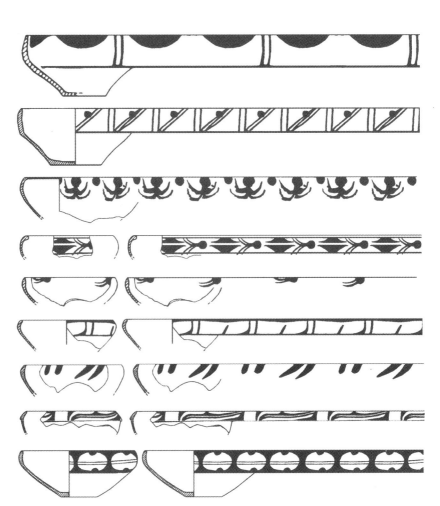

图1-5-1-8 陕西华县泉护村遗址一期3段彩陶

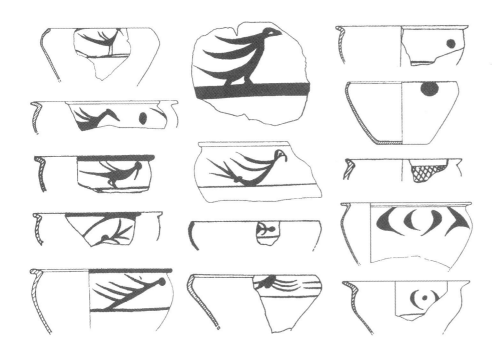

图1-5-1-9　陕西华县泉护村遗址一期3段彩陶

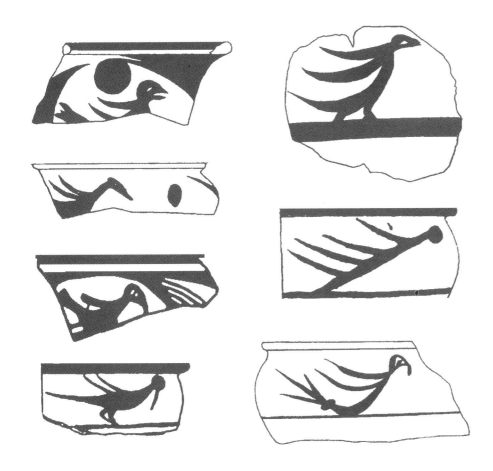

图1-5-1-10　陕西华县泉护村遗址鸟纹彩陶

彩陶钵：早期纹饰多由圆点、弧线、弧边三角和垂幛纹等组合而成，象生图案中的鸟形以写实为主，兼有写意，图形逼真生动。晚期纹母题多斜线、三角线和人字纹，象生图案趋于简化。

彩陶罐：早期容积较小，纹饰简单，色彩深黑。晚期容积变大，纹饰趋于草率，母题为上下对置的弧形三角纹、铁锚纹等，色彩浅淡。

发掘者对彩陶变化总的描述是：彩陶由刻意用工、规整简朴，至繁缛瑰丽而趋于简单草率，象生图案由写实生动而为抽象简化。

[1]陕西省考古研究院、渭南市文物保护研究所：《华县泉护村——1997年考古发掘报告》，文物出版社，待刊。

1997年7至12月，陕西考古研究所对华县泉护村遗址又进行了较大规模的发掘，出土彩陶数量也不少，资料即将正式公布[1]。发掘区正好处于第一次发掘Ⅰ、Ⅳ与Ⅲ工区之间，发掘总面积约为2500平方米。发现庙底沟文化时期的遗迹基本都是灰坑，彩陶都出土于这些灰坑。

这次发掘所见彩陶，主要也是绘于钵、盆和罐等泥质陶器的上腹和口沿部，多为黑彩，有极少的紫红彩，也都是以地纹表现方式为主。"纹样主要由圆点、弧线、弧形三角、涡纹、斜线等构成各种图案，黑彩或紫红彩构成的多组连续分布相同单元的图案施于彩陶盆或钵上"。

发掘者将泉护村的庙底沟文化遗存分为三期，与第一次发掘划分的三段应当是大体吻合的。一期的陶器主要有尖底瓶、葫芦口瓶、罐、盆、钵、瓮等，还有器盖、灶、釜等。其中瓶、盆、钵、瓮等多为泥质陶，罐类多为夹砂陶，陶色以红陶为主，部分器类如瓮等则以灰陶居多。二期主要陶器和一期相比变化不大，某些器类如器盖数量增多，晚段陶质开始变粗，出现较多黄褐陶、褐陶等。三期主要陶器器类有尖底瓶、葫芦口瓶、罐、盆、钵、瓮等，部分器类如器盖数量减少，彩陶数量也明显减少，陶质均较粗，陶色偏黄。

陶器主要有尖底瓶、葫芦口瓶、罐、盆、钵、瓮、灶、器盖等，其中罐的数量最多，所占比例达30%左右。其次是盆和钵，一～三期盆和钵所占比例分别为24.4%、22.44%、16.99%，20.46%、20.86%、28.99%。尖底瓶数量也不少。

以出土彩陶而论，一期彩陶较多，基本都是黑彩，有少量白地紫红彩。彩陶以陶盆所占比例最多，图案繁复，彩陶钵也不少。钵上所绘主题多为西阴纹，纹样少有变化，另外也见到一些叶片纹和圆点纹。也有很少的网格纹和花瓣纹，纹饰单元之间插绘隔断（图1-5-1-11）。

在浅腹盆上绘出的大单旋纹非常严谨，作为衬底的黑色填绘得比较饱满，构图特别匀称。单旋纹的旋心都缀有圆点，纹样的接点处也常常以圆点为饰（图1-5-1-12）。也有的盆上绘双旋纹与单旋纹组合，以圆盘形纹作附加装饰，衬底的黑色同样也填绘得比较饱满（图1-5-1-13）。

值得注意的是，这次的发掘也发现一例简体鱼纹，纹样仅存鱼尾的中部，发掘者只是说它具有半坡文化风格，并没有辨认出来（图1-5-1-13，下）。这例鱼纹的鱼尾外侧上下勾勒有边线，属于年代较早的一期文化。加上前次的发现，泉护村发现的简体鱼纹彩陶已有两例，数量虽然较少，却也显得非常重要。

浅腹盆上最多见到的是那种结构显得松散的双旋纹组合，虽是显得较为散漫，但线条却相当流畅，它的严谨好像是隐藏起来了。盆沿上一般也都绘四分五分式纹样，将圆形变出矩形效果来（图1-5-1-14）。

深腹盆和浅腹盆上的纹饰好像并无严格的区分，多是一些繁复的旋纹组合，有的则有更多的附加元素，叶片与圆盘形是最常见的元素。多元素的融入，使得纹饰的内涵更加丰富，让我们现在的解释也更为困难。

比较特别的是，在一件陶器的内底绘有一幅蛙纹，绘法与鸟形相似，都是一个轮廓，蛙体用黑彩填满。另有两件器盖满绘花瓣式图案，分别为三分式和四分式构图，布局均衡对称。

二期遗存丰富，出土彩陶数量较多，也都是以盆和钵为多。钵上所绘纹饰大多比较简练，一般以一种元素作二方连续构图。采用最多的是西阴纹，也都是比较简单的西阴纹，细部没有明显变化。彼此的区别一般只是单元纹饰的长短，还有隔断上的细小不同。个别器物上的西阴纹单元图案并不等长，似乎是在绘制时没有把握好布局，也许会有其他含义也不可知。只在个别情况下，西阴纹与其他如叶片纹混合组成图案，这在其他地点也是极少见到的例子。

钵上还有数例象生的鸟纹，有立鸟纹、也有飞鸟纹，都是比较写实的图形，绘作剪影样式，首足分明。也有个别简化的鸟纹，以圆点代替头形，身体也省却了，只剩

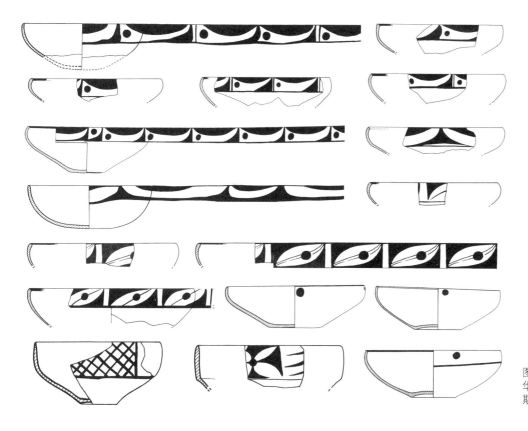

图1-5-1-11 陕西华县泉护村遗址新一期彩陶

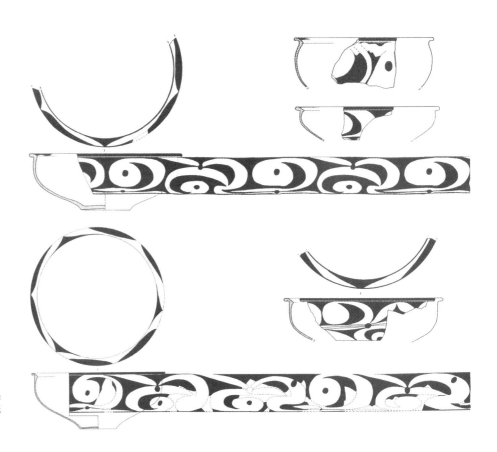

图1-5-1-12 陕西华县泉护村遗址新一期彩陶

图1-5-1-13 陕西华县泉护村遗址新一期彩陶

图1-5-1-14　陕西华县泉护村遗址新一期彩陶

下一对翅膀。还有一些不能确定的"似鸟纹"，在别处不曾见到过（图1-5-1-15）。

　　二期钵上还见到较多的圆点组合纹饰，圆点常常两两一组，装饰在器物两侧，风格洗练。有时这样的圆点也与其他元素组合，纹饰布局比较疏朗。此外还有叶片纹组合和花瓣纹组合，构图也都不是太复杂。还见到一例磨线式的斜行平行线组合，也是少见的发现。

　　各类盆上的纹饰一般都绘得较为饱满，构图也比较繁复。最精彩的还是单旋纹与双旋纹组合，另有圆盘形等作附加元素。有一例盆沿绘出四分式构图，可以看出画工有过精心的度量设计。也有几例敛口盆是以单旋纹作主体纹饰，以复彩绘成，在其他地点很少见到。

　　少数盆绘制复杂的双旋纹与单旋纹纹组合，附加元素较多，有的在其他地点不曾见到过。有一例单双旋纹组合绘制非常严谨，衬底的黑色较为浓重，整体风格显得相当沉稳。也见到单纯的双旋纹二方连续构图，没有附加元素，只是在旋心位置缀有圆点，显得非常利落（图1-5-1-16）。

　　同样是双旋纹与单旋纹组合，在有的盆面上绘得较为松散，附加元素也较少，纹饰留白明显多于着彩处，布局不似上述双旋纹与单旋纹组合纹饰严谨，色调显得较为明亮。沿面也见到四分式布局纹饰，但有的划分并不均等，略显草率。

　　盆类绘制最多的是一种较为纯粹的双旋纹，是一种结构松散的双旋纹。一般是采用三个双旋纹元素为一组，连接成二方连续图案，旋心都缀有圆点。沿面装饰有

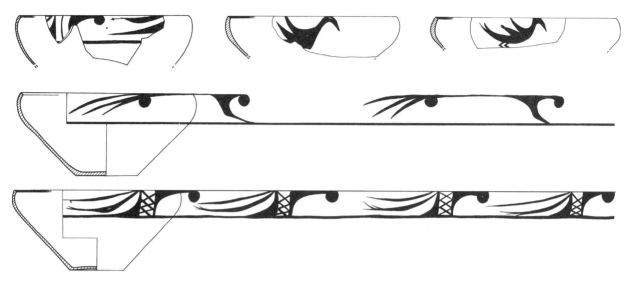

图1-5-1-15　陕西华县泉护村遗址新二期彩陶

图1-5-1-16　陕西
华县泉护村遗址新二
期彩陶

二分式也有四分式图案,线条非常流畅。这种双旋纹盆多到近20件,可见它是一种非常流行的纹饰,不同的器物上绘出的图案构图相同,风格接近,有的似乎出自同一人之手。

不多的几件深腹盆,有的绘变形的双旋纹,有的绘变体四瓣式花瓣纹,有的则绘着某类简化的动物纹。还有几件深腹罐,都绘着圆盘形纹组成的二方连续图案,不用附加元素作衬托,这在其他地点也是很难见到的。有一件绘得比较草率,构图接近于四瓣式花瓣纹。

此外还有数件器物由于残破过甚,纹饰构图不易判明,其中有一件用叶片纹作多重叠加,构图别具一格。

三期遗存发现较少,彩陶相对数量也较少,纹饰也以简略的构图为主,绘制也显得粗率一些。盆罐上的纹饰,还是以旋纹为多,也有一些前所未见的图案,只是因为陶片比较破碎,暂时还不能复原纹饰的全貌。当然也有少数器物上的纹饰绘得相当精致,有的双旋纹与单旋纹组合构图特别规整,即使放在前两期中看,也是难得的精品(图1-5-1-17)。倒是二期中最流行的那种松散式的双旋纹,在这时不再容易见到了。

这一期有几件深腹盆与罐的纹饰很值得一提。一件深腹罐上腹绘两列茧形图案,另有一件深腹盆绘有立鸟纹,与立鸟纹组合在一起的是圆点与枝蔓纹,这是在其他地点都没有发现过的。还有一件深腹盆,绘圆点与弧形组合,两两相对的弧形正好衬托出一块悬璧的图形,悬璧用双线悬挂着,这是很精彩的构图,也是很难得的发现(图1-5-1-18)。

在三期的钵上,有几件都绘出了鸟形,没有发现写实的鸟形,都是一些变体简化的鸟形。最值得注意的是报告中提到两件钵都绘着面对面翔飞的对鸟纹,这两件钵出自同一个遗迹单位,大小形制相同,纹饰风格也相同,有理由相信它们原本是同一件器物,是在复原时误分作两件了(图1-5-1-19)。

钵上的纹饰还能见到西阴纹,也有圆点纹、叶片纹、对三角纹、双点穿圆纹和网格纹等。网格绘得较为稀疏,与前期所见明显不同。

从彩陶上的鸟纹看,一般绘在各式钵上,绘在相对的两侧,都是侧视的剪影图像。一期没有发现鸟纹彩陶,二期有立鸟纹、飞鸟纹,都是比较写实的图形,也有简化的鸟纹。三期依然有写实的鸟纹,同时也有简化鸟纹,新见一种面对面翔飞的对鸟纹很有特点(图1-5-1-20)。

泉护村遗址第二次发掘获得的彩陶,整体看来纹饰内容并没有太多新的类型,但数量大大增加,这也使得这个遗址成为出土庙底沟文化彩陶最丰富的地点之一,对于深化彩陶研究很有帮助。

2. 宝鸡福临堡遗址

宝鸡福临堡遗址面积18万平方米,1984~1985年由宝鸡市考古工作队和陕西省考

图1-5-1-17 陕西
华县泉护村遗址新三
期彩陶

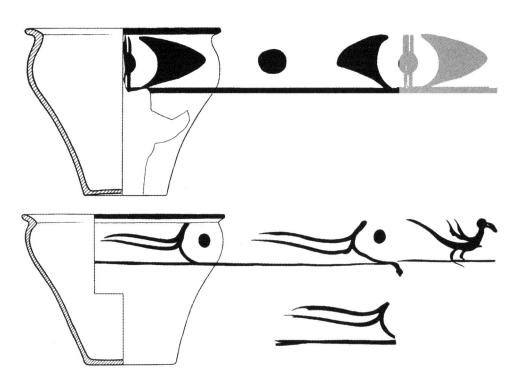

图1-5-1-18 陕西
华县泉护村遗址新三
期彩陶

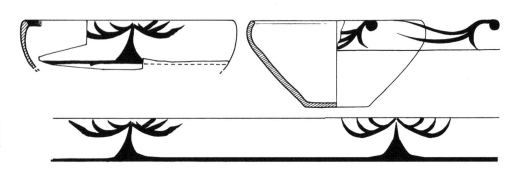

图1-5-1-19 陕西
华县泉护村遗址新三
期彩陶

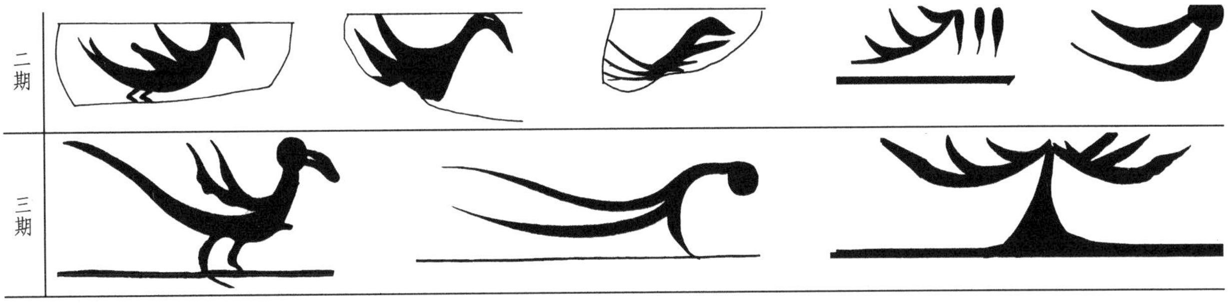

图1-5-1-20　陕西华县泉护村遗址彩陶上的鸟纹

古研究所宝鸡工作站联合发掘，发掘面积1344平方米，揭露的遗迹有房址、陶窑、灰坑和墓葬。遗址分属庙底沟和西王村文化，还发现了一个介乎二者之间的过渡层次，45座墓葬属半坡文化[1]。

福临堡遗址出土庙底沟文化彩陶，只见盆钵两类，其他器形不见施彩的情形（图1-5-2-1）。绘彩也都仅限于器口和上腹部，没有见到内彩。以黑色彩为主，少见红彩，常见圆点纹、弧线纹、弧边三角纹和网格纹，构成多变的几何形图案，有叶片纹、"西阴纹"和旋纹（图1-5-2-2）。

彩陶中不见象生类纹饰，但有在圆圈内绘三圆点状似人面的图案，为它处所少见（图1-5-2-3）。

3. 扶风案板遗址

扶风案板遗址面积70万平方米，1984~1993发掘2732平方米，上层为龙山文化堆积，下层为庙底沟文化，仰韶文化堆积分属庙底沟和西王村时期，发现有作为祭仪使用的大型房址，出土的陶塑人像很有特色[2]。

庙底沟文化层出土彩陶较少，数量只占到3%。纹饰主要绘于盆钵上腹与口沿部位，纹样由圆点、斜线、直线、弧线、弧边三角构成叶片纹、"西阴纹"和旋纹图案。见到不止一例的侧立状态的鸟纹，都作展翅欲飞状（图1-5-3-1）。还有一种小圆头长分尾的图案，应当是鱼纹的简化形式（图1-5-3-2）。

案板遗址在1997年由宝鸡市考古工作队再次发掘，发掘面积300平方米[3]。主要为庙底沟文化堆积，彩陶多黑彩，少量白彩和红彩，多绘在盆钵口沿和外腹部位，主要有圆点纹、弧线纹、三角勾叶纹，组成的图案有叶片纹、花瓣纹和旋纹，还见到典型的侧立状态的鸟纹（图1-5-3-3）。

4. 华阴西关堡遗址

华阴西关堡遗址面积92万平方米，是较早发现的面积最大的庙底沟文化遗址，1957年黄河水库考古队发掘500平方米[4]。

西关堡发现一定数量的彩陶，绘彩颜色以黑色为主，很少用红色，有少量白衣彩

[1]宝鸡市考古工作队等：《宝鸡福临堡》，文物出版社，1993年。

[2]西北大学文博学院考古专业：《陕西扶风遗址发掘报告》，科学出版社，2000年。

[3]宝鸡市考古工作队：《陕西扶风案板遗址（下河区）发掘简报》，《考古与文物》2003年5期。

[4]中国社会科学院考古研究所陕西工作队：《陕西华阴西关堡新石器时代遗址发掘》，《考古学集刊》第6集。

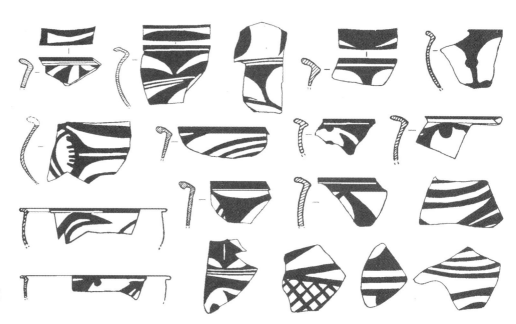

图1-5-2-1 陕西宝
鸡福临堡遗址彩陶

图1-5-2-2 陕西宝
鸡福临堡遗址彩陶

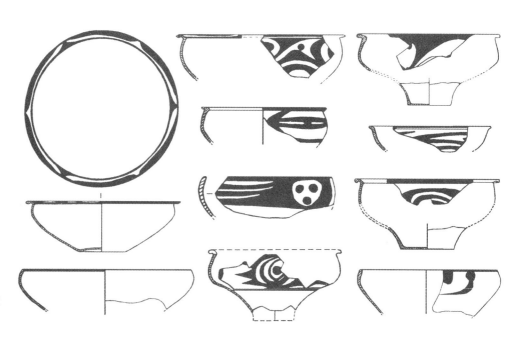

图1-5-2-3 陕西宝
鸡福临堡遗址彩陶

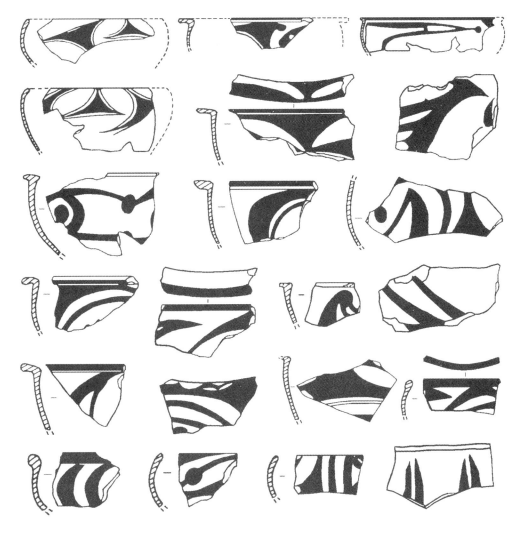

图1-5-3-1 陕西扶
风案板遗址彩陶

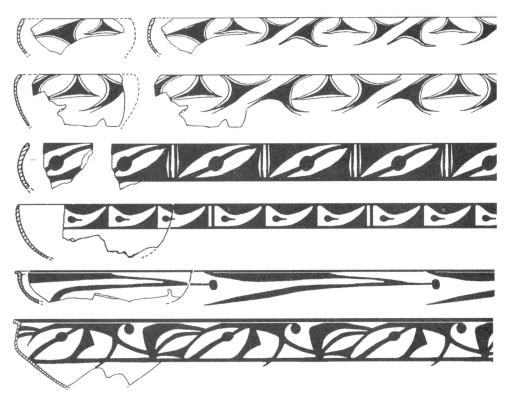

图1-5-3-2 陕西扶
风案板遗址彩陶

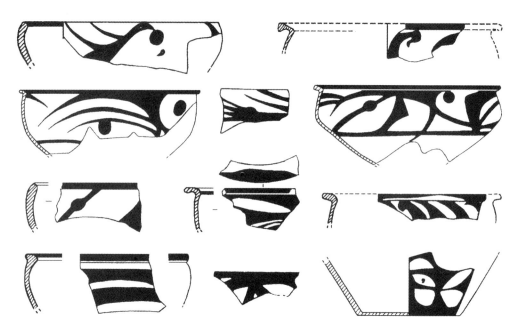

图1-5-3-3　陕西
扶风案板遗址（下河
区）彩陶

陶。由圆点、钩叶、弧线三角、曲线、方格纹构成的几何图案，在钵上多构成网格纹和折线纹，也有叠弧纹。更多见到的是风格较为接近的"西阴纹"，一件陶钵上绘双排"西阴纹"，是少有的发现（图1-5-4-1）。

　　在盆上多构成花瓣纹和旋纹，见到复杂的单双旋图案组合，纹饰绘制非常精细（图1-5-4-2）。在一件豆形器上，绘有白衣花瓣纹，画工非常细致，这样的豆形器在庙底沟文化极少见到（图1-5-4-3）。

　　西关堡也有少量鸟纹和蛙纹类动物图案。鸟纹为侧飞形状，身体呈长条形，三叉长尾，透出一种灵秀之气（图1-5-4-4）。

5. 西乡何家湾遗址

[1]陕西省考古研究
所等：《陕南考古报
告集》，三秦出版
社，1994年。

　　西乡何家湾遗址面积约1万平方米，1980~1982年由陕西省考古研究所进行发掘，发掘面积1475平方米。遗址文化堆积下层为李家村文化，中层为半坡文化。发现半坡时期居址35座，墓葬156座，瓮棺葬21座。这是分布在汉水流域的典型半坡文化遗存，出土不少精致的文化遗物。在上层发现庙底沟文化堆积，出土数量较多的彩陶[1]。

　　何家湾遗址所见庙底沟文化彩陶，以黑彩为主，红彩很少，个别器物上见有白衣。纹样以弧线、勾叶圆点和弧线圆点多见（图1-5-5-1），也有花瓣纹和"西阴纹"（图1-5-5-2），还有少量细线纹和网格纹。

　　值得注意的是，这里的彩陶上还出现了写实的鱼形图案，这在庙底沟文化时期是很难见到的（图1-5-5-3）。

　　还要提到的是，何家湾彩陶中也见到图案化鱼纹。有两片彩陶片，因为破碎过甚，留下的线条不容易辨认出原来的纹饰，通过与其他地点的发现比对，我们可以确

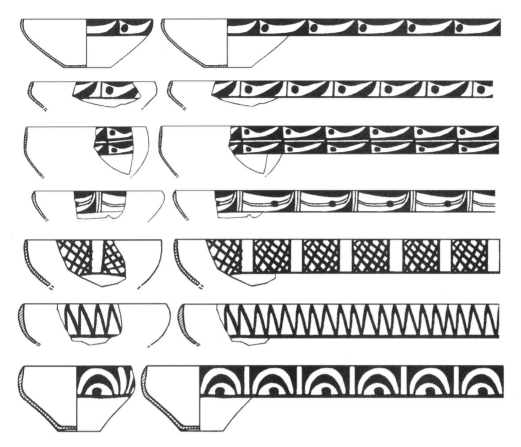

图1-5-4-1　陕西华
阴西关堡遗址彩陶

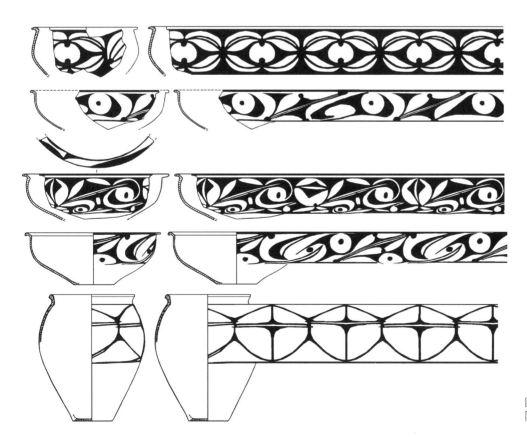

图1-5-4-2　陕西华
阴西关堡遗址彩陶

图1-5-4-3　陕西华
阴西关堡遗址彩陶

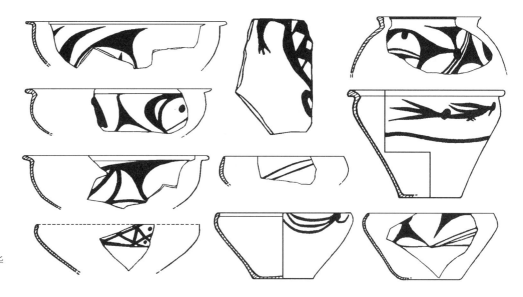

图1-5-4-4　陕西华
阴西关堡遗址彩陶

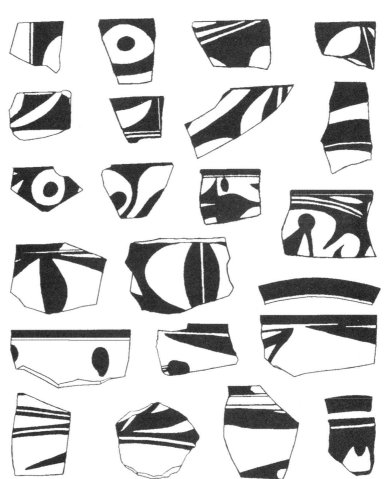

图1-5-5-1　陕西西
乡何家湾遗址彩陶

图1-5-5-2　陕西西
乡何家湾遗址彩陶

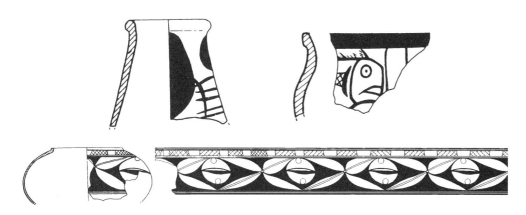

图1-5-5-3　陕西西
乡何家湾遗址彩陶

定那是鱼纹。两片陶片上的鱼纹分为两种，一种与半坡文化的相同，是典型鱼纹。另一种是庙底沟文化独有的纹饰，纹饰高度简化，属于简体鱼纹（图1-5-5-4）。

6. 华阴南城子遗址

华阴南城子遗址面积21万平方米，1958年黄河水库考古队发掘225平方米[1]。遗址为比较单纯的庙底沟文化堆积，出土一定数量的彩陶。

南城子彩陶均为黑彩，几何纹有条纹、弧线、三角、勾叶和圆点构成的旋纹等（图1-5-6-1）。纹饰绘制较为精致，有两种以点穿圆的图案很有特点。旋纹中有大单旋纹，还有一例清秀的草叶纹，是它处没有的发现（图1-5-6-2）。

南城子还见到类似半坡文化彩陶的鱼纹，也有简化的鱼纹（图1-5-6-3）。在庙底沟文化彩陶中少见鱼纹，而南城子的鱼纹具有半坡文化风格，更是少见。这也许由一个点上透露出了遗址年代较早的信息，值得注意。

7. 陇县原子头遗址

陇县原子头遗址面积30万平方米，1991~1992年由陕西省考古研究所与宝鸡市考古队联合发掘3800平方米。遗址发现有前仰韶文化堆积，也有半坡文化堆积，第

[1]中国社会科学院陕西工作队：《陕西华阴南城子遗址的发掘》，《考古》1984年6期。

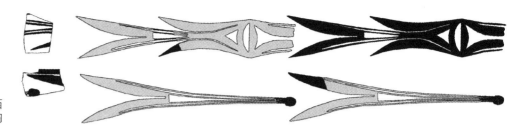

图1-5-5-4 陕西西
乡何家湾遗址鱼纹彩陶

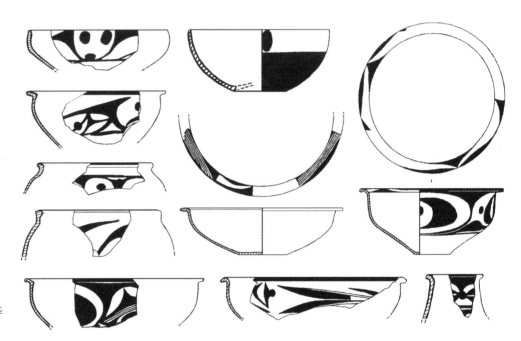

图1-5-6-1 陕西华
阴南城子遗址彩陶

图1-5-6-2 陕西华
阴南城子遗址彩陶

史前中国的艺术浪潮——庙底沟文化彩陶研究

094

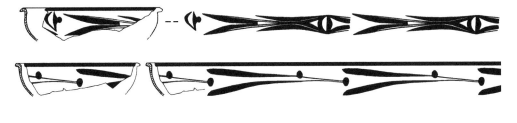

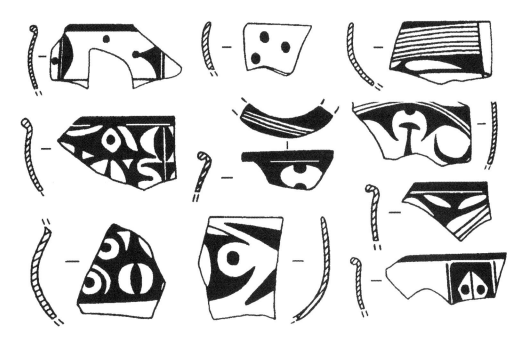

三期为庙底沟文化较早的遗存，发掘者认为相当于半坡向庙底沟文化过渡的中间阶段，出土较多彩陶（图1-5-7-1）。第四期相当于庙底沟文化晚期，出土彩陶不多。发掘者认为庙底沟文化彩陶以西部区域年代较早，可能有由西向东传播的趋势，这一点值得关注[1]。

原子头遗址第三期彩陶全为黑彩，彩陶多为盆钵类器。常见"线状黑口彩"（图1-5-7-2），窄带状的黑彩绘在钵类口沿内，器外无彩。

盆钵上的几何纹可以明确分为两类，一类以圆弧形为主要构图单元，另一类以直线直边形为主要构图单元，组成的纹样风格差别较大。圆弧形图案采用圆点、圆圈、半圆、叶片组合，图案对称，红地与黑色对比分明（图1-5-7-3）。直线直边形图案常见一种黑白三角形的交叉组合，构图严谨，有时也缀以圆点和叶片纹，于严谨中显出一些生动的气息来（图1-5-7-4）。

原子头遗址出土的两件彩陶罐，也是难得一见的精品。两件都是用圆点、圆圈、弧边三角和叶片作重复组合，组合成花瓣纹和圆盘形纹，作多层排列，纹样在重叠中显得更加堂皇富丽（图1-5-7-5）。

此外还见到有变形鱼纹和花瓣纹等，却没有发现典型的旋纹。在几件盆类器上都见到有变形鱼纹，构图相似，不绘眼睛，显现出很强的图案化风格。还有无头鱼

[1]宝鸡市考古工作队等：《陇县原子头》，文物出版社，2005年。

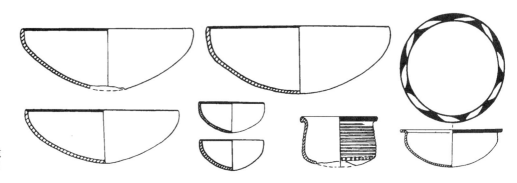

图1-5-7-2 陕西陇
县原子头遗址三期彩陶

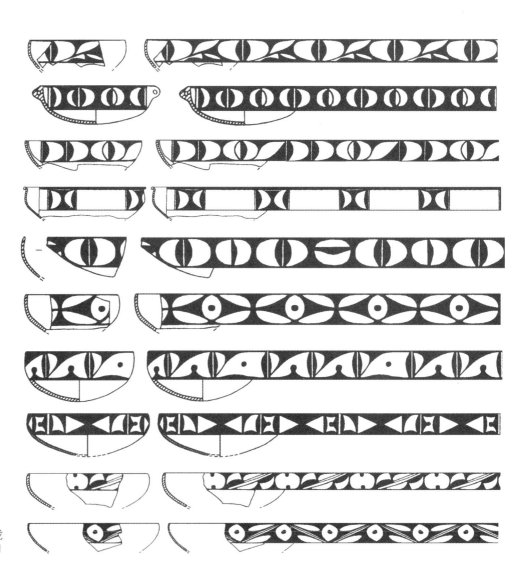

图1-5-7-3 陕西陇
县原子头遗址三期彩陶

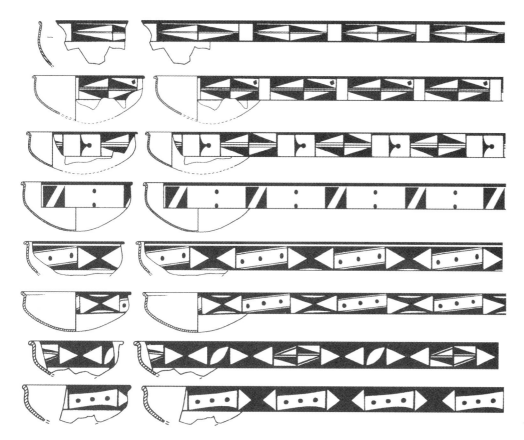

图1-5-7-4　陕西陇
县原子头遗址三期彩陶

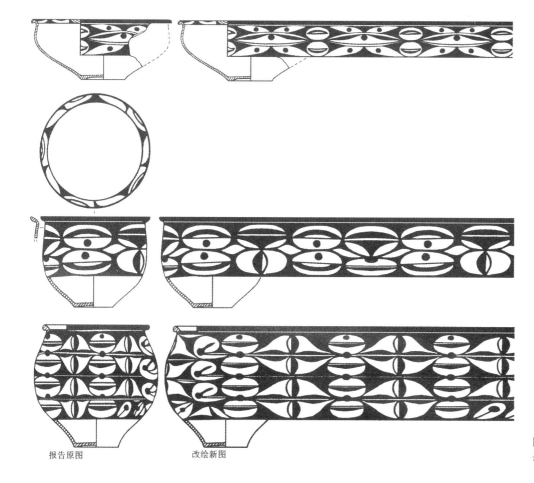

报告原图　　　　改绘新图

图1-5-7-5　陕西陇
县原子头遗址彩陶

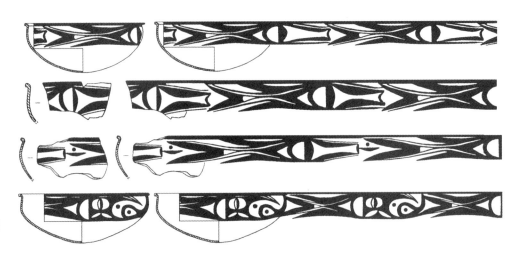

纹,在原本应绘鱼头的位置,绘出了没有明显联系的几何图形(图1-5-7-6)。

原子头遗址第四期彩陶虽然不多,也见到一些比较精致的标本。在盆类器上有站立在圆圈中的鸟纹,属于写实的动物纹(图1-5-7-7)。在一件不知名器上绘有变化不一的圆点圆圈纹,给人一种神秘感,可能是权杖头之类的物件(图1-5-7-8)。

[1]西安半坡博物
馆:《铜川李家沟
新石器时代遗址发掘
报告》,《考古与文
物》1984年1期。

8. 铜川李家沟遗址

铜川李家沟遗址面积约3万平方米,1976~1977西安半坡博物馆发掘530平方米[1]。第一期文化接近半坡文化,发现鱼纹、平行斜线与直角三角等构成的几何形彩陶。第二期文化相当于庙底沟文化,彩陶以圆点、弧形三角纹为主要特征。但也有以圆点、直角三角及平行斜线构成的图案,发掘者认为它不同于常见的"庙底沟类型",无论在地域上或时间早晚上,都显示出与"庙底沟类型"有着一定距离。

李家沟遗址二期文化彩陶数量较多,但均

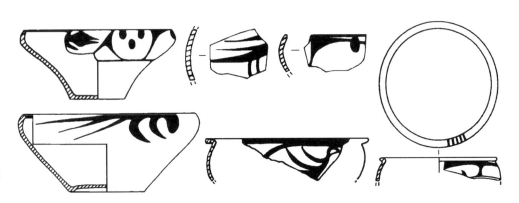

为残片，未见完整器物。彩陶绝大部分为细泥红陶，亦有个别的器表呈淡黄色、橘红色等。彩陶纹饰均为黑彩，主要绘在盆、钵、等器物的口沿或腹部外，也有少量的内彩。彩绘以由圆点、直角三角与平行斜线组成的图案为主，还有弧形三角、平行线和圆点等组成的几何形图案。除了圆点以外，弧形单元较少（图1-5-8-1）。

较为特别的是，李家沟遗址二期文化发现较多鱼纹彩陶，有的纹饰写实性很强，与半坡文化所见相同。还见到一例人面纹等，龇牙咧嘴，表情有些恐怖，与半坡文化的人面纹区别较大（图1-5-8-2）。

值得注意的是，李家沟遗址发现较多的圆点与平行线的组合纹饰，一般都是双圆点配黑地平行斜线，双圆点或垂直排列，或斜向排列（图1-5-8-3）。

将破碎的彩陶片纹饰作复原以后，我们发现这里不仅有菱形纹、三角形纹，还有花瓣纹等等，很值得注意（图1-5-8-4）。

对于李家沟遗址二期彩陶这种复杂的面貌，有研究者认为它是包含了不同时代的彩陶，应当有所区分，关于这一点的讨论在后文还会提到。

9. 岐山王家咀遗址

岐山王家咀遗址面积达20万平方米，西安半坡博物馆在1982年进行了调查与试掘，发掘面积307平方米。遗址主要堆积为庙底沟文化，出土较多彩陶[1]。

王家咀庙底沟文化彩陶也是以黑彩为主，图案元素有圆点、圆形、弧边三角形等（图1-5-9-1）。陶钵上多绘"西阴纹"，"西阴纹"构图变化较多。也见有叶片纹和网格纹，但数量较少（图1-5-9-2）。彩陶片中有多瓣式的花瓣纹，复原出来是四瓣间六瓣的结构，这在关中是不多见的。也有少见的排弧纹，构图虽然比较简单却非常醒目（图1-5-9-3）。

另外还有较多的旋纹彩陶，有稍显松散的双旋纹，也有绘得很精细的单旋纹与双旋纹组合（图1-5-9-4）。

王家咀彩陶中还见到两例简体鱼纹，有一例的侧边还加绘有圆点，为它地所不见（图1-5-9-5）。

10. 西安南殿村遗址

西安南殿村遗址面积五六万平方米，1981年经西安半坡博物馆调查[2]。遗址虽然并没有经过发掘，但调查所获得的彩陶非常丰富，是一处单纯的庙底沟文化遗址。

南殿村的彩陶纹饰元素主要是圆点、网格、弧形和三角弧形等（图1-5-10-1），构成的图案有叶片纹、垂帐纹，还有典型的"西阴纹"。"西阴纹"分宽窄两类，区别比较明显（图1-5-10-2）。其他可以大致复原的彩陶中，有正倒对称的单旋纹，有的纹饰像是眼睛，构图比较特别（图1-5-10-3）。

南殿村还发现两例简体鱼纹彩陶，虽然比较破碎，但基本可以复原出原本的形状来。另有一例图案化动物纹饰，也有点像是鱼，但不能肯定（图1-5-10-4）。

[1] 西安半坡博物馆：《陕西岐山王家咀遗址的调查与试掘》，《史前研究》1984年3期。

[2] 西安半坡博物馆：《西安南殿村新石器时代遗址的调查》，《史前研究》1984年1期。

图1-5-8-1 陕西铜
川李家沟遗址彩陶

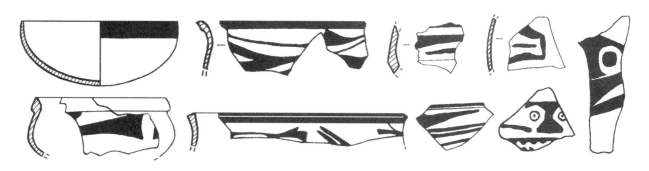

图1-5-8-2 陕西铜
川李家沟遗址彩陶

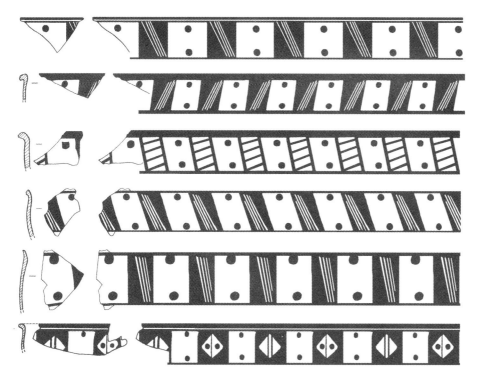

图1-5-8-3 陕西铜
川李家沟遗址彩陶

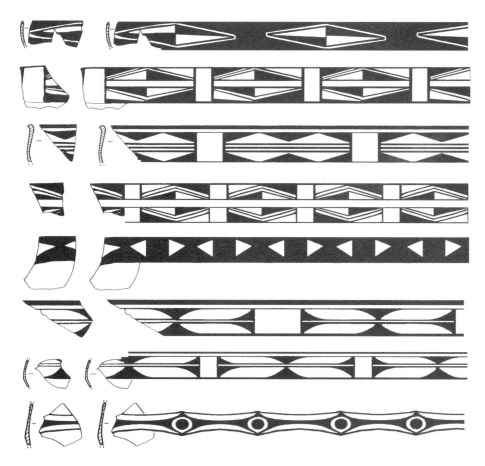

图1-5-8-4 陕西铜
川李家沟遗址彩陶

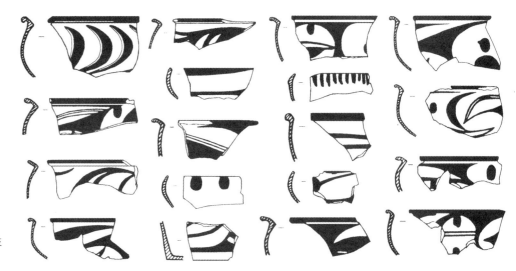

图1-5-9-1　陕西岐
山王家咀遗址彩陶

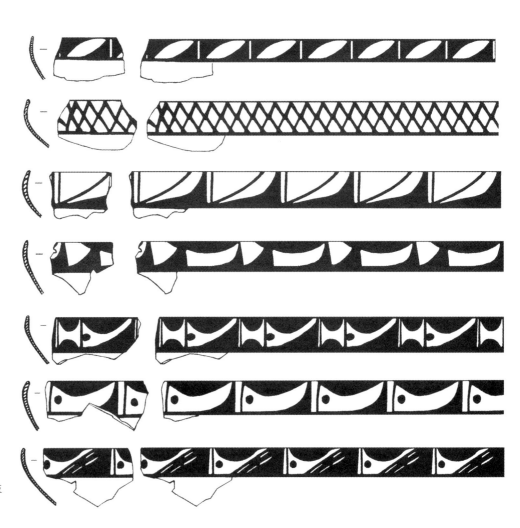

图1-5-9-2　陕西岐
山王家咀遗址彩陶

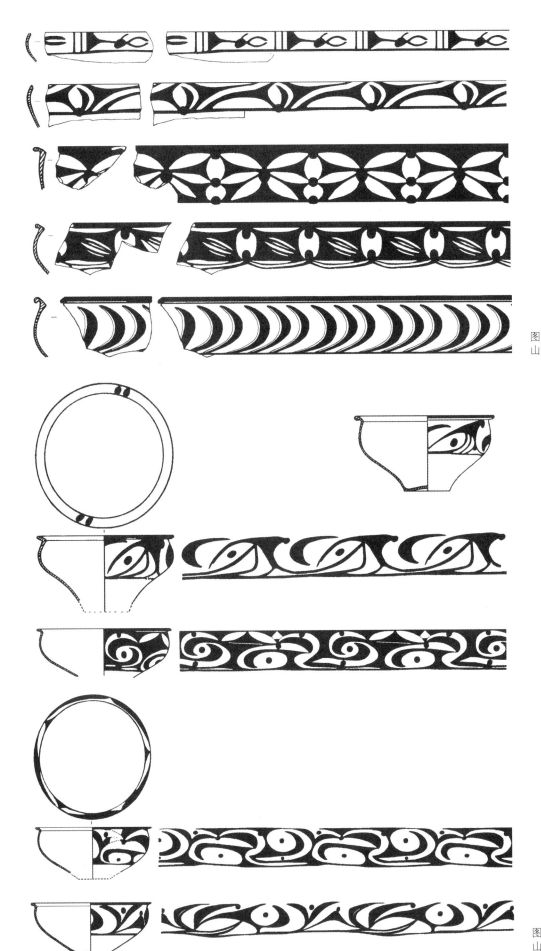

图1-5-9-3　陕西岐
山王家咀遗址彩陶

图1-5-9-4　陕西岐
山王家咀遗址旋纹彩陶

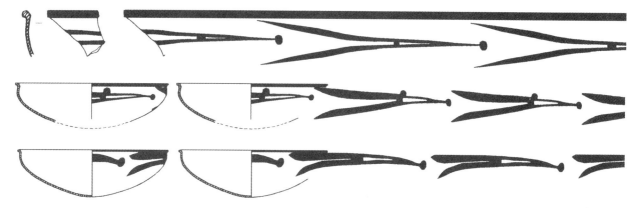

图1-5-9-5　陕西岐山
王家咀遗址鱼纹彩陶

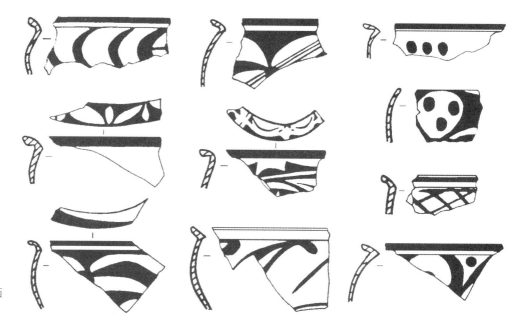

图1-5-10-1　陕西
西安南殿村遗址彩陶

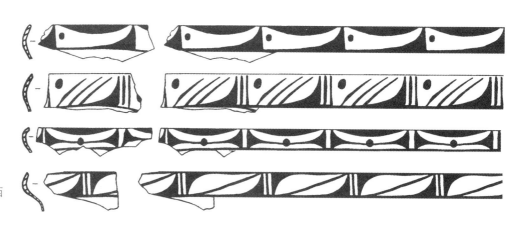

图1-5-10-2　陕西西
安南殿村遗址彩陶

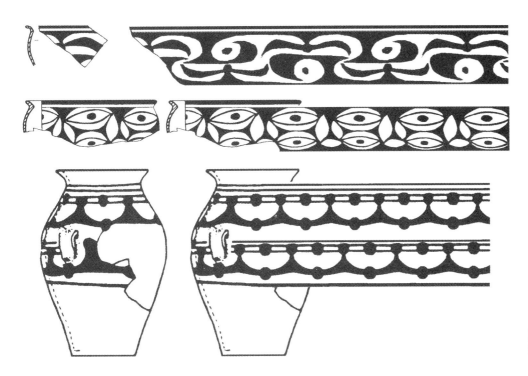

图1-5-10-3 陕西西
安南殿村遗址彩陶

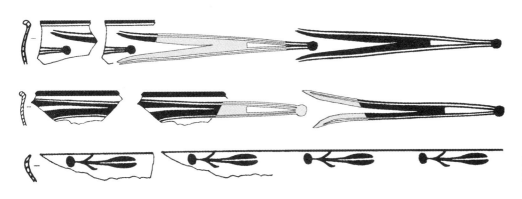

图1-5-10-4 陕西西
安南殿村遗址鱼纹彩陶

图1-5-10-5 陕西西
安南殿村遗址彩陶的
沿面装饰

南殿村有两例彩陶盆上的沿面装饰比较特别，一例为三瓣式的花瓣纹环形连续图案，一例则是它地所不见的纹饰，值得注意（图1-5-10-5）。

六　彩陶发现：甘肃东部地区

甘肃地区发现的与庙底沟文化关系非常密切的遗址，有一些研究者不赞成统统纳入庙底沟文化范畴，不过甘肃东部地区的两处比较重要的遗址，我们还是暂时将相关遗存作为庙底沟文化看待，它们是天水师赵村遗址和秦安大地湾遗址。

1. 天水师赵村遗址

[1]中国社会科学院考古研究所：《师赵村与西山坪》，中国大百科全书出版社，1999年。

天水师赵村遗址面积20万平方米，中国社会科学院考古研究所甘肃工作队于1981~1989年进行多次发掘，发掘面积5370平方米[1]。遗址下层为前仰韶文化堆积，第三期为庙底沟文化堆积。

师赵村遗址出土庙底沟文化彩陶数量不多，常见的为黑彩条纹、圆点纹、弧线纹、弧边三角纹、勾叶纹等（图1-6-1-1），构成的复合纹样有花瓣纹、旋纹和叶片纹和双点穿圆纹等（图1-6-1-2）。

2. 秦安大地湾遗址

[2]甘肃省文物考古研究所：《秦安大地湾》，文物出版社，2005年。

秦安大地湾遗址面积10多万平方米，甘肃省文物工作队于1978~1984年进行多次发掘，发掘面积1.4752万平方米[2]。遗址下层为前仰韶文化堆积，其次为仰韶文化和早期龙山文化堆积，仰韶层包括了半坡、庙底沟和西王村三个时期的遗存，发现有墓葬和大型建筑遗迹。发掘者虽然将遗址的第三期在文化性质与年代上与庙底沟文化相提并论，却并不主张将它纳入庙底沟文化范围，认为应当新命名一个文化。本文暂时仍将它看作是庙底沟文化，当然这也不能抹杀它的地域特点，它终归距离庙底沟文化的中心分布区比较遥远。

大地湾遗址出土庙底沟文化彩陶数量较多，盆、钵类是主要的装饰对象。以黑彩为主，极少的红、黑、白三彩并用。图案复杂绚丽，线条自然流畅，有弧边三角纹、勾连纹、花瓣纹、叶片纹和网格纹等等，圆点和弧线是出现较多的纹饰单元（图1-6-2-1~4）。

盆类器的中腹到上腹一般都绘满纹饰，最常见的是构图华丽的各式旋纹，也见到长尾鱼形纹（图1-6-2-5、6）。也有规整的花瓣纹和花朵形图案，绘制非常精细（图1-6-2-7）。

钵类器上的纹样一般都比较简练，有叶片纹和花瓣纹，更多见到的是各式"西阴纹"（图1-6-2-8、9）。

对于大地湾遗址第三期文化丰富的彩陶，发掘者在进行时代细化分析时也有一定程度的关注，我们在原报告上看到了一张陶器分段图，这里将其中涉及的彩陶抽

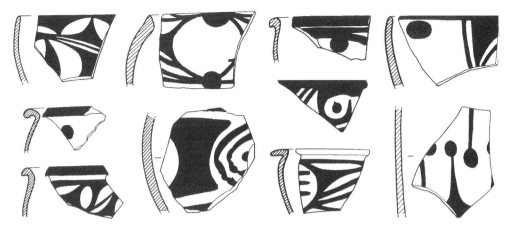

图1-6-1-1　甘肃天
水师赵村遗址彩陶

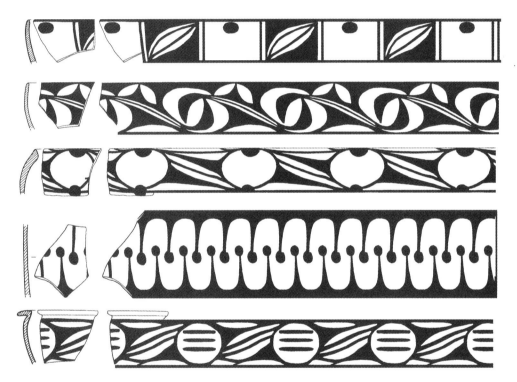

图1-6-1-2　甘肃天
水师赵村遗址彩陶

出另制成一幅新图，可以寻出彩陶发展变化的一些脉络来（图1-6-2-10）。从图中主要标示的钵与盆两类彩陶至少可以看出：旋纹在早期已经较为成熟发达，而在晚期则不易见到；长尾的图案化鱼形纹只见于早期，"西阴纹"出现也比较早。

七　彩陶发现：同期外围文化分布区

在典型仰韶文化的外围区域，在河南西南部、湖北北部、江苏北部、山东南部、青海东部、内蒙古南部都发现了一些有明显庙底沟文化特征的遗址，出土了不少典型庙底沟文化色彩的彩陶器，它们有的被划入庙底沟文化范畴，有的则命名为另外

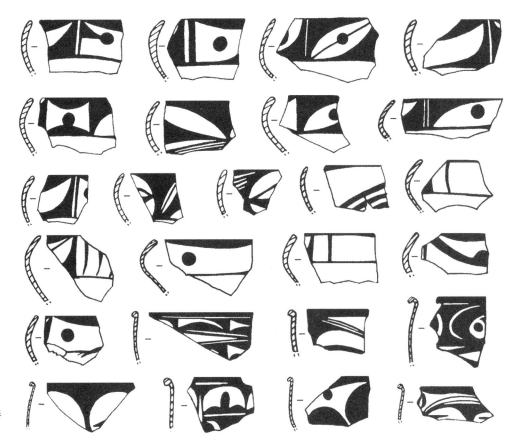

图1-6-2-1 甘肃秦
安大地湾遗址彩陶

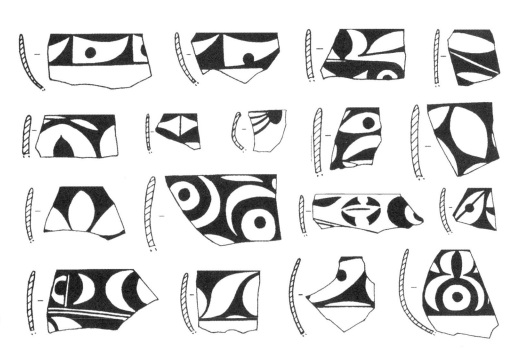

图1-6-2-2 甘肃秦
安大地湾遗址彩陶

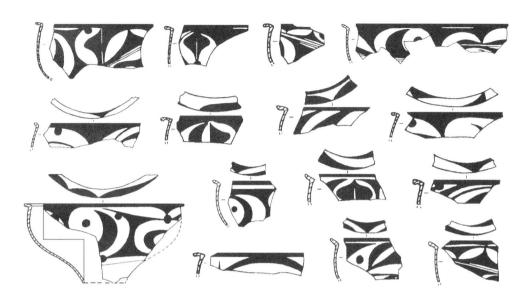

图1-6-2-3 甘肃秦
安大地湾遗址彩陶

图1-6-2-4 甘肃秦
安大地湾遗址彩陶

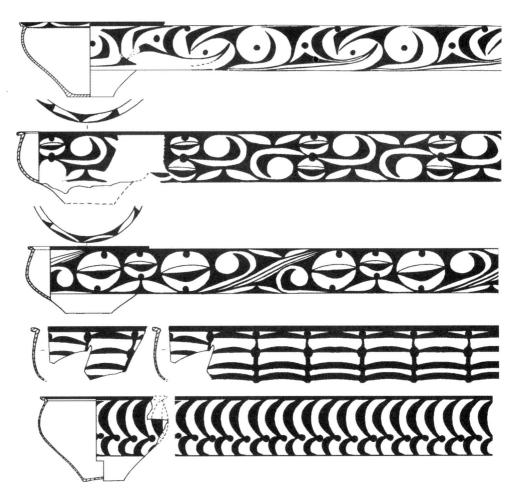

图1-6-2-5 甘肃秦
安大地湾遗址彩陶

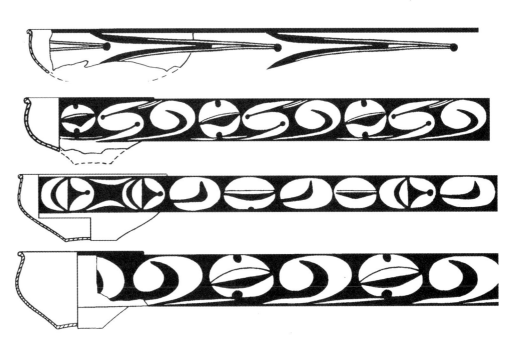

图1-6-2-6 甘肃秦
安大地湾遗址彩陶

图1-6-2-7 甘肃秦
安大地湾遗址彩陶

的文化，有的原本就并不属于同一文化系统。

在此我们将几处重点遗址出土的彩陶作一番归纳，觉得它们有的是可以与典型庙底沟文化遗址等同看待的，这些遗址主要有河南郑州大河村遗址、淅川下王岗遗址、湖北枣阳雕龙碑遗址，现在它们已经有了新的文化命名。另外山东兖州王因遗址和泰安大汶口遗址，也发现不少庙底沟文化风格的彩陶，它们都属于大汶口文化。青海民和胡李家遗址和阳洼坡遗址，也发现有浓厚庙底沟文化风格彩陶，青海东部一带发现的类似遗址还没有新的命名。另外内蒙古清水河县与凉城及附近发现的一些遗址，也出土有一些庙底沟文化风格彩陶，它们已被命名为"白泥窑子文化"。

1. 河南郑州大河村遗址

河南郑州大河村遗址面积30万平方米，文化堆积厚达7米。1972~1987年间郑州市博物馆进行了21次发掘，发掘面积约5000平方米。遗址前四期堆积原被划属仰韶文化，一、二期相当于庙底沟文化。以三、四期的遗迹遗物最为丰富，发现单间和连间的房址20多座、瓮棺葬70多座，出土大量文化遗物。遗址还发现有更早的早于庙底沟文化的堆积[1]。不少研究者认为大河村遗址的前龙山遗存与仰韶文化关系密切而又

[1]郑州市博物馆：《郑州大河村》，科学出版社，2001年。

图1-6-2-8　甘肃秦安大地湾遗址彩陶

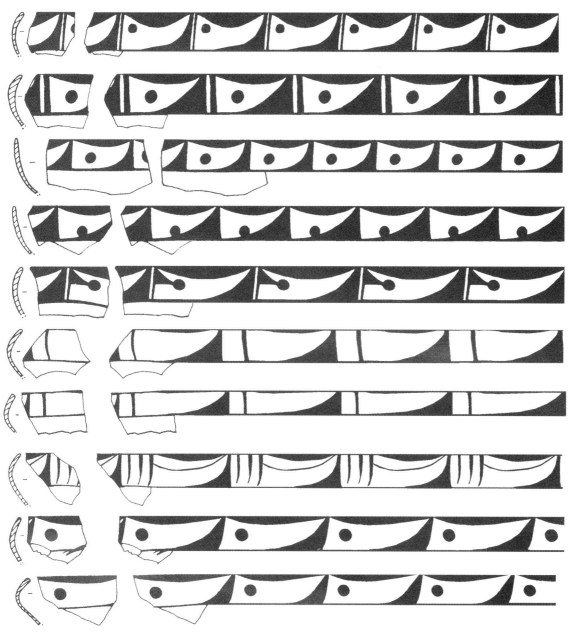

图1-6-2-9　甘肃秦安大地湾遗址彩陶

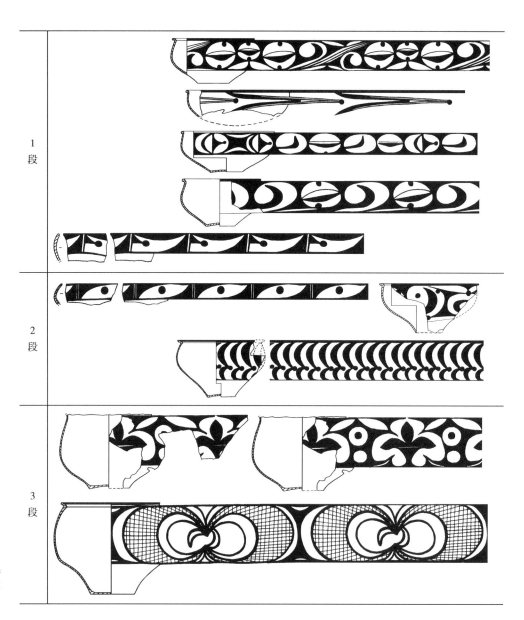

图1-6-2-10 甘肃秦安大地湾遗址庙底沟文化彩陶分段图

另具特点，所以同类遗存可以命名为大河村文化，并不直接纳入庙底沟文化范畴。

　　大河村遗址一期出土彩陶占近5%，有少量白衣陶和米黄衣陶，主要绘黑色或棕色单彩，也有少量黑与红双色复彩。主要有宽带纹、弧形三角纹、直线纹、平行直线纹、圆点纹、勾叶纹、弧线纹、花瓣纹和旋纹等（图1-7-1-1）。主要绘在盆、钵、碗和器座外表上，少数器物还绘有内彩。除了宽带纹以外，主要构图单元是以圆弧形为主，几乎都采用二方连续图式，图案大多比较简洁（图1-7-1-2）。

　　大河村遗址二期出土彩陶占不足3%，多为白衣陶，以黑彩为主，少见棕色彩，黑红双色彩比例较一期增多。主要有宽带纹、弧形三角纹、直线纹、平行直线纹、圆点纹、曲线纹、花瓣纹和旋纹等，还见到写实的鱼纹（图1-7-1-3）。常见的彩陶主要是钵与盆两类，纹饰一般绘在上腹部（图1-7-1-4、5）。

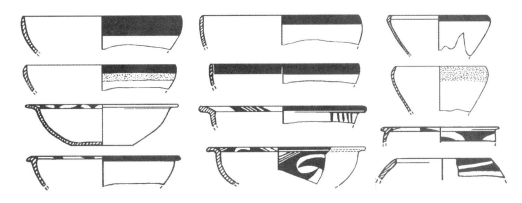

图1-7-1-1 河南郑州大河村遗址一期彩陶

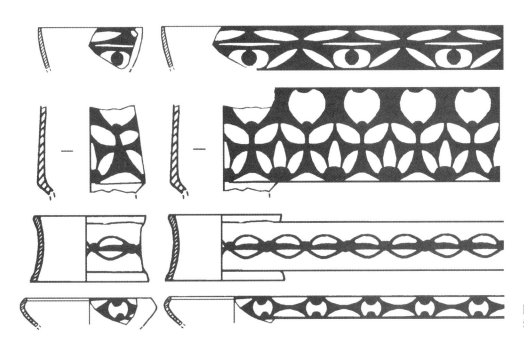

图1-7-1-2 河南郑州大河村遗址一期彩陶

　　二期彩陶中有两例相当规范的双旋纹,旋纹有规整的上下两条旋臂,旋心饰有圆点。旋纹采用二方连续图示排列,旋纹之间以平行斜线作隔断(图1-7-1-6)。

2. 河南淅川下王岗遗址

　　河南淅川下王岗遗址面积6000平方米,由河南省博物馆文物工作队于1971~1974年发掘,发掘面积2300余平方米。遗址下层发现居住址43座,墓葬575座,瓮棺葬22座,揭露的晚期大型长屋居址最为重要[1]。前三期堆积原被划属仰韶文化,已有命名为下王岗文化的动议。

　　淅川下王岗遗址二期文化与庙底沟文化年代大体相当,出土彩陶占到3%强。纹饰主要绘于钵、碗、盆的上腹与口沿、杯与器座的通体。比较特别的是,发掘者认为多数彩陶是在陶器烧成以后才绘彩的,所以很多在出土时有明显的颜色脱落现象。以黑色和深褐色绘彩,少数施白色或暗红色陶衣。纹饰多见三角纹、叶片纹、花瓣

[1]河南省文物研究所等:《淅川下王岗》,文物出版社,1989年。

图1-7-1-3　河南郑州大河村遗址二期彩陶

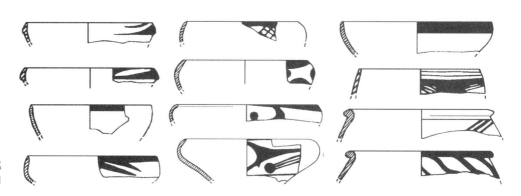

图1-7-1-4　河南郑州大河村遗址二期彩陶

纹、圆点纹、菱形纹、斜线纹、平行线纹、波折纹，以圆点、三角和叶片纹为主。有时一器又以两种或两种以上的纹饰为组合，构图也都比较简洁（图1-7-2-1）。

陶钵上绘以单叶片二方连续图案较多见，叶片之间又以简单的三角或方块图形作隔断。这样的叶片纹有时还作双行上下排列，构成了新的花瓣图案（图1-7-2-2），也有的钵和鼎绘一种箭头形纹饰，这在其他遗址还不曾见到（图1-7-2-3）。在钵上除了绘弧形的叶片纹，还有较多的直边形的菱形纹，是以相对顶的黑白三角组合而成，对比强烈（图1-7-2-4）。

下王岗遗址出土不少器座，有的为高长的筒形，有的为低矮的亚腰形，都通体绘彩，纹饰与陶钵相似，有叶片构成的花瓣纹，也有黑白三角构成的菱形纹，基本也都是二方连续样式，而且纹样多成双行排列（图1-7-2-5、6）。

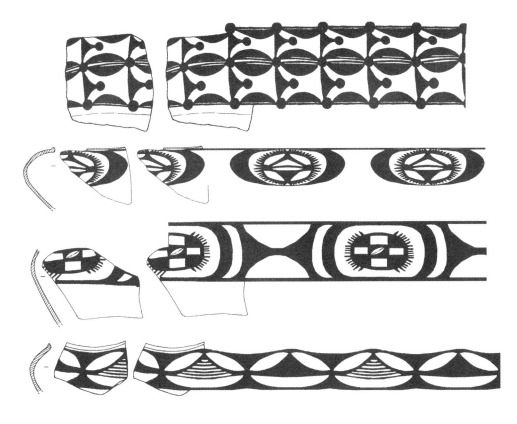

图1-7-1-5 河南郑
州大河村遗址二期彩陶

图1-7-1-6 河南郑
州大河村遗址二期彩陶

下王岗遗址彩陶纹饰中不见动植物图案，也没有旋纹，与典型庙底沟文化彩陶区别较大。

3. 湖北郧县大寺遗址

湖北郧县大寺遗址面积5000平方米，1958～1964年由中国科学院考古研究所长江队发掘345平方米[1]。遗址下层内涵与庙底沟文化相当，出土一定数量的彩陶。

大寺遗址下层出土彩陶多为盆钵类器，均为黑彩，纹饰有圆点、宽带、弧线、直边三角和弧边三角构成，由残片看应当有旋纹（图1-7-3-1）。直边三角变化较多，黑白三角构成的菱形纹与淅川下王岗遗址彩陶相似。

在盆钵中所绘的四叶片组成的花瓣纹，花瓣分宽短和窄长两种，风格明显不同

[1]中国社会科学院考古研究所：《青龙泉与大寺》，科学出版社，1991年。

图1-7-2-1　河南浙川下王岗遗址彩陶

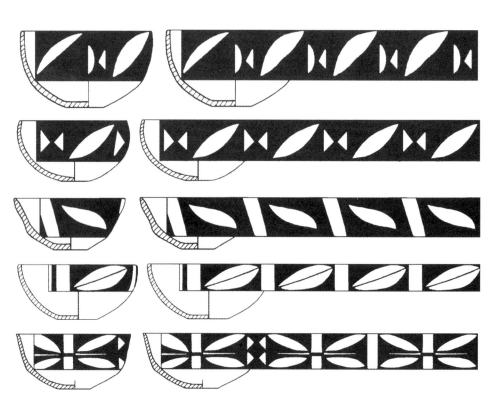

图1-7-2-2　河南浙川下王岗遗址彩陶

（图1-7-3-2）。圆形与三角构成的图案都很有特色，黑白三角构成的菱形纹较多绘在直口和敛口的陶钵上（图1-7-3-3）。

我们还注意到，大寺遗址后来又作过发掘，新近公布的2006年的发掘资料中，就有一些值得研究的彩陶[1]。纹饰除了大单旋纹以外，还有标准的鱼纹残片。鱼纹虽然典型，陶片因为过于残碎，所以发掘者并没有辨认出来（图1-7-3-4）。

4. 湖北枣阳雕龙碑遗址

湖北枣阳雕龙碑遗址面积5万平方米，1990~1992由中国社会科学院考古研究所湖北工作队陆续5次发掘，发掘面积1480平方米[2]。遗址堆积可分为三期文化，大体可以与下王岗文化的一、二、三期文化相对应，年代在距今6300~4800年之间，主要遗存的年代与庙底沟文化同时，可以看出受到了庙底沟文化明显的影响。

图1-7-2-3 河南淅川下王岗遗址彩陶

雕龙碑遗址出土彩陶非常丰富，彩陶片数以千计，数量相当可观。在长江中游乃至整个长江地区，雕龙碑遗址发现的彩陶最为丰富。彩陶器形以盆类器较多，也有一些罐和碗类，中期还有少量蛋壳彩陶。绘彩的部位，主要是在器表上部，部分小型器通体上彩，有些盆类器口沿上也绘有纹饰。色彩比较艳丽，以多层次的复彩表现纹饰，纹饰所用色彩主要有黑、褐和红三色，红色和褐色还有深浅之分。少量深色纹饰采用白彩勾边，还见到罕有的黄彩，与深色纹饰搭配使用。大量的纹饰都采用白色作衬地，较多见到的花瓣纹便是以深色的弧边三角作纹，以白地作花瓣。

彩陶纹样全部为点、线、面构成的几何形，纹饰的构图，主要采用了成熟的二方连续形式，显示出均衡、对称、重现的风格。彩陶按构图单元划分，可以归纳出宽带纹、弧边三角纹、平行线纹、菱形纹、网格纹、花瓣纹、叶片纹、旋纹、斜行线纹、并行弧线纹、并行三角纹角状地纹、大圆点纹和太阳纹等10多类，其中以弧边三角纹、平行线纹、菱形纹、网格纹、花瓣纹和旋纹数量较多。

根据发掘者的研究，雕龙碑遗址堆积大致可分为早中晚三期。属于一期的彩陶数量最少，属于二期的最多，但都是以陶片为主，能复原的很少。

一期彩陶色彩较为单一，纹饰构图也比较简单，以弧边图案为主要单元（图1-7-4-1）。色彩以黑、褐两色为主色，褐色一般较深，与晚期的浅褐色区别明显。绘彩有时分用单色，有时又两色并用。一般地子为泥陶本身的自显红色，也有近半数在

[1]湖北省文物考古研究所、湖北省文物局南水北调办公室：《湖北郧县大寺2006年发掘简报》，《考古》2008年4期。

[2]中国社会科学院考古研究所湖北工作队：《枣阳雕龙碑》，科学出版社，2006年；王仁湘、王杰：《雕龙碑史前彩陶》，文物出版社，2005年。

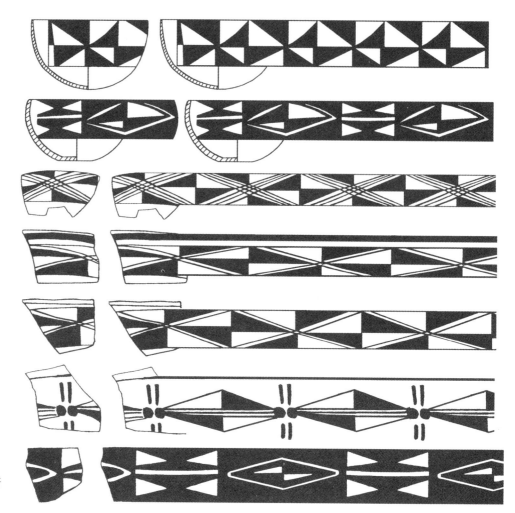

图1-7-2-4　河南淅
川下王岗遗址彩陶

图1-7-2-5　河南淅
川下王岗遗址彩陶

图1-7-2-6 河南淅
川下王岗遗址彩陶

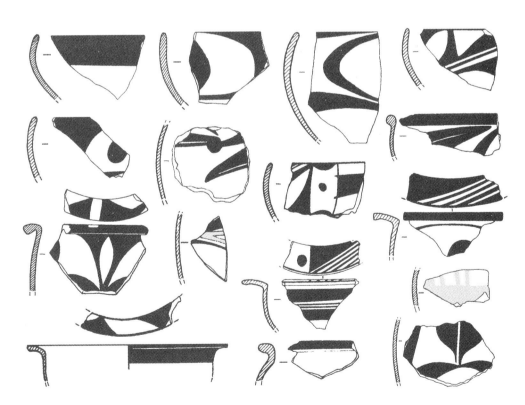

图1-7-3-1 湖北郧
县大寺遗址彩陶

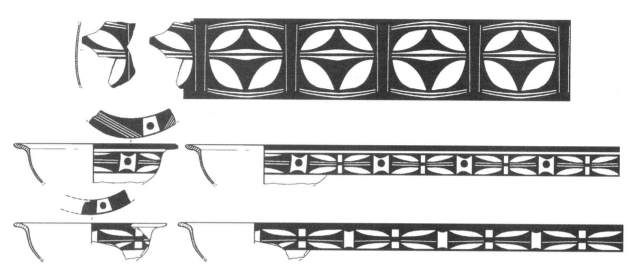

图1-7-3-2　湖北郧
县大寺遗址彩陶

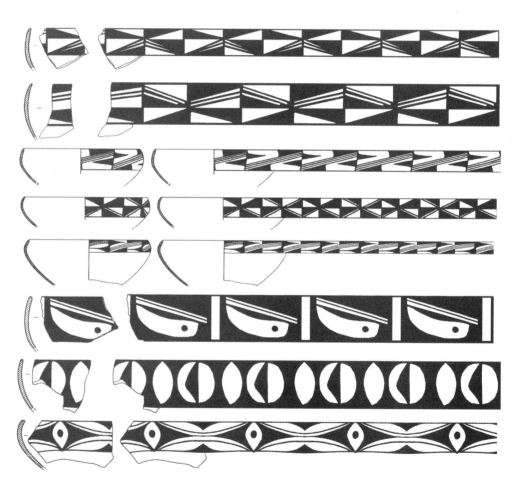

图1-7-3-3　湖北郧
县大寺遗址彩陶

史前中国的艺术浪潮——庙底沟文化彩陶研究

122

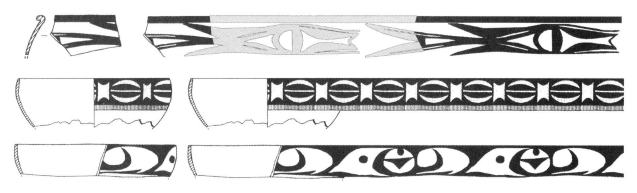

图1-7-3-4 湖北郧县大寺遗址2006年出土彩陶

红陶色外涂以纯白色作地,然后以黑、褐色作图。少数虽然不涂白地,但却采用白彩为黑彩勾边,黑白互衬,对比非常强烈。

一期纹饰构图较为简单,全部为几何纹。以弧边三角为主要图形单元,代表性纹饰有旋纹、叶片纹、四片对称花瓣纹、大圆圈加圆点纹和不多的凹边菱形框网格纹。多采用二方连续样式,沿器物上腹部构成主要纹饰带。纹饰多接近黄河流域庙底沟彩陶风格,图案大都描绘认真大方,走笔谨慎细腻,色块边缘平滑,线条流畅整洁(图1-7-4-2)。

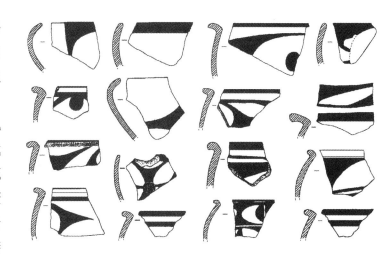

图1-7-4-1 湖北枣阳雕龙碑遗址一期彩陶

属于二期文化的彩陶片出土数量最多,纹饰种类也最为丰富。二期白地彩在数量上有明显增加,达到一半以上,还较多运用红彩加入,并见到新石器时代罕有的黄彩。一期的纹饰在二期基本都能见到,弧边三角依然是主要的结构单元(图1-7-4-3),二方连续样式的旋纹、花瓣纹(图1-7-4-4、5)和凹边菱形框网格纹等仍然保留了早期的风格(图1-7-4-5、6),构图没有明显变化。新出现的纹饰主要有直边菱框网格纹、平行线纹、斜行线纹、并行弧线纹、圆点菱形纹、宽带纹、大圆点纹等,多数纹饰也都是以二方连续形式出现。

二期还见到了蛋壳彩陶,都是小型的杯碗,橙红色的地子上绘宽带纹、绳索形和排点状黑彩,风格与大件彩陶明显不同。

二期彩陶采用不同纹饰所作的简单组合与复杂组合的现象较为普遍,构图繁复,用红、褐、黄、黑彩分绘不同的单元,辅以白地作衬,对比强烈,纹样亮丽。如一件宽沿浅腹盆,上层的彩绘很有特点,先在红陶底上满涂一层白地,再用深褐色在平展的沿面上绘一周弧曲的宽带纹,弧曲部位另绘并列弧边三角作支撑,最后在宽带上再以白彩均匀地点染三列小圆点。盆腹外侧对称地用褐彩衬出白地上的大朵花蕾

图1-7-4-2 湖北枣
阳雕龙碑遗址一期彩陶

图形, 构图比较简练。这件彩陶不仅器形少见, 平沿上的纹饰也是首次见到, 可能有特定的含义 (图1-7-4-7)。双瓣、四~六瓣花瓣的组合, 构图也都非常严谨, 可以看出明显的庙底沟文化风格 (图1-7-4-8)。

二期彩陶还包括有数量较多的 "西阴纹", 多以比较朴实的风格构图, 有的是在图案中填以圆点或斜线, 这当然也是庙底沟文化的特色 (图1-7-4-9)。

三期文化的彩陶在总体风格上与二期区别不很明显, 构图仍以二方连续式为主, 复杂组合纹饰有明显增加, 构图更加繁复。复杂组合常常表现为纹饰的多层次重复叠加, 绘制非常细腻 (图1-7-4-10)。大量见到白地彩陶, 所占比例要高到90%以上。新见的还有并列长三角纹和类似太阳图形的纹样, 也许都表现的是太阳 (图1-7-4-11)。花瓣纹和旋纹仍是彩陶中的重要主题, 其中有一件罐以黑红双色在白地绘彩, 双旋纹绘得十分工整 (图1-7-4-12)。纹饰中较有特色的是网格纹, 而且多为细网格纹 (图1-7-4-13、14)。三期最精致的彩陶是一件小口双耳罐, 中腹以上满饰彩绘。先衬一层白地, 再用深褐色绘出图案, 间以红色细线条勾勒。纹饰分三层以二方连续方式排列, 上两层构图相同, 下层纹饰稍宽大, 均为弧边三角和弧线组成的

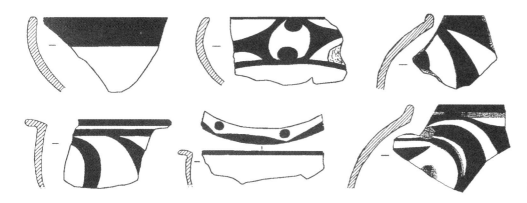

图1-7-4-3　湖北枣
阳雕龙碑遗址二期彩陶

图1-7-4-4　湖北枣
阳雕龙碑遗址二期彩陶

图1-7-4-5 湖北枣
阳雕龙碑遗址二期彩陶

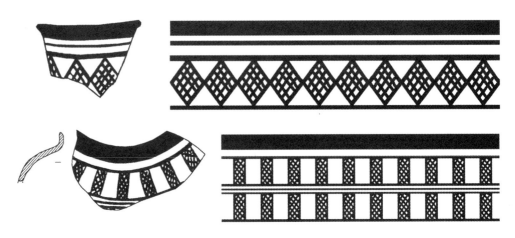

图1-7-4-6 湖北枣
阳雕龙碑遗址二期彩陶

图1-7-4-7 湖北枣
阳雕龙碑遗址二期彩陶

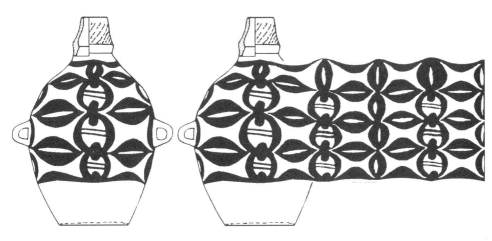

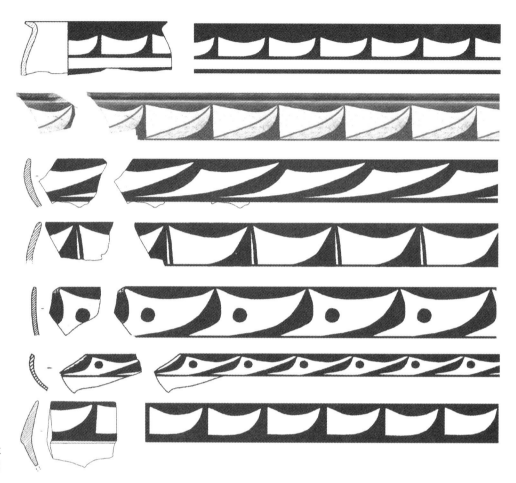

图1-7-4-9 湖北枣
阳雕龙碑遗址二期彩陶

图1-7-4-10 湖北枣
阳雕龙碑遗址三期彩陶

图1-7-4-11 湖北枣
阳雕龙碑遗址三期彩陶

图1-7-4-12 湖北枣
阳雕龙碑遗址三期彩陶

图1-7-4-13 湖北枣
阳雕龙碑遗址三期彩陶

图1-7-4-14 湖北
枣阳雕龙碑遗址三期
彩陶

花瓣纹。下层为双排菱形纹，以地纹方式描绘。还有一件小口罐，在白地上绘有精致的旋纹图案，构图均衡对称，线条流畅自然（图1-7-4-15）。

雕龙碑遗址三期重叠的竖行弧形图案也很有特色，或与成排尖三角组合，或上下背向排列，使本来沉静的线条有一种律动感（图1-7-4-16）。三期还有不多的"西阴纹"，有一件小口罐图案亦是分多层排列，一层叠一层，以红线作间隔，以白彩作地。上下两层纹样相同，是以地纹方式描绘的二方连续角状图案，角状中间饰圆点。中层以较细的线条绘菱形纹，中间填有平行的斜线（图1-7-4-15）。

雕龙碑彩陶早晚三期有一些共性，如流行白地复彩，有相同和相似的纹饰组合。早晚的变化趋势也有轨迹可寻，如弧线和弧边色块在早期运用较多，也较为熟练，晚期用直线较多，白地有明显增加的趋势，由早期的不足50%上升到晚期的90%以上。另外菱形边框网格纹早期较少，中期渐多，晚期更甚，且变化也多。

5. 青海民和胡李家遗址

青海民和胡李家遗址面积6万平方米，1999年由中国社会科学院考古研究所甘青工作队发掘，发掘面积500平方米[1]。遗址的主体堆积为比较单纯的庙底沟文化，出土的彩陶整体上体现了庙底沟文化特点，不过由于距离庙底沟文化中心部分分布区较远，在纹样的构图上也显示出一些独特之处。

胡李家遗址出土庙底沟文化彩陶多为红陶施黑彩，也有少量红彩和褐彩。彩陶主要器形为曲腹盆和敛口钵，还有一些薄胎碗。纹饰以弧边三角、圆点勾叶、弧线与网格为单元，组成不同的图案，有的一器采用多种单元，构图繁复（图1-7-5-1）。

[1]中国社会科学院考古研究所甘青工作队等：《青海民和县胡李家遗址的发掘》，《考古》2001年1期。

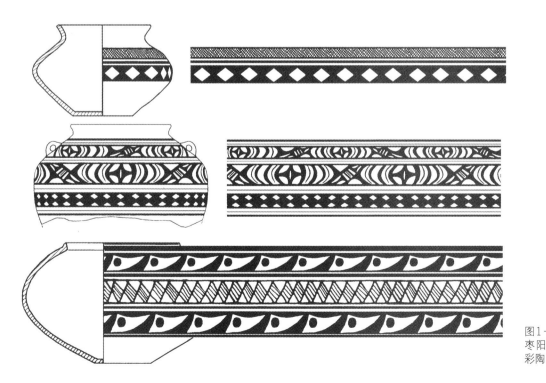

图1-7-4-15 湖北枣阳雕龙碑遗址三期彩陶

图1-7-4-16 湖北
枣阳雕龙碑遗址三期
彩陶

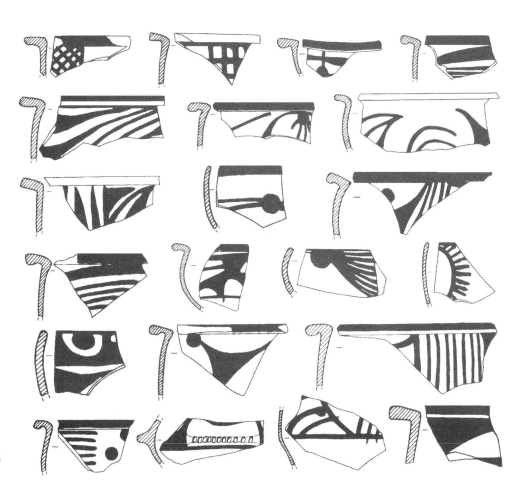

图1-7-5-1 青海民
和胡李家遗址彩陶

陶钵上的纹样单元以圆点和弧形线为多，组成二方连续图案，每组图案间一般都用数条垂直线作隔断（图1-7-5-2）。陶盆上的纹样变化较多，常见花瓣式构图，有双瓣，也有多瓣。花瓣形状变化较多，有宽大与窄长之分，也有简素与繁复之别（图1-7-5-3）。大幅网格纹也能见到，是二方连续图案中的主体构成单元，方片的网格间以用弧边三角形作衬的单叶片作间隔（图1-7-5-4）。

特别引人注意的是发现了较多的并行式构图彩陶，它是以一二种简单的纹样作基本构图，采用横行、竖行或斜行方式重复排列，图案虽然素朴，但却有较大的视觉冲击力（图1-7-5-5）。

胡李家遗址没有见到典型旋纹图案。

6. 青海民和阳洼坡遗址

青海民和阳洼坡遗址面积2.8万平方米，1980年青海省文物考古队发掘850平方米[1]。遗址内涵比较单纯，大体同于庙底沟文化，发掘者将它归入仰韶文化向马家窑文化过渡的石岭下类型，或者以为就是仰韶文化晚期遗存。在民和境内类似遗存发现较多[2]，这大体可以看作是庙底沟文化扩展的西限，我曾经在更西的循化县调查，仍能发现庙底沟文化的强烈影响。

阳洼坡遗址彩陶也是以盆钵类器具为多，图案更为复杂一些，不过仍可以看出有明显的庙底沟文化风格。以黑彩为主，有以弧线三角纹、直线、垂幛纹、圆点、方格组成的图案（图1-7-6-1）。陶钵上的纹样多以点、圆、圆弧、叶片与花瓣构成，见到少量内彩（图1-7-6-2）。陶盆上的纹样多见并行弧线、并行直线与并行斜线，也用圆点作点缀，构成的图案有花瓣纹、垂幛纹，还有菱框形网格纹（图1-7-6-3）。

阳洼坡遗址也没有见到典型旋纹。

7. 江苏邳县大墩子遗址

江苏邳县大墩子遗址面积5万平方米，南京博物院1963年发掘128平方米，在上文化层发现一批大汶口文化墓葬，有彩陶随葬[3]。

第一次发掘虽然只出土8件彩陶，但绘制很精。有的施红衣，绘黑彩直线、曲线、三角和圆点组成的纹样，器形有鼎、罐和高柄杯。有的施白衣，绘红黑彩，还有的旋红衣绘黑白彩，绘弧线三角纹、涡纹、圆点纹、直线、曲线与八角星纹，多绘在盆钵口腹部（图1-7-7-1、2）。

大墩子遗址1966年又发掘了540平方米，揭露300座墓葬[4]。高等级的墓葬有彩陶随葬，多为白黑红三色彩，极少见单色彩，多绘在口腹部，"色彩鲜艳协调，线条舒展流畅"。稍早的"刘林期"彩陶有钵、盆、鬶、罐等，图案由涡纹、弧线三角纹、条纹、圆点和叶片纹组成，有的构图相当复杂。稍晚的"花厅期"彩陶有小口壶、背水壶、鼎和罐等，纹饰大多绘在器腹，有圆圈纹、连贝纹、弦纹、条纹和圆点等，构图渐为简单（图1-7-7-3）。

[1]青海省文物考古队：《青海民和阳洼坡遗址试掘简报》，《考古》1984年1期。

[2]青海省文物考古研究所：《青海省民和县古文化遗址调查》，《考古》1993年3期。

[3]南京博物院：《江苏邳县四户镇大墩子遗址探掘报告》，《考古学报》1964年2期。

[4]南京博物院：《江苏邳县大墩子遗址第二次发掘报告》，《考古学集刊》第1集，1981年。

图1-7-5-2 青海民
和胡李家遗址彩陶

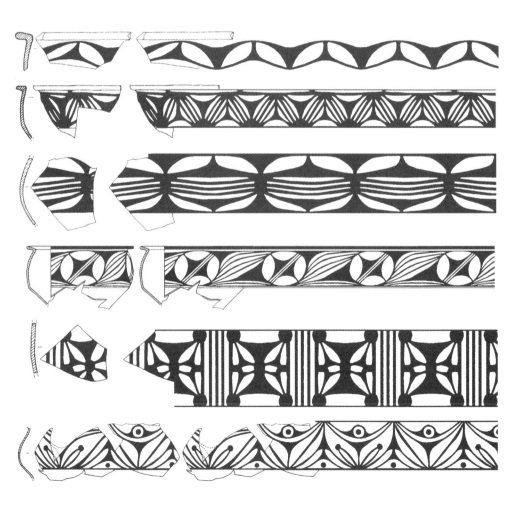

图1-7-5-4 青海民
和胡李家遗址彩陶

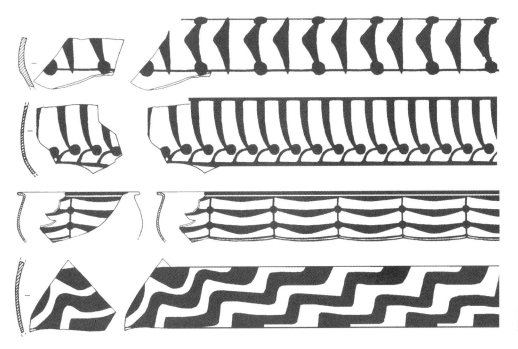

图1-7-5-5 青海民
和胡李家遗址彩陶

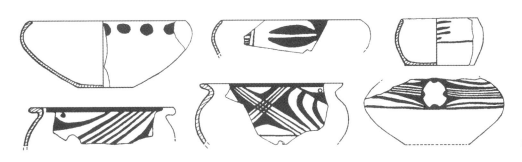

图1-7-6-1 青海民
和阳洼坡遗址彩陶

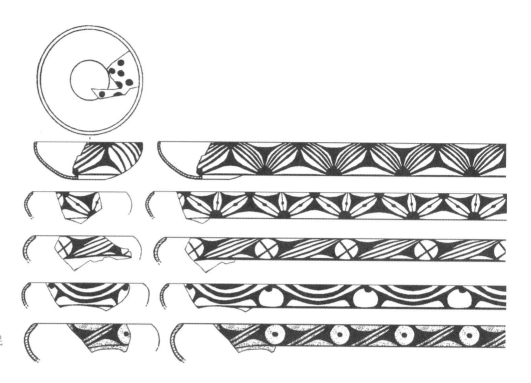

图1-7-6-2 青海民
和阳洼坡遗址彩陶

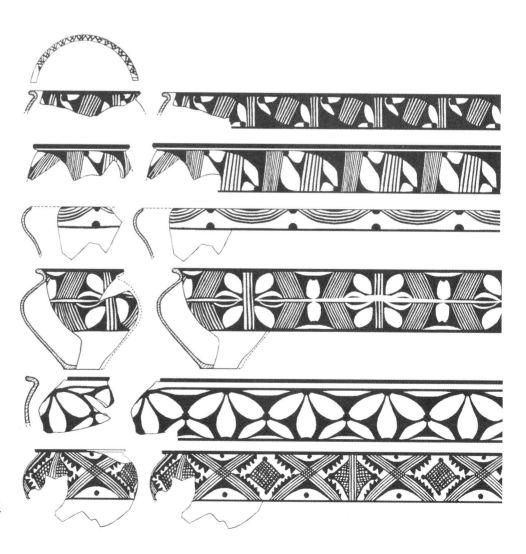

图1-7-6-3 青海民
和阳洼坡遗址彩陶

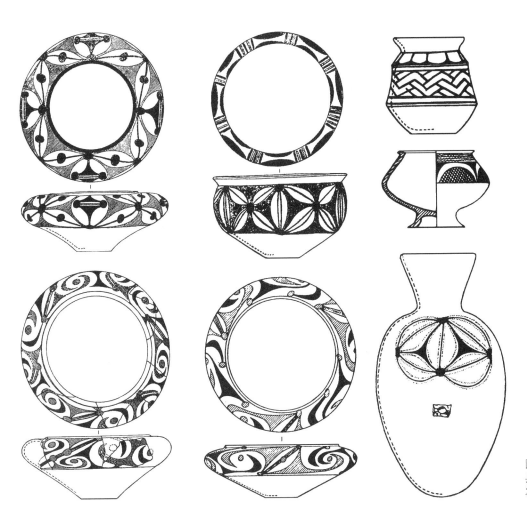

图1-7-7-1　江苏邳县大墩子遗址第一次发掘彩陶

图1-7-7-2　江苏邳县大墩子遗址第一次发掘彩陶

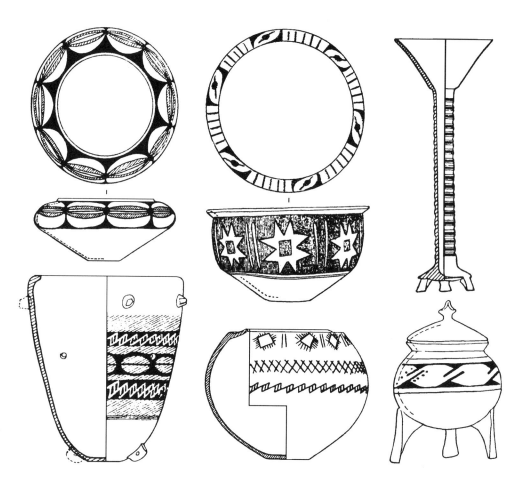

图1-7-7-3 江苏邳县大墩子遗址第二次发掘彩陶

8. 山东兖州王因遗址

[1]中国社会科学院考古研究所山东工作队：《山东王因》，科学出版社，2000年。

山东兖州王因遗址面积12万平方米，1975~1978年由中国社会科学院考古研究所山东工作队发掘10230平方米[1]。遗址下层为北辛文化，主体堆积属大汶口文化。大汶口文化层清理墓葬899座，彩陶多见于高规格墓葬。

王因遗址彩陶一般先涂一层红衣，然后绘红、褐、黑、白色彩，以黑彩为主，一般为双色或三色并施。纹样有带状纹、八角纹、菱形纹、太阳纹、叶片纹和弧线三角纹等，这些纹样中很多体现着大汶口文化自身特点，也多是以二方连续方式排列（图1-7-8-1）。此外也见到绘制精美的花瓣纹和旋纹，这些都有庙底沟文化明显的影响，从纹饰到器形均有相似之处。旋纹（报告称勾连纹）构图比较繁复，两旋之间正背相对，组成兽面形状，旋心为眼，非常有特点（图1-7-8-2）。

在王因遗址地层中也出土少量彩陶片，色彩有红、褐、黑、白四色，主要纹样有带状纹、三角纹、波浪纹、弧线勾连纹组成的花瓣纹和旋纹等（图1-7-8-3）。其他还有菱形纹、连山纹、八角纹等（图1-7-8-4）。

将所得的彩陶片进行纹饰复原，可以看到王因的叶片纹等纹饰与庙底沟文化的非常接近（图1-7-8-5）。

图1-7-8-1　山东兖
州王因遗址彩陶

图1-7-8-2　山东兖
州王因遗址彩陶

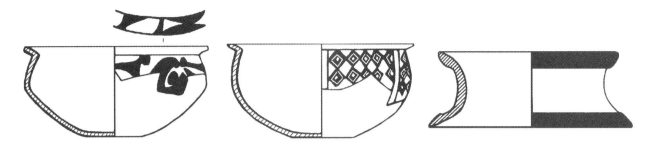

图1-7-8-3　山东兖
州王因遗址彩陶

图1-7-8-4　山东兖
州王因遗址彩陶

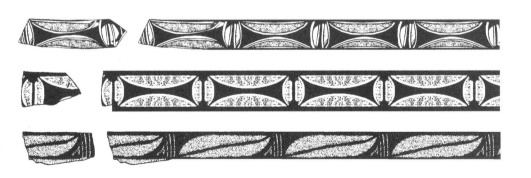

图1-7-8-5　山东兖
州王因遗址彩陶

9. 山东泰安大汶口遗址

山东泰安大汶口遗址由山东省文物考古研究所继第一次发掘之后，又进行了二、三次发掘，发掘2050平方米[1]。一些墓葬中也随葬有彩陶，数量尽管不多，但多比较精美。

后来出土的彩陶与第一次所得有些区别，材料也丰富一些。彩陶有单彩和复彩，纹样有平行线、宽带、链形纹、圆心和方心八角纹、云雷纹、太阳纹、花瓣纹和涡纹。报告所称的涡纹即旋纹，以三色弧线勾绘。除了盆上绘彩（图1-7-9-1），一些豆盘、豆柄和豆足上也绘彩，豆上多见宽带纹和八角星纹（图1-7-9-2）。

在钵、盆、罐和器座上绘出的叶片纹和花瓣纹，以红黑白多彩勾画弧线三角纹，构成由四至六瓣构成的花瓣，绘制比较精细（图1-7-9-3、4）。

值得注意的是，陶器上有的刻纹也有彩陶纹饰样式，有花瓣和圆圈纹等，纹样较多接近于庙底沟文化（图1-7-9-5）。

10. 内蒙古清水河及邻近区域诸遗址

在内蒙古河套地区的东北一线，在清水河县及其附近地区的与庙底沟文化相当的一些遗址中，也出土一些风格类似的彩陶，可以看出与庙底沟文化关系非常密切。我们选择几处遗址的彩陶资料在此一并叙述。

清水河县白泥窑子A地点，内蒙古社会科学院历史所考古研究室1984年发掘447平方米[2]。遗址的主要堆积被称作"白泥窑文化"，文化曾受到庙底沟文化强烈影响，年代约当距今6000年以上。出土的彩陶中有黑彩宽带纹、圆点纹、勾叶纹和弧边三角纹，都明显体现有庙底沟文化风格（图1-7-10-1）。

清水河县白泥窑子J地点，面积3000平方米，内蒙古社会科学院历史所考古研究室1982~1984年发掘[3]。遗址的主要堆积相当于庙底沟文化，出土的彩陶中有黑彩宽带纹、菱形纹、圆形纹和弧边三角纹，还有旋纹，都是庙底沟文化风格。引人注意的是，在一件旋纹彩陶盆的沿面上，绘着典型的"西阴纹"，这可以看作是"西阴纹"到达的北限（图1-7-10-2）。

清水河县庄窝坪遗址面积3万平方米，乌兰察布博物馆等1990年发掘425平方米[4]。下层堆积当白泥窑子文化早期，出土彩陶见宽带纹、圆点纹、勾叶纹和弧线三角纹（图1-7-10-3）。

清水河县后城嘴遗址，1990年由内蒙古文物考古研究所等发掘1000平方米[5]。在相当于白泥窑文化的第一期层位出土的彩陶，有黑彩宽带纹、三角纹、勾叶纹、弧线三角纹，复原出来的纹饰中有典型的花瓣纹（图1-7-10-4）。

清水河石板遗址由中国社会科学院考古研究所内蒙古队调查，这也是一处与庙底沟文化关系密切的地点[6]。调查发现彩陶并不多，但内涵却非常重要。这里的彩陶有三瓣花式的花瓣纹，更有典型的鱼纹。鱼纹在报道时仅描述为"施黑彩条纹"，其

[1]山东省文物考古研究所：《大汶口续集》，科学出版社，1993年。

[2]内蒙古社会科学院历史所考古研究室：《清水河县白泥窑子遗址A点发掘报告》，《内蒙古文物考古文集》第二辑，中国大百科全书出版社，1997年。

[3]崔璇等：《内蒙古清水河白泥窑子C、J点发掘简报》，《考古》1988年2期。

[4]乌兰察布博物馆等：《清水河县庄窝坪遗址发掘简报》，《内蒙古文物考古文集》第二辑，中国大百科全书出版社，1997年。

[5]内蒙古文物考古研究所等：《清水河县后城嘴遗址》，《内蒙古文物考古文集》第二辑，中国大百科全书出版社，1997年。

[6]中国社会科学院考古研究所内蒙队：《内蒙古中南部古文化遗址调查》，《考古学集刊》12集。

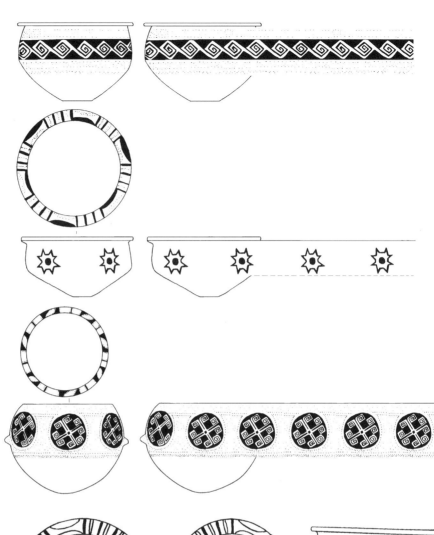

图1-7-9-1 山东泰安
大汶口遗址彩陶

图1-7-9-2 山东泰安
大汶口遗址彩陶

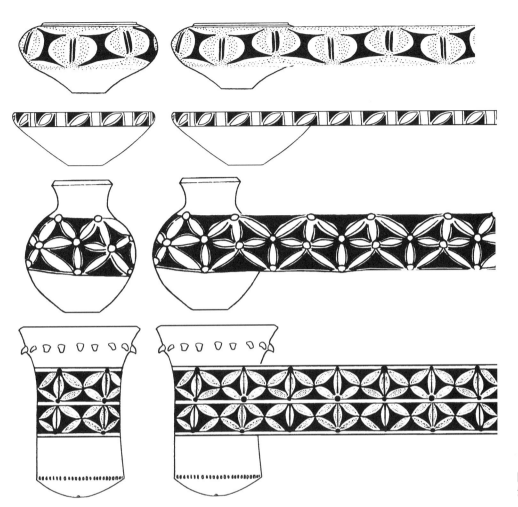

图1-7-9-3　山东泰
安大汶口遗址彩陶

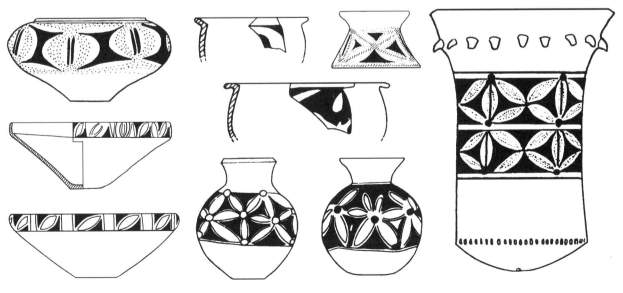

图1-7-9-4　山东泰
安大汶口遗址彩陶

图1-7-9-5 山东泰安大汶口遗址陶器上仿彩陶压划纹饰

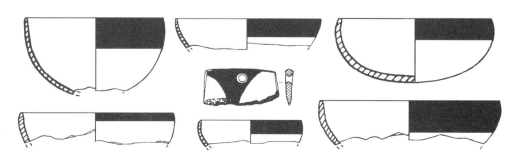

图1-7-10-1 内蒙古清水河白泥窑子A点彩陶

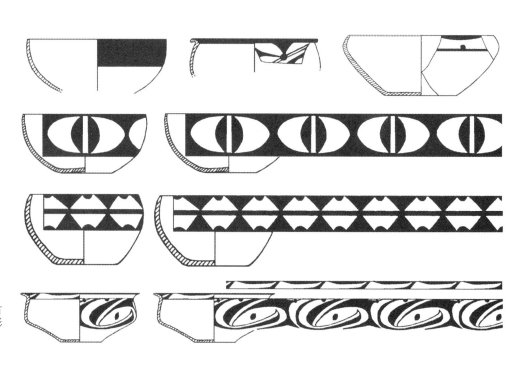

图1-7-10-2 内蒙古清水河白泥窑子J点彩陶

图1-7-10-3　内蒙古清水河庄窝坪遗址彩陶

图1-7-10-4　内蒙
古清水河后城嘴遗址
彩陶

图1-7-10-5　内蒙古清水河石板遗址彩陶

[1]内蒙古文物考古
研究所等：《商都县
章毛勿素遗址》，
《内蒙古文物考古文
集》第二辑，中国大
百科全书出版社，
1997年。

[2]内蒙古文物考古
研究所：《准格尔旗
官地遗址》，《内蒙
古文物考古文集》第
二辑，中国大百科全
书出版社，1997年。

[3]内蒙古文物考古
研究所等：《岱海考
古（三）》，科学出
版社，2003年。

实它是鱼纹双尾的中段，而且还存有一点背鳍的痕迹，所以复原图像为典型鱼纹，而不是无鳍的简体鱼纹（图1-7-10-5）。石板发现的鱼纹，是这类彩陶分布的北限。

商都县章毛勿素遗址，1990年内蒙古文物考古研究所等联合发掘188平方米[1]。在第二期层位上出土不多的彩陶，有明显的庙底沟文化风格（图1-7-10-6）。

准格尔旗官地遗址，面积2万平方米，1991年内蒙古文物考古研究所发掘1500平方米[2]。第一期年代相当于半坡文化，出土彩陶中有宽带纹。第二期年代相当于庙底沟文化早期，彩陶有宽带纹、叶片纹和弧边三角纹（图1-7-10-7）。

再往更北面的凉城，在岱海周围发现一些与仰韶文化非常接近的遗址，研究者一般将它们归入仰韶系统，这里面就有相当于庙底沟文化的遗址，出土一定数量的彩陶。其中王墓山坡下遗址最值得关注，遗址面积约7万平方米，1989~1992年发掘2164平方米，发现房址24座、灰坑34个，灰坑和房址内都出土有一些彩陶[3]。彩陶占到陶器总数的三分之一，比例不小，以黑彩为主，有极少的红彩。大多数圆底钵口沿部位绘一周宽带彩，平底钵多绘双瓣式花瓣纹或三角与斜线组合，也见有网格纹和菱形纹。深腹的盆常绘图案化鱼纹，鱼纹构图与渭河两岸所见相同（图1-7-10-8、9）。

王墓山坡下遗址有的彩陶具有半坡文化风格，发掘者根据整体特征研究，将它归入庙底沟文化时期，碳-14年代测定的数据也支持这个认识。

其他一些时代相当的考古学文化中，也发现一些具有庙底沟文化风格的彩陶，这些发现会放到后文进行具体讨论，在此不备细述。

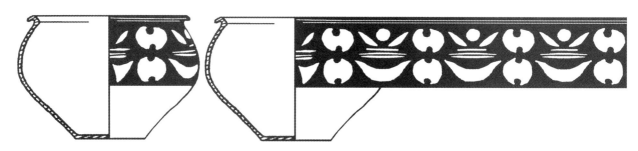

图1-7-10-6　内蒙古商都章毛勿素遗址彩陶

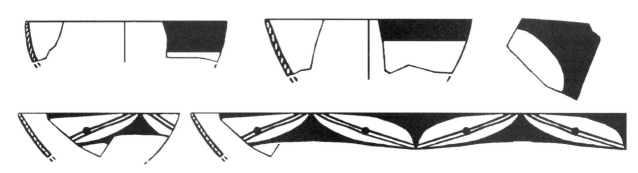

图1-7-10-7　内蒙古准格尔旗官地遗址彩陶

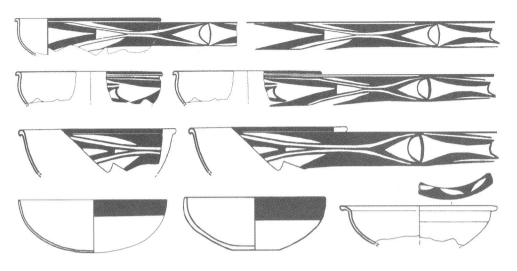

图1-7-10-8　内蒙古
凉城王墓山坡下遗址
彩陶

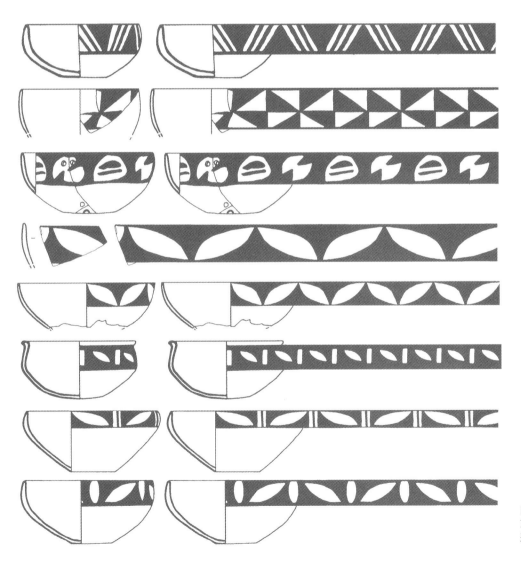

图1-7-10-9　内蒙古
凉城王墓山坡下遗址
彩陶

八 彩陶研究：考古学阐释

对于庙底沟文化彩陶的研究，首先自然主要是属于考古学家的事情，彩陶的考古研究自彩陶发现之初就已经开始。随着彩陶发现频度的起伏，研究过程也是潮起潮落，先后有一些成果问世。考古学家的彩陶研究，是阐释考古学文化的一个重要途径。通过彩陶内涵的研究，了解考古学文化的特征与年代，也了解到不同考古学文化之间的联系与区别。考古学家们在彩陶研究上所作的努力，其主要目标正在于此，主要的成果也都可以归属于这个范畴之内。

彩陶也引起了艺术史家们的关注，而艺术史家和文化史家们的研究，多倾注在纹饰结构变化规律的寻找及含义的解释上。当然有不少考古学家也曾着力于从艺术与人类学的角度研究彩陶，也有过一些成功的尝试。

在此我们主要对考古学家们的彩陶研究作一个简单的回顾，一般不涉及其他学者所作的研究。对于数十年来的研究过程，我们考虑大略划分为三个阶段，一个阶段比一个阶段的研究更为深入。

1. 第一阶段：20世纪20~40年代

这是一个初始的发现阶段，也是一个初始的研究阶段。虽然最初发现的彩陶属于后来命名的庙底沟文化时期的并不多，但却非常重要。彩陶的发现，首先是考古发现，有关彩陶的基础研究由此起步，学者们最关注的是彩陶在考古上体现的意义。"彩陶文化"的概念，也产生在这一时期。

安特生发现河南渑池仰韶村的彩陶，为中国彩陶文化的研究拉开了序幕，也是为庙底沟文化彩陶研究拉开了序幕。安特生后来在西北地区发现的大量彩陶，已经不属于庙底沟文化范畴，虽然包括他在内的一些国外的研究者急于将中国彩陶与西亚彩陶相提并论，由此倡导中国文化很早就表现有西来特征的学说，但并没有通过严谨的论证，当时的提法在后来者看来并不能成立。

在这一阶段有关庙底沟文化彩陶最重要的发现，是1926年山西夏县西阴村的发掘。当时所发掘的彩陶资料，据后来的研究全部都属于庙底沟文化。李济先生在报告西阴遗址的发现时，注意到了彩陶表现出来的早晚变化，如他观察到简单的直线加圆点的组合只见于早期。他还特别注意了彩陶与素陶的比较，对西阴村陶业的发达程度作出了高度评价。他还特别针对当时以安特生为代表的西方学者的说法，不认为有确证说明中国彩陶来源于西方。他说，"考校现在我们所有的材料，我们还没有得着十分可靠的证据，使我们断定在中国所找的带彩陶器确发源于西方"[1]。

对于西阴村的发现，梁思永先生后来进行了仔细整理，他于1930年撰写成《山西西阴村史前遗址的新石器时代的陶器》一文[2]，将西阴村的彩陶纹饰进行了分类研究，将西阴村与仰韶村彩陶的异同作了对比研究，得出了"相同之点多于相异之点"

[1]李济：《西阴村史前的遗存》，清华学校研究院，1927年。

[2]梁思永：《山西西阴村史前遗址的新石器时代的陶器》，《梁思永考古论文集》，科学出版社，1959年。

的结论。

后来一段时期庙底沟文化彩陶发现虽然不多，但对彩陶的介绍与研究仍然在继续。

其他比较值得注意的论文有安志敏《中国彩陶文化之概况》[1]、裴文中《中国之彩陶文化》[2]、荆三林《安特生彩陶分布说之矛盾》等[3]。这些研究，几乎都是由考古学文化的认识出发的，是研究者对最初发现彩陶的最基本的观察印象。

2. 第二阶段：20世纪50~60年代

这是一个彩陶发现的高潮阶段，是彩陶研究的细化阶段。这一阶段发掘了若干处重要彩陶遗址，最受关注的是西安半坡和陕县庙底沟。彩陶发现的数量增多了，纹饰也更加丰富了，不过学者们关注的重点，依然还是彩陶在考古学文化研究上的意义，借助彩陶探讨考古学文化的发展和相互关系。对于彩陶发展变化的规律，也开始进行研究。

正是由于半坡和庙底沟两个遗址文化内涵的区别，特别是表现在彩陶上的明显不同，使得学者们开始考虑区分仰韶文化的类型问题，这正是半坡类型和庙底沟类型确立的重要背景之一。

起初这两个类型的确立并没有什么太多的争议，不过关于它们之间的关系特别是年代问题却引发了许多讨论，这个讨论持续了近半个世纪的时间，我们依然还没有得出一致的结论[4]。在这样的争论中，彩陶是曾经备受关注的对象。

在半坡和庙底沟两个遗址的系统发掘资料还没有发表的时候，讨论就已经非常激烈了。安志敏先生1959年在《文物》上发表的一篇论文中，明确申明庙底沟类型代表的时间较早，半坡类型稍晚，不过论文中对此没有列举任何论据[5]。他在同年另一篇刊载在《考古》上的论文中，则在主张划分两个类型的同时，列举了一些两个类型早晚关系的论据，其中就有彩陶上的证据。他认为两个类型的主要区别是半坡类型彩陶数量少且花纹比较简单，圜底器也多；庙底沟类型彩陶多花纹也比较复杂，不见圜底器，曲壁器多。他依据这些区别认为庙底沟类型"较原始"，可能代表的时间稍早[6]。他的意见归纳起来就是：彩陶简单、圜底器多属于时代较晚的特征，反之则较早。后来一些研究者也围绕相同的论据展开争论，有的却得出了半坡类型更早的相反结论。

与安志敏先生类似的观点，还可以举出1961年马承源先生发表的《略论仰韶文化和马家窑文化的问题》一文[7]，他指出由彩陶的发现看，庙底沟类型应当是早于半坡类型的。他认为"半坡类型的陶器无论与庙底沟或其他仰韶遗址的陶器相比较，显得有很大的不同。最引人注意的敛口小钵和细颈小口平底瓶及葫芦形瓶等，这是非常独特的东西。……半坡一类陶器的纹饰结构及其所体现的风格缺乏蓬勃的气象，一般地说是比较草率的，尽管纹饰的种类还比较多，但纹饰个体是简单的，与庙底沟、荆村、西阴村等相比较，显然有一种行将衰落的景象，有人以为这是早期纹饰

[1] 安志敏：《中国彩陶文化之概况》，《益世报史地周刊》17期，1946年11月27日。

[2] 裴文中：《中国之彩陶文化》，《历史与考古》第一号，1946年，收入《中国史前时期之研究》，上海商务印书馆，1950年。

[3] 荆三林：《安特生彩陶分布说之矛盾》，《新中华》6卷7期，1948年。

[4] 王仁湘：《半坡和庙底沟文化关系研究检视》，《中国史前考古论集》，科学出版社，2003年。

[5] 安志敏：《中国新石器时代考古学上的主要成就》，《文物》1959年10期。

[6] 安志敏：《试论黄河流域新石器时代文化》，《考古》1959年10期。

[7] 马承源：《略论仰韶文化和马家窑文化的问题》，《考古》1961年第7期。

的表现，我们不敢同意这种见解……它的遗物与庙底沟类型的遗物在另一方面具有非常密切的联系，存在时间可能稍晚于庙底沟，也有可能在一个时期内交错地存在，而其下限则较晚"。马承源先生在这里也主要以彩陶纹饰的繁简为依据，初步认定庙底沟类型早于半坡类型，认为后者纹饰简单，是衰败的迹象，但为什么不能将纹饰简单看作是早期的特点，他并没有论证。

[1]杨建芳：《庙底沟仰韶遗址彩陶纹饰的分析》，《考古》1961年5期。

[2]杨建芳：《略论仰韶文化和马家窑文化的分期》，《考古学报》1962年1期。

[3]石兴邦：《黄河流域原始社会考古研究上的若干问题》，《考古》1959年10期。

[4]石兴邦：《有关马家窑文化的一些问题》，《考古》1962年6期。

杨建芳先生也是主张庙底沟类型（他称为西阴村类型）时代较早的研究者之一，他在对《庙底沟与三里桥》一书中的彩陶进行分析后认为，安志敏先生以庙底沟类型的年代为早的结论是正确的，可惜他找到的证据不多，也比较含混[1]。1962年杨建芳先生另有一文涉及庙底沟与半坡类型的关系，认为"在缺乏某些直接的地层证据的情况下，如果能正确运用其他有关的方法（例如标型学的方法等）进行研究，也同样是可以得出正确的结论来的"。他由陶器形制和纹饰、生产工具、建筑结构及装饰艺术品的比较分析，认为在半坡类型中有较多因素是属于仰韶文化晚期的特征，而庙底沟类型的年代要早出一些[2]。

随着发现的增多和研究的深入，以庙底沟类型年代为早的观点，并没有维持太长的时间。很多持这种观点的研究者到后来都转到了反面，当然也包括安志敏先生在内，他们不再坚持庙底沟类型早于半坡类型的说法，对半坡类型早于庙底沟类型已是深信不疑。这些当然是后话，但回顾起当时的论争，尤其由彩陶出发所作那些年代关系方面的判断，却是很值得回味的。

半坡遗址发掘主持者石兴邦先生在《西安半坡》中，专门讨论了仰韶文化不同类型间的关系。在此之前的1959年，他就已经在一篇论文中谈到半坡和庙底沟类型的早晚问题。石兴邦先生认为，"在文化的共相中，各个文化因素的相互之间的变化和特点，对断定它们的关系有很大的作用。例如彩陶纹饰的母题，表现形式和风格，它本身有复杂的内在的联系和规律。像庙底沟和半坡的主要彩陶纹饰，是判然有别的。我们从半坡彩陶纹饰演变的研究得知，纹饰的发展，有其独特发展系列。这两个遗址主要纹饰的不同，是属于两个不同系列发展的结果，其原因是很复杂的，没有弄清楚这些关系，而只凭其花纹的繁简或个别的差别，而定其早晚，是欠妥当的。所以，我们必须先弄清楚某一文化遗址本身时代先后的各种特征，然后才能去比较它与另一文化遗址的关系"[3]。石兴邦先生强调要进行全面分析，不同意以彩陶纹饰的繁简为出发点判断两个类型的时代早晚。石先生在稍早的另外的论文中，还表达了一种新的观点，认为"半坡类型是代表以鱼为图腾的氏族部落，庙底沟类型是代表以鸟为图腾的氏族部落，二者是仰韶文化时代部落联盟下的两个分支，或者是同一部落的两个胞族和组织。它们可能在同一时期存在于不同地区，也可能存在于同一地区。很可能庙底沟第二期文化就是第一期文化的直接继续，同样三里桥也可能是半坡类型的前后两期。今后我们可能发现彼此压叠的地层关系，但从这个假设出发来推测，各地不会是完全一致的，也就是说半坡类型有的地方可能早，有的地方可能晚"[4]。虽然他在这里并没有肯定的结论，不过我们可以感到这是说两个类型同时并存，这样的文化关系显得更加错综复杂。

　　自始至终主张两个类型同时并存的还有苏秉琦先生，而且他的认识一直到他去世都没有改变。苏秉琦先生在1965年发表了他的著名论文《关于仰韶文化的若干问题》[1]，他将半坡类型和庙底沟类型的内涵作了界定，他不同意两类型中有孰先孰后的说法，而认定"两者是大体同时的"。他的根据一是"两类遗存中主要器物变化序列相似"，如小口尖底瓶、平底葫芦瓶都有类似的演变序列；其次是"两类型中主要彩绘图案作风变化相似"，半坡的鱼纹和庙底沟的鸟纹变化趋势相似，两者之间并无演变关系可寻，不存在由此到彼的发展关系。

[1]苏秉琦：《关于仰韶文化的若干问题》，《考古学报》1965年1期。

　　我们注意到，最初在缺乏地层资料的时候，研究者急切地为两个类型的早晚年代作了判断，有相当多的人是以彩陶的繁简为出发点的，所依据的材料一样，因为判断的标准不同，所以结论相反。当时的标准基本是以主观的感受为主，并无客观的标尺。空论花纹繁缛为早期特点或是简单为早期特点，其实只能说服论者自己，而不能说服争辩的对方。最初安特生判断齐家期早于仰韶，就是以为齐家期少而简的彩陶一定是彩陶开始出现时的景象。避开具体的讨论不谈，说彩陶纹饰简单是年代较早或较晚的特征，这两种可能性都是存在的，不能以主观的感受一概而论，而应当列举确凿的论据。

　　在这一阶段除了考古学文化关系讨论上涉及彩陶问题，也开始有学者对彩陶纹饰的含义尝试着进行解释。如前面援引的石兴邦先生对彩陶的研究，他不仅关注彩陶纹饰表现出的考古学文化之间的联系与区别，而且还开始探讨纹饰演变的规律，还有纹饰所体现的意义的研究。他认为"从彩陶纹饰上说，半坡是以人面纹、鱼纹和鹿纹等动物图像及与之相联系的直线三角形和斜线三角形等所组成的图案花纹为主。庙底沟类型却是以鸟纹、蛙纹等动物图像及与之相联系的圆点、勾叶和凹边三角等曲线花纹所配成的纹饰为主体。它们的艺术传统和风格都迥然不同"。石先生还特别指出，"在原始公社时期，陶器纹饰不单是装饰艺术，而且也是族的共同体在物质文化上的一种表现，它对研究氏族部落的内部关系有重大意义"，"彩陶纹饰是一定的人们共同体的标志，它在绝大多数场合下是作为氏族图腾或其他崇拜的标志而存在的"。他根据具体纹饰分析，确认"半坡彩陶的几何形花纹是由鱼纹变化而来的，庙底沟彩陶的几何形花纹则是由鸟纹演变而来的，所以前者是单纯的直线，后者是起伏的曲线"[2]。

[2]石兴邦：《有关马家窑文化的一些问题》，《考古》1962年6期。

　　石兴邦先生的观点在《西安半坡》报告中也有表达，他提出的彩陶图案由象生形向几何形演变的观点，还有彩陶纹饰具有图腾意义的观点，在彩陶研究上独树一帜，这些问题我们在后面还会提到。

3. 第三阶段：20世纪70年代以后

　　这是一个全面解释的阶段，更多的研究者介入到讨论中来，发表了许多新的见解。过去的话题如彩陶的分布与分期问题依然受到关注，更多的是一些个案研究，说明论题更加细化，讨论的深度加强了。

[1]史地：《中国彩陶文化的分布》，《中原文献》3卷11期，1971年。

[2]华泉：《公元前两千年以前黄河中上游彩陶文化的演变》，《史学集刊》1984年3期。

[3]汤池：《黄河流域的原始彩陶艺术》，《美术研究》1982年3期。

[4]吴山：《试论我国黄河流域、长江流域和华南地区新石器时代的装饰图案》，《文物》1975年5期。

[5]张朋川：《彩陶艺术纵横谈》，《美术》1983年8期。

[6]谷闻：《漫谈新石器时代彩陶图案花纹带装饰部位》，《文物》1977年6期。

[7]吴力：《略论庙底沟仰韶文化彩陶纹饰的分析与分期》，《考古》1973年5期。

[8]严文明：《甘肃彩陶的源流》，《文物》1978年10期。

[9]严文明：《论半坡类型和庙底沟类型》，《考古与文物》1980年1期。

进一步讨论彩陶分布与演变的有史地的《中国彩陶文化的分布》[1]、华泉的《公元前两千年以前黄河中上游彩陶文化的演变》[2]、汤池的《黄河流域的原始彩陶艺术》[3]、吴山的《试论我国黄河流域、长江流域和华南地区新石器时代的装饰图案》[4]和张朋川的《彩陶艺术纵横谈》[5]等，涉及的资料更丰富了，观察的范围也更大了。当然这些研究更多的是集中在彩陶的艺术性方面，与考古学研究有所不同。

特别要提到的是谷闻的《漫谈新石器时代彩陶图案花纹带装饰部位》一文[6]，研究者注意到彩陶时代的人文背景，讨论了彩陶纹饰在陶器上布局的特点。文中论及新石器时代生产力低下，房屋建筑技术原始，室内空间也比较低矮，人们不论在室内或在户外，都是席地起居。作为主要日用生活器具的陶器是放在地上使用，陶器使用时都是处在席地蹲着或坐着的人们的视平线以下，也就是说陶器一般是存放在被人们俯视的角度。这样陶器上主要纹饰带的布置，就选在了蹲坐时人们视线最为集中的部位。这样的说法有一定的道理，庙底沟文化彩陶纹饰的装饰部位，一般都是在上腹部。我们可以再想一想，彩陶器的上腹部做得都比较大，也许会是为着给彩纹安排更大一些的展示空间。这样说来，在考察彩陶时，器形还真是一个不能忽略的因素。

继续由考古学文化年代学的角度进行研究的论文，有吴力的《略论庙底沟仰韶文化彩陶纹饰的分析与分期》[7]和严文明的《甘肃彩陶的源流》[8]等。严文明先生论及西北与中原彩陶的源流关系，更讨论了一些特别纹饰的象征意义，强调了蛙纹和鸟纹的意义，追溯了日月崇拜的原始图景，他的这个论断我们在后面还会引述。吴力先生则又一次批评了单纯由彩陶纹饰的繁简判断相对年代的说法，他列举了几处新发掘遗址的地层资料，从繁简的角度论证了彩陶纹饰由简到繁、再由繁到简的变化规律。他特别指出，彩陶纹饰的繁简不能一概而论，"笼统地说彩陶纹饰的演变是由繁到简的说法是并不符合客观实际的。所谓繁简，只能相对比较而言。有的小型陶器如碗，体积有限，只能施以适合器形特点的图案，可见有的花纹简单，不一定有时间早晚的差别"。

严文明先生1980年还发表了《论半坡类型和庙底沟类型》一文[9]，再次由彩陶论及两个类型的关系，认为庙底沟类型"彩陶较半坡类型为多，均饰于器物外部或缘面，一般为黑色，个别的用红色或黑、红二色，后者于上色前往往加一层白色陶衣，很是美观。动物花纹很少，仅见蛙纹和一件似鸟纹者；装饰性图案花纹却相当发达，主要有回旋勾连纹、垂弧纹、凸弧纹、豆荚纹、花瓣纹、窄带纹、网格纹等，还有少量羽状纹、三角纹、圆点纹和横X纹等。构图多用曲线或曲边的三角、新月和圆点等，除用轴对称外，还采用中心对称的方式，一气呵成，显得圆润流畅，活泼生动"。陕西和甘肃有大量接近于庙底沟的遗址，文化面貌非常接近，而与三门峡地区的不大相同。"彩陶中有很多鸟纹，并都画成侧视图，不像大禹渡和庙底沟那样画成展翅飞翔的样子；回旋勾连纹很发达，次为垂弧纹、花蕾纹和花瓣纹，三门峡地区流行的凸弧纹、横X纹、羽状纹等在陕西、甘肃都不大容易见到，窄带纹和网格纹也不及庙底沟那样普遍。由于这些差别大多表现在细部，所以一般仍把这些遗址归入庙底沟类型"。三门峡以东的伊洛—郑州地区同样有许多接近于庙底沟的遗址，它们与庙底沟的不同之处在于"彩陶也不如庙底沟那样多，主要是回旋勾连纹，还有少数窄带纹、垂弧纹和花瓣纹等，未见动物花纹"。在河南西南部也有类似于庙底沟的仰韶遗存，具有明显的地方特色，"如常见带小斗的彩陶簋，陶鼎甚多而尖底瓶很少，未见缸形器等；彩陶常施陶衣，以红衣黑彩为多，也有灰衣红彩，白衣黑彩和白衣黑、红二色彩的；花纹中以变体的回旋勾连纹为多，也有窄带纹、豆荚纹和花瓣纹等，未见动物花纹"。

严先生由彩陶上的这些区别分析，指出庙底沟类型在各地区之间存在文化差异，"如果把三门峡地区的作为典型的庙底沟类型遗存，那么西边的渭河流域，东边的伊洛—郑州地区，南边的南阳地区和北边的河套地区都可视为庙底沟类型的地方变体"。

苏秉琦先生一直坚持着他的这个观点。1981年他发表《姜寨遗址发掘的意义》，又一次谈到半坡与庙底沟两个类型是同时并存的关系，主要理由是"半坡类型的重要文化特征因素包括壶罐形口尖底瓶、鱼纹彩陶盆等，庙底沟类型的重要文化特征因素包括双唇口尖底瓶、蔷薇科（玫瑰或月季）花卉图案和鸟形彩陶盆等，它们都有自己的完整发展过程"。他说"西从甘肃天水，东到郑州一带是半坡、庙底沟两类型交错存在的主要范围" [1]。

对于遗址个案文化性质的讨论，也有研究者由彩陶入手进行研究。赵辉先生1986年发表《铜川李家沟仰韶文化遗存的初步分析》[2]，主要通过彩陶进行了遗址文化内涵的分析。原发掘报告认为"李家沟二期文化"属庙底沟类型，赵先生认为文化面貌比较复杂，它包括了几个不同时期的遗存。"二期文化"中部分文化因素与一期的完全相同，一部分彩陶如直边三角形和平行线组成的各种图案、写实性很强的鱼纹网纹等，这些与一期相同的因素出现在二期，原因一是早期因素被后期的人们原封不动地继承下来，成为二期文化的组成部分，二是它们依旧是早期因素，是因为后期人们活动或其他原因扰动到二期地层中。"在典型的庙底沟类型遗存中，如豫西陕县庙底沟遗址、西阴村遗址等均没有上述彩陶同弧线三角纹、勾叶纹图案的彩陶及环形口尖底瓶、卷沿曲腹盆、灶等器物共存的情况。在一般关中地区的庙底沟类型的遗存中，如华县泉护村一期文化、姜寨三期文化里也没有这两类作风截然不同的彩陶共存的实例"。所以他认定出自"二期"的这部分彩陶是一种扰乱进去的早期因素，非二期文化所固有。

关于彩陶的个案研究，有刘溥、尚民杰的《涡纹、蛙纹浅说》[3]、钱志强的《试论半坡彩陶鱼纹艺术》[4]、我个人的《论我国新石器时代彩陶花瓣纹图案》[5]和严文明的《鹳鱼石斧图跋》[6]。所谓"鹳鱼石斧图"，是出自河南汝州阎村的瓮棺上的画面，有许多的论文都讨论过画面的意义，得出的结论虽然并不一致，但带给我们的启示

[1]苏秉琦：《姜寨遗址发掘的意义》，《考古与文物》1981年2期。

[2]赵辉：《铜川李家沟仰韶文化遗存的初步分析》，《考古与文物》1986年4期。

[3]刘溥、尚民杰：《涡纹、蛙纹浅说》，《考古与文物》1987年6期。

[4]钱志强：《试论半坡彩陶鱼纹艺术》，《史前研究辑刊》，1988年。

[5]王仁湘：《论我国新石器时代彩陶花瓣纹图案》，《考古与文物》1989年1期。

[6]严文明：《鹳鱼石斧图跋》，《文物》1981年12期。

[1]张朋川:《中国彩陶图谱》,文物出版社,1990年。

[2]陈雍:《半坡文化鱼纹的分类系统》,《华夏考古》1993年3期。

[3]王仁湘:《中国史前彩陶地纹辨识》,《中国史前考古论集》,科学出版社,2003年。

[4]王仁湘:《关于中国史前一个认知体系的猜想》,《华夏考古》1999年4期。

却是非常有益的。

20世纪90年代以后,彩陶研究进入一个系统整理和深入认识的时期。张朋川先生出版的《中国彩陶图谱》,是第一次对中国彩陶资料最系统的整理,虽然并没有专门研究庙底沟文化彩陶,但对相关纹饰的演变还是进行了比较深入的探讨[1]。

这一时期对于彩陶象征意义及彩陶观察方式的研究,受到更多学者的重视。陈雍1993年发表《半坡文化鱼纹的分类系统》一文[2],他在将半坡文化彩陶鱼纹分为有头有身、无头有身和有头无身三类的基础上,又区别出鱼头的黑与白来,建立黑头和白头鱼纹之说。陈雍经过仔细检索后认定,临潼姜寨遗址分为东西两半,房屋向东的西组绘的是黑头鱼纹,而房屋朝西的东组绘的是白头鱼纹。而处在两组之间的房屋朝南的北组,所绘鱼头既有黑头也有白头。更值得关注的是,他还由鱼纹上鱼眼的状态,判断出以泾水为界,西部所绘为上视的椭圆眼,而东部是正圆眼,眼形的变化成为明显的地域标志。如果这个判断确立,它一方面可以说明我们对熟识的鱼纹彩陶其实了解并不多,另一方面则说明彩陶的内涵确实非常丰富。

此外我自己在研究中提出了"地纹彩陶"的概念,认为彩陶中有一部分为地纹彩陶,彩陶纹饰是在彩绘图案间的空白之处[3]。在半坡文化中已出现比较成熟的地纹彩陶,至庙底沟文化时期地纹彩陶进入兴盛阶段。有了这样一个全新的观察角度,在彩陶上读解出了新的纹饰,地纹旋纹的确定是一个新的发现[4]。

总括我们得到的认识,可以用以下这些话来描述中国史前彩陶的大致面貌:

黄土地带的土质有较强黏性,色度纯净,用它制成的陶器是彩绘理想的地色,在7000多年前拥有黄土资源的渭水流域居民最先在陶器上施用了彩色,黄河流域是世界上的彩陶发祥地之一。前仰韶时期已经出现的彩陶工艺,到了仰韶文化时期水平又有了很大提高。仰韶文化的彩陶工艺,经历了完善、发达到衰落的发展过程。仰韶早(半坡文化)、中期(庙底沟文化),彩陶以黑色为基调,纹饰较为繁缛复杂。中期以后,色彩丰富多变,纹饰以装饰性很强的图案为主。到了晚期(西王村文化),彩陶艺术明显衰落,陶器上只见到不多的单色彩的线条了。

半坡和庙底沟文化的彩陶都盛行几何图案和象形花纹,总的构图特点是对称性强,发展到庙底沟文化中晚期,图案富于变化,结构有一些不同。

半坡文化彩陶以红地黑彩为主要风格,流行用直线、折线、直边三角组成的直线体几何图案和以鱼纹为主的象形纹饰,线条比较简练,色块凝重,主要绘制在钵、盆、尖底罐和鼓腹罐上,有一定数量的内彩。多数彩陶只是在口沿上画一圈黑色宽带,彩陶盆的口沿除流行彩带外,有时绘重复排列成若干组的一种几何纹,有时将口沿分作四等分,每一等分内绘相同的纹饰。半坡彩陶的象形纹饰有鱼、人面、鹿、蛙、鸟和鱼纹等,鱼纹常绘于盆类陶器上,被研究者视为半坡文化的标志。鱼纹与半坡文化先民祭祀活动的内容有关,一般表现为侧视形象,极少见到正面图像,有嘴边衔鱼的人面鱼纹、单体鱼纹、双体鱼纹、变体鱼纹和鸟啄鱼纹等,早期鱼纹写实性较强。到晚期时部分鱼纹逐渐向图案化演变,有的简化成三角和直线等线条组成的图案。有的器物写实的鱼、鸟图形与三角、圆点等几何纹饰融为一体，纹饰繁复，寓意深刻，如姜寨遗址467号灰坑出土的一件葫芦形彩陶瓶，就是这种鱼鸟图形合璧的作品。在何家湾遗址的一件彩陶盆，盆内中心绘一较大的人面，在它周围绘有4个小人面，与半坡遗址所见的人面彩绘相似，但不见鱼纹装饰。在龙岗寺遗址的一件尖底陶罐上见到的人面彩绘更加精彩。尖底罐腹部上下分两排绘10个神态不同的人面像，是一件非常难得的彩陶艺术珍品。

庙底沟文化彩陶更为发达成熟，为仰韶文化彩陶艺术发展的高峰。庙底沟文化彩陶增加了红黑兼施和白衣彩陶等复彩，纹饰更加亮丽。彩绘常见于曲腹盆、钵和泥质罐，一般不见内彩。庙底沟文化彩陶的几何纹以圆点、曲线和弧边三角为主要元素，变半坡文化彩陶简洁的风格，图案显得复杂繁缛，有一种研究者所称的"阴阳纹"最具特色。阳纹涂彩，阴纹是地色，阴阳纹都体现有强烈的图案效果，都能显示完整的花纹图案。几何纹彩陶主要表现为花卉图案形式，它被视为庙底沟文化彩陶的一个显著特征。花卉图案常以若干相同的单元重复排列，构成二方连续式的带状纹饰。庙底沟文化象形题材的彩陶主要有鸟、蟾和蜥蜴等，鸟纹占象形纹饰中的绝大多数，既有侧视的，也有正视的形象，鸟纹也经历了由写实到抽象、简化的发展过程，一部分鸟纹也逐渐演变成一些曲线而融会到流畅的几何形纹饰中。蟾和蜥蜴一般都作俯视形象，蟾与半坡文化的区别不大，背部密布圆点。

西王村文化时期，彩陶艺术很快就衰落了，除了见到一些零星的简单线条构成的彩陶图案以外，几乎没有成批彩陶作品出土。不过局部地区见到略为丰富的彩陶，如大地湾遗址彩陶比例较大，纹饰也略为复杂。

大河村文化彩陶受庙底沟文化影响很大，除了一部分与庙底沟文化相同的彩陶，也有独具特色的作品，以精美的白衣彩陶最为出色。出土自河南汝州阎村陶缸上的"鹳鱼石斧图"，是大河村文化发现的最有魅力的作品之一[1]。这幅"鹳鱼石斧图"，绘于陶缸的一侧，画面较大，用白和紫褐等多种色彩绘出。画面左边是一只侧立的白鹳，白鹳衔着一条鱼；画面右边是一柄竖立的斧子，斧柄上还绘有黑叉符号。这是一幅寓意深刻的作品，已具有图画纪事的作用，它像一个谜一样吸引了许多研究者。这个彩陶缸是墓中的随葬品，所以画面被认为是墓主人生前事功的写实画，有研究者据此认定墓主人应当是部落首领之类的人物[2]。

同阎村陶缸彩画具有相似意味的作品，在豫中地区还有一些发现。汝州洪山庙遗址一座合葬墓中出土的136件瓮棺上，全都有彩绘纹饰，纹饰的题材有人物、男根、动物、植物、几何形、天象、器具若干类。如在一具瓮棺上同时绘有红色的日和白色的月，在另三具瓮棺上绘有男根图形，它们揭示了洪山庙人精神世界的一个侧面[3]。

对于庙底沟文化彩陶的认识，学者们有了自己新的评价。张忠培先生1990年在一篇短文中[4]，对庙底沟文化的彩陶作如下评述：

> 辽河流域的红山文化中期、黄河下游的大汶口文化早中期、长江下游的马家浜文化、长江中游的大溪文化都带有庙底沟文化的彩陶或庙底沟文化彩陶影响的

[1]临汝县文化馆：《临汝阎村新石器时代遗址调查》，《中原文物》1981年1期；张绍文：《原始艺术的瑰宝——记仰韶文化彩陶上的〈鹳鱼石斧图〉》，《中原文物》1981年1期。

[2]严文明：《鹳鱼石斧图跋》，《文物》1981年12期。

[3]河南省文物考古研究所：《汝州洪山庙》，中州古籍出版社，1995年。

[4]张忠培：《中国史前时期的彩陶艺术——庙底沟文化的彩陶》，《瞭望周刊（海外版）》1990年8月6日。

明显痕迹。在中国先秦时期的考古学文化中，除商周文化的覆盖面积，殷周青铜礼器的分布或影响范围外，尚无可与庙底沟文化的分布和影响范围比拟者。在晚于庙底沟文化的诸多考古学文化中，彩陶艺术虽得以延续和发展，但在艺术成就上却少有超越庙底沟文化彩陶者，即使是以发达的彩陶艺术著称于世的马家窑文化，除图案种类的繁杂、装饰的华丽外，也未超出庙底沟文化的高度。因此，以运笔熟练流畅，构图严谨规范，具有很高的装饰性和欣赏性为主要风格的庙底沟文化彩陶，堪称中国史前艺术中一株出类的奇葩。

这是一位资深考古学家对庙底沟文化彩陶的评价，这个评价很高，也很实在。

考古发现的丰富的中国史前彩陶，也吸引了许多美术史家、历史学家和哲学家的目光。他们的研究，主要围绕着两个主题进行：一是彩陶的艺术表现方式，二是彩陶纹饰的意义。这些在考古学圈外迂回的学者，他们的研究对于考古学而言，似乎没有太明显的促进，或者说考古学家并没有太在意相关学科的研究。其实彩陶的意义，除了对于考古学文化本身的研究至关重要以外，它的艺术性与象征性也是不容忽略的，不然彩陶就失去了它存在的原初意义。

我在本书中要刻意对彩陶的艺术性与象征性进行表述，虽然可能会有并不准确的地方，但我希望圈外学者会更加关注这样的讨论，也关注考古人的讨论，他们也应当知道考古人对这样的问题也是非常关注的。

经过几代学人的努力，庙底沟文化彩陶研究的主要研究成果，可以概括为这样几个方面：首先是这一类富有特征的彩陶让研究者进一步认识了庙底沟文化的内涵，也认识到了这个文化所拥有的强大张力；其次是对彩陶特征的总体把握，让研究者明确了相关考古学文化之间的区别与联系；再次是对于彩陶艺术表现方式和彩陶艺术的发展规律有了一定把握，对彩陶的象征意义也有了深入探讨。

从客观上来说，大半个世纪以来彩陶的研究虽然取得了不少成绩，但是整体研究其实一直并不是太深入。一方面是发现的材料比较零散，另一方面是这个研究也有相当的难度。材料过于零散，收集起来相当费时，不容易形成系统的认识，而且一些关键点容易被忽略。研究的难度主要表现在与考古和艺术的相关性探讨上，我们要么是只论考古而不论艺术，要么是只论艺术而避开考古。这是因为考古学家一般都不具备所需的艺术素养，而一些艺术史家们也并不具备考古学素养，两个学科常常不怎么搭界。也就是说，现在学界不仅没有坚持作专门研究的学者，更没有形成一支有气势的彩陶研究学者团队。彩陶研究的推进与提升，看来还要走一段不短的路程。

第二章 艺术特征

庙底沟文化彩陶内涵丰富，具有非常鲜明的艺术特色。由色彩配合、纹饰结构以及纹样元素选择等方面看，不同区域的庙底沟文化彩陶都体现出相当一致的风格，不难判断，庙底沟人已经发现了一些基本的艺术原理，确立了自己的艺术规范，他们也一定创立了自己的初级艺术理论。

作为一部考古学著作，我们由艺术的角度来探讨庙底沟文化彩陶，可能会有一些不好把握的问题。但是作为一部艺术考古著作，我们又不能回避这个问题。也许我的理解，与艺术史家们的说法多有不大契合之处，不过我还是坚信我在这里的探索至少可以为他们提供一个靶子，也许可以帮助他们将认识提升到一个新的高度。如果通过这样的交流拉近了我们之间的距离，那就是一个新收获了。

在此，拟由一般特征和艺术形式两个层面，对庙底沟文化彩陶的艺术特征作一番分析讨论。

一 彩陶一般特征

首先要探讨的是庙底沟文化彩陶的一般特征，也就是最基本的特征。这方面要涉及的有彩陶器类的选择、色彩的应用、纹饰的基本元素分类等，有关构图等表现手法问题将在下一节中阐述。

1. 器类选择

在发现有彩陶的新石器文化中，不是同一器类都会绘彩，也不是任一器类都可以绘彩，彩陶的器类有一些基本的选择原则。有的器类适合于绘彩，或者说有些器类原本就是为绘彩而成器，是预制的彩陶器坯。当然也不是说所有可以绘彩的器类都要绘彩，在相当多的考古学文化中，可以绘彩而未能绘彩的器形——也就是素陶数量更多。

一般来说，彩陶选择的器形是以较为细腻的泥质陶为大宗，只是在极个别的情形下才在夹砂的粗陶上绘彩。泥质陶器的器表本来比较光滑，绘彩前如果再经打磨，绘彩效果更好。最精致的彩陶器坯都经过精心打磨，焙烧后表面光泽度很好。打磨选择在器坯未完全晾干时进行，打磨的工具主要是光滑的石块。有时打磨还可能实施在绘彩完成之时，这样颜色会有更强的附着力，焙烧后光洁度会更好。

从器形的大小看，彩陶一般绘在小巧的陶器上，有的时候也会在大型器上绘彩。由仰韶文化的发现看，彩陶选择的器类多应是食器之类，器体一般都不大。一部分内彩器，显然不会是普通的容器，至多是水器，不然再精致的彩绘都会失去意义，因为一旦盛装上物品就什么都看不见了。例如半坡文化常见的人面鱼纹彩陶盆，图案都绘在盆内，它一定不是一种普通日常使用的容器。

当然也有一些新石器文化的彩陶对器类并没有明确的选择，有时似乎是能绘彩的都会绘彩，这一点在马家窑文化中表现最为明显，有时不论器大器小都有可能绘彩，有的器形也许原本就不是实用器，它们绘好彩后直接被埋到了墓穴中，也即是说它们是专用于随葬的彩陶器。

庙底沟文化彩陶器类的选择也很有特点。庙底沟陶工最常选择的是钵和盆两类，器形都不大。尤其是彩陶钵数量最多，它应当是庙底沟人日常使用的食器。陶钵的器形虽有直口、敛口和弧腹、曲腹之分，捧在掌中都非常便于进食。这样的陶钵由于器体较小，彩绘的纹饰大都较为简练，一般都没有太复杂的纹样组合。钵面多见圆弧形纹样，有很少的直线、三角和网格纹组合。纹饰的构成方式，是以二方连续形式为主流（图2-1-1-1）。

器形稍大的盆类器，由于适宜绘彩的器腹表面较大，比起小巧的陶钵来，更易于发挥陶工的绘画技巧。庙底沟文化中最具特点的陶盆是曲腹盆，许多精致的彩陶盆就是这种曲腹盆。曲腹盆又可细分为高、矮两类，矮体盆出土数量更多，彩绘部位一般限于上腹，个别的仅在口沿部位绘彩。曲腹盆彩绘纹样也是以圆弧类为主，少见直线构成的网格纹、三角纹、矩形纹等。彩绘纹饰构成亦是以二方连续形式为主，以花瓣纹和旋纹最具特色，纹饰富于变化。曲腹盆上的彩绘，多数都比较精致，庙底沟文化那些最精美的彩陶纹饰都是来自曲腹盆（图2-1-1-2~8）。

由于曲腹盆彩陶出土数量较多，在此分几个区域进行一些比较分析。

河南西部地区的彩陶盆以陕县庙底沟遗址出土最多，纹饰也最为丰富。其他地点如济源长泉和灵宝西坡，也有一些精品发现。纹饰组合多见花瓣纹和旋纹，也有方格纹和其他圆弧类组合（图2-1-1-2）。

山西南部地区出土彩陶盆以夏县西阴村数量最多，其他在侯马乔山底和河津固镇也有较为集中的发现。纹饰组合与构图形式同豫西地区较为接近，旋纹较多，也见到非常规整的花瓣纹，不过与庙底沟遗址所见并不全同，构图更富于变化。在乔山底发现的彩陶盆，很多只在口沿部位绘彩，腹部并不施彩，表现出一种特别素雅的风格，这在其他地点还不多见（图2-1-1-3）。

陕西出土彩陶盆数量很多，大体可分为关中东部和西部两个区域。关中东部地区彩陶盆集中发现于华阴和华县诸遗址，以泉护村出土数量最多。纹饰以各类变化多端的旋纹为主，花瓣纹少见且大不同于豫西的庙底沟文化遗址。鸟纹作为比较写

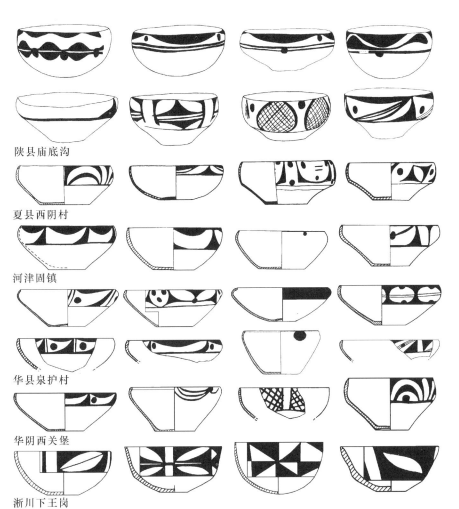

＊本书从此图开始的
彩陶集成图，所有标
本直接在图下标注发
现地点，未见标注地
名的，与下一图为相
同地点，或与左一图
为相同地点。

陕县庙底沟

夏县西阴村

河津固镇

华县泉护村

华阴西关堡

淅川下王岗

图2-1-1-1　各式彩
陶钵＊

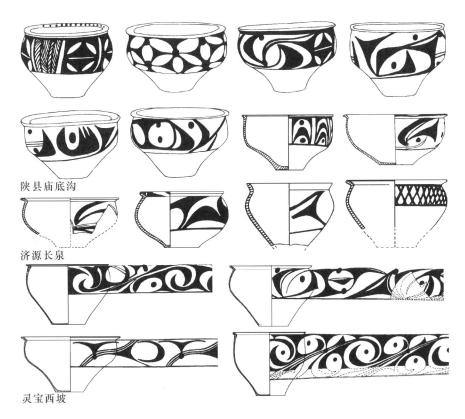

陕县庙底沟

济源长泉

灵宝西坡

图2-1-1-2　各式彩
陶盆（河南）

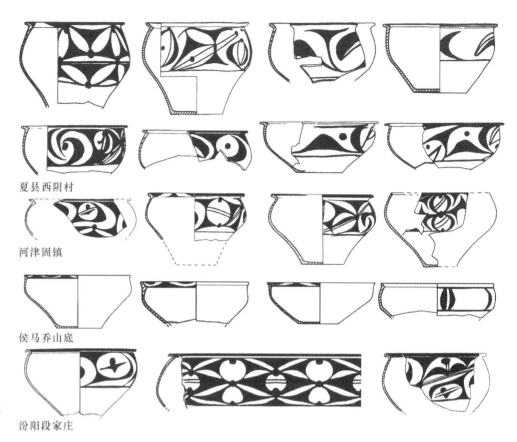

图2-1-1-3 各式彩
陶盆（山西）

夏县西阴村

河津固镇

侯马乔山底

汾阳段家庄

实的纹样出现的频度较高，这是在晋南和豫西都不曾见到过的（图2-1-1-4）。

关中西部地区彩陶盆的发现以陇县原子头数量最多，扶风案板等处也有发现。纹饰与东部地区有明显区别，圆弧类纹饰并不占主流，三角形和四边形图案明显多于东部。基本不见旋纹和典型的花瓣纹。有接近半坡文化的图案化鱼纹及简化鱼纹，也有类似东部地区的鸟纹（图2-1-1-5）。这样的区别虽然首先是体现了一种区域特征，其实也体现了一种时代特征，西部的发现就整体感觉而言可能略早于东部，这在地层上也是有证据的。

甘肃东部地区出土彩陶盆以秦安大地湾最为集中，基本都是矮体盆。纹饰以圆弧类结构为主，有旋纹，旋纹以大单旋纹为多，没有典型的双旋纹。也有简化的鱼纹，少见典型的花瓣纹（图2-1-1-6）。

庙底沟文化彩陶主要是绘于钵、盆两类器形，也有少量的大罐小罐上见到彩绘。这些罐器形区别很大，所绘纹饰也不相同，都是彩陶盆上常见的图案，有旋纹也有花瓣纹。有的绘很复杂的组合纹饰，也有的仅在口沿绘一条带状彩条（图2-1-1-7）。

其他器类的彩陶有些零星发现，如壶类和瓶类器及器座、器盖等，所见纹饰一般也并无特别之处，多类同于钵和盆。当然因为器类特殊，有的纹饰布局与一般物会有些区别。有的器形如灵宝西坡出土的器座，并不是庙底沟文化所具有的特征器

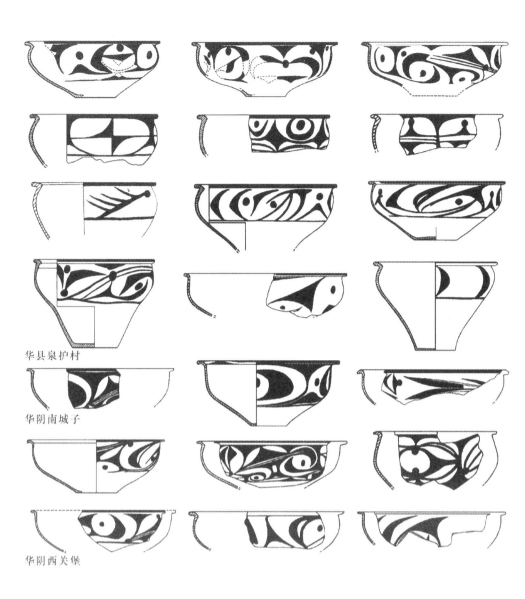

华县泉护村

华阴南城子

华阴西关堡

图2-1-1-4 各式彩
陶盆（陕西东部）

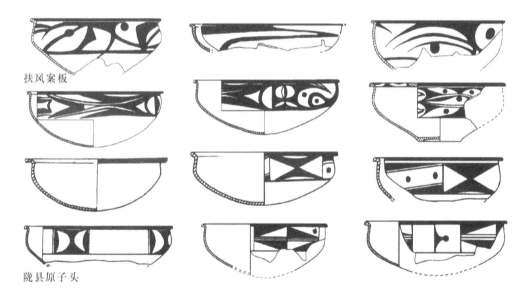

扶风案板

陇县原子头

图2-1-1-5 各式彩
陶盆（陕西西部）

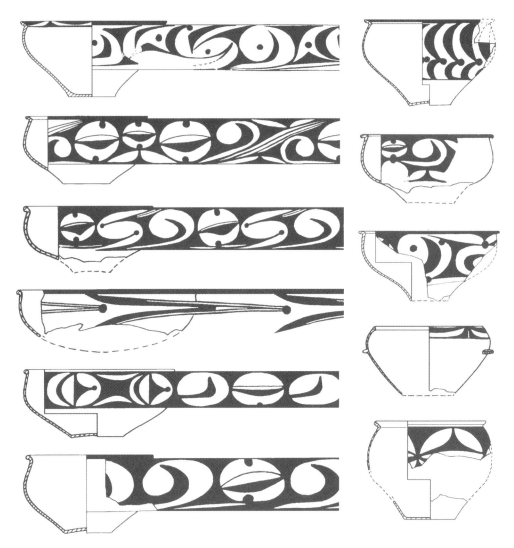

图2-1-1-6　秦安大地湾各式彩陶盆

物，应是周围文化影响的产物，不过纹饰依然还是庙底沟文化风格（图2-1-1-8）。

2. 色彩配合

我们通常读到的彩陶图案，包括在本书中出现的彩陶纹饰，其实大多是无彩的黑白图形，对它们原本的色彩功能，一般是感觉不到的。或者说我们看到的仅仅只是彩陶的构图，而不是彩陶本来的色彩。只有在看到幅面足够大的彩色图片或彩陶实物标本时，我们对彩陶色彩的感觉也许才是真正完整的。我自己虽然近距离观察过较多的彩陶实物和彩陶碎片，但对于本文涉及的这些资料，仍然主要是取自出版物，所以在由色彩的角度进行讨论时，也会有不周全不准确之处，也会觉得有些力不从心。但在研究彩陶时却又不能绕开色彩问题，所以我还是要简单谈谈对庙底沟文化彩陶的色彩感觉，当然在这里主要涉及的是彩陶的色彩配合，并不是很全面的探讨。

庙底沟文化彩陶的色彩，由主色调上看，是黑色，大量见到的是黑彩。与这种主

[1]李文杰：《中国古代制陶工艺研究》，科学出版社，1996年；郎树德、贾建威：《彩陶》，敦煌文艺出版社，2004年。

色调相对应的是白色的地子，白色在大多数情况下虽然并不像黑色一样是绘上去的彩，而是绘彩前先平涂上去的，但也是画工作为一种客观使用的色彩。当然也有少量的不纯正的红彩或褐彩，甚至还有其他很少见到的色彩，这是后期出现的现象，我们在讨论时不会太多地关注这些非主流色彩。我们要特别提到的是，彩陶上还有并非是画工主动绘出的一种借用色彩，它是陶器自显的红色。这种借用红色的手法，是一个奇特的艺术创造，它较之主动绘上去的色彩有时会显得更加生动。

这样看来，庙底沟文化彩陶的主要颜色是红、白、黑三色，主打色是黑色。除了借用色以外，分析彩绘颜色是来自矿物原料。黑彩的着色剂是氧化铁和氧化锰的混合物，白彩的着色剂是一般石英（石膏、方解石）。红彩的着色剂主要是铁，应当是以赭石为颜料。实验表明，用纯锰作原料在陶器上绘彩，高温下锰元素会全部分解。如果羼入赤铁矿，颜色浓度较淡时彩陶烧成后显红色，较浓时则显黑色[1]。这样看来，那些不纯正的褐色或棕色，有时也许并不是刻意追求的效果，主要是与着色剂的浓度有关。

经过了许多的经验积累，史前陶工后来一定是掌握了这样的显色规律，他们在黑与红之间做出了自如的选择。

庙底沟文化中虽然少见红彩直接绘制的纹饰，但红色却是一个不能忽略的图案元素。它的重要性主要还不在于是绘制一些纹饰单元的必须用的色彩，它

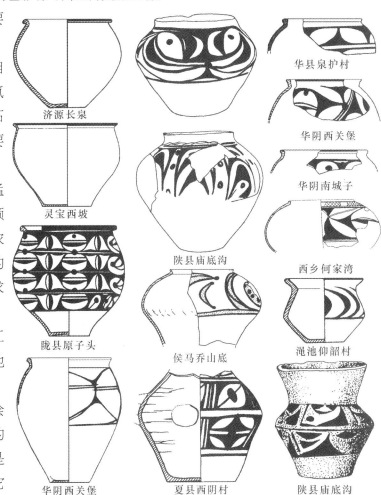

济源长泉
灵宝西坡
陇县原子头
华阴西关堡
陕县庙底沟
侯马乔山底
夏县西阴村
华县泉护村
华阴西关堡
华阴南城子
西乡何家湾
渑池仰韶村
陕县庙底沟

图2-1-1-7　各式彩陶罐

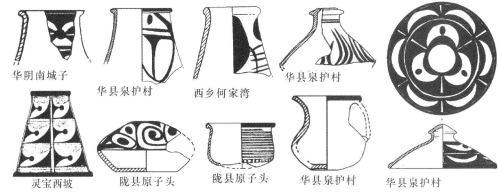

华阴南城子
华县泉护村
西乡何家湾
华县泉护村
灵宝西坡
陇县原子头
陇县原子头
华县泉护村
华县泉护村

图2-1-1-8　其他类型的彩陶器

更主要的是被作为一种地色使用的。彩陶上的红色有两个来源，一是红彩，一是陶器上自带的红色。自带的红彩又有两种情形，一种是因为大量彩陶的胎色与表面色在烧成后就显现出的本色，这本色就是红色，考古上称为红陶。另一种是陶器表面特别装饰的红色，是烧制前挂上的一层红黏土泥浆，出窑后也呈现出红色，称为红衣陶。

我们所说的庙底沟文化彩陶的红色，主要指的是这种自带色，或者称为陶器的自然色。庙底沟人在绘制彩陶时，明显是借用了这种陶器的自带色，将它作为一种地色或底色看待，这样的彩陶就是我们后面还要特别提到的"地纹"彩陶。地纹彩陶虽然不是庙底沟人的发明，在庙底沟文化彩陶中却非常流行，这是史前一种很重要的彩陶绘制技法。

黑彩与红地，形成了一种强烈的对比，也是一种非常和谐的色彩组合。在纹饰带，绘出的黑彩面积有时会超过空出的地子，显出特别沉稳的色调。有时是相反，空出的地子面积大大越过了黑彩，显出特别清亮的色调（图2-1-2-1）。当然在更多的时候，绘上的颜色与留出的地子面积大体相等，并没有明显的倾斜感觉，显得非常和谐。

庙底沟文化中极少见到用白彩直接绘制的纹饰，但白色与上面提到的红色一样，也是一个不能忽略的重要图案元素，与红色同等重要，也主要是作为背景色使用的。这样的彩陶被称为白衣彩陶，在庙底沟文化晚期最为流行，白衣在一定程度上取代了红衣，由红地变成白地的地纹彩陶。

庙底沟文化彩陶是黑与红、白三色的配合，主色调是红与黑、白与黑的组合。红与白大多数时候都是作为黑色的对比色出现的，是黑色的地色。从现代色彩原理上看，这是两种合理的配合。不论是红与黑还是白与黑，它们的配合效果，是明显增强了色彩的对比度，也增强了图案的冲击力。也有的时候，画工同时采用黑、白、红三色构图，一般以白色作地，用黑与红两色绘纹，图案在强烈的对比中又透出艳丽的风格（图2-1-2-2）。

由彩陶黑与白的色彩组合，很容易让我们想到中国古代绘画艺术中的知白守黑理念。"知白守黑"，出自《老子》，所谓"知其白，守其黑，为天下式"，本是道家提倡的一种处世态度，与"知雄守雌"是一个意思。后来书画家们用知白守黑作为一种艺术追求的理念与境界，意义有了新的引申。

主要以墨色表现的中国画就是这样，未着墨之处也饱含着作者的深意，观者细细品味，一定会有意想不到的收获。研究者认为，在中国画中无笔墨处的白并不是空白无物，画外之水天空阔之处，云物空明之处，都是以"白"为景。对于高妙的捉笔者来说，那空白之处不仅可以为景，更可以抒情。画家要善于把握虚实，运黑为白，可根据形式需要，化虚为实、化实为虚。在画作中虚实可互相转变，黑白也能互相转变。很多有中国画观赏经验的人都会发现，一幅好的绘画作品，笔墨自是妙趣无穷，而画中的留白，往往更具神韵，黑与白的对应，时常会成为引导观者深入的路径。能够运实为虚，虚实互用，黑白互衬，引人入神，凡此种种，皆缘于画家对"知白守

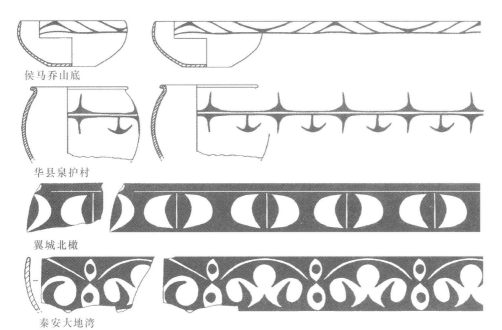

侯马乔山底

华县泉护村

翼城北橄

秦安大地湾

图2-1-2-1 彩陶上
的明与暗两种色调

灵宝西坡 侯马乔山底

陕县庙底沟

扶风案板

郧县大寺

枣阳雕龙碑

图2-1-2-2 彩陶上
的双色与多色氛围

[1]吴坚旭:《浅述中国画的"知白守黑"》,《美术观察》2005年5期。

黑"理念的运用[1]。

"知白守黑"是中国古代绘画艺术的一个重要传统。这样的知白守黑,这样的黑中观白,其实如果作为绘画的一种境界,并非是源出于老子,应当可以上溯到更早的彩陶时代。在彩陶上,不仅有这知白守黑的定式,画工们还掌握着"颠倒黑白"的功夫。同中国画一样,在彩陶上黑是实形,白是虚形,它们相互排斥,又相互依存,相辅相成。可是对观者而言,那白是实形,黑是虚形,画工的意象完全是颠倒的。在彩陶上挥洒自如的史前画工,一直就研习着这样一种"知白守黑"的功夫。他们已经懂得了以黑作衬以白为纹的表现手法,这就是以有彩衬无彩的地纹手法,这个论题我们留待下文再细作讨论。

彩陶中的三色黑、白、红,应当还不只是一些单纯的颜色,史前陶工可能已经对这些颜色赋予了特定的情感。色彩原本无所谓情感,但是在人的眼中,人们可以感觉到色彩包含的更多内容,赋予色彩以情感。有人说,在音符中可以感觉到色彩,这当然是一种境界,并不是一般人都会有的感受。不过这给了我们一个启示,音符是可以表现情感的,它让人感受到的色彩也一定是情感的体现。

色彩的确可以让人感觉到它具有的情感。首先,人可以由色彩感觉到冷与暖,这种感觉,是自然感觉的升华。从色彩心理学而言,人们将橘红的纯色定为最暖色,将天蓝的纯色定为最冷色。红、橙、黄等同暖色,蓝绿、蓝、蓝紫等同冷色。黑、白、灰、紫等色处于冷暖色之间,都属中性色。此外还有一组冷暖感觉,即所谓白冷黑暖,一般的色彩加入白色会倾向于冷,加入黑色会倾向于暖。

当然,色彩并不只是表现出冷与暖这样的基本属性,它还有一些特别的文化象征意义,如与我们的讨论相关的一些颜色就有下面这样的象征意义:

红色:象征热情、活泼、热闹、温暖、幸福、吉祥、危险……

橙色:象征光明、华丽、兴奋、甜蜜、快乐……

白色:象征纯洁、纯真、朴素、神圣、明快、柔弱、虚无……

黑色:象征崇高、严肃、刚健、坚实、粗犷、沉默、黑暗、罪恶、恐怖、绝望、死亡……

这样看来,色彩在人的眼里是富于情感的。当一些颜色共存时,它们又具有了更多的意义。如黑与白两色,它们非常对立而又有共性,是色彩最后的抽象,能够用来表达富有哲理性的对象,这两色是相互通过对方的存在来显示自己的力量所在。这是因为亮色与暗色相邻,亮者更亮,暗者更暗;冷色与暖色并存,冷者更冷,暖者更暖。一些研究者认为,无论是有彩色还是无彩色,都有自己的表情特征,有自己的力量。如红色是热烈、冲动、强有力的色彩,它甚至能使人肌肉的机能和血液循环加快[2]。只要想想在斗牛场上红色给公牛带来的刺激,我们对颜色所表现的力量就不必存有什么怀疑了。

中国古代以黑色与白色代表色彩世界的阴极和阳极,太极图形就是以黑白两色的循环形式表现宇宙永恒的运动。黑与白的抽象表现力和神秘感,可以超越任何色

[2]杜晓帆:《色彩与社会——从考古发现看古代中国人色彩感觉的变化》,21century.himalaya.org.tw。

彩的深度，它们有时甚至被当作是整个色彩世界的主宰。

人类很早就懂得用色彩来表达某种象征性的意义。世界不同的民族都拥有自己象征性的色彩语言，象征性的色彩是各民族在不同历史，不同地理及不同文化背景下的产物，既有共性又有个性，构成了人类文明的一部分。

中国古代艺术家对红与黑两色比较敏感，也非常偏爱，这个艺术传统非常古老。红与黑，史前彩陶的主色是它们，后来漆器出现时主色仍然是它们，离不开黑与红的配合。战国至汉代时期大量漆器上的装饰图像，主要使用的是黑与红两种颜色，黑色的地子映衬出红色纹饰的鲜亮与明快。黑与红两个经典不衰的颜色，在漆器上都代表着高贵的气质。不用说，漆器的用色传统，是可以追溯到彩陶时代的。

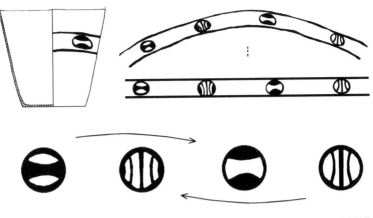

图2-1-2-3 汝州洪山庙彩陶上纹饰色彩的互换

彩陶时代的庙底沟人，他们在彩陶上红与黑与白这三色中追求的是一种什么样的色彩情感? 要准确回答这样的问题，现在几乎是不可能的。也许有人会认为，庙底沟人当时通过烧陶实践所能得到的色彩，主要是这样几种，因为最易获得，所以采用比较普遍。如果对彩陶最初出现的阶段我们这样看问题，可能是非常正确的。但在彩陶非常发达的庙底沟文化时期，若是还要维持这样的认识，只是由技术层面来解释彩陶上最流行的三种颜色，那就显得太有些局限了。彩陶三色流行的理由，首先自然是以技术为基础的，但技术成熟以后，色彩一定被赋予了丰富的文化内涵。

彩陶三色虽然运用非常普遍，但却并不是随意地调配组合，画工对自己作品色彩的感觉是非常敏感的，有明确的追求。如一般都是以白与红为地，以黑色为纹，也即是说是以浅色为地，以深色作图，这种色彩风格显然体现出了陶工的追求，这便是"知白守黑"的渊源所在。又如汝州洪山庙瓮棺上的一组纹饰，如果先不考虑这纹饰的意义，我们可以非常清楚地了解到陶工对色彩效果的刻意追求。这组纹饰可以分为相关的两组，每一组其实是一对反色图形 (图2-1-2-3)。这是在同一构图中，色彩的角色出现了互换，洪山庙的这件彩陶瓮上，是这种色彩互换的典型例证。当然这一例色彩互换可能还有更深刻的用意，但现在我们还不可能作出确切的解释。

3. 图案元素

图案一般常见的元素，不外就是点、线、面这三大元素。点、线、面是最基本的形态，这些基本形态的相互结合与作用，形成了点线面的多种表现形式。

点元素的特点是细小，点的大小、数量、空间与排列，与其他元素的配合，会使图案产生不同的感觉效应，可以形成活跃、轻巧等不同的表现效果。

线元素的特点是宽度窄，长度大，形态有直线和曲线两种。以现代的理念看，线有不同的性格表现。垂直线有力度感和伸展感，水平线有稳定感和平静感，斜线有运动感和方向感，折线有空间感，曲线有弹力感。曲线图案自由、优美，细线图案精致、锐利，粗线图案壮实、敦厚。

面元素有几何形和自然形两大类。几何形的特点是单纯、明快、规整和秩序，自然形的特点是体现有生机、趣味、情节和情态[1]。

我们细划一点，元素可分为直线、曲线、点、圆形、三角形、四边形和不规则形几类。庙底沟文化彩陶使用的图案元素，也就是这样一些内容。这些元素正好有七类，就像乐谱上的那些音阶一样，七个音阶不同的组合，会呈现不同的旋律，七类不同的图案元素的组合，会呈现出无数富有特点的图案（图2-1-3-1）。

在庙底沟文化彩陶中，线形元素运用较少，点、面形元素运用较多，面形元素中又以圆形和不规则形运用较多。下面我们就按七元素的分类，分析它们在庙底沟文化彩陶上的变形规则和出现的频度，还要了解它们之间的组合规则以及最常见的组合形式。

至于一些自然形元素，因为在彩陶上出现的类别较少，将在后面的相关章节提及，此处叙述从略。

a.直　线

两点之间的连线，就是直线。也有一种说法是，直线就是有序连续的点。如果由这个意义出发，那图案最基本的元素就是点，由点可以到线，也可以到面，线和面都是点扩张的结果。我在这里没有准备先来考察庙底沟文化彩陶中的点元素，是因为彩陶中的点，是"大点"，也可以说是一个小圆，它们并非是可以连成线的那个意义上的点，所以我准备将点元素放到后面去谈，放到圆形元素的前面去谈。

庙底沟文化彩陶中的直线元素，有水平线、垂直线、斜线和折线四种。

彩陶中多条平行的水平线同时出现的时候并不太多，而且常常是与其他点圆纹饰组合出现。更多的情况是单条出现的窄条或宽条的带状纹饰，发掘者一般称之为宽带纹。水平线元素在河南和山西地区彩陶中出现的频度较高，如陕县庙底沟、济源长泉、灵宝西坡都有发现。陕西地区的彩陶上少见水平线元素，仅在陇县原子头有较集中的发现，多是在器物口沿内绘一周窄带。西乡何家湾出土的彩陶罐中，用

[1]艺术形式相关讨论参见安晓波、王晓芬等：《艺术设计造型基础》，化学工业出版社，2000年；郑军、杨晓娟：《图案与表现》，上海书店出版社，2006年；王菊生：《造型艺术原理》，黑龙江美术出版社，2000年；〔英〕E.H.贡布里希著、范景中等译：《秩序感——装饰艺术的心理学研究》，湖南科学技术出版社，2006年。

图2-1-3-1　彩陶图案构成的七个元素（第7个为任意图形）

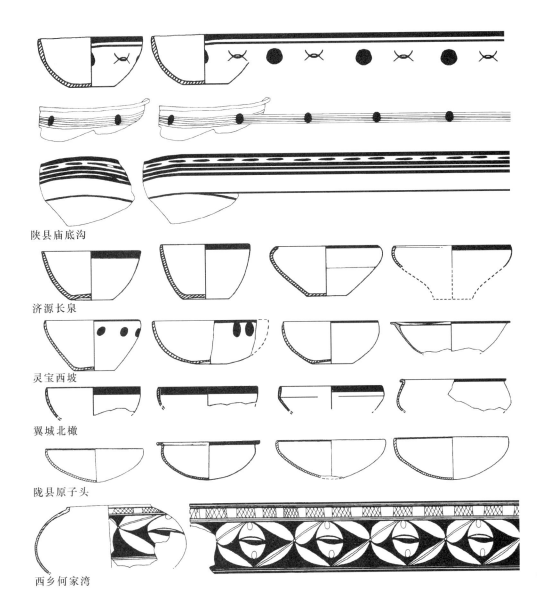

陕县庙底沟

济源长泉

灵宝西坡

翼城北橄

陇县原子头

西乡何家湾

图2-1-3-2　彩陶纹饰中的水平线元素

上、中、下三组平行线将纹饰分隔为三层，这是少有的发现（图2-1-3-2）。甘肃秦安大地湾虽然出土较多彩陶，但纹饰中却没有见到明确的水平线元素。

庙底沟文化彩陶似乎较少使用垂直线元素，但仔细观察后，发现它其实并不少见。由于许多图案都是采用二方连续形式绘制，每两个单元之间的间隔或连接，往往采用的是短短的垂直线。这样的垂直线，少的只有一条二条，多的可达五条六条，大体是等距离平行排列。纹饰加进间隔后的布局，显示出一种很强的节奏感（图2-1-3-3）。

庙底沟文化彩陶中斜线元素运用也不多，一般都是充作组合纹饰的单元。网格纹即是以左斜和右斜的斜线交错构成，这样的组合单元我们留待下文再去谈论。非常流行的那种呈右斜方式的单瓣叶片纹，中间一般都绘有一条或数条斜线，就好似叶片的叶脉一样，这样的叶片纹彩陶在许多遗址都有发现。一些简单的和复杂的旋纹图案，有时也会使用斜线来作单元之间的隔断。有时成排并列的短斜线也可以组

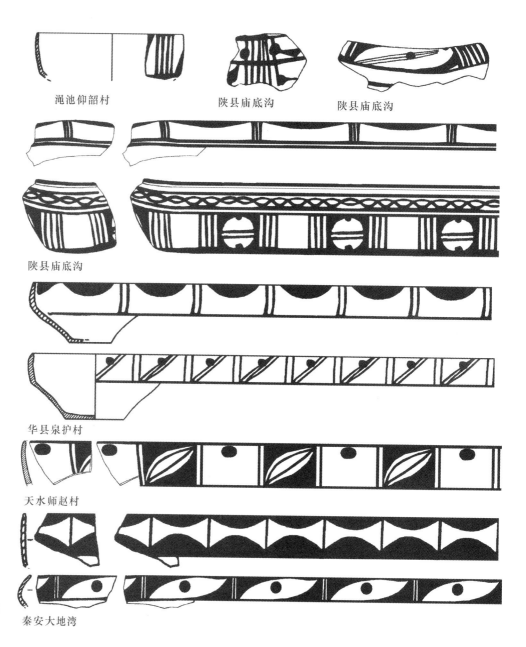

滝池仰韶村　　　　陝县庙底沟　　　　陝县庙底沟

陝县庙底沟

华县泉护村

天水师赵村

图2-1-3-3　彩陶纹
饰中的垂直线元素

秦安大地湾

成纹饰单元，在陝县庙底沟和夏县西阴村就有发现，不过这样的彩陶似乎并不属于庙底沟文化的本来风格，也不排除是由外部文化传入的（图2-1-3-4）。

折线是半坡文化彩陶的常见元素，但在庙底沟文化彩陶上极少出现，这个时期最流行的是曲线弧线元素。当然折线元素偶尔也还是可以见到，在侯马乔山底见到几例，陶钵上绘着很清秀的折线纹。最典型的一件折线纹彩陶出自华阴西关堡，锐折的曲线在陶钵上环绕一周，这样的绘法在庙底沟文化的其他地点没有见到过（图2-1-3-5）。

b.曲　线

曲线具有运动感和节奏感，富有生气。它不断变化着方向，它被看作是所有线

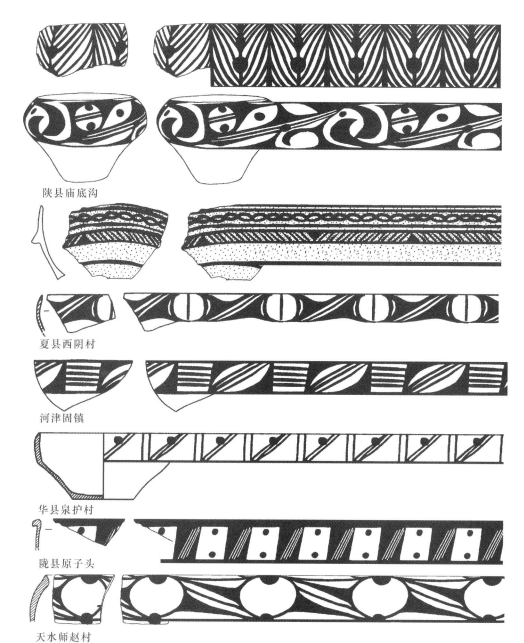

陕县庙底沟

夏县西阴村

河津固镇

华县泉护村

陇县原子头

天水师赵村

图2-1-3-4 彩陶纹
饰中的斜线元素

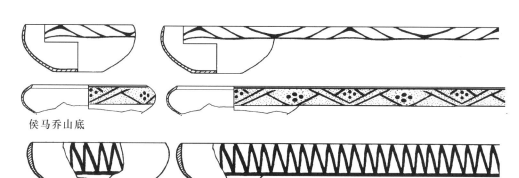

侯马乔山底

华阴西关堡

图2-1-3-5 彩陶纹
饰中的折线元素

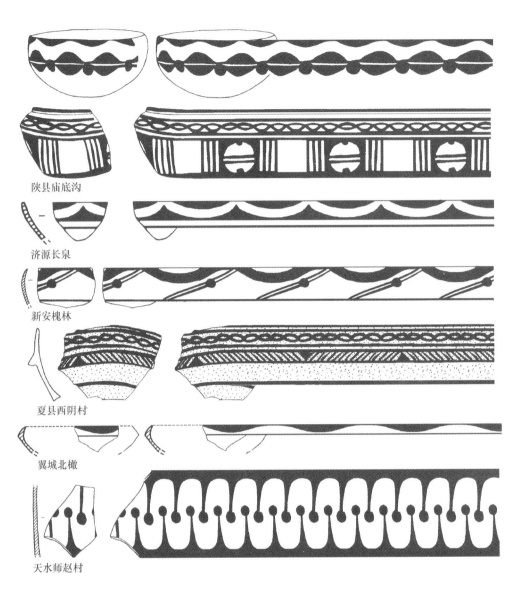

图2-1-3-6 彩陶纹
饰中的曲线元素

陕县庙底沟

济源长泉

新安槐林

夏县西阴村

翼城北橄

天水师赵村

条中最具吸引力最优美最富魅力的线条。

　　曲线是庙底沟文化彩陶上的主流元素之一，在流畅的直线元素以外，更多见到
的是婉转的曲线，就是这些曲线元素造就了庙底沟文化彩陶特别的美感，是一种活
泼律动的美感。曲线与弧线两相关联，我们这里将有曲度的连续的线归在曲线之列，
不连续的则归入下面单独叙述的弧线之列。作了这样的一个区分，我们又发现真正
以曲线为主要元素的彩陶数量并不太多，不过曲线在结构上的变化却比较丰富。

　　在陕县庙底沟和夏县西阴村遗址，见到用两条交合的曲线绘出的纹饰，结构象
绳索一样。也有一部分曲线是以地纹方式表现的，如陕县庙底沟、济源长泉和天水
师赵村所见，是用上下或左右的弧边色块映衬出曲线来（图2-1-3-6）。

　　c.弧　线

　　弧线可以看作是曲线的一段，当然也可以反过来看作是构成曲线的元素，也是

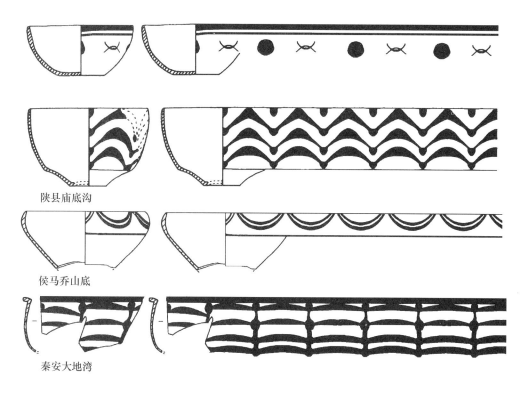

陕县庙底沟

侯马乔山底

秦安大地湾

图2-1-3-7 彩陶纹饰中的弧线形元素

优美的线段。

庙底沟文化彩陶中的弧线元素使用较多,许多的图案单元都包括有弧形因素。从独立的角度看,相关元素可以大体区分为弧线形和弧边形两类。当然纯粹以弧线作构图元素的图案并不是太多,其中以侯马乔山底发现的一件钵最为典型,在钵上腹用下垂的比较粗壮的双弧线构成二方连续图案,显出一种朴实的感觉(图2-1-3-7)。

弧边形色块稍宽,也可以看成是一种粗壮的弧线,不过一般它不是等宽的。可以有上拱弧也有下垂弧,过去将其中下垂弧的组合称为垂帐纹,像是下垂的帷幔。弧形也有地纹表现形式,以弧形作衬,空出的地子也是弧形。弧边形常与圆点组合,组合图案感觉有比较典雅的风格(图2-1-3-8)。

d.圆 点

点是造型艺术中最基本的元素,连续单向运动的点形成线,扩散的点就是面。严格意义的点是只有位置,没有面积和体积的限定,也就是没有大小。点的大小虽然并无明确的限度,只有在比较中才能作出判断,但在图案中我们还是可以得到一个模糊的印象。

点状元素在庙底沟文化彩陶中运用最广,都是圆点,有小点大点之分。在许多的纹饰组合中,都可以看到点的存在。点与其他元素组合,就造成了一种新复合元素。它与直线结合,组合起圆珠一串。它与弧线组合,就像是小鸟飞翔。它与弧边三角结

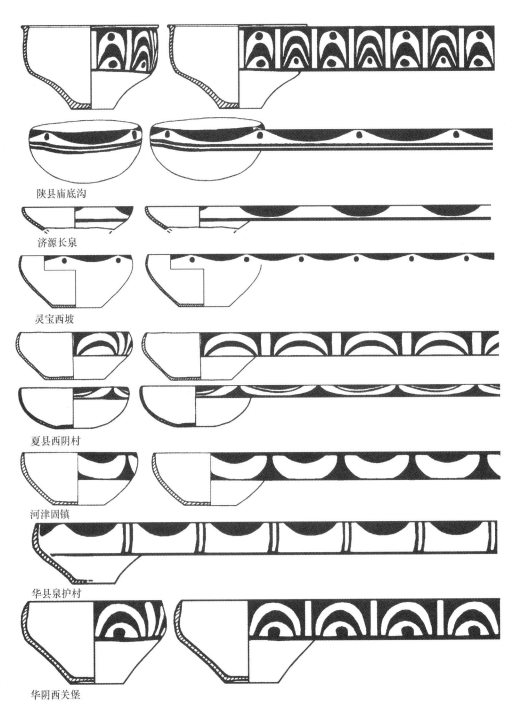

陕县庙底沟

济源长泉

灵宝西坡

夏县西阴村

河津固镇

华县泉护村

图2-1-3-8　彩陶纹饰中的弧边形元素

华阴西关堡

合，使这流行的纹样获得了跳跃的动力（图2-1-3-9）。

点的另一个作用是点缀，这在庙底沟文化彩陶中有灵活运用。在花瓣纹、旋纹、"西阴纹"等这些流行纹饰中，还有其他一些圆形与矩形元素中，都可以见到点缀的各式点状元素（图2-1-3-10）。点的出现，使得庙底沟文化彩陶增加了明显的动感，单元纹饰显得更活泼，纹饰之间有了一种呼应。这是史前彩陶纹饰绘法上的一个很大的提高，庙底沟人的艺术领悟能力于此有充分展示。

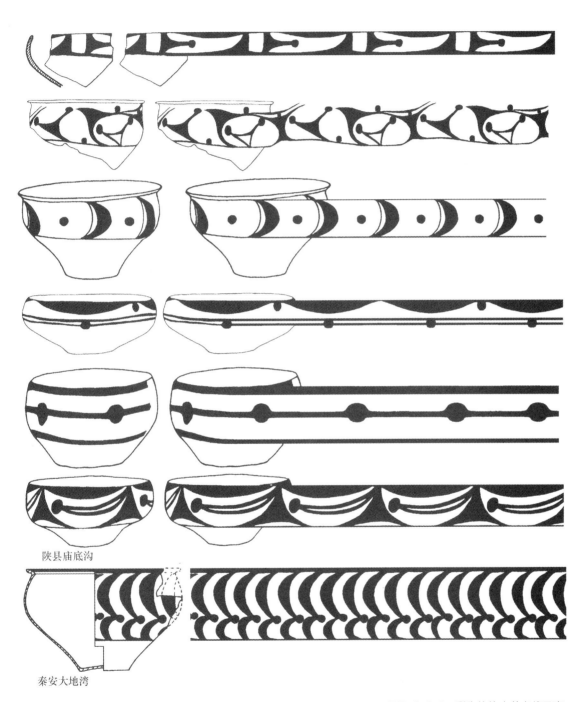

陕县庙底沟

秦安大地湾

图2-1-3-9　彩陶纹饰中的点状元素

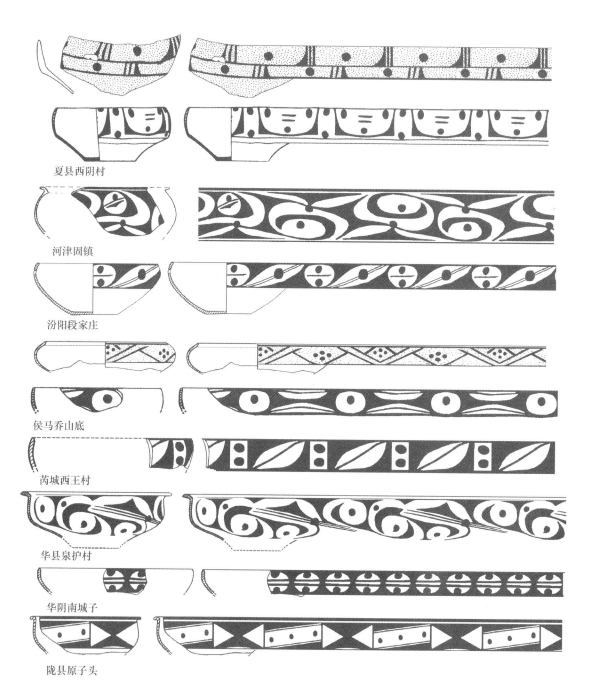

夏县西阴村

河津固镇

汾阳段家庄

侯马乔山底

芮城西王村

华县泉护村

华阴南城子

陇县原子头

图2-1-3-10　彩陶纹饰中的点状元素

e.圆　形

圆形是所有形状中最简明的图形，它无首尾，无始终。圆圈可以看作是封闭的曲线，圆形是富于灵气的图形，也是最能感动人的图形。

圆形元素，有时与点的界线不易划定。我们将大些且可能不是一次绘出的大点都归入点元素之列，这里所指的圆形元素有实圈的圆形，也有空圆形，空圆属地纹表现的圆形。在实圆与空圆中，一般都有一二个圆点或其他附加元素。

彩陶纹饰中还见到一些较为规整的半圆形元素，是半体的圆，也归入圆形元素一并叙述。

庙底沟文化彩陶上的圆形元素往往并不是常规意义上的正圆形，包括许多不很规则的椭圆或圆盘形等。所见实圈圆形其实也是一种空心圆，它的外形有封闭的圆圈，并不见用颜色充满的圆形。当然这样的实圈圆一般也并不单独构成纹饰，它可以是纹饰的中心，并不独立存在，它的周围还有附加构图。陕县庙底沟和华阴南城子见到一种重圈圆构图，圆中套叠一偏心圆，设计颇具匠心（图2-1-3-11）。

地纹圆形没有专为绘出的外廓，是用周围的其他元素衬出的圆形，有正圆形，也有长圆形。它有时是单独出现，构成朴素的二方连续图案，如华县泉护村和华阴南城子出土的彩陶就见到这样的构图。更多的时候圆形是与其他元素配合，组成比较复杂的图案，这图案的中心往往是圆形元素。地纹圆形是因其他元素的存在而存在的元素，构成地纹圆形最常用的元素是弧边三角纹（图2-1-3-12）。

庙底沟文化彩陶上半圆形元素远不如圆形使用得多。最有特色的半圆形元素见于翼城北橄和陇县原子头，纹饰中的半圆都是两两相对，好似扣合在一起。在它们的中间又包容着两个相互扣合的实心半圆。这样的构图可能有特别的含义，只是不那么容易找到答案（图2-1-3-13）。

f.三角形

庙底沟文化彩陶中标准的三角形元素很少采用，弧边三角和其他变体三角形却是最常见的元素。

在夏县西阴村见到一例很标准的三角形元素彩陶，两排并列的黑三角之间，在空白之处还有两排倒立的红三角。这是一个孤例，不是庙底沟文化彩陶的流行元素。在陇县原子头发现了若干件三角形元素彩陶，一种是两个地纹三角形，尖角相对，与其他纹饰一起组成二方连续图案；另一种是八个黑白相间正背颠倒的直边三角形构成一个长方形，长方形中间又能看出一个菱形来。庙底沟文化彩陶上的菱形纹是一种非常精妙的构图，究其渊源应当是来自半坡文化（图2-1-3-14）。

弧边三角形又可分为阳纹和阴纹两类。标准的阳纹弧边三角，一般是三边或两边内凹，流畅的曲线有一种飞扬飘逸的感觉。这种弧边三角是一种衬底元素，当它们的凹边两两相对时，空出的地纹就形成了一种新的纹饰，新纹饰常见的有叶片纹、花

陕县庙底沟

新安槐林

华县泉护村

华阴南城子

图2-1-3-11 彩陶
纹饰中的实圆形元素

天水师赵村

瓣纹和旋纹等（图2-1-3-15）

　　阴纹的弧边三角，是包容色块中间的一个空白三角形。这个三角形有两个长边，
长边一条为向内弧，一条向外弧，合成一个弯起的尖角。第三条边或直或斜，并不
规则（图2-1-3-16）。这样的三角便是所谓的"西阴纹"，发现数量多，分布范围很
广，后文还将作为一种典型纹饰作专门讨论。

　　很多研究者都注意到庙底沟文化彩陶上的弧边三角形元素，这个名称也广泛出
现在学者们的论著中。我们知道这是一个很不严格的定名，不过作为图案构成元素来
认识也还是可以的，只是它极少单独成为纹样，我们很难将它作为独立的图案看待。

g.四边形

　　在庙底沟文化彩陶中，许多二方连续图案都有明显的方形外框，但包括矩形在
内的四边形图案元素，却不很常见，只是在有些遗址发现稍多，计有菱形、长方形
和平行四边形等。如陇县原子头就出土不少这类元素的彩陶，陶盆上与三角形等元
素相间出现的长方形和平行四边形，都用地纹手法表现，四边形中有时还绘一二个

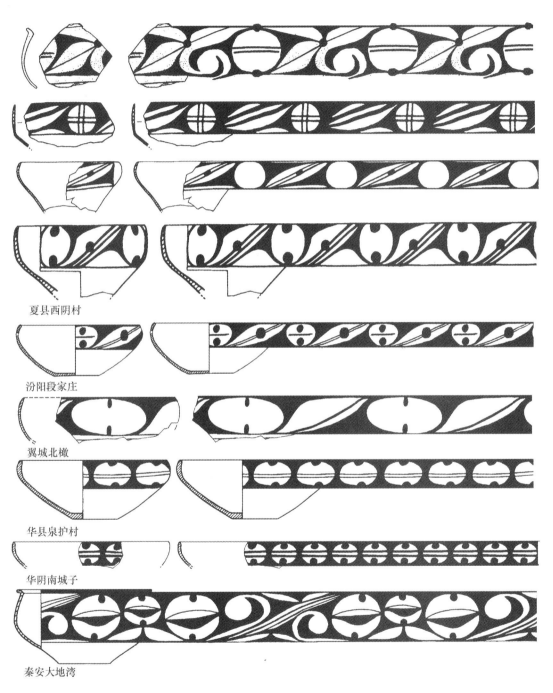

夏县西阴村

汾阳段家庄

翼城北橄

华县泉护村

华阴南城子

秦安大地湾

图2-1-3-12　彩陶纹饰中的地纹圆形元素

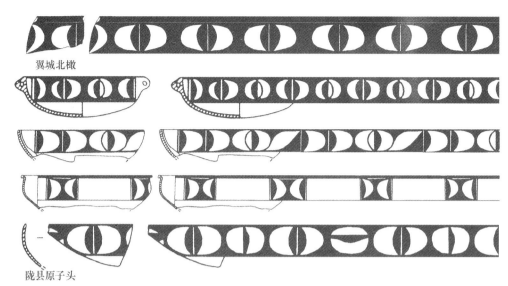

图2-1-3-13 彩陶纹
饰中的半圆形元素

翼城北橄

陇县原子头

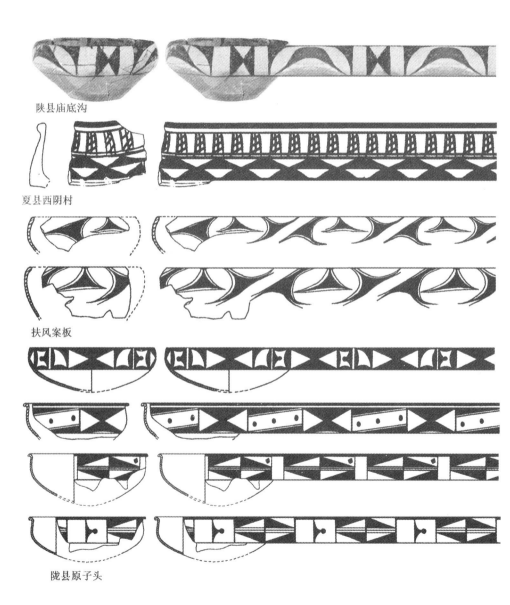

陕县庙底沟

夏县西阴村

扶风案板

图2-1-3-14 彩陶
纹饰中的三角形元素

陇县原子头

史前中国的艺术浪潮——庙底沟文化彩陶研究

秦安大地湾

洪洞耿壁

渑池仰韶村

陕县庙底沟

夏县西阴村

华县泉护村

秦安大地湾

图2-1-3-15 彩陶纹饰中的弧边三角形元素

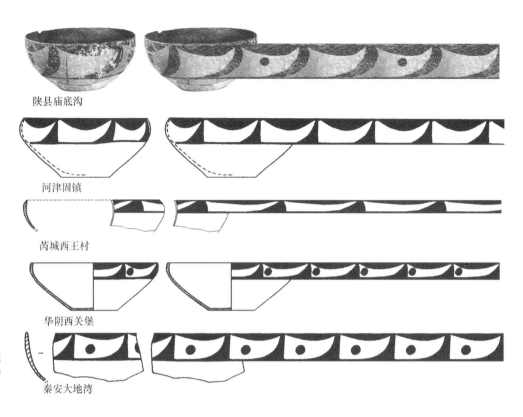

陕县庙底沟

河津固镇

芮城西王村

华阴西关堡

秦安大地湾

图2-1-3-16　彩陶纹饰中地纹弧边三角形（"西阴纹"）元素

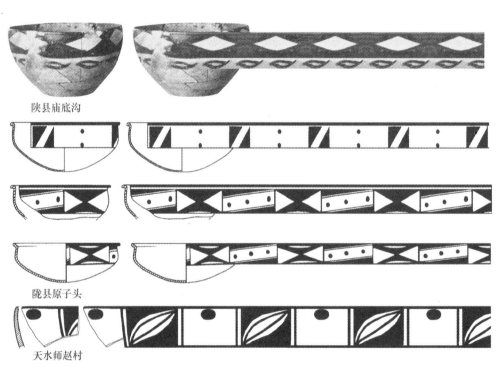

陕县庙底沟

陇县原子头

天水师赵村

图2-1-3-17　彩陶纹饰中的四边形元素

圆点，方圆之间彼此呼应（图2-1-3-17）。

　　除了上述这些常见元素，在庙底沟文化彩陶中还见到一些多变的不规则图形元素，因为这样的元素只是偶尔见到，在此不拟细述。但是由上述元素衍生出来一些特别的图形元素，我们觉得在这里有必要提到的至少有两种，一种是网格纹，另一种是加单点弧边三角纹。

网格纹只是左斜与右斜直线交叉的结构，不见纵横线交叉的纹样。虽然是变化很小的网格，也常常是采用二方连续的构图方式。有时是将网格分割成不相连续的若干块，中间以空白带作隔断，这空白带一般是竖长形，有时会是长圆形。在陕县庙底沟见到几例外廓作圆圈形的网格纹，圆形的网格之间缀以圆点，使左右彼此产生关联（图2-1-3-18）。

特别值得关注的是加单点的弧边三角纹，一个弧边三角形的顶尖上绘一圆点，很难为这个元素取一个恰当的名字。如果以圆点所在的三角的那个角为正向，它并没有固定的方向，可以向上向下，也可以向左向右。有时圆点并没有出现在顶尖上，而是绘在与顶尖相对的三角形底边之外。它极少单独出现，处在圆形图案中的时候最多（图2-1-3-19）。过去有研究者探讨它的象征意义，以为是鸟形的正面图像，很值得注意[1]。不过由陇县原子头的发现看，它最早是与鱼纹一起出现的，也许这其中透露了一些值得注意的信息。在后文中我们将这类纹饰归入圆盘形纹，是一种很值得注意的纹饰。

在本节中，我们了解到了庙底沟文化彩陶的一般特征，对于一些重要特征，尤其是它的艺术表现原理，我们还要特别在下一节中展开研究，藉此对庙底沟人创立并完善的彩陶艺术规范进行深入探讨。

[1]张朋川：《中国彩陶图谱》，文物出版社，1990年。

二　彩陶艺术形式

从艺术形式上考察，庙底沟文化彩陶有一些明确的特征。二方连续式构图，强调颜色与纹饰的对比，注重图案的对称与均衡，元素与结构不断变化，广泛运用地纹表现手法等等，这样的一些艺术形式造就了庙底沟文化彩陶的整体特征。

有了这样的一些艺术形式特点，也就形成了庙底沟文化彩陶自己的艺术风格。由这样一些特点，我们可以体味出庙底沟人已经掌握的一些艺术基本原理，也由此而认知6000年前史前艺术发展的高度。

1. 基本形式原则：连续

由纹饰的组织和构图规则看，庙底沟文化彩陶主要遵循着这样一条基本形式原则，就是连续。这种连续是用重复出现的纹饰单元，在器物表面一周构成一条封闭的纹饰带，这样的构成主要表现为二方连续形式。

庙底沟文化彩陶纹饰构图的流行趋势表现为二方连续式，虽然也发现少量四方连续构图的彩陶，也有一定数量的单体图案彩陶，但二方连续是一个明确的定式。

在极少的情形下偶尔可以见到的四方连续形式彩陶，也并不是非常典型，我们甚至可以将它们大致也归入到二方连续图案中。应当说庙底沟文化彩陶图案90%以

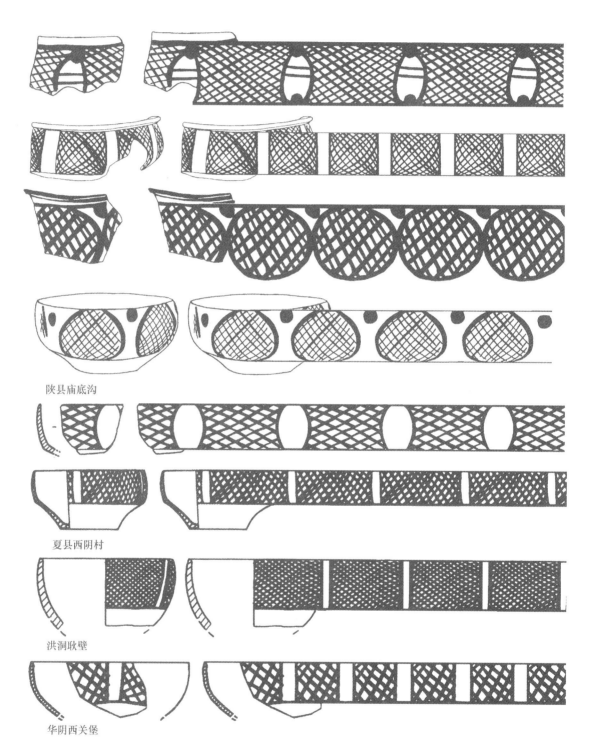

陕县庙底沟

夏县西阴村

洪洞耿壁

华阴西关堡

图2-1-3-18 彩陶纹饰中网格纹元素

史前中国的艺术浪潮——庙底沟文化彩陶研究

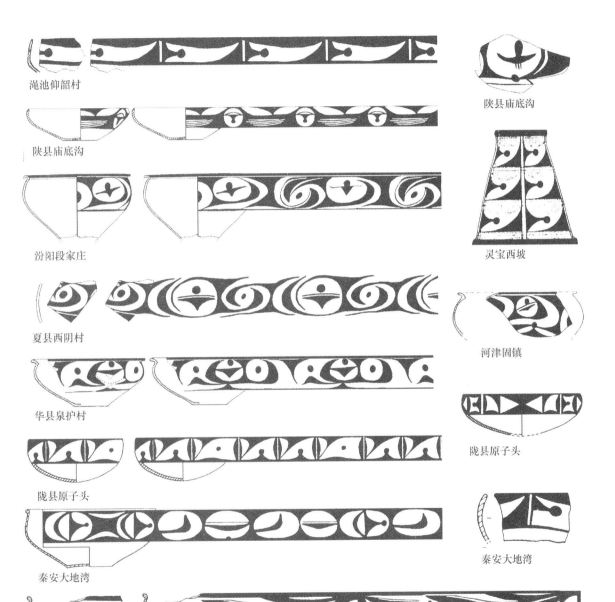

渑池仰韶村

陕县庙底沟

陕县庙底沟

汾阳段家庄

灵宝西坡

夏县西阴村

河津固镇

华县泉护村

陇县原子头

陇县原子头

秦安大地湾

陇县原子头

秦安大地湾

图2-1-3-19　彩陶纹饰中的加点弧边三角形元素

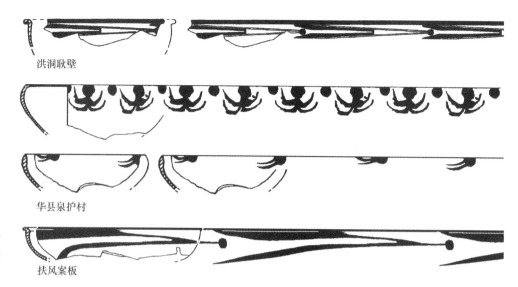

洪洞耿壁

华县泉护村

图2-2-1-1 非几何
形纹简单二方连续彩
陶图案

扶风案板

上都属于二方连续式，庙底沟人在彩陶纹饰构成上始终固守着这样的艺术形式原则。

二方连续是图案的一种重复构成方式，是在一个纹饰带中使用一个形象或两个以上相同的基本图形进行平均而且有规律的排列组合，这种排列组合一般要利用重复的骨骼线作图形、方向、位置、色彩、大小的重复构成，图案是向左右或上下两个方向延伸。连续往往呈现首尾相接的封闭形式，封闭可以是方框形式，也可以是圆环形式。

庙底沟文化彩陶上的二方连续构图，多数并没有明确的骨骼线作支撑，少数能见到平行线或斜行线，偶尔也有曲线，但这样的曲线一般并不是以骨格线的形式出现，它只不过是一个独立的元素而已。

彩陶上的纹饰，其实是一种适形构图，它是在陶器有限的表面进行装饰。画工在有限的空间表述一种无限的理念，那二方连续构图就是最好的选择，它循环往复，无首无尾，无始无终，无穷无尽。

a.简单二方连续图案

彩陶上作为重复构成的基本图形，绝大多数是线、点、圆、弧、三角、方形等几何图形。极少见到具象与抽象的图形。在华县泉村见到类似蝌蚪形的简单连续图形，还有似鸟形的连续图形，它们一般都没有太明显的附加纹饰，只是左右等距离排列。还有洪洞耿壁和扶风案板几处地点见到的那种简化的鱼纹，也是作首尾相衔的二方连续方式排列（图2-2-1-1）。这是二方连续图案中的散点式排列方式，是最基本的构成形式，只是用一个单位纹样顺着一定的方向有秩序地排列成带状，单位纹样之间没有直接的连接关系，也没有明显的过渡纹饰呼应。这种散点式构成表现出整齐、谨严和朴实，但是布局上缺少变化，整体上缺乏活力。从时间上看，这种散点

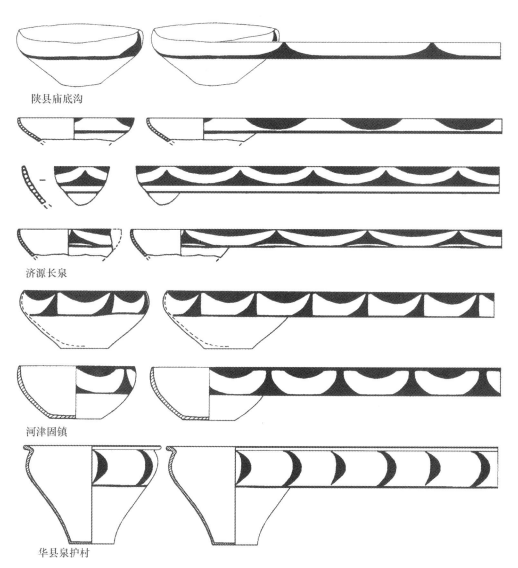

陕县庙底沟

济源长泉

河津固镇

华县泉护村

图2-2-1-2　简单二
方连续彩陶图案

式的二方连续图案属于早期形态，在庙底沟文化彩陶中早期见到较多，也可以说它
是彩陶中的初级二方连续结构。

　　彩陶中的二方连续图案绘制技术在庙底沟文化时间提高很快，各式构图陆续出
现在彩陶上。从整体中看，可以区别出简单构图与复杂构图两个大类。

　　简单构图的二方连续彩陶又分简单纹饰和复杂纹饰两类，都只是同一元素反复
出现，中间再没有其他间隔的连接纹饰。这与上面提到的初始形态的二方连续结构
是一样的，只是构图元素由抽象形改作了几何形，而且在左右连接上更为紧密一些，
也显得更有条理。大量见到的最简单的"西阴纹"、还有横弧形与少见的竖弧形，都
属于简单纹饰的简单连接这一类（图2-2-1-2）。

　　再复杂一点的图形，就是双瓣的花瓣纹之类的纹饰，它其实也就是一正一倒排
列的两个叶片。这一对叶片纹，连接得非常紧密，我们甚至不容易确定它的分隔点
是在什么地方，彼此之间没有特别的纹饰作隔断，这也最简单而且最富美感的二方

侯马乔山底

济源长泉

洪洞耿壁

翼城北橄

图2-2-1-3　简单二方连续彩陶图案

连续图案之一。双瓣花还出现在其他混合构图中,是一种值得关注的地纹元素(图2-2-1-3)。

　　在简单构图的二方连续彩陶中,多瓣花的花瓣纹是最绚丽的,结构也是最严密的,严密得无懈可击。它也可以看作是叶片纹由不同角度所作的有规律的组合,也许庙底沟人并不一定描绘的是花朵盛开的情景。精美的花瓣纹二方连续彩陶在陕县庙底沟有集中有发现,图案单元有四~六瓣的不同。四瓣式可以看作是双瓣式的扩展,或者可以说就是一正一倒的两排双瓣式二方连续,当然也可以看成是准四方连续图案。五瓣与六瓣式二方连续图案结构奇巧,连绵无隙,是体现庙底沟人艺术素养的代表作(图2-2-1-4)。

　　简单构图的二方连续彩陶中还有一类仅见点与线的构图,并无图形复杂的其他几何形元素。水平线、曲线或斜线的严谨组合,虽无明确分隔的图案单元,却又是经典的二方连续结构(图2-2-1-5)。

b.一般二方连续图案

　　在简单二方连续图案基础上生发的一般二方连续图案,在图案元素的选择上并无多大变化,依然是以简洁为主要格调。最明显的区别是结构上有了调整,在图案单元之间增加了一个隔断。这个隔断通常也许只是一块固定形状的空白,或方或圆,要不就是两条垂直的平行线,非常简洁(图2-2-1-6)。

　　一般二方连续图案的隔断,有时也采用一个简单的图案单元,这可以看作是一

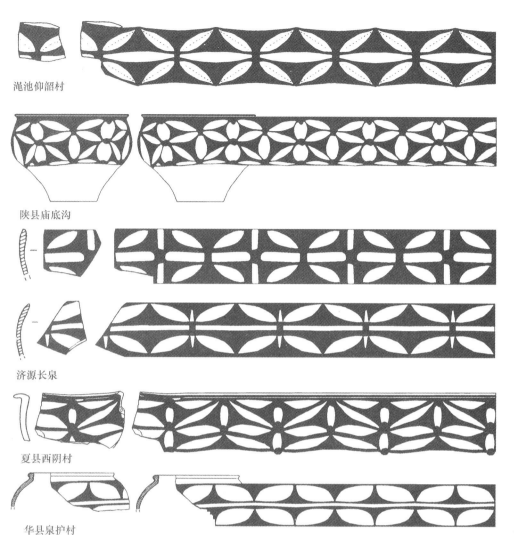

渑池仰韶村

陕县庙底沟

济源长泉

夏县西阴村

华县泉护村

图2-2-1-4　简单二
方连续彩陶图案

种附纹，与主纹互为左右。在这样的构图中有时也分不出图案单元中的主与次，或者只能以图案单元所占面积的大小来作区分。有时图案单元又是地纹与阳纹（色块）交叠出现，是这类二方连续图案中较有变化的一种。秦安大地湾有一件二方连续彩陶标本，虽然线条流畅，结构严谨，但依然属于这里划定的一般二方连续图案，是比较简单的结构方式（图2-2-1-7）。

　　c.复式二方连续图案

　　所谓复式二方连续图案，是在一般二方连续图案基础上衍生出来的。这里指的以下三种结构的二方连续图案：

　　一是有明确的骨骼线支撑，图案单元有时以骨骼线作隔断。

　　二是有两个以上比较复杂的图案单元，图案彼此互为间隔。

　　三是兼有以上两个特点，既有骨骼线作支撑，也有两个以上比较复杂的图案单元。

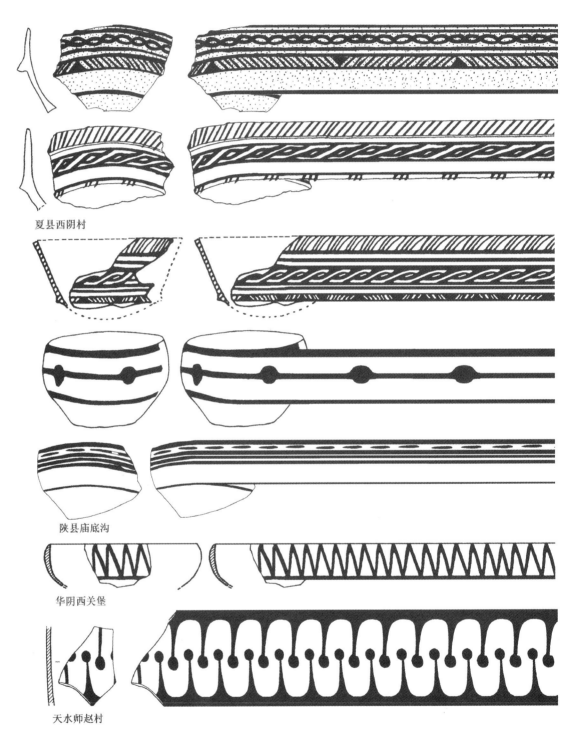

夏县西阴村

陕县庙底沟

华阴西关堡

天水师赵村

图2-2-1-5　简单二方连续彩陶图案

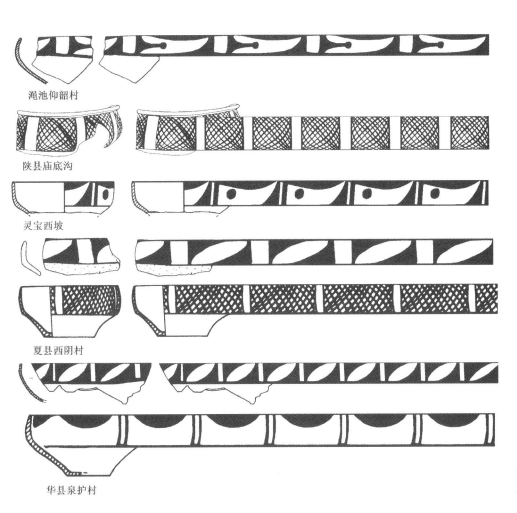

滝池仰韶村

陕县庙底沟

灵宝西坡

夏县西阴村

华县泉护村

图2-2-1-6 一般二方连续彩陶图案

在庙底沟文化彩陶的二方连续图案中，有明确规则的骨骼线支撑的例证并不多。能看出是作为骨骼线出现的彩陶，稍多一些的是那些连续曲线构图的图案，这样的曲线有时还以地纹方式出现。它们其实有时是二方连续图案的主体，上下并没有其他明显的纹饰单元（图2-2-1-8）。

两个以上复杂单元构成的二方连续图案，这样的例证在庙底沟文化彩陶中见到较多。如旋纹与花瓣纹的组合，花瓣纹与编织纹的组合，都是典型的例子。这样的二方连续图案有时构图繁复，但却见不到骨骼线（图2-2-1-9）。

既有骨骼线作支撑，也有两个以上比较复杂的图案单元，这是庙底沟文化彩陶二方连续图案中最为成熟的一种，也是最能体现绘画技巧的一种。大量的旋纹采用的都是这种结构方式，它们都用斜线兼作支撑和隔断，在主纹大旋纹之外，在斜线上下还附加有其他一些地纹，有单旋纹、圆形、叶片纹等，结构紧密有序，显出一种富丽堂皇的感觉。作为骨骼的斜线经右上斜向多见（图2-2-1-10），也有少量的为右下斜向，如华县泉护村和天水师赵村就有发现，这也许与画工的偏好有关，不一定有什么特别不同的意义（图2-2-1-11）。

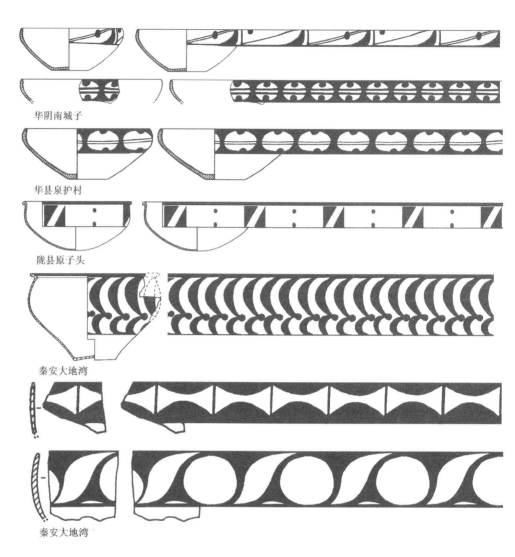

华阴南城子

华县泉护村

陇县原子头

秦安大地湾

图2-2-1-7　一般二
方连续彩陶图案

秦安大地湾

d.其他二方连续图案

庙底沟文化彩陶中的二方连续，还有一些更特别更复杂的构图形式，在此要提到的有双重单元连续形式、复杂单元的简单连续形式、复杂单元交叠连续形式和同一单元正倒连续形式。

双重单元连续形式的二方连续图案发现并不多，可分为两类，一类是完全相同的单元上下并行排列，一类是不同单元的上下平行排列。相同单元上下并行排列的例子，见于华阴西关堡遗址，一件陶钵上绘有完全相同的两排"西阴纹"，两排纹饰的方向一致。又在夏县西阴村发现一件陶钵，也绘着两排并行的"西阴纹"，不过两排纹饰略有一些区别，上排稍为宽大，下排略见窄小。而且纹饰方向也不同，上排向右，下排向左。偶尔也见到虽为双重图案，但上下图案却完全不同的例子。在夏县西阴村出土的一件罐，上排绘加圆点和叶脉线的叶片纹，下排绘四瓣花的花瓣纹，两排纹饰之间用空白带作间隔（图2-2-1-12）。

复杂单元的简单二方连续形式彩陶，在陇县原子头有集中发现。那些黑白三角正倒相间接合成的菱形纹，作为一种复杂单元在构成二方连续图案时，它们左右连接并没有选用其他什么纹饰，只是留出一点空白的距离。还有非常复杂的图案化的鱼纹，彼此连接首尾相衔，一般并无其他附加纹饰（图2-2-1-13）。

复杂单元交叠连接的二方连续形式的彩陶发现很少，可以秦安大地湾的两件彩陶为例。两罐的主要

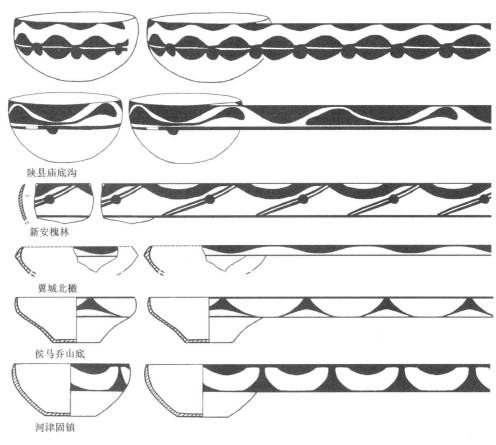

陕县庙底沟

新安槐林

翼城北橄

侯马乔山底

河津固镇

图2-2-1-8　复式二方连续彩陶图案

单元都是对称的类似花朵的图案，在连接处又交叠使用了双瓣花、圆点和弧线等纹饰，使得左右单元并不能简单拆解开来（图2-2-1-14）。

同一单元正倒连续的二方连续形式彩陶有一定数量，最典型是那种单旋单元的正倒连接形式彩陶，在河津固镇、翼地北橄、秦安大地湾都有发现。这种二方连续图案的绘制需要较高的技巧，不然是很难绘好的（图2-2-1-15）。

后面这两种连接形式，是庙底沟文化彩陶二方连续图案中比较精致的构图方式，创作者一定是非常熟练的画工。

e.四方连续图案

前面已经提到，庙底沟文化彩陶中并没有标准的四方连续图案，但类似的图案还是见到了一些。像秦安大地湾一件陶罐上的四排边弧纹和灵宝西坡一件器座上的三排"西阴纹"，应当说大体具备了四方连续图案的特点。又见陇县原子头一件罐上，绘四排复杂的花瓣纹与旋纹组合，也可以看作是四方连续图案（图2-2-1-16）。

毕竟陶器上绘彩的面积有限，左右可以连续，而上下不能扩展，所以即便当时掌握了相应的绘制四方连续图案的技巧，也不能充分展示出来。

陕县庙底沟

陇县原子头

秦安大地湾

图2-2-1-9 复式二
方连续彩陶图案

在此我们还
要提到,彩陶二方
连续图案还有一个
重要特征,就是单
元纹饰的等分布局
特征。彩陶表面连
续而且首尾相接的
纹饰带,重复的元
素在布局时需要有
周到的设计,而最
基本的设计就是
等分布局。有了等
分布局,纹饰才有
可能均匀地首尾相
接,才会有匀称完
整的效果。

我们在彩陶
上见到的二方连续
布局程式大致有二
分、四分、六分、
八分若干式,其中
二分式少见,四分
式最多,八分式有
的地点稍多,也见
到不多的三分式。二分程式见于抽象图形单元,四、六、八分式则主要见于几何图形
单元(图2-2-1-17)。

彩陶中四分式二方连续图案最多的原因,首先也许是绘制便利,将器物表面分
出四个等分的范围是轻而易举的事。如果考虑到一些特别纹饰可能具有的特别含
义,四分式二方连续图案则可能有更深的意义,这一点我们留待后文去讨论。

等分越少,说明图案单元复杂且较大。等分越多,说明图案单元简单且较小。当
然也不能一概而论,如同样是"西阴纹",有四分式,也有八分式,还可以多到十二
分式。

画工在开绘之前,一定先有等分规划,这是布局,不然这二方连续的结果就会是
既不能续也不能连,最后环形纹饰无法封闭越来。我们在出土二方连续彩陶上,还没

陕县庙底沟

灵宝西坡

夏县西阴村

河津固镇

汾阳段家庄

图2-2-1-10　复式二
方连续彩陶图案

华阴西关堡

华县泉护村

天水师赵村

秦安大地湾

图2-2-1-11　复式
二方连续彩陶图案

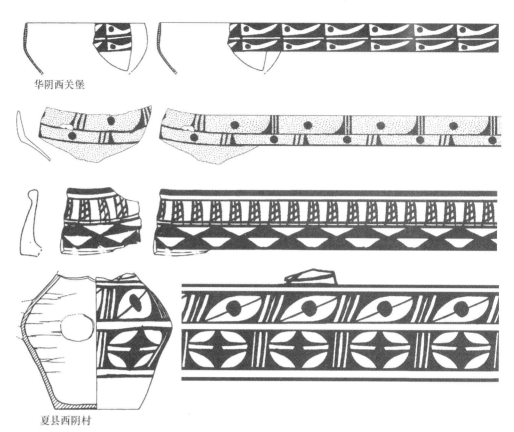

华阴西关堡

夏县西阴村

图2-2-1-12 双列二
方连续彩陶图案

陇县原子头

秦安大地湾

图2-2-1-13 复杂纹
饰的简单二方连续彩
陶图案

史前中国的艺术浪潮——庙底沟文化彩陶研究

华阴西关堡

秦安大地湾

图2-2-1-14　复杂纹饰交叠二方连续彩陶图案

河津固镇

翼城北橄

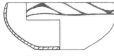

侯马乔山底

秦安大地湾

图2-2-1-15　正倒式二方连续彩陶图案

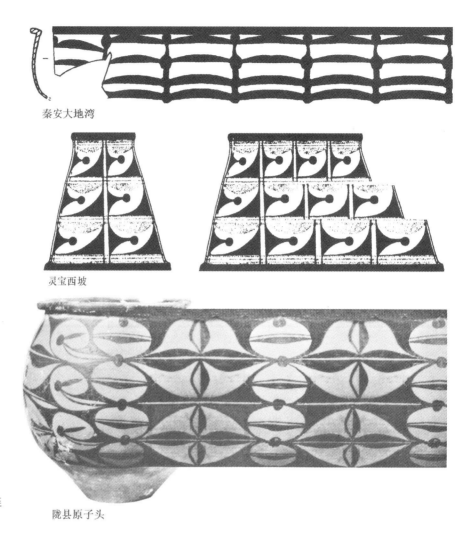

秦安大地湾

灵宝西坡

陇县原子头

图2-2-1-16　四方连续彩陶图案

有见到没有封闭的纹饰，这说明等分规划是个基本功，也是一个固定的程式。

当然不同等分有何特别意义，又为何有这些不同的选择，这也是值得探讨的一个问题，以后如有可能，还将就此开展研究。

g. 器物沿面上的连续图案

庙底沟文化彩陶还比较重视器物的沿面装饰，当然这个传统是承自半坡文化，也有一些变化。彩绘将正圆的器物沿面用纹饰作了分割组合，呈现在我们眼前的是一幅幅变化多姿的图景。

庙底沟文化的彩陶盆一般都有一个宽平的沿面，在器物上腹绘彩后，如果沿面不加装饰，会觉得很不协调。最简单的办法就是将沿面平涂上黑彩，与纹饰的黑彩呼应起来。有些在上腹并未绘彩的陶盆，有时也要在沿面和沿口位置涂上黑彩，这便是常说的宽带纹。之所以重视沿面绘彩，还因为器物是陈放在地上，使用者不论是坐是立，最先看到的是器物的口沿。从这个角度看，彩陶盆的沿面装饰是非常重要的。

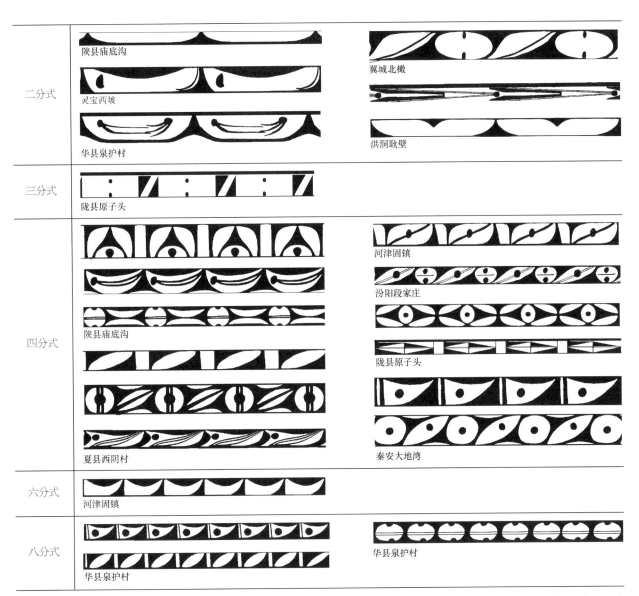

图2-2-1-17　二方连续图案的单元布列程式

　　彩陶沿面上的图案，几乎全为二方连续式结构，而且是圆环式二方连续结构，同器腹的二方连续图案一样，也是首尾相连，无始无终。由于陶器沿面上的空间有限，多数沿面装饰采用的图案元素都很简洁，一般也是对称格局。也少数装饰并不强调对称，还有个别装饰较为繁缛（图2-2-1-18）。

　　同器腹的彩绘一样，沿面上的二方连续也采用等分布局。将沿面划作若干等分，每一等分绘上相同的纹饰元素，构成环形二方连续图案。沿面等分有二分式和三分式，多见四分式和五分式，也有七分式。个别为六分式和八分式，可以看作是三分式和四分式扩展变化的结果。彩陶中也见到少量不规则结构的沿面装饰，没有明显的等分对称布局（图2-2-1-19）。

　　彩陶器原本圆圆的口沿，在装饰了连续纹样之后，完全改变了它原来的视觉效

第二章　艺术特征

199

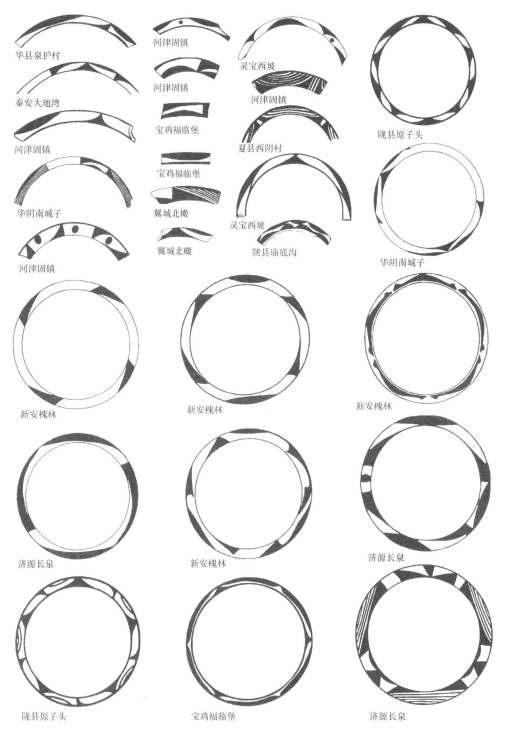

华县泉护村
河津固镇
灵宝西坡
秦安大地湾
河津固镇
陇县原子头
河津固镇
宝鸡福临堡
夏县西阴村
华阴南城子
宝鸡福临堡
翼城北橄
灵宝西坡
翼城北橄
陕县庙底沟
河津固镇
华阴南城子
新安槐林
新安槐林
新安槐林
济源长泉
新安槐林
济源长泉
陇县原子头
宝鸡福临堡
济源长泉

图2-2-1-18 彩陶的
沿面装饰

果。俯视的感觉，会让人觉得器物的圆口有了许多变化，有时会觉得它更圆了，有时又觉得它并不是圆形。五分式结构装饰呈现出来的是五星形，这样一件彩陶盆捧在手中，当然会让人感受到更多的信息。有些四分式沿面构图会使口沿产生变圆为方的效果，这种寓方于圆的巧妙手法，也会引起我们更多的思考。

沿面图案采用的元素，多数都与器腹出现的元素雷同，这是一种借用。当然具体而言，也许会有反向借用的情形，有的元素也可能最先是出现在沿面上，这一点在此不作讨论。我们见到沿面上常常出现的"西阴纹"、连弧纹和双瓣花瓣纹等等，都是器腹上见惯了的元素（图2-2-1-20）。当然同一类元素，在器腹上和在沿面上绘制的感觉多少会有些不同，都是二方连续，一个是环带式，一个是圆环式，而沿面上的圆环式二方连续绘制的难度显然要大一些。

一般在陶器沿面进行绘彩，使用的元素构图都比较简洁，也偶尔会发现一些繁缛的构图。如湖北枣阳雕龙碑的一件彩陶盆，宽沿浅腹平底，器形有些特殊。不

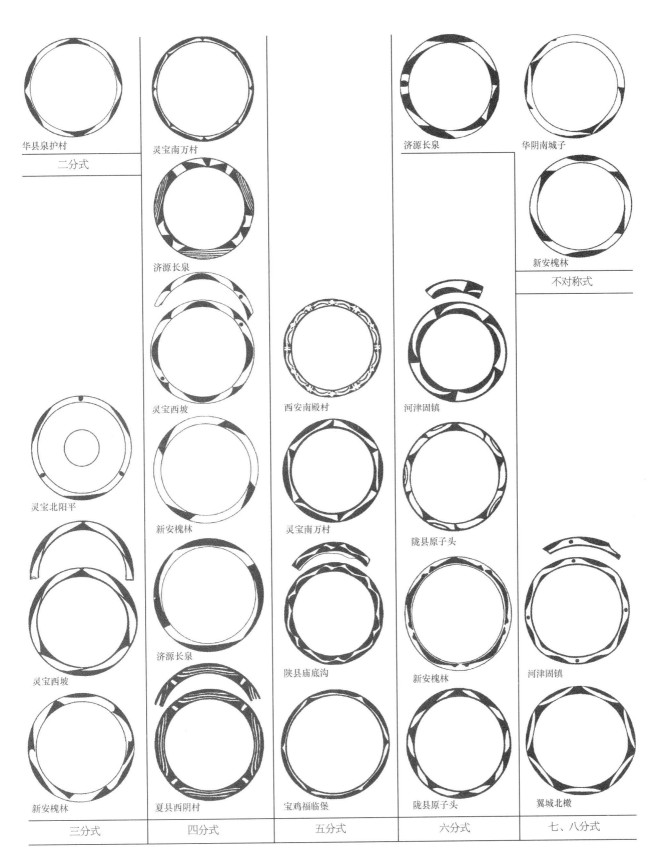

华县泉护村

二分式

灵宝南万村

济源长泉

济源长泉

华阴南城子

灵宝西坡

西安南殿村

河津固镇

新安槐林

不对称式

灵宝北阳平

新安槐林

灵宝南万村

陇县原子头

灵宝西坡

济源长泉

陕县庙底沟

新安槐林

河津固镇

新安槐林

夏县西阴村

宝鸡福临堡

陇县原子头

翼城北撖

三分式

四分式

五分式

六分式

七、八分式

图2--2--1--19 彩陶的沿面装饰

第二章 艺术特征

201

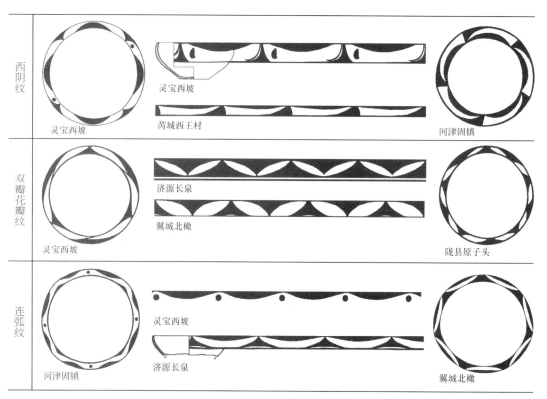

西阴纹		
	灵宝西坡	
灵宝西坡	芮城西王村	河津固镇
双瓣花瓣纹	济源长泉	
灵宝西坡	翼城北橄	陇县原子头
连弧纹	灵宝西坡	
河津固镇	济源长泉	翼城北橄

图2-2-1-20 彩陶沿面装饰与腹面纹饰的比较

图2-2-1-21 枣阳雕龙碑彩陶的沿面装饰

高的器腹绘二方连续花蕾形图案,宽沿上则绘繁复的连续图案,图案作五分式结构,构成一个醒目的五星形状(图2-2-1-21)。

由彩陶图案看,连续是一种没有开始、没有终结、没有边缘的非常严谨的秩序排列。不论是四方连续还是二方连续,图案的意义都是一种无始无终,无限反复,是连续中的递进与回旋。由这一点看,彩陶图案显然并不只是一种器物装饰,它是史前人思想的记录,寓示了史前人思考过的哲理。

二方连续图案的表现方式,起于半坡文化的鱼纹。二条或三条鱼形图案,还有三角形图案,都是构成二方连续图案的单元。是庙底沟人将二方连续构图技巧提升到成熟,最终将它作为装饰纹样的一个重要艺术原则确定下来,成为延续至今的一个重要艺术传统。

连续图案实际是纹饰元素的重复与反复，由这个意义上说，二方连续也许称作二方重复更为确切。在艺术家的眼里，不论多么杂乱的图像，只要一经重复，就可以获得严格整齐的秩序，多次反复之后，那更是秩序井然了。二方连续式图案就有这样的性质，不过在彩陶上用于重复的那些元素还不至于是杂乱无章的，它是有选择的，是经过认真提炼的一些图形。

我们在图中列举了一些例证，它们都属于庙底沟文化。其实在半坡文化中，已经形成了陶器沿面彩绘的艺术传统，两者有明显的传承关系。无论半坡还是庙底沟文化，陶器上那宽平的口沿除了实用的功能外，在相当大的程度上也许就是为绘彩制作的。过去我们在研究中，对彩陶的这个部位关注不太够，应当有更深入的研究来揭示艺术背景之所在。

亦圆亦方，史前陶工在彩陶装饰上的这种追求也许不纯是由艺术的灵感生发出来的，我们现在还无法揣度这其中的奥秘。大圆之中，包容着多变的方形，如果与后世天圆地方的宇宙观放在一个层面上作一丝联想，也许不会是风马牛之谈。还能如何看待这方圆的变幻之理呢，在这样的艺术表现中，我们能感受到那种深刻的哲理。

也许有人会说，史前的野蛮会造就出这样的奇观来吗？那是当然，只不过那已经不属于"野蛮"，这方圆景象中闪烁的一定是文明的光芒。

2. 对　比

将相对的要素配置一起，相互作比较，形成对立的状态，这便是现代艺术设计中所说的对比原理。造成相对排斥性质的要素，就是所谓的对比要素。艺术设计中的对比要素非常广泛，造型、色彩、质感、方向、位置、大小等，都可以形成对比。如圆形、三角形、方形等几何形状，都属于造型的对比。不同的要素结合在一起，彼此产生对比现象，使强者更强、弱者更弱，大者愈大、小者愈小，建立对比关系时会增强要素本来所具有的特性，对比的原理在于使特定的要素更加醒目和突出。一些性质相反或存在视觉差异的构成要素，都会形成对比效果。

在庙底沟文化彩陶中，也充分调动了对比表现艺术手段，在构图上有色彩的对比，线形的对比、形状的对比、大小的对比和方向的对比等。通过这样的一些对比，突出了主题，增强了纹饰的观赏效果。

a.色彩对比

彩陶中的色彩对比，在前文已经有所涉及。彩陶上色彩的红与黑、白与黑的对比，在书中所附的彩色插页上可以一目了然。黑与白是色感中最基本的要素，它们产生的对比效果既是一种冲突，也是一种和谐，会呈现出最容易令人激动的感觉。

庙底沟文化彩陶早期是一种自然的黑红对比，不过由后面论及的地纹手法上看，也不能全部看作是自然对比，甚至多数图案都可以看作是属意对比。画工有意利用陶器的地色红色，与黑彩纹饰作鲜明对比，这是很明显的艺术追求。到了中晚期，

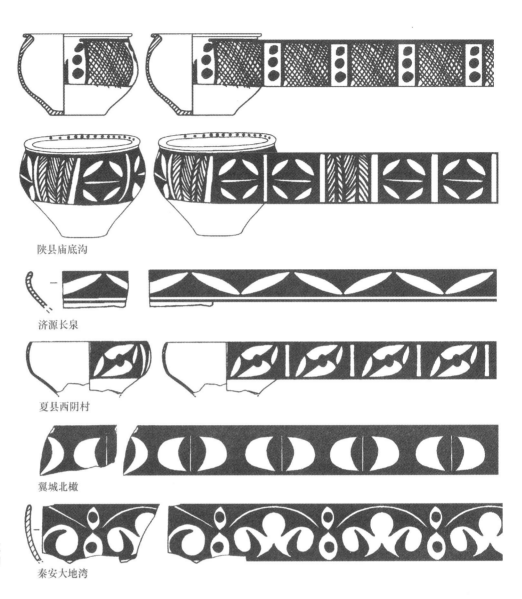

陕县庙底沟

济源长泉

夏县西阴村

图2-2-2-1 彩陶纹
饰单元颜色与地色的
色块对比

翼城北橄

秦安大地湾

彩陶上大量出现白衣，原有的红地色被白色取代，红色地纹变为白色地纹，于是又形
成了更鲜明的黑白对比。由红向白的改变，是一种新的艺术追求，也是一种新的发
展。

　　论及庙底沟文化彩陶的色彩对比，在这里要进一步强调的是对比色彩中面积大
小的对比，这是又一个层次的对比。我们特别注意到彩陶中颜色与地色在色块方面
的对比，这是一种明与暗的对比，也可以说是阴与阳、正与反、昼与夜的对比，或者
就是天与地的对比。

　　彩陶见到的这种明与暗的对比，表现出两种非常明显的倾向。一是特明，一是特
暗。

　　当画工将大块的黑色绘在陶器表面，只留出很少的空白来，不论他表现的是什
么结构的图案，那给人的第一感觉就是"暗"。这种暗也许就是浓重，还有沉稳和浑
厚。不论是细密的网格纹，还是细柳状的叶片纹和纤纤的花瓣纹，浓重的黑色占据了

绝大部分画面时，它的厚重感一定就非常明显了（图2-2-2-1）。

如果是相反，画工只用一些细碎的颜色绘在陶器表面，留出来的是大块的空白，不论他表现的是什么结构的图案，那给人的第一感觉就是"亮"。这种亮也许就是轻巧，还有通透和飘逸。不论是整齐的连弧纹，还是重叠的折线纹和大旋臂的旋纹，明亮的地色占据了绝大部分画面时，它的疏朗感一定就非常明显了（图2-2-2-2）。

色彩对比是最鲜明的对比，庙底

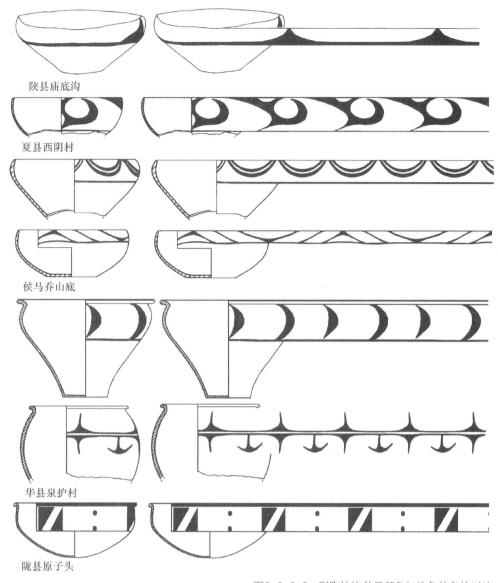

陕县庙底沟

夏县西阴村

侯马乔山底

华县泉护村

陇县原子头

图2-2-2-2 彩陶纹饰单元颜色与地色的色块对比

沟文化时代的陶工将有限的色彩，在陶器有限的表面上，展示出无限的空间。陶工们一定掌握了基本的色彩原理，将色彩感觉发挥到了极致。

b.线形对比

线形的对比，在彩陶图案中运用最多。有不同线形的对比，有粗细线的对比，最直接的是曲线和直线的对比。水平直线使曲线更为醒目，也更加显出柔美的动感。曲线富于柔美感，直线则富于坚韧感，配合在一起，呈现出一种阴阳柔刚的对比效果。

庙底沟文化彩陶中运用最多的是各类曲线元素，直线元素使用较少。当水平线出现在弧线下面时，让人感觉到摆动中的平静。当曲线与平行的斜线同时，让人感觉到紧密中的舒缓。当平行的水平线与斜线交替出现时，让人感觉到安静中孕育的躁动（图2-2-2-3）。

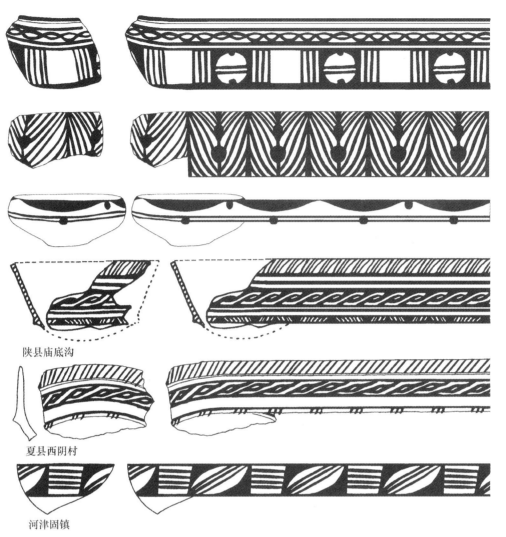

陕县庙底沟

夏县西阴村

河津固镇

图2-2-2-3　彩陶纹饰单元的线型对比

线形的组合虽然没有图形组合那样给人直观的形象，但当它们作为对比元素出现时，就有了语言，有了情感，有了力量。

c.形状对比

图形元素一目了然，将不同图形元素按一定秩序排列起来，会产生形状的对比。不同形状元素的对比，会增强彼此的原有特点，会给人留下更深的印象。

在很多的时候，画工在彩陶上常常只采用一种图案元素，用一种元素构成的二方连续图案，有一种秩序、恒定和平静的美感，但有时也会有呆板单调的感觉。画工也常常使用形状对比手法，将不同的元素组合起来，增强了构图的动态感，丰富了彩陶的内涵。圆形与扁弧形组合，可以象征整形与分割的对比。网格与弧形、圆点组合，可以象征密集与疏懒的对比。圆形与单旋纹组合，可以象征闭合与开敞的对比。圆形与叶片纹组合，可以象征正与斜的对比（图2-2-2-4）。对比也富于变化，不同纹样的组合对比的力度不同。

除了上面这样的交替对比，彩陶中的形状对比还有一种并行对比，就是用两行不同的二方连续纹饰作平行对比。这样的例子并不多，但在陕县庙底沟和夏县西阴村遗址都见到很精彩的例证。庙底沟有一件残罐，上面绘菱形地纹二方连续图案，下面绘一周网格纹，两条纹饰带平行并列，疏密对比强烈。西阴村有一件彩陶罐，上面绘叶片纹二方连续图案，下面绘花瓣纹二方连续图案，两条纹饰带平行并列，都采用平行斜线作元素的隔断，让两行纹饰彼此上、下呼应，正、斜对比鲜明（图2-2-2-5）。

陕县庙底沟

夏县西阴村

陇县原子头

秦安大地湾

图2-2-2-4 彩陶纹
饰单元的形状对比

陕县庙底沟

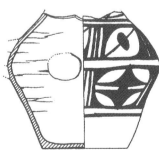

夏县西阴村

图2-2-2-5 彩陶纹
饰单元的形状对比

夏县西阴村

天水师赵村

图2-2-2-6 彩陶纹饰单元的形状对比

在不同的图形对比中，最值得关注的是叶片纹与圆形的组合，它也许强调的并不只是正与斜的对比，可能还有其他的意义（图2-2-2-6）。对于这类组合，后文还要进一步讨论它的来龙去脉。

d.大小对比

艺术设计中的大小对比，是一种基本对比。在彩陶图案运用的大小对比中，有同类纹饰大小不同的对比，也有不同纹饰大小的对比。

同类纹饰的大小对比，是明确的主与从的对比，主从对比的手法是艺术设计上一种非常正统的构图方法。在陕县庙底沟的一件陶钵上，在四个圆廓网格纹之间，

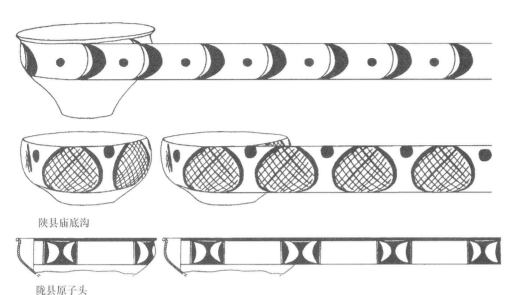

陕县庙底沟

陇县原子头

图2-2-2-7 彩陶纹
饰单元的大小对比

在上方点缀着四个小圆点。这是大圆与小圆的对比，显得大圆特大，小点特小（图
2-2-2-7）。

e.方向对比

将同类的纹饰元素，以不同的方向交替出现，这是一种方向的对比。彩陶上这也
是一种常用的对比手法，虽然是同类纹饰，由于改变了排列的方向，较之同方向的排
列活泼了许多，也深刻了许多。

彩陶上见到的同类纹饰不同方向的排列，常见的是单旋纹元素的正倒构图，在
河津固镇和秦安大地湾见到典型例证。经过颠倒排列的单旋纹，不仅使左右纹饰单
元体现出一种绝对的对立，更体现了一种紧密的联系（图2-2-2-8）。

对比必然产生美感。彩陶将抽象的几何形或线条组合起来，将简单的色彩配合
起来，创造了彩陶的美感。我们在这里只是列举了一些比较有规律有秩序的对比例
证，其实彩陶中还有一些并不规律也没有常规秩序的对比例证，体现了画工更大胆
的一些对比手法，也体现了彩陶时代人类艺术精神的多样性。这是一个更复杂的范
畴，在这里就不再展开讨论了。

对比在现代艺术设计中既是美的原则，也是获取设计美感的重要方法。在数千年
前，对比已经是彩陶艺术的一个基本法则，它极大地丰富了彩陶艺术的表现形式。

3. 平衡与对称

对称与平衡，是艺术设计中两个相互关联的原则，它们有联系，也有区别。

对称，是整体的各部分以对称轴或对称点为中心，两侧具有等形等量的对应关
系，这就是标准的对称形态。对称在视觉上非常均匀、协调，显得十分典雅、庄重，

这样的造型作品具有稳定与统一的美感，对称会显出高格调、风格化的意象。

　　平衡，是从运动规律中升华出来的美的形式法则，轴线或支点两侧不等形而等量，有稳定的重心，具有视觉上的平衡感觉，这样的艺术作品虽不对称却有均衡的美感。这种均衡使得作品形式在稳定中更富于变化，显得活泼生动。

　　对称表现为一种静止状态，平衡则表现为运动状态。

　　当然，人们在艺术创作中有时也用"平衡"一词概而言之，将平衡分为对称和非对称两种。非对称的平衡，只是视觉上的和感觉上的平衡，并非是绝对的平衡，又称为变化式平衡。对称平衡，是两个相对空间的全等，它们之间质量相同，而且距离也相等，被看作是绝对的平衡。人体的外形就是对称形式的最好象征，这是自然的对称。但人体内部脏器的分派左右却并不对称，但它在整体上符合均衡法则，非常协调，这是一种感觉平衡。

　　对称是绝对的，平衡是相对的。庙底沟文化彩陶在构图中，有对称也有平衡。彩陶纹饰在对称形式中也可区分为点对称和轴对称两种，许多精致的纹饰都采用了对称结构。

a. 轴对称图案

彩陶图案左右非常对称，两边元素互为镜像，中间有一个或意想中有一个对称轴，这样的图案我们归入轴对称图案。在庙底沟文化彩陶中，轴对称图案又可分为纵轴与横轴对称两种，以前者为多。

彩陶中的纵轴对称图案，以大量见到的双瓣或多瓣式花瓣纹最为典型，它们的左右两边完全对称。陕县庙底沟发现的连续折线图案，单元左右对称，中间有明确的纵轴。象陇县原子头那样的变体花瓣纹与椭圆形组合图案，一个单元两边纹饰完全对称，可以感觉到对称的中心存在着纵轴，这纵轴存乎画工心中，也会出现在观者的感觉中（图2-2-3-1）。

秦安大地湾见到若干件构图较为复杂的彩陶，构图单元像是花朵，又似枝叶，虽不见描绘的纵轴，但左右非常对称，也是明确的纵轴对称图案（图2-2-3-2）。

彩陶中的横轴对称图案虽然见到的并不多，但有一些也很精致。其中那些四瓣

陕县庙底沟

济源长泉

夏县西阴村

翼城北橄

陇县原子头

图2-2-3-1　轴对称
彩陶图案

第二章　艺术特征

211

华县泉护村

图2-2-3-2 轴对称
彩陶图案

秦安大地湾

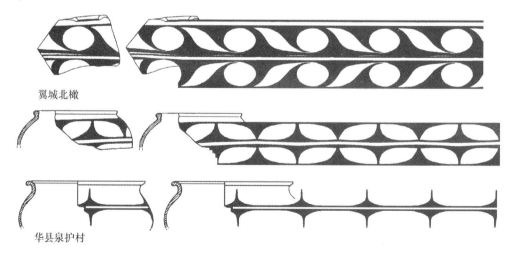

翼城北橄

图2-2-3-3 轴对称
彩陶图案

华县泉护村

式花瓣纹既可以看作是纵轴对称图案，也可以看作是横轴对称图案，不仅左右对称，上下也对称。有的单旋纹二方连续作上下两行相对排列，也是明确的横轴对称图案（图2-2-3-3）。

b. 点对称图案

彩陶图案并没有明确的对称中心，但左右元素却非常对称，中间有一个意想中的对称点，这样的图案我们归入点对称图案。人们归纳出点对称有向心的"求心对称"、离心的"发散对称"、旋转式的"旋转对称"和逆向组合的"逆向对称"，还有自圆心逐层扩大的"同心圆对称"等等。这些对称形式在庙底沟文化彩陶中都有体现，在一定程度中体现了史前彩陶构图的多样性。

庙底沟文化彩陶中的向心对称图案，有时与轴对称图案不易区分，很多图案其实具有双重特征。各地见到的多瓣式花瓣纹组合，也有这种向心对称特点，花瓣的中心一般绘一个圆点，就像是一个花蒂，所有花瓣的底部都在这圆点上集聚越来。还有像华县泉护村见到的类似四瓣花的图案，虽然并不是标准的花瓣形，但构图元素具有以中心点作斜对称构图的特点，可以看作是一种向心对称图案。又如陇县原子头见到的几例黑红三角颠倒构成的菱形图案，也取这种斜向的向心对称方式，构图很是巧妙（图2-2-3-4）。

彩陶中的旋转对称见到较多例证，许多的旋纹都有旋转对称特点。有人认为应用对称原理，就可发展出漩涡形等等复杂形态的构图，这有一定道理。彩陶旋纹一般都能感觉到一个旋转的圆心，有时这个圆心会明确地画出来，两条旋臂的力点就集中在这圆心位置。还有夏县西阴村和秦安大地湾等地见到的对子种叶片与圆组合的图案，我也将它们部分地归入点对称中的旋转对称范畴。以圆的圆心为中心，这个圆在旋转，圆左右的叶片也在作斜向旋转（图2-2-3-5）。这是一组很重要的构图，它是后来马家窑文化大量旋纹出现的源头，这一点在后文再作议论。

彩陶中的逆向对称，与前文谈到过的反向对比有些相似。翼城北橄、河津固镇和秦安大地湾见到的几件彩陶，都是用同样组合元素作反向排列，这是一种特别的对比构图，也是一种特别的点对称构图，符合点对称中逆向对称特征。在图案元素的结合部都能找到一个中心点，这个点往左右延伸出去则是一对或更多的逆向对称纹饰。有意思的是，在同一件彩陶上，有时可以找到不止一个这样的中心点，中心点变了，对称纹饰的方向跟着也有改变（图2-2-3-6）。

彩陶中的圆形出现极多，但表现有圆对称特点的图案还是有限的，尤其是同心圆对称很难见到。同心圆不见，但偏心圆元素却有发现，陕县庙底沟等地点就见到了偏心圆对称彩陶，以地纹表现的椭圆内套叠着一个正圆形，但是圆心却是偏离的，并没有重合。其他地点如侯马乔山底发现有圆点与圆心对称彩陶，是以一个圆点为中心，表现出一个地纹的圆形，圆形外再配以其他对称纹饰，可以看作是简单的圆对称（图2-2-3-7）。

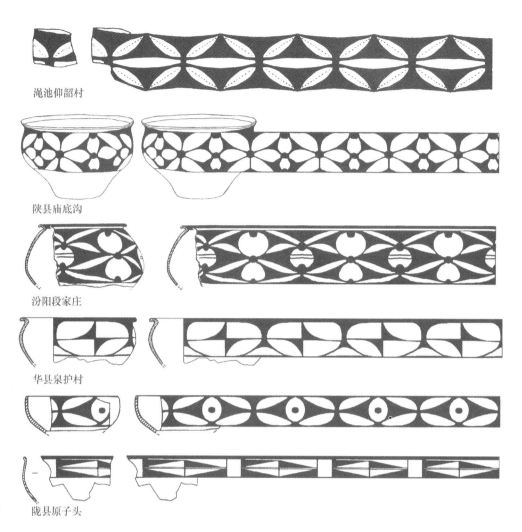

渑池仰韶村

陕县庙底沟

汾阳段家庄

华县泉护村

图2-2-3-4　点对称
中的向心对称彩陶图案

陇县原子头

c.感觉平衡图案

彩陶纹饰单元左右形状虽然并不对称，但却能给人一种平衡的感觉，较之对称的纹饰单元更加富有生气。创作这样的平衡图案，要求画工有更高的素养。这样的平衡图案一般并不好确认，画工需凭借着感觉画成，那观者也要依赖感觉来感受。

如扶风案板见到的两例以弧边三角为元素的彩陶，它的构图单元是中间用一个弧边三角作纹饰的中心，左右用两个相对的弧边三角包围。中心的三角并无对称形态，左右的三角也不是全等对称，它们完全是颠倒的角度。细部虽不对称，但整体还是有一种对称的感觉，也算是一种很高妙的构图（图2-2-3-8）。

d.附加元素对称图案

在艺术设计中，绝对的对称运用过多会产生单调和呆板的感觉。所以有时候在整体对称的格局中，会附加一些不对称的元素，用于增加生动性。

彩陶中也存在这种表现手法，如秦安大地湾的一件彩陶罐，绘左右对称网格月形纹饰，在对称的中心又加绘有左右两条月牙纹。这小月牙并不是以常规对称方式

灵宝西坡

夏县西阴村

秦安大地湾

翼城北橄

河津固镇

秦安大地湾

陕县庙底沟

图2-2-3-7 点对称
中的圆对称彩陶图案

侯马乔山底

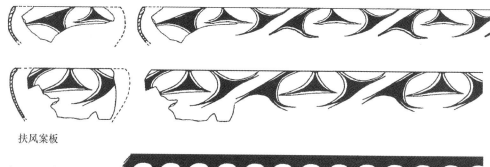

扶风案板

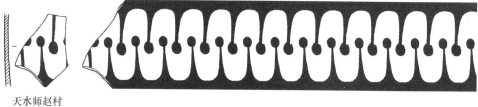

图2-2-3-8 感觉对
称的彩陶图案

天水师赵村

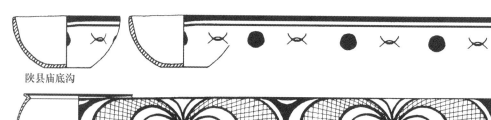

陕县庙底沟

图2-2-3-9 附加元
素对称的彩陶图案

秦安大地湾

排列，而是作旋形的动态，这么一个小小的点缀，明显加强了纹饰的整体张力（图2-2-3-9）。

彩陶中对称与平衡原则的掌握，在庙底沟人来说已经是相当熟练了。不少纹饰可能都是随手画出，除了基本的等分筹划，不一定有起稿的过程。成竹在胸，一气呵成，所以画面非常简洁，线条也十分流畅。

4. 律　动

艺术设计中的节奏感和韵律感，是一种更高层次的创作。节奏具有空间感，可以指构图设计中同一元素连续重复时产生的运动感，节奏强调对比。韵律具有时间感，是节奏的变化与丰富，是节奏的整体表现，它使构图中单一元素重复时的单调状态有所改变，由此产生的变化好似一种变奏，可以增强单调重复的生机感，韵律强调和谐。韵律也是一种和谐，是变化中的一种统一的风格。有研究者说，造型艺术中的对称均衡是低级简单的多样统一，和谐才是高级复杂的多样统一，这是很有道理的[1]。

表现在艺术设计中的节奏感与韵律感，我想可以称之为律动。有的艺术家认为，艺术节奏建立在人的生理节奏和心理节奏基础之上，当音响、线条、色彩、形体等艺术节奏与欣赏者的生理、心理节奏相吻合时，就会引起生理与心理情感活动的相应变化，产生共鸣，产生美感。

庙底沟文化彩陶有很强的律动感，从那些多变的构图上，我们似乎可以感受到慢板、快板、散板和进行曲式的区别。

a. 慢板：行云流水式的图案

图案中曲线与水平线组成的细碎的元素，我们会感受到节奏，但节奏感并不强烈，就像是一曲慢板。

像陕县庙底沟和翼城北橄见到的那种连续曲线带彩陶，图案如同是行云流水，节奏并不明快，但却非常流畅动人，这是一种舒缓的节奏。还有那些大幅面的旋纹图案，元素之间跨度很长，好似通过一个漫长的通道才能渡过，这种节奏显得也较为散慢（图2-2-4-1）。

b. 快板：简练的二分四分式图案

彩陶在二方连续图案上，我们能感受到的节奏是最明朗的。留给我们最明朗的快板印象的，是那些不加间隔元素的二分与四分连续图案。

庙底沟文化彩陶中四分式的二方连续图案最多，元素较为固定，构图也非常简练，没有什么修饰图案。这样的快板式节奏图案，是庙底沟文化彩陶的代表性风格之一。差不多每个遗址都能发现这种构图的彩陶，这种风格影响的范围也非常广泛，它还跨文化跨地域传播很远（图2-2-4-2）。

[1]王菊生：《造型艺术原理》，227页。黑龙江美术出版社，2000年。

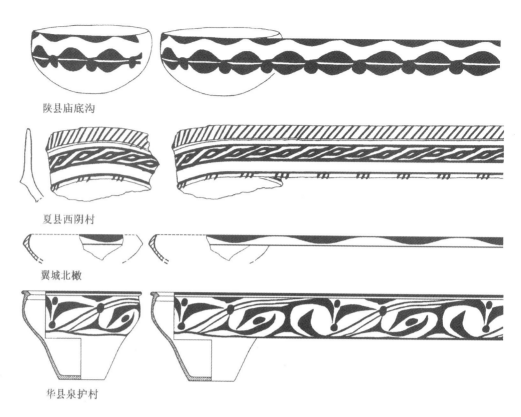

陕县庙底沟

夏县西阴村

翼城北橄

华县泉护村

图2-2-4-1 慢板节
奏的彩陶图案

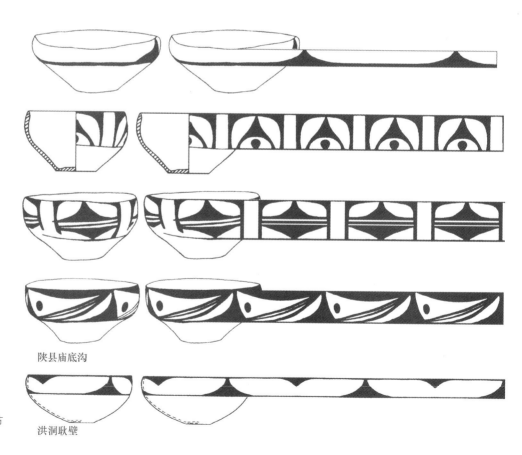

陕县庙底沟

图2-2-4-2 快板节
奏的彩陶图案

洪洞耿壁

史前中国的艺术浪潮——庙底沟文化彩陶研究

c. 进行曲：稳健的四分式图案

这类图案与上述快板式节奏图案相似，只是在感觉上没有那样的急促，显得比较稳健一些。四分式二方连续图案广泛采用附加隔断式元素的构图，主体图案有一种停顿后的重复感觉，节奏显得坚定有力，感觉是一种进行曲式。两种元素交替重复，出现一种更丰富感觉更强烈的大节奏。

有隔断的二方连续式图案在庙底沟文化彩陶中也非常流行，甚至出现的频率越过了无隔断的图案。在这样的进行曲式节奏的构图中，主体图案常常呈现出倾斜的态势，加强了纹饰的动感（图2-2-4-3、4）。

d. 散板：节奏不明朗的自由式图案

乐曲有时会出现散板曲式，这通常是用于表现一种高潮。戏曲如京剧的板式中也有散板如西皮散板、二黄散板等，散板节奏自由，可依据演唱者的情绪与内容自由发挥。彩陶中的图案，有时觉得有节奏但节奏感并不明朗，是一些画工自由发挥的图案，就像乐曲的散板一样。

彩陶中的自由式构图，当然并不是毫无章法。有的是元素在作左右连接时出现穿插现象，偶尔让人觉得分不清彼此，节奏不明朗。有的是左右元素连成一体，很难分辨出元素的本来构图。这种较为自由的彩陶图案在陕县庙底沟、灵宝西坡和新安槐林都有发现（图2-2-4-5）。

值得特别提到的是，这可能是一些展示画工个性特征的图案，它们虽然在整体面貌上符合那个时代那个文化的特征，可是要找出第二件同类图案的彩陶却很难，

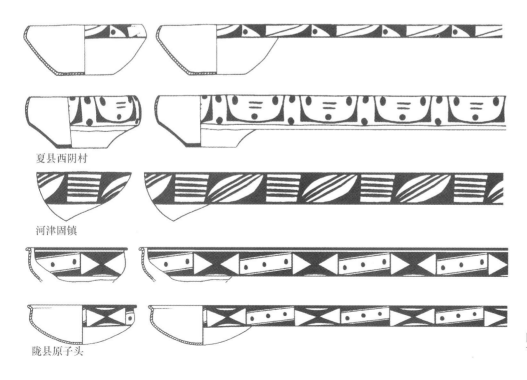

夏县西阴村

河津固镇

陇县原子头

图2-2-4-3 进行曲
节奏的彩陶图案

图2-2-4-4 进行曲
节奏的彩陶图案

天水师赵村

秦安大地湾

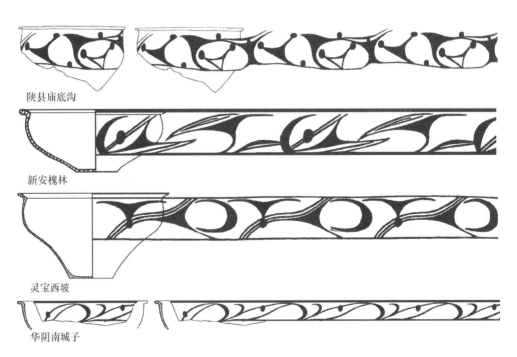

陕县庙底沟

新安槐林

灵宝西坡

图2-2-4-5 散板节
奏的彩陶图案

华阴南城子

陕县庙底沟

夏县西阴村

河津固镇

华县泉护村

华阴西关堡

秦安大地湾

图2-2-4-6　交响曲
节奏的彩陶图案

这是彩陶研究中还没有人关注的论题。

e. 交响曲：跌荡起伏的复合元素图案

彩陶中有不中断的匀速连续图案，也有均匀起伏的连续图案，还有一些跳跃式结构、大起大落的图案，这便是在彩陶上听到的交响组曲。

那些构图繁复的旋纹组合，就是一首首跌荡起伏的交响曲。旋纹作为主旋律出现在显眼位置，还有一些附加的作为次旋律或修饰音的纹饰分布在它的左近。这样的图案组合，真的就是一首雄壮的华彩乐章，让人回味无穷（图2-2-4-6）。

彩陶纹饰规则的或不规则的反复排列，这样的循环与变化，就会产生律动。它同乐曲一样，也能给人抑扬顿挫起伏跌荡的感觉。一件精致的彩陶就是一首乐曲，它的旋律与节奏就蕴含在那些图画元素中。彩陶图案是通过空间来表现时间的变换，在这时间的变换中，它的律动美得到了完美的展示。

5. 变 化

变化也是美的形式之一，包括渐变与突变在内，变化被认为是艺术设计的灵魂，是艺术生命力之所在。没有变化就没有发展，也就没有了活力。渐变是逐渐的改变，有一定的秩序与规律。渐变除形状渐变外，还有大小渐变、色彩渐变、位置渐变和方向渐变等等。如形状渐变，以某一形状为基调，逐渐有所改变。

彩陶也是在类似的变化中得到发展和丰富的。我们所能见到的变化是，不仅有元素和单元的变化，也有构图上的变化。

a. 形状变化

一个基本元素发生渐变，可以由简单渐变到复杂，也可以由抽象渐变到具象，或由具象渐变到抽象。彩陶元素形状上的变化，是一种最基本的变化方式。一个元素，会以多种形态出现，它丰富了彩陶的内涵，也使彩陶获得统一和谐的风格。

每一个元素都可以由简单向复杂变化，这里举圆形元素为例。彩陶上见到的圆形元素，有正圆形和椭圆形，还有很不规则的似圆形等，形态上有许多变化（图2-2-5-1）。圆中附加纹饰的做法，是圆形变化的一个主要方式，变换一种附加纹饰，就会使圆形拥有新的内含（图2-2-5-2）。

圆形内附加纹饰变化不少。最基本的形态是"空圆"，是一个最简单的地纹圆。第一个变化可能是在圆的中心加上一点，这个点可以视作圆心。当然不论是空圆还是带圆心的圆形，其实在彩陶中见到的并不多，通常的圆形都有更多的变化。更多见到的是圆形中附加两个点，这两个点固定在圆周相对的位置上，一般都是在一上一下的位置。这种构图应当具有特定的意义，但现在我们还找不到明确的答案。

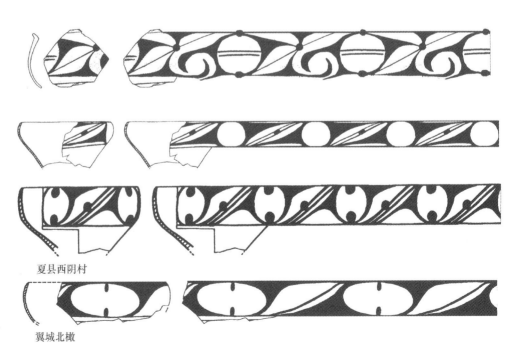

夏县西阴村

翼城北撖

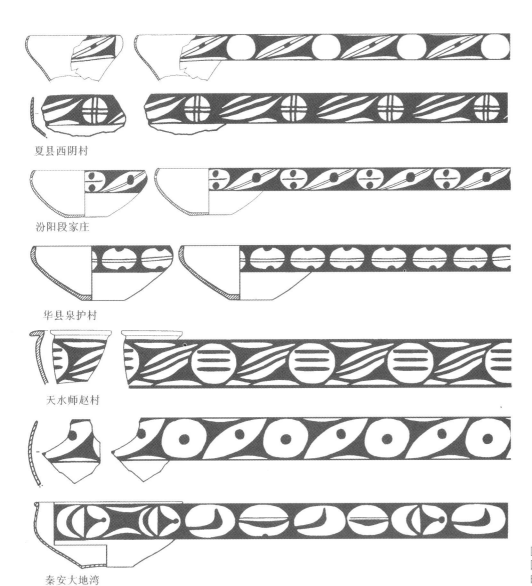

夏县西阴村

汾阳段家庄

华县泉护村

天水师赵村

秦安大地湾

图2-2-5-2 彩陶上圆形元素中附加纹饰的变化

　　圆形的第二个变化，是在圆中加直线，或是水平线，或是垂直线。附加的线条有粗有细，最少是一条，有时是三条。

　　圆形的进一步变化，是既加点又加线。有时是一线穿过圆心与点会合，更多的时候是平行的两线将圆周上的两点分离开来，让两点上下相望。

　　圆形的更大的变化，是附加另一些风格化的图形，这些图形也可能有特别的象征意义。

　　通过附加图形的比较，可以看出圆形的变化是很大的，当然变化再大，它的风格还是基本统一的，我们并没有见到太特别的附加纹饰（图2-2-5-3）。

　　其实还有很多图形元素都有类似的变化，如叶片纹、"西阴纹"和弧边三角纹等等。我们在后文还要研究这些图形的变化，此处不再展开讨论。

　　此处还有象生类具象鱼纹的演变，后文也有详细讨论。

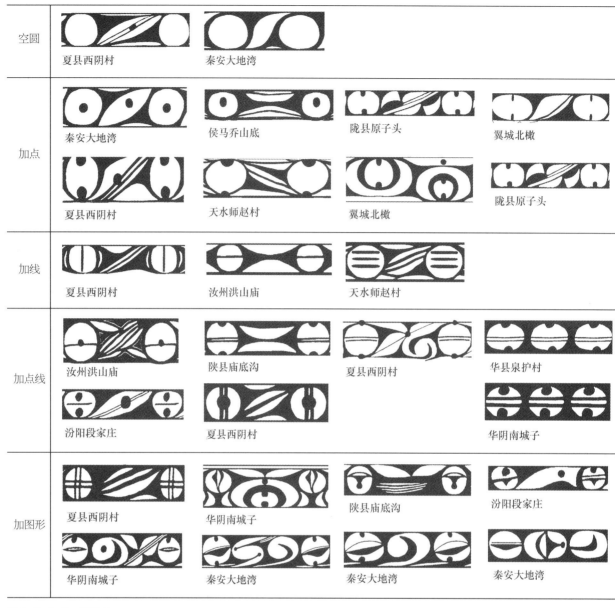

空圆	夏县西阴村	秦安大地湾	
加点	秦安大地湾 夏县西阴村	侯马乔山底 天水师赵村	陇县原子头 翼城北橄 翼城北橄 陇县原子头
加线	夏县西阴村	汝州洪山庙	天水师赵村
加点线	汝州洪山庙 汾阳段家庄	陕县庙底沟 夏县西阴村	夏县西阴村 华县泉护村 华阴南城子
加图形	夏县西阴村 华阴南城子	华阴南城子 秦安大地湾	陕县庙底沟 汾阳段家庄 秦安大地湾 秦安大地湾

图2-2-5-3 彩陶上圆形元素变化分类图

b. 大小变化

一个常见的基本元素可以有大小变化, 在具体的排列方式上会有明显的疏密感觉, 会产生空间感。

在彩陶上这种大小变化是常见的, 例如同样是二方连续的"西阴纹", 在作四分式排列时, 单元纹饰就大得多, 而八分式排列单元纹饰就不得不明显缩小。这种现象可以在不同遗址见到, 也能在同一遗址见到(图2-2-5-4)。

又如二方连续的叶片纹, 大小变化与"西阴纹"有些类似。在作四分式排列时, 叶片纹自然较大, 而六分与八分式排列的叶片纹就小得多了(图2-2-5-5)。

还有双瓣式花瓣纹, 作二方连续排列时二分式和四分式会使花瓣大小有明显区别。同样的四分式排列, 花瓣也会有宽窄之分, 有的显得非常秀美, 有的显得比较饱满(图2-2-5-6)。

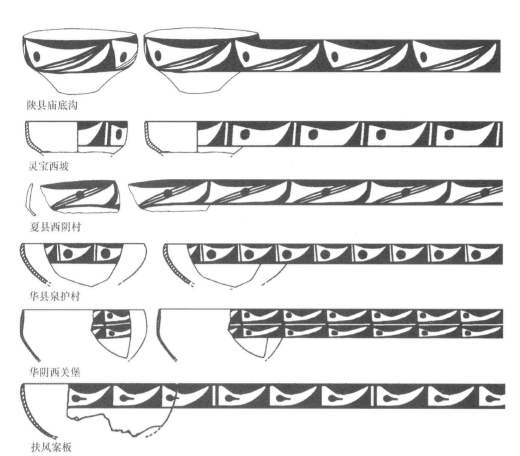

陕县庙底沟

灵宝西坡

夏县西阴村

华县泉护村

华阴西关堡

扶风案板

图2-2-5-4 彩陶
"西阴纹"的大小变化

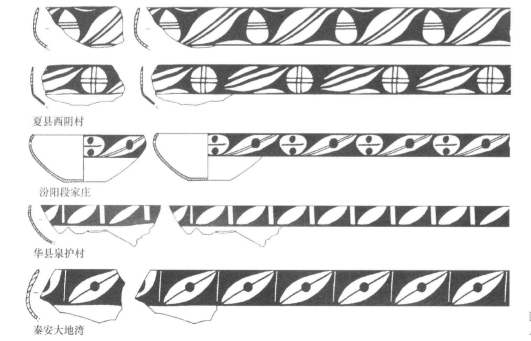

夏县西阴村

汾阳段家庄

华县泉护村

秦安大地湾

图2-2-5-5 彩陶叶
片纹的大小变化

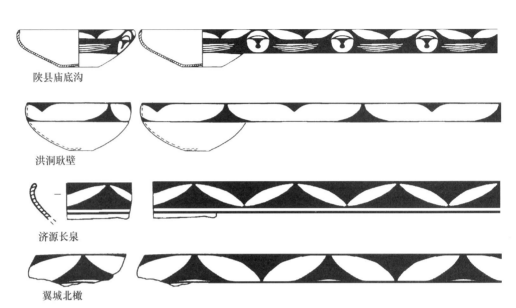

图2-2-5-6 彩陶双
瓣花瓣纹的大小变化

陕县庙底沟

洪洞耿壁

济源长泉

翼城北橄

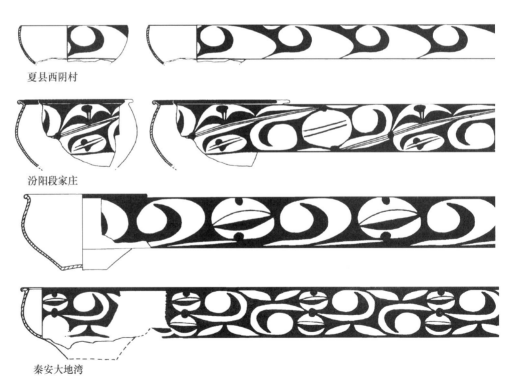

夏县西阴村

汾阳段家庄

图2-2-5-7 彩陶单
旋纹排列方向的变化

秦安大地湾

史前中国的艺术浪潮——庙底沟文化彩陶研究

华县泉护村

天水师赵村

夏县西阴村

图2-2-5-8 彩陶叶
片纹方向的左右变化

    其他彩陶元素这样的大小变化也很常见，如在圆形元素中，可以看到明显的大圆小圆的变化，在此不拟一一列举。

c. 方向变化

    基本元素在图案上作方向改变，可以增强构图的动态感。

    彩陶纹饰单元在排列方向上的改变，有左与右方向的变化、正与倒方向的变化。如单旋纹旋臂的方向，虽然一般都是右旋方向，但其实旋臂本身是既可以指向左也可以指向右的，这并不改变右旋的实质特征。这种变化有时会出现在同一件彩陶上，如汾阳段家庄和秦安大地湾就有这样的发现（图2-2-5-7）。

    这里再以叶片纹为例，看看元素方向的变化。绝大多数的叶片纹都是右上斜的方向，不过也有少数为左上斜方向，这种改变可能与画工个人的表达习惯有关（图2-2-5-8）。

    关于纹饰方向的变化，在后面相关文字中还要提及。

d. 结构变化

    由小的方面看，纹饰元素自身会产生结构变化。从大的方面看，纹饰整体构图上也会出现结构变化。

    彩陶二方连续图案在结构上出现许多变化，这一点在本节第一部分已经有过叙述，这里不再重复。

关于构图结构上的变化，这里还可以举一个曲线结构的例子。以曲线为基调，加上圆点与水平线，构图非常灵活，但风格完全一致（图2-2-5-9）。

元素繁简会有变化，上面说到过的圆形变化就不少。还可以叶片纹为例，它的内部也有不少变化，加上点、线和其他纹饰，会有全新的感觉（图2-2-5-10）。叶片纹是一种很重要的纹饰，后文还会有更多的分析。

变化就是发展，彩陶涉及变化这个论题的材料非常丰富，限于篇幅，在此只能是概而言之，略举些例证。在后文论及典型纹饰及演变时，重点纹饰还会有展开讨论。

6. 纹饰的方向

平铺直叙的纹饰图案，似乎不会涉及方向感问题。不过由史前彩陶纹饰的绘制看，纹饰方向应当是存在的，画工在陶器上会有绘制的始点和终点，因为纹饰一般都是环绕陶器一周，所以这个始点和终点是紧接在一起的，它们都隐藏在图案中。有时画工也会引导出观者的观察方向，某些特别的图案会特别强调方向感。相当多的彩陶纹饰是这样的，它们有固定的走势，有明确的方向感。

在庙底沟文化彩陶大量的二方连续构图中，纹饰有没有方向？不同纹饰布列时在方向上可能有不同考虑，由整体观察有没有倾向性的方向？确定这样的方向的出发点又是什么？这是几个相关联的问题，我们可以通过纹饰的观察找到确定的答案。

我们不妨先看看庙底沟文化之前的半坡文化彩陶纹饰有无确定的方向。

不须仔细观看就会发现，半坡文化彩陶中的图案化鱼纹，几乎全是头右尾左的右向，这是一个很有意思的现象。不论是在西安半坡遗址，还是秦安的大地湾遗址，或是其他的半坡文化遗址，同类图案化的鱼纹，基本都是剪刀尾向左，大嘴大头向右（图2-2-6-1）。

庙底沟文化彩陶的图案有没有这样明确的方向感呢，也是有的。

查陇县原子头见到的类似半坡文化的鱼纹，同半坡一样鱼头也向着右边，鱼尾向着左边。几处遗址发现的庙底沟文化早期简化鱼纹，以圆点示意的鱼头也是无一例外地向着右边（图2-2-6-2）。华阴南城子和铜川李家沟发现的彩陶鱼纹，也是头向右边。

在华县泉护村见到的十多例鸟纹，几乎全是头向右边（图2-2-6-3）。在扶风案板、华阴西关堡和陇县原子头见到的鸟纹，无论是飞鸟立鸟，也都无一例外地是头向着右边，尖尖的翅与尾向着左边。

彩陶几何纹的方向不易判断，但也还是有迹可寻。

叶片纹的方向，基本上是向右上倾斜，大体为40度左右的倾角。如此地始终如一，如此地大范围趋同，这不是一种思维定式就是一种行为定式，这已经是一个传统了（图2-2-6-4）。还要提到的是，叶片纹与其他纹饰同时出现时，一般也是取右上

翼城北橄

陕县庙底沟

图2-2-5-9 彩陶曲
线圆点结构的变化

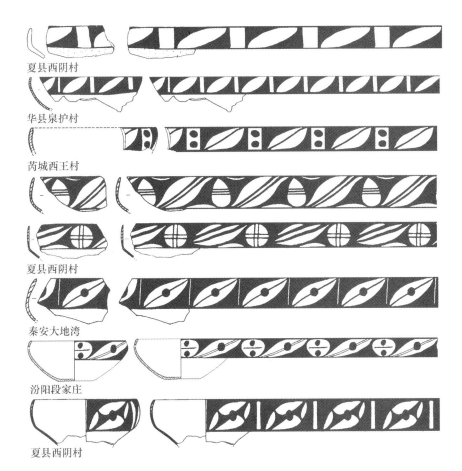

夏县西阴村

华县泉护村

芮城西王村

夏县西阴村

秦安大地湾

汾阳段家庄

夏县西阴村

图2-2-5-10 彩陶叶
片纹元素内部结构的
变化

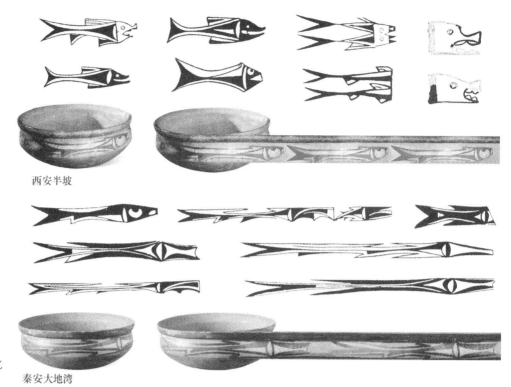

图2-2-6-1 半坡文化头右尾左的鱼纹彩陶

西安半坡

秦安大地湾

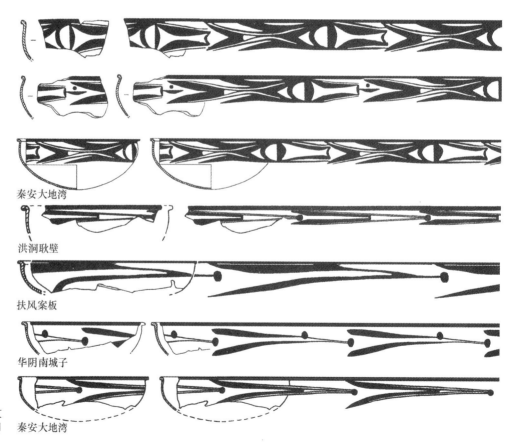

图2-2-6-2 庙底沟文化头右尾左的鱼纹彩陶

秦安大地湾

洪洞耿壁

扶风案板

华阴南城子

秦安大地湾

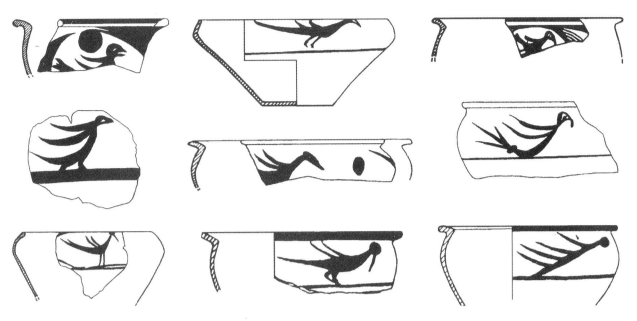

图2-2-6-3 庙底沟
文化头右尾左的鸟纹
彩陶

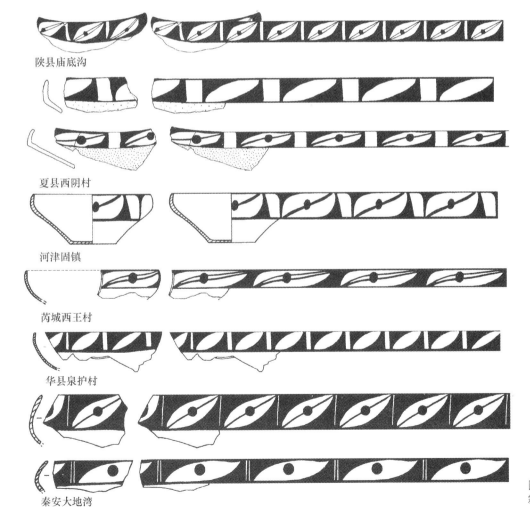

陕县庙底沟

夏县西阴村

河津固镇

芮城西王村

华县泉护村

秦安大地湾

图2-2-6-4 向右倾
斜的叶片纹彩陶

倾斜的角度（图2-2-6-5）。类似的纹饰在与其他纹饰组合出现时，只是偶尔才见到右下倾斜的角度。

各处发现的"西阴纹"，它起翘的尖角总是指向右边，在大仰韶的分布区域，在它的影响区域，甚至在其他文化中见到的"西阴纹"，也都是这样的方向。尖角向左的"西阴纹"也并非绝对不见，但真想找出哪怕是一例来，也是非常之不容易（图2-2-6-6）。

彩陶中的单旋纹，旋臂不论是向上还是向下，一般都是按照顺时针方向旋转，是一种右旋态势（图2-2-6-7）。

彩陶中大量见到的双旋纹，两个旋臂旋转的方向，也常常是顺时针方向，与单旋纹方向一致（图2-2-6-8）。双旋纹的旋臂只是偶尔见到逆时针旋转的例子，如陕县

史前中国的艺术浪潮——庙底沟文化彩陶研究

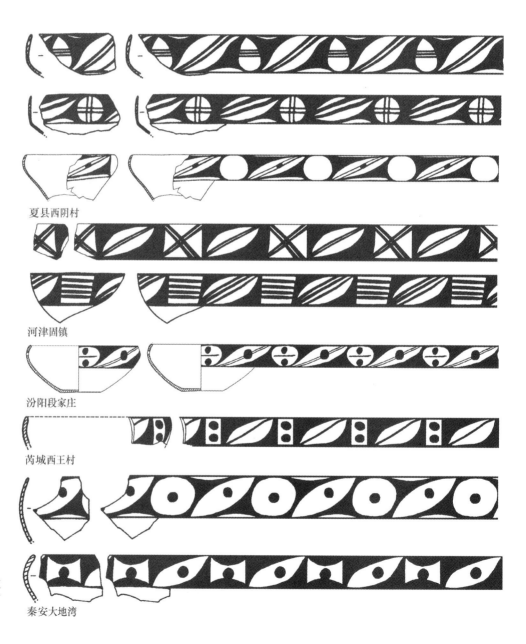

夏县西阴村

河津固镇

汾阳段家庄

芮城西王村

秦安大地湾

图2-2-6-5　组合纹饰中向右倾斜的叶片纹彩陶

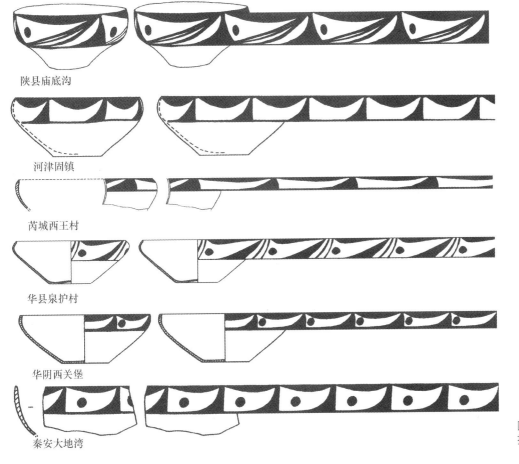

陕县庙底沟

河津固镇

芮城西王村

华县泉护村

华阴西关堡

秦安大地湾

图2-2-6-6 顶尖右
指的"西阴纹"彩陶

汾阳段家庄

华阴南城子

华阴西关堡

秦安大地湾

图2-2-6-7 单旋纹
彩陶旋臂的方向

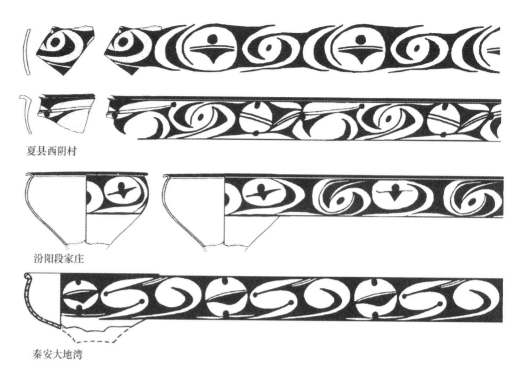

图2-2-6-8 双旋纹
彩陶旋臂的方向

夏县西阴村

汾阳段家庄

秦安大地湾

庙底沟、灵宝西坡和华阴西关堡就有发现，但总体旋动趋势是顺时针方向。

除了这样一些明显的例证，我们还看到有些带有斜线的纹饰单元，整体倾斜的方向大多也是取右上斜趋势。

就彩陶而言，不论是庙底沟还是半坡文化，纹饰的这种右向走势值得关注。考虑到偶尔也有的相反的情形，我们也可以将这种"右势"作为纹饰的主导走势来认定。这种右势的确定，除了画工的传统习惯以外，也许还有其他一些文化背景。

这是一些很重要的信息，这也是很有意义的一些信息。

我们首先想到的是，这会不会与绘画的方式有关，会不会与画工运笔的主体方向有关。推测画工绘画的始点，由几何纹饰看，应当是从左到右的可能性最大，动笔方向是由左向右。不过由写实类的鱼和鸟纹看，如果还是这样的次序，那就要从尾部起绘，这样似乎是增大了绘画的难度，那是舍易求难了。

以绘法而论，画鱼鸟图案应当是头左尾右，这样描绘才觉得更便利，这当然是从右利手的角度而言。我查阅了手边的一本《儿童绘画大参考》[1]，将书中的鱼纹作了统计，在合计33例鱼纹中只见到6例头向右的图形，其他全向左，向左的鱼纹占到82%（图2-2-6-9）。这就是说，现代人对于鱼类的绘画与观赏倾向是左势的。由右手绘画，一般情况下一定是先由左边起笔，画鱼这样的动物起笔要以头嘴开始，那自然多数的鱼纹都朝向左边方向游动了。更有意思的是，这本书中还有三种鱼的绘画动作程序的指导图示，无一例外地都是从头嘴部位绘起，也无一例外地都是头向着左边。

[1]周光荣编绘：《儿童绘画大参考》，湖南美术出版社，1990年。

史前中国的艺术浪潮——庙底沟文化彩陶研究

图2-2-6-9 见于
《儿童绘画大参考》
中的鱼纹

左向游动的这些鱼纹，毫无疑问是因为右手握笔的结果，是右利手习惯的必然作品。如此想来，对于庙底沟文化彩陶上右向游动的鱼纹来说，它的出现是否存在相反的前提条件？也许有这个可能，让我们觉得可能在彩陶绘制中存在"左利手"，是用左手在绘彩。左手绘彩，鸟头鱼头向右就是很自然的事了，尤其是那鸟翅鸟尾，运笔的走势一定是由右至左，那起绘点应当是鸟头部位。

这也许涉及到古老的人类"利手"问题。

此前有一些研究者提到史前人类的利手习惯问题，以为制作石器时已经有了明显的利手倾向。也有研究者通过野生黑猩猩的考察，认定黑猩猩惯用左手钓白蚁，统计出多数黑猩猩都是左利手。在一篇散文《那一个史前女人的手印》中，提及作者一些相关的探索结果[1]，其中的说法颇有借鉴意义。

作者现场考察岩画时有一种感受，看到人面岩画全是正面头像，而动物岩画则全为侧面全身，一幅幅的动物岩刻让作者影影绰绰觉得"头朝右的动物比头朝左的动物要多"。后来翻检《贺兰山岩画》，一个动物一个动物地数，共统计了1866幅图，可以分辨出朝向的动物3871只，发现头向右的2514只（占64.94%），头朝左的1375只

[1]詹克明：《那一个史前女人的手印》，王剑冰主编《那一个史前女人的手印》，广西人民出版社，2000年。

图2-2-6-10　古代岩画中动物的头向是以右向为主（内蒙古阿拉善岩画）

图2-2-6-11　印度尼西亚苏拉威西旧石器时代洞穴中的手形岩画（多是左手的图像）

（占35.06%），两者之比为1.85比1。结果是发现头向右的动物图形约是头向左的两倍，不过作者作出了一个不准确的判断，认为这些动物图形是牧人用右手凿出来的。同彩陶一样，如果是用左手来凿刻这些头向右的动物，想必会更加得心应手。

其他地区的动物岩画，与贺兰山的情形相似。阿拉善发现的一处岩画，五六十个动物大多数都向着右方，向着左方的只有五六个，占10%左右（图2-2-6-10）。

这个发现与彩陶有些相似，似乎表明史前绘画艺术上的这种右势倾向具有普遍意义。

旧石器时代的人类已经非常看重手的作用，手印频繁出现在岩画中。我们看到他们表现的主要是左手的图形，这恐怕不是出自偶然。法国和西班牙旧石器时代手印岩画就是如此，多数表现的是左手。法国加果斯洞穴岩画中的158个手印，居然有136个是左手[1]。我在印度尼西亚苏拉威西旧石器时代洞穴中见到的手形岩画，也多是左手的图像（图2-2-6-11）。左手的意义，对于古人而言可能超过了右手。

[1]《人类的黎明》，美国时代生活出版公司编《人类文明史图鉴》，吉林人民出版社、吉林美术出版社，2006年。

现代人类中大多数人习惯用右手。有学者根据石器推断，早在猿人时代人类右利手已明显多于左利手，而且支配右手行为的左半脑也比右半脑略大。这也许不是最终的结论，因为由岩画和彩陶的证据，我们看到的是一种明显的史前左利手倾向。

左利手和右利手，是一种偏侧性表现。意大利神经科学家葛瑞格里·瓦勒蒂格娜(Giorgio Vallortigara)和澳大利亚新英格兰大学神经科学家莱斯利·罗杰斯(Lesley Rogers)称，动物王国普遍存在偏侧性，而且偏侧性会带来某种优势。动物的偏侧性可以是先天遗传得来，一些科学家认为偏侧性可以作为一个更大基因包的一部分被传承。偏侧性也可以从后天获得，动物生存的环境与社会赋予这种偏侧性以合理性。先天的偏侧性属于本能，后天获得的偏侧性与生存状态有关。对人类来说，后天的偏侧性与文化传统有关。我们用右手使用餐具和写字，完全是接受教导的结果，这就是传统，也是社会规范。

如果史前陶工绘制彩陶的左利手现象可以最终认定，那我们也许要对人类早期艺术行为作一些新的思考，史前的许多不朽艺术作品说不定真的是用左手创造出来的。当然这也会连带出来一个新问题，是什么时候又是哪些原因使得人类完成了左利手向右利手的转变？

当然，这就不是本书所能回答的问题了。

也许还需要变换一个角度来看待这个现象。说不定还有这样一种可能，这种右势并不是出于制作的习惯，而是出于观赏的习惯。

有一种说法认为，在人的感觉上，左右有微妙的差别，观看画面时会感觉右下角有一个吸引力特强的点。将画面或图案最重要的元素放在这个位置，似乎是一件非常自然的事情。那岩画上动物头向着右边，彩陶上的动物头也向着右边，也就都成为非常自然的事情了。

当然这只是一种说法。就观画的角度而言，也许古今有过一些变化，或者画者引导着观者的这种改变。我们在国画中看到的奔马是向着左边狂奔，出土汉代的雕塑青铜奔马拍成照片时也是向着左边飞奔着。古老的右书格式改为了左书，这可能是右式变左势的一个最生动的例子。我们已经习惯了这种左势的潮流，这已经作为一种传统存在了。那更早呢，是不曾经有过左势变右势的那么一个过程呢？

7.衬托：地纹手法

地纹是历代装饰图案使用的一种重要的方法，由彩陶的发现我们得知这种艺术表现方法在史前彩陶上就已经开始采用。地纹以及类似的表现手法，在青铜器、漆器、瓷器和金银器等古代器物的装饰中，也是古代工匠惯常使用的手法。

庙底沟文化彩陶在色彩与构图上的巧思安排，于地纹彩陶上得到了充分体现。庙底沟文化彩陶也因成熟的地纹彩陶而将史前彩陶艺术推向了极致，也奠定了古代中国艺术表现的一个非常重要的基础。这是一种衬托手法，它最早应当出现在彩陶工艺上。

过去的彩陶研究没有特别关注地纹，这不仅造成了研究领域的空白，而且由于对地纹彩陶的误解而产生了一些不应有的错谬认识。

不论是在旧大陆还是新大陆的新石器时代，都曾经绘制过地纹彩陶作品。两河流域公元前5000年彩陶鼎盛时期的标志之一，就是地纹彩陶的出现。由于陶器施彩面积扩大，彩绘间的空地成为画工实际要表现的主题，地纹彩陶出现了。如巴格达附近的萨玛拉文化中，就有不少以地纹形式表现的彩陶。在其他地区时代晚近的新石器文化中，如南北美洲也能见到地纹彩陶。中国有没有地纹彩陶？这当然是用不着讨论的，但哪些彩陶属于地纹彩陶，还需要有一个辨识的过程。

[1] 贾荣建、刘凤琴：《中国彩陶图案的艺术形式探寻》，河北美术出版社，1994年。

[2] Б.А.Рыбаков, Космогония и мифалогия земледельцев энеолита. Советская рхеология, 1965 NO:1、2.

[3] 王仁湘：《中国史前地纹彩陶辨识》，《中国史前考古论集》。科学出版社，2003年。

在大量的史前彩陶中，包纳有许多地纹彩陶，过去我们没有及时将地纹彩陶甄别出来，而将它们混同于一般彩陶对待。有的地纹彩陶比较容易辨识，有的却不易辨识出来。有的研究者虽然区别出了彩陶中的一些地纹图案，但并没有明确提出地纹彩陶的概念。在有些美术史研究者的著述中，偶尔提到彩陶的"反转"表现手法，称作是"图与地交替地反转"，"原始人把这种手段大量地运用于彩陶装饰纹样中，从而取得了更加简洁、含蓄的构形语言"[1]。地纹彩陶在一些论著中又被称作"底片式"的彩陶，前苏联著名考古学者雷巴科夫（Б.А.Рыбаков）在1965年讨论铜石并用时代彩陶意义时就曾有这样的提法[2]。所谓底片式彩陶，就是一种以彩为地、以地为纹的地纹彩陶图案，读起来就像是一张照相的负片一样。

以往通常定义的彩陶，是直接以彩为纹，而地纹彩陶则是以彩为衬底。根据这一特点，可以为地纹彩陶作出这样的定义：与一般彩陶不同，地纹彩陶是以彩绘的颜色作衬底，以无彩的地子为图案的一种表现方式特别的彩陶。

我曾经提出，辨识地纹彩陶可以由以下几点考虑[3]：

a. 分辨出构图明确的地纹

从彩纹之间的地纹可观察出明确图案单元的彩陶，都可以视作地纹彩陶。一般来说，地纹彩陶敷彩面比较大，留出的地子相对较小，而且彩纹往往将地纹图形单元完全包容在内，地纹构图十分明确。也有空出的地子较大而施彩面较小的例子，彩纹同样将地纹图案单元完全包容在内。

b. 注意区分与彩纹组合的地纹

在一件彩陶上，地纹有可能是全景式的，也可能会是局部的，要视具体表现形式来辨识。在有些彩陶上地纹同时与彩纹共见一器，在观赏时容易造成一定的错觉，在辨识时需要特别注意。以往研究者常将一些地纹彩陶与一般彩陶混为一谈，没有能将它们清楚地辨识出来，影响了对彩陶题材的解释。

c. 分辨阴阳双关图案彩陶中的地纹

有些彩陶图案既有明确的彩纹，又能读出地纹，可能是用双关方法绘成的作品。一般而言，在史前彩陶发展的早期，画工不一定掌握了使彩纹和地纹都同时具备含义的双关绘法技巧，我们可以通过更大范围的比较研究，来最终确定它是一般彩陶还是包括有地纹的双关彩陶。

如果一件彩陶的地纹的含义更为明确，那就应当认定它为地纹彩陶。事实上双关技法的彩陶出现的时代也并不是很晚，在半坡文化中已有它的踪迹。对此张朋川先生已有论述，他还指出屈家岭文化上有一种旋纹彩陶，是彩纹和地纹"相互映衬、虚实相生、相反相成、既一分为二、又合二为一"的"等形、等量"的标准阴阳双关纹彩陶[1]。

[1]张朋川：《中国彩陶图谱》，187页，文物出版社，1990年。

d. 反观构图与图案单元不明确的彩陶

对于有些直读彩纹而不得其解的彩陶，不妨试读地纹，可能会有意想不到的发现，它也许就是一件地纹彩陶。对庙底沟文化花卉纹采用反观地纹的读法，可以读出结构严谨的旋纹。其他一些通常被作为一般彩纹看待的彩陶，反观彩纹的结果也能确定为地纹彩陶。

中国史前地纹彩陶题材比较丰富，最早的地纹彩陶出现于半坡文化时期，盛行

宝鸡北首岭

临潼姜寨

秦安大地湾

西安半坡

西乡何家湾

西安半坡

宝鸡北首岭

正宁宫家川

西安半坡

南郑龙岗寺

临潼姜寨

图2-2-7-1 半坡文化的地纹彩陶

图2-2-7-2　庙底沟文化地纹彩陶的反面影像

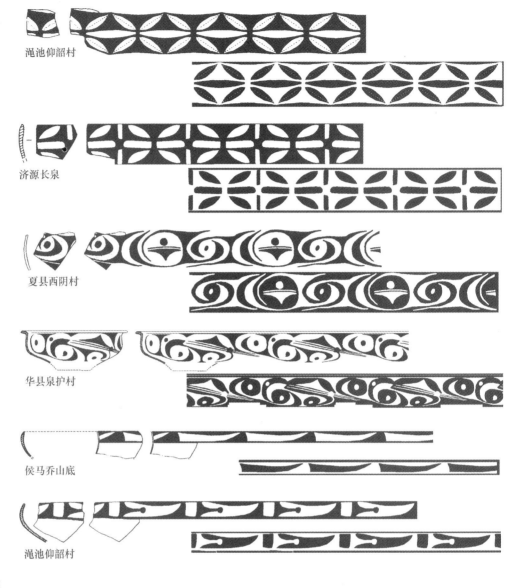

渑池仰韶村

济源长泉

夏县西阴村

华县泉护村

侯马乔山底

渑池仰韶村

[1]陕西省考古研究所：《龙岗寺——新石器时代遗址发掘报告》，文物出版社，1990年。

[2]彩陶资料援引张朋川《中国彩陶图谱》（文物出版社，1990年）一书，为省略篇幅，行文中仅在括号中注明"图谱T.X"，表示图谱（T）第几（X）图。其他资料则有详注。

[3]陕西省考古研究所：《何家湾遗址》，《陕南考古报告集》，三秦出版社，1994年。

于庙底沟文化时期（包括同一时期的其他文化）。最常见的有半坡文化的波折纹、庙底沟文化的花瓣纹，还有庙底沟、大河村、大汶口和红山等文化的旋纹等。这些地纹以弧线为基调的几何形图案为主，象生形图案基本不见。

半坡文化以波折纹和三角纹地纹彩陶较多，外廓多以直边形为特征（图2-2-7-1）。如陕西南郑龙岗寺遗址出土10件尖底罐，有6件饰有"黑彩波折纹"，就是以黑彩为地的折线纹，有的平行排列有四重之多。在其他一些陶罐和小颈壶上也能见到这类折线地纹，彩纹与地纹都是折线图形，但地纹较窄，可以勉强作双关纹看待[1]。同样的折线纹地纹也见于西安半坡（图谱T.1526、1527）[2]、临潼姜寨（T.1538、1542）和西乡何家湾等遗址[3]，在半坡遗址的发掘报告中称为波浪纹，姜寨报告中称为波折纹，何家湾报告称为三角波折纹，读的均是彩纹。在宝鸡北首岭（T.1495、1497、1502）、甘肃秦安大地湾（T.17）和正宁宫家川遗址（T.21），也都发现了同类纹饰，这是半坡文化中一种出现频率较高的地纹纹饰，而且出现在早期阶段。地纹三角纹在半坡遗址（T.1523，原图一二四，4、5、7、8，原图指原报告附图，下同）、龙岗寺遗址（原图一八，10、11）、何家湾遗址（原图八0，1、2、4、12、13、16、18、19）都有发现，这些三角纹都不大，完全包容在黑彩之内，而且黑彩的外形一般也是三角形，与地纹常常形成一正一倒的黑红对比，非常鲜明。

半坡文化时期的彩陶还流行装饰器物口沿的作法，一些盆类器具带有较宽的口沿，上面以黑彩为纹，以尽可能大的面积敷色，空出各种形状较小的地色，形成地纹。这些地纹的风格也比较一致，多是按4~6等份划分口沿，留出少许直行或斜行空地，余下全部涂上黑彩。南郑龙岗寺遗址一件浅腹盆的盆沿虽不宽大，也精绘有这样的地纹，盆沿分为18段，交替绘出叶片和角状地纹（原图八二，3）。这类纹饰也出现在器物的腹部，如秦安大地湾一件陶盆上就绘有叶片与角状符号交替出现的地纹，呈双层排列（T.51）。

到了庙底沟文化时期，彩陶绘制中地纹手法已经非常熟练，地纹彩陶以花瓣纹、旋纹和"西阴纹"发现最多。与半坡文化不同的是，庙底沟文化彩陶地纹单元外廓多为弧边形，地纹彩陶的主要构图元素是所谓的"旋边三角纹"，它有多变的形态。也许将这些纹饰通过技术处理反转来看看，它们留存在我们眼中的影像才会更加明晰（图2-2-7-2）。

a. 地纹花瓣纹

花瓣纹以弧边三角的彩纹作衬底，至少有两个相对的花瓣，有时多至4~6个花

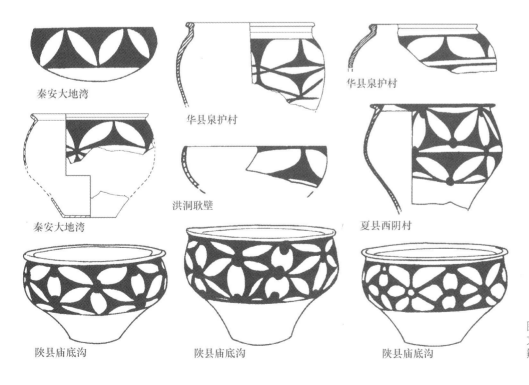

秦安大地湾

华县泉护村

华县泉护村

秦安大地湾

洪洞耿壁

夏县西阴村

陕县庙底沟

陕县庙底沟

陕县庙底沟

图2-2-7-3 庙底沟文化地纹彩陶中的花瓣纹

[1]梁思永：《山西西阴村史前遗址的新石器时代的陶器》，《三晋考古》第二辑，山西人民出版社，1996年。

[2]王仁湘：《论我国新石器时代彩绘花瓣纹图案》，《考古与文物》1989年1期。我最早是由花瓣纹注意地纹彩陶的，这篇文章是我研究地纹彩陶的开始。

[3]王仁湘：《关于史前中国一个认知体系的猜想——彩陶解读之一》，《华夏考古》1999年4期。

[4]见苏秉琦：《关于仰韶文化的若干问题》附图七，《考古学报》1965年1期。

[5]山西考古研究所：《西阴村史前遗存第二次发掘》，《三晋考古》第二辑，山西人民出版社，1996年。

[6]山西省考古研究所：《山西翼城北橄遗址发掘简报》，《文物季刊》1993年4期。

[7]河南省文物研究所、渑池县文化馆：《渑池仰韶遗址1980-1981年发掘报告》，《史前研究》1985年3期。

瓣，图案一般呈二方连续形式排列，梁思永先生曾称之为月桂叶形图案[1]。这种花瓣由少瓣向多瓣发展，变化越来越复杂[2]，后文还将详细讨论（图2-2-7-3）。

甘肃秦安大地湾遗址彩陶上的花瓣纹有双瓣式（T.68、69、86、87、95、96），陕西渭南北刘和华阴西关堡遗址则见有4瓣式（T.1567、1570），河南陕县庙底沟遗址发现有4~6瓣式（T.1642、1649、1650、1661）。

这类花瓣纹地纹彩陶还见于庙底沟文化以外的其他新石器遗址，在北方和南方地区都有发现。

b.地纹旋纹

旋纹是庙底沟文化彩陶中较之花瓣纹更为重要的一种地纹，研究者习惯上称之为圆点勾叶纹或圆点弧边三角纹，所读均为彩纹。将这类彩陶的主体以地纹观之，发现基本都是规则的旋纹[3]。彩陶地纹的旋纹又分单旋纹、双旋纹两类。单旋纹中间有一圆形旋心，外有一条旋臂。双旋纹旋心在中间，有两股旋臂，双臂一般以上下方式排列，也有以左右方式排列的，有的臂尾延伸很长（图2-2-7-4）。

在庙底沟文化中单旋纹地纹彩陶发现不少，陇东、关中、晋南和豫西都有出土。陕西华县泉护村遗址也有单旋纹地纹，旋心绘一圆点[4]。山西夏县西阴村1994年发现有单旋纹彩陶盆[5]，山西翼城县北橄遗址也见到两例大单旋彩陶片[6]。河南渑池仰韶村遗址的第三次发掘，也见到了典型单旋纹彩陶片[7]。

庙底沟文化双旋纹地纹彩陶发现数量较多，在陇、陕、豫、晋的许多遗址中都有发现，旋心一般不大，旋心多绘有圆点。如陕西长安县蝎子岭、华县泉护村，山

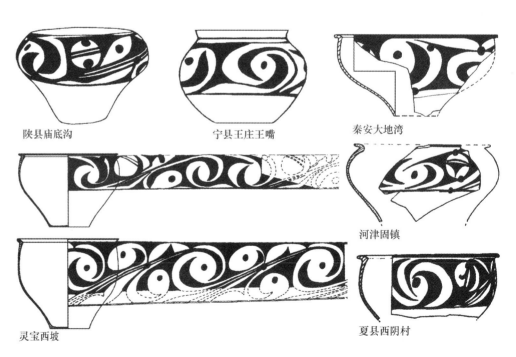

陕县庙底沟　　　　　　　宁县王庄王嘴　　　　　　　秦安大地湾

河津固镇

灵宝西坡　　　　　　　　　　　　　　　　　　　夏县西阴村

图2-2-7-4　庙底沟文化地纹彩陶中的旋纹

西芮城县、洪洞县，河津县固镇[1]、河南陕县庙底沟等遗址（T.1561、1599、1602、1603、1643、1646），都有双旋纹彩陶出土。还发现一些大画面的地纹单体双旋纹，如陕西彬县下孟村遗址的一件深腹罐上的大双旋纹构图简洁，没有附加纹饰（T.1557）。甘肃宁县王庄王嘴遗址也出土一件大双旋纹彩陶，旋心有圆点（T.84）。河南灵宝西坡遗址出土的双旋纹彩陶也非常精美，构图相当严谨[2]。

在庙底沟文化彩陶中，发现了一种单体旋纹组成的二方连续图案，上下旋臂分别向左右延伸很长，前一旋纹的上旋臂延展至后一旋纹而变为下旋臂，构成二方连续图案，庙底沟遗址就出土过不只一件典型的二方连续旋纹彩陶盆（T.1646）。庙底沟遗址还见到多件单旋和双旋混组的地纹彩陶，其中双旋占据图案带的主要部位（T.1565、1643、1646）。

c.地纹"西阴纹"

庙底沟文化的地纹彩陶，出土数量较多的还有"西阴纹"。

李济先生在夏县西阴村遗址发现的一种弯角状彩陶纹饰，左边一个宽头，右边弧收成翘起的尖角，中间有时点缀斜线与圆点，他称之为"西阴纹"。这是后来发现数量很多的一种纹饰，一般作为直口或折腹钵沿外的装饰，都是采用二方连续的构图方式。这种彩陶分布的范围也很广，是庙底沟文化彩陶的代表性纹饰之一。

在晋南地区的永济石庄[3]、芮城西王村[4]和河津固镇遗址[5]，也都有这种绘有"西阴纹"的彩陶钵发现。这种纹饰安特生1921年在渑池仰韶村遗址发掘时就有发现，当时并没有引起特别注意[6]。在豫西地区，还有陕县庙底沟遗址也发现了"西阴纹彩陶"[7]。在关中地区，同类彩陶在渭南北刘[8]、长安客省庄[9]、长安北堡寨[10]、扶风案板[11]、宝鸡福临堡[12]等遗址都有发现。关中地区这类彩陶集中的一次发现是在华县泉护村遗址[13]，陶钵上很多都绘有"西阴纹"。在陇东地区的秦安大地湾遗址[14]，也出土了不少"西阴纹"彩陶。

可以认为，"西阴纹"确为庙底沟文化富有特点的地纹彩陶纹饰。对于"西阴纹"的研究，李济先生指出了它的重要性，梁思永先生也曾给予关注。梁先生1930年撰写的论文《山西西阴村史前遗址的新石器时代的陶器》[15]，将"西阴纹"作为第

[1]山西考古研究所：《山西河津固镇遗址发掘报告》，《三晋考古》第二辑，山西人民出版社，1996年。

[2]河南省文物考古研究所等：《河南灵宝西坡遗址2001年春发掘简报》，《华夏考古》2002年2期。

[3]山西省文物管理委员会：《晋南五县古代人类文化遗址初步调查简报》，《文物参考资料》1956年9期。

[4]中国科学院考古研究所山西工作队：《山西芮城东庄村和西王村遗址的发报》，《考古学报》1973年1期。

[5]山西省考古研究所：《山西河津固镇遗址发掘报告》，《三晋考古》第二辑，山西人民出版社，1996年。

[6]安特生：《中国远古之文化》，《地质汇报》1923年5号；阿尔纳：《河南石器时代之着色陶器》，《古生物志》丁种第一号第二册，1925年。

[7]中国科学院考古研究所：《庙底沟与三里桥》，科学出版社，1959年。

[8]西安半坡博物馆等：《渭南北刘新石器时代早期遗址调查与发掘简报》，《考古与文物》1982年4期；《渭南北刘遗址第二、三次发掘简报》，《史前研究》1986年1、2期。

[9]张朋川：《中国彩陶图谱》，图1569，文物出版社，1990年。

[10]张朋川：《中国彩陶图谱》，图1566，文物出版社，1990年。

[11]西北大学文博学院考古专业：《扶风案板遗址发掘报告》，科学出版社，2000年。

[12]宝鸡市考古工作队等：《宝鸡福临堡》，文物出版社，1993年。

[13]北京大学考古学系：《华县泉护村》，科学出版社，2003年。

[14]甘肃省文物考古研究所：《秦安大地湾》，图99：6、8、102：12、112：12、116：1，文物出版社，2006年。

[15]梁思永：《山西西阴村史前遗址的新石器时代的陶器》，《梁思永考古论文集》，科学出版社，1959年。

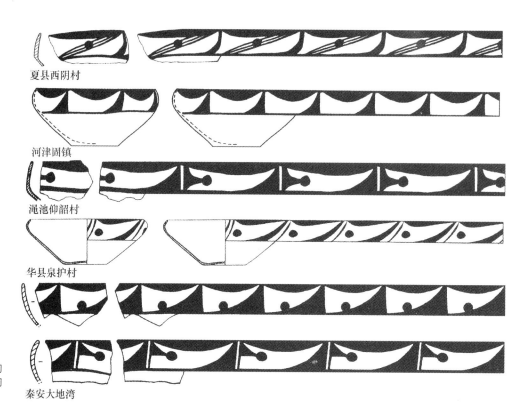

夏县西阴村

河津固镇

渑池仰韶村

华县泉护村

秦安大地湾

图2-2-7-5 庙底沟
文化地纹彩陶中的
"西阴纹"

[1]严文明：《西阴
村史前遗存分析》，
《仰韶文化研究》，
文物出版社，1989
年。

一类纹饰进行了讨论。严文明先生1963年也曾就西阴村遗址作过专门的探讨，他将
"西阴纹"定名为"垂弧纹"[1]。

我们认定"西阴纹"是一种地纹彩陶，它的图案要素是以四周涂色，映衬出中间
的"西阴纹"饰。从大形上看，"西阴纹"饰的轮廓有长短和宽窄之分，窄长者弯角
较尖，宽短者则弯角较钝，两者之间看不出明确的年代早晚关系。还有一个明显的特
点是，这弯角形几乎全是宽头在左，尖头在右，按逆时针方向排列。这个程式几乎没
有被破坏过，没有发现相反的情形（图2-2-7-5）。

作为一种彩陶技法，地纹手法在与庙底沟文化大体同时或晚近文化的彩陶中，
也经常采用，绘出的纹饰也相当精美。

如大河村文化地纹彩陶以花瓣纹和星辰纹发现较多，后者自具特点，前者与庙
底沟文化较为接近（图2-2-7-6）。大河村文化的一些双旋纹旋心旋臂都较大，占据
画面中心位置，都是单独存在的单元，彼此旋臂互不连接，两旋纹之间常有简单的
附加纹饰。也见到大旋心双旋纹，郑州后庄王和大河村遗址有几件彩陶上的旋纹为
单体，构图简洁明了：中间为一圆点，左右相对的两个月牙形明晰地衬出顺时针旋转
的上下旋臂，两侧再以弧边三角形衬出旋臂的外轮廓，使上旋臂尾部旋至下方，而下
旋臂则对称地旋至上方（T.1694、1695、1698、1701）。与庙底沟文化类似的单旋与双
旋纹混组地纹彩陶也见于大河村文化，郑州大河村遗址就发现有一件，构图与晋南

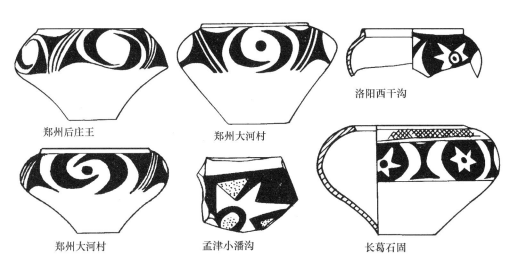

郑州后庄王   郑州大河村   洛阳西干沟

郑州大河村   孟津小潘沟   长葛石固

图2-2-7-6　大河村文化的地纹彩陶

图2-2-7-7　大汶口文化的地纹彩陶（均江苏邳县大墩子遗址）

地区所见非常接近[1]。

　　彩陶地纹中的星辰纹，见于河南偃师高崖、孟津小潘沟、洛阳西干沟、长葛石固、荥阳楚湾等遗址，基本都是以黑色圆形作衬底的六角星样式[2]。当然彩陶表现的也未必就是夜空中的星辰，但由它固定的构图和绘法观察，它一定是有所指属，它的含义有待进一步揭示。

　　值得注意的是，以上提及的大河村文化彩陶，有的已不是标准的地纹彩陶，许多原本为红色地纹的部位又加绘了白彩，构成一种我们在后文要提到的"反地"彩陶。就基本技法而言，它仍然是在地纹绘法的基础上发展起来的。

　　大汶口文化地纹彩陶也以花瓣纹和旋纹多见，还见到折线纹和菱格纹等。其中花瓣纹接近庙底沟文化和大河村文化，旋纹也是受黄河中游影响的结果，但风格有

[1]李绍翰：《河南古代图案》，第5页，河南美术出版社，1986年。

[2]河南省文物考古研究所：《河南史前彩陶》，河南美术出版社，1996年。

[1]山东省文物管理处、济南市博物馆:《大汶口》,文物出版社,1974年。

[2]南京博物院:《江苏邳县四户镇大墩子遗址探掘报告》,《考古学报》1964年2期;《江苏邳县大墩子遗址第二次发掘》,《考古学集刊》1辑;江苏省文物工作队:《江苏邳县刘林新石器时代遗址第一次发掘》,《考古学报》1962年1期;南京博物院:《江苏邳县刘林新石器时代遗址第二次发掘》,《考古学报》1965年2期;中国科学院考古研究所山东队:《山东曲阜西夏侯遗址第一次发掘报告》,《考古学报》1964年2期;中国社会科学院考古研究所山东队:《西夏侯遗址第二次发掘报告》,《考古学报》1986年3期。

[3]山东省博物馆、山东省文物考古研究所:《邹县野店》,文物出版社,1985年。

[4]郭大顺:《以辽河流域为中心的新石器文化》,《考古学报》1985年4期。

[5]辽宁省文物考古研究所:《牛河梁红山文化遗址与玉器精粹》,文物出版社,1997年。

明显变化,图案显得更为繁复,色彩层次也更为丰富(图2-2-7-7)。

大汶口文化的花瓣纹地纹彩陶在山东泰安大汶口、兖州王因、江苏邳县刘林和大墩子遗址都有发现(T.1846、1857、1863、1869、1870、1891、1900)。这些花瓣纹多以复彩技法绘出,以地为纹的作法也有了改变,有时在花瓣处涂有白彩,它是一种后文要提到的"反地"图案。

大汶口文化地纹彩陶中的旋纹发现也不少,山东泰安大汶口遗址采集到一件彩陶片,完全是庙底沟文化风格,纹样的构图是明显的单体双旋纹[1]。大汶口文化旋纹彩陶最集中的发现是在江苏邳县大墩子遗址,而且色彩更为亮丽,构图非常规整。大墩子遗址见到数例单体双旋纹组成的二方连续图案彩陶,虽然构图发生了一些变化,但母题为旋纹则是可以肯定的。由于复彩的运用,作为旋纹衬底的阳纹采用不同色彩绘成,通常一边为黑彩,另一边为褐彩。有一件构图较为特别,有一垂直的旋臂通过带圆点的旋心,旋臂两端再分向左右回旋,整个旋纹的外廓成为一个较规整的圆形(T.1860)。大汶口文化大量见到的还是双旋纹彩陶,不仅在大墩子,在江苏邳县刘林、山东曲阜县西夏侯等遗址也有发现[2]。这些双旋纹除了构图简单的大画面单体式以外,还有数量更多的组合较为复杂二方连续式。大汶口文化单旋纹彩陶发现较少,山东邹县野店遗址以单旋纹为单元的彩陶非常典型,绘法与庙底沟文化的相同[3]。与花瓣纹一样,大汶口文化的旋纹也多采用复彩绘出,一些彩陶上的旋纹另以白色填充,它们已不是严格意义的地纹了。

在其他地区发现彩陶较多的一些文化中,也都见到标准的地纹彩陶。如红山文化彩陶中除见到少量与庙底沟文化大致相同的旋纹,也有一些表现有自身特点的旋纹,在内蒙古赤峰红山后等遗址发现一种重行排列的卷钩样纹饰,有的研究者称之为"三角勾连涡纹"[4]。这种图案呈现规整的二方连续结构形式,常常以重行排列的方式出现,有时平行排列多达6行(T.1778—1780、1790)。采用阴纹方式反视这些图案,它们实际上是非常严谨的单旋纹,三角和弯钩状阳纹都是衬底纹饰。红山文化中还有一种平行排列的二方连续图案,基本单元为一个旋心不很明显的双旋纹,左右旋纹的旋臂彼此不相连接。有的时候左右旋臂连为一体,构成标准的二方连续图案。在辽宁凌源县牛河梁遗址出土的一件完整的带盖彩陶罐上,就绘有这样的二方连续式旋纹,图案呈3行排列,都是以黑彩弯头弧边三角形为衬底,旋式阴纹构图非常严谨,它是红山文化最精美的典型旋纹彩陶之一[5]。

上述各考古学文化中所见的地纹彩陶的题材,可以划分为若干大类,主要有波折纹、圆圈纹、花瓣纹、旋纹等几类。折线纹是出现最早的彩陶地纹,主要流行于半坡文化时期,分布范围只限于关中和陕南地区。花瓣纹和旋纹是最典型的两种地纹彩陶,流行于庙底沟文化时期,分布范围较广。史前地纹彩陶的还有一个重要特点,就是不论出现在器腹或是器口的地纹,大多是二方连续图案,一般都是绕器一周,构成环状纹饰带。

地纹彩陶出现的时代,应是在半坡文化时期,即是仰韶文化早期。半坡文化时期，中国史前彩陶进入成熟发展期。彩陶在前仰韶文化时期出现以后，在半坡文化时期发展成熟，黑彩已取代了先前的红彩，图案除了规范的几何形，还见有不少象生图形。半坡文化中不见红色彩陶，而这时又没有复彩技术，地纹彩绘技术的出现正弥补了这个不足。半坡文化的彩陶器都是红陶，取陶器表面固有的红色为无色之色，让彩陶在只用黑彩的前提下显现出双色的效果，这是彩陶技法的一次新发展，也是绘画史上的一次飞跃。地纹彩陶从绘制技巧而言，应当比一般彩陶要求要高一些。由于画工并不是直接用色彩表现主题，所以在设色方法上，在画面空间处理上，都有更高的要求。

　　如前所述，半坡文化的许多遗址都见到一种大型彩陶缸，腹部涂满黑色齿带状图案，我们如果看地纹则是明显的红色折线纹。那些包容在黑彩大三角形中间的空白三角形，也是标准的地纹，它显示出的地色是陶器表面的红色。这种以黑彩三角衬出的红地三角，以一正一倒的构图表达了画工固有的思维，它可能是我们现在还无法读懂的史前人类的一种表象化的哲学思考。这说明半坡人的彩陶地纹绘法已经相当成熟，地纹手法在彩陶上运用得比较普遍。半坡人已充分认识到彩陶地纹的表现魅力，熟练掌握了强调所表现题材的特别意义的更好方式，这便是地纹彩绘方式。

　　再进一步说来，就有可能触及到彩陶地纹技法出现的一个更重要的文化背景。史前居民有了一些新的认识与思想需要用全新的彩陶形式表达出来，地纹应当就是他们创造的在当时看来可能是最好表现形式。制陶技术水平的提高和绘画技术的发展，为这种新彩陶形式的出现奠定了基础。可以这样说，彩陶图案本身就是史前居民精神世界的一种幻像，地纹图案亦不例外。相邻地区出土包括地纹在内的相似的彩陶，一定反映着相同的观念，如若不然，纯粹的模仿就显得毫无意义了。有一些地纹彩陶图案分布范围较广，可能就是某些观念意识传播的结果。

　　我们还可以由早期彩陶地纹图案进行具体分析，借以了解地纹彩陶出现的背景。在半坡文化中较早见到的彩陶地纹是折线纹和三角纹，还有其他一些不大引起注意的彩陶地纹，它们是后来其他地纹产生的基础。庙底沟文化出现的彩陶地纹花瓣纹和旋纹，是地纹技法发展到成熟时期的标志。地纹花瓣纹和旋纹的出现有两个前提，一是地纹表现手法的成熟，一是曲线技法的成熟。仰韶时期的彩陶，前后期有一个明显的变化，前期半坡文化彩陶的基本构成方式主要是直线和折线，大量的鱼纹和变体，几乎都是用直线绘成；后期庙底沟文化彩陶则以曲线、弧形线为主要表现方式，许多花瓣和旋式图案都属于这一类。彩陶图案由直线、折线到曲线、弧线的变换，是地纹中花瓣纹和旋纹出现的重要艺术背景。

　　旋纹在彩绘方法上，自它出现后一段时期一直是以标准的地纹表现的，后来还同时见到直接用彩纹表现的旋纹。旋纹是纯以弧线表现的纹样，在半坡文化晚期，出现了一定数量的以弧形线条构成的纹样，如临潼姜寨遗址二期的大型尖底罐上，已见到用弧边三角勾衬出的花瓣纹图案，而且是以地纹为表现方式。另有一件器盖上见到多瓣式花瓣纹地纹，与庙底沟文化彩陶已经没有什么区别（发掘报告原图

[1]王志俊：《试论姜寨二期文化的性质》，《史前研究》1985年3期。

一八四）。又如南郑龙岗寺半坡文化晚期9号瓮棺葬具中的一件大型彩陶盆，在宽平的口沿部用地纹表现有桥形、花叶纹等（发掘报告原图八二）。可以肯定旋纹彩陶的出现在半坡文化晚期已奠定了基础，有研究者注意到在半坡文化晚期，彩陶中弧线、曲线、椭圆、圆点、凹边三角已占有相当大的比例[1]，这就是地纹中旋纹出现的一个基础。

我们还注意到，一些新石器文化中还发现了加地衣的地纹彩陶，有白衣、红衣等，以大汶口文化的多彩地纹最为绚丽。此外在有的彩陶上还直接将空出的地纹图案处涂上了色彩，形成一种复彩图像，这就是后面将要论及的"反地"现象。地纹彩绘技术的出现，其实是复彩技术出现的先声，仰韶晚期以后庙底沟、大河村、大汶口等文化中复彩彩陶的大量出现，不能说与地纹彩陶技术没有什么关系。因为这些复彩彩陶的图案，大多与地纹图案类同，两者之间的亲缘关系非常清晰。

史前地纹彩陶是彩陶的一个重要品种，是在一般彩陶技术基础上发展起来的，不过它并没有取代后者，而是与其他彩陶形式并行发展，相得益彰。

地纹彩陶发展到一定阶段，又出现一种"反地"现象，将本来用地纹表现的图案直接用色彩描绘出来，很值得注意。这样的彩陶，我们可以暂时称之为"反地"彩陶。我们可以为"反地"彩陶作出这样一个初步的定义：将早先已存在的地纹图案以彩纹表现的彩陶，即是"反地"彩陶。由出土资料观察，"反地"彩陶是复彩技法出现后带来的一个明显的成果，早期的"反地"图案所采用的颜色一般与衬底色彩不同，较多见到的是黑彩衬底和白彩"反地"的色彩组合。如陕西彬县下孟村遗址发现的一件庙底沟文化"反地"彩陶，就是用白彩填充了原本是地纹的图案（T.1557）。

在大汶口文化彩陶中，很多原本为地纹的花瓣纹、旋纹和菱格纹都开始用复彩方法表现，一变而为"反地"彩陶，特别是一些菱格纹完全是以白色在暗彩上描绘图案，而不是以传统的地纹技法空出图案，构图严密紧凑，色彩对比强烈，极富装饰性，山东兖州王因和江苏邳县大墩子等地都见有这样的彩陶。

[2]宝鸡市考古工作队：《宝鸡福临堡》，109、145页，文物出版社，1993年。

在原本为地纹图案的空地，涂上白色或其他颜色，是明显的"反地"彩陶。这种技法进一步发展，原来作为衬底的彩纹干脆不再绘出了，陶工直接以白彩绘出原本为地纹表现的图案，这是更明显的"反地"彩陶。如宝鸡福临堡第三期文化，为西王村文化，与大地湾遗址四期文化接近，出土的几件尖底瓶上的白彩旋纹，明显是由庙底沟文化的旋纹发展而来的[2]。但是与庙底沟文化不同的是，福临堡所见的旋纹是直接以白彩绘成，上旋与下旋已非常明确地连为一体，左上旋延长至右方变为下旋，后来它就成了马家窑文化涡纹的主要构图形式。因为用的是白彩，而且没有使用衬底色彩，对福临堡尖底瓶上的旋纹可以直接认读彩纹，这是典型的"反地"彩陶。这样的彩陶如果反读，就成了地纹彩陶（图2-2-7-8）。

还有一个特别的例子。秦安大地湾四期文化，时代与西王村文化相当，有一件花瓣纹彩陶片，绘六瓣花的花瓣纹，与庙底沟文化不同的是，花瓣是直接用黑彩绘成，并没有采用地纹表达方式。显然这也是一例"反地"彩陶，将它反转后再看，就

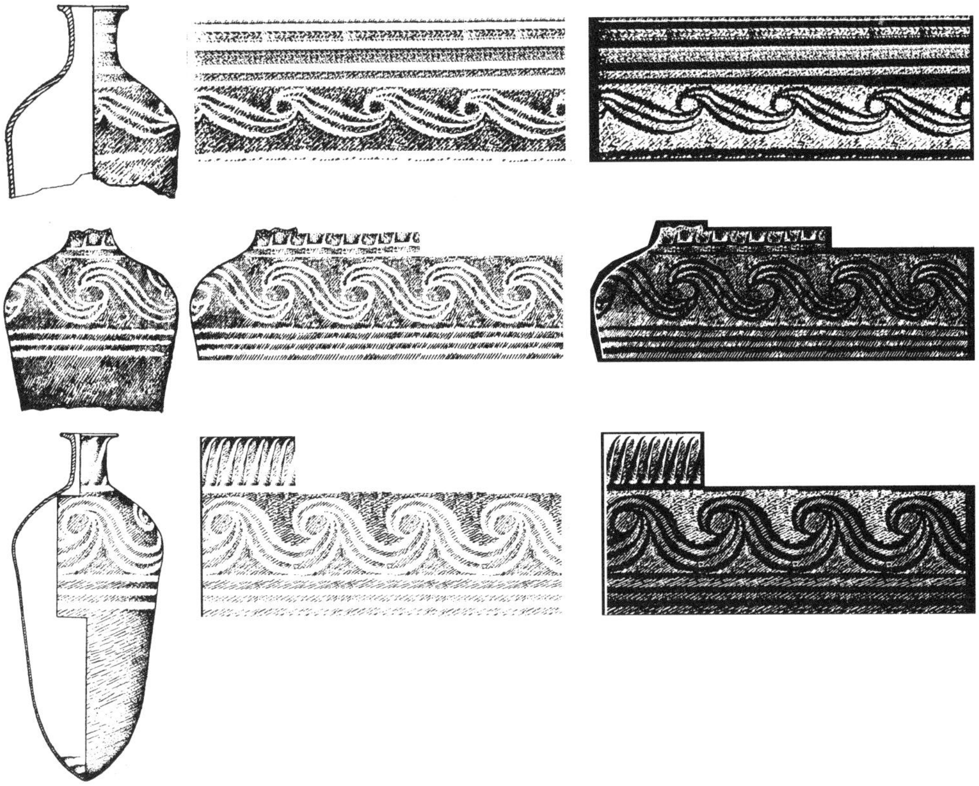

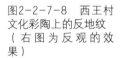
图2-2-7-8 西王村文化彩陶上的反地纹（右图为反观的效果）

图2-2-7-9 秦安大地湾四期文化彩陶上的反地纹（下图为反观的效果）

是一件标准的地纹彩陶（图2-2-7-9）。

　　福临堡和大地湾的发现表明，庙底沟文化以后的陶工一定还了解地纹彩陶的传统，不过他们并没有一成不变地承继这个传统，有时将过去用地纹方式表现的纹饰直接绘了出来。只是因为原来庙底沟文化的中心区域内彩陶很快消失，所以我们就看不到更多这样的"反地"彩陶了。

　　不过，在时代更晚的马家窑文化中，我们还发现了大量的"反地"彩陶。马家窑文化中大量的涡纹彩陶，也与庙底沟文化的旋纹具有明显的渊源关系。这些很多都是以弧边三角作衬底构成，有明确的旋心，一般都是双旋式的二方连续结构形式，其实都可归入旋纹之列（T.123、127~129、133、161、172、189）。但已非真正的地纹彩陶，许多都是采用彩纹和地纹结合的方法绘成。这样的彩陶都可以视为广义的"反地"彩陶。由于复彩的运用，彩陶上"反地"现象的普遍存在就不奇怪了，原以红陶色作为空地表现纹样，现在可以加绘红色强调一下，有时也以白色勾地，造成一种空灵的感觉。

"反地"是将原来无彩的地纹绘彩，变成彩纹，通常以白色作描地的主色，与地纹的感觉相去不远。"反地"彩陶是在地纹彩陶兴盛时期出现的，它是为强调地纹而创造出的一种彩陶类型，丰富了彩陶艺术。其实也不必强识"反地"彩陶，因为它出现后就融入到彩纹彩陶中，我们仅仅只是根据它表现的图案与地纹相同，而将这样的彩陶认定为"反地"彩陶。

自半坡文化开始已出现比较成熟的地纹彩陶，至庙底沟文化时期地纹彩陶的发展进入兴盛阶段，并一直伴随着其他彩陶的存在，直到一起消失。地纹彩陶可能具有比一般彩陶更深邃的文化内涵，这是一个被忽略了的研究领域，这个课题的研究还有待进一步开拓。

当然，庙底沟文化彩陶中的地纹图案，远不只是前述的三种。在此用图示的方式，选择了另外一些地纹彩陶例证，看到这些图就已经足够了，不必再用更多的文字来叙述它们，我们认定当时的彩陶许多都是采用地纹手法绘制的，这是彩陶艺术最高成就的一个体现（图2-2-7-10、11）。

如果说还有存疑，那我们还可以用习惯画法直接将前面图2-2-7-2、10、11中的地纹绘出，便是图2-2-7-12所表示的那样，会觉得更加清晰。这样反过来看一看，就像是看一种图案的正反效果一样，与图2-2-7-13中所示的感觉相同。

写到此处，想到刚刚复读到的50多年前的一篇考古简报。它是石兴邦先生撰写的，是首次报道半坡遗址发掘收获的文字。因为半坡遗址的发掘早已出版过大部头的报告，所以这篇简报也不会再受到重视，可能一般研究者也不会再去读它。我在这简报中读到了这样一句话：半坡彩陶"纹饰最多的是几何形花纹，最特殊的是象形的花纹。着彩的作风有'原底露形'的方式，多在器物的口唇部分"[1]。所谓原底露形的作风，正是指的地纹手法。这个认识，对于彩陶研究是一个重要启示，不过后来我们在观察彩陶时，对这一角度的切入基本上是忽略了，这不能不说是一个很大的遗憾。

也许彩陶绘制的地纹技法不仅仅只是一个技法问题，地纹作为一种间接的表现方式在庙底沟文化彩陶上运用如此普遍，一定有更为深刻的文化背景。

三　纹饰绘法举例

史前陶工作画到底有些什么规则，特别是他们绘制一种纹饰有什么样的程序，

[1]考古研究所西安工作队：《新石器时代村落遗址的发现——西安半坡》，《考古通讯》1955年3期。

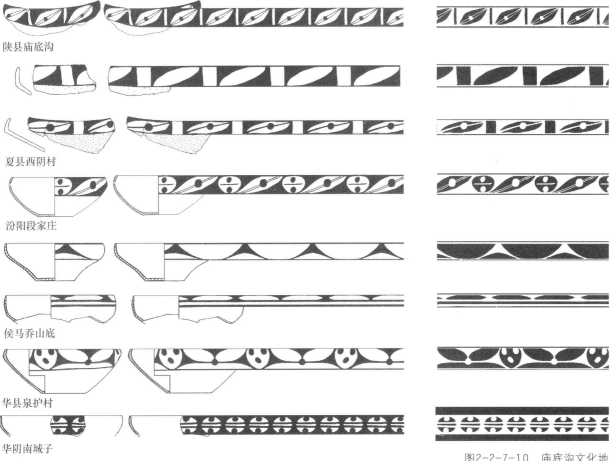

陕县庙底沟

夏县西阴村

汾阳段家庄

侯马乔山底

华县泉护村

华阴南城子

图2-2-7-10　庙底沟文化地
纹彩陶（右图为反视地纹）

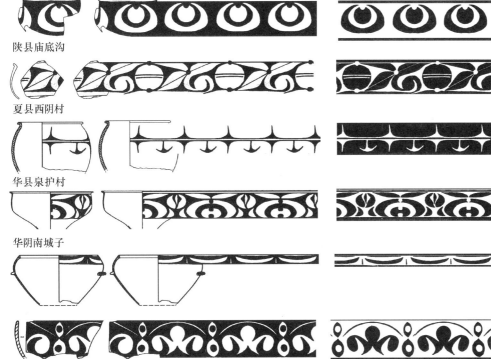

陕县庙底沟

夏县西阴村

华县泉护村

华阴南城子

秦安大地湾

图2-2-7-11　庙底沟
文化地纹彩陶（右图
为反视地纹）

图2-2-7-12 庙底沟
文化地纹彩陶的反面
影像

图2-2-7-13 现代图
案中的正纹与反纹

过去有些研究者作过推断。虽然终归只是推断，但有些说法还是很有意义的。

在这一节里，我想就庙底沟文化几种风格特别突出的纹饰的绘法，提出一些初步的推测。选择的纹饰主要有双瓣花瓣纹、花瓣纹、叶片纹与圆形组合、双旋纹组合、菱形纹组合和鱼纹几种，除花瓣纹以外，每一类纹饰只选择一处遗址的一件标本为例。

1. 双瓣花瓣纹绘法

标本选自济源长泉。

双瓣花瓣纹，可以看作是叶片纹的镜像扩展。绘制倾斜的叶片纹，只须先确定上下两点作叶片的顶尖，然后用两条相对的弧线合拢起来就成了。绘制双瓣花瓣纹，首先也要定点，定点的作用有两个，一是划出预想图案的等分位置，二是决定花瓣上下顶尖的位置。花瓣是一左一右对称倾斜，要定出上下两排点，上面的点与下面的点均匀交错分布。当然布点之前，还要先绘出上下两条平行线，这是为着确定纹饰分布的范围，也是上下两排点的落脚之处。

布点以后，在上下两点之间绘出两条相对的弧线，双瓣花中的一瓣就画成了。如此作对称弧线连接，双瓣花的全部轮廓便呈现出来。有了花瓣的轮廓，因为预定的花瓣为陶器表面的红地色，所以将轮廓外面的部位平涂上黑色之后，花瓣便清晰地凸显出来了（图2-3-1-1）。

花瓣外面的色块外形是一个变形三角形，许多考古学家都称它为弧边三角形，其实它只是一个衬底的图形，并不是画工想要描绘的主体纹饰。

2. 花瓣纹绘法

标本均选自陕县庙底沟。

庙底沟文化彩陶中的花瓣纹以四瓣花结构最为规范，四瓣花应当是双瓣花的镜像扩展。掌握了双瓣花的绘制方法之后，四瓣花的绘制也就很容易了。也是要先等分定点，确定花瓣的顶尖位置。不同的是，定点分三行均匀交错排列，这也是构成四瓣花的骨架。然后是在相关的点之间以弧线连接，绘出一瓣瓣的花瓣轮廓。轮廓绘好后，在花瓣外平涂上黑色，四瓣花在弧边三角形色块的衬托下也就显现出来了（图2-3-2-1）。

四瓣花以上的多瓣花的花瓣纹彩陶虽然也非常典型，但出土数量并不是特别多。本例为五瓣花与六瓣花的交替排列，绘制成功的关键之处也在布点。从结构上看，这是四瓣花图案的再扩展，上面是四瓣花中间再加绘一瓣，下面是延续的四瓣花的一半形状。布点时点作四行交错排列，将相关的点用对称弧线连接，绘出花瓣轮廓。然后是在花瓣之外平涂黑色，它们也都是对称分布的弧边三角纹。最后还有一道工序，是在花瓣中间加绘一道红色的线条，像是瓣脉一样。也可能这一道红彩

第二章 艺术特征

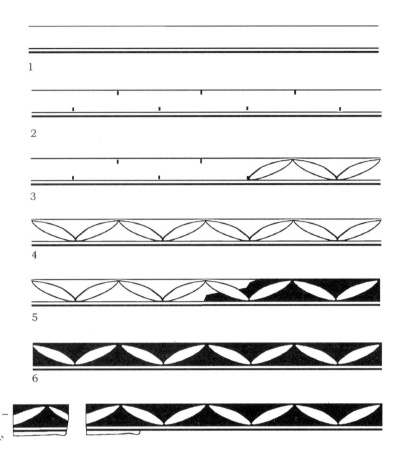

1

2

3

4

5

6

图2-3-1-1 彩陶双
瓣花瓣纹绘法

在布点完成后就绘出了，将相关的点连接起来，这也可以看作是花瓣纹的结构主
线（图2-3-2-2）。

3. 叶片纹与圆形组合绘法

标本选自秦安大地湾。

叶片纹与圆形组合有多种形式，这里选择的是最简单的一种形式。这种组合的
中心是圆形，所以绘制时首先要确定圆形的位置。

类似组合多采用四分式，在上下两条平行线之间先确定四个圆的位置，绘出圆
形。然后在两圆之间用双弧线连接绘出叶片纹轮廓。轮廓出来后，在圆形与叶片外面
的空白处平涂上黑色就成了。

这类组合平涂的色块虽然也是弧边三角形，它也不是画工想要表现的主体纹饰
（图2-3-3-1）。

4. 双旋纹组合绘法

标本选自华县泉护村。

双旋纹彩陶出土数量很多，形态也有比较大的变化，有的组合比较复杂。这一件构图是较为复杂的，但并不是最复杂的。双旋纹的绘法比较复杂，需要更周密的布局安排。

首先也是要布点，不同的是这里的点有大小的分别。大点是骨架，是双旋纹的旋心和纹饰的轴心点。小点是装饰，在本例中它还是单旋纹的旋心。

本例预先布出的点，正好呈曲线排列，很有次序。接着绘出斜轴和双旋纹的外轮廓，然后再绘出附加的单旋纹和双瓣花的轮廓。最后在纹饰轮廓外平涂黑色，预先设定的地纹双旋纹组合就呈现出来了（图2-3-4-1）。

5. 菱形纹组合绘法

标本选自陇县原子头。

菱形纹彩陶在庙底沟文化中发现虽然不多，但纹饰结构非常严谨，与半坡文化同类彩陶有相通之处，以直线为构图元素。菱形纹组合也要先等分定点，本例为四分式结构，以四条垂直线划分纹饰单元，然后再用四条垂直线绘出预留的隔离带。在纹饰带绘出双线十字形，作用是将纹饰带等分为四个长方形。在长方形内作对角线连接，呈现出菱形结构。最后是在菱形内选择一个三角平涂黑色，在与菱形相接的三个外三角平涂黑色，使菱形显现出黑白交错的构图（图2-3-5-1）。

本例菱形组合中的三角黑白交错并不是最典型的结构，在原子头还见到更典型的菱形纹组合彩陶，菱形中的四个内三角两两作斜向黑白对称，菱形外的四个三角也是作斜向黑白对称排列。

我还怀疑本例在绘制过程中可能出现了差错，菱形内面的三角和外面的三角黑色填充不规范，黑白两色并不对称。

6. 鱼纹绘法

标本选自陇县原子头。

庙底沟文化彩陶中的象生类纹饰，以鱼纹的图案化最富有特点，也与半坡文化联系密切。在陇县原子头出土多件鱼纹彩陶，本例选择的是一件构图繁简适中的标本。

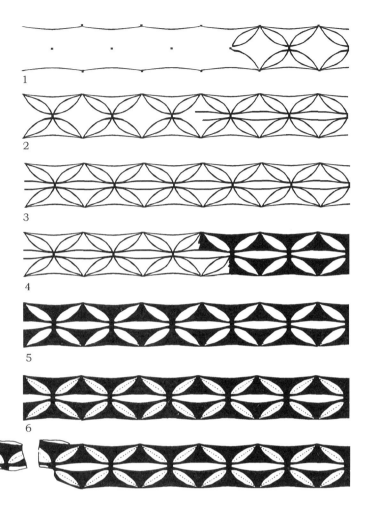

图2-3-2-1　彩陶四瓣花瓣纹绘法

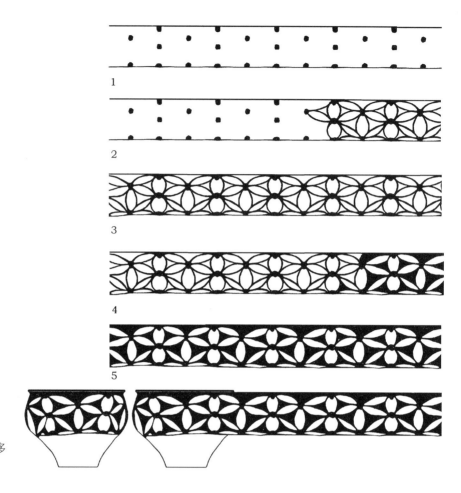

图2-3-2-2 彩陶多
瓣花瓣纹绘法

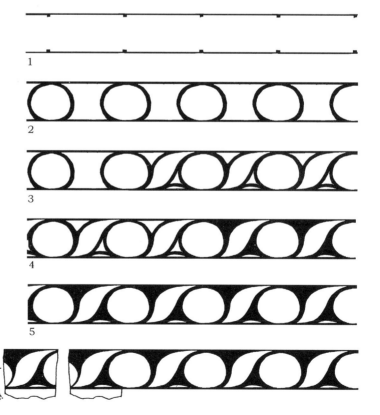

图2-3-3-1 彩陶叶
片与圆形组合纹绘法

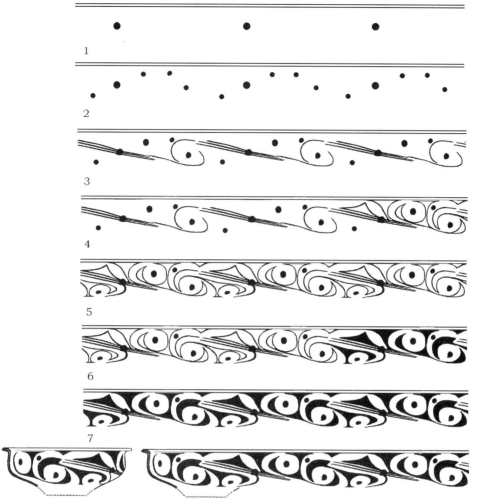

图2-3-4-1 彩陶双
旋纹绘法

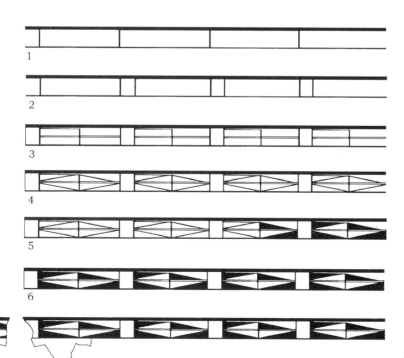

图2-3-5-1 彩陶菱
形纹绘法

鱼纹图案一般为二分式，这是因为鱼形较长，图案单元过窄不便表现。本例正好为二分式，自然也要先定点，将纹饰带用垂直线分成两个部分。这条垂直线其实是设计中的鱼眼的中心，布点后就在垂线的左右绘出相对的弧线，构成大致的一个圆形，这便是鱼眼的轮廓。接着以鱼眼为依托，绘出长长的鱼嘴。然后在全眼的左边，用上下大体对称的双弧线绘出连尾的鱼身，整体鱼形的骨架就绘成了。接着是加绘上下鱼鳍，再绘出鱼尾的轮廓。最后是在眼、身、鳍、尾涂上黑色，生机勃勃的鱼就像要开始游动了（图2-3-6-1）。

　　由上述例子可以看出，彩陶的绘制首先是确定画面的布局，包括画面的大小，纹饰的等分安排。布局的主要手法是用点确定纹饰的结构关系，这也是纹饰的骨架。然后是绘制纹饰的轮廓，最后是填色。

　　不用说，我们这里的所有举例，都是由现代人觉得应当遵从的程序，并不能说明史前人就一定是这样行事。当然，就艺术规律而言，古今应当有它的相通之处，如此想来，以上的推论也未必全无道理，至少提出了一个解释的可能性，希望对彩陶的深

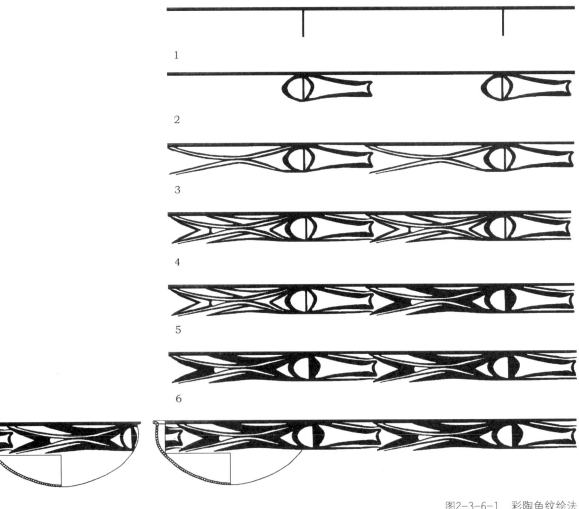

图2-3-6-1　彩陶鱼纹绘法

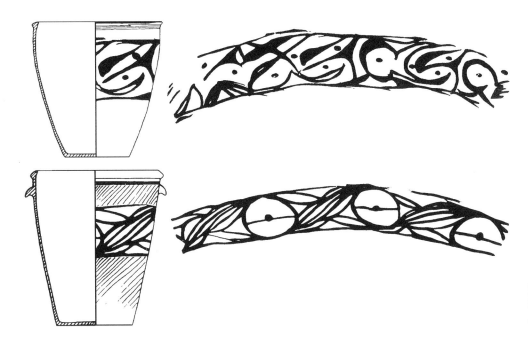

图2-3-6-2 彩陶中的粗率作品(汝州洪山庙)

化研究能有所帮助。

彩陶的绘制,推测画工都经历过严格训练过程,这个过程的时间也许并不很短。我们偶尔能看到一些绘制粗率的彩陶,有可能是徒工的作品。在汝州洪山庙见到的一些非常潦草的彩陶,应当就是生手的作品(图2-3-6-2)。

这一章我们讨论的是庙底沟文化彩陶艺术本体,其实艺术还有很重要的一个内涵,那就是意境。彩陶存在的前提主要在于它蕴含的意境,这意境就是它的象征性。对此,我们将在后文再作讨论。

第三章 纹饰分类系统

根据构图元素的不同，可以将庙底沟文化彩陶的纹饰分为两个大类，即象生类纹饰和几何形纹饰，后者数量占绝大多数。而几何类纹饰中，又可以再分为线形、三角与多边形、圆弧形三种。

在这一章里，我们按照这样的分类，将多数纹饰都作了归类。归类时选择若干典型纹饰细作分析，分析的内容主要是纹饰的类型划分及演变过程，还有它们的时空特征。对于纹饰时空特征的分析，只限于资料丰富的一些重点纹饰。对于发现较少的纹饰，有的没有细作讨论，这并不是说它们不重要，准备留待以后资料充足时再作研究。

一 象生纹饰

图案化的象生纹饰，在庙底沟文化彩陶上并不多见，主要有鱼、鸟、蟾蜍三类，其他还偶尔见到鳖和蜥蜴，还有手、足等人体器官。这里只是就彩陶上发现较多的鱼、鸟、蟾蜍纹作些梳理，另外特别还要述及眼目图形。

庙底沟文化彩陶中的许多几何纹饰，有的可能是由象生纹饰逐渐演变而成，有时也不易将这二者完全分离开来。关于纹饰演变的脉络，我们在后文还要讨论。

1. 鸟 纹

庙底沟文化彩陶中具象的鸟纹，只发现在陕西的关中地区，以东部发现较多，华县泉护村所见最多，华阴西关堡也见到一例。西部扶风案板和陇县原子头，也都见到典型的鸟纹彩陶。

泉护村遗址彩陶早晚都有鸟纹，以晚段发现的数量最多，纹饰变化也大。早段的鸟形更近于写实，晚段的鸟形则更为抽象（图3-1-1-1、2）。案板三例鸟纹较为写实，西关堡和原子头的鸟纹则略显抽象。临潼邓家庄的一例鸟纹比较特别[1]，虽然写实却流于潦草（图3-1-1-3）。

彩陶所见鸟纹全为头右尾左的侧视样式，有站立式，也有飞翔式，两种样式在数量上接近。也有一部分由于纹饰残缺，不能判明鸟的状态是飞是立（图3-1-1-4）。

[1]赵康民：《临潼塬头、邓家庄遗址勘查记》，《考古与文物》1982年1期。

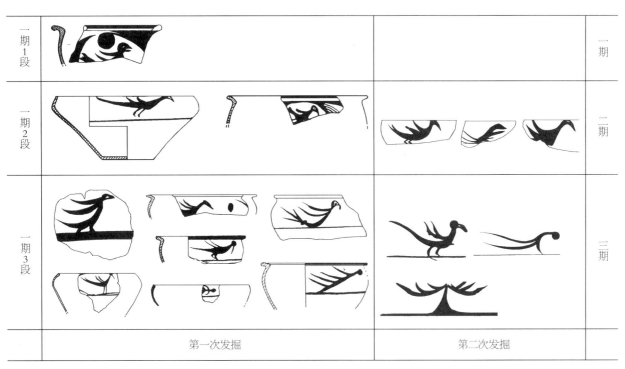

一期1段			一期
一期2段			二期
一期3段			三期
	第一次发掘	第二次发掘	

图3-1-1-1　华县泉护村鸟纹彩陶分期观察

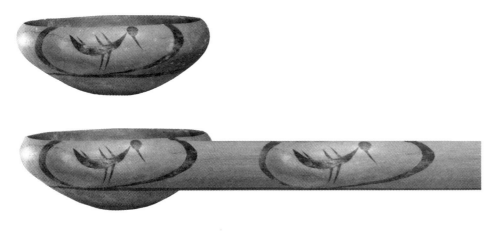

图3-1-1-2　华县泉
护村鸟纹彩陶

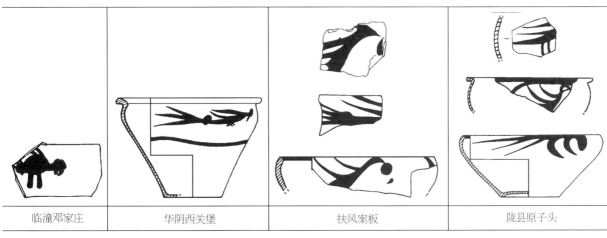

临潼邓家庄	华阴西关堡	扶风案板	陇县原子头

图3-1-1-3　其他地点的鸟纹彩陶

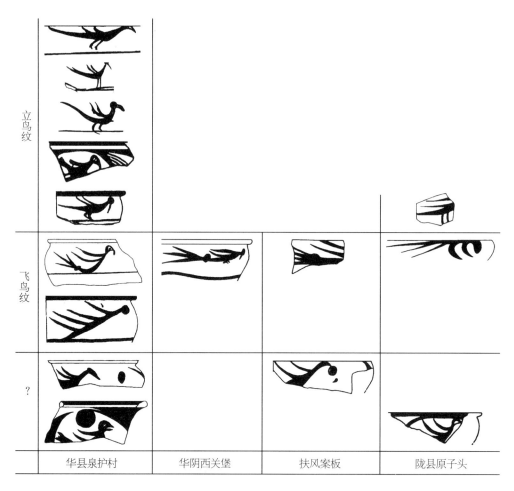

立鸟纹				
飞鸟纹				
?				
	华县泉护村	华阴西关堡	扶风案板	陇县原子头

图3-1-1-4 华县泉护村鸟纹彩陶

典型鸟纹一般头眼足尾俱全。少数以点代头，并不特别绘出眼目。绘法为平涂，事先并不绘轮廓，先绘头眼和嘴，都是一笔绘成。继而绘身子和长尾，也是一笔绘成。最后绘双翅双足，不论立鸟飞鸟，双翅均作展开形式。

鸟纹各部位的状态特点如下：

头部多扁长形，圆形少见。有的是一笔画绘成头与嘴，中间留出空白当眼睛。后期见圆点式头，不专意绘眼。眼睛形状不规整，只少数鸟纹点睛，一般以空白代眼，不见圆形眼。嘴有长有短，有开有合，闭合者居多。有的嘴边衔物，物作圆体形。个别抽象的鸟形，并没有特别描绘嘴的形状。

鸟纹的身体特征有的比较明显，颈腹分明。有的不明显，颈腹不分。有的身后有圆形物，少数身尾接合处绘有圆点。尾部作尖刺状，大多比较夸张，画得长且大。有单尾形，也有双尾形，更有三叉和四叉形。足部多为细长形，一般都画全双足。少数飞翔的鸟没有绘出足部，或者绘着收缩起来的双足。翅也是尖刺形，立鸟飞鸟的双翅均作展开状。

在华县泉护村等处还发现另外一种类似鸟的纹饰，有圆点绘的头，有展开的翅，但没有明显的身躯。有的像是正视图，有的又像是俯视图。这有可能是鸟的抽象图

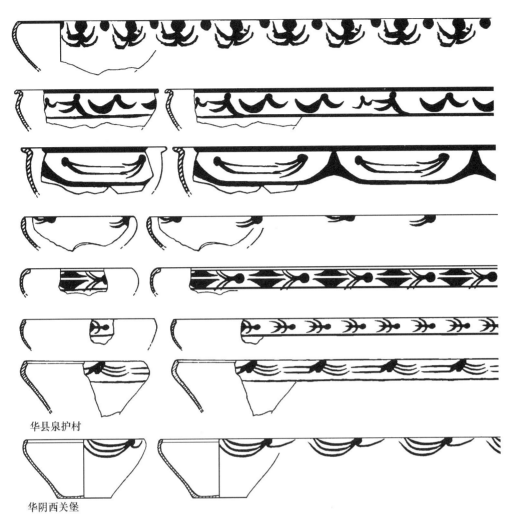

华县泉护村

华阴西关堡

图3-1-1-5 另类鸟纹彩陶

形，也不排除是描绘的其他什么动物（图3-1-1-5）。

2. 蟾蜍纹

庙底沟文化彩陶上见到的蟾蜍纹并不多，但是却非常典型。圆圆的体形，大小不一的斑点，构图非常简单，但特征却很鲜明。

陕县庙底沟、华阴西关堡和泉护村，还有临汝北刘庄[1]，都见到蟾蜍纹彩陶（图3-1-2-1）。

较之鸟纹和鱼纹，蟾蜍纹写实特征更加明显。早期的蟾蜍纹特重写实，身体上用大小点表示它的斑点，庙底沟文化以后改用网格纹表示蟾体，这也许对我们判断彩陶中点状纹饰和网格纹饰的含义是个启发。庙底沟文化见到的蟾蜍纹彩陶没有一例是完整的，但大体可以复原起它原来的构图。将出自西乡何家湾的半坡文化蟾蜍纹与出自陕县庙底沟的蟾蜍纹作一下对比，两者的联系还是比较明确的（图3-1-2-2）。

[1]河南省文物考古研究所：《河南临汝北刘庄遗址发掘报告》，《华夏考古》1990年2期。

图3-1-2-1 蟾蜍纹
彩陶

陕县庙底沟

临汝北刘庄　　华阴西关堡　　陕县庙底沟　　华县泉护村

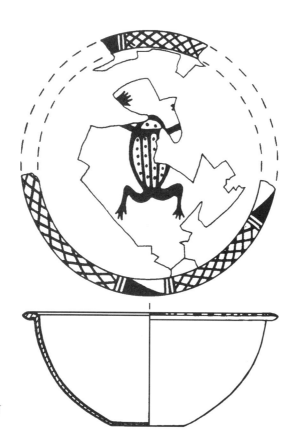

图3-1-2-2 西乡何
家湾蟾蜍纹彩陶

图3-1-2-3 外围
文化中的蟾蜍纹彩陶
（四川茂县营盘山）

史前中国的艺术浪潮——庙底沟文化彩陶研究

还值得注意的是蟾蜍纹背上绘出的双脊线，这样的构图也许对一些几何纹饰的构图产生过影响，它有可能是一些二方连续图案附加隔断做法的一个起因。

华县泉护村所见蟾蜍纹是个特例，它不是用网格绘成，而是满涂黑色，与鸟纹的表现方法类似。

在外围文化的彩陶上，偶尔也能见到蟾蜍纹。如四川茂县营盘山就见到一例蟾蜍纹彩陶[1]，用二方连续方式绘出，蟾背绘作网格纹（图3-1-2-3）。

3. 鱼 纹

彩陶中的鱼纹，大体分为三种样式，一种为具象，写实性很强；一种为变形，介于写实与抽象之间；还有一种为抽象，不过是符号而已。我们在讨论时，除去具象的鱼纹，称变形鱼纹为典型鱼纹，抽象鱼纹为简体鱼纹。

鱼纹彩陶是半坡文化的一个重要标志，在陕西地区的不少遗址都有发现。半坡文化的鱼纹分为两类，一类为写实的具象纹饰，一类为变形纹饰。当然还有一些几何形图案被认为是鱼纹演变而成，但一般并不将它们归入鱼纹之列，因为这些纹饰已经看不到鱼的形体特征了。

过去我们形成了一种思维定式，由彩陶而论，以为半坡文化以鱼纹为主要特征，而庙底沟文化是以鸟纹为重要标志。我们这里要说道的是在庙底沟文化中也发现有鱼纹彩陶，而且数量可观。首先应当肯定的是，庙底沟文化存在鱼纹彩陶，不过它们与半坡文化的鱼纹彩陶有明显区别，当然联系也是有的。仔细寻迹，庙底沟文化彩陶中的鱼纹并不少见，这说明鱼纹并不仅仅是半坡人的专宠，庙底沟人其实不仅崇鸟，也非常爱鱼。

在庙底沟文化彩陶中，不仅有鸟纹和鱼纹，也有鱼纹与鸟纹的结合图案。最著名的自然是汝州阎村出土的那件瓮棺上的"鹳鱼石斧图"[2]，且不论学者们对那图案含义的深入讨论，只说鱼纹与鸟纹同绘一器，就很值得关注了（图3-1-3-1）。这样的发现也许只能看成是个案，而且上面的鱼纹也是具象图案，不是我们在此要讨论的对象。我们更关注的是那些庙底沟文化彩陶普见的变形鱼纹。

当然庙底沟文化彩陶中写实的鱼纹，其实在西乡何家湾、铜川李家沟、郑州大河村、济源长泉有发现，基本是以写实的方法描绘鱼体，各处构图并不全同，但多用网格线表示鱼鳞，这是比较一致的手法。在垣曲小赵彩陶上见到了最生动的鱼纹，可以算是写实最准确的鱼纹（图3-1-3-2）。这些发现虽算不上多，但也不能说是很少，表明庙底沟人对鱼相当关注。

在华阴南城子、铜川李家沟和陇县原子头，发现了庙底沟文化典型的鱼纹彩陶。庙底沟文化彩陶中这类鱼纹，大体是承续半坡文化鱼纹的绘法，鱼身强调背腹对称构图，涂彩面较大。剪刀形的鱼尾和鱼鳍对称伸展，长长的鱼嘴张开着，大鳃醒目，但鱼目省略不见。其实类似典型鱼纹彩陶片在临潼姜寨的庙底沟文化层中也曾见到过，因为只存留着鱼纹中段，所以过去没有辨识出来[3]。在华县泉护村也有一

[1]成都文物考古研究所等：《四川茂县营盘山遗址发掘报告》，《2000成都考古发现》，科学出版社，2002年。

[2]临汝县文化馆：《临汝阎村新石器时代遗址调查》，《中原文物》1981年1期。

[3]半坡博物馆等：《姜寨——新石器时代遗址发掘报告》，文物出版社，1988年。

图3-1-3-1　汝州阎村彩陶缸

西乡何家湾　　　铜川李家沟　　　郑州大河村　　　济源长泉

图3-1-3-2　写实鱼纹彩陶

垣曲小赵

件鱼纹彩陶，陶片上只见到鱼尾的中段，即原报告所称的"两条平行反向曲形黑彩带"，这黑彩带下有双勾线条，是典型的鱼纹绘法，所以可以确定这是一件鱼纹彩陶，可能是简体鱼纹（图3-1-3-3）。

　　在庙底沟文化彩陶介于写实与几何形之间的纹饰中，也只有这一种鱼纹最富于装饰性，只是它并不是庙底沟人自己创造的构图。

　　我们也注意到，陇县原子头见到的鱼纹有的头部构图有明显的变化，用一些包括双瓣花的花瓣纹在内的纹饰取代了嘴部，附加的这些纹饰很值得研究（图3-1-3-4）。

　　当然庙底沟人自己也首创了另一种鱼纹的绘法，这是一种非常抽象的绘法。我将这种鱼纹称为简体鱼纹，它仅存典型鱼纹常见的尾部，身子与头部都已省略，不过前端有一个圆点，大约是用它表示着鱼头。简体鱼纹在山西、陕西和甘肃均有发现，虽然所见数量并不是太多，但它的分布范围却很广。简体鱼纹彩陶在晋南翼城北橄、新绛光村[1]、洪洞耿壁有发现，特点是两尾合拢。在陕西的华县泉护村、华阴南城子和扶风案板以及甘肃秦安的大地湾见到的简体鱼纹，两尾张得较开一些（图3-1-3-5）。

[1]山西省考古研究所等：《山西新绛光村新石器时代遗址调查》，《文物集刊》1996年2期。

简体鱼纹的鱼尾明显是取自典型鱼纹，都是剪刀形。这两种鱼纹之间，可能存在着递变关系。不过从典型鱼纹到简体鱼纹的演变，目前还没有见到太明确的中间环节资料，不像鸟纹的演变脉络那么清晰。

值得提到的是，简体鱼纹早在1926年李济先生发掘夏县西阴村遗址时就有发现，只是因为那块彩陶片过于破碎，所以一直没有被辨认出来。这块彩陶片上的简体鱼纹，仅存鱼的身尾接合部，双线勾勒的鱼身轮廓特点明确，可以认定它是鱼纹而不会是其他。从细部特征看，它与大多数典型鱼纹不同，却与华阴南城子的发现相类似，剪刀尾之间的夹角特别小，有较长的细夹缝。但是

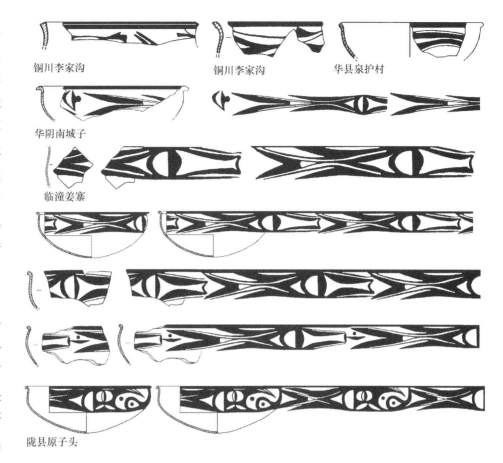

铜川李家沟　　　　铜川李家沟　　　　华县泉护村

华阴南城子

临潼姜寨

陇县原子头

图3-1-3-3　鱼纹彩陶

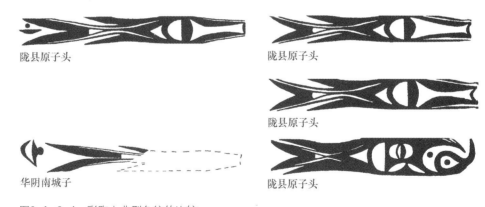

陇县原子头　　　　　　　　　　陇县原子头

陇县原子头

华阴南城子

陇县原子头

图3-1-3-4　彩陶上典型鱼纹的比较

在陶片上并没有看到应当绘出的鱼鳍，没有鱼鳍那就不会是典型鱼纹，而应当是简体鱼纹（图3-1-3-6）。从这个发现看，由典型鱼纹到简体鱼纹之间，还是可以看到一点变化的脉络。

在西乡何家湾和华阴南城子都同时发现过简体鱼纹与典型鱼纹，表明简体鱼纹出现后，并没有完全取代典型鱼纹，它们在一段时间内有过共存。南城子的简体鱼纹又是最简的形态，可见两种鱼纹共存的时间不会太短（图3-1-3-7）。当然鱼纹的变

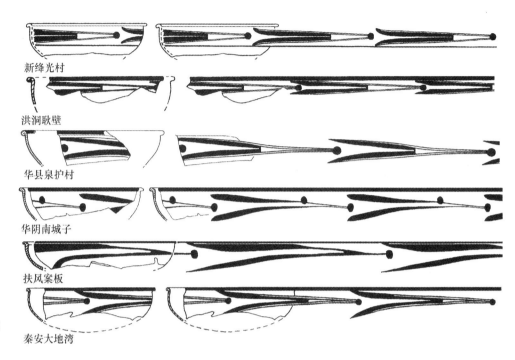

新绛光村

洪洞耿壁

华县泉护村

华阴南城子

扶风案板

图3-1-3-5 简体鱼
纹彩陶

秦安大地湾

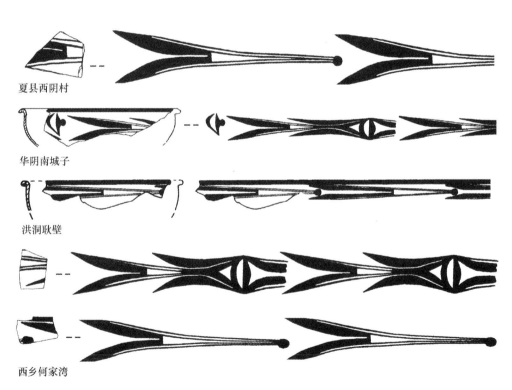

夏县西阴村

华阴南城子

洪洞耿壁

图3-1-3-6 彩陶上
典型鱼纹与简体鱼纹
的比较

西乡何家湾

化也还有另外的模式，也有一种简体鱼纹不是简头扩尾，而是大头缩尾。如甘肃正宁吴家坡见到的一例鱼纹彩陶[1]，除了大头还保留一点典型鱼纹的影子外，鱼身鱼尾只存留着一点象征，乍一看还不容易确认它就是鱼纹（图3-1-3-7，下）。

再作一个简单的统计，发现典型鱼纹的地点有灵宝永泉埠、小常、北阳平，西乡何家湾，华阴南城子，陇县原子头，临潼姜寨和铜川李家沟，发现简体鱼纹的地点有灵宝北阳平、南万村、夏县西阴村、新绛光村、翼城北橄、洪洞耿壁、西乡何家湾、华阴南城子、华县泉护村、蓝田泄湖、扶风案板和秦安大地湾。这样看来，鱼纹也是庙底沟文化彩陶一个不可忽略的要素了，过去以为它是半坡文化彩陶独有元素的认识需要作一些修正。更有意思的是，在一些典型的庙底沟文化遗址，也发现了鱼纹彩陶，这是我们过去没有想到的事。在河南灵宝的几个地点都见到鱼纹彩陶，由于陶片过于破碎，发现者当初并没有辨识出来[2]。灵宝的鱼纹既有典型鱼纹，如小常和永泉埠所见；也有简体鱼纹，如南万村所见。在北阳平，这两种鱼纹都有发现。豫西发现的这些鱼纹与山西、陕西和甘肃地区所见并无区别（图3-1-3-8）。

为着今后能引起发掘者更多的注意，我特意绘制了一张"彩陶上典型鱼纹与简体鱼纹残片的判断坐标图"（图3-1-3-9），希望学者们在发现相似彩陶片时能仔细比对，一定会有所收获。从这个坐标图上，从鱼头到鱼尾分出了7个坐标区，头眼、身子和尾部都分作两区，头与尾的结合部分为1区，我们可以非常容易地将那些彩陶片归位。过去在这样的碎片出土时，可能因为太过于破碎，残留的纹饰也过于简单，所以

[1]李红雄：《甘肃庆阳地区南四县新石器时代文化遗址调查与试掘简报》，《考古与文物》1988年3期。

[2]河南省文物考古研究所等：《河南灵宝铸鼎塬及其周围考古调查报告》，《华夏考古》1999年3期；黄河水库考古工作队河南分队：《河南灵宝两处新石器时代遗址复查与试掘》，《考古》1960年7期。

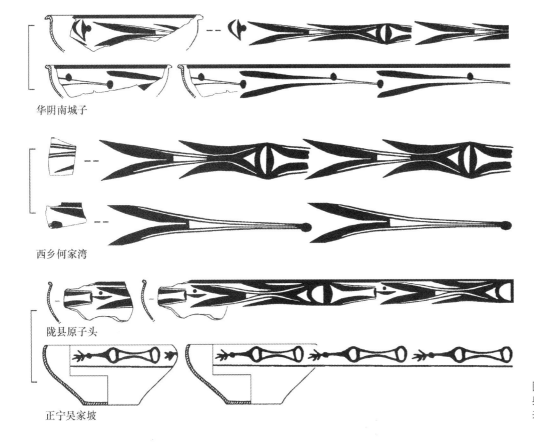

华阴南城子

西乡何家湾

陇县原子头

正宁吴家坡

图3-1-3-7　彩陶上典型鱼纹与简体鱼纹共存与比较举例

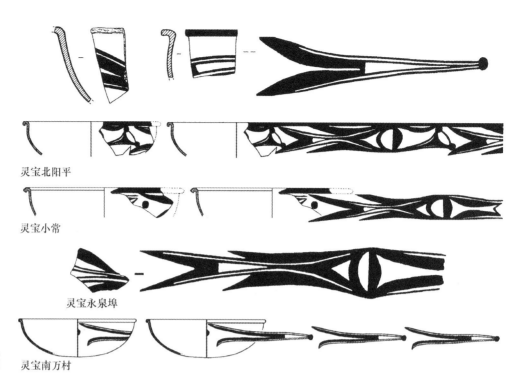

图3-1-3-8　灵宝几
个地点发现的鱼纹彩陶

灵宝北阳平

灵宝小常

灵宝永泉埠

灵宝南万村

被忽略了，甚至在公布资料时将它们搁置起来。如果这样的彩陶片不被认识，甚或让它们重归尘下，那可是一件非常可惜的事情。其实鱼纹彩陶片并不难辨认，因为它与庙底沟文化彩陶的其他纹饰区别明显，一般是不会混淆的。

仔仔细细地寻一寻，"按图索鱼"，也许会使眼界又开阔一些的。我将现有若干遗址的一些彩陶残片归入坐标图上，确认不少过去不知全形的纹饰，它们原本就是鱼纹（图3-1-3-10）。

4. 眼目纹

在象生类彩陶纹饰里，单独列出这种眼目纹，也是不得已的事。这其中有的纹饰确为眼目，甚至还有与眼目相关的其他器官同在，只是一时不知它属于何类动物。也有一部分属于抽象的兽面之类，有的仅见两圆点，有的则绘三圆点，下面的点应当表示的是嘴。

陕县庙底沟的一件彩陶罐，一对大眼周围还绘出一些旋形线条，给人一种狰狞感。还有铜川李家沟的彩陶片，上绘兽面，眼目虽然并不大，但却咧嘴龇牙，也有一些恐怖感。华县泉护村和翼城北橄各见一件残片，所绘双目并不觉得那么狰狞，有点类似猫头鹰的样子（图3-1-4-1）。

5. 人形纹

在庙底沟文化彩陶中，人形与人面一直都不是当时受关注的主题，只是偶尔见到一两例这样的彩陶。

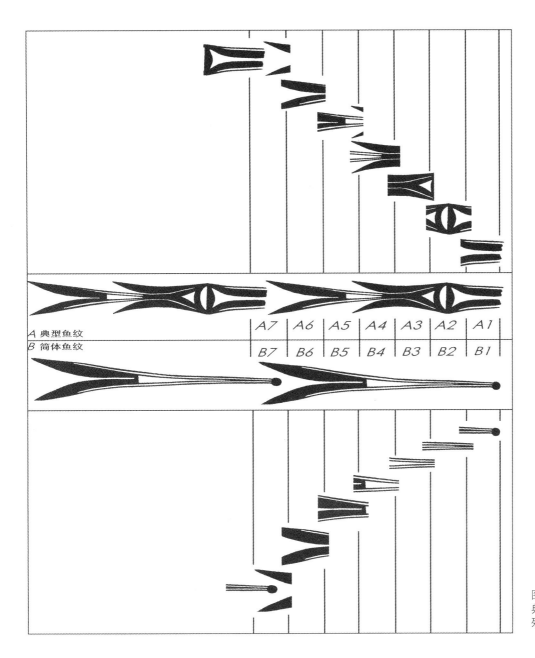

A 典型鱼纹	A7	A6	A5	A4	A3	A2	A1
B 简体鱼纹	B7	B6	B5	B4	B3	B2	B1

图3-1-3-9 彩陶上
典型鱼纹与简体鱼纹
残片判断坐标图

庙底沟文化彩陶上最典型的一例人面图像，发现在新绛光村[1]。在一块陶片上，见到一个非常清楚的人眼图形，发现者称之为"眼目纹"。当然它不只是眼目纹，再细细观察一下，我们会发现画面不仅有一只完整的眼目纹，它对称的位置还有另一只眼目的痕迹。我们还发现与这眼目同在的，还有在相应位置上出现的鼻子和嘴巴，只是因为它们都有残缺，所以没有被辨认出来。其实包裹这五官的，还有用粗壮线条绘的脸部轮廓。只要稍作一下复原，我们就看到了一张非常生动的人脸（图3-1-5-1）。

汝州洪山庙一件瓮棺上绘有人形图案，人形为裸身模样，呈蹲立姿势。还有一人绘作提物奔跑状，前后还有另外的动物图像。同地出土的瓮棺上，还绘有一些人

[1]山西省考古研究所：《新绛光村新石器时代遗址调查》，《文物季刊》1996年2期。

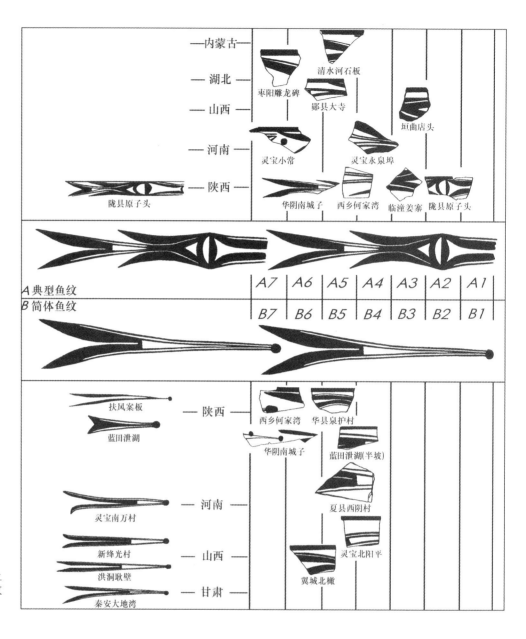

内蒙古

枣阳雕龙碑   清水河石板

湖北

郧县大寺

山西

垣曲店头

河南

灵宝小常   灵宝永泉埠

陕西

陇县原子头   华阴南城子 西乡何家湾 临潼姜寨 陇县原子头

A典型鱼纹	A7	A6	A5	A4	A3	A2	A1
B简体鱼纹	B7	B6	B5	B4	B3	B2	B1

陕西

扶风案板   西乡何家湾 华县泉护村

蓝田泄湖   华阴南城子

蓝田泄湖(半坡)

河南

灵宝南万村

夏县西阴村

山西

新绛光村

洪洞耿壁   灵宝北阳平

甘肃

秦安大地湾   翼城北橄

图3-1-3-10 彩陶上
典型鱼纹与简体鱼纹
残片的判断坐标图

[1]甘肃省博物馆：
《甘肃彩陶》，文物
出版社，1979年。

[2]李振翼：《甘南
出土的人头形器口彩
陶瓶》，《文物》
1995年5期。

体器官如手、足及性器官等等（图3-1-5-2）。彩陶上见到这样多的与人体有关的题材，这在其他地点是没有的。由于这些图像是出现在瓮棺上，可能有一些特别的含义。

在甘肃的两处地点，见到一种绘着人面动物形的彩陶瓶，一例出自甘谷西坪，一例出自武山傅家门[1]。这两件彩陶瓶上的纹饰，过去的研究或视作鲵鱼形，或视作龙形，但那人面却是很明确，应当与特别的崇拜方式有关（图3-1-5-3）。

在其他有的地点发现了这样的彩陶，器身几乎通体绘彩，器口塑成人头形状，为着叙述的方便，我们也将它们归入此处一并列出。如甘肃甘南出土的一件人头形器口彩陶瓶，器口塑成大头人形，器身满绘纹饰。纹饰分四排作二方连续式，第一排与第三排绘变形花瓣纹，第二排与第四排绘叶片纹[2]。整体观之，好似身着华贵的衣服

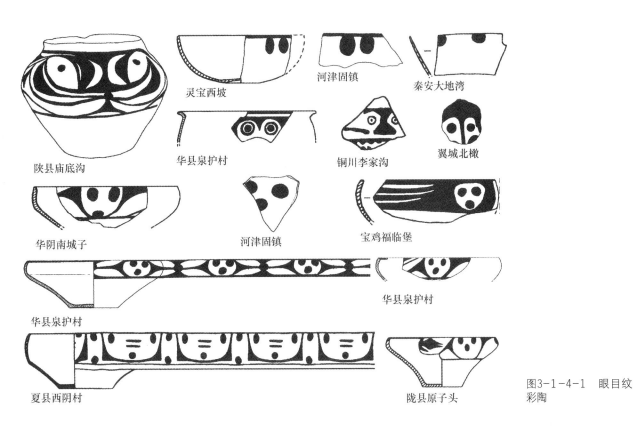

灵宝西坡　　　　河津固镇　　　　秦安大地湾

陕县庙底沟　　　　华县泉护村　　　　铜川李家沟　　翼城北橄

华阴南城子　　　　河津固镇　　　　宝鸡福临堡

华县泉护村

华县泉护村

夏县西阴村　　　　　　　　　　　　陇县原子头

图3-1-4-1　眼目纹彩陶

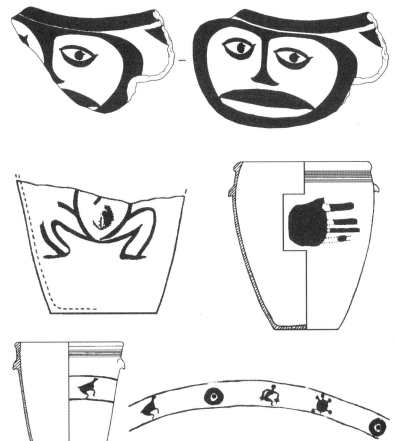

图3-1-5-1　新绛光村人面纹彩陶

图3-1-5-2　汝州洪山庙人形纹彩陶

甘谷平坪　　　　　　　　　　　武山傅家门

图3-1-5-3　人面动物纹彩陶

图3-3-5-4　甘南人头形彩陶瓶

一般（图3-1-5-4）。

类似的通绘纹饰彩陶瓶在半坡文化中就有发现，如秦安大地湾就见到一件。瓶口也是人头形，五官毕具，通体绘彩（图3-1-5-5）。这件彩陶过去一直作为庙底沟文化时期的标本进行讨论，在正式报告发表时，将它的年代划定在半坡文化时期，应当是晚期，器表所绘的纹饰已经是庙底沟文化中常见的典型风格。

其实半坡文化中的人面彩陶还是比较典型的，其他地点也曾有一些发现。倒是到了庙底沟文化时期，人形在彩陶上出现得比较少，也没有见到太精彩的画面。

二　直线形几何纹饰

彩陶中的线形图案可分直线和弧线两类，直线形几何纹饰虽然在庙底沟文化彩陶中并非是主流，但也有一定数量。这里先说直线形纹饰，弧线和曲线类纹饰在后面讨论。

直线形几何纹饰中数量较多的是宽带纹和网格纹，宽带纹只有宽窄的变化，网格纹不仅变化多，也有较多的组合形式。

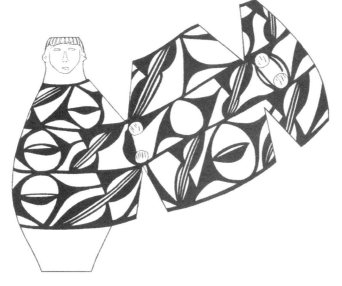

图3-1-5-5 秦安大地湾半坡文化人头形彩陶瓶

1. 宽带纹

庙底沟文化彩陶在器物的口沿部位，常常会涂有一周宽带，宽带的下面绘出图案。这里所说的宽带纹，一般是指独立的宽带纹，它的下面不再有纹饰或仅有与宽带有关的简单纹饰。这种宽带纹在半坡文化彩陶上就已经很是流行，在庙底沟文化彩陶见到的也不少。宽带纹只有宽窄的变化，严格地说，它也许算不上是一种纹饰，但却是一种最简单的彩陶，我们不能不提到它。

庙底沟文化彩陶上的宽带纹，是绘在器物口沿外面，有时连带口沿内也上彩，不过要窄得多。宽带彩主要绘在小型的钵上，其他器类上偶尔也能见到。具体在一件器物上，宽带彩应当绘多宽合适，并没有一定之规。在同一地点见到的宽带彩，有的很宽，有的很窄。由陕县庙底沟、济源长泉、灵宝西坡、翼城北橄、河津固镇、陇县原子头和华县泉护村7个地点的资料看，每个地点选出4件宽带纹陶器作比较，我们并不能看出明显的规律。在同一地点如河津固镇，既有特别宽的宽带纹，也有特别窄的条带纹，它窄到甚至不能称之为宽带纹了。同一地点的彩陶上，既有涂在沿外的外彩宽带纹，也有涂在沿内的内彩宽带纹。比较而言，内彩明显少于外彩，也窄于外彩。个别地点如陇县原子头，宽带纹内彩多于外彩（图3-2-1-1）。

除了上列出土宽带纹彩陶稍多的地点，其他地点也有一些发现，数量相对少一些（图3-2-1-2）。

从分布地域上看，虽然有的地点有集中发现，但宽带彩的分布并无特别的区域，一般的庙底沟文化遗址都有发现。

2. 网格纹

庙底沟文化彩陶中网格纹运用并不多，很多遗址一例也没有发现。有的地点发

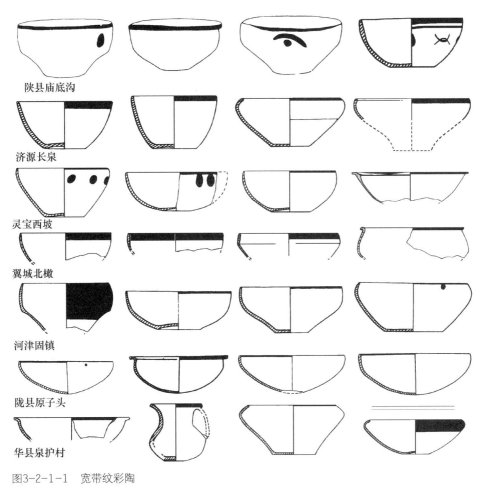

陕县庙底沟

济源长泉

灵宝西坡

翼城北橄

河津固镇

陇县原子头

华县泉护村

图3-2-1-1 宽带纹彩陶

现稍多一些，如夏县西阴村、济源长泉、陕县庙底沟和渑池仰韶村，但也不过数例而已。

彩陶网格纹一般是当作一些纹饰单元的填充元素，如方框、圆形和菱形内都见到填充的网格纹。更多的时候它与其他纹饰组合，在二方连续图案里充当一个相对独立的单元。只是偶尔才会作为一种独立元素出现，如济源长泉、河津固镇和华县泉护村各出土一件彩陶罐，三件罐上腹都绘有单纯的网格纹，没有使用其他元素（图3-2-2-1）。

在二方连续图案上，网格纹有时会作为主体元素出现，如陕县庙底沟、夏县西阴村、洪洞耿壁、华阴西关堡都发现了这样的彩陶钵，都是用网格构成二方连续图案，以四分式构图为多，网格之间留出窄长的空白作间隔带，偶尔在空白处点缀有圆点（图3-2-2-2）。

网格纹还有一种与圆形组合构成的二方连续图案，这又分为两种组合形式。一

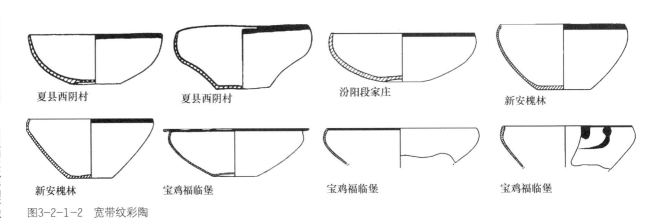

夏县西阴村   夏县西阴村   汾阳段家庄   新安槐林

新安槐林   宝鸡福临堡   宝鸡福临堡   宝鸡福临堡

图3-2-1-2 宽带纹彩陶

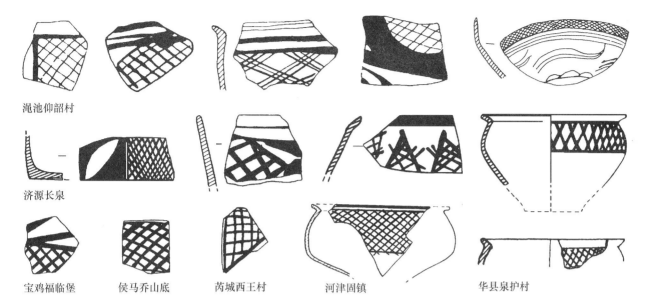

渑池仰韶村

济源长泉

宝鸡福临堡　　侯马乔山底　　芮城西王村　　河津固镇　　华县泉护村

图3-2-2-1　网格纹彩陶

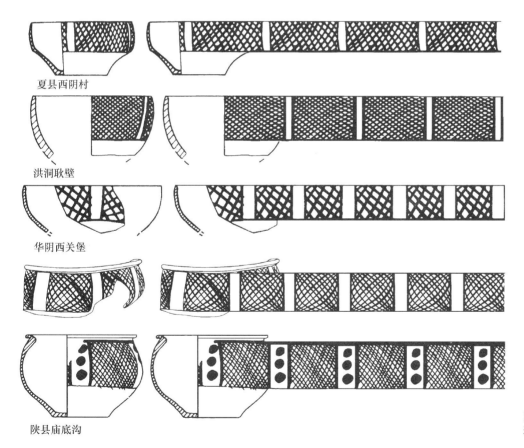

夏县西阴村

洪洞耿壁

华阴西关堡

陕县庙底沟

图3-2-2-2　网格纹彩陶

种是用变化的圆形图案作网格单元之间的间隔图案,陕县庙底沟和夏县西阴村发现有这样的例证,充作隔断的圆形为圆盘形。另一种是用网格作为圆形轮廓的填充,带网格的圆形再构成二方连续图案。比较特别的是民和胡李家见到的一例,网格是填充在方形轮廓中,外面再罩一个圆形,是圆中见方。秦安大地湾一件彩陶罐以网格填充在大月牙形图案内,也是少有的发现(图3-2-2-3)。

在夏县西阴村还发现用网格纹作二方连续隔断的例子,也有以连续网格纹作镶边的例子,这都是少有的发现(图3-2-2-4)。

庙底沟文化彩陶中网格纹并不流行,但在外围文化的彩陶上有的却盛行网格纹。如枣阳雕龙碑就有较多的发现,有单独的连续网格纹,更多的时候网格是作为菱形的填充元素出现,这种组合可以称为菱格纹(图3-2-2-5)。

三 多边形与三角形几何纹饰

庙底沟文化彩陶中以直线构成的纹饰主要有三角形、菱形和多边形几类,所谓

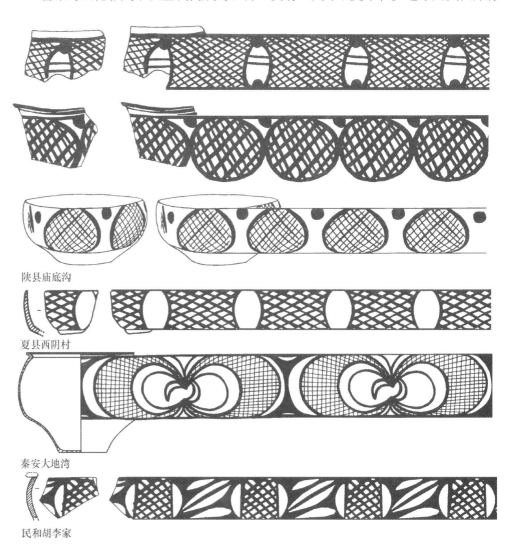

陕县庙底沟

夏县西阴村

秦安大地湾

民和胡李家

图3-2-2-3 网格纹彩陶

图3-2-2-4　夏县西阴村网格纹彩陶

多边形主要是四边形。菱形纹饰固然也是一种四边形，由于它的构图较为特别，特点非常突出，所以以单列为一类。

1.三角形纹

三角形纹最先是出现在半坡文化彩陶上，在庙底沟文化彩陶上见得不多，范围也很有限。中心区域内一般遗址都不见三角纹彩陶，陕县庙底沟仅发现一例，夏县西阴村发现两例，后者都是直边的地纹三角纹，并不典型。在庙底沟发现一例标准的三

图3-2-2-5　枣阳雕龙碑网格纹彩陶

角形纹彩陶，为大体等边的地纹三角形，构图元素为上下对顶的一对三角（图3-3-1-1）。

在灵宝还有两例重要的发现[1]。肖家湾遗址的一例是非常典型的三角纹，在上下对顶的三角纹之间，是一对左右对顶的三角纹构成的隔断。阌东遗址的一例，是在

[1]河南省文物考古研究所等：《河南灵宝铸鼎塬及其周围考古调查报告》，《华夏考古》1999年3期。

菱形纹之间，绘上下两组对顶的三角纹构成的隔断。这两例彩陶都有半坡文化的风格，时代也可能属于庙底沟文化早期，是少有的发现（图3-3-1-2）。

典型的三角形纹在陇县原子头遗址有集中发现，数量还不算少。三角形纹都是等边形，也都是地纹，出现在较大的彩陶盆上，常常是以左右对称的形式出现，它充作二方连续纹饰的隔断单元。衬托它的是两个方向相反的黑三角，对比十分鲜明。另外在铜川李家沟也见到一例同类型的三角纹彩陶片，可能是作为独立构图元素出现的，没有其他共存纹饰（图3-3-1-3）。

这种三角形纹在外围文化的枣阳雕龙碑有集中发现，它是作为独立的元素出现的，并没有其他元素一起组成复合纹饰。那里的三角形纹也是以地纹方式表现，同样也是两尖相对的对称形式（图3-3-1-4）。

比较原子头和雕龙碑两地的三角形纹饰，发现它们之间也有明显不同，主要是成对三角排列组合的方向不同。在原子头三角形纹是两尖相对左右对称，而雕龙碑则是两尖相对上下对称（图3-3-1-5）。雕龙碑的发现与庙底沟的那一例属于同一类

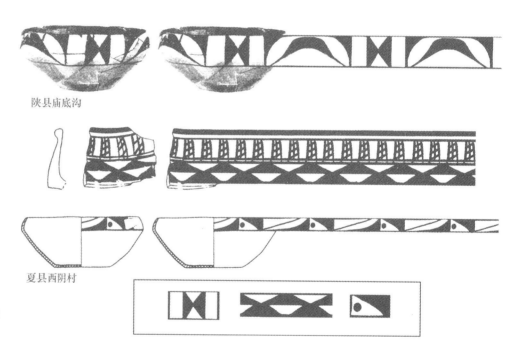

陕县庙底沟

夏县西阴村

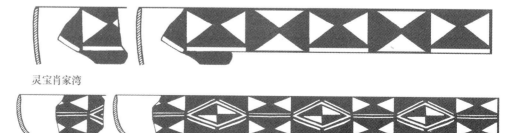

灵宝肖家湾

灵宝阌东

图3-3-1-1　三角形纹彩陶

图3-3-1-2　三角形纹彩陶

史前中国的艺术浪潮——庙底沟文化彩陶研究

280

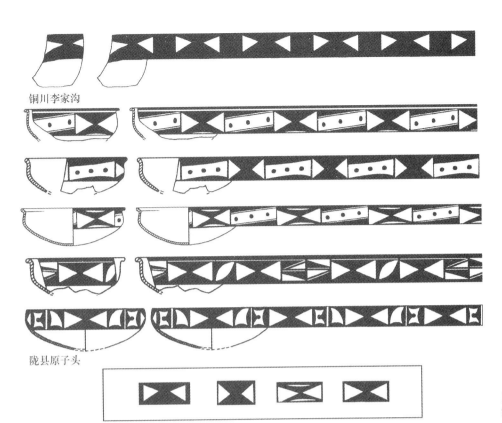

铜川李家沟

陇县原子头

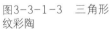

图3-3-1-3　三角形
纹彩陶

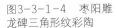

图3-3-1-4　枣阳雕
龙碑三角形纹彩陶

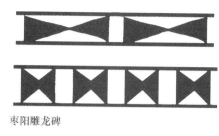

陇县原子头

枣阳雕龙碑

图3-3-1-5　彩陶上
三角形纹两种不同的
排列方式

图3-3-1-6　淅川下
王岗三角形纹彩陶

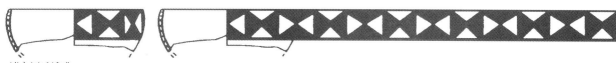

清水河后城嘴

图3-3-1-7 内蒙古地区复合三角形纹彩陶

型，都是一上一下对顶的三角形。

不过在淅川下王岗倒是发现了不少与原子头同样左右排列的对三角形纹，也是与其他纹饰一起出现，也是充作隔断纹饰。个别对顶三角出现变形绘法，是一个三角顶一个半圆形，是一种新的组合方式（图3-3-1-6）。

值得注意的是北方外围文化中，在内蒙古清水河后城嘴见到一件特别的三角形纹彩陶，它集中了原子头和庙底沟两种三角形纹的排列方式，集左右与上下对称的三角形纹于一器，这倒是非常少见的发现（图3-3-1-7）。

三角形纹彩陶在外围文化中发现的这些变化表明，外围文化在吸纳庙底沟文化彩陶相关因素时，也进行过一些变改。经过对比研究，这样的变改并不难发现。

对顶的地纹三角形在半坡文化彩陶上就已经出现，它不是庙底沟文化彩陶

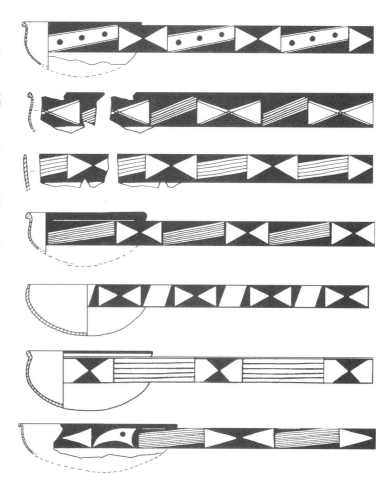

图3-3-1-8 秦安大地湾三角形纹彩陶

独有的纹饰。陇县原子头和秦安大地湾半坡文化彩陶的对顶三角形纹饰有相同的构图，甚至组合形式也一样，它说明这纹饰应当是半坡晚期与庙底沟文化早期所共有，这也进一步证实了两个文化的密切关系（图3-3-1-8）。能印证这种密切关系的还有下面要提到的菱形纹等纹饰，都是庙底沟文化承续半坡文化发展的一个重要证据。

2. 菱形纹

菱形是一种规整的几何图形，在庙底沟文化彩陶中它主要是由不同的三角形组合而成的，所以在前文中我们并没有将它作为一个单独的元素看待。其实彩陶上的

[1]河南省文物考古
研究所等：《河南灵
宝铸鼎塬及其周围考
古调查报告》，《华
夏考古》1999年3
期。

菱形纹并不能一概而论，虽然多数菱形都是三角形的结合体，但也见到单体的菱形
纹，只是数量并不多。

　　庙底沟文化彩陶上的菱形纹并不多见，分布的地域也不广，只是少数地点有集
中发现，而单体菱形纹则更是少见。单体菱形纹彩陶仅见于陕县庙底沟，发现三例，
分为两类。一类是四瓣花包容的菱形，中间填充网格纹。另一类是地纹菱形纹，黑色
的纹饰带中空出二方连续的菱形纹。如果说前者是因花瓣衬出了菱形纹，后者则是
确定的独立菱形纹（图3-3-2-1）。典型的菱形纹在灵宝阌东发现一例，正倒对顶的
黑白三角构成菱形，菱形之间又有对顶的三角作隔断[1]。这件菱形纹彩陶具有半坡
文化风格，因为是调查所得，年代还不能确定，也可能是庙底沟文化较早的彩陶。
即便是属于半坡文化，这也是一例重要的发现，标示了菱形纹彩陶分布的东限（图
3-3-2-2）。

　　典型的菱形纹，是用三角形纹组合而成，这样的三角都是直角三角，黑白颠倒。
拼合出来的菱形，在外围还要用另外的黑白三角衬托，构图非常严密。这样的菱形在
构图细微处也还有一些差别，可分为两类，一类为构成菱形的四个三角紧密联结，一
类是上下两对三角之间留有隔断。在有的地点只见到其中一类菱形纹，有的地点两

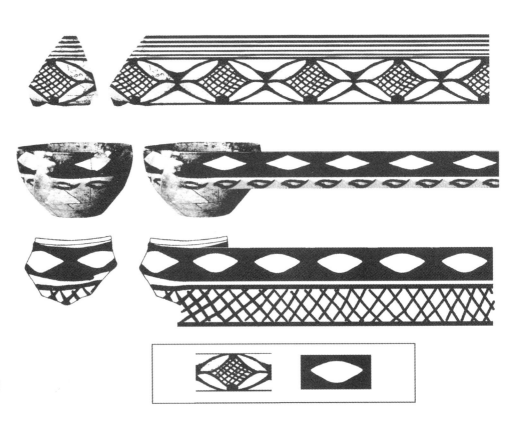

图3-3-2-1　陕县庙
底沟菱形纹彩陶

图3-3-2-2　灵宝阌
东菱形纹彩陶

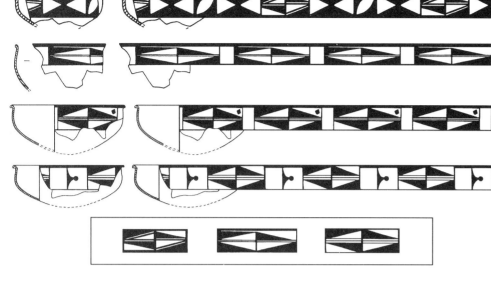

图3-3-2-3 陇县原
子头菱形纹彩陶

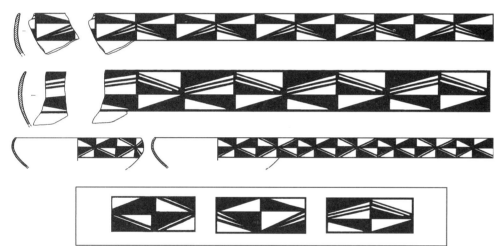

图3-3-2-4 郧县大
寺菱形纹彩陶

类菱形纹都有。

　　如陇县原子头的4件菱形纹彩陶,都是带隔断的菱形纹,上下用两条或三条平行线作间隔(图3-3-2-3)。而郧县大寺见到的3件菱形纹彩陶,都是紧密联结的菱形纹,中间并无隔断(图3-3-2-4)。在淅川下王岗见到的菱形纹彩陶,无隔断和有隔断的两类菱形纹都有。还有一例外围没用三角形衬托的菱形纹,也是带有隔断(图3-3-2-5)。

　　在铜川李家沟,带与不带隔断的两类菱形纹彩陶都有,而且还见到有双菱形纹饰。这种双菱形是两个联结的菱形,菱形为地纹,不是由黑白三角构成的那种常见的菱形。双菱形也是分作上下两半,中间用平行线作隔断(图3-3-2-6)。

　　以三角作元素的菱形纹,大体可以区分为以下5种形式(图3-3-2-7):

　　a式　黑白三角相对,三角紧密相联,中间无隔断,外围用黑白三角衬托。这是最

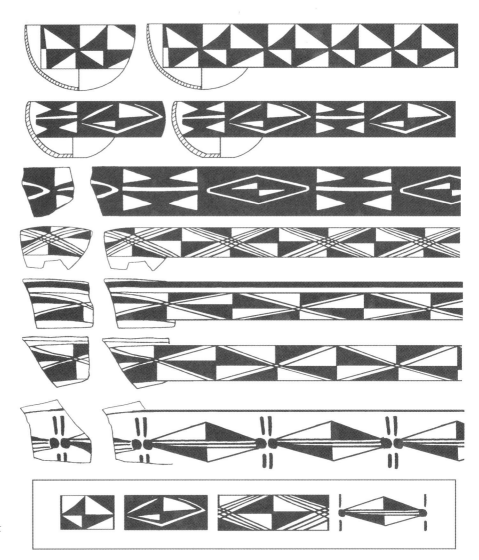

图3-3-2-5 淅川下
王岗菱形纹彩陶

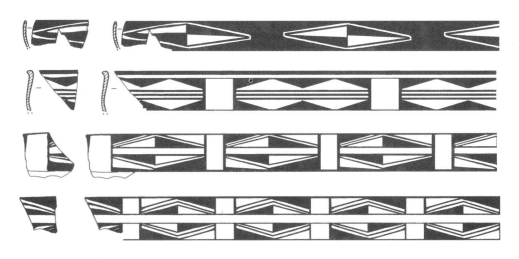

图3-3-2-6 铜川李
家沟菱形纹彩陶

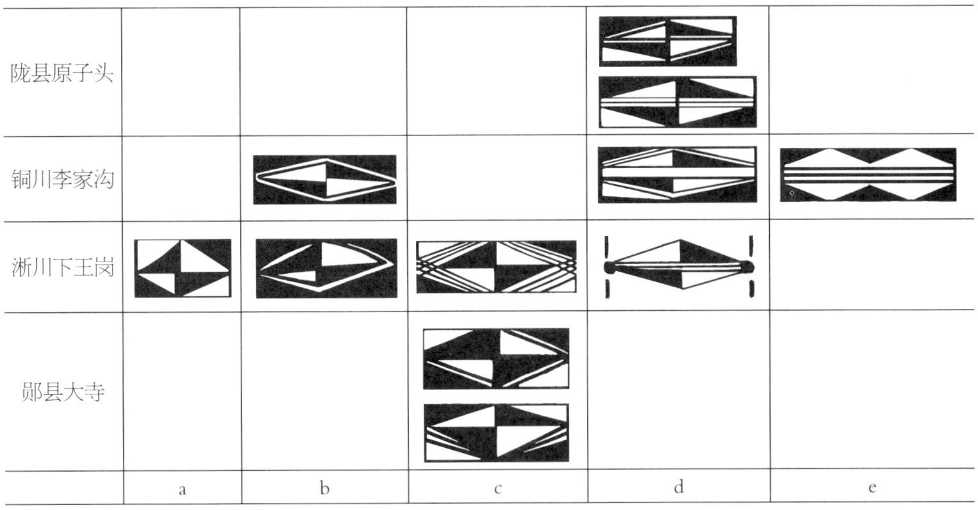

	a	b	c	d	e
陇县原子头					
铜川李家沟					
淅川下王岗					
郧县大寺					

图3-3-2-7　各地彩陶上的菱形纹比较

基本最简单的菱形纹,仅见于淅川下王岗。

b式　黑白三角相对,三角紧密相联,中间无隔断,外围全用黑色衬托。这也是一种构图简单的菱形纹,见于淅川下王岗和铜川李家沟。

c式　黑白三角相对,三角紧密相联,中间无隔断,外围用黑白三角衬托。菱形纹与外围三角之间用二三条斜线作间隔。这类菱形纹见于淅川下王岗和郧县大寺。

d式　黑白三角相对,三角分作上下两列,中间有隔断,外围用黑白三角衬托,也有不衬托的。这类菱形纹见于淅川下王岗、铜川李家沟和陇县原子头。

e式　两个联结的地纹菱形,分作上下两列,中间用平行线作隔断。这是一种双菱形,仅见于铜川李家沟。

以地理分布而论,菱形纹以a式和e式分布范围最小,以d式分布范围稍大。也就是说,带有隔断的菱形纹发现最多,也可以看作是最典型的菱形纹。

这5式菱形纹画法类似,多是先确定方形外框,再在框中画出十字骨架,连接十字顶端构成菱形框架。最后是选择对顶的三角平涂上黑色,在外围适当的部位涂衬色(图3-3-2-8)。

还要提到的是,在枣阳雕龙碑见到较多的菱形纹彩陶,但不见一例典型的菱形纹,也不见上列5式中的任何一式菱形纹。雕龙碑的菱形纹也可分为两类,一类是由四瓣花衬出的以网格填充的菱形纹,与陕县庙底沟发现的一例相同。另一类是作二方连续的独体菱形纹,有的为地纹,有的填充网格纹。

菱形纹不是庙底沟文化彩陶独有的纹饰,只是在远离中心区的某些地点发现稍多,并不是流行很广的纹饰。或者可以这样说,这种菱形纹并不是庙底沟文化彩陶的代表性纹饰。但是因为它是了解庙底沟文化和半坡文化关系的切入点之一,所以我们还是将它作为一种典型纹饰来看待,这是一种非常重要的纹饰。菱形纹在半坡文化彩陶中的变化,在后文再作讨论。

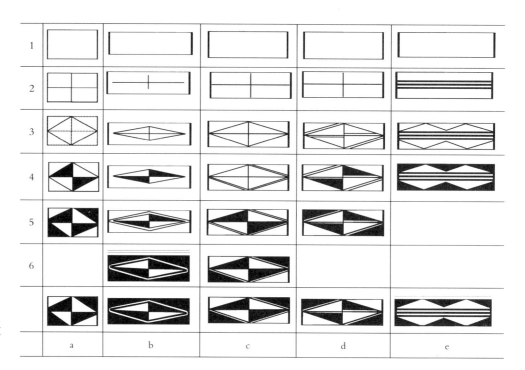

	a	b	c	d	e
1					
2					
3					
4					
5					
6					

图3-3-2-8　彩陶上的各式菱形纹绘制方法

3. 四边形纹

　　彩陶纹饰中见到的四边形，包括正四边形和平行四边形等。有时对于彩陶上的四边形纹饰并不好界定，因为有些所谓的四边形，可能并不是画工刻意描绘出来的图形，例如二方连续图案之间的隔断，常常表现有四边形的特点，但它们并不全是图案元素。有少数加点的四边形，虽然与隔断区别不明显，但有可能是特意绘成（图3-3-3-1）。在选择彩陶标本作阐述时，可能主观感觉是第一位的，究竟哪样才可以算是四边形图案，无法确定固定的标准。不过典型的四边形图案也是有的，只是数量不多。

　　同三角形纹一样，庙底沟文化彩陶中典型的四边形纹见到的并不多，分布也不广，而且中心区域基本不见。有几处见到三角形纹较多的地点，也有较多的四边形纹，这倒是一个很值得注意的现象。如陇县原子头，既有三角形纹和菱形纹，也有四边形纹，这种现象不见于其他地点。

　　典型四边形纹集中发现于铜川李家沟和陇县原子头两个地点。两地都见到5件以上的四边形纹彩陶，四边形纹都是以主体元素的角色出现的，并不是那种作为隔断的纹饰。在二方连续的四边形之间，另有充作隔断的纹饰，这些纹饰主要有三角形纹、斜线纹和半圆形纹等（图3-3-3-2）。

　　将铜川李家沟和陇县原子头的四边形纹作比较，它们有接近的风格，如除少数为正长方形外，多为平行四边形样式，而且在中间多缀有二至三个圆点。两地的四边形纹虽然整体风格非常接近，但区别也显而易见，李家沟的四边形纹为竖长式，而原子头的为横长式（图3-3-3-3）。

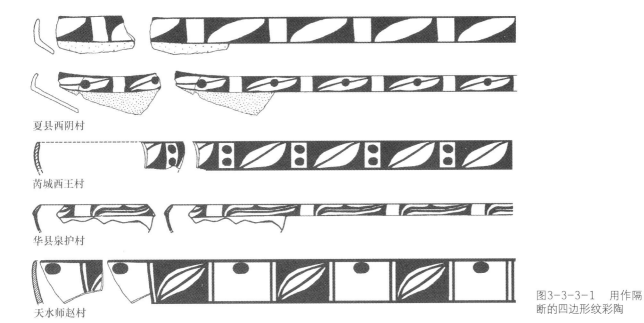

夏县西阴村

芮城西王村

华县泉护村

天水师赵村

图3-3-3-1　用作隔断的四边形纹彩陶

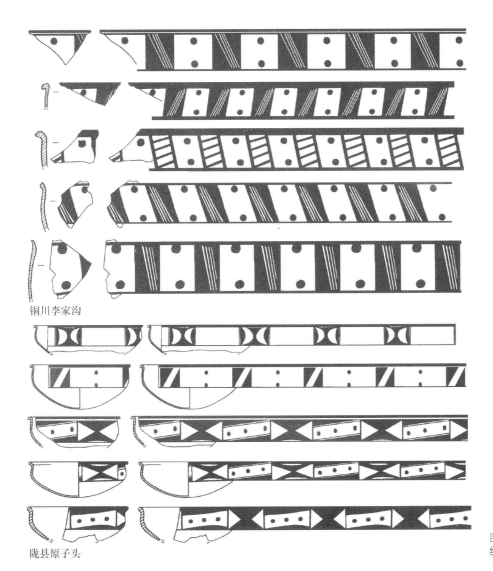

铜川李家沟

陇县原子头

图3-3-3-2　四边形纹彩陶

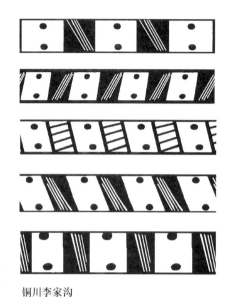

图3-3-3-3 彩陶上
四边形纹纵式与横式
的比较

铜川李家沟

陇县原子头

在庙底沟文化中心区域虽然很少典型的四边形纹，但却见到另一种四边形纹。这其实是一种网格纹，只是网格的外廓为方形。这是二方连续式的网格纹，网格单元之间一般留有长条形隔断。出有这种方形网格纹的地点，有陕县庙底沟、夏县西阴村、洪洞耿壁和华阴西关堡，每一地点虽然发现这类彩陶并不多，但风格却非常一致。民和胡李家也见到方形网格纹，但整体风格并不与中心区域相同，构图明显复杂得多（图3-3-3-4）。

典型的四边形纹在半坡文化中也已经出现，而且与庙底沟文化的没有明显不同。在秦安大地湾半坡文化彩陶上见到的四边形纹，与陇县原子头并无区别（图3-3-3-5）。这也就是说，典型四边形纹也并不是庙底沟文化彩陶自有的纹饰。

四　圆弧形几何纹饰

庙底沟文化彩陶最多的是圆弧类几何纹饰，不仅是发现数量多，也最富特点。这类纹饰以曲线、弧线、弧边、圆形和椭圆形为主要构图特征，纹样无论繁简，都非常流畅。观看彩陶获得的行云流水的感受，主要就是来自这一类纹饰。

圆弧类几何纹主要有连弧纹、"西阴纹"、叶片纹、花瓣纹、圆形、单旋和双旋纹等，都是庙底沟文化彩陶中的代表性纹饰。

1.连弧纹

庙底沟文化彩陶中的连弧纹，数量很大，变化也大。有直接表现的纹饰，也有间接表现的地纹。有弧线式的连弧纹，也有弧形式连弧纹。有连续的曲线式连弧纹，也有间断式连弧纹，还有少量加隔断的连弧纹。间断的和加隔断的连弧纹，过去一般称为垂帐纹，在这里统统归入连弧纹之列。

一般连弧纹并不只是单线式，常见重叠排列形式，可称为叠弧纹。还有一些归入连弧纹的纵向排列的弧形纹饰，我们特别称为排弧纹，虽然没有横向连续特点，但风格一样，只是方向有了改变。

连弧纹有各种不同的形式，有比较大的变化，依构图与排列的区别可以划分为八式。

a. 曲线式连弧纹

这是一种标准的连弧纹，左右弧形紧密相连，连成一条曲线式纹饰

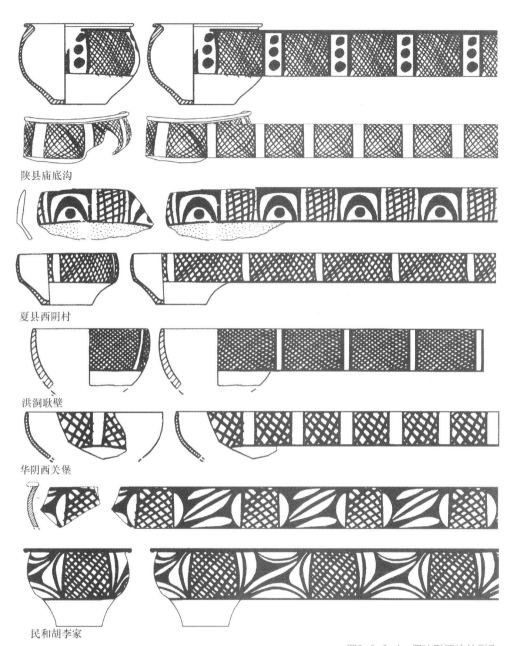

陕县庙底沟

夏县西阴村

洪洞耿壁

华阴西关堡

民和胡李家

图3-3-3-4　四边形网格纹彩陶

带。连弧纹有时为地纹表现形式，或者为双关图案形式。如侯马乔山底一件彩陶钵，以连续的弧边三角绘成，上下都显现出地纹式的连弧纹，纹饰虽然简单，构图却显得非常严谨。陕县庙底沟的一件彩陶钵，采用上下两列弧边形元素夹击的绘法，空出中间连续的曲线纹饰，这是少见的标本（图3-4-1-1）。

b. 一般连弧纹

这是指一般意义的连弧纹，直接用弧线或弧形元素构图，偶尔配以圆点和水平线之类的元素作装饰，过去常常被称作垂帐纹。

陕县庙底沟、灵宝西坡和济源长泉都有用弧边形绘成的连弧纹，在弧边形相接

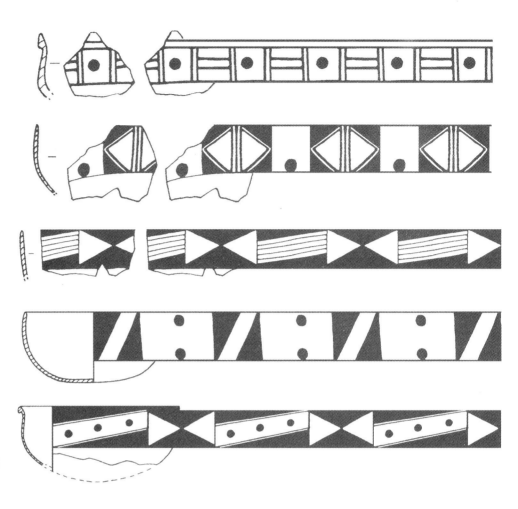

图3-3-3-5　秦安大地湾四边形纹彩陶

处缀上圆点，特别像是悬挂着的帘幕。侯马乔山底的一件彩陶钵，是用双弧线绘成的连弧纹，双弧之间虽然并没有紧紧连接在一起，但感觉它们却是连成一体的（图3-4-1-2）。

c.地纹连弧纹

彩陶上更多见到的是这种标准的地纹式连弧纹。在陶钵上用地纹方式绘出的连弧纹，是用上面一列弧边元素与下面一列弧边三角元素夹击而成，形成的地纹连弧纹左右紧密连接，在陕县庙底沟、济源长泉、夏县西阴村和河津固镇都见有这类连弧纹。庙底沟的连弧纹有的还缀有圆点，配有平行线。长泉见到的两件彩陶钵，都是这种用弧边形和弧边三角形合绘而成的连弧纹，连弧窄长，显得比较清秀。河津固镇见到的一件彩陶钵，连弧宽短，显得较为肥硕（图3-4-1-3）。

d. 带隔断的简单连弧纹

这种带隔断的简单连弧纹，是在前两式基础上变化出的另一种连弧纹，在弧与弧之间加有另外元素绘出的隔断。这样的连弧纹发现并不多，可以列举的例子见于陕县庙底沟、灵宝阌东[1]、华县泉护村和秦安大地湾。

[1]河南省文物考古研究所等：《河南灵宝铸鼎塬及其周围考古调查报告》，《华夏考古》1999年3期。

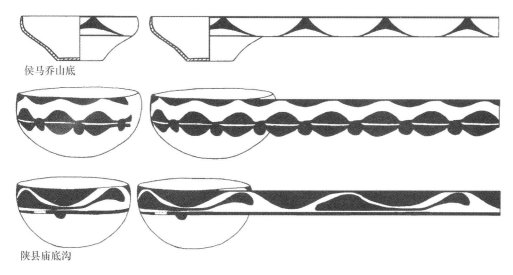

侯马乔山底

陕县庙底沟

图3-4-1-1　标准连弧纹彩陶

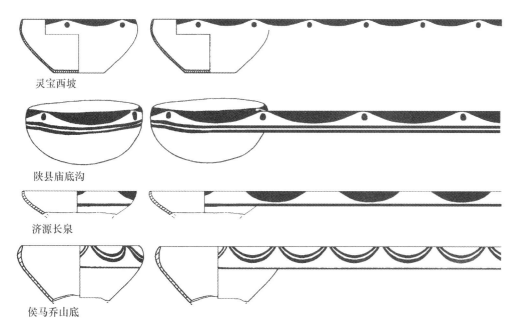

灵宝西坡

陕县庙底沟

济源长泉

侯马乔山底

图3-4-1-2　标准连弧纹彩陶

几个地点的连弧纹的绘法相似，都是用二条或三条垂直线作隔断。这样的隔断表面上似乎将左右的弧形隔离开了，但感觉它们还是连续在一起，其实它的效果是隔而未断、离而不分（图3-4-1-4）。

e. 重叠连弧纹

上述几式多是单体的连弧纹，连弧纹中还有大量的为重叠体，可称为重叠连弧纹。这一式为双重地纹连弧纹，也见到极少的三重地纹。与上列连弧纹不同的是，它们的双重弧都是向上弓起，不是向下垂，所以不能看作是垂帐纹。除此以外，这类连弧纹还常常在弧心缀有圆点，这就使得它们在风格上显得非常一致起来。在连弧纹之间，有时有空出的隔断，隔断中有时缀有圆点，此外还有网格纹和对顶三角

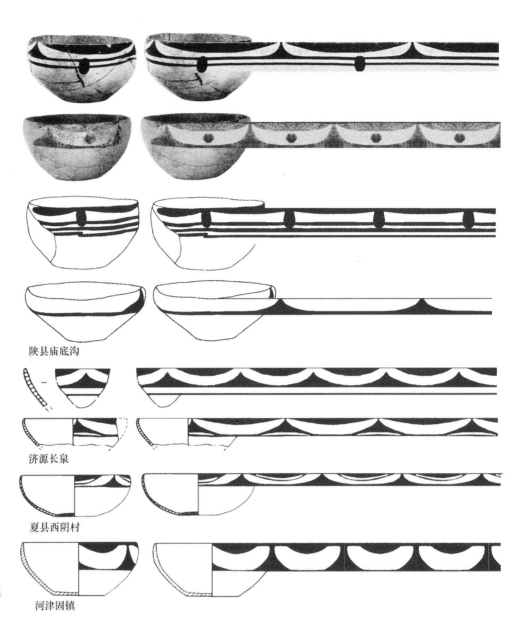

陕县庙底沟

济源长泉

夏县西阴村

图3-4-1-3 标准连
弧纹彩陶

河津固镇

形隔断。

在陕县庙底沟、夏县西阴村和华阴西关堡见到非常接近的重叠连弧纹，如此看来，这也许是只见于庙底沟文化中心区域的一种纹饰，它的意义值得关注（图3-4-1-5）。

f.横式圆点多重连弧纹

这种连弧纹是多重连弧纹的组合，也可以看作是上一式重叠连弧纹的扩展形式。从左右方向而言，弧与弧之间没有隔断，但用圆点作接点，这是典型的连弧纹。由上下方向而言，它是完全相同的重叠的连弧纹，除了个别的为两重连弧纹，如临潼邓家庄所见[1]，一般扩展到三重以上，可以看作是准四方连续纹样。连弧弓出的方向，以上弓为主，如陕县庙底沟所见。个别也有下垂的例子，见于民和胡李家的发现

[1]赵康民：《临潼
塬头、邓家庄遗址勘
查记》，《考古与文
物》1982年1期。

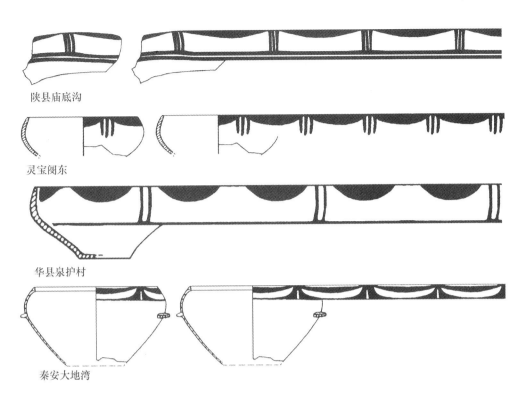

陕县庙底沟

灵宝阎东

华县泉护村

秦安大地湾

图3-4-1-4 带有隔断的垂弧纹彩陶

（图3-4-1-6）。

这种连弧纹的构图非常特别，但依然取一种横行的方式，所以称为横式多重连弧纹，以与下面的纵式多重连弧纹相区别。

g.纵式圆点多重连弧纹

与上一式连弧纹相似，连弧也是多重，也有圆点缀在弧线的接点处，但排列方式改为竖行的纵式，弧形以竖列的形式平行排列，有如雁行一般。这样的连弧纹只见于秦安大地湾和民和胡李家，在庙底沟文化中心区域没有发现（图3-4-1-7）。

纵式圆点多重连弧纹极可能是由横式多重连弧纹变化而成，由于两式连弧纹发现数量都不多，演变的脉络还不能了解得很清晰。

h.新月式排弧纹

这是一种发现并不多的连弧纹，新月形弧形元素呈竖行排列，显得比较疏朗。因为左右并不连接，所以改称为排弧纹，作为连弧纹的一种特别的形式看待。目前仅见于陕县庙底沟、华县泉护村和岐山王家咀的发现，庙底沟的排弧纹在新月弧形之间还缀有圆点，构图更为活泼一些。王家咀的排弧纹排列较为紧密，没有附加纹饰作点缀（图3-4-1-8）。

在外围文化中，连弧纹和排弧纹并不多见。在枣阳雕龙碑见到有竖行的排弧纹，但没有圆点作装饰（图3-4-1-9）。在四川茂县营盘山发现一种排弧纹彩陶[1]，与雕龙碑所见倒有些相似（图3-4-1-10）。在民和胡李家和阳洼坡，见到多重的重叠

[1]成都市文物考古研究所等：《四川茂县营盘山遗址发掘报告》，《2000成都考古发现》，科学出版社，2002年。

连弧纹，也有圆点作装饰，但总体感觉不同于中原地区的连弧纹（图3-4-1-11）。

2. "西阴纹"

庙底沟文化彩陶中的"西阴纹"，是一种很特别的弯角状纹饰，也是典型的地纹彩陶。它一般是周围以黑彩作衬地，空出中间的弯角作主体纹饰。也许仅仅是因为它的构图过于简练朴素，更可能是因为我们不知道它描绘的究竟是什么，所以在研究者的论著中不常提起它。它因为较早发现于山西夏县西阴村遗址而引起李济先生的注意，而且还特地称之为"西阴纹"。

这是中国史前彩陶中很值得研究的一类纹饰，它的构图均衡洗练，图与器结合

陕县庙底沟

夏县西阴村

图3-4-1-5 重叠连
弧纹彩陶

296

华阴西关堡

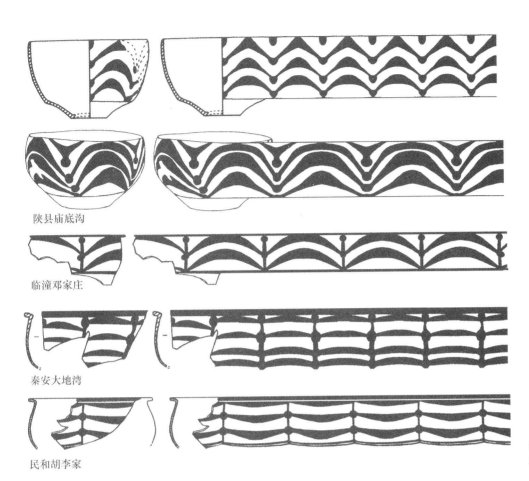

陕县庙底沟

临潼邓家庄

秦安大地湾

民和胡李家

图3-4-1-6 多重圆
点横式连弧纹彩陶

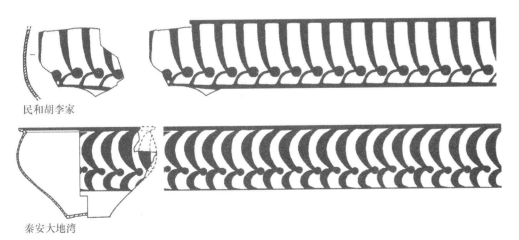

民和胡李家

秦安大地湾

图3-4-1-7 多重圆
点纵式排弧纹彩陶

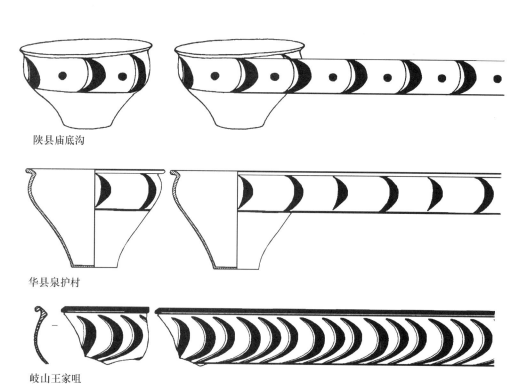

陕县庙底沟

华县泉护村

岐山王家咀

图3-4-1-8　新月形排弧纹彩陶

图3-4-1-9　枣阳雕龙碑排弧纹彩陶

图3-4-1-10　茂县营盘山排弧纹彩陶

恰贴，时空特征都非常明确。

　　李济先生对夏县西阴村遗址彩陶作研究时，特别注意到当时它处没有发现的一种弯角状纹饰，是左边一个宽头，右边弧收成翘起的尖角，中间有时点缀斜线与圆点，为了表示对这类纹饰特别的重视，他将这类纹饰称之为"西阴纹"，这也是仅有的以地名命名彩陶纹饰的一个例子（图3-4-2-1）。

　　这其实是后来发现数量很多的一种彩陶纹饰，一般作为直口或折腹钵沿外的装饰，都是采用二方连续的构图方式。这种彩陶分布的范围也很广，是庙底沟文化彩陶的代表性纹饰之一。

　　1994年西阴村遗址经过了较大规模的再次发掘，翻阅发掘报告，虽然又出土了不少彩陶，却并没有发现

史前中国的艺术浪潮——庙底沟文化彩陶研究

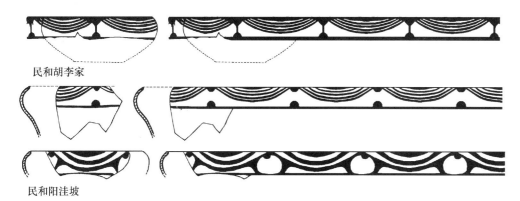

民和胡李家

民和阳洼坡

图3-4-1-11 青海重叠连弧纹彩陶

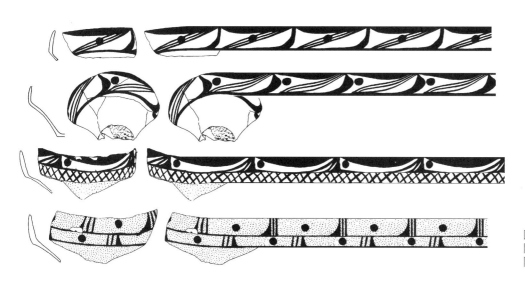

图3-4-2-1 夏县西阴村1926年出土"西阴纹"彩陶

我们期待中的更多典型"西阴纹"彩陶资料[1]。这当然让人觉得有些不能理解，这也许说明两次的发掘有一定的时空距离。不过仔细查看，还是见到了不多的类似"西阴纹"的彩陶，但不能算是标准的"西阴纹"的彩陶（图3-4-2-2）。

虽然"西阴纹"彩陶在西阴村遗址后来见到并不多，但在其他地点发现数量却不少，这类彩陶的发现并不仅仅限于西阴村一处遗址，它也并不仅仅限于晋南一地。

在晋南地区的永济石庄[2]和芮城西王村遗址[3]，也都有这种绘有"西阴纹"的彩陶钵发现（图3-4-2-3）。西王村遗址发现至少5件，5件中就有4种不同的样式，一般以在"西阴纹"中填入不同的图形作区别，填入的图形有弧形中分线，有圆点，或两种图形均有，也有的完全空白，没有填入任何纹饰。

在河津固镇遗址，也出土数件"西阴纹"彩陶，里面一般不填入其他纹饰，只有一件填有交叉十字加圆点纹，构图显得有些特别（图3-4-2-4）[4]。

其实所谓"西阴纹"彩陶纹饰，安特生1921年在渑池仰韶村遗址发掘时就有发现，当初只见到这种纹饰的碎片，没有完整器形，所以没有人特别注意它。翻检仰韶村遗址最初的发掘资料，确定至少有3件彩陶可以认定所绘为"西阴纹"（图3-4-2-5）。所见"西阴纹"有长有短，但全都填有附加纹饰，一件填有弧线加圆

[1]山西省考古研究所：《西阴村史前遗存第二次发掘》，《三晋考古》第二辑，山西人民出版社，1996年。

[2]山西省文物管理委员会：《晋南五县古代人类文化遗址初步调查简报》，《文物参考资料》1956年9期。

[3]中国科学院考古研究所山西工作队：《山西芮城东庄村和西王村遗址的发掘》，《考古学报》1973年1期。

[4]山西省考古研究所：《山西河津固镇遗址发掘报告》，《三晋考古》第二辑，山西人民出版社，1996年。

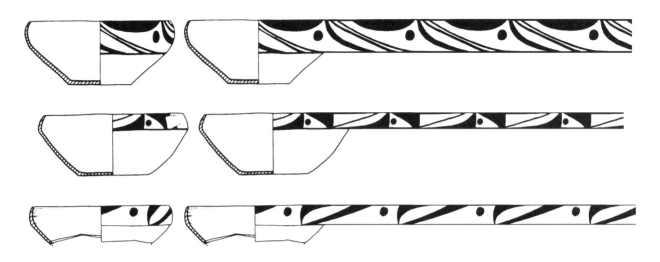

图3-4-2-2　夏县西阴村1994年出土类似"西阴纹"彩陶

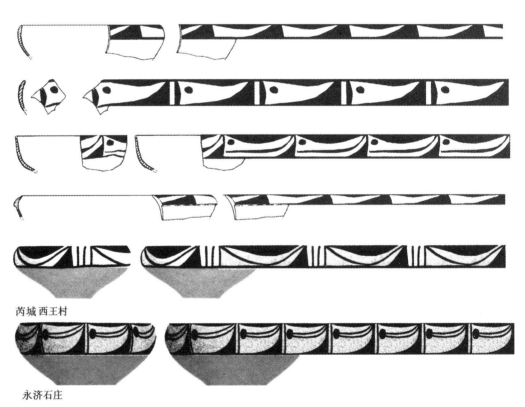

芮城 西王村

永济石庄

图3-4-2-3　晋南地区部分地点的"西阴纹"彩陶

点，另两件填入弧边三角加圆点纹（过去曾被认为是正面的图案化鸟纹），这在其他地点还不多见[1]。

在豫西地区，重要的发现除了仰韶村遗址以外，还有陕县庙底沟遗址[2]。庙底沟遗址出土不少于4件"西阴纹"彩陶，纹饰比较大样，中间填有圆点和中分线。器形多为小型的直口钵，也有一件为高领折腹罐，连续的"西阴纹"下方另绘一组纹饰（图3-4-2-6）。

豫西地区在新安槐林和灵宝西坡、北阳平与巴楼南[3]，都发现了一些"西阴纹"彩陶。其中以北阳平发现较多，种类也比较丰富。典型的"西阴纹"彩陶在豫中其他地点很少发现，在郑州大河村遗址一件也没见到。不过郑州后庄王遗址出土一件[4]，在鼓腹罐的腹下绘有与其他纹饰共存的"西阴纹"，与典型的直口钵的纹饰不完全相同（图3-4-2-7）。

在关中地区，"西阴纹"彩陶东部、中部和西部都有发现。蓝田泄湖见到两例"西阴纹"，纹饰单元显得较为宽大[5]。在华阴西关堡和华阴南城子，都见到了典型

[1]安特生：《中国远古之文化》，《地质汇报》1923年5号；阿尔纳：《河南石器时代之着色陶器》，《古生物志》丁种第一号第二册，1925年。

[2]中国科学院考古研究所：《庙底沟与三里桥》，科学出版社，1959年。

[3]河南省文物考古研究所等：《河南灵宝铸鼎塬及其周围考古调查报告》，《华夏考古》1999年3期。

[4]河南省文物考古研究所：《郑州后庄王遗址的发掘》，《华夏考古》1988年1期。

[5]中国社会科学院考古研究所陕西六队：《陕西蓝田泄湖遗址》，《考古学报》1991年4期。

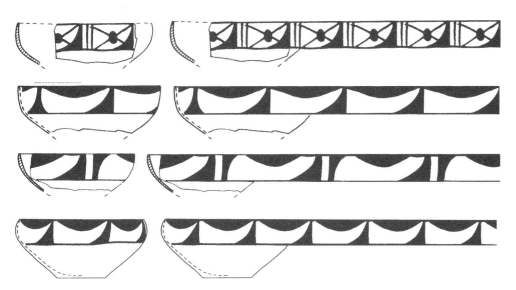

图3-4-2-4 河津固镇"西阴纹"彩陶

图3-4-2-5 渑池仰韶村"西阴纹"彩陶

[1] 北京大学考古学系：《华县泉护村》，科学出版社，2003年；陕西考古研究所：《华县泉护村（二）》，文物出版社，2010年。

[2] 赵康民：《临潼塬头、邓家庄遗址勘查记》，《考古与文物》1982年1期。

[3] 西安半坡博物馆等：《渭南北刘新石器时代早期遗址调查与发掘简报》，《考古与文物》1982年4期；《渭南北刘遗址第二、三次发掘简报》，《史前研究》1986年1、2期。

[4] 张朋川：《中国彩陶图谱》，图1569，文物出版社，1990年。

[5] 张朋川：《中国彩陶图谱》，图1566，文物出版社，1990年。

[6] 西北大学文博学院考古专业：《扶风案板遗址发掘报告》，科学出版社，2000年。

[7] 宝鸡市考古工作队等：《宝鸡福临堡》，文物出版社，1993年。

的"西阴纹彩陶"。西关堡还见到一件绘有双排"西阴纹"的彩陶钵，为它处所不见（图3-4-2-8）。"西阴纹"彩陶在关中集中的发现，是在华县泉护村遗址[1]。泉护村遗址先后两次发掘出土的敛口钵上，很多都绘有"西阴纹"，纹饰单元一般为窄长形，有的加绘有不同的隔断，多数点缀有圆点，一般不加饰中分线。比较特别的是，个别钵上的"西阴纹"有不等长的现象，有的钵上还将"西阴纹"与其他元素组合在一起，这在其他地点很少发现（图3-4-2-9）。

在临潼邓家庄[2]、渭南北刘[3]、长安客省庄[4]、长安北堡寨[5]、扶风案板[6]、宝鸡福临堡[7]等遗址都有发现，它们多数都点缀有圆点，而扶风案板的一件点缀的是蝌蚪纹。另有一些特别的是，北刘遗址出土的一件在"西阴纹"中间夹绘有一个叶片纹，也可能透露了两类纹饰之间的关系。

陕南仰韶文化分布区，在西乡何家湾的彩陶上也发现了这类"西阴纹"，纹样也非常典型（图3-4-2-10）。

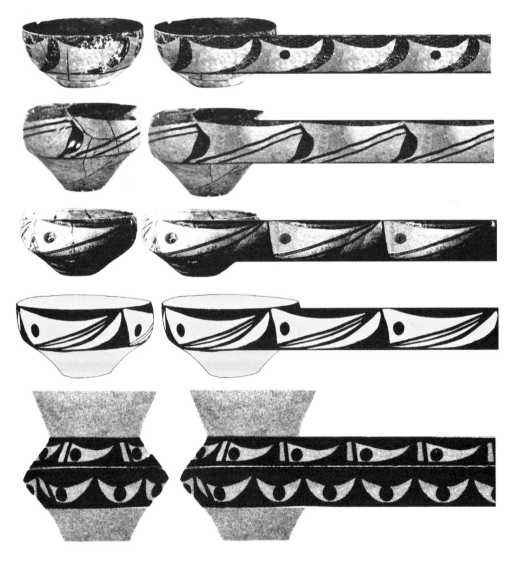

图3-4-2-6　陕县庙底沟"西阴纹"彩陶

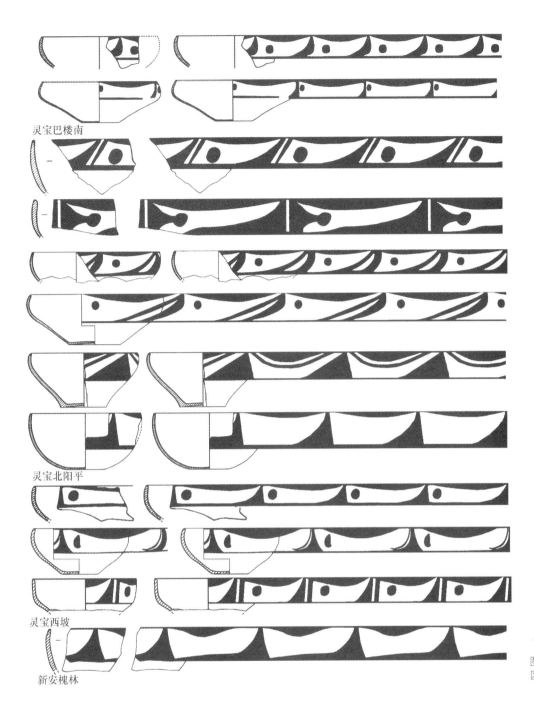

灵宝巴楼南

灵宝北阳平

灵宝西坡

新安槐林

图3-4-2-7 河南地区的"西阴纹"彩陶

　　在陇东地区，"西阴纹"彩陶集中发现于秦安大地湾遗址，据发表的材料统计不会少于10件[1]。大地湾的"西阴纹"彩陶有五六种不同的样式，纹饰单元以宽短形多见，有的加绘有不同的隔断，一般多点缀有圆点，个别加饰有中分线，不见圆点与中分线结合的样式，风格比较一致（图3-4-2-11）。

　　彩陶上的"西阴纹"不仅装饰在器腹，偶尔也绘在陶器的口沿上。河津固镇的一件陶器口沿上，绘有5组"西阴纹"，使口沿部位显现出一种旋动感。在其他一些陶器的沿面上，有的也绘有类似的纹饰（图3-4-2-12）。

[1]甘肃省文物考古研究所：《秦安大地湾》，图99：6、8，102：12，112：12，116：1，文物出版社，2006年。

第三章　纹饰分类系统

303

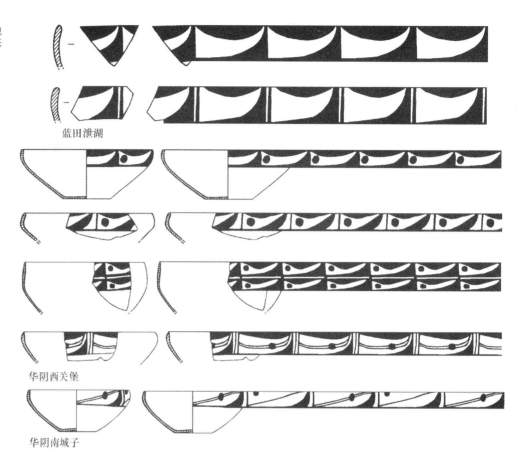

图3-4-2-8 关中地区东部"西阴纹"彩陶

蓝田泄湖

华阴西关堡

华阴南城子

[1]梁思永：《山西西阴村史前遗址的新石器时代的陶器》，《梁思永考古论文集》，科学出版社，1959年。

[2]严文明：《西阴村史前遗存分析》，《仰韶文化研究》，文物出版社，1989年。

对于"西阴纹"的研究，李济先生指出了它的重要性，梁思永先生也曾给予关注。梁先生1930年撰写的论文《山西西阴村史前遗址的新石器时代的陶器》[1]，将"西阴纹"作为第一类纹饰进行了讨论，但他既没有重复李济先生给出的名称，也没有给出新的命名。严文明先生1963年也曾就西阴村遗址作过专门的探讨，他将"西阴纹"定名为"垂弧纹"[2]。

"西阴纹"确实是一种很有特色的彩陶纹饰。它们的构图虽然基本相同，但细部的变化也是明显的，这些变化体现了地域区别，也应当有年代上的距离。

首先我们认定"西阴纹"是一种地纹彩陶，它的图案要素是以四周涂色，映衬出中间的"西阴纹"样式。从大形上看，"西阴纹"样式的轮廓有长短和宽窄之分，窄长者弯角较尖，宽短者则弯角较钝，两者之间看不出明确的年代早晚关系。它们之间是不是由此及彼地发展演变，还无法得出结论。还有一个明显的特点是，这弯角形几乎全是宽头在左，尖头在右，按逆时针方向排列。这个程式几乎没有被破坏过，至今还没有发现相反的情形。

如果我们忽略"西阴纹"样式的长短宽窄区别，仅由它们附加的图形来作区分，依据它们的变化，至少可以细分出以下6种形式（图3-4-2-13）。

a式：没有附加图形的"西阴纹"，角中无纹，角之间也没有间隔图形。

b式：角中无附加纹饰，但角之间绘有间隔图形。

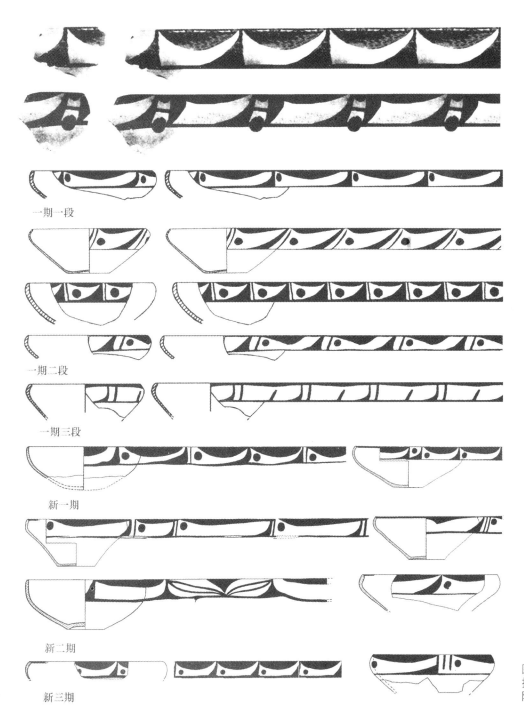

一期一段

一期二段

一期三段

新一期

新二期

新三期

图3-4-2-9 华县泉护村1期"西阴纹"彩陶

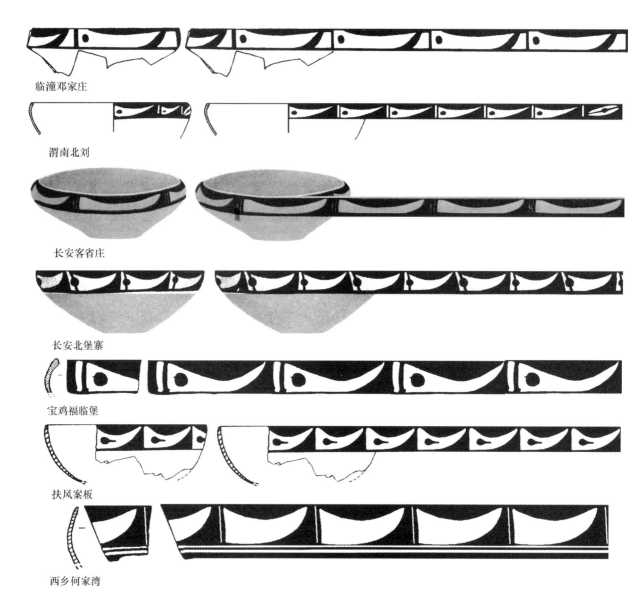

临潼邓家庄

渭南北刘

长安客省庄

长安北堡寨

宝鸡福临堡

扶风案板

西乡何家湾

图3-4-2-10　关中
地区中西部及陕南的
"西阴纹"彩陶

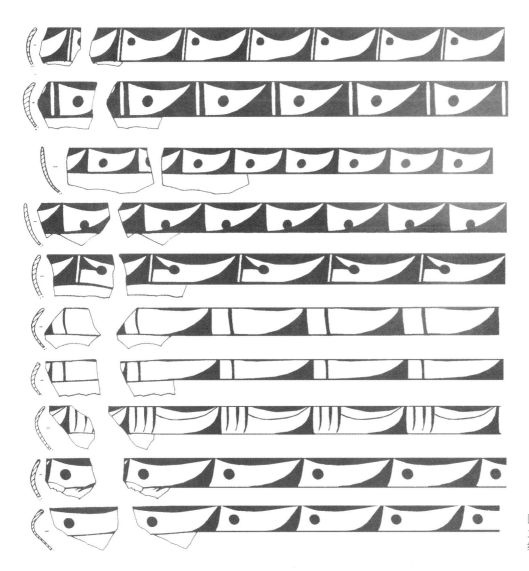

图3-4-2-11 秦安
大地湾三期的"西阴
纹"彩陶

河津固镇

新安槐林

图3-4-2-12 彩陶沿
面上的"西阴纹"

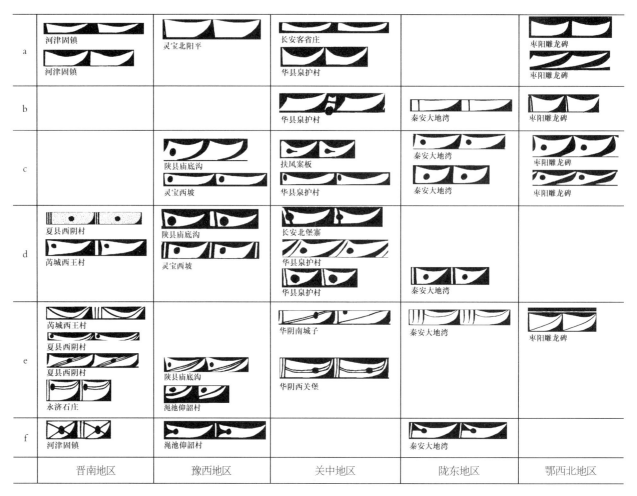

	晋南地区	豫西地区	关中地区	陇东地区	鄂西北地区
a	河津固镇 河津固镇	灵宝北阳平	长安客省庄 华县泉护村		枣阳雕龙碑 枣阳雕龙碑
b			华县泉护村	秦安大地湾	枣阳雕龙碑
c		陕县庙底沟 灵宝西坡	扶风案板 华县泉护村	秦安大地湾 秦安大地湾	枣阳雕龙碑 枣阳雕龙碑
d	夏县西阴村 芮城西王村	陕县庙底沟 灵宝西坡	长安北堡寨 华县泉护村 华县泉护村	秦安大地湾	
e	芮城西王村 夏县西阴村 夏县西阴村 永济石庄	陕县庙底沟 渑池仰韶村	华阴南城子 华阴西关堡	秦安大地湾	枣阳雕龙碑
f	河津固镇	渑池仰韶村		秦安大地湾	

图3-4-2-13 "西阴纹"彩陶分类分区域比较

c式：角中附加圆点纹，角之间没有间隔图形。

d式：角中既附加有圆点纹，角之间也绘有间隔图形。这是发现数量较多的一式，可以看作是"西阴纹"的标准形式。

e式：角中绘1~3条分割线，或附加圆点纹，角之间或有间隔图形。这是"西阴纹"中的一种完全形式。

f式：角中附加特别纹饰，角之间或有间隔图形。角中的特别纹饰，对于判断不同遗址不同地域之间的关系，有可能提供非常有力的证据。

这6种形式，由地域的分布看，并不是均衡的。如晋南地区缺少b、c式，豫中地区缺少b式，关中西部地区缺少e、f式，陇东地区缺少a式，鄂西北地区缺少d式，以陇东地区发现的形式最全。

由横向分布观察，以c、d、e三式发现比较普遍，所以我们可以确定这三式为标准形式。其他各式，有的在两个地区有发现，表明不同地区之间存在着可能的联系。

由这样的分类看，"西阴纹"的绘制在庙底沟文化时期应当已经确定了程式化标准，它不是陶工们可以随意发挥任意描绘的纹饰。

对于各式构图的"西阴纹"彩陶的年代，现在还不能有明确的判断。由华县泉护村的发现看，a、b两式年代稍早，d式则略晚。也即是说，纹饰中不加圆点和中分线的"西阴纹"彩陶年代可能早一些，反之则比较晚一些。我们虽然作出了这样一个初步的判断，但却并不能绘制出一幅"西阴纹"彩陶的演变图来，目前的资料还不足以解决这个问题。

对庙底沟文化这种弯角状彩陶纹饰的研究，过去研究者涉及较少，对于它的来源问题，自然也没有深入的讨论。只有张朋川先生有过一个大胆的推测，他认定"西阴纹"是侧视鸟形的简化形式[1]，他还画出了鸟纹由具象到抽象的演化图示（图3-4-2-14）。

[1]张朋川：《中国彩陶图谱》，159页，插图83，文物出版社，1990年。

张朋川先生说，侧面的鸟纹由写实的纹样向几何形的纹样发展，后来鸟纹简化到仅以一个圆点表示，身子变成一条细长的弧带。再后来，"由圆点和细弧线组成的侧面鸟纹，还演变成斜线、圆点、月牙形纹组成的几何图案"。从张先生的图示上看，庙底沟文化彩陶鸟纹的演化脉络似乎非常清晰。不过有些遗憾的是，这种推测缺乏考古地层依据，依然只能看作是理论层面的推论。由华县泉护村的地层证据看，最具象的鸟纹与抽象的"西阴纹"其实是共存的，在发掘者划定的属于庙底沟文化的三个时段中，抽象的"西阴纹"与具象的鸟纹都是共存的，看不出彼此之间存在什么联系。更重要的是，在秦安大地湾的发掘中，这个证据不仅说明"西阴纹"出现的时间比我们原来知道的要早得多，是在半坡文化末期，而且提示我们要改变原有思路，不必在鸟纹中去寻查它的来源了。

另外，张朋川先生还论证过正面的鸟纹演变成别一种圆点与弧边三角连组的几何纹样，这种纹样广泛见于庙底沟文化的彩陶，也见于其他一些文化的彩陶和划纹陶。事实上这样的几何纹样也是出现在半坡文化时期，与庙底沟文化彩陶上的鸟纹没有必然的联系，在大地湾遗址就发现了典型的标本[2]。

[2]甘肃省文物考古研究所：《秦安大地湾》，图99：6、8，102：12，112：12，116：1，文物出版社，2006年。

庙底沟文化以后，"西阴纹"随着彩陶的衰落也基本不见了，但在蓝田泄湖的西王村文化地层中却见到一例"西阴纹"彩陶，构图与庙底沟文化并无显明不同，如果它不是早期地层的混入品，就说明"西阴纹"在庙底沟文化以后在彩陶上还有表现[3]。

[3]中国社会科学院考古研究所陕西六队：《陕西蓝田泄湖遗址》，《考古学报》1991年4期。

小型直口或敛口的陶钵，是二方连续构图"西阴纹"的固定装饰体。这种陶钵，应当是一种日常使用的食器。作为一种食器装饰使用的"西阴纹"，它内在的含义值得深入探究，它不应当只是一种纯粹的装饰纹样。

3. 叶片纹

庙底沟文化彩陶中可与"西阴纹"相提并论的，就是这叶片纹。叶片纹与"西阴纹"一样，一般也是绘在陶钵的上腹位置，作二方连续式排列。大多数叶片纹都是取右上倾斜的布列方式，呈现出一种动态。

以二方连续方式排列的叶片纹，叶片之间一般都有不同的隔断，但在芮城西

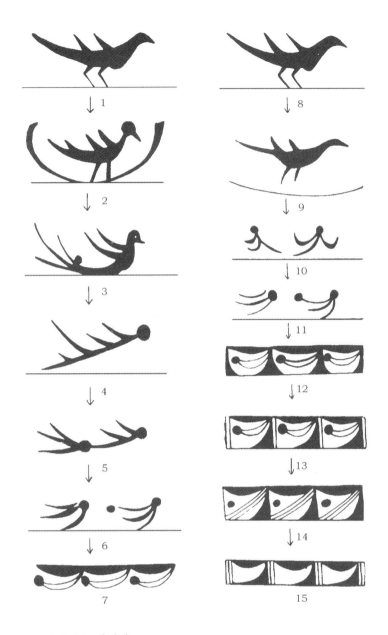

图3-4-2-14 庙底沟
文化彩陶上鸟纹演变
的推测（据张朋川）

王村和宝鸡福临堡各发现的一例叶片
纹彩陶片，在复原时没有绘出隔断，这
并不是说它们原本没有隔断，而是不
知道采用的是什么元素作的隔断（图
3-4-3-1）。

　　根据细微的判别，可将叶片纹分为5
式。

　　a式　叶片内没有附加元素，是最简
单光素的叶片纹。这类叶片纹见于晋南
和关中东部地区，出土地点只有夏县西
阴村和华县泉护村两处。不仅叶片纹没
有装饰，叶片之间的隔断也没有什么装
饰，显得比较简洁（图3-4-3-2）。

　　b式　叶片中缀有一个圆点。这类叶
片纹发现的地点不多，在秦安大地湾见
到几例。夏县西阴村也发现一例，但不
很典型。用平行线、圆形或其他元素作
隔断，有时隔断内也缀有一个圆点，呼应
叶片纹中的圆点，整体风格显得较为一
致（图3-4-3-3）。

　　c式　叶片中加绘有中分线，最少绘
一条，多的绘有三条。这类叶片纹在晋
南河津固镇、芮城西王村、夏县西阴村、
翼城北橄都有发现。依现有的发现看，
这种叶片纹只见于晋南地区，它地的庙
底沟文化遗址还不曾见到（图3-4-3-4）。

　　d式　叶片中既附加有圆点纹，也有中分线。这是发现数量较多的一式，可以看
作是叶片纹的标准形式。这一式叶片纹以晋南地区的发现最为集中，河津固镇一处
就见到几例。不过豫西却发现很少，陕县庙底沟仅有两例（图3-4-3-5）。

　　由于这类叶片纹形如豆荚，一些研究者曾称之为"豆荚纹"，当然并不是当它为
写实的豆荚之类。

　　e式　叶片中的图形不规则，变化较大，发现数量很少，没有普遍意义。这类叶
片纹见于夏县西阴村和泉护村的发现，叶片中的中分线作变形处理，西阴村的这种
叶片纹中间也有圆点（图3-4-3-6）。

　　在组合形式上，叶片纹也表现出一些特点。叶片纹常与圆形和椭圆形组合在一
起，叶片纹与圆形互为隔断，这个时候往往分不清它们的主次关系。当然有些可以看

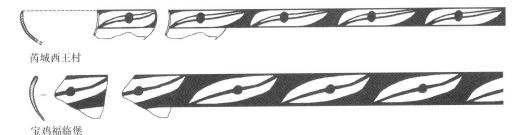

芮城西王村

宝鸡福临堡

图3-4-3-1 简单组合的叶片纹彩陶

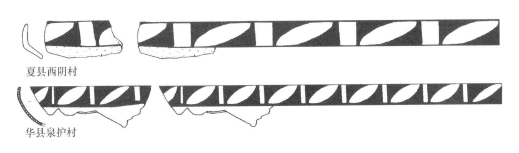

夏县西阴村

华县泉护村

图3-4-3-2 无附加装饰的叶片纹彩陶

出圆形是主纹, 而叶片是隔断。组合中的叶片纹也有一些变化, 如新绛光村所见, 叶片显得较窄[1], 其他地点叶片纹又有较宽的例子 (图3-4-3-7)。

除了与圆形组合较多以外, 叶片纹也还有一些不固定的特别组合, 它们都可以看作是一些带有方框的隔断, 隔断内填入的元素有圆点、十字叉、平行线, 这样的一些组合通常一式只发现一例。另外叶片纹与隔断的组合一般是独立成纹, 与其他纹饰再行组合。再行组合的例子只见到一例, 是夏县西阴村发现的一件彩陶罐, 它的上腹绘的是流行的d式叶片纹, 下腹是四瓣式的花瓣纹 (图3-4-3-8)。

前文已经提到, 叶片纹全都是以一种倾斜的角度出现的, 是右上斜的方向, 上面所列举的例证都是如此。但也见到极少的方向不同的例子, 如陕县庙底沟、夏县西阴村和天水师赵村所见几例, 叶片纹是取右下斜的方向 (图3-4-3-9)。这也许是个例, 没有普遍意义。

将不同形式叶片纹放在一起进行比较, 它们的异同一目了然。不过整体的风格还是一致的, 纹饰构图虽然非常简单, 出现的频度却很高, 这一点很值得注意。各类叶片纹的分布, 也有一些规律。叶片纹以c、d两式最为典型, 数量也最多, 这两式集中发现于晋南地区。而且5式叶片纹在晋南全有发现, 其他地区都只见到其中的几式, 这可能说明叶片纹的最初出现地区应当是在晋南 (图3-4-3-10)。

4. 花瓣纹: 双瓣和三瓣

庙底沟文化彩陶中的花瓣纹, 不论是双瓣式的还是四瓣式或者多瓣式, 虽然它们可能都与花瓣无关, 但为着描述的方便, 这里依然还是称之为花瓣纹。花瓣纹可以分为两个大类, 即双瓣式和多瓣式, 这里先来分析双瓣式和三瓣式。

双瓣式花瓣纹可以看作是叶片纹的另一表现形式, 其实并非是一种花瓣, 也许

[1]山西省考古研究所等:《山西新绛光村新石器时代遗址调查》,《文物集刊》1996年2期。

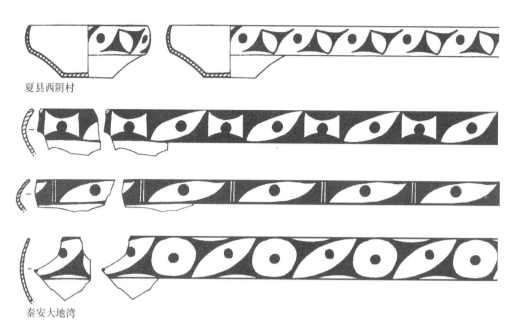

夏县西阴村

图3-4-3-3 带点的
叶片纹彩陶

秦安大地湾

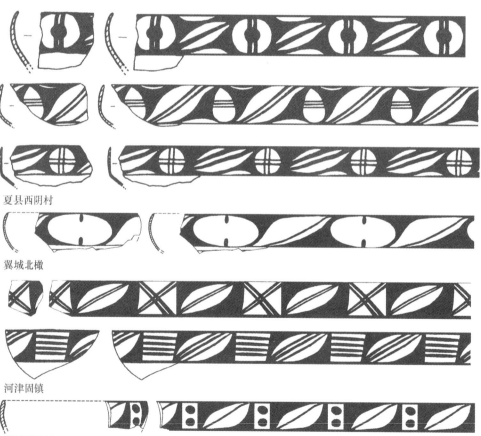

夏县西阴村

翼城北橄

河津固镇

图3-4-3-4 带中分
线的叶片纹彩陶

芮城西王村

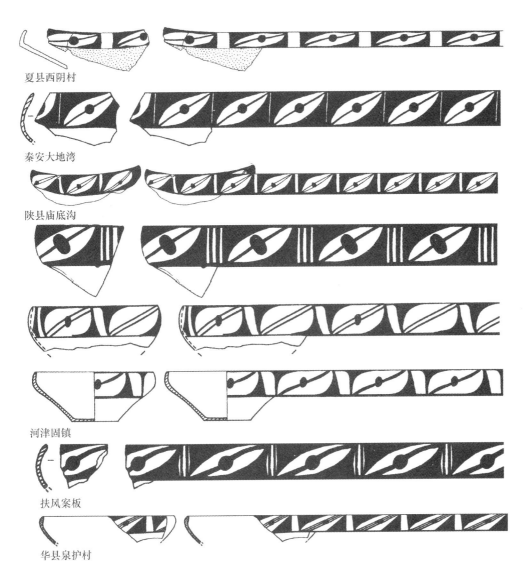

夏县西阴村

秦安大地湾

陕县庙底沟

河津固镇

扶风案板

华县泉护村

图3-4-3-5 带中分线加点的叶片纹彩陶

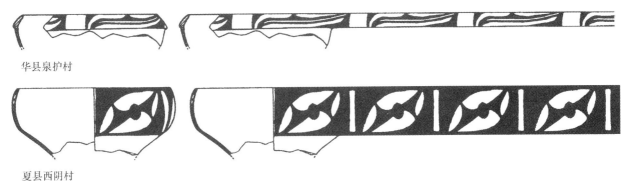

华县泉护村

夏县西阴村

图3-4-3-6 特别形态的叶片纹彩陶

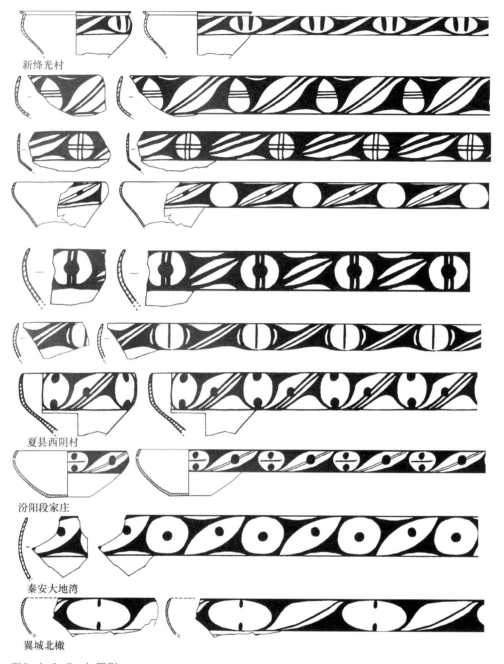

新绛光村

夏县西阴村

汾阳段家庄

秦安大地湾

翼城北橄

图3-4-3-7 与圆形
组合的叶片纹彩陶

[1]河南省社会科学院河洛文化研究所等：《河南巩义市洛汭地带古代遗址调查》，《考古学集刊》9集。

称作对叶纹更好，也都是以地纹方式描绘的纹饰。从构图上看，它是以上下颠倒交叠的弧边三角作衬底，构成一对对张开的叶片。当弧边三角相对较大时，花瓣会显得细长一些，反之花瓣则较为宽短。

双瓣式花瓣纹又可分为简单型和组合型两种，简单型是指独立存在的形式，组合型则是与其他纹饰同组的形式。简单型和组合型本来有着明显的区别，甚至连来源也不同，只是为着描述的方便，我们将它们归并到一起。不过在叙述时，还是明确地分为两类，并没有混为一谈。

简单型的双瓣式花瓣纹发现虽然并不是很多，但却非常典型。以翼城北橄和洪洞耿壁的发现看，花瓣纹中的双瓣既宽且大，有一种厚重感。济源长泉发现的一例，衬底的弧边三角纹比较宽大，花瓣的双瓣显得窄长一些，比较秀气。在巩义滩小关见到两例双瓣式花瓣纹[1]，双瓣绘得较小，排列显得紧凑得多（图3-4-4-1）。

组合型的双瓣式花瓣纹，也分为几种不同的情形。它可以与旋纹同组，也可以与圆形同组，甚至可以与鱼纹同组，在这样一些组合中，双瓣式花瓣纹的意义有了充分体现。

在陕县庙底沟，见到双瓣式花瓣纹与旋纹组合在一起的例子。这是庙底沟文化

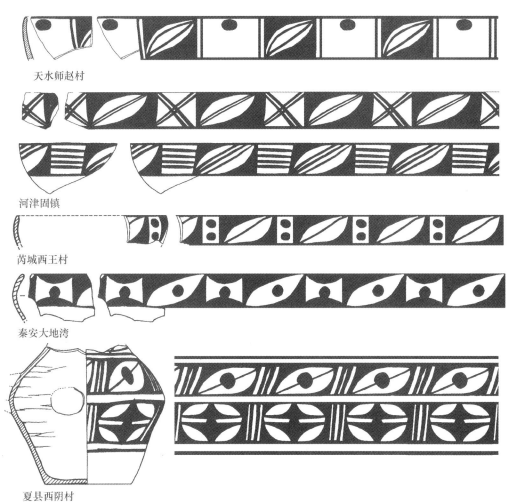

天水师赵村

河津固镇

芮城西王村

秦安大地湾

夏县西阴村

图3-4-3-8　特别组合的叶片纹彩陶

陕县庙底沟

夏县西阴村

天水师赵村

图3-4-3-9　少见的左斜方向的叶片纹彩陶

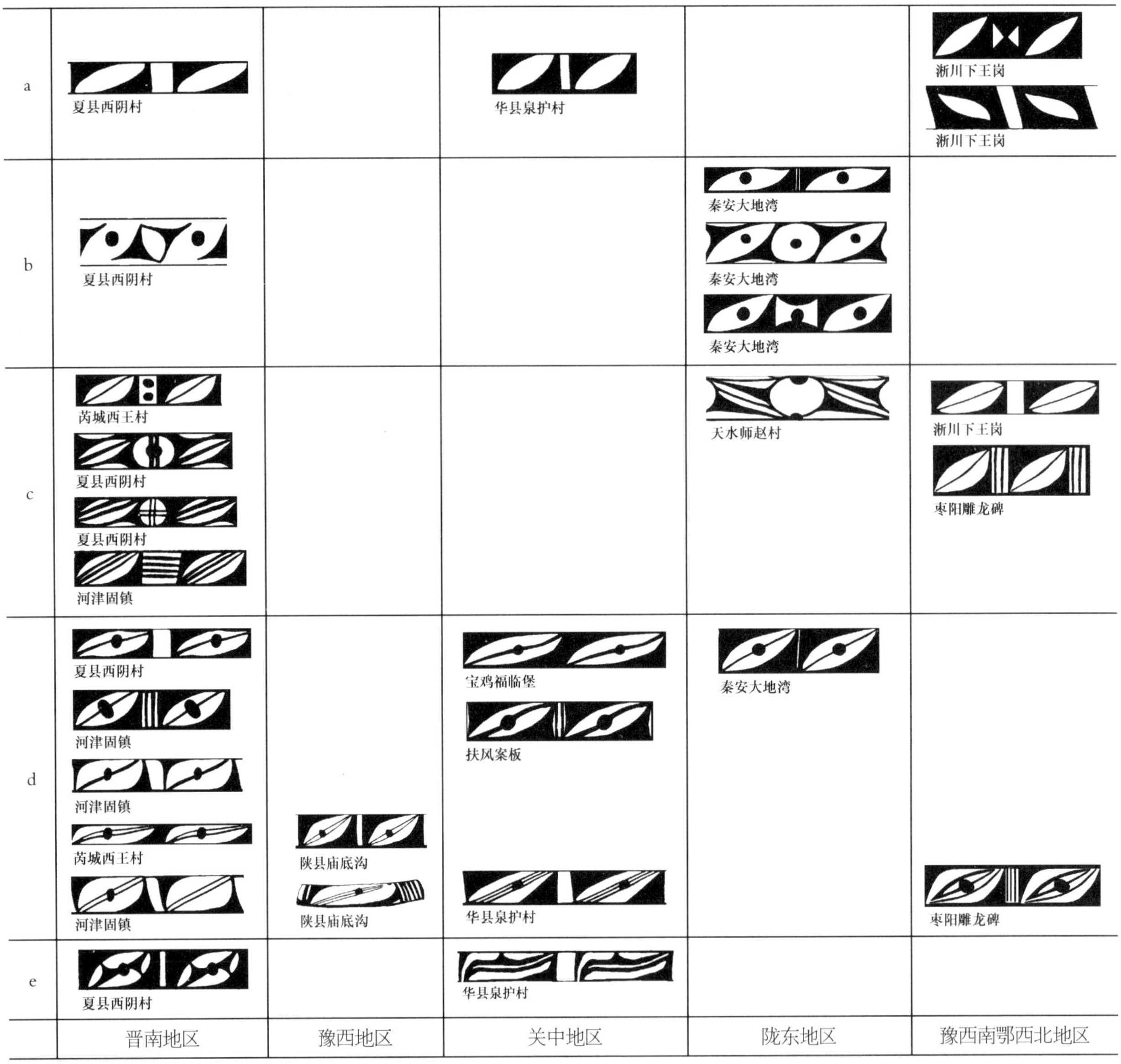

	晋南地区	豫西地区	关中地区	陇东地区	豫西南鄂西北地区
a	夏县西阴村		华县泉护村		淅川下王岗 淅川下王岗
b	夏县西阴村			秦安大地湾 秦安大地湾 秦安大地湾	
c	芮城西王村 夏县西阴村 夏县西阴村 河津固镇			天水师赵村	淅川下王岗 枣阳雕龙碑
d	夏县西阴村 河津固镇 河津固镇 芮城西王村 河津固镇	陕县庙底沟 陕县庙底沟	宝鸡福临堡 扶风案板 华县泉护村	秦安大地湾	枣阳雕龙碑
e	夏县西阴村		华县泉护村		

图3-4-3-10 彩陶上的叶片纹分类比较

彩陶中常见的一种组合。花瓣纹一般是在上面，下面常常是一个单旋纹。与简单组合的花瓣纹排列方式也有区别，花瓣只有一对，而且是一大一小，呈斜向排列。庙底沟还见到一例双瓣式花瓣纹与圆形组合的例子，其他地点没有见到这样的组合。圆形中有特别的圆盘形加圆点的图案，这个图案我们在圆形图案中还要仔细研究。在河津固镇，双瓣式花瓣纹与单旋纹作为一种固定组合，呈一正一倒的方式排列（图3-4-4-2）。这样的组合形式在其他地点也有发现，很值得注意。

在关中地区，像庙底沟那样双瓣式花瓣纹与旋纹组合的例子也能见到。如华县泉护村和华阴西关堡，见到的双瓣式花瓣纹也是在单旋纹的上方。华县泉护村的一件彩陶钵上，双瓣式花瓣纹与人脸形组合在一起，人脸形元素可以看作是一个隔断，这样的组合也不见于它处。华阴南城子一件彩陶盆上，双瓣式花瓣纹与重圈的圆形组合在

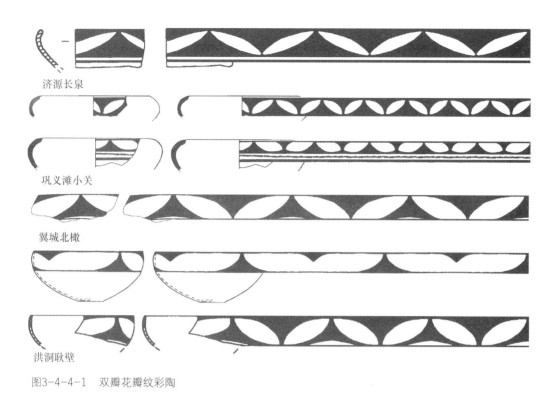

济源长泉

巩义滩小关

翼城北橄

洪洞耿壁

图3-4-4-1　双瓣花瓣纹彩陶

陕县庙底沟

河津固镇

图3-4-4-2　双瓣花瓣纹组合的彩陶

一起，排列样式类同于上面提到的单旋纹与双瓣式花瓣纹组合（图3-4-4-3）。

在秦安大地湾，双瓣式花瓣纹与单旋纹和重圈圆形分别组合在一起的例子都有发现。在一件彩陶盆上，双瓣式花瓣纹与单旋纹组合在一起，也是采用一正一倒的方式排列。还有一例双瓣式花瓣纹与重圈圆的组合，采用的也是一正一倒的排列方式。在另一件彩陶盆上，不仅见到双瓣式花瓣纹下有单旋纹，而且另外还有双瓣式花瓣纹与圆形组合的图案，圆形中也是绘有圆盘形加圆点的图案（图3-4-4-4）。

在陇县原子头有一个特别的发现。在一件鱼纹彩陶盆上，双瓣式花瓣纹与中间绘有圆盘形的圆形组合在一起，这组合出现在鱼头的位置，而鱼头却没有绘出（图3-4-4-5）。这里也许透露出了一个重要的信息，加扁圆的圆形与双瓣式花瓣纹在一起，这是一个非常特别的组合。

就是这样的一个组合形式，将双瓣式花瓣纹与鱼纹连接在一起了。原子头这样的组合，其实也并不是孤例。查秦安大地湾半坡文化彩陶，至少有三件彩陶片绘出了同样组合的纹饰，都是在鱼纹的鱼头位置，绘着加扁圆的圆盘形与双瓣式花瓣纹。只是因为陶片过于破碎，发掘者没有将纹饰的原形复原出来（图3-4-4-6）。大地湾半坡文化彩陶上见到多例与原子头鱼纹相同的彩陶，这表明这种纹饰组合在半坡文化时期（应当是在末期）就已经出现。

到庙底沟文化时期，加扁圆的圆盘形与双瓣式花瓣纹更多的是脱离了鱼纹的鱼体，与其他一些元素构成新的组合。而且双瓣式花瓣纹本体也出现了一些值得注意的变化，重圈圆形或大单旋纹有时取代了加扁圆的圆盘形，形成两种新的组合，但它们与原来的构图依然固守着同样的风格（图3-4-4-7）。

将半坡、庙底沟和后庙底沟文化的双瓣式花瓣纹放在一起作比较，从简单型看，三个时期并没有太大变化，只是在后庙底沟文化时期叶片中增加了中分线，而半坡文化和庙底沟文化的双瓣式花瓣纹并不易分辨。至于组合型的双瓣式花瓣纹，在鱼纹头部出现的双花瓣，庙底沟文化显然也是承续了半坡文化的传统，二者也没有明显不同。而与重圈圆形和旋纹同组的双瓣花瓣纹，则是在庙底沟文化时期才开始见到，这样的彩陶在后来传播到了外围文化，河套与长江流域都发现了同类纹饰组合（图3-4-4-8）。

特别让我们感兴趣的是，双瓣式花瓣纹与鱼头和旋纹之间有一种特别的联系，对此在后文还要作一些讨论。

至于三瓣式花瓣纹，在庙底沟文化彩陶上并不常见，但不多的发现也非常典型，所以我们在这里还是要提到它。标准的三瓣式花瓣纹在关中见到两例，一例见于蓝田泄湖，虽然陶片比较破碎，纹饰复原起来还是能看出是二方连续的三瓣式花瓣纹。另一例见于西安南殿村，是在陶盆的沿面上绘一周三瓣式花瓣纹。在汝州中山寨的一件大口浅腹彩陶盆上，绘上下并列的两周三瓣式花瓣纹，花瓣之间有一个小窄条作隔断，这是少有的发现。外围文化中也见到了三瓣式花瓣纹，郑州大河村的一件残杯上，也是绘两列三瓣式花瓣纹，下列的花瓣比较匀称，上列的花瓣中间的一瓣

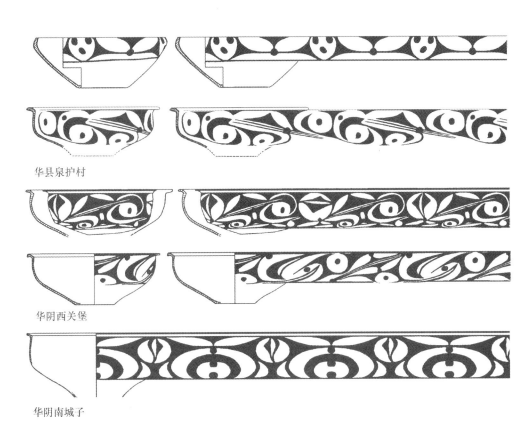

华县泉护村

华阴西关堡

华阴南城子

图3-4-4-3 双瓣花瓣纹组合的彩陶

图3-4-4-4 秦安大地湾双瓣花瓣纹组合的彩陶

图3-4-4-5 陇县原子头彩陶上鱼纹鱼头部位的双瓣花瓣纹

图3-4-4-6 秦安大地湾半坡文化彩陶上鱼纹头部的双瓣花瓣纹

陇县原子头

秦安大地湾

河津固镇

枣阳雕龙碑

图3-4-4-7 彩陶上双瓣花瓣纹的比较

图3-4-4-8　彩陶上双瓣花瓣纹的变化

图3-4-4-9　三瓣式花瓣纹彩陶

绘得非常宽大。清水河石板见到一例，叶片比较舒展，构图与南殿村的比较接近。另外在民和阳洼坡也有一例，纹饰复原展示也是三瓣式花瓣纹，而且花瓣中绘有带点的中分线（图3-4-4-9）。

庙底沟文化彩陶上的沿面图案，一般都是腹面常见元素的翻版，从这个现象看，西安南殿村已经见到作沿面图案的三瓣式花瓣纹，说明它也是一种常规的腹面装饰。现在虽然这类彩陶发现不多，今后可能还会有所发现的。

5. 花瓣纹：四瓣与多瓣

庙底沟文化彩陶中的花瓣纹非常有特点，除了上面讨论的双瓣式花瓣纹，还有数量很多的四瓣式花瓣纹，也见到一些多瓣式花瓣纹。这两种花瓣纹构图都非常严谨，而且画工大多也非常精致，在庙底沟文化彩陶中是可以与旋纹相提并论的重要纹饰。

这里的讨论准备分作两节，一节专论四瓣式花瓣纹，一节集中讨论四瓣以上的多瓣式花瓣纹。

a. 四瓣式花瓣纹

庙底沟文化彩陶的四瓣式花瓣纹为典型的地纹彩陶，纹饰特征非常明显，就多数发现而言，一般都是二方连续式结构，构图左右对称。由地纹角度观察，四瓣式花瓣纹一般都可以看作是四个叶片的向心组合形式。它的衬底纹饰是四个弧边三角纹，也是取向心式。四个弧边三角形合围的结果，就是一个严谨的四瓣式花瓣纹单元。

关于四瓣式花瓣纹的读法，我们可能会有不同的角度，这是因为对于二方连续的花瓣，我们并不知道四瓣之间的分界到底是在哪里。我将两个可能的读法称为"外侈式"和"内敛式"，将花瓣的叶片看作是向外张开的四瓣即为外侈式，看作是内收的四瓣便是内敛式（图3-4-5-1）。我们由画工的出发点看，其实这两种花瓣纹的构图都是他们采用过的形式，并不能只以外侈和内敛中的一式来认定花瓣纹的结构。不过我们还是可以由独立的四瓣式花瓣纹明确它们的结构，这种独立的花瓣纹也有内敛和外侈两种样式，为何有这样的区别，我们不拟在此展开讨论，不过可以肯定的是，内敛式有更明确的例证，如陕县庙底沟和民和胡李家就有发现（图3-4-5-2）。依我的观察看来，四瓣式花瓣纹的两种结构是以内敛式为主，出土彩陶资料在数量上比较多。有一部分花瓣纹并不能明确认定是哪一种结构，它们介于两可之间，可以一式二读，在这样的时候，一般是将它们归入内敛式，这只是为着叙述的方便，并不是结论性意见（图3-4-5-3）。

我们在此列举的这些四瓣式花瓣纹彩陶，除了在构图上存在内敛与外侈的不同，花瓣的组合也还有一些细微的差别。这些差别主要体现在花瓣的接合处，如有的花瓣之间有纵隔断，有的有横隔断，有的又组合了其他元素。当然也有少量没有附加

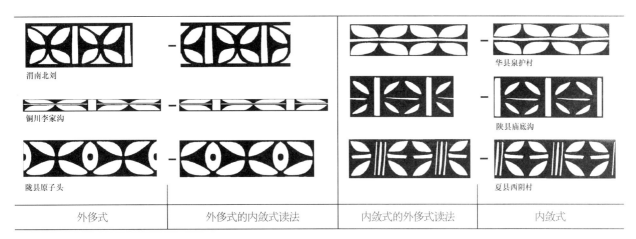

渭南北刘			华县泉护村
铜川李家沟			陕县庙底沟
陇县原子头			夏县西阴村
外侈式	外侈式的内敛式读法	内敛式的外侈式读法	内敛式

图3-4-5-1　彩陶上四瓣式花瓣纹的两种结构

元素的花瓣纹，我们称之为简式四瓣式花瓣纹。华县泉护村见一例简式四瓣式花瓣纹，花瓣之间没有隔断，也没有其他附加元素。当然此一例的花瓣纹有些特别，花瓣并不全为叶片形，左上与右下对顶的是两个叶片纹，而右上与左下对顶的是两个四分之一圆形。荥阳楚湾的一例为残片，复原后的纹饰为简式四瓣式花瓣纹[1]。这样的复原当然也不是一定准确，因为纹饰单元的接合部正好缺失，它也有可能存在隔断。还有一例见于渭南北刘，应当是标准的简式四瓣式花瓣纹[2]，这是一例外侈式花瓣纹，花瓣之间有明确的空白隔断。这件彩陶绘制不精，上下弧边三角也没有用黑色填实，似乎是一件未完成的作品（图3-4-5-4）。

　　通检四瓣式花瓣纹标本，真正确定的简式花瓣纹数量非常有限，最多见到的是带有横隔断的花瓣纹，即在上下两瓣花瓣之间，留有明显的空白带。这样的空白带有时只限在一个花瓣单元之内，有时又贯通左右。陕县庙底沟有一件彩陶罐，上腹绘一周四瓣式花瓣纹连续图案，上下花瓣之间有横贯左右的空白带，花瓣单元之间没有隔断。另外还有一件平底盂，不高的腹壁满绘一周四瓣式花瓣纹，中间绘有空白带。庙底沟还见一残片，上下花瓣间留有贯通的空白带，空白带中绘不整齐的平行线

[1]郑州市文物工作队等：《河南荥阳楚湾新石器时代遗址调查报告》，《考古》1995年6期。

[2]半坡博物馆等：《渭南北刘新石器时代早期遗址调查与试掘简报》，《考古与文物》1982年4期。

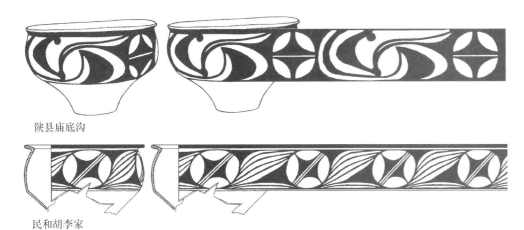

陕县庙底沟

民和胡李家

图3-4-5-2　彩陶上独立出现的四瓣式花瓣纹单元

外侈式读法	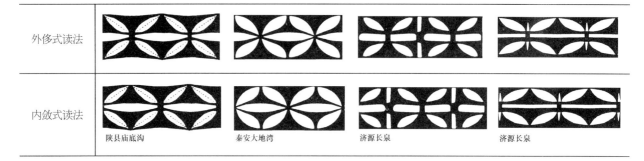			
内敛式读法				
	陕县庙底沟	秦安大地湾	济源长泉	济源长泉

图3-4-5-3 一式二读的四瓣式花瓣纹彩陶

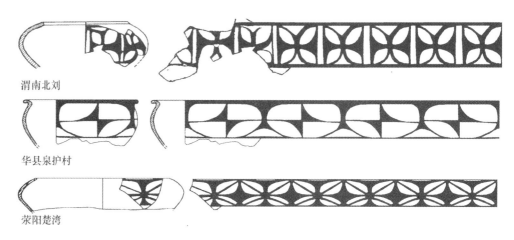

渭南北刘

华县泉护村

图3-4-5-4 简式四瓣式花瓣纹彩陶

荥阳楚湾

[1]中国社会科学院考古所河南一队：《河南汝州中山寨遗址》，《考古学报》1991年1期。

纹。类似的发现还见于济源长泉，中间的空白带也是贯通左右，不过空白带上没有加绘其他纹饰。汝州中山寨的一件四瓣式花瓣纹彩陶片，中间留有一条较细的空白带[1]。夏县西阴村的一件，中间留有不连贯的空白带，纹饰单元之间还加绘有垂直线组成的隔断（图3-4-5-5）。

加横隔断的四瓣式花瓣纹不仅见于河南与山西，在陕西也有发现，华阴西关堡的一件豆形彩陶的腹部就绘有精致的四瓣式花瓣纹。虽然花瓣单元之间绘有纵隔断，但中间的横隔断却穿过了纵隔断而使左右连通（图3-4-5-6）。

四瓣式花瓣纹中间附加的横隔断，在连续的图案中有时表现为贯通的一条线，在华县泉护村也发现了这样的标本。但在那些独立的花瓣纹中，它只是一条不明显的短线，如陕县庙底沟见到的两例即是如此（图3-4-5-7）。

四瓣式花瓣纹有横隔断，也有纵隔断。如西乡何家湾一件彩陶片上，就见到带纵隔断的花瓣纹，但没有横隔断。济源长泉见到的一例是既有纵隔断，也有横隔断，好似在四瓣花中绘有一个交叉的十字形（图3-4-5-8）。

在四瓣式花瓣纹中还有一种加绘其他纹饰的做法，也就是在四瓣围合的中心不见纵横隔断，而绘上了明确的图案。这是一种复杂化的四瓣式花瓣纹，而且发现的标本也不少。如华县泉护村、陕县庙底沟、秦安大地湾和荥阳楚湾所见，四瓣式花瓣纹中夹带着另一叶片纹，很容易让人看成是多瓣式花瓣纹。中间夹带的横瓣，可能

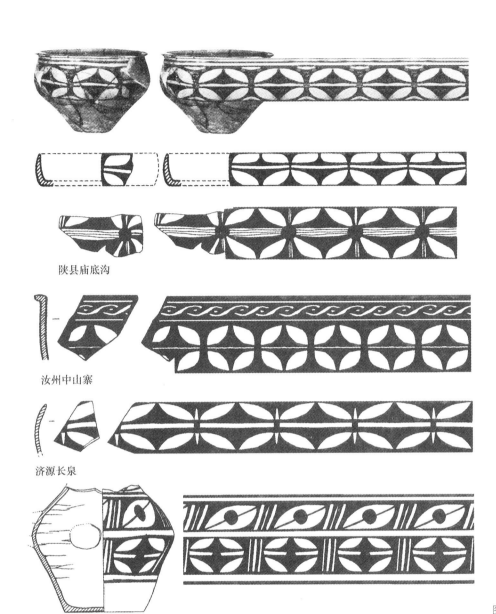

陕县庙底沟

汝州中山寨

济源长泉

夏县西阴村

图3-4-5-5 加横隔
断的四瓣式花瓣纹彩陶

图3-4-5-6 华阴西
关堡四瓣式花瓣纹彩陶

铜川李家沟

华县泉护村

陕县庙底沟

图3-4-5-7　加横隔断的四瓣式花瓣纹彩陶

西乡何家湾

济源长泉

图3-4-5-8　加纵隔断的四瓣式花瓣纹彩陶

是由横隔断变化而来，构图程式同于横隔断式花瓣纹。在陇县原子头、华阴西关堡和西乡何家湾，则见到夹带圆形或椭圆形的四瓣式花瓣纹，花瓣中间绘单点或双点穿圆的图形。其中西关堡的一件彩陶盆，花瓣中间加绘有中分线，花瓣包裹着双点穿圆形图案。这可以看作是最华丽的四瓣式花瓣纹，虽然发现数量不多，但非常重要（图3-4-5-9）。

还有一类四瓣式花瓣纹构图不同于一般，我们将它们列入变体花瓣纹。铜川李家沟出两例这样的彩陶，花瓣尖而窄，更多类似于半坡文化花瓣纹特征，在庙底沟文化彩陶上并不多见。华阴西关堡见到的一例，纹饰画工比较草率，衬底的弧边形绘得极细小，花瓣显得异常肥硕，不仔细观察还不易看出是花瓣纹。在陇县原子头则见到另一种四瓣式花瓣纹，花瓣作平直伸展状，纵向的上下两瓣绘成半片黑的样子。这是较为特别的花瓣纹，在庙底沟文化彩陶上并不多见（图3-4-5-10）。

宽叶片的花瓣纹是庙底沟时期才有的四瓣式花瓣纹的一种定式，可它在半坡文化中就已经出现了，只是那时还不是很流行。

　　有了这一批丰富的资料，我们将庙底沟文化的四瓣式花瓣纹放在一起作比较，可以观察到一些地域特点。在分布上，河南和陕西是中心地区，发现的彩陶标本较多。山西和甘肃发现标本较少，尤其是在山西地区，仅在西阴村见到一例，这个现象值得注意。在类型上看，也是以陕西和河南地区所见最为丰富，其中又以陕西最全。这样看来，关中是四瓣式花瓣纹彩陶分布的最重要的地区，也有可能是它最早的出现地（图3-4-5-11）。

　　最后由纵向的比较看，也能寻找到一点变化的脉络。从秦安大地湾三个时期的标本观察，半坡文化（大地湾二期）的四瓣式花瓣纹有细长的特点，构图为外侈式。而庙底沟文化时期（大地湾三期）花瓣变得较为丰满，构图为明确的内敛式。后庙

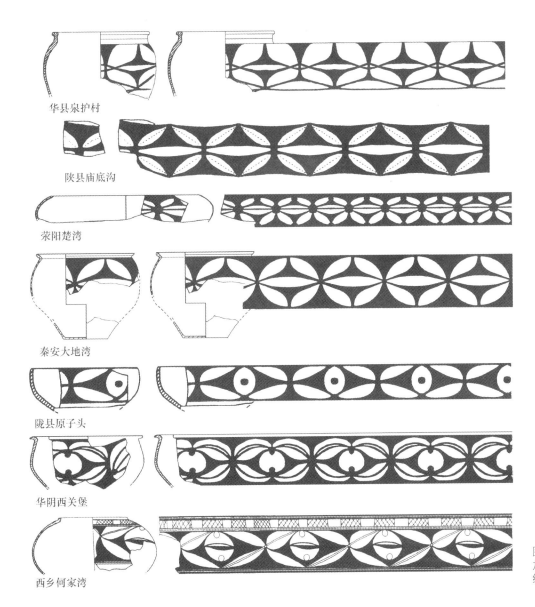

华县泉护村

陕县庙底沟

荥阳楚湾

秦安大地湾

陇县原子头

华阴西关堡

西乡何家湾

图3-4-5-9　中心附加纹饰的四瓣式花瓣纹彩陶

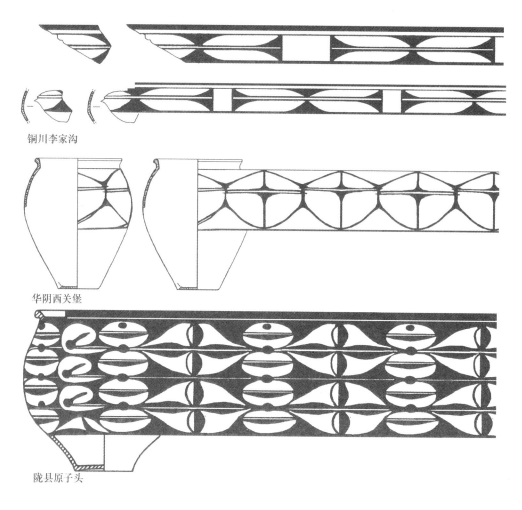

铜川李家沟

华阴西关堡

图3-4-5-10 变体四
瓣式花瓣纹彩陶

陇县原子头

底沟文化时期（大地湾四期）花瓣更加肥硕，构图趋于简洁，仍然主要为内敛式（图
3-4-5-12）。

此外，在四瓣式花瓣纹与多瓣式花瓣纹之间，具有比较密切的联系，这个问题我
们放在后面讨论。

b. 多瓣式花瓣纹

多瓣式花瓣纹是指四瓣以上的花瓣纹，一般为五瓣式和六瓣式。多瓣式花瓣纹
在同一件器物上，可能表现为多种样式，也就是说并不是单一的某类样式，如有时五
瓣和六瓣会共存一器。当然所谓的共存，其实是一种交错存在的样式，也是我们观察
到的样式，是一种客观存在。也许这样的效果未必就是当时的陶工所刻意追求的，他
们可能原本只是表现某一种结构，结果在纹饰单元之间又出现了一种新结构，这也
许就是我们看到的复式花瓣纹结构的由来。

典型的多瓣式花瓣纹彩陶在陕县庙底沟发现了几件，也正是有了庙底沟的发
现，我们才开始认识这种特征鲜明的彩陶纹饰。虽然在庙底沟之后，庙底沟文化彩
陶中见到这种纹饰的机会并不多，但它仍然是人们非常关注的彩陶之一。庙底沟的

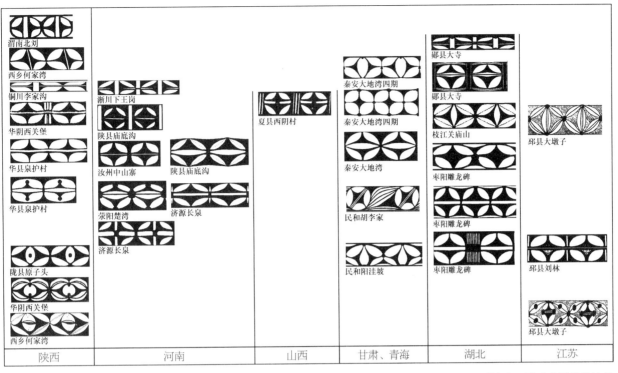

陕西	河南	山西	甘肃、青海	湖北	江苏

图3-4-5-11 彩陶上四瓣式花瓣纹的比较

多瓣式花瓣纹，有五六瓣复合式，也有四六瓣复合式，构图非常严谨。垣曲下马的一件长颈彩陶壶，在上腹绘一周六瓣式花瓣纹，因为花瓣纹要绕过器耳，所以纹饰作了一些变通处理，构图显得不怎么规范[1]。夏县西阴村见到的一件彩陶盆残片，复原纹饰为五六瓣复合式，画工虽不精致，但构图还是比较严密的。岐山王家咀见一多瓣式花瓣纹彩陶盆残片，复原纹饰结构为四六瓣复合式，当然也有可能为五六瓣复合式，究竟为何种样式还不能完全确定（图3-4-5-13）。

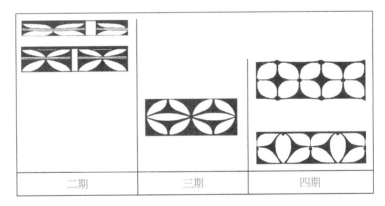

二期	三期	四期

图3-4-5-12 秦安大地湾不同文化四瓣式花瓣纹彩陶的比较

[1]中国国家博物馆考古部：《垣曲盆地聚落考古研究》，科学出版社，2006年。

在陕县庙底沟还有两件相当精致的多瓣式花瓣纹彩陶盆，一件是五五瓣复合式，另一件是五六瓣复合式，花瓣显得都比较丰满（图3-4-5-14）。值得注意的是，在庙底沟文化彩陶上很少见到五五瓣复合式花瓣纹，这种样式的多瓣式花瓣纹在后面要提到的大汶口文化中发现较多。

多瓣式花瓣纹也有一些在构图上作了变化处理，出现了不同于一般结构的变体图案。如汾阳段家庄和灵宝西坡各见一件彩陶盆，所绘花瓣纹构图大体相同，都是

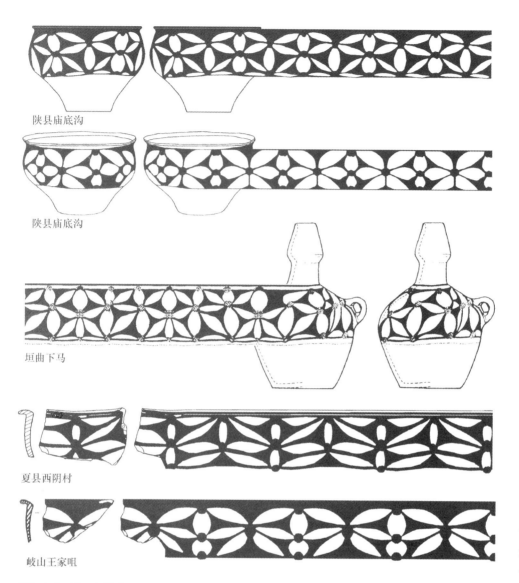

陕县庙底沟

陕县庙底沟

垣曲下马

夏县西阴村

岐山王家咀

图3-4-5-13 多瓣式
花瓣纹彩陶

在五六瓣复式结构基础上变化而成。最突出的变化是，中间直行的花瓣扩展为宽大的圆形，并点缀有两个圆点，这个元素我称之为"双点穿圆"，在下一节还将有专门的讨论。纹饰虽然在结构上有了变化，但这种变化又不是没有章法的随意进行涂抹，所以才在不同的地点能发现相同构图的彩陶（图3-4-5-15）。当然这所谓的五六瓣复式花瓣纹，其实只是四瓣式花瓣纹重叠架构起来的，关于四瓣式与多瓣式花瓣纹的关系，下面还会有解析。

多瓣式花瓣纹大多是以二方连续形式出现，也有个别单独出现的例子。如陕西黄龙西山发现的一件彩陶罐，用两组独立的单元相间组成在上腹纹饰带，其中的一个单元就是花瓣纹，是六瓣式花瓣[1]。这种六瓣式花瓣单独出现时，构图类似"米"字形，很有特点（图3-4-5-16）。

其他还有很特别的例子，所绘纹饰虽然大体能看出也是花瓣纹，但构图变化更大。这样的彩陶一般只发现一件，如夏县西阴村的一件彩陶罐，是由上下两列纹饰构成，上下均为花瓣纹，可以看作是不完整的多瓣花，也可以看作是两瓣与三瓣花。又如垣曲下马发现的一件彩陶罐，由上中下三列相同的纹饰组合而成，纹饰的单元初看接近前面提到过的那种叶片与圆形组合的纹饰，其实也是以四瓣花为基础构图变化而成[2]。三列纹饰合起来观察，将中间的圆形看作是一个大花瓣，也能看到有上下交叠的六瓣式花瓣纹（图3-4-5-17）。

在庙底沟文化以后，彩陶不多见了，多瓣式花瓣纹也基本见不到了，只是在个别

[1]魏京武、杨亚长：《近年来陕西新出土的仰韶文化原始文化艺术品》，《考古与文物》1991年5期。

[2]中国国家博物馆考古部：《垣曲盆地聚落考古研究》，科学出版社，2006年。

图3-4-5-14 陕县庙
底沟多瓣式花瓣纹彩
陶

汾阳段家庄

图3-4-5-15 多瓣式
花瓣纹彩陶

灵宝西坡

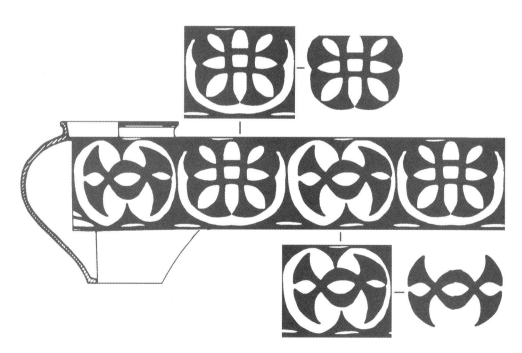

图3-4-5-16 黄龙西
山以独立单元出现的
六瓣式花瓣纹彩陶

夏县西阴村

图3-4-5-17 特殊构图的多瓣式花瓣纹彩陶

垣曲下马

图3-4-5-18 秦安大地湾四期花瓣纹彩陶

地点发现了线索。在秦安大地湾见到的一片彩陶片,所绘为内敛式四瓣花,四瓣花中再加绘十字形四瓣花,为花中花的构图。这虽是一例很典型的四瓣花的花瓣纹,因为花瓣间没有加绘隔断等其他纹饰,我们在四瓣花相接之处仍可以看到六瓣花,所以将它放在此处描述(图3-4-5-18)。需要特别提到的是,与前述所有花瓣纹不同的是,这一例并不是以地纹方式绘出,而是用直绘方式直接表现花瓣。这是我们提到的"反地"彩陶,这个发现非常重要,它说明在庙底沟文化时代以后,陶工们还能理解前一时代的地纹彩陶,也能理解这类花瓣纹的意义之所在。

从多瓣式花瓣纹彩陶的分布看,以豫西和晋南出土较多,在外围文化中则以鲁南苏北发现较多。向南的分布已到达长江南北,而且所见花瓣纹还非常典型。让人有些意外的是,陕西地区发现较少,仅在岐山王家咀见到一例。

就多瓣式花瓣纹的类型看,也是以豫西和晋南地区发现的是为齐全,有四六、五五、五六瓣的复合式。鲁南苏北地区大汶口文化彩陶上的多瓣式花瓣纹,是以五五瓣复合式为主要构图形式,在结构上变化不大。而庙底沟文化中标准的五五瓣构图并不多见,表明两个文化的多瓣式花瓣纹既有联系,也有区别(图3-4-5-19)。

还有一点引起我们特别注意的是,花瓣纹的表现方法中还有加绘骨脉线条的做法,在大汶口文化、前马家窑文化和大溪文化中是相当流行的,可是在庙底沟文化中,绝大部分花瓣纹都是不绘骨脉线的,具有明显的区别。大汶口、前马家窑和大溪三个文化在地理分布上正好成三方鼎立之势,而庙底沟文化又恰好处在中间位置。

夏县西阴村 汾阳段家庄 垣曲下马 垣曲下马	陕县庙底沟 陕县庙底沟 陕县庙底沟 灵宝西坡	枝江关庙山 枣阳雕龙碑	岐山王家咀	泰安大地湾四期 民和阳洼坡 民和胡李家	泰安大汶口 泰安大汶口 兖州王因 邳县刘林 邳县大墩子
山西	河南	湖北	陕西	甘肃、青海	鲁南、苏北

图3-4-5-19 彩陶上的多瓣式花瓣纹比较

从现在的发现看，我们很难认定加绘骨脉线的作法创自庙底沟文化，然后再向外传播。可是外围的三个文化却是毫无疑问地表现出它们的一致性，如果说它们之间存在着什么联系的话，那就跨越或者说是避开了庙底沟文化，这种跨地区跨文化的联系实属罕见，需要进一步解释。

c. 从四瓣式到多瓣式花瓣纹

多瓣式花瓣纹看起来与四瓣式花瓣纹区别明显，但是两者之间也存在着联系，这种联系还比较紧密。一般来说，多瓣式花瓣纹应当是由四瓣式花瓣纹变化而来，其实它也可以看作是一种四瓣式花瓣纹，多瓣式是四瓣式的扩展形式。

四瓣式花瓣纹是多瓣式花瓣纹构图出现的基础，后者也可以看作是前者的扩展形式。我们在这里选择了几件典型的多瓣式花瓣纹彩陶，试图由结构上探讨四瓣与多瓣之间的关系。

首先来看陕县庙底沟的一件标本。这是一件典型的曲腹彩陶盆，绘成的多瓣式花瓣纹为五五瓣复合式，这也是庙底沟文化中仅见的一件标准五五瓣式花瓣纹。我们将纹饰拆解开来看，原来它的基础构成是内敛的四瓣花，中间加绘有一叶片。可以看出上面一列正是二方连续的四瓣花，下面也是一列四瓣花。上下两列花瓣用错位重叠的方法结合起来，上列纹饰下面的两个花瓣成了下列纹饰上面的花瓣。整体看来，我们感觉到的是一正一倒的五瓣花结构形式，构图非常严谨，让人甚至感觉不到四瓣花纹饰的存在（图3-4-5-20）。

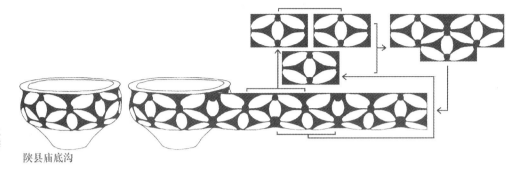

图3-4-5-20 彩陶上四瓣式花瓣纹向多瓣式花瓣纹的演变示意

陕县庙底沟

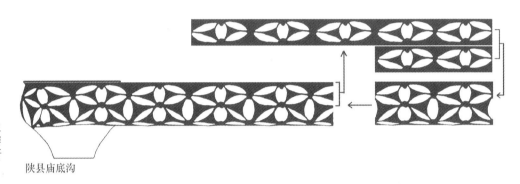

图3-4-5-21 彩陶上四瓣式花瓣纹向多瓣式花瓣纹的扩展分析示意

陕县庙底沟

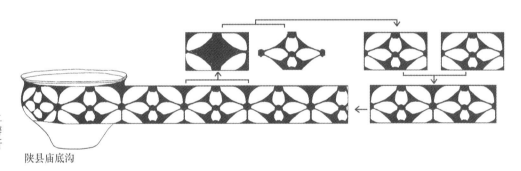

图3-4-5-22 彩陶上四瓣式花瓣纹向多瓣式花瓣纹的扩展分析示意

陕县庙底沟

第二件标本也是选自庙底沟。这也是一件曲腹彩陶盆，绘成的多瓣式花瓣纹为五六瓣复合式。将纹饰拆解后，看到它的基础构成也是内敛的四瓣花，中间加绘有一叶片。上面一列也是二方连续的四瓣花，下面也有一列略显变形的四瓣花。上下两列花瓣平行重叠，在结合部又绘成一个四瓣花。整体观看，纹饰带的主体是六瓣花结构形式，六瓣花之间形成了一个倒置的五瓣花，构图也非常严谨，我们也感觉不到四瓣花纹饰的存在（图3-4-5-21）。

第三件标本还是选自庙底沟。这还是一件曲腹彩陶盆，绘成的多瓣式花瓣纹为四六瓣复合式。纹饰拆解后，它的基础构成也是内敛的四瓣花，中间加绘有另一个十字结构的四瓣花，成为花中花的构图。这本来是二方连续的四瓣花，但在花瓣结合部又形成一个六瓣花，成为四六瓣复合形式。整体上看，内敛式的大四瓣花已经不容易察觉到了，纹饰带的主体是四瓣与六瓣花的复合结构形式（图3-4-5-22）。

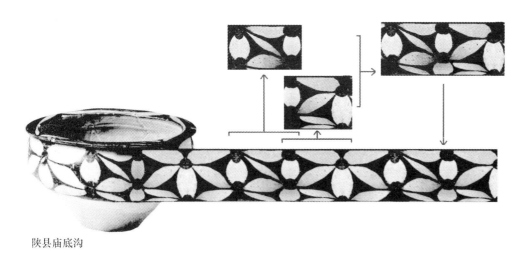

陕县庙底沟

图3-4-5-23　彩陶上多瓣式花瓣纹的构图

第四件标本也是庙底沟出土。仍是一件曲腹彩陶盆，绘成的多瓣式花瓣纹为五五六瓣复合式。纹饰拆解的结果，看到基础构成也是内敛的四瓣花，是中间加绘有斜行隔断的四瓣花。一个带有右斜隔断的四瓣花，与一个带有左斜隔断的四瓣花局部重叠，结合部就构成了六瓣花。以这六瓣花为中心，左右都是连续的两个五瓣花的单元。这样的五五六瓣复合式花瓣构成方法非常巧妙，四瓣花也成了隐藏的单元（图3-4-5-23）。

再来看一些变化的多瓣式花瓣纹。出自汾阳段家庄的一件彩陶盆，纹饰变化较大，仔细看是五六瓣复合式花瓣纹。它可以拆解为上、中、下三层交叠的四瓣花，花瓣叶片变得细且长，四瓣花中间绘双点穿圆图形。将上下连接的两个圆形也看作是花瓣，它们与重叠的四瓣花一起，就构成了六瓣花。在六瓣花之间，形成了两个上下对顶的五瓣花，构图也是极富巧思（图3-4-5-24）。

像垣曲下马见到的彩陶罐，所绘多瓣式花瓣纹也是由四瓣花为基础构成。四瓣花有些拉长变形，并且向左倾斜。内敛的四瓣花中间绘双点穿圆图形，这是一个大花瓣，以上下两个大花瓣为主体，构成六瓣花图式（图3-4-5-25上）。

在夏县西阴村见到的另一件多瓣式花瓣纹彩陶，可能是一个少有的例外。初看这是一件三瓣式花瓣纹彩陶，中间也可以勉强看到有五瓣花，由上面一列倒置的三瓣花和下面一列双瓣花构成。仔细观察，构图仍然与四瓣花有关。上面的三瓣花之间，隐藏着一个半体的四瓣花，下面更是一列明确的半体四瓣花（图3-4-5-25下）。用半个四瓣花来构图，这做法非常少见，不过想到那些双瓣花，好像又没有什么奇怪的了，双瓣花通常就是四瓣花的半体形式。这样看来，双瓣花与四瓣花的关系，也是一个有待考察的问题。

20多年前，我曾就花瓣纹彩陶进行过研究[1]，虽然提出了一些问题，但是因为当时的资料并不算丰富，所以有些认识也有局限。当时对花瓣纹彩陶作了粗略分类（图3-4-5-26）。还对不同花瓣纹之间在构图上的联系作出了一些推断，重点对仰韶与

[1]王仁湘：《论我国新石器时代彩绘瓣纹图案》，《考古与文物》1989年7期。

335

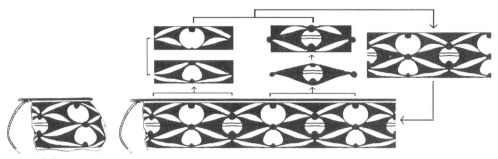

图3-4-5-24　彩陶上
多瓣式花瓣纹的构图　　汾阳段家庄

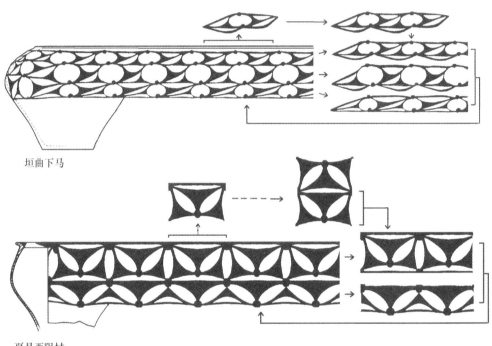

图3-4-5-25　彩陶上
多瓣式花瓣纹的构图　　夏县西阴村

大汶口文化的花瓣纹作了比较研究（图3-4-5-27）。现在资料丰富多了，认识也有了一定深化。关于多瓣式花瓣纹的研究，确实是一个很有意思的问题，还有许多方面可以作扩展研究。在这一节我们所作的只是最基础的资料整理，主要在构图上作了一些探讨。特别是对四瓣式花瓣与多瓣式花瓣的关系，这里有了一个基本的判断，认为四瓣式花瓣是构图的基础。有了这样一个判断，我们将那些变化纷繁的纹饰理出来了一个比较清晰的脉络。也正因为有了这样的基本判断，我们才进一步了解到了庙底沟彩陶的严谨章法，也就更加了解到彩陶文化所达到的艺术高度。

6. 圆圈纹

庙底沟文化彩陶中的圆圈纹，是一个比较复杂的问题。概括一点说，所谓圆圈纹是指除了大小圆点之外的所有圆形纹饰，包括大体规整的正圆圈纹、椭圆圈纹和圆盘形纹，既有作为主体纹饰的圆圈形，也有作为组合纹饰中次要纹饰的圆圈形。在此重点讨论的是作为主体纹饰的圆圈纹，也会涉及次要纹饰，但以前者为主。

我们可以将彩陶中的圆圈纹分作正圆圈纹、椭圆圈纹和圆盘形纹三种，前两种其实都是地纹，是彩纹包裹起来的地纹圆圈形，而后者却不同，它一般是实绘的圆形，而且往往出现在前两种圆圈纹的圈内。对于地纹圆圈纹而言，如果仅是一个圆形，那也并没有特别之处，但庙底沟文化彩陶的圆圈纹却有许多的变化，这些变化出现在圆圈之内。出现在圆圈内的点与线改变了圆形的构图，

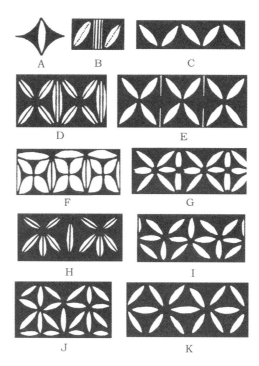

图3-4-5-26 过去对彩陶上花瓣纹的分类

一些固定的结构模式突显了圆形纹饰的风格，这当然也就成为庙底沟文化彩陶的一种代表性的纹饰。

我们在这里分析圆圈类纹饰，没有按原先考虑的以圆圈的形状分类，而是以圆圈内的附加纹饰分类，所以分成了单点穿圆、双点穿圆和横线穿圆三类。另外圆圈内还有出现频度很高的一种特别的纹饰，它们的常态为圆盘形，有时带有圆点，因为暂时没有恰当的名称，我称它为圆盘形纹或带点圆盘形纹，也在此一并作些分析。

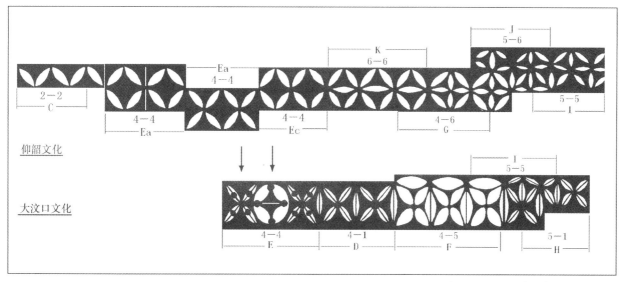

图3-4-5-27 过去对彩陶上花瓣纹的变化脉络推测

a. 单点穿圆纹

所谓单点穿圆纹,是圆圈的中心缀有一个圆点,这圆点像是圆心一样,点一般并不很大,但却很醒目。单点穿圆中的圆圈形为地纹,有时有明确的圆圈,有时只是用色块包围的一个圆形,一般多为正圆形,也有少数为不规则圆形。

在侯马乔山底和灵宝西坡的彩陶上,都见到典型的单点穿圆纹,是在正圆圈纹中缀有圆点,构图作二方连续式。陇县原子头的一件彩陶钵,是在四瓣式花瓣纹中绘一圆盘形作隔断,圆中加绘圆点,正是我们所说的单点穿圆纹。在秦安大地湾的一件彩陶钵上,以左右两个弧边三角衬出一个大圆圈纹,中间缀一圆点。其他一些地点的单点穿圆纹有的也很典型,一般都装饰在陶钵上(图3-4-6-1)。

就整体情形而言,单点穿圆纹彩陶发现数量并不算太多,虽然数量不多,但分布范围却比较广。

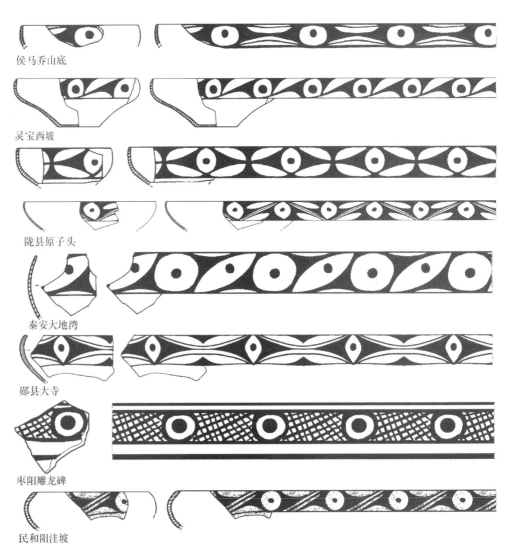

侯马乔山底

灵宝西坡

陇县原子头

秦安大地湾

郧县大寺

枣阳雕龙碑

民和阳洼坡

图3-4-6-1 单点穿圆纹彩陶

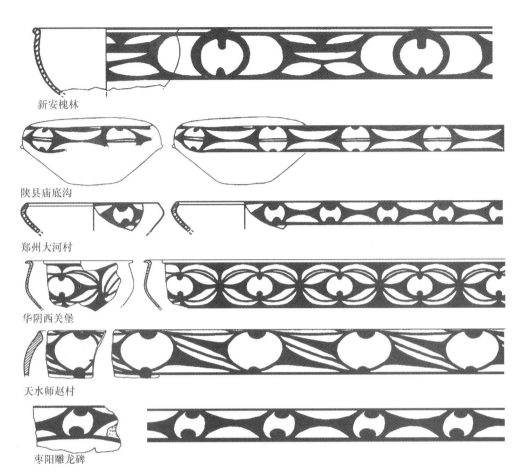

新安槐林

陕县庙底沟

郑州大河村

华阴西关堡

天水师赵村

枣阳雕龙碑

图3-4-6-2 双点穿圆纹彩陶

b. 双点穿圆纹

所谓双点穿圆纹，本是相对于单点穿圆而言，是圆圈的上下缀有两个圆点，这圆点像是穿透圆形的小孔一样，圆点一般也不很大，但也很醒目。双点穿圆中的圆圈形也是地纹，一般也没有明确的圆圈，以正圆形多见，也有一些为不规则圆形。

在陕县庙底沟、郑州大河村和枣阳雕龙碑彩陶上，见到一种相似的构图，以两个一上一下的圆弧组合为主纹，主纹之间即以双点穿圆为隔断，正圆圈纹上下缀两圆点，圆圈中间有时绘有横线。在华阴西关堡的一件彩陶盆上，双点穿圆出现在四瓣式花瓣纹中间，是少见的构图形式（图3-4-6-2）。

许多的双点穿圆是出现在某些纹饰单元之间，起隔断作用。当然也可以反过来看，双点穿圆可能为主纹，而另外的元素则是构图中的隔断。如夏县西阴村、垣曲小赵、陇县原子头和翼城北橄所见，彩陶上的双点穿圆纹似乎是主纹，又似乎不是（图3-4-6-3）。

双点穿圆纹还有一种固定的特别构图，见于华阴南城子、翼城北橄和垣曲小赵等地。圆作双圆形，双点缀在内圆的上下两边。在圆形之外，又绘带点的双叶片形，叶片中的点与圆形中的点对齐成一线（图3-4-6-4）。这种构图在它处彩陶的鱼纹头部出现过，很值得注意。

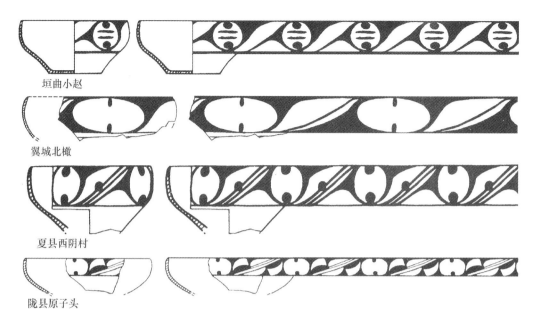

垣曲小赵

翼城北橄

夏县西阴村

陇县原子头

图3-4-6-3　双点穿圆纹彩陶

华阴南城子

翼城北橄

垣曲小赵

图3-4-6-4　花瓣与重圈圆纹组合彩陶

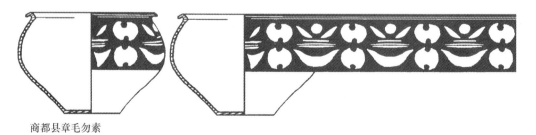

商都县章毛勿素

图3-4-6-5　外围文化中的双点穿圆纹彩陶

在外围文化中，双点穿圆纹在彩陶上也能见到，除了上面提到的枣阳雕龙碑和郑州大河村的发现以外，比较重要的例证还见于内蒙古商都章毛勿素，一件彩陶盆上的双点穿圆纹列为两排，上下两个圆形紧接在一起，相邻的两点也合而为一，看似将两圆串在了一起（图3-4-6-5）。

c.横线穿圆纹

彩陶双点穿圆纹有时还有附加纹饰，在圆圈中间再绘出一两条横线，成为横线穿圆纹饰。圆圈中横穿一条线，或者是两条线，偶尔也能见到三条线。这横线虽然多数大体呈水平状态，有时也会有些倾斜。绘有横线的圆圈纹也以正圆形为多，少数为不规则圆形。

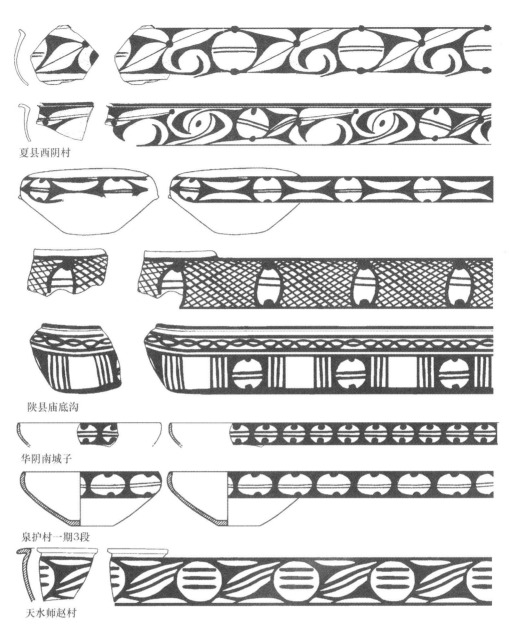

夏县西阴村

陕县庙底沟

华阴南城子

泉护村一期3段

天水师赵村

图3-4-6-6　横线穿圆纹彩陶

夏县西阴村、陕县庙底沟和华县泉护村彩陶都见到横线穿圆纹，横线一般为两条，绘在圆形中间。横线上下分绘圆点，仍作双点穿圆形。在天水师赵村见到的一例彩陶盆，大圆圈中绘三条平行线，这种绘法非常少见。只是圆圈中有没有缀点并不知道，因为正好在可以缀点的地方残破了，不过它也很可能属于横线与双点穿圆纹（图3-4-6-6）。

灵宝西坡有一例绘大圆圈的彩陶盆，圆圈内上下有双点，中间有双横线，是少见的正圆形。灵宝和西坡见到一种绘法类似多瓣式花瓣纹彩陶盆，垂直的宽花瓣绘成

图3-4-6-7　横线穿
圆纹彩陶

灵宝西坡

汾阳段家庄

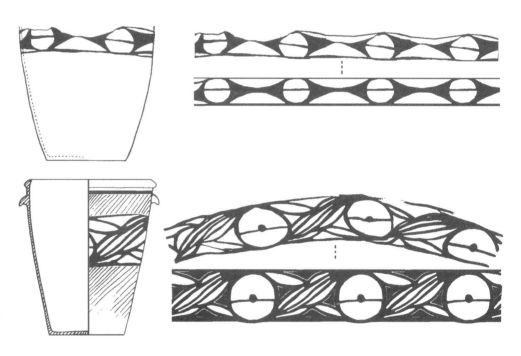

图3-4-6-8　汝州洪
山庙横线穿圆纹彩陶

圆形，有的就是横线穿圆纹，圆圈中绘有两条横线。这样的圆形无一例外地也都绘作
双点穿圆形（图3-4-6-7）。

　　在汝州洪山庙，彩绘瓮棺有两例为单线穿圆纹，绘法虽然比较草率，但纹饰结
构还比较清楚。圆圈纹都比较大，有一例在圆心位置绘一个圆点，另一例圆圈中一个
圆点也没有（图3-4-6-8）。

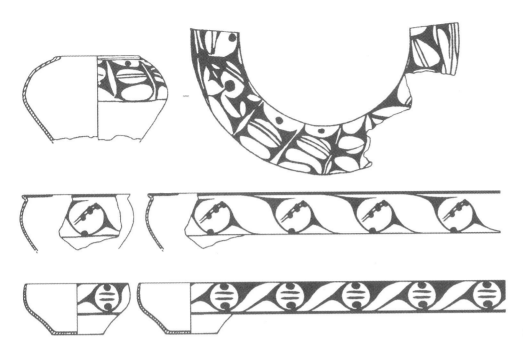

图3-4-6-9 垣曲小
赵横线穿圆纹彩陶

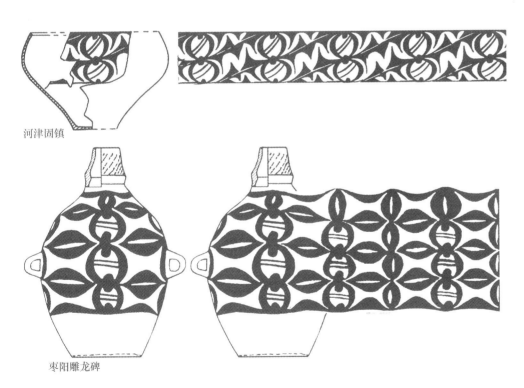

河津固镇

枣阳雕龙碑

图3-4-6-10 横线穿
圆纹彩陶

　　在垣曲小赵，既见到比较标准的横线双点穿圆纹彩陶，也有一些特别的横线穿圆纹。有一件彩陶盆在大圆圈内绘的是双斜线，斜线上缀有三个圆点。这是一种变形的横线穿圆纹，在其他地点还不曾见到。在另一件彩陶罐上，在一些不规则的扁圆里绘有双横线，也属于横线穿圆纹（图3-4-6-9）。

　　河津固镇一件彩陶盆上的横线穿圆纹，横线也绘成了斜线，圆圈也绘成双联式

343

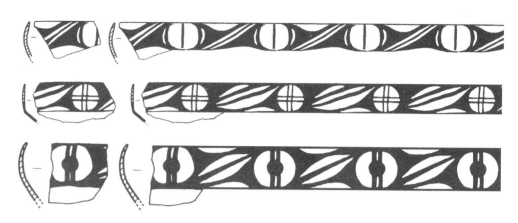

图3-4-6-11 山西夏县西阴村点线穿圆纹彩陶

夏县西阴村

汾阳段家庄

夏县西阴村

图3-4-6-12 圆圈中的点与圆盘形纹组合彩陶

（图3-4-6-10）。

在外围文化中，最典型的横线穿圆纹彩陶见于枣阳雕龙碑。一件彩陶壶上绘出的四瓣式花瓣纹，垂直排列的宽叶花瓣也绘作横线穿圆纹，圆圈则描绘成三联四联式（图3-4-6-10）。

横线穿圆线有时还有另外一些特别的变化形式，横线会变作垂线，或者为十字相交形。夏县西阴村的彩陶上不仅见到垂线穿圆纹，也有双线十字圆圈纹。还有一例彩陶片上，圆圈中绘着中心加点的双垂线，就好像是悬璧的图形（图3-4-6-11）。

d. 圆盘形纹

圆盘形纹是庙底沟文化彩陶中一种很重要的纹饰，在过去的研究中注意不够，

华县泉护村

华阴西关堡

西乡何家湾

图3-4-6-13 圆圈中的点与圆盘形纹组合彩陶

华阴南城子

秦安大地湾

图3-4-6-14 圆圈中圆盘形纹彩陶

它甚至还不曾有过一个通行的名称。现在用"圆盘形纹"这个名称，其实也并不一定贴切，但也实在没有其他可以用的名称，只好暂且用这个名称。

所谓圆盘形纹，是在地纹的圆圈中单绘出来的一种图案元素，最常见的是一种飞盘状，一边略平缓，另一面凸起，凸起的一面用色涂实。当然也有的构图有明显变化，如夏县西阴村和汾阳段家庄所见，凸起的一面已经不是圆弧形，变成了尖状形，左右伸展如翅，上方有一圆点如鸟首，难怪有的研究者将这图形看作是象形的飞鸟（图3-4-6-12）。

在华县泉护村彩陶上，也有这种形如飞鸟的图形。在西乡何家湾，彩陶上见到标准的圆盘形纹，是绘在四瓣式花瓣纹之间的圆形中（图3-4-6-13）。在华阴南城子和秦安大地湾的彩陶盆上，有非常标准的圆盘形纹饰，它的上方还绘有一个圆点。大地湾还有叠绘的圆盘形纹，两个圆圈上下并列，圆中绘相同的圆盘形纹（图3-4-6-14）。在华阴南城子和西关堡，彩陶上的圆盘形垂直出现在圆圈中。有时在同一器上，圆盘形纹既有横行的，也有竖列的（图3-4-6-13、14）。

这种重叠并列的圆盘形纹也见于陇县原子头的彩陶罐，并列的横行圆盘形纹多达四组，感觉更为张扬。原子头也有双联的圆盘形纹，也见到竖列的圆盘形纹（图3-4-6-15）。

圆盘形纹一般都是绘在地纹圆圈纹中，这种固定的图案单元一般不会单独出现，它都是作为纹饰组合中的一元出现。它常常出现在各种复杂的旋纹组合中，有时

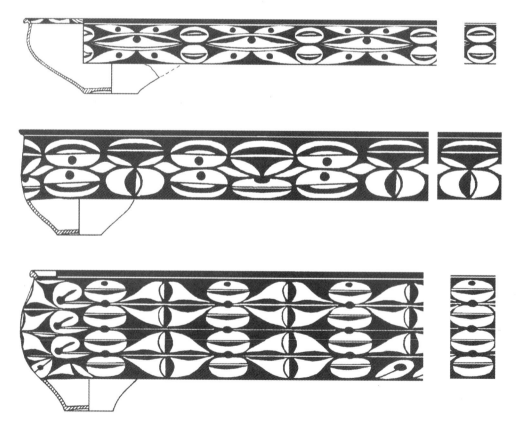

图3-4-6-15 陇县原子头圆圈中的点与圆盘形纹组合彩陶

史前中国的艺术浪潮——庙底沟文化彩陶研究

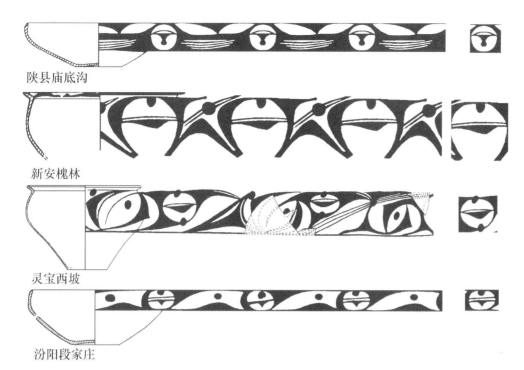

陕县庙底沟

新安槐林

灵宝西坡

汾阳段家庄

图3-4-6-16 圆圈中圆盘形纹彩陶

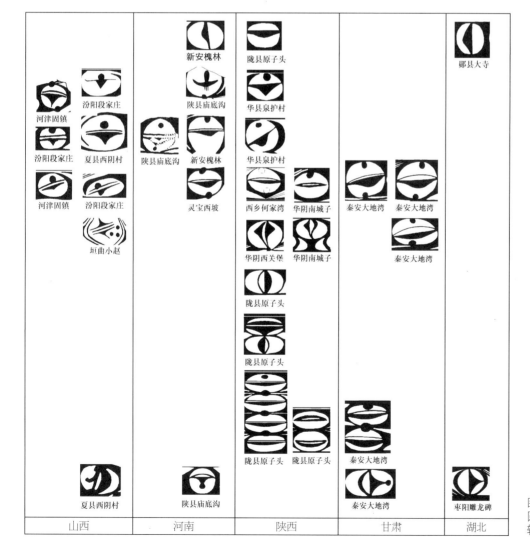

图3-4-6-17 彩陶上圆圈中的圆盘形纹比较

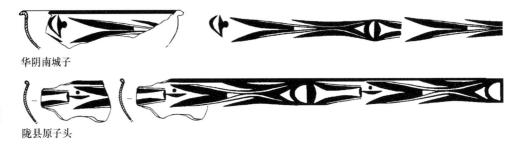

华阴南城子

陇县原子头

图3-4-6-18 与鱼纹同在的圆点与圆盘形纹彩陶

也与一些简洁的纹饰组合在一起（图3-4-6-16）。

将这种圆盘形纹饰作一个比较，可以区分为几种不同的样式（图3-4-6-17）。这种图形出现时的方向并不一致，一般以横平方向为多，而且明显凸起完全涂彩的那一面是向着下方，留白的一面则是向着上方。也有少数图形出现时呈垂直方向或略为倾斜的样式，倾斜时涂彩凸起的一面也是朝向下方，而垂直时涂彩凸起的一面是朝向左方，个别也有相反的情形。横行的圆盘形纹常有圆点作配合，圆点使纹饰单元产生出一种生动感。

这种特别纹饰的构图，我们现在还不清楚它的来历，也不明白它所具有的象征意义。不过有些线索倒是值得注意，在华阴南城子和陇县原子头，圆盘形纹饰出现在鱼纹的头尾之间，这也许说明它与鱼之间有一种内在的联系（图3-4-6-18）。在秦安大地湾和陇县原子头，在无头的鱼纹中，本该绘鱼头的位置上出现了这种圆盘形纹饰，这就更有意思了。圆盘形既有横行的，也有竖列的，说明横与竖之间并不必有严格的区分（图3-4-6-19）。在原子头还见到一些以圆盘形纹为主体纹饰的彩陶，类似的例证还见于郧县大寺，这些线索值得关注（图3-4-6-20）。

在外围文化中，也见到庙底沟文化风格的圆盘形纹彩陶。枣阳雕龙碑彩陶中的同类纹饰既有尖角式的，也有圆弧形的（图3-4-6-21）。

7. 单旋纹

[1]王仁湘：《关于中国史前一个认知体系的猜想》，《华夏考古》1999年4期。

我曾经以《关于中国史前一个认知体系的猜想》为题[1]，对中国新石器时代的旋纹彩陶作过初步研究。当时将史前彩陶上的旋纹分作单旋和双旋两个大类，还有其他几种变形的旋纹，虽然对这种彩陶纹饰的本体并没有作太系统的梳理，只是提出了一些问题，但自以为这样的讨论还是有些意义的。如果说花瓣纹是引起我关注庙底沟文化彩陶的第一个要素，那这旋纹则是第二个要素，而且是更为打动我的一个要素。当然也有包括"西阴纹"在内的其他一些要素，将这些要素集合在一起，就形成了一种合力，它推动我鼓足勇气来研究庙底沟文化彩陶这个课题。

比起双旋纹来，庙底沟文化彩陶上的单旋纹在构图上表现得较为简练，识别也更为容易。单旋纹与双旋纹一样，都是采用地纹方式绘制。单旋纹由旋心和旋臂构成，单股旋臂，或上旋或下旋，旋臂方向不一，以顺时针旋转的数量较多，少有反旋

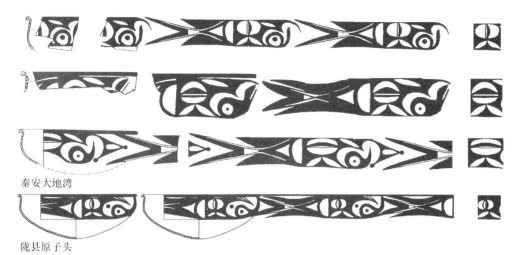

秦安大地湾

陇县原子头

图3-4-6-19 鱼纹与
圆圈中的圆盘形纹组
合彩陶

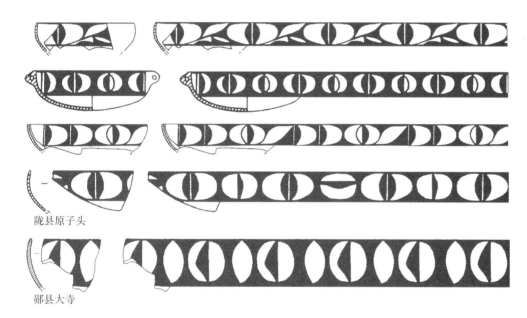

陇县原子头

郧县大寺

图3-4-6-20 圆形与
圆盘形纹彩陶

图3-4-6-21 枣阳雕
龙碑圆盘形纹彩陶

第三章 纹饰分类系统

349

图3-4-7-1 河南地区的单旋纹彩陶

陕县庙底沟

新安槐林

陕县?

[1]河南省文物考古研究所等：《渑池仰韶遗址1980－1981年发掘报告》，《史前研究》1985年3期。

[2]黄河水库考古工作队河南分队：《河南灵宝两处新石器时代遗址复查与试掘》，《考古》1960年7期。

[3]文内省称"图谱T.x"，是指张朋川先生编《中国彩陶图谱》第几图，"图谱P.x"则指第几页。

[4]山西省考古研究所：《西阴村史前遗存第二次发掘》，《三晋考古》第二辑，山西人民出版社，1996年。

发现。旋心一般较大，有的中间绘一圆点，不绘圆点的单旋纹也比较常见。

单旋纹彩陶在豫西、晋南、关中和陇东都有出土。比起双旋纹来，单旋纹虽然在出现的频度上并不算很高，但它分布的范围也比较广，常常与双旋纹形影相随，共同构成复杂的纹饰组合。

在豫西地区，渑池仰韶村第三次发掘见到了该遗址过去没有发现的典型单旋纹彩陶片[1]，属于大单旋，旋心缀有圆点（见图1-3-1-4）。在陕县庙底沟有几件大单旋彩陶，一般都是与其他纹饰合组为复合图案。也见到与双旋纹同组的单旋纹，单旋纹处于陪衬的位置。在新安槐林的一件彩陶钵上，绘不加点的大单旋纹，这种单独出现的单旋纹彩陶并不多见（图3-4-7-1）。灵宝南万村见到一种双排正反向的单旋纹组合，旋臂带有不多见的分叉，构图严密[2]。在洛阳涧滨，也见到这种双排正反向的单旋纹组合，构图与南万村的完全相同（图谱T.1672）[3]。在灵宝西坡，见到两种单旋与双旋纹组合，都是一单配一双，一件可以看出是以双旋为主体，而另一件是单旋双旋平分秋色，分不出主次关系（图3-4-7-2）。

在晋南地区，夏县西阴村1994年第二次发掘发现一件单旋纹彩陶盆，旋心较大，旋臂也很宽，构图与新安槐林的那一件基本相同[4]。在汾阳段家庄见到两例单旋彩陶，一例是单旋与圆形等的复杂组合，一例是单旋与双旋纹的组合，有的单旋中加绘

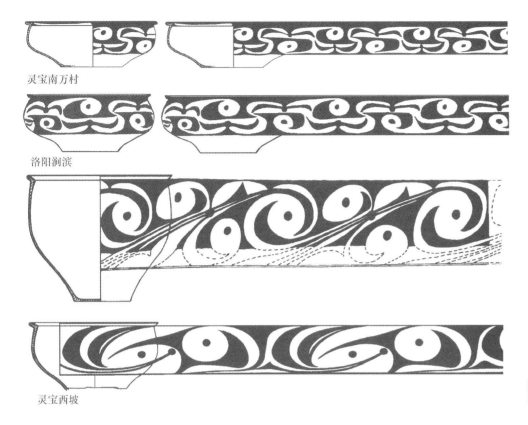

灵宝南万村

洛阳涧滨

灵宝西坡

图3-4-7-2　河南地区的单旋纹彩陶

夏县西阴村

汾阳段家庄

河津固镇

图3-4-7-3　山西地区的单旋纹彩陶

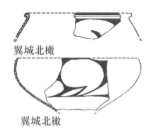

翼城北橄

翼城北橄

万荣荆村

洪洞?

图3-4-7-4　山西地区的单旋纹彩陶

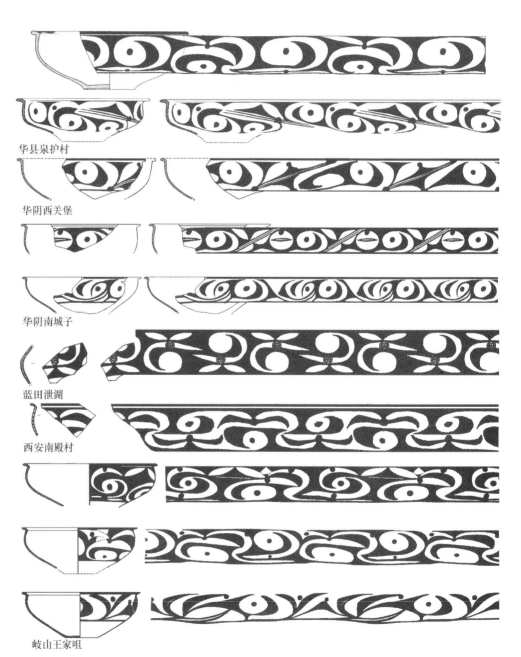

华县泉护村

华阴西关堡

华阴南城子

蓝田泄湖

西安南殿村

岐山王家咀

图3-4-7-5　陕西地区的单旋纹彩陶

有其他纹饰（图3-4-7-3）。在洪洞和万荣荆村也都见到与双旋纹组合在一起的单旋，洪洞的一件在大单旋中还绘有点与三角的组合图形。翼城北橄遗址也见到两例大单旋彩陶片，一例的构图就像是一个大逗号，非常醒目[1]。河津固镇的一件彩陶，绘正倒相间的单旋纹，单旋顶部绘细长的双瓣花瓣纹（图3-4-7-4）。这样的构图在其他地点也有发现，不过有时单旋改绘为重圈纹。

在陕西地区，不论是关中东部还是西部，都发现有一些典型的单旋纹彩陶。华县泉护村大量旋纹彩陶中也包含有这种大单旋图案，是与双旋纹组合在一起，旋心绘一圆点，有一长长的旋臂。华阴西关堡和南城子的彩陶，见到单旋与双花瓣组合，也有单旋与双旋纹组合。在彩陶片中，南城子还复原有正倒相间的单旋组合。在蓝田泄湖的彩陶上，也有正倒相间的单旋组合，单旋顶部都绘有双花瓣纹。岐山王家咀有三件单旋纹彩陶，其中一件与蓝田泄湖的相似，为正倒相间的单旋组合。另两件是与双旋纹同在的组合，单旋不论正倒，一律是向顺时针方向旋动（图3-4-7-5）。

[1]山西省考古研究所：《山西翼城北橄遗址发掘简报》，《文物季刊》1993年4期。

秦安大地湾

天水李家湾

图3-4-7-6　甘肃地区的单旋纹彩陶

在陇东地区，秦安大地湾出土单旋纹彩陶较多，旋心旋臂都很大，旋心多数不加圆点。大地湾还见到正倒旋纹组合及与双旋组合的单旋纹彩陶，有的旋心绘有圆点，整器纹饰构图较为繁复。其中有一件大单旋纹彩陶，与内填圆盘形的大圆圈组合，构图较为简练。天水李家湾也有非常典型的单旋纹彩陶，大单旋纹也是与内填圆盘形的大圆圈组合，构图与大地湾的相同，旋心也没有圆点（图3-4-7-6）。

单旋纹虽然有的有旋心，有的无旋心，旋心也有细微不同，我们主要根据组合形式的不同，将单旋纹划分为6式。

a式　为大单旋纹，多数在旋心缀有圆点或绘有其他图形，与双旋纹或圆盘形等图案形成固定组合。这类单旋纹数量多分布广，是单旋纹中的主流形式。

b式　为小单旋纹，形体较小，一般是组合纹饰中的附属成分。

c式　为独体单旋纹，这是单旋纹最基本的形式，但还不好说就是最原始的形式，发现数量并不多（图3-4-7-7）。

d式　为正倒组合的单旋纹，旋臂带有分叉，有的呈逆时针方向旋转。发现数量虽然并不多，但分布范围可能并不小。

e式　也是正倒组合的单旋纹，旋臂方向一正一反，这种单旋纹分布的范围也比较广，豫、晋、陕、陇均有发现。

f式　为正倒组合的单旋，单旋纹无论正倒，旋臂都是向顺时针方向旋转，而且旋臂上还挂有细长的双瓣花瓣纹。发现数量也不多，但分布范围可能也不小（图3-4-7-8）。

单旋纹在彩陶上是非常吸引人的元素，虽然就出现的频率而言并不算太高，但其重要性却是不言而喻的。旋纹是庙底沟文化彩陶上一个迷人的主题，不论是单旋还是双旋，都是很难解开的谜。

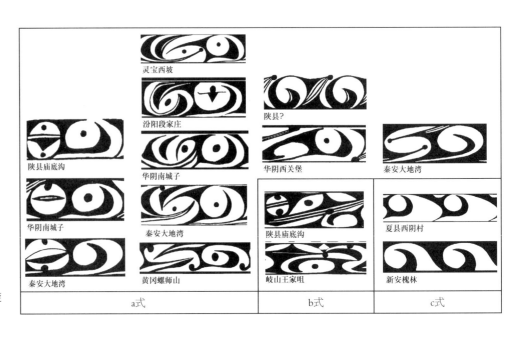

图3-4-7-7　大单旋与小单旋纹彩陶

| d式 | e式 | f式 |

灵宝西坡
汾阳段家庄
华县泉护村
秦安大地湾
洛阳涧滨
灵宝南万村
岐山王家咀
秦安大地湾
河津固镇

图3-4-7-8　正倒单
旋纹彩陶

8. 双旋纹

当初我是由庙底沟文化的"花卉纹"彩陶入手，进行重新判读，分类研究，探究来龙去脉，确认所谓的"花卉纹"是中国史前彩陶中存在的一个主流题材——旋纹。旋纹是庙底沟文化彩陶上频繁出现的图案单元，也广泛见于一些新石器文化的彩陶上，这是一种非常值得关注的彩陶纹饰。

在很多新石器文化中，尤其是在庙底沟、大河村、大汶口和红山文化中，彩陶上的旋纹一般是以阴纹形式出现，它迷惑了许多考古学家和艺术史家，过去人们习惯于按阳纹认读彩陶上的纹饰，所以一直不知道它真正的构图是什么。现在由阴纹模式解读，所有疑问迎刃而解，彩陶上的旋纹其实结构非常严谨，是史前陶工最富韵味的创作。这种图案结构影响了整个古代中国的艺术生活，还在继续影响着现代人的艺术生活。

对于彩陶而言，再明确的图案，都需要认真解读，否则我们便无缘领受它的真谛，对于那些繁复的纹饰当更是如此。许多学者反复的研究，还有无情的争辩，会使我们一步步接近真理的边缘，会让我们最终揣摸到史前陶工的匠心。但是也不能否认，对于后来者而言，前人的研究有时可能并没有完全解决问题，没有解决问题的研究还会有一定的负面影响，也许还不知不觉地布下了雾阵，让后来者得不到破解的要领。彩陶中的"花卉纹"类纹饰，是庙底沟文化时期非常流行的一种，对于它的解读，我们面对的正是这样的雾阵。对这层叠的雾阵，一直以来似乎没有太多的人疑惑它，也没有人想着要穿透它。

[1]阿尔纳：《河南石器时代之着色陶器》，《古生物志》丁种第一号第二册，1925年。

[2]李济：《西阴村史前的遗存》，1927年。

[3]梁思永：《山西西阴村史前遗址的新石器时代的陶器》，《梁思永考古论文集》，科学出版社，1959年。

[4]安志敏：《庙底沟与三里桥的文化性质及年代》，《中国新石器时代论集》，文物出版社，1982年。

[5]巩启明：《试论仰韶文化》，《史前研究》1983年1期。

[6]安志敏：《裴李岗、磁山和仰韶》，《中国新石器时代论集》，文物出版社，1982年。

[7]吴力：《略论庙底沟仰韶文化彩陶纹饰的分析与分期》，《考古》1973年5期。

[8]杨建芳：《庙底沟遗址彩陶纹饰的分析》，《考古》1961年5期。

[9]张忠培：《三里桥仰韶遗存的文化性质与年代》，《考古》1964年6期。

庙底沟文化的这类"花卉纹"彩陶，也许有人觉得没有再研究的必要，以为我们已经完全理解了它。过去我反复读过它，反复在相关著述中提到过它，赞美过它，并没有产生过什么疑问。但是在有一次当我反复眯缝着双眼，由彩纹间空出的地子亦即阴纹再一次读到这些彩陶时，面前映出了与以往全然不同的画面，满目竟是律动的旋纹，过去看到的花朵形构图全然消失。有了这认读方法上的改变，再去判读其他新石器文化彩陶中的相似纹样，就能非常容易地观看到同一种新纹样，都是旋纹，图案不论是简约的还是繁复的，全都一目了然。

庙底沟文化彩陶上由弧边三角、圆点、勾叶组成的"花卉纹"图形，或简或繁，曲回勾连，是中国彩陶中最具特点的图案之一，也是最富魅力的图案之一。同样风格构图的彩陶，在大河村文化和大汶口文化中也相当流行，它的影响还波及到范围更为广大的其他新石器文化，这使它成为许多晚期新石器文化一种共有的图案结构模式。

对于这类彩陶纹饰的研究，自20年代安特生发现河南渑池仰韶村遗址之后就开始了。安特生当初虽由仰韶村的彩陶提出了"彩陶文化"的概念，但是因为当时只见到这种纹饰的碎片，没有完整器形，所以并没有引起特别的注意。阿尔纳1925年发表《河南石器时代之着色陶器》，将仰韶村等遗址出土的这类彩陶纹饰名之为"真螺旋纹"[1]。不久以后山西夏县西阴村发现了更多的相关彩陶资料，李济先生1927年在报告《西阴村史前的遗存》中，对于这类纹饰没有作进一步分析，几乎没有对纹饰的组合进行任何认定[2]。梁思永先生在研究了西阴村的这批彩陶标本后，在1930年发表的论文中称这纹饰为"流动的曲线带"，说它的"形状最近似螺旋纹"，又说"西阴陶器上没有发现真正的螺旋纹"[3]。

安志敏先生主持陕县庙底沟遗址发掘中，发现了不少彩陶。1959年他在《庙底沟与三里桥》的结语中说，庙底沟遗址的彩陶"图案比较复杂而富于变化，基本上是用条纹、涡纹、三角涡纹、圆点纹及方格纹等组成，但在结构上缺乏固定的规律。花纹虽可以分成许多不同的单元，但这些单元很少固定不变，而互有增减，比较难于把它们固定的母题分析出来"[4]。他的这个说法，到80年代还有影响，巩启明先生论仰韶文化，基本上接受了这些说法[5]。不过后来安志敏先生本人对这类纹饰的定名有了明显的改变，20年后的1979年他在《裴李岗、磁山和仰韶》一文中改用了当时已比较流行的"圆点、勾叶、弧线三角和曲线等构成繁复连续的带状花纹"这样的说法[6]。

面对庙底沟遗址的彩陶资料，有不少研究者产生了浓厚兴趣，纷纷著文研究。当然研究者们当时最关注的还是根据彩陶纹饰进行文化的分期研究，至于对纹饰本身的研究却并没有很快深入下去。如吴力先生的《略论庙底沟仰韶文化彩陶纹饰的分析与分期》，就没有具体讨论这类纹饰[7]。杨建芳先生在《庙底沟遗址彩陶纹饰的分析》一文中，采用分解纹饰的方式，分别命名为勾叶、弧形三角、圆点，但却没有提出一个整体名称来[8]。张忠培先生在有关论文中虽然没有对这类彩陶展开讨论，但却提出过一个名称，概略地称之为"弧线三角纹"[9]。

石兴邦先生1962年发表了《有关马家窑文化的一些问题》一文，在讨论马家窑文化的过程中，也详论了庙底沟文化的彩陶纹饰，他对庙底沟时期的这种主体纹饰的定名是：圆点、勾叶和凹边三角等曲线花饰配成的纹饰[1]。他后来在为《中国大百科全书·考古学》撰写的"仰韶文化"的条目中，对这名称又略有改变，称为"圆点勾叶弧边三角和曲线组成的带状纹饰"。

1965年，苏秉琦先生在他的《关于仰韶文化研究的若干问题》那篇著名的论文中[2]，依据陕西华县泉护村出土的标本，首次仔细研究了庙底沟时期的这类彩陶。他以阳纹和阴纹混观的方法，辨认出这类彩陶所描绘的是菊科和蔷薇科的两种植物花卉图案，而且花瓣、茎蔓、花叶齐全。从此以后，在30多年的时间里，他不断坚持并发展着这种认识，将彩陶上的这种"花卉"纹饰升格，与红山等文化的龙形图案相提

[1]石兴邦：《有关马家窑文化的一些问题》，《考古》1962年6期。

[2]苏秉琦：《关于仰韶文化的若干问题》，《考古学报》1965年1期。

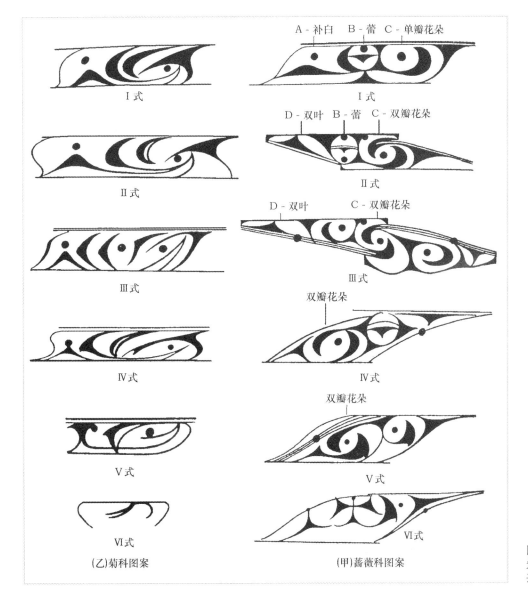

(乙)菊科图案　　　　(甲)蔷薇科图案

图3-4-8-1　苏秉琦先生1965年彩陶"花卉纹"说插图

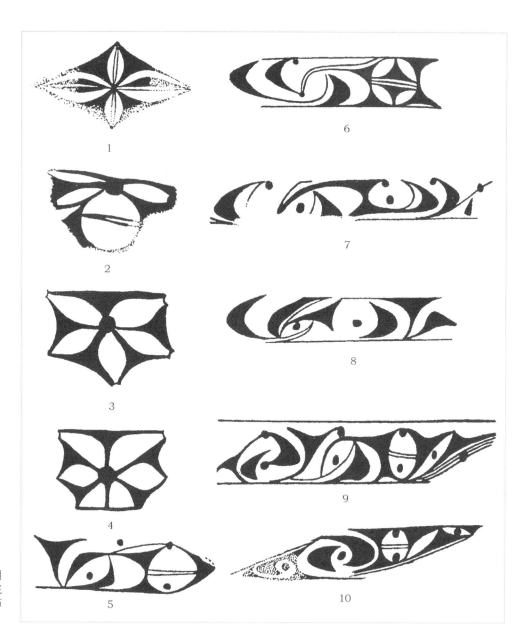

图3-4-8-2 严文明
先生1965排定的庙底
沟文化彩陶两种纹饰
的演变图

1

6

2

7

3

8

4

9

5

10

[1]苏秉琦：《华
人·龙的传人·中国
人》，《中国建设》
1987年9期。

[2]严文明：《论庙
底沟仰韶文化的分
期》，《仰韶文化研
究》，文物出版社，
1989年。

并论[1]。在对庙底沟文化彩陶众多的解释中，以苏秉琦先生"花卉"说的影响最大，也最受学术界重视（图3-4-8-1）。

也是在1965年，严文明先生发表了《论庙底沟仰韶文化的分期》，他对庙底沟遗址的彩陶纹饰进行了分类分期研究，将庙底沟几何纹彩陶图案划分为11种，其中定名为"回旋勾连纹"的一种，就是本文要讨论的对象。他对这图案的描述是："其基本母题是一个圆圈和一对互相勾连的挂钩，圆圈中每被横线分割为二，而挂钩中实以圆点。这种纹饰的每一单元与其他单元之间往往相互连接，不易分割，形成连续不断的花纹带"[2]。文中还依据考古地层分析了花瓣纹和这种勾连纹的演变序列，绘有一张演变示意图（图3-4-8-2）。在此前的1963年，严文明先生在《西阴村史前遗存分期》一文中已提出了"回旋勾连纹"的命名（或写作勾连纹）[1]。我们注意到严文明先生在多篇论文中，对这类纹饰的名称一直都没有变更，只是将构图有变化的那些纹饰改称为"变体回旋勾连纹"，如他在1963年讨论洛阳王湾遗址的分期时，对构图略简练的同类纹饰即持有"变体"之说[2]。这个定名在近些年来还有一定影响，段宏振先生1991年有专文探讨庙底沟文化彩陶的传播，就采用了"回旋勾连纹"的命名[3]。

在大河村文化和大汶口文化中发现大量与庙底沟文化相类似的彩陶以后，研究者的视野又明显扩展了。不过材料虽然增加了不少，但研究的深度却没有明显提高。廖永明先生两次撰文讨论大河村文化的彩陶，他将大部分与庙底沟文化相似的纹饰称之为勾叶纹，对一些另样的纹饰则称为月亮纹[4]。1984年吴家哲先生等讨论大汶口文化的同类彩陶，也称为勾叶纹[5]。栾丰实先生有《海岱地区彩陶艺术初探》一文[6]，文中非常仔细地将与庙底沟文化相似的大汶口文化的这类彩陶纹饰进行了分类，他接受了严文明先生的命名，一总称之为"回旋勾连图案"，分解为圆点、勾叶、弧边三角、花叶、短线、对弧等若干母题，它们的组合又可细分为6类，有"对勾"，如二月拱日；有"单勾"，一只勾叶环抱一个圆点；有"变形对勾"，如人面或兽面等。

张朋川先生在1983年编成、1990年出版的《中国彩陶图谱》中，将同见于庙底沟文化和大汶口文化中的同类纹饰定名为"钩羽圆点纹"，并且推测它是由写实的鸟纹演变而来。他说，庙底沟文化晚期"彩陶盆上的图案摆脱了早期的对称格式，多作活泼自如的动态图案结构，用行云般的钩曲形纹和弧线纹，组成翻回交错的纹饰，以旋风般的律动，舒展变化多端的长卷式图案。鸟纹已完全变成几何纹，由正面鸟纹简缩为圆点弧边三角纹，由侧面鸟纹简缩为钩羽形纹"[7]。还有些艺术工作者将这类纹饰定名为"自由曲线纹"，认为它比起那些几何曲线，更加富于活力和运动感[8]。

此外，马宝光先生等有论文《庙底沟类型彩陶纹饰新探》，作者说在经过了多年的反复比较和研究后，得出了一种新的认识，认为一般研究者所说的庙底沟时期的花卉彩陶纹饰，并不真是植物纹，而是由半坡类型的鱼纹演化而成的"组合鱼纹和变体鱼纹"[9]。这个说法没有引起太多的注意，不过非常明确地否认它为花卉纹饰这一点，还是不多见的。

从对这类彩陶纹饰历来的定名情形看，研究者主要采用的是一种直观的认读方法，一般只读阳纹，所以比较流行的名称为"圆点、勾叶、弧边三角"，合称为"圆点勾叶纹"，其次"回旋勾连纹"的名称也有较多的研究者接受。我将历来一些研究者的认读结果罗列在下表中，可以看出其中最有代表性的观点也有三四种，可见分歧明显存在着（表1）。

过去在进行彩陶研究时，人们已经注意到对庙底沟文化某些彩陶的解读要采取阴纹读法，但一般只对那些构图整齐均衡的花瓣式彩陶才用这种读法。对这类由圆点、勾叶和弧边三角组成的纹饰，多数研究者采用的却是阳纹读法，在个别时候也有局部采用阴纹读法的。实际上，这类纹饰在整体上主要应该认读的是阴纹，而不应当

[1]严文明：《西阴村史前遗存分期》，《仰韶文化研究》，文物出版社，1989年。

[2]严文明：《从王湾看仰韶村》，《仰韶文化研究》，文物出版社，1989年。

[3]段宏振：《试论庙底沟类型彩陶的传播》，《文物春秋》1991年11期。

[4]廖永明：《大河村新石器时代的彩陶艺术》，《中原文物》1984年4期；《再谈大河村新石器时代的彩陶艺术》，《论仰韶文化》，《中原文物》1986年特刊。

[5]吴家哲等：《大汶口——龙山文化原始艺术初探》，《史前研究》1984年4期。

[6]栾丰实：《海岱地区彩陶艺术初探》，《海岱地区考古研究》，山东大学出版社，1997年。

[7]张朋川：《中国彩陶图谱》，文物出版社，1990年。

[8]贾荣建等：《中国彩陶图案的艺术形式探寻》，河北美术出版社，1994年。

[9]马宝光等：《庙底沟类型彩陶纹饰新探》，《中原文物》1988年3期。

表1 新石器文化彩陶"旋纹"历年定名表

序号	定名者	定名时间	名　　称	认读方式
1	阿尔纳	1925	真螺旋纹	阳纹
2	梁思永	1930	流动的曲线带纹	阳纹
3	安志敏	1959	涡纹、三角涡纹、圆点纹	阳纹
4	石兴邦	1962	圆点勾叶凹边三角等曲线花纹配成的纹饰	阳纹
5	严文明	1963	回旋勾连纹	阳纹
6	张忠培	1964	弧线三角纹	阳纹
7	苏秉琦	1965	菊科和蔷薇科花卉纹	阳纹+阴纹
8	安志敏	1979	圆点勾叶弧线三角和曲线构成的带状花纹	阳纹
9	巩启明	1983	涡纹、三角涡纹、圆点纹组成	阳纹
10	石兴邦	1984	圆点勾叶弧边三角和曲线组成的带状纹	阳纹
11	廖永明	1984	月亮纹、勾叶纹	阳纹
12	吴家哲	1984	勾叶纹	阳纹
13	马宝光	1988	旋花纹、鱼眼、变体鱼纹	阳纹
14	张朋川	1990	钩羽圆点纹	阳纹
15	段宏振	1991	回旋勾连纹	阳纹
16	贾荣建	1994	自由曲线纹	阳纹
17	张居中	1994	圆点勾叶弧三角构成的植物花卉纹	阳纹
18	栾丰实	1997	圆点勾叶弧边三角组成回旋勾连纹	阳纹
19	王仁湘	1998	旋纹：单旋纹、双旋纹、重旋纹、杂旋纹	阴纹

注：本表所列主要是对庙底沟文化彩陶"旋纹"历年的定名，也包括少数研究者对大河村和大汶口文化同类纹饰的定名。

是阳纹，只是在偶尔的情形下才可以对某些单元采用阳纹读法。采用阴纹读法的结果，与阳纹读法大异其趣。

由阴纹方式反视，这种图案的中心部分，也就是纹饰结构的主体，都是一种相同的旋纹。阳纹的勾叶、弧边三角及不规则的弧边形，都无一例外是衬底图形。它们衬托出来的阴纹，有圆形的旋心，有曲回的旋臂，构图谨严缜密。过去研究者认为这类图案的组合没有固定的章法，甚至无法将它分割为独立的单元，如果采用反视阴纹的方法，这个问题就完全不存在了，我们发现它的章法不仅十分的严谨，而且纹饰清丽秀美异常。对庙底沟文化彩陶如此解读，我的感觉可以用这四个字概括：豁然开朗。采用了这个读法，多数原来感觉布局杂乱没有规律的图案，特别是那些无从读起的图案，我们都会一目了然，会感到一种从未有过的明白清晰。过去由于认读方法存在缺陷，没能将这类旋纹辨认出来，所以整体结构没有理清，这是相应的研究工作出现明显偏移的主要原因。

采用反视方式观看阴纹所看到的彩陶上的旋纹，多数虽然有较为一致的构图，都有旋心和旋臂，不过细作分析，也存在明显区别。区别集中表现在旋纹的旋臂上，根据旋臂的特点与数量，还有旋纹的组合方式，当初我将旋纹划分为5种，即单旋、双旋、叠旋、杂旋和混旋。对于单旋，已在上节作了讨论，这里又将双旋纹重新进行了归纳分类，粗分为单体双旋纹和组合双旋纹两大类。在这两类双旋纹中又有细微的区别，合并划分为六式：

单体双旋纹：分标准式、松散式和变形式三式；

组合双旋纹：分简单组合式、复杂组合式、单旋纹与双旋纹同组式三式。

现在按这六式的划分，依次叙述如下。

a式　单体双旋纹之标准式。双旋纹中有一种最简单的形式，以单体形式组成二方连续图案，也没有附加的元素，是一种基本的标准形式。

山西垣曲下马的一件彩陶瓶[1]，在上腹位置绘双旋纹，这是一例最简单的双旋纹，没有其他附加元素。值得注意的是，这例双旋纹虽然也是类似的二方连续图案，但实际上左右相连的两个双旋是取一正一反的方式连接，与一般双旋纹明显不同。这种彩陶瓶发现极少，绘这类双旋纹的也只有这一件。甘肃正宁王庄王嘴的一件彩陶罐，也是绘单体的双旋纹，没有附加纹饰。距离不远的宁县焦村，也出土一件类似的双旋纹彩陶罐[2]，旋动的两条旋臂回旋飘逸，旋心都缀有圆点。像这样大幅面的双旋纹，一般还不多见（图3-4-8-3）。

比较标准的单体双旋纹彩陶，在晋南和豫西都有发现。洪洞耿壁的一件彩陶盆，绘连续的双旋纹，双旋纹较大，没有其他合组的纹饰。灵宝阌东有一件彩陶盆与耿壁的基本相同，也是绘单体双旋纹[3]。夏县西阴村也见到一件类似的双旋纹彩陶盆，在旋心位置绘有双勾线条。这几件彩陶所绘双旋纹，在旋心位置都没有加绘圆点。灵宝西坡的一件彩陶盆绘单体双旋纹，旋心加绘有圆点（图3-4-8-4）。

b式　单体双旋纹之松散式。在标准的单体双旋纹之外，还有一种结构松散的单体双旋纹，旋心与旋臂的结构不很明显，但旋动的感觉还是有的，有的在旋心位置也

[1]代尊德等：《山西垣曲下马村发现新石器时代陶器》，《考古》1963年5期。

[2]程征、钱志强：《黄河彩陶》，台北南天书局，1994年。

[3]河南省文物考古研究所等：《河南灵宝铸鼎塬及其周围考古调查报告》，《华夏考古》1999年3期。

垣曲下马　　　　宁县王庄王嘴　　　　宁县焦村

图3-4-8-3　单体双旋纹彩陶

灵宝西坡

灵宝阌东

夏县西阴村

图3-4-8-4 单体双
旋纹彩陶

洪洞耿壁

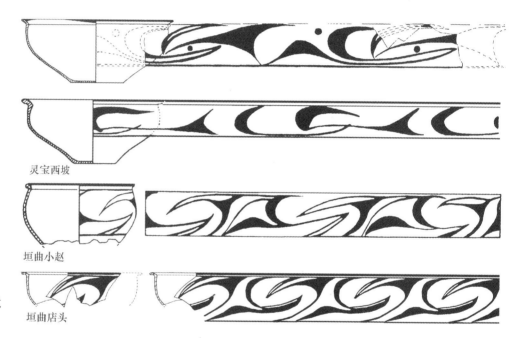

灵宝西坡

垣曲小赵

图3-4-8-5 松散式
单体双旋纹彩陶

垣曲店头

图3-4-8-6 渭南北
刘松散式单体双旋纹
彩陶

华县泉护村

岐山王家咀

正宁宫家川

[1]中国国家博物馆考古部：《垣曲盆地聚落考古研究》，科学出版社，2007年。

[2]西安半坡博物馆等：《渭南北刘遗址第二、三次发掘简报》，《考古与文物》1986年1、2期。

[3]庆阳地区博物馆等：《甘肃正宁县宫家川新石器时代遗址调查记》，《考古与文物》1988年1期。

图3-4-8-7 松散式单体双旋纹彩陶

缀有圆点。在灵宝西坡，有两件彩陶盆绘有松散的双旋纹。一件旋臂绘作双勾式，旋心缀有圆点。另一件只是隐约可以看出旋臂勾连的状态，旋心已经很不明显。垣曲小赵的一件彩陶盆，旋臂也是绘作双勾的形式，旋臂旋心显得相当肥硕。垣曲店头的一件双旋纹彩陶盆与小赵的这一件非常接近[1]，也是双勾的旋臂，旋心都没有圆点（图3-4-8-5）。

在渭南北刘出土了几件这种松散式双旋纹彩陶盆[2]，旋心旋臂都很明显，旋心无一例外地都缀有圆点（图3-4-8-6）。华县泉护村和岐山王家咀也都见到有这种松散式双旋纹彩陶盆，旋心位置也都缀有圆点。甘肃正宁宫家川的一件彩陶盆[3]，虽然纹饰绘制显得比较草率，但双旋纹双勾的旋臂还是可以辨别出来，而且旋心也缀有圆点（图3-4-8-7）。

一般来说，如果不了解双旋纹的基本构图方式，这种松散的双旋纹会比较难于辨认。一当与标准的双旋纹有了比照，再潦草的松散双旋纹也都是可以辨认出来的。

c式　单体双旋纹之变形式。有时由于旋纹中的旋臂绘得不很流畅，旋心也不明显，构图作了变形处理，这样的双旋纹可能更难辨认。对彩陶上的这类变形的双旋纹，我们也许不很在意，很容易忽略了它的存在。

如陕县庙底沟的两件彩陶盆，一件双旋纹的旋臂宽窄不匀，好像折断了一样，不过旋心缀有圆点，这样的双旋纹虽有变形，却也并不难于辨认。另一件的左右旋臂不对称，仔细观察，旋臂仍是双勾绘法，旋心也比较明确，所以它仍是双旋纹无疑。还有岐山王家咀的一件彩陶盆，由于在构图时右旋绘得不明确，变形太过，所以不容易辨识它的构图，实际上还是双旋纹（图3-4-8-8）。

还有一种非常特别的双旋纹，既不是常见的几何元素，也不是采用地纹方式表现，但构图却是双旋纹格式。汝州洪山庙的两件瓮棺上，就绘有这种特别的双旋纹，是用弯曲成弧形的男性生殖器图形作构图元素，绘作左右旋动的纠结状。双旋纹构

第三章　纹饰分类系统

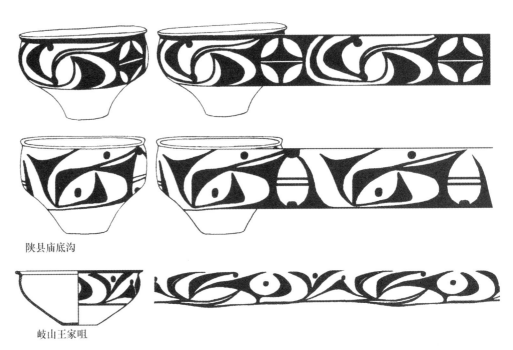

陕县庙底沟

图3-4-8-8 变形双
旋纹彩陶

岐山王家咀

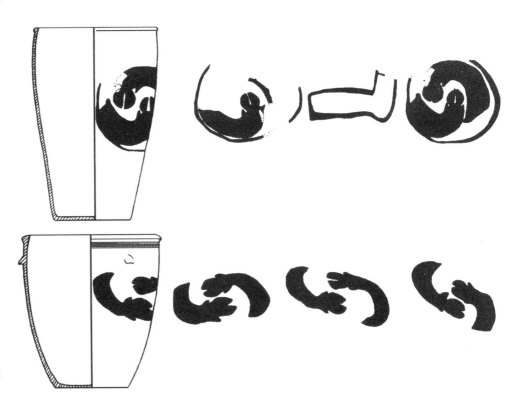

图3-4-8-9 汝州洪
山庙变体双旋纹彩陶

图的特征明显，只是没有留足旋心的空间位置（图3-4-8-9）。这样的图案，虽然它并不是标准的双旋纹，不过明显是借用了双旋纹的构图方式，很有意思。

d式　双旋纹之简单组合式。除了以单体双旋纹构成的二方连续图案，双旋纹更多的时候是以组合形式出现，与其他元素一起构成各种组合，将它的动感带给整组纹饰。组合双旋纹之简单组合例证，在晋、陕、豫都能见到。在新安槐林发现有两件彩陶盆，都是绘松散式的大双旋纹，为双勾式旋臂，在双旋之间绘一大叶片纹，叶片绘有带点的中分线。临潼邓家庄的一件彩陶盆[1]，绘变形的松散双旋纹，旋心缀有圆点，旋纹之间绘圆点弧边三角形。汾阳段家庄的一件彩陶盆，与双旋纹组合的是一种旋心加绘有特别图形的大单旋纹（图3-4-8-10）。双旋与单旋纹有一种固定的复杂组合形式，我们在后面要单列出一式予以说明。这一例是因为组合较为简单，所以我们在此一式组合中特别提及。

e式　双旋纹之复杂组合式。进入复杂组合的双旋纹，在数量上明显多于简单组合，即是说双旋纹出现在复杂组合中的频度要高一些。这种复杂组合，是以双旋纹为主体的若干元素的组合，在复杂组合中出现的双旋纹，有标准双旋纹，也有松散双旋纹，还有变形双旋纹。复杂组合双旋纹彩陶发现较多，分布范围较广。

在灵宝北阳平和西坡，都见到复杂组合的双旋纹彩陶。北阳平的一件彩陶盆，在复杂组合中出现的是标准的双旋纹。西坡的一件彩陶盆，在复杂组合中出现的双旋纹有松散式，也有变形式（图3-4-8-11）。两种双旋纹在同一器物上出现，这也是复杂双旋纹组合中常见的现象。

在晋南地区也见到不少复杂组合双旋纹彩陶，夏县西阴村的一件彩陶盆，绘大小双旋纹与其他纹饰组合在一起。河津固镇的两件彩陶盆，也是绘大小双旋纹的复杂组合，双旋纹有标准式，也有松散式和变形式。垣曲下马的一件彩陶罐[2]，是以两种不同的双旋纹构成的复杂组合，两种纹饰的旋心略有区别，大小相差不多，旋臂都是向顺时针方向旋转（图3-4-8-12）。

在关中地区也发现了一些复杂组合的双旋纹彩陶，华县泉护村就有不少。泉护村有三件彩陶盆都绘有复杂的双旋纹组合，不过出现的双旋纹多为松散式，也有变形式，旋心都有圆点，不见标准式。华阴西关堡见到两件精致的双旋纹组合彩陶盆，一件为大小双旋纹与其他几种纹饰的组合，双旋都是标准式，旋心都缀有圆点。另一件出现在组合纹饰中的是松散式双旋纹，旋心也见有圆点（图3-4-8-13）。

f式　单旋纹与双旋纹同组式。有时单旋纹与双旋纹会出现在彩陶纹饰的同一组合中，互相映衬，彼此如影相随。这种特别的组合形式在豫西、晋南、关中和陇东都有发现，分布范围也比较广泛。

豫西的发现，可举陕县庙底沟和灵宝西坡为例。庙底沟的一件单旋纹与双旋纹同组彩陶盆，标准的双旋纹是构图的主体纹饰，单旋纹与其他纹饰都处在从属的位置。有些特别的是，双旋纹的旋心不见圆点，反倒是旋臂上缀有圆点，而且双旋纹的旋臂旋转为逆时针方向。灵宝西坡发现有几件单旋纹与双旋纹同组的彩陶盆，其中

[1]赵康民：《临潼塬头、邓家庄遗址勘查记》，《考古与文物》1982年1期。

[2]中国国家博物馆考古部：《垣曲盆地聚落考古研究》，科学出版社，2007年。

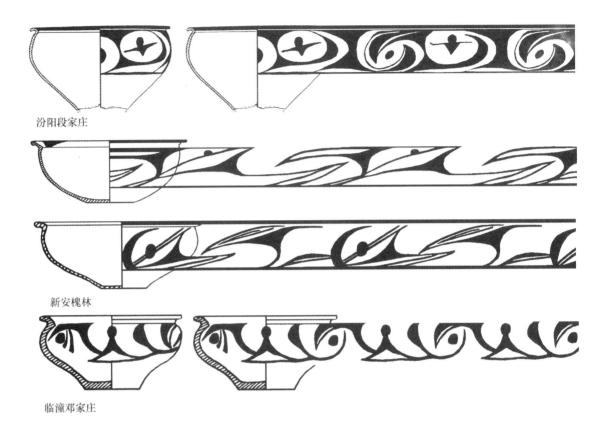

汾阳段家庄

新安槐林

临潼邓家庄

图3-4-8-10　简单组
合双旋纹彩陶

灵宝北阳平

灵宝西坡

图3-4-8-11　复杂组
合双旋纹彩陶

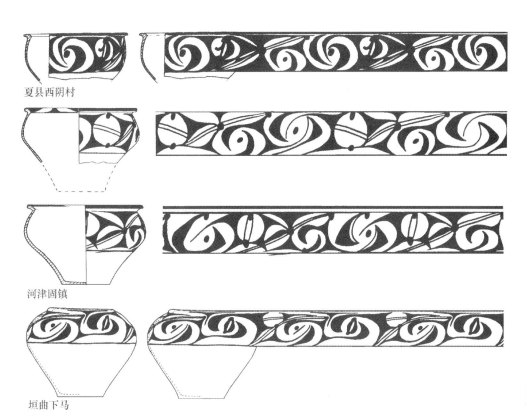

夏县西阴村

河津固镇

垣曲下马

图3-4-8-12　复杂组
合双旋纹彩陶

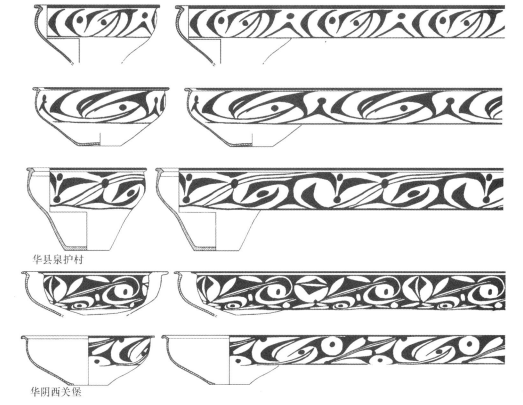

华县泉护村

华阴西关堡

图3-4-8-13　复杂组
合双旋纹彩陶

陕县庙底沟

灵宝西坡

368

有两件的双旋都是标准式，绘制非常精致，有的单旋和双旋纹的旋心都缀有圆点。这两例彩陶上的单旋纹旋臂是取顺时针方向旋转，而双旋纹的旋臂却是取逆时针方向旋转。有一件彩陶盆的单旋与双旋纹都很大，旋心也都缀有圆点，旋臂旋转的方向都是顺时针（图3-4-8-14）。

华县泉护村的一件单旋纹与双旋纹同组彩陶盆，构图更有特别之处。它是以顺时针旋转的标准大双旋为中心，它的左右各有一单旋纹，这两单旋旋转的方向正相反，呈一种拱卫之势。单旋与双旋纹的旋心也都有圆点。岐山王家咀的一件彩陶盆，双旋纹也是标准式，旋心较小，单旋纹旋心较大。双旋与单旋纹的旋心都缀有圆点，双旋纹两条旋臂的中间也缀有圆点（图3-4-8-15）。

秦安大地湾发现两件彩陶盆，图案都是大双旋与大单旋的组合，纹饰的幅面都比较大，两者之间难分主次。其中一件为松散式双旋纹与大旋心单旋纹的组合，它们的旋心都缀有圆点，双旋纹上面的旋臂上也缀有圆点。另一件的双旋纹绘得比较别致，可以归入标准式之列，无论双旋纹和单旋纹的旋心都没有圆点。大地湾的这两件彩陶上的单旋与双旋纹，旋臂都是向着顺时针方向（图3-4-8-16）。

华县泉护村

岐山王家咀

图3-4-8-15 单旋与双旋纹组合彩陶

图3-4-8-16 秦安大地湾单旋与双旋纹组合彩陶

在单旋纹与双旋纹组合中，还有一种固定的构图值得注意。在长安蝎子岭的一件彩陶盆上，绘单旋与双旋纹组合，旋臂都是向着顺时针方向旋转，旋心有圆点。在双旋纹一旁绘带横线的双圆形，单旋纹上方是一个喇叭形图案。在一本《河南古代图案》上，我们见到一件标明出自郑州大河村的彩陶，所绘图案也是单旋纹与双旋纹组合，而且包括其他附加元素在内的构图方式与蝎子岭的那一件完全相同[1]。查相关发掘报告，大河村似乎并没有出土这样的彩陶，不过我们相信它应当是出土自河南地区。类似的发现还见于芮城，但构图稍有不同的是，那喇叭形图案改绘成了双瓣花瓣纹（图3-4-8-17）。单旋与双旋纹合组，旋心都有圆点，还有带横线的双圆与双瓣花或是喇叭形，这几种元素的固定组合很有特色。更重要的是这种固定纹饰组合的彩陶在豫中、晋南和关中都有发现，表明它的分布范围较大，值得进一步探讨。

我们将不同地区不同文化中彩陶中的双旋纹作一番比较，也会发现它们彼此的异同之所在。

一般的双旋纹旋心在中间，有两股旋臂，双臂一般以上下方式排列，也有以左右方式排列的，有时臂尾延伸很长。庙底沟文化双旋纹的旋心一般不大，旋心多绘有圆点；在大河村文化中双旋纹彩陶中见到大旋心，旋心有无圆点不定。

庙底沟文化的双旋纹，在陇、陕、豫、晋的许多遗址中都有发现。多数双旋纹的

[1]李绍翰：《河南古代图案》，第5页，河南美术出版社，1986年。

长安蝎子岭

芮城?

图3-4-8-17 单旋纹
与双旋纹组合彩陶

郑州大河村?

旋心都不大，旋心有时绘有圆点，旋臂有长有短。庙底沟文化中也见到不多的大画面的单体双旋纹，如陕西彬县下孟村遗址的一件深腹罐上，就有这样的大画面双旋纹，构图简洁，没有附加纹饰。甘肃宁县王庄王嘴遗址也出土一件大双旋纹彩陶，旋臂较长，旋心有圆点。西阴村遗址也有双旋纹彩陶盆出土，大旋心中绘有圆点。

大河村文化的双旋纹也非常典型，旋心旋臂都较大，占据画面中心位置，都是单独存在的单元，彼此旋臂互不连接，两旋纹之间常有简单的附加纹饰。郑州后庄王和大河村遗址有几件彩陶上的旋纹为单体，构图简洁明了：中间为一圆点，左右相对的两个月牙形明晰地衬出顺时针旋转的上下旋臂，两侧再以弧边三角形衬出旋臂的外轮廓，使上旋臂尾部旋至下方，而下旋臂则对称地旋至上方。

在多数情况下，庙底沟和大河村文化的双旋纹是装饰在大口曲腹的彩陶盆上，也有的出现在其他器类上，如山西垣曲上马村出土的一件尖底瓶的上腹部位，就绘有简略的双旋图形。

彩陶中的双旋纹一般都不单独出现，较大的旋纹也有两个或两个以上构成一组，多以平行方式排列，左右旋之间互不连接。但也有例外，在庙底沟文化彩陶中，发现了一种单体旋纹组成的二方连续图案，上下旋臂分别向左右延伸很长，前一旋纹的上旋臂延展至后一旋纹而变为下旋臂，构成二方连续图案，庙底沟遗址就出土过不只一件典型的二方连续旋纹彩陶盆。

有的旋纹在旋心周围有多股旋臂，有的为两个主旋臂，另有两个以上重叠的副旋臂，有的旋臂则没有明显的主副区别。多股旋臂层叠回旋，又可以名之为叠旋。叠旋纹彩陶多见于庙底沟文化，大地湾、泉护村、固镇、西阴村和庙底沟等遗址都有发现，旋臂一般绘得并不对称。一部分结构松散的旋纹，有时旋臂游离出本来的位置，旋心也不明显，让人不易认定，这就是苏秉琦先生根据华县泉护村的发现划定的"菊科"图案。它其实是一种松散的多旋臂旋纹，可将它归入叠旋纹。

在双旋纹较为流行的时期，彩陶上能见到叠旋纹的机会并不太多。后来在有些地区较为流行具有叠旋纹特点的彩陶，一般都归入涡纹之列。

规则的连续旋纹和不规则变体旋纹，还有一些类似涡纹的图案多可以归入杂旋类，它们一般构成比较规整的二方连续图案。这类纹饰出现的时代较晚，可明显看出是由旋纹逐渐演变而成的。庙底沟文化的杂旋纹彩陶发现不多，只在庙底沟遗址见到一件残片，绘二方连续式的简化旋纹，不仅旋心不明显了，左右旋臂也连为一体了。相似的杂旋纹彩陶在大汶口和红山文化中也有发现。

还有一种可称为混旋的旋纹，特指单旋和双旋及叠旋的混组纹样，以单旋与双旋的混组发现较多，而且单双旋常常是以一对一混组。庙底沟文化的许多遗址都发现有混旋纹彩陶。陕西渭南北刘遗址出土的彩陶盆上，有多旋臂的旋纹，也有大旋心的单旋纹。陕县庙底沟遗址见到多件单旋和双旋混组的彩陶标本，其中双旋占据图案带的主要部位。陕西长安县蝎子岭和山西芮城县某遗址的单旋与双旋混组彩陶，旋纹绘得较为纤巧。类似单旋与双旋纹混组彩陶也见于大河村文化，郑州大河村遗址就发现有一件，构图与蝎子岭和芮城某遗址所见非常接近[1]。

除了上列的几类旋纹彩陶，我们还发现有些标本彩绘较为草率，观察时还得费点功夫，才能判定它们是否为旋纹图案，这些可称为"草旋"。如甘肃正宁宫家川的一件彩陶盆，为排列不大整齐的二方连续旋纹图案，旋心并不明显，只有一个圆点，上下两条旋臂都很粗壮。在陕县庙底沟遗址也发现有几件草绘旋纹彩陶，旋纹不很规则，有时旋臂没能与旋心衔接上。由于这种反转式图案作法需要有较高的技巧，可能并不是当时一般陶工都能胜任的，我们在有些彩陶上看到了比较草率的画面，应是一些徒工所为，虽则是潦草，不过基本的构图程式却没有明显改变。当然也不排除这样一种可能，后来有的陶工们也许并不知道他们所绘纹饰的意义何在，所以有时也会信手涂来，对传统就不那么恪守了。

各类旋纹图案彩陶，尽管在构图上表现了明显的繁简区别，但有一定数量的标本都呈现出二方连续图案的特性，图案单元并不难于辨认。过去一些研究者感叹这类纹饰没有固定的结构，无法区分图案单元，现在作了这样的分类研究以后，却得出完全相反的认识：这类彩陶纹饰结构一般都较为严谨，布局有序，只有少数绘制粗率的不在此列（图3-4-8-18）。

由上所述，我们讨论的庙底沟文化（包括大河村文化）最具代表性的这类彩陶纹饰，并不能正观阳纹认定为圆点勾叶纹或回旋勾连纹，亦不能认定为菊科和蔷薇科的花瓣纹等，而是反视的非常明确的各式旋纹，最常见最典型的是双旋纹。这些旋纹隐现于规则与不规则的各类阳纹中，它很容易使我们的判断力失去作用，只在改变传统认读方式的时候，它的本来面目才清晰地呈现在我们的眼前。对中国彩陶深入研究过的张朋川先生在《中国彩陶图谱》中说："在中国彩陶各种动的格式中，旋式是一种主要的

[1]李绍翰：《河南古代图案》，第5页，河南美术出版社，1986年。

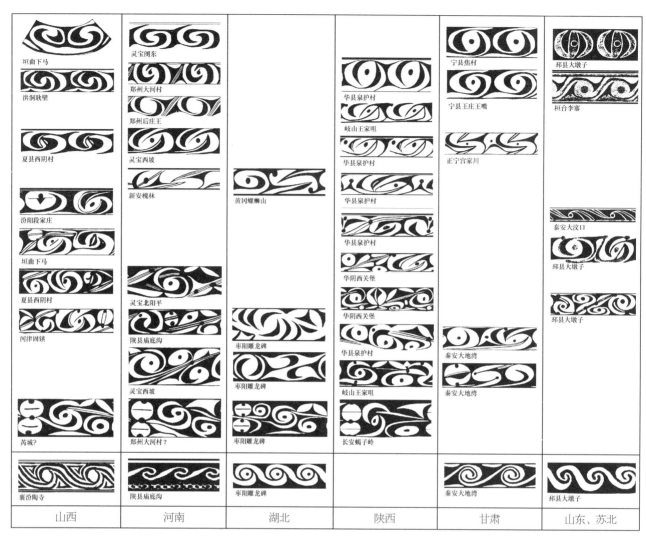

垣曲下马	灵宝阌东		宁县焦村	邳县大墩子	
洪洞耿壁	郑州大河村		华县泉护村	宁县王庄王嘴	桓台李寨
夏县西阴村	郑州后庄王		岐山王家咀	正宁宫家川	
汾阳段家庄	灵宝西坡		华县泉护村		泰安大汶口
垣曲下马	新安槐林	黄冈螺蛳山	华县泉护村		邳县大墩子
夏县西阴村	灵宝北阳平		华阴西关堡		邳县大墩子
河津固镇	陕县庙底沟	枣阳雕龙碑	华阴西关堡	泰安大地湾	
芮城?	灵宝西坡	枣阳雕龙碑	华县泉护村	泰安大地湾	
	郑州大河村?	枣阳雕龙碑	岐山王家咀		
襄汾陶寺	陕县庙底沟	枣阳雕龙碑	长安蝎子岭	泰安大地湾	邳县大墩子
山西	**河南**	**湖北**	**陕西**	**甘肃**	**山东、苏北**

图3-4-8-18 彩陶上双旋纹的比较

图案格式。……彩陶图案中各种样式的旋纹，以反复不休循环不已的旋动，突破固定空间的控制而持久地律动。旋式纹样在中国传统图案中一直被延用发展着，成为传统图案的主要格式之一"。可惜的是，他动情地写下这些话的时候，列举的例证主要只是马家窑和屈家岭文化的，他虽然摹绘了数以千计的彩陶，但却没能解读庙底沟文化、大河村文化和大汶口文化等大量存在的旋纹，没有将这些体现有高度艺术水准的旋纹包括在旋式图案结构内，这不能不说是一个遗憾。

彩陶上的旋纹，是最值得关注的纹饰，它对后来直至历史时期的影响一直在继续。我们甚至可以在现代艺术构图中，发现它强大的生命力。在商业标志上，在电视台的图标上，在人体绘画上，我们都能见到旋纹的流风。

在这一章里，我们试图构建的是庙底沟文化彩陶的分类系统，通过将常见的、典型的和有特点的纹饰进行归类分析，以为这样大体获得了一个基本的印象。这个印象当然并不是全面的，首先是因为我们没有能涉及全部的资料，其次是有可能还有相当多的资料并没有刊布，而且陆续也还会有一些新资料的发现。不过，我们还是可以这样说，经过这样一番梳理之后，我们对庙底沟文化彩陶的了解，较之以往应当是更深入一些了。

建立了这样一个初步的庙底沟文化彩陶纹饰的分类系统之后，我们对彩陶纹饰的演进及象征意义便可以更方便地展开讨论了。

第四章 传承与扩散：一次艺术浪潮

中国新石器时代南与北、东与西的不同区域，出现过不同层次不同规模的文化交流，这些交流增进了各个区域的联系，也推进了文化趋同的进程。当然在早期，这样的交流会有较大的局限性，交流多是体现在两个相邻的文化共同体之间。到了新石器时代中期以后，交流的规模与地域扩大，交流可以同时发生在若干考古学文化之间。在庙底沟文化时期，交流的地域更是广阔，可以看成是一次较大规模的文化扩张。

庙底沟文化时期这个大规模的文化扩张，集中体现在彩陶文化的传播上。黄河中游地区的庙底沟文化，影响远及东部黄河下游的大汶口文化、北部河套地区的阿善文化和辽河地区的红山文化，南部长江中游的大溪文化，还有西北部地区的前马家窑文化，这样广大的地域内都发现过一些具有庙底沟文化风格的彩陶。庙底沟文化彩陶最具特点的花瓣纹和旋纹等，在黄河流域及邻近地区都有发现。

由庙底沟文化彩陶的传播，让我们看到了在新石器时代兴起的一次艺术浪潮。这是很大的一次艺术浪潮，波及的地域非常广阔，产生的影响非常深远。由深度和广度而言，这可以看作是中国史前时期的一次最大的艺术浪潮，正是在这样一次艺术浪潮中，中国古代艺术传统开始形成，开始走向成熟。

一 源头：来自半坡文化的传统

考古学界对于仰韶文化的研究，虽然取得了很大成绩，但也还有一些问题并没有达成共识，例如半坡与庙底沟文化的关系，就是一个争论了近半个世纪的问题。虽然比较多的意见都认为半坡与庙底沟文化之间具有承续关系，但始终也还是有些学者认为两者是平行发展的，它们并不存在先后关系[1]。我们在这里还是依据前一观点，认为庙底沟文化是继承了半坡文化的传统，在彩陶上也是这样，两者具有比较明确的前后发展关系。

半坡文化的彩陶，是庙底沟文化彩陶的一个重要来源。

首先，在彩陶的主要器形上，两个文化有比较一致的选择，都是以盆钵类为主，器形也比较接近。在彩陶的构图原则与绘制方式上，两个文化表现有相同的传统。如

[1]王仁湘：《半坡和庙底沟文化关系研究检视》，《中国史前考古论集》，科学出版社，2003年。

庙底沟文化彩陶
的地纹表现方式，
是在半坡文化中就
已经相当成熟的技
法，许多的折线纹
和三角纹都是采用
地纹方式绘出，有
时还见到有彩纹与
地纹结合的图案。
这些纹饰同时也是
以二方连续的原则
构图，纹饰连续不
断，循环往复无穷
（图4-1-1）。两个
文化器物沿面装
饰也表现有相同的
风格，半坡文化也
流行在沿面绘彩的
做法，也有将沿面
变圆为方的意境，
沿面纹饰的选择，
也都是取自器腹图
案中比较简便流行
的元素。庙底沟文
化彩陶沿面上的西
阴纹、单瓣叶片纹
是直接来自半坡文
化彩陶沿面图案。
（图4-1-2）。当然
比较而言，半坡文
化的二方连续地纹
彩陶还只是在初始
出现阶段，题材很
有限，构图的变化
较小，但毕竟这个
艺术传统已经初步

图4-1-1　半坡文化的二方连续地纹彩陶

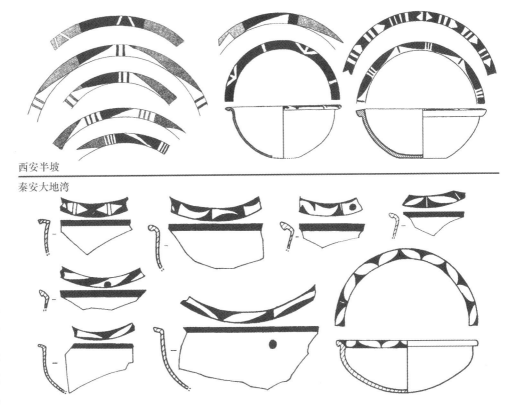

图4-1-2　半坡文化彩陶的沿面装饰

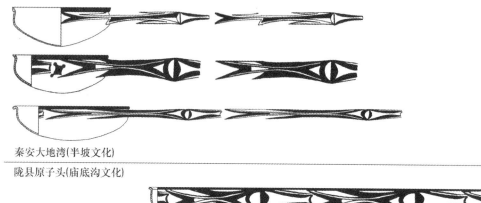

秦安大地湾(半坡文化)
_____
陇县原子头(庙底沟文化)

图4-1-3　秦安大地湾二期和陇县原子头三期鱼纹彩陶

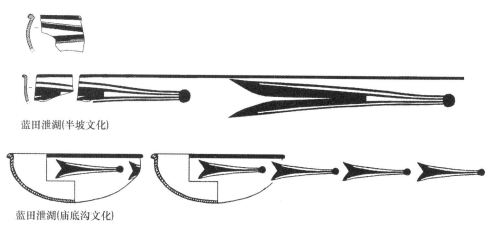

蓝田泄湖(半坡文化)

蓝田泄湖(庙底沟文化)

图4-1-4　同一遗址发现的半坡文化与庙底沟文化的简体鱼纹彩陶

确立，彩陶艺术发展的基础已经建立起来。

　　更重要的是表现在题材的选择上。彩陶表现的主题，两个文化也有相同的选择，或者说庙底沟文化彩陶上的一些典型题材，在半坡文化中都能找到出现的源头。彩陶纹饰的演变，不仅两个文化都表现有由写实向几何化发展的规律，而且有些纹饰的演变是一脉相承，充分显示出两个文化先后连续发展的脉络。

　　表现构图相似，特别是纹饰的演变具有连续性的典型纹饰，可以列举鱼纹、西阴纹、菱形纹和花瓣纹为例，两个文化中有同类纹饰，前后变化可以两相衔接。

　　a.鱼纹

　　半坡文化彩陶流行鱼纹，纹饰的整体风格不同于庙底沟文化，前者偏重于象形，后者更强调几何化。不过两个文化中都有本书中划分出来的典型鱼纹和简体鱼纹，都是图案化明显的纹饰，半坡文化多见典型鱼纹，庙底沟文化多见简体鱼纹。

　　典型鱼纹可分别列举秦安大地湾（二期）半坡文化标本和陇县原子头（三期）庙底沟文化标本为例，所见鱼纹的构图大体相同（图4-1-3）。典型鱼纹彩陶流行的年代，大约是在半坡文化晚期和庙底沟文化早期，庙底沟文化的典型鱼纹一定是沿

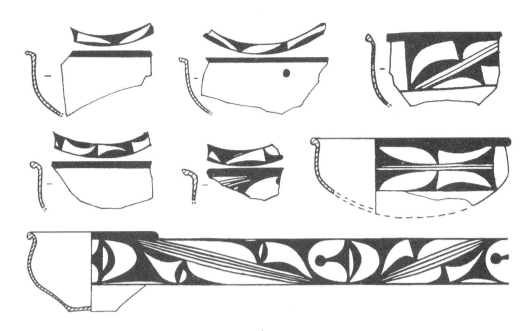

图4-1-5　秦安大地湾二期"西阴纹"相关彩陶

袭了半坡文化的绘法。

　　两个文化中也都见到了简体鱼纹，但半坡文化中发现很少。有报道说蓝田泄湖的半坡文化彩陶上见到了简体鱼纹[1]，从所附图片上看，那里的简体鱼纹与庙底沟文化的并无不同。如果这个发现能够确定无疑，那说明简体鱼纹在半坡文化时期就已经出现了，当然还并不是很流行，所以没有更多的发现。泄湖遗址的庙底沟文化彩陶上也见到了简体鱼纹，只是鱼尾极短小，与他处的发现有些区别（图4-1-4）。

　　简体鱼纹是由典型鱼纹演变而成，我在后文还会有探讨。由简体鱼纹的演变，也可以看出庙底沟文化较多见到的这类彩陶，也是来自于半坡文化的传统。

b. "西阴纹"

　　"西阴纹"虽然较早在夏县西阴村发现后受到重视，其实它最早是出现在半坡文化时期，标准的地纹"西阴纹"饰普遍见于彩陶盆的沿面装饰，这种沿面装饰已经具有二方连续的构图特点，弯角首尾相连，将沿面等份分割成几段。在大地湾和姜寨遗址相当于半坡文化晚期的彩陶上，都有弯角状的沿面装饰，而且都是地纹表现形式（图4-1-5）。

　　在半坡文化时期，除了用作沿面装饰，"西阴纹"饰还被用到其他比较复杂的纹饰组合中。在大地湾遗址出土了较多这类纹饰组合的彩陶，而且在弯角纹内已经见到了添加的大圆点[2]。在一件广泛受到关注的人形彩陶瓶上，这种"西阴纹"饰更是反复出现，弯角左右相背，上下相对[3]。这也即是说，在构成二方连续图案之前，弯角状图案已是相当定型的纹饰单元。不过再往前追溯，就不再能见到"西阴纹"饰的踪影了，有关它的最早来源，仍需进一步探索。

[1]中国社会科学院考古研究所陕西六队：《陕西蓝田泄湖遗址》，《考古学报》1991年4期。

[2]甘肃省文物考古研究所：《秦安大地湾》，图111：6、2，114：1，116：1，文物出版社，2006年。

[3]甘肃省文物考古研究所：《秦安大地湾》，图121，文物出版社，2006年。

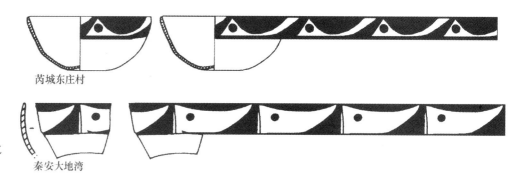

图4-1-6 半坡文化
彩陶上的"西阴纹"

芮城东庄村

秦安大地湾

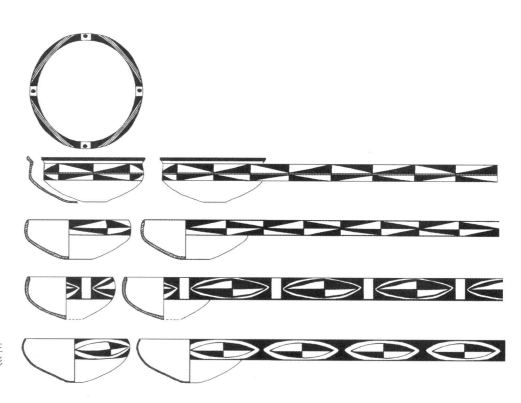

图4-1-7 芮城东庄
村半坡文化菱形纹彩
陶

[1]甘肃省文物考古
研究所:《秦安大地
湾》,图102:9,文
物出版社,2006年;
中国科学院考古研究
所山西工作队:《山
西芮城东庄村和西王
村遗址的发掘》,
《考古学报》1973年
1期。

　　更值得注意的是,以地纹描绘的二方连续"西阴纹"彩陶,在庙底沟文化之前就
已经出现。在秦安大地湾和芮城东庄村的半坡文化地层中,各发现一件标准的"西
阴纹"彩陶,无论是器形还是纹饰构图,与庙底沟文化没有什么区别。纹样分别属于
本文划定的c、d式,是"西阴纹"相当成熟的标准形式(图4-1-6)[1]。

　　确定了这样两例重要发现,我们就有理由说,"西阴纹"彩陶最早应当出现在
半坡文化晚期,当然它的普及还是在庙底沟文化时期。我们还可以有理由说,"西阴
纹"与鸟纹之间没有必然的联系,过去已有的相关探讨还有待深入。

c.菱形纹

　　以对称的黑白(红)三角形组成的菱形纹在半坡文化彩陶上就已经出现,在西

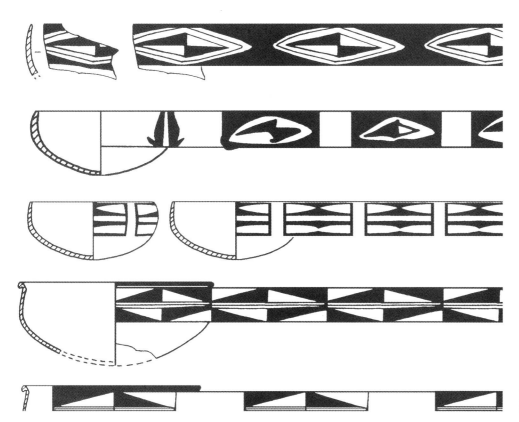

图4-1-8 秦安大地湾半坡文化菱形纹彩陶

安半坡、芮城东庄村（图4-1-7）和秦安大地湾都发现许多菱形纹彩陶（图4-1-8）。半坡时期的菱形纹也是由对称的黑白（红）三角组成，构图已经非常成熟，有了几种定型的形态。庙底沟文化中的菱形纹完全承袭了半坡文化的构图，几乎没有什么改变，改变的只是在菱形之间添加了新元素的隔断。

关于菱形纹的来历，后文还要讨论，它在半坡文化中即已出现是没有疑问的了。

d.叶片与花瓣纹

叶片纹和花瓣纹，是庙底沟文化彩陶中富有特点的代表性纹饰。通过进一步查考，我们知道庙底沟文化中常见的单叶片的叶片纹彩陶，最早也是出现于半坡文化中。在芮城东庄村发现的两件叶片纹彩陶，向右倾斜的叶片中缀有三个圆点（图4-1-9）。类似的纹饰在其他地点还不曾发现过，单叶片纹可能是在半坡文化末期刚

图4-1-9 芮城东庄
村半坡文化叶片纹彩陶

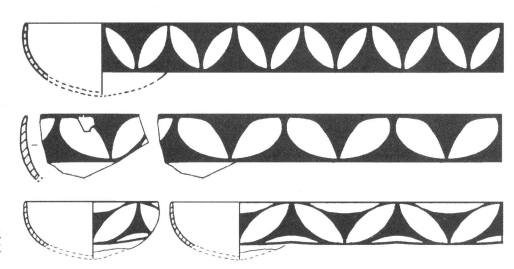

图4-1-10 秦安大地
湾半坡文化双瓣式花
瓣纹彩陶

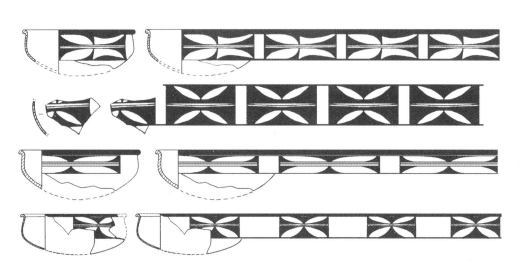

图4-1-11 秦安大
地湾半坡文化花瓣纹
彩陶

刚出现的一种彩陶元素。看来晋南真的就是叶片纹的最早出现地,它到底有什么意义,还需要深入探讨。

由构图上看,双瓣式的花瓣纹有可能是叶片纹扩展出来的纹饰,两个相对的叶片,就自然构成了一组双瓣的花,它就像对生的叶片。但实际上却未必是这样简单的结果,双瓣式花瓣纹与单瓣的叶片纹之间也许并不存在直接的联系。重要的是在半坡文化彩陶上已经见到典型的双瓣式花瓣纹,双瓣式花瓣纹也不能算是庙底沟人的创造。在秦安大地湾的半坡文化彩陶上,见到不少于3例的双瓣式花瓣纹。这时的双瓣式花瓣纹已经是一种定型纹饰了,绘得非常工整,与庙底沟文化的同类纹饰没有明显区别(图4-1-10)。这表明双瓣式花瓣纹出现很早,它出现的过程还有待研究。

花瓣纹中最值得关注的是四瓣式花瓣纹,构图都非常严谨。虽然四瓣式花瓣纹在庙底沟文化时期比较流行,但它也并不是庙底沟人的发明,在半坡文化彩陶上已经出现了这种纹饰。秦安大地湾的半坡文化上不仅有带纵横隔断的四瓣式花瓣纹,也有那种变体的细长花瓣的花瓣纹。还有一种类似花瓣纹的组合纹饰,由两片叶片和两片角状纹饰合组而成,与四瓣式花瓣纹小有区别(图4-1-11)。

庙底沟文化的花瓣纹以宽叶片多见,半坡文化晚期也见到那种宽叶片的四瓣式花瓣纹,虽然少见,但并不是没有。临潼姜寨二期文化(或称史家类型)中见到一件彩陶缸,通体绘两列四瓣式花瓣纹,纹饰绘得比较粗糙,但却非常重要。有时一组花瓣纹中的四瓣并没绘全,会缺失一二瓣,主要是为着避开器耳的位置。我们将中间附加的一组纹饰隐除,再将缺失的花瓣补齐,两列8组花瓣便清晰地呈现出来了(图

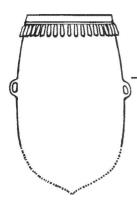

1.全纹饰

2.花瓣纹观察(斜线花瓣为作者补绘)

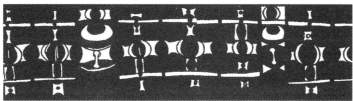

3.附加纹饰

图4-1-12 临潼姜寨
二期花瓣纹彩陶

4-1-12）。半坡文化的这件彩陶花瓣纹，其实构图与庙底沟文化的花瓣纹已经没有什么区别，如果离开地层依据来判断，我们也许会将它归入庙底沟文化。这就是说，庙底沟文化典型的四瓣式花瓣纹彩陶，在半坡文化晚期已经完全定型，只是还并不怎么流行而已。

另外，宽带纹在半坡和庙底沟文化彩陶上是共见因素，这是两个文化关系密切的又一证据。当然宽带纹由于非常简单，不易发生明显的形变，所以我们暂且并不能依据可能有的变化来进一步了解两个文化之间是否具有承袭关系。还有庙底沟文化流行的旋纹，虽然在半坡文化中并无典型标本发现，但也并非毫无线索可寻，单旋纹的构图其实已经出现，在后文的相关章节还会对旋纹的来源进行探讨。

以上由纹饰绘法与主题几个方面看，我们相信庙底沟文化彩陶应当是半坡文化彩陶提升发展的结果，半坡文化奠定了庙底沟文化彩陶发展的基础。

二 扩散：传承与流变

在半坡文化基础上发展起来的庙底沟文化彩陶，明显继承了半坡文化的传统，庙底沟文化彩陶在发展提升以后，也明显影响到周边其他文化。

庙底沟文化彩陶向四周的传播，我们可以列举出许多的证据。在与庙底沟文化同期的周围诸考古学文化中，都多多少少发现过一些彩陶，这些彩陶也多多少少受到过庙底沟文化彩陶的影响。这种影响是庙底沟文化扩散与传播的表现，不仅是彩陶纹饰的传播，有时也表现在彩陶器形的传播。

但是周围四方的考古学文化毕竟有自身的特点，庙底沟文化彩陶在播散出去的过程中，有传承，也有变改。有时这种改变虽然在形式上比较明显，但在纹饰构图上却能看出一脉相承的联系，表明庙底沟文化彩陶影响之深远。周边文化在接纳庙底沟文化彩陶的传入时，除了直接地传承以外，也适当作过一些变改。我们由改变可以看到，彩陶在形式上略有区别，但内涵是相同的，这不仅是一种艺术形式的传播，也是一种认知体系的传播。随着彩陶传播的扩展，我们看到了一种大范围的文化扩展，这种扩展的意义与作用，其实大大超过了彩陶自身的影响。

庙底沟文化彩陶的传播，如大潮涌动，以它所在的晋、陕、豫一带的中心区作为源头，潮流所向，波及东南西北四方。

1. 东向：黄河下游地区

首先我们来看庙底沟文化彩陶东向的传播。东部方向与庙底沟文化大体同期的，是大河村文化和大汶口文化分布区，前者主要分布在河南中部地区，后者主要分布在鲁南苏北地区。

大河村文化与庙底沟文化分布地域邻近，文化面貌也比较接近，正因为如此，有的研究者将大河村文化与庙底沟文化相提并论。

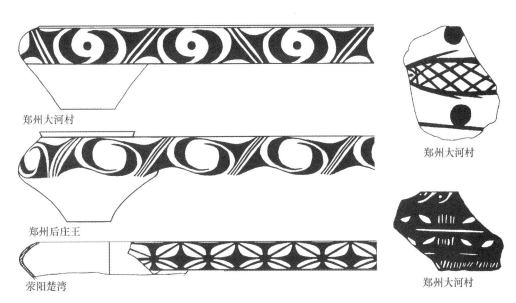

郑州大河村

郑州后庄王

荥阳楚湾

郑州大河村

郑州大河村

图4-2-1-1　大河村
文化彩陶

　　大河村文化中有一定数量的彩陶，其中有的具有明显的庙底沟文化风格。首先让我们注意的是，大河村文化彩陶上见到了鱼纹，而且是象生形鱼纹，以网格绘成鱼身的鳞片纹。有所不同的是，鱼身上下方绘有较大的圆点，应当包含有特别的含义。象生形鱼纹在庙底沟文化彩陶上并不多见，在大河村文化中有类似发现也很难得。

　　其次是大河村文化中也发现有典型的花瓣纹和双旋纹彩陶，基本构图与庙底沟文化相似，也可以看出一些细微区别，如双旋纹构图更加规整，两旋臂也非常对称，这些似乎胜过庙底沟文化一筹。郑州大河村和后庄王都出土了标准式单体双旋纹彩陶。大河村彩陶上的双旋纹旋臂宽度绘得比较匀称，旋心都缀有圆点。后庄王的双旋纹旋心较大，旋心没有圆点。两处的双旋纹构图大体相同，大幅面的双旋纹都取顺时针方向旋转，双旋纹间有斜线作隔断，没有更多的附加元素。大河村文化的双旋纹绘制非常规整，衬托旋臂的图形绘作新月形，所以有些研究者曾经将这样的纹饰直接认作月亮纹，这是一个很大的误解。另如四瓣式的花瓣纹，构图有的与庙底沟文化所见相同，有的花瓣中间画有中分线，这在庙底沟文化中是非常罕见的（图4-2-1-1）。

　　鲁南苏北地区的大汶口文化遗址发现过一些彩陶，部分为墓葬中的随葬品。我们知道，大汶口文化彩陶似乎是突然出现的，并没有独立起源的证据，它可能主要是受庙底沟文化彩陶的影响发展起来的，整体风格相似。不过大汶口文化彩陶也有新的发展，有的纹饰不论构图还是色彩配合，在品质上也有明显提升。大汶口文化彩陶上见到的叶片纹、花瓣纹和旋纹，都应当是受庙底沟文化彩陶影响的结果。

　　大汶口文化有标准的叶片纹彩陶，也是采用地纹方式绘成，不过发现的数量并不多。有一例是简单的a式，也带有最简单的隔断，与庙底沟文化风格相同。在兖州王因则见到一例c式叶片纹，叶片中画有中分线，有垂直平行线作隔断，完全是庙底

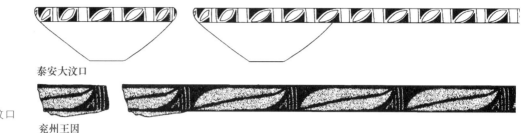

图4-2-1-2　大汶口
文化叶片纹彩陶

泰安大汶口

兖州王因

邳县刘林

邳县大墩子

兖州王因

图4-2-1-3　大汶口
文化彩陶和刻纹陶上
的四瓣式花瓣纹

泰安大汶口

沟文化的样式（图4-2-1-2）。

　　大汶口文化彩陶上发现有典型的花瓣纹，有四瓣式花瓣纹，也有多瓣式花瓣纹，以后者数量稍多，花瓣纹主要绘在大口和小口陶盆外表的上半部，另外小口壶外和其他个别器物上也能见到。

　　大汶口文化上的四瓣式花瓣纹彩陶，见于江苏邳县大墩子、刘林和山东泰安大汶口与兖州王因等地点。刘林的一例四瓣式花瓣纹绘得十分工整，带有纵横隔断。大墩子有一例在合围的花瓣中间另绘一叶片，花瓣中绘一二条中分线，花瓣顶端点缀圆点。大墩子的另一例结构独特，四瓣花都绘有带点的中分线，在花瓣合围的中间又绘一四瓣花，组成花中之花。这样的构图在庙底沟文化彩陶上还没有见到过，极具匠心。在兖州王因发现的是一件背壶，壶一则绘一个单独的四瓣式花瓣纹，合围的花瓣中间也绘有一纵向的叶片，花瓣中绘有中分线。这个发现比较重要，它为我们提示了一种读图方式，这种四瓣式花瓣纹主要是内敛式，外侈式应当是一种派生形式（图4-2-1-3）。

　　另外在泰安大汶口还有一个意外发现，在一件陶器的压印图案上，我们看到的是与彩陶构图相同的四瓣式花瓣纹，而且还清晰地显示有横隔断。这说明四瓣式花瓣纹不仅用彩绘方式表现，可能还有更多的表现方式，这是一种很受关注的纹饰（图4-2-1-3，下）。

大汶口文化中发现较多的多瓣式花瓣纹彩陶，如在邳县刘林见到的彩陶片，所绘为五五复合式花瓣纹，花瓣较为宽大[1]。在邳县大墩子见一件大腹小口彩陶壶，上腹绘有很张扬的四五复合式花瓣纹，下面为四瓣式花瓣，上面用一横卧的宽叶形连接左右的纹饰单元，构图形式非常独特。有了上面一叶，四瓣花就又变成了很特别的倒置的五瓣花。在兖州王因，既见到非常典型的多瓣式花瓣纹，也有一些变形的多瓣式花瓣纹。在一件双耳罐上，上面绘左右大体对称的双瓣花，下面绘数片上下相叠的长叶片，就像正在飘落一般。在另一件瓠形杯上，绘不规则多瓣式花瓣纹，

泰安大汶口

兖州王因

邳县大墩子

邳县刘林

图4-2-1-4 大汶口文化多瓣式花瓣纹彩陶

有的叶片中绘加点的中分线。还有一件敛口彩陶盆，上腹绘五五瓣复合式的连续花瓣纹，叶片中加绘有二、三条中分线，画工非常细致。在泰安大汶口见到的一件彩陶壶，所绘也是五五瓣复合式花瓣纹，花瓣有勾边，但没有绘出中分线，画工不精（图4-2-1-4）。

在泰安大汶口还见到一件大型的筒形彩陶，或以为是彩陶鼓，在中腹并行绘两周四瓣式连续花瓣纹。这一件标本纹饰主体为四瓣式花瓣纹，不过当我们观察它时，往往得到的是多瓣花的印象。在上下两列四瓣花的接合部，我们确实可以看到六瓣花的构图，画工当初说不定也许追求的就是这样的效果（图4-2-1-5，上）。

从这些发现看，大汶口文化彩陶上的多瓣式花瓣纹是以五五瓣复合式为主，基本不见典型的六瓣式纹饰。花瓣的顶端常常缀有圆点，一般都是以复彩绘成。

大汶口文化彩陶上的花瓣纹绝大部分都是复彩绘成，复彩由白、红、黑（紫、赭）几色配合，如果是白花瓣就绘红或黑弧边三角，如是红花瓣则绘黑弧边三角。图案流行勾边的做法，沿花瓣边缘用另一种颜色（白或黑）勾勒，使纹饰层次清晰，富有立体感。大多数花瓣中心都绘有一条或两条骨脉线条，有的在线条中间还加绘有一个大圆点。这些与庙底沟文化不同的一些特点，也可以看作是大汶口人对庙底沟人彩陶的一些改进，彩陶的品质显然提升了不少。

[1]南京博物院：《江苏邳县刘林新石器时代遗址第二次发掘》，《考古学报》1965年2期。

泰安大汶口

图4-2-1-5 泰安大
汶口和肥西古埂多瓣
式花瓣纹彩陶

肥西古埂

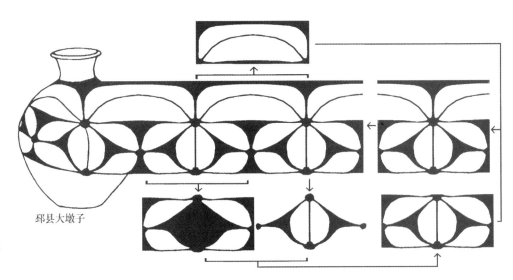

邳县大墩子

图4-2-1-6 大汶口
文化彩陶多瓣式花瓣
纹的构图

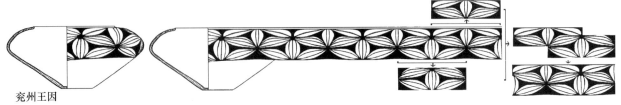

兖州王因

图4-2-1-7 大汶口文化彩陶多瓣式花瓣纹的构图

史前中国的艺术浪潮——庙底沟文化彩陶研究

在江淮之间的安徽肥西古埂，也有多瓣式花瓣纹彩陶发现[1]。古埂所见虽是一片残片，但所绘花瓣的六瓣式结构很清楚，这也是一种变形多瓣式花瓣纹，为"米"字形构图（图4-2-1-5，下）。类似彩陶可能是大汶口文化影响的结果，也可以看作是庙底沟文化的间接影响。

下面我们再来看看大汶口文化彩陶上多瓣式花瓣纹的构图。

首先选择的是邳县大墩子的一件标本。这是一件彩陶壶，绘大花瓣的四五瓣复合式花瓣纹。整个纹饰带的下面是主体，绘一周内敛式四瓣式花瓣纹。四瓣式花瓣纹中间，加绘一带中分的宽叶片。在宽叶片的上方，延展出左右两个大花瓣，构成倒立的五瓣花。在五瓣花之间四瓣花的结合部又形成了一个外侈的四瓣花。作为构图基础的四瓣花隐去了，四五瓣复合式花瓣纹明确展现出来（图4-2-1-6）。

选择的第二件大汶口文化彩陶标本，是出自兖州王因的一件敛口盆，上腹绘五五瓣复合式花瓣纹。将纹饰拆解后，看到上下两列纹饰都是以四瓣式花瓣纹为基础绘成，内敛的四瓣式花瓣纹中间加绘有叶片，叶片中都绘有二三条中分线。上列的四瓣花与下列的四瓣花作局部交叠重合，就构成了严整的五五瓣复合结构的多瓣式花瓣纹（图4-2-1-7）。大汶口文化彩陶上的多瓣式花瓣纹，都是以这种方式构成。

在大汶口文化中，双旋纹彩陶在鲁南苏北都有发现，数量也不少，其中以邳县大墩子的发现最为重要。大墩子彩陶上的双旋纹有各种样式，其中有一件为单体双旋纹，应当可以归入标准式，但略有些变形，旋心与旋臂位置有一个明显的转折，旋心缀有圆点，构成二方连续的双旋纹之间再没有任何附加纹饰。还有一件彩陶为标准式与松散式双旋纹组合，旋心都有圆点，也没有其他附加纹饰。另外有两件彩陶绘更为复杂的大双旋与小双旋组合，它们的特别之处是，相对的两个双旋的旋臂正好向着一正一反的方向旋动，大小双旋纹的旋心都缀有圆点。大墩子还有一种对称双旋纹彩陶，两个双旋纹一正一反相对，旋心缀上圆点就像是兽面的眼睛一样（图4-2-1-8）。复彩的运用，使彩陶的色彩更为艳丽，加上绘制更加精细，大汶口文化的这类与庙底沟文化相似的双旋纹显得非常精彩。

我们还注意到，邳县大墩子还见到两件彩陶鬶，绘有二方连续双旋纹，旋心已经很不明显，旋臂的方向有正有反，但旋臂都是首尾相连，左右纹饰连接为一体（图4-2-1-9）。这应当是在标准双旋纹基础上变化出来的结构，这个变化非常重要。类似的构图在红山文化彩陶上运用较为普遍，在陕县庙底沟也有过零星发现，在更晚的彩陶上和其他一些装饰上也能见到。

在邳县刘林也出土过与大墩子同类的双旋纹彩陶[2]，在大双旋与小双旋组合中，相对的两个双旋的旋臂也是向着一正一反的方向旋动，旋心都缀有圆点。在兖州王因则见到与大墩子一样的对称双旋纹组合彩陶，一组连接起来的正反双旋纹很像是一具兽面（图4-2-1-10）。

在泰安大汶口的一件彩陶背壶上，见到一种更为特别的双旋纹，是用白彩在黑地上绘出旋臂，旋臂向左右延展一分为三，旋心内没有绘出圆点。在桓台李寨的一件

[1]安徽省文物考古研究所：《安徽肥西县古埂新石器时代遗址》，《考古》1985年7期。

[2]南京博物院：《江苏邳县刘林新石器时代遗址第二次发掘》，《考古学报》1965年2期。

图4-2-1-8 邳县大墩子大汶口文化双旋纹彩陶

图4-2-1-9 邳县大墩子大汶口文化双旋纹彩陶

邪县刘林

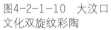

兖州王因

图4-2-1-10 大汶口
文化双旋纹彩陶

泰安大汶口

桓台李寨

图4-2-1-11 大汶
口文化双旋纹彩陶

[1]辽宁省博物馆等：《长海县广鹿岛大长山岛贝丘遗址》，《考古学报》1981年1期。

彩陶罐上，绘大幅面的单体标准式双旋纹，大旋心，长旋臂，旋臂向左右延展越过另一旋心，旋心绘有较大的圆点（图4-2-1-11）。李寨彩陶上的这种长臂双旋纹，也是比较少见的构图，结构非常严谨。

在离山东较近的辽东半岛，也发现有旋纹彩陶。长海郭家村发现不少与大墩子彩陶鬶相似的连臂式双旋纹彩陶片[1]，旋心很小，旋臂宽大且左右相连。旋臂旋动的方向，无一例外都是逆时针方向（图4-2-1-12）。这类旋纹与大汶口文化所见非常接近，当是直接受山东地区影响的结果，这个事实也证实了经由海道的文化传播，至迟在大汶口文化时期就已经开始了。

2. 西向：黄河上游地区

[2]作者曾经到这一带作过田野调查和发掘，有最直接的感受。

庙底沟文化彩陶对西北部地区的影响也非常明显，可以肯定的说，那是一种明确的文化传播。在传播过程中，彩陶的器形与纹饰基本上没有明显变化，在青海民和县藏族和循化县撒拉族聚居区等地发现的同期遗存，甚至可以直接划入庙底沟文化系统，这是中原远古文化对周边地区影响的一个非常典型的例证[2]。庙底沟文化时期中原文化的强大张力，由这一层面看，表现得非常充分。

在青海民和胡李家出土的垂弧纹和排弧纹彩陶，与陕县庙底沟和秦安大地湾所见的同类纹饰非常接近。民和阳洼坡发现一例与圆形组合的叶片纹。叶片较为宽大，圆形中填有十字形（图4-2-2-1）。阳洼坡的发现非常重要，它应当是后来马家窑文化类似纹饰出现的起点。在秦安大地湾后庙底沟文化彩陶中，就可以看到这种叶片纹变化的轨迹。在一些彩陶上，原来的叶片纹与圆形组合发生了角色互换，圆形增大变成了主要单元，叶片已经明显变成了次要的单元（图4-2-2-2）。这个变化的结果，就是马家窑文化流行的四大圆圈纹的出现。圆圈纹加大了，叶片纹扭曲后变成了圆圈之间连接的纽带。过去许多研究者讨论过马家窑文化的来源，认为它是中原仰韶文化在甘青地区的继续和发展，其实就是庙底沟文化的继续和发展，只是这种发展已经有了相当的改变。

西部文化中也见到一些双瓣式花瓣纹彩陶，民和阳洼坡和胡李家都有发现。所见双花瓣构图与庙底沟文化相似，都是以弧边三角作为衬底，以地纹方式表现。不同的是，叶片都绘得比较宽大，而且叶片中一般都绘有中分线，中分线有时多达三四条（图4-2-2-3）。

四瓣式花瓣纹在甘青地区也有发现，见于民和阳洼坡和胡李家。阳洼坡的一例四瓣式花瓣纹，在花瓣合围的中间绘一纵向的叶片纹，构图与中原庙底沟文化大体相同。胡李家的一例则是在花瓣合围的中间绘三条平行线，像是扩大了的横隔断。胡李家的另一例四瓣式花瓣纹最有特点，花瓣绘得非常工整，整体作倾斜状，构成一个独立的单元，构图非常标准，与中原的发现没有什么分别。花瓣单元彼此之间，用宽大的叶片纹作连接（图4-2-2-4）。从另一个角度看，这是叶片纹为主的二方连续图案，花瓣纹是组合中的一个元素。

图4-2-1-12 长海
郭家村双旋纹彩陶

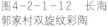

图4-2-2-1 民和阳
洼坡的叶片纹彩陶

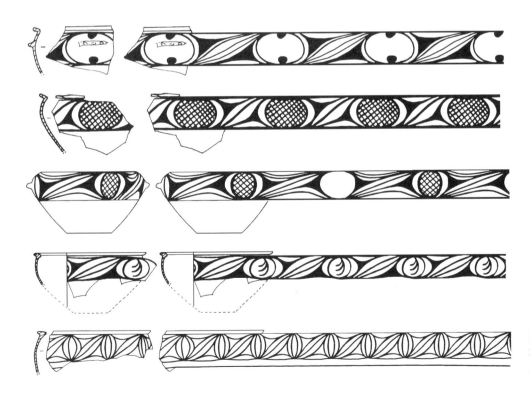

图4-2-2-2 秦安大
地湾后庙底沟文化叶
片纹彩陶

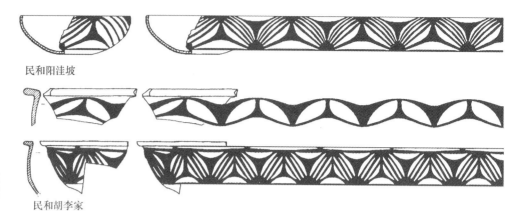

图4-2-2-3 西部文
化中的双瓣式花瓣纹
彩陶

民和阳洼坡

民和胡李家

图4-2-2-4 西部文
化中的多瓣式花瓣纹
彩陶

民和胡李家

民和阳洼坡

甘青地区虽然没有典型多瓣式花瓣纹发现，但变体的纹饰还是有的。在民和胡李家，有类似六瓣花的花瓣纹彩陶，六瓣花以独立的单元出现，单元之间有垂直平行线作隔断，纹饰绘得非常工整。在民和阳洼坡，也有这样以单独形式出现的六瓣花的花瓣纹彩陶，花瓣中间有垂直平行线将六瓣花分隔为左右三瓣。这样的花瓣纹虽然有了很大变化，而且附加有其他一些纹饰作为组合元素，但在构图的风格还是体现有庙底沟文化彩陶的影响。

西部文化中发现的这些史前彩陶，从器形、构图到色彩都非常典型，这些彩陶大多属于庙底沟文化时期，或者具有明显的庙底沟文化风格。器形多为深腹盆类，泥质红陶，多以黑彩绘成。类似彩陶在青海东部乃至腹心地带发现，这表明由中原到西北的彩陶文化通道在公元前4000年以前便开始形成。

3. 北向: 塞外地区

彩陶之路贯通了黄河上下，也扩展到了塞外地区。庙底沟文化彩陶影响的塞外区域，我们分作东西两片，一是内蒙古中南部的河套地区，另一片是辽河红山文化分布区。

内蒙古中南部的河套地区，半坡文化和庙底沟文化先后到达那里，发现了一些典型的半坡与庙底沟文化彩陶，最流行的是宽带纹，还有鱼纹、叶片纹、花瓣纹和菱形纹等。特别值得注意的是，在内蒙古清水河石板遗址也发现了鱼纹彩陶，因为陶片较小，鱼纹仅存鱼尾局部，它一直没有被辨识出来。石板遗址彩陶上的鱼纹应当属于典型鱼纹，这是很重要的发现。更重要的是，内蒙古凉城王墓山坡下见到多例典型鱼纹彩陶，都是无目鱼纹（图4-2-3-1）。王墓山坡下彩陶鱼纹不仅相当典型，保存

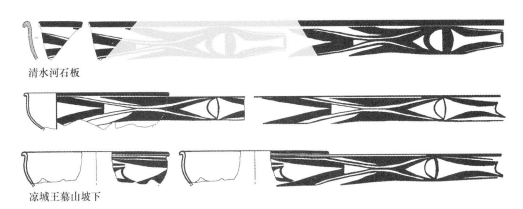

清水河石板

凉城王墓山坡下

图4-2-3-1　北方文化中的鱼纹彩陶

凉城王墓山坡下

准格尔旗官地

清水河后城嘴

凉城王墓山坡下

图4-2-3-2　北方文化中的双瓣式花瓣纹彩陶

的构图也很完整，它是认定石板遗址鱼纹彩陶的一个重要参照。这些鱼纹彩陶被一些研究者作为半坡文化看待，其实年代并没有那么早，可能属于庙底沟文化早期的遗存。

凉城王墓山坡下、清水河庄窝坪和准格尔官地，都见到了双瓣式花瓣纹彩陶。在内蒙古双瓣式花瓣纹彩陶最集中的一次发现是在凉城的王墓山坡下，有的双瓣之间绘有隔断，有的则没有。王墓山坡下的双花瓣彩陶与中原所见并无明显区别，官地的双花瓣纹有些特别，在构图上与中原并无明显区别，但那花瓣外形明显是中原叶片纹的翻版，却绘有中分线，也有圆点（图4-2-3-2）。这样的双瓣式花瓣纹在中原还没有发现过，有可能是纹饰在传入河套地区时，由于画工误植而使得它与中原的纹饰出现了这样的不同。当然彩陶纹饰在远途传播的过程中，出现类似的变异也是可以理解的。

在清水河后城嘴发现了四瓣式花瓣纹彩陶，标本为一件陶盆残片，复原出来

商都章毛勿

图4-2-3-3 北方文化中的单点与双点穿圆纹彩陶

清水河庄窝坪

清水河白泥窑子J地点

图4-2-3-4 北方地区的"西阴纹"与双旋纹彩陶

蔚县琵琶嘴

清水河？　　　　　　　　　托克托海生不浪　　　　托克托海生不浪

图4-2-3-5　海生不浪文化旋纹彩陶

的花瓣纹为二方连续式，花瓣之间没有附加其他纹饰。花瓣包裹着另一叶片，也可以读成多瓣式花瓣纹。在凉城王墓山坡下则发现了菱形纹彩陶，菱形纹绘在直口钵上，也是黑白三角对称的构图，没有什么附加纹饰，与中原地区所见相同（图4-2-3-2）。在内蒙古发现的这两例花瓣纹与菱形纹彩陶，都很接近庙底沟文化风格，也是这两种纹饰分布的最北限。

在商都章毛勿发现的一件彩陶罐，绘双排的双点穿圆纹，与庙底沟文化同类纹饰相同，但圆与圆之间的填充纹饰别有特点。清水县庄窝坪还见到一件深腹彩陶罐，绘双瓣花与重圈纹组合，以一正一倒的方式排列，单点穿圆，与秦安大地湾见到的同类纹饰非常接近（图4-2-3-3）。这种纹饰最早是出现在鱼纹的鱼头位置，后来拆解作为独立的纹饰元素使用，也是鱼纹的象征。

在黄河以北的河套地区也有"西阴纹"和双旋纹彩陶发现。如清水河白泥窑子J地点的一件旋纹彩陶盆的沿面上，就绘着一周标准的"西阴纹"，纹饰单元之间没有隔断。这件彩陶标本的发现，标示了"西阴纹"分布的最北限。这件陶盆的腹部，还绘着一周双旋纹，大旋心，旋心有加点（图4-2-3-4，上）。这件彩陶上的"西阴纹"和双旋纹，与中心地区的庙底沟文化完全相同。其实北方见到的典型双旋纹彩陶，还不只这一例，最近公布的河北蔚县琵琶嘴就有一件标准的双旋纹彩陶，不论器形或是纹饰，与庙底沟文化核心地区所见没有什么不同[1]（图4-2-3-4，下）。

河套地区不仅发现了典型庙底沟文化的彩陶，也发现了与庙底沟文化年代大体相当的遗存，这样的遗存被称作"阿善文化"或"海生不浪文化"，在出土彩陶中见到一些与红山文化有关联的纹样，如双旋纹和叠弧纹等[2]。这既证实了仰韶文化北上向那里的扩张，也证实了红山文化对河套地区的影响，它们之间的联系非常明确（图4-2-3-5）。特别是所见双旋纹与红山文化完全相同，也是没有明确旋心的样式，非常典型，这种纹饰像是一个纽带，使不同文化建立起了紧密的联系。

再看北方辽河流域发现的新石器时代彩陶，多属红山文化，红山文化彩陶自成体系，特征突出，它与黄河彩陶也有过交流。在北方地区发现的年代较早的彩陶，较多见于西辽河地区的红山文化，在赤峰红山后[3]、蜘蛛山[4]和西水泉遗址[5]发现红山文化典型彩陶器，引起研究者的关注。其他发现彩陶的地点还有敖汉旗三道湾子[6]、巴

[1]张家口文物考古研究所：《张家口古陶瓷集萃》，科学出版社，2008年。

[2]吉发习：《内蒙古托克托县新石器时代遗址调查》，《考古》1978年6期；苏昭：《内蒙古自治区黄河沿岸的彩陶艺术》，《内蒙古日报》1981年10月21日。

[3]滨田耕作、水野清一：《赤峰红山后》，东亚考古学会，1938年。

[4]中国社会科学院考古研究所内蒙古工作队：《赤峰蜘蛛山遗址的发掘》，《考古学报》1979年2期。

[5]中国社会科学院考古研究所内蒙古工作队：《赤峰西水泉红山文化遗址》，《考古学报》1982年2期。

[6]辽宁省博物馆等：《辽宁敖汉旗小河沿三种原始文化的发现》，《文物》1977年12期。

[1]杨恭笃等：《辽宁凌源县三官甸子城子山遗址试掘报告》，《考古》1986年6期。

[2]方殿春等：《辽宁阜新胡头沟红山文化玉器墓的发现》，《文物》1984年6期。

[3]辽宁省文物考古研究所：《辽宁牛河梁红山文化"女神庙"与积石冢群的发掘》，《文物》1986年8期；辽宁省文物考古研究所：《辽宁牛河梁第二地点四号冢筒形器墓的发掘》，《文物》1997年8期。

[4]杨虎：《辽西地区新石器—铜石并用时代考古文化序列与分期》，《文物》1994年5期；郭大顺、马沙：《以辽河流域为中心的新石器文化》，《考古学报》1985年4期；张星德：《红山文化分期初探》，《考古》1991年8期。

[5]杨虎：《关于红山文化的几个问题》，《庆祝苏秉琦考古五十五年论文集》，文物出版社，1989年。

林左旗南杨家营子、辽宁凌源县三官甸子城子山[1]、阜新胡头沟遗址等[2]，近些年在辽宁凌源牛河梁[3]和内蒙古敖汉旗兴隆沟遗址又有一些新发现，为红山文化彩陶增添了新的内容。

红山文化彩陶很多都出土于墓葬中，居址中也有一些发现。由墓葬的发现看，红山文化彩陶有的是专用的墓葬用器，不是日用器皿。如大量见到的高筒形器，有时并列排放在墓室周围，它们不能作为容器使用。由于大规模发掘的遗址很少，对红山居民日常生活使用的彩陶目前还不能获得全面的印象，但可以肯定有些精美的彩陶原本是用于日常生活的，当然不会为一般居民所拥有。

对于红山文化彩陶的研究，仅仅见于一些综合性研究论文附带提及[4]，很少见到专门性的研究论文。红山文化彩陶特点鲜明，多是在细泥红陶上以黑彩绘出纹饰，敷彩面一般较大，要占到陶器表面的大半位置。彩陶器形主要有钵、碗、盆、罐和壶等。红山文化彩陶纹样基本都是几何形，纹饰以菱格纹、旋纹和叠弧纹最有特色，还有并行斜线纹和平行竖线纹等，也有并列三角纹和类似花瓣纹等。以直线和弧线为图案基本元素，纹饰朴实简洁，构图对称均衡；讲究色块对比，采用衬托手法表现纹饰互映效果。还有整齐的叠弧纹，粗壮的弧线重重叠叠从陶器口沿下平行垂下，潇洒飘荡，形如叠帐（图4-2-3-6）。

红山文化彩陶最重要的代表性纹饰是旋纹，旋纹亦是地纹彩陶，以黑彩衬红地，环环相扣，层层相叠，图案给人以很强的冲击力。旋纹又分单旋和双旋两种，排列都非常整齐，很有韵感。单旋纹旋心很大，宽大的旋臂向着器物左边。衬底的色块绘作圆弧形的勾状，所以被一些研究者称为"勾连纹"。单旋纹一般都采用多行式排列形式，最多的见到六行并列（图4-2-3-7）。双旋纹分为大小两式，都没有绘出明显的旋心。大双旋纹常是单独构成多行的二方连续图案，小双旋纹一般是与其他纹饰配合使用。凌源牛河梁出土的两件盖罐，都绘着三行双旋纹，构图非常严谨（图4-2-3-8）。

红山文化彩陶具有强烈的艺术感染力，自身特点比较突出，整体风格与黄河流域彩陶有明显区别。由于资料的局限，目前尚不能完全明晰它的发展演变脉络。杨虎先生曾将红山文化分划为三个地方类型，即兴隆洼F133代表的类型、西水泉类型和东山嘴类型，分别代表红山文化早晚不同发展阶段。兴隆洼F133代表的早期类型，没有彩陶发现。西水泉类型彩陶发现较多，"彩陶常先在器表涂红衣，再绘黑彩，均为几何纹。单一母题组成的纹带有宽带纹、蝌蚪形斜平行线纹、鳞形纹、菱形纹等。复合纹饰有平行线纹，以单条竖线间隔；平行斜线三角纹，空隙处填涡纹。彩陶纹饰多呈横带形环绕器表"。东山嘴类型彩陶出现新的纹样及新的组合，有平行宽横条纹，顶角三角纹和勾叶圆点纹等，有一定数量的内彩，新的典型器主要有彩陶筒形器等。红山彩陶是先有单条宽带彩，后有多条平行宽带纹，鳞纹由平行窄条变为平行宽条[5]。

红山文化中的彩陶似乎是突然出现的，因为在西辽河流域的前红山文化中，没有发现更原始的彩陶资料。如果是突然出现的，它最有可能是周边文化影响的结果。由

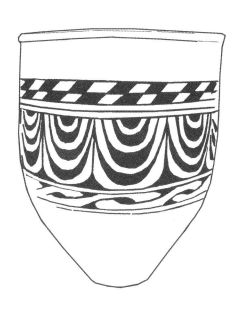

图4-2-3-6 阿鲁科
尔沁旗垂弧纹彩陶

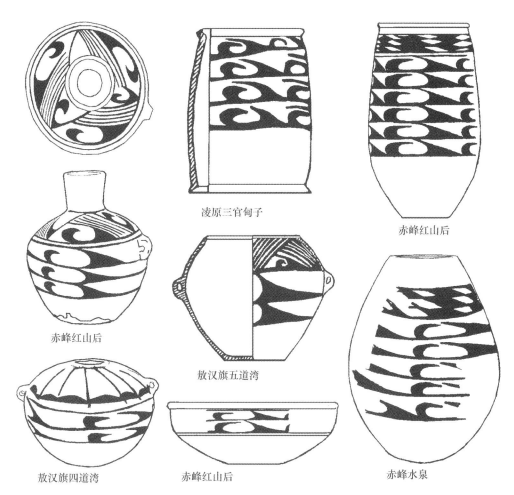

凌原三官甸子

赤峰红山后

赤峰红山后

敖汉旗五道湾

敖汉旗四道湾

赤峰红山后

赤峰水泉

图4-2-3-7 红山文
化单旋纹彩陶

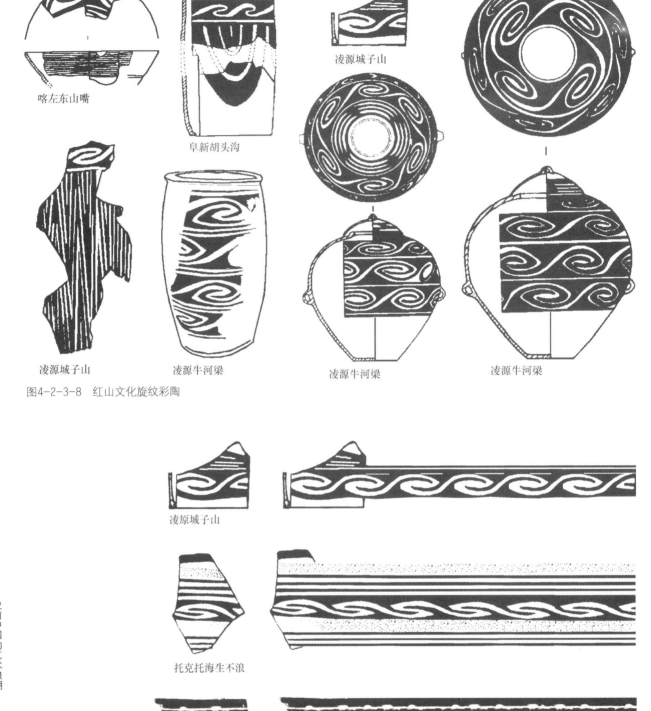

喀左东山嘴

阜新胡头沟

凌源城子山

凌源城子山　　凌源牛河梁　　　凌源牛河梁　　　凌源牛河梁

图4-2-3-8　红山文化旋纹彩陶

凌原城子山

托克托海生不浪

图4-2-3-9　红山式
双旋纹彩陶　　　　陕县庙底沟

红山文化彩陶中的宽带纹看，应当与南边的仰韶文化的影响有关。旋纹是红山文化居民特别重视的一种纹饰，除了在彩陶上大量描绘，还用刻划的方式将它装饰在陶器上，阜新胡头沟遗址就出土了这样的陶片。这种双旋纹可能是庙底沟文化影响的结果，不过整体风格有了一些改变，与庙底沟文化的双旋纹区别明显。

红山文化彩陶特点突出，它一开始就显得比较成熟。在东部辽东半岛地区的大连长海郭家村等遗址出土一批彩陶，从纹饰上看就有与红山文化类似的彩陶，它们都有以勾连弧边三角作衬底的旋纹彩陶[1]。这种纹饰的源头也许可以追溯到大汶口文化，在江苏邳县大墩子就出土了不止一件的旋纹彩陶鼎，纹样构图与大连的发现完全相同[2]。从这种纹样的彩陶可以看出不同文化之间存在的联系，但无论是在红山文化还是在大汶口文化中发现都不是太多，不是主流纹饰，所以究竟是谁影响谁还没有最终的判断。

文化之间的传播与影响应当是相互的，是双向的。值得注意的是，红山文化彩陶有可能对仰韶文化产生过一定影响。在河南陕县庙底沟遗址曾出土一片旋纹彩陶，纹样风格与仰韶文化彩陶区别明显，类似彩陶在仰韶遗址再无发现，但它却是红山文化彩陶大量见到的图案，我们有理由说庙底沟遗址的这片彩陶与红山文化有关（图4-2-3-9）。如果真是这样，那就是红山文化彩陶有可能在间接受到庙底沟文化影响之后，反过来又影响了后者，这可以看作是一种文化回流现象。

红山文化的彩陶有鲜明的特点，它有独立发展的一面，也部分接受了周边文化的影响或是在一定程度上影响了邻近的文化。

4. 南向：大江南北

与北方的情形有些类似，庙底沟文化彩陶对南方的影响也非常明显，这种影响直至跨越长江，播及到很远的地方。

庙底沟文化对南方最明显的影响，主要还是体现在长江中游地区。长江支流汉江是彩陶传播的一个重要通道，上游本来就是半坡与庙底沟文化的分布区，顺江而下，淅川、郧县、枣阳一带都发现了一些典型庙底沟文化风格的彩陶，有叶片纹、西阴纹、四瓣式与多瓣式花瓣纹、菱形纹和双旋纹等。

让我们最感兴趣的是，鄂西北也发现了与庙底沟文化相同的典型鱼纹彩陶。这是在南方找到的重要线索，枣阳雕龙碑见到一例鱼纹彩陶片，纹饰仅存半尾，不能准确判断是典型鱼纹还是简体鱼纹，属典型鱼纹的可能性较大[3]。郧县大寺遗址在后来2006年的发掘中，也见到一例标准的鱼纹残片[4]，纹饰只保留着鱼纹身与尾的接合部位，这是一例非常明确的典型鱼纹，陶片因为过于残存，所以发掘者并没有辨认出来（图4-2-4-1）。大寺与雕龙碑发现的彩陶非常重要，这是目前所知庙底沟文化风格鱼纹分布的南限，已经到达江汉平原的北缘。

我们特别注意到，"西阴纹"在南部文化的彩陶中也扮演过重要角色。鄂西北部地区见到不少典型的"西阴纹"彩陶，枣阳雕龙碑有比较集中的发现。雕龙碑遗址二

[1]旅顺博物馆等：《旅顺于家村遗址发掘简报》，《考古学集刊》1981年1辑；辽宁省博物馆等：《长海县广鹿岛大长山岛贝丘遗址》，《考古学报》1981年1期。

[2]南京博物院：《江苏邳县四户镇大墩子遗址试掘报告》，《考古学报》1964年2期；《江苏邳县大墩子遗址第二次发掘》，《文物》1972年3期。

[3]王仁湘、王杰：《雕龙碑史前彩陶》，文物出版社，2006年。

[4]湖北省文物考古研究所、湖北省文物局南水北调办公室：《湖北郧县大寺2006年发掘简报》，《考古》2008年4期。

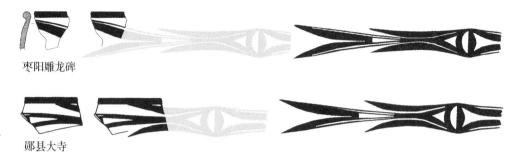

图4-2-4-1 南部外
围文化中的鱼纹彩陶

枣阳雕龙碑

郧县大寺

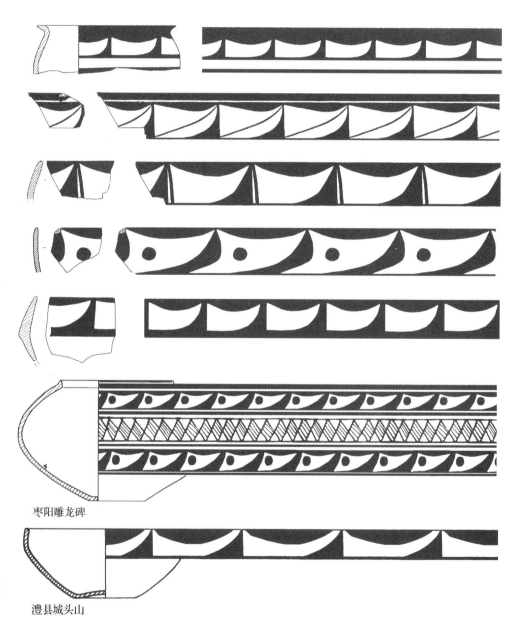

枣阳雕龙碑

图4-2-4-2 南部文
化中的"西阴纹"彩
陶

澧县城头山

期发现数件"西阴纹"彩陶多数为钵,其中也有一件为罐,所绘"西阴纹"一般较为宽短,半数中间没有加填任何图形,其他有的加填圆点,有的加填中分线。雕龙碑三期也发现一件"西阴纹"彩陶罐,上下绘两组加圆点的"西阴纹",两组纹饰间加绘另一组纹饰作为间隔,这是一例少见的"西阴纹"组合纹饰(图4-2-4-2)[1]。雕龙碑见到的"西阴纹"很多都用复杂绘成,当然衬底的主要色块仍然还是取用黑色。

更值得关注的是,远在湖南的澧县城头山也发现了一件"西阴纹"彩陶钵。这件彩陶标本编号为H210:3,出自灰坑,定器名为"盆",为14件A型Ⅲ式盆中的一件,其实可能称为钵更确切一些。发掘者有这样简略的描述:"口及上腹饰弧连三角形(花瓣形)黑彩,并以窄条黑彩带镶边。口径24.4、底径8.8、高9.8厘米"。从彩图上看,色彩有剥落,不过由墨线图的描绘看,纹饰构图清晰[2]。依照墨线图和彩图,将这件彩陶的纹饰展开来看,这是一件中原地区常见的典型的地纹彩陶,是在红陶钵上腹部,以黑彩作衬底,空出弯角状的红地作为主体纹饰。图案构图作二方连续式,纹饰沿器腹作四分布列,均衡对称有序,循环往复无穷,这正是典型的一例"西阴纹"彩陶(图4-2-4-2,下)。

发掘者将这件标本的时代归入大溪文化二期,同一期也出土了一些典型的大溪文化蛋壳彩陶。发掘者当然也明确提到"本期少量彩陶图案明显具有中原仰韶文化特征",指的便是这件"花瓣形图案"彩陶。无论是器形或是纹饰,它都是一件典型的庙底沟文化彩陶。我与发掘者的看法略有不同,觉得它的纹饰并不属于所谓的花瓣形,而是一件标准的地纹式"西阴纹"彩陶。

城头山遗址的"西阴纹"彩陶,与庙底沟文化之间一定具有非常密切的关系。在没有进一步分析测定之前,我们当然不能说这件彩陶是直接由黄河中游传入的,姑且就认作是城头山人按照庙底沟人的蓝本制作的,那城头山人一定是见过这蓝本的。当然我们也可以设想递进传播的可能性,不过城头山彩陶所见的"西阴纹"属于年代稍早的结构简练变化较小的一种,那表明这种传播发生的时代可能较早。从年代上看,城头山遗址大溪文化二期的年代大致在接近距今6000年左右,与庙底沟文化前期年代相当。再由处在中程位置的出土较多"西阴纹"彩陶的枣阳雕龙碑遗址看,二期文化的年代也是接近距今6000年。这样看来,假设的"西阴纹"彩陶的递进传播,可能是发生在6000年前。那传播的路线,则应是由豫西经豫西南到鄂西北,再经江汉进入洞庭湖周围地区。

由彩陶的发现看,庙底沟文化的影响,一定是越过了大江,到达了遥远的江南。彩陶"西阴纹"的地域分布,并不仅限于晋南、豫西、鄂西北、关中、陇东地区,它还传播到南面的长江流域和北面的河套地区。这一类彩陶的年代接近,除了那些零星的发现不能准确作出判断以外,由一些经过较大规模发掘的遗址看来,绝大多数都是属于庙底沟文化,少数属于受庙底沟文化明显影响的外围文化。

与"西阴纹"构图接近的叶片纹,较多见于淅川下王岗和枣阳雕龙碑,叶片之间都绘有简单的隔断,叶片内多绘有中分线。叶片一般都绘得比较宽短,也是以左下向

[1]王仁湘、王杰:《雕龙碑史前彩陶》,文物出版社,2006年。

[2]湖南省文物考古研究所:《澧县城头山》,图四五五,3;彩版四五,2,文物出版社,2007年。

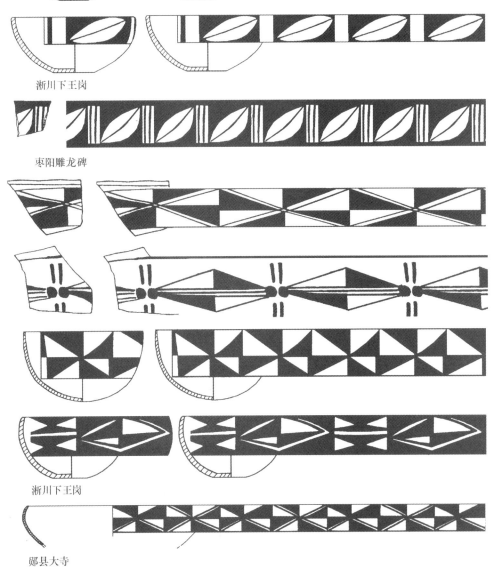

淅川下王岗

枣阳雕龙碑

淅川下王岗

郧县大寺

图4-2-4-3 南部文化中的叶片纹与菱形纹彩陶

右上方向倾斜构图。枣阳雕龙碑一期彩陶中见到较多的叶片纹，形式也比较丰富，有纯粹的a式和带中分线的c式，也有同时带中分线和圆点的d式。叶片纹也有与圆形组合的例子，多是以垂直的平行线作隔断。在淅川下王岗也有叶片纹彩陶发现，所见多是简单的a式，也有带中分线的c式。除了没有装饰的简单隔断外，还见到对顶三角元素的隔断（图4-2-4-3）。

菱形纹彩陶在豫西南和鄂西北也出土不少。下王岗和大寺发现较多的菱形纹，包纳了庙底沟文化菱形纹中的三种样式，也都是以黑白三角作斜对称的构图方式（图4-2-4-3）。叶片纹和菱形纹大都绘在小型的直口钵上，这也是庙底沟文化的标准器形。

枣阳雕龙碑还见到一些另样的菱形纹彩陶，有地纹菱形纹，也有网格菱形纹，都是二方连续构图。网格菱形纹是以菱形为廓，中间填绘网格形。最特别的是雕龙碑彩陶还见到菱形纹与花瓣纹结合的构图，图案的外围是标准的四瓣式内敛花瓣纹，中间填以网格纹，网格的外框正好为菱形。这虽然并不是刻意绘成的菱形纹，但由那些独立的菱形网格纹看来，很可能是受了这个构图的启发而绘成的（图4-2-4-4）。

在南部文化中，双瓣式和多瓣式花瓣纹彩陶也有一些发现，它的分布也到达了长江南岸。枣阳雕龙碑彩陶上的双瓣式花瓣纹，与中原所见并无二致，它与单旋纹组

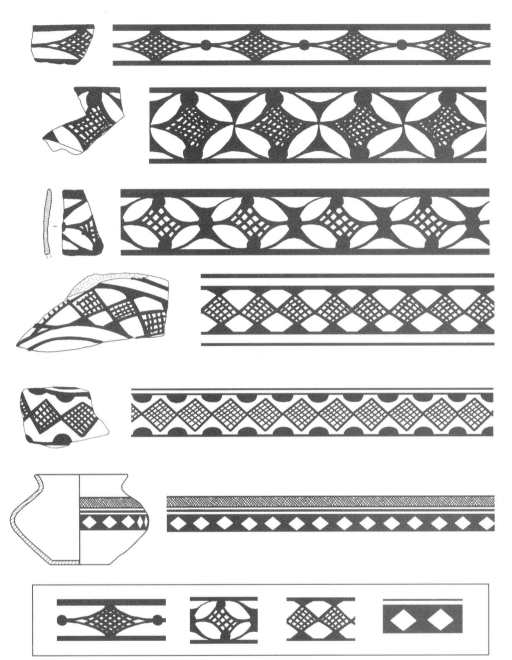

图4-2-4-4　枣阳雕
龙碑菱形纹彩陶

合，与重圈圆形组合，从构图到布局都没有什么明显改变。四瓣式花瓣纹彩陶较为集
中的发现是在豫西南和鄂西北一带，淅川下王岗、郧县大寺和枣阳雕龙碑，都见到典
型的四瓣式花瓣纹。下王岗的彩陶器座、小型的钵上，见到外侈式的花瓣纹，花瓣细
且长。大寺除了有与下王岗相同的细长花瓣纹，也有那种带隔断的肥硕的花瓣纹，还
有包裹纹饰的花瓣纹（图4-2-4-5）。带有隔断的花瓣纹有区域特色，花瓣纹构图的
整体风格与庙底沟文化比较接近。

　　枣阳雕龙碑出土四瓣式花瓣纹彩陶较多，也很有特点。既见到无附加纹饰的简
式花瓣纹，也有带横隔断的花瓣纹，还有带纵横隔断的花瓣纹。另有比较特别的一

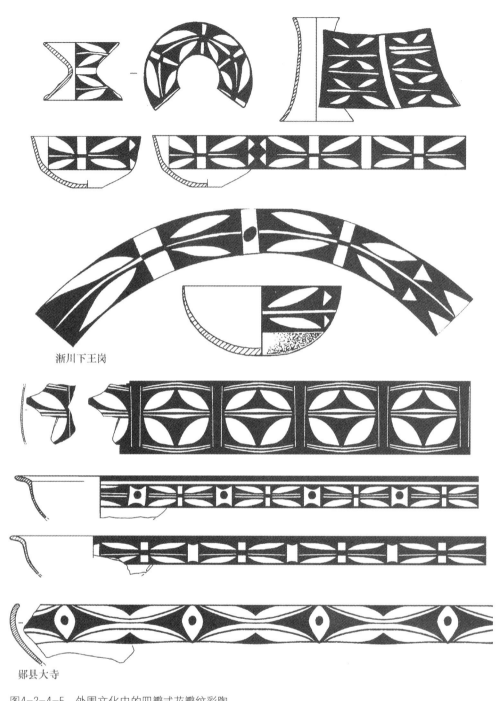

淅川下王岗

郧县大寺

图4-2-4-5　外围文化中的四瓣式花瓣纹彩陶

式，就是上面提到的是在原本为弧边三角的中心位置绘出网格纹，构成一个呈菱形图案，在菱形纹的四个顶端也就是花瓣的顶端点缀上较大的圆点。这样的花瓣纹常常是用复彩绘成，显得较为艳丽。雕龙碑还有一件彩陶瓶，绘白地褐彩，所绘也是四瓣花，但并不是那种四瓣斜向合围的构图形式，而是取十字形平直伸展的形式，这种构图并不多见，与前述陇县原子头的变体花瓣纹相似（图4-2-4-6）。

典型的四瓣式花瓣纹在大溪文化中也有发现，处在长江以南的枝江关庙山出土一件彩陶豆，绘精

[1]中国社会科学院考古研究所湖北工作队：《湖北枝江县关庙山遗址第二次发掘》，《考古》1983年1期。

致的白地黑彩四瓣式花瓣纹，花瓣间绘有纵向叶片作为隔断，花瓣内绘有中分线（图4-2-4-6，下）[1]。关庙山的这个发现，可以看作是现在所知的庙底沟文化四瓣式花瓣纹彩陶传播的南限。

多瓣式花瓣纹彩陶在长江流域也有发现，如枣阳雕龙碑和枝江关庙山就出有很精致的标本。雕龙碑发现一件彩陶罐，以复彩绘多瓣式花瓣纹，为五六瓣复合式。花瓣较为纤细，瓣中都绘有中分线，花瓣接合部缀有圆点。雕龙碑另有一件花瓣纹彩陶片，复原后也是五六瓣复合式，但没有中分线。关庙山的一件小口彩陶罐，也绘的

枣阳雕龙碑

枝江关庙山

图4-2-4-6 南部文化中的四瓣式花瓣纹彩陶

是五六瓣复合式花瓣纹，构图同于雕龙碑。花瓣中也都绘有中分线，瓣尖处有圆点，但花瓣较雕龙碑的那件稍宽一些[1]（图4-2-4-7）。花瓣绘中分线的做法，在庙底沟文化彩陶上通常是没有的，但在大汶口文化中却很普遍，这一点很值得注意。

旋纹彩陶在南部文化中也有发现，有的绘得非常精致。单旋纹虽不多见，但却很典型，如郧县大寺见到的一件彩陶上绘出的单旋纹，绘大旋心的单旋纹，旋纹间以圆盘形作间隔（图4-2-4-8，上）。枣阳雕龙碑的一件残片复原的纹饰，为双旋纹与

[1]中国社会科学院考古研究所湖北工作队：《湖北枝江县关庙山新石器时代遗址发掘简报》，《考古》1981年4期。

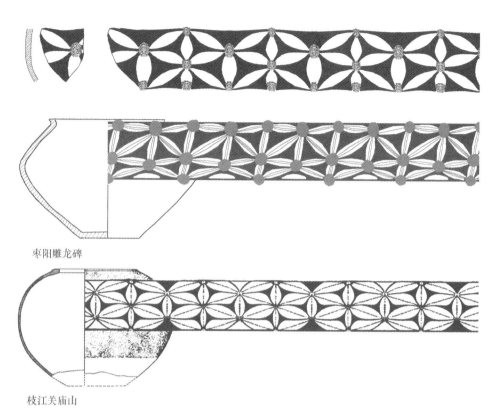

图4-2-4-7 南部文化中的多瓣式花瓣纹彩陶

枣阳雕龙碑

枝江关庙山

郧县大寺

图4-2-4-8 湖北地区的旋纹彩陶

枣阳雕龙碑

史前中国的艺术浪潮——庙底沟文化彩陶研究

单旋纹组合，风格同于庙底沟文化。在黄冈螺蛳山发现的一件彩陶罐[1]，绘单旋纹与变形双旋纹组合，单旋的旋心缀有圆点。这是单旋纹彩陶分布的南限，绘法也非常精细，是典型的庙底沟文化风格。枣阳雕龙碑的一些彩陶片上也见到了典型的双旋纹彩陶，虽然陶片比较破碎，从复原出来的纹饰上还是不难发现双旋纹的存在。雕龙碑彩陶上的双旋纹，既有标准式的单体双旋纹，也有单旋纹与双旋纹组合，旋臂一般都是向着顺时针方向旋转。也有两件完整的彩陶罐，一件绘单旋纹与松散式双旋纹组合，旋臂向顺时针方向旋动，单旋纹的旋心和双旋纹的旋臂缀有圆点。另一件绘单体变形双旋连续图案，旋心与旋臂区分不明显双旋纹（图4-2-4-8）。

雕龙碑还有一件非常精美的彩陶罐，施白衣后用褐红两色绘单旋纹与双旋纹组合。双旋纹非常端正，旋臂向逆时针方向旋动。单旋纹绘作上下对合的连体形，旋心旁出尖角之形。这样的单旋纹，在其他地点还没有见到过。遗憾的是，考古报告发表的图案却出现了偏差，原本非常规整清晰的双旋纹被绘成了大旋心的单旋纹，在比对照片后我们才发现了这个不该出现的错误（图4-2-4-9）。

分布更向南的大溪文化中，在江南之地也见到了明确的双旋纹彩陶。湖北枝江关庙山出土有双旋纹彩陶片[2]，可以看出那是一种松散式的双旋，旋心有圆点（图4-2-4-10）。值得特别注意的是，这件彩陶与西北地区的彩陶在风格上表现有更紧密的联系，这其中的原因很值得探讨。

在稍后的屈家岭文化中，也见到一些类似的双旋纹彩陶。如黄冈螺蛳山的彩陶罐，绘双旋纹与单旋纹组合，双旋纹的旋臂与旋心分界不明显，两条旋臂上都缀有圆点。而淅川黄楝树的彩陶壶，所绘双旋纹已经变形为"多旋"，旋心也隐没不见了。京山屈家岭的一件器盖上，也绘有一周变形双旋纹，旋心也不明显（图4-2-4-11）。

在庙底沟文化彩陶南传的途中，有一个地点特别值得关注，这就是枣阳雕龙碑遗址。这个地点出土了丰富的彩陶遗存，为我们提出了多方面的研究课题。雕龙碑彩陶除了它自身的特点外，还体现有浓郁的长江中游两岸的文化色彩，而且更多地体现有黄河中游地区的文化色彩。也即是说，雕龙碑彩陶至少有两个源头可寻，一是长江中游，一是黄河中游，两地文化的交汇是雕龙碑彩陶表现出灿烂色彩的主要原因。

雕龙碑遗址所在的湖北枣阳市武庄村，处于鄂西北东部、南阳盆地南部地区，北有桐柏山，南有大洪山，两山脉之间是著名的随枣走廊，从史前时代起，这里就是关中和中原与江汉平原之间交往的重要陆路通道之一。西部依次有唐白河水系和汉丹水系，为鄂西北、豫西南山区与江汉平原及至长江沿岸之间交往提供了便利的水上通道。在河流沿岸附近地区分布着许多古代文化遗址，雕龙碑遗址就是其中一处重要的新石器时代中晚期聚落遗址。由于雕龙碑遗址地处中国古代长江与黄河南北文化的接壤地带，促使这一地区的区域性文化在发展过程中形成了一种比较复杂的面貌，在与周边文化频繁交流过程中兼收并蓄，在形成自身特点的同时兼具周边文

[1]中国科学院考古研究所湖北发掘队：《湖北黄冈螺蛳山遗址的探掘》，《考古》1962年7期。

[2]中国社会科学院考古研究所湖北工作队：《湖北枝江县关庙山遗址第二次发掘》，《考古》1983年1期。

发掘报告附图

图片与纹饰展开图

图4-2-4-9　枣阳雕
龙碑双旋纹彩陶

新绘线图

图4-2-4-10　枝江关
庙山旋纹彩陶

京山屈家岭

图4-2-4-11　屈家
岭文化旋纹彩陶

淅川黄楝树

黄冈螺蛳山

海安青墩　　　　海安青墩　　　　吴县草鞋山　　　　潜山恭薛家岗　　青浦崧泽

图4-2-4-12　长江下游的花瓣纹彩陶

化因素，文化特征具有了明显的混合性，这是一个与南北文化有着千丝万缕联系的杂交体。这样的文化遗存在考古学上并不多见，它为探寻南北文化相互交流提供了重要的实证。

从出土器物观察，雕龙碑既有类似北方半坡文化的尖底瓶和庙底沟文化的陶釜陶炉，也有受南方大溪文化和屈家岭文化影响的黑陶和蛋壳陶。由彩陶的发现看，雕龙碑彩陶明显地具备了一种双重特征，同时体现有长江与黄河文化的色彩。彩陶器类包括曲腹杯、戳孔圈足豆、陶响球和蛋壳彩陶等，与大溪文化和屈家岭文化所见相同，表明它们之间具有密切的联系。不过彩陶中更多见到的旋纹、花瓣纹、"西阴纹"、弧线三角纹、网格纹、宽带纹等，又具有浓厚的庙底沟文化色彩。雕龙碑彩陶中的庙底沟文化色彩特别浓厚，表明黄河文化这里已经不是用"影响"可以确切描述的了，可以说黄河文化在此一度成为了主流文化。纹饰中较多见到的花瓣纹和旋纹等，都是庙底沟文化典型的风格。如T2307（4B）220彩陶盆片，纹饰是单旋、双旋、圆点、圆圈、花瓣的复杂组合，这是庙底沟彩陶中一种最经典最富时代性的纹饰组合。在复原的不多的几件彩陶中，半数以上都属于仰韶文化的典型器，制作工艺并不在庙底沟居民之下。我们由仰韶系统文化在豫东南和鄂西北的广泛分布看，雕龙碑遗址体现的双重文化特征也是可以理解的，这里是文化交流碰撞的一个"特区"。

其实黄河史前文化对长江流域的影响，在整个汉水支流都是存在的。在汉水中上游地区，从前仰韶时期到仰韶文化时期，黄河文化的影响并不是局部的或短暂的，这一地区实际上是可以划入大黄河文化地理范围之内的。这么看来，大体处于汉水中游范围内的雕龙碑遗址体现出浓厚的黄河文化色彩也就不足为怪了。这一地区至少从新石器时代中期开始，也即是从仰韶时期开始，就是黄河与长江文明的荟萃之地，是南北文化交融之所，这是一个值得更多关注的重要地区。

从这个意义上说，雕龙碑遗址的发现是非常难得的，我们所发现的不仅是一座彩陶文化宝库，我们同时还发现了一个文化汇聚地带。雕龙碑居民的包容精神，雕龙碑文化的兼容特性，由这些彩陶上得到了充分体现。

庙底沟文化彩陶向南的传播，在长江下游地区也有所体现，在几个考古学文化的若干地点中，都见到过庙底沟文化风格的花瓣纹彩陶片。在薛家岗文化中，安徽潜山薛家岗遗址发现一块彩陶片[1]，白地绘棕色彩，复原为五瓣花，组合形式不明。在长江三角洲的崧泽文化中，上海青浦崧泽[2]、江苏海安青墩[3]和吴县草鞋山[4]，都发现

[1]安徽省文物工作队：《潜山薛家岗新石器时代遗址》，图三，11，《考古学报》1982年3期。

[2]上海市文物保管委员会：《上海市青浦县崧泽遗址的试掘》，图版一七，1，《考古学报》1962年2期。

[3]南京博物院：《江苏海安青墩遗址》，图五，1、4，《考古学报》1983年2期。

[4]南京博物院：《江苏彩陶》，图43，文物出版社，1978年。

过花瓣纹彩陶片，因残破过甚，花瓣结构不清晰，但也都是庙底沟文化彩陶的风格（图4-2-4-12）。可能是因为保存条件所限，长江下游地区见到彩陶较少，庙底沟文化彩陶对那里产生的影响还看得不是很明晰，但我们相信这种影响是明显存在的，期待以后会有更多的发现来证实这一点。

5. 西南向：横断山区及邻近地区

由黄河上游地区向南观察，彩陶对南部长江流域也有强烈影响。由西北到西南，横断山区及邻近地区都有一些发现，从中可以看到这种影响留下的证据。

依近年的发现研究，黄河彩陶文化明确传播到嘉陵江上游和邻近成都平原的岷江上游地区。庙底沟文化彩陶传播到青海一带以后，经过一个时期的发展，由仰韶文化晚期（或称石岭下类型）过渡到马家窑文化。马家窑文化彩陶渊源于庙底沟文化，以弧边三角作衬底的旋纹是两个文化一脉相承的主体纹饰。黄河上游的庙底沟文化和马家窑文化彩陶，都先后影响了长江上游地区远古文化的发展，密切了两河之间的文化发展关系。

近年的发现表明，黄河上游彩陶向长江流域的南传，是由甘肃南部经嘉陵江上游到达岷江上游地区，然后直抵拒长江干流不远的大渡河边，南传开始的时间不会太晚，很可能早于庙底沟文化时期。在嘉陵江支流白龙江一带发现包含彩陶在内的庙底沟文化及后庙底沟文化遗存，如甘肃武都大李家坪就出土了一些这时期的彩陶，其中就有鱼纹[1]。当然由于陶片较为破碎，纹饰仅存鱼尾和鱼腮局部，发掘者也没有辨别出来（图4-2-5-1）。甘肃西南发现鱼纹彩陶的地点还有陇西二十里铺、西和宁家庄和礼县石嘴村、黑土崖和高寺头[2]。宁家庄见到的一件鱼纹彩陶，仅存鱼腮与身的接合部，复原的纹饰为无眼的典型鱼纹。黑土崖也有一件典型鱼纹残陶片，鱼身可能稍长一些。黑土崖的另一例鱼纹彩陶所绘为无头鱼纹，在本来为鱼头的位置绘着黑白对称的弯角弧形几何纹，复原的纹饰与秦安大地湾见到的同类鱼纹相同。高寺头也见到一件与黑土崖这件纹饰非常接近的彩陶片，也可能两者就是同一件，在有些论著里被混淆了。这几例无目与无头鱼纹，与秦安大地湾所见雷同（图4-2-5-2）。黑土崖还有一例彩陶片绘有简体鱼纹，纹饰仅存鱼纹尾身接合部（图4-2-5-2，下）。这几例鱼纹，在原报告中大多没有判明。

在这一带发现鱼纹彩陶的同时，还见到一些圆圈纹与叶片纹，也都是庙底沟或后庙底沟文化风格。如四川茂县波西见到的一例圆圈纹彩陶片，我采用两种构图复原，一种为双点穿圆式，一种为纯圆圈式，都属于庙底沟文化风格（图4-2-5-3）[3]。此外在一些地点还出土了双瓣式花瓣纹彩陶，武都大李家坪就见到两例，纹饰绘在同类的深腹盆上，叶片较为肥硕，中间也都绘有中分线（图4-2-5-4）。甘肃武都往南，在四川茂县的营盘山也意外见到几例双瓣式花瓣纹[4]，叶片中也绘有中分线，可知这样的花瓣纹与大地湾和大李家坪属于同一类，时代可能也相差不远。这里还发现一例作双层排列的双花瓣纹，为它处所不见（图4-2-5-5）。

[1] 北京大学考古学系：《甘肃武都县武都大李家坪新石器时代遗址发掘报告》，《考古学集刊》13集。

[2] 早期秦文化联合考古队：《西汉水上游新石器时代遗址调查简报》，《考古与文物》2004年6期；甘肃省文物考古研究所等：《西汉水流域考古调查报告》，文物出版社，2008年。

[3] 成都市文物考古研究所等：《四川茂县波西遗址2002年的试掘》，《成都考古发现（2004）》，科学出版社，2004年；陈剑：《川西彩陶的发现与初步研究》，《古代文明》第五卷，文物出版社，2006年。

[4] 成都文物考古研究所等：《四川茂县营盘山遗址发掘报告》，《成都考古发现（2000）》，科学出版社，2002年。

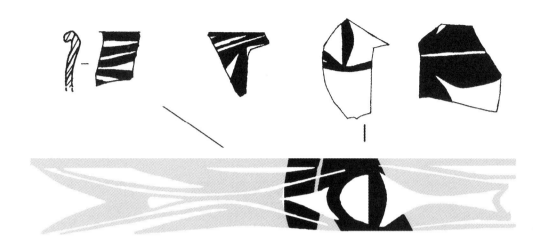

图4-2-5-1 武都大
李家坪鱼纹彩陶

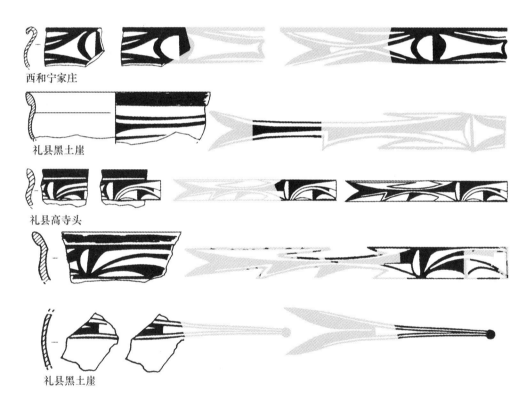

西和宁家庄

礼县黑土崖

礼县高寺头

礼县黑土崖

图4-2-5-2 西汉水
地区鱼纹彩陶

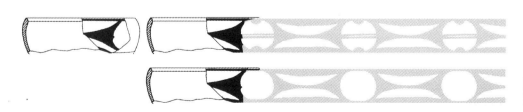

图4-2-5-3 茂县波
西圆圈纹彩陶

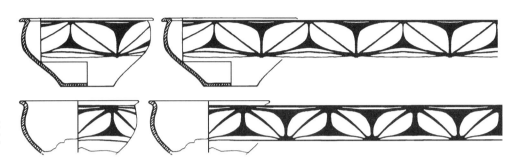

图4-2-5-4 武都大
李家坪双瓣式花瓣纹
彩陶

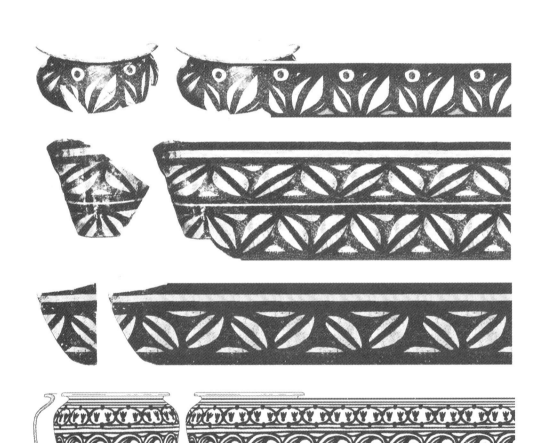

图4-2-5-5 茂县营
盘山双瓣式花瓣纹和
旋纹彩陶

在四川岷江上游的理县箭山寨、茂县营盘山和姜维城遗址发现了典型的马家窑文化彩陶。有可能彩陶的影响是由川西山地南下进入横断山区，丹巴县罕额依和汉源县狮子山遗址发现的彩陶便是南传的重要证据。营盘山发现一件马家窑文化风格旋纹彩陶，构图介于双旋纹和叶片纹之间，绘制较为精细（图4-2-5-5，下）。

彩陶在继续向西南地区传播的过程中，慢慢有了一些明显的改变，彩陶慢慢消失，代之而起的是一种衬花陶。衬花陶主要采用压印刻绘方式制成，所绘纹饰在构图上沿袭了彩陶的传统。

对于陶器的装饰，在不同地域不同时代，有不同的艺术表现方法，或拍印剔镂，或彩绘刻划，繁简不同，风格各异。在史前刻划陶中，有一种采用了衬花工艺，作品完全可以与彩陶相提并论，它也是史前精品陶作之一。衬花陶的图案是以压剔刻划的阴纹为衬地，而以并不饰纹的磨光面为主要纹饰，构成明晰的图案单元。这种以反衬方法制成的图案繁简不一，以几何形为主，构图一般较为工整，做工也较为细腻。这个技法与地纹彩陶有些相似，两者可以相提并论。

史前时期的衬花陶，在川西南、云南和西藏地区的史前遗址中发现有较多的例证。衬花陶器在其他地区也有少量发现，如在北方特别是东南的良渚文化遗址也发现了水平很高的衬花陶器，只是装饰风格与西南地区有明显区别。

史前陶器的衬花工艺是一种在单色陶器上表现出多种光感的工艺，是史前制陶工艺取得的一个重要成就。古代衬花陶器与彩陶存在某种渊源关系，它的出现要晚于彩陶，是在彩陶技法基础上形成的一种新的陶器装饰艺术。与彩陶相比，衬花陶工

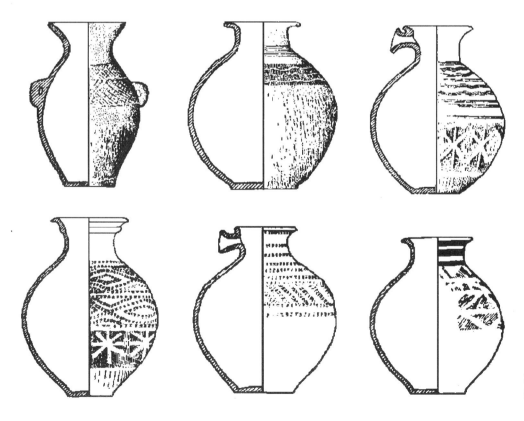

图4-2-5-6　西昌礼州衬花陶

艺上有更高的技巧要求，也更耗工费时。后来装饰艺术中的加地和减地技法，也应当是起源于这种工艺传统的。

所谓衬花陶器，是指采用衬花方法表现纹饰的一种陶器。这种陶器上的图案一般是以压剔刻划的阴纹为衬地，而以并不饰纹的磨光面为主要纹饰，构成较为明晰的图案单元。这种以反衬方法制成的图案繁简不一，以几何形纹饰带为主，构图一般较为工整，做工也较为细腻。以细腻的地纹，衬出光滑的纹样，是衬花陶器的工艺特色。这种陶器装饰工艺，很可能是在彩陶衰落以后出现的又一种类型的艺术陶器品种。对于史前时期陶器的研究，过去学者们比较关注彩陶、蛋壳陶、磨光黑陶等，这些都是史前陶工制作的品质较高的陶品。但是史前可以列入高品质之列的陶器，还并不只限于这些类别，衬花陶也应当可以算作是古代精品陶作之一。

衬花陶器的发现，数量已经不算太少，但一直没有引起研究者应有的重视。这可能是因为它没有彩陶那样艳丽的色彩，也没有黑陶那样坚实的质地，而且它的出土地大都在远离中原的周边地区，它们不被看作是传统主流文化产品。

四川南部的一些新石器时代遗址，先后出土过衬花陶器。西昌礼州遗址发现有衬花陶器，制作方法有些不同，它是在器表先施底纹，然后在底纹上用压划方法绘出米字形纹等（图4-2-5-6）。虽然这与以下列举的衬花纹饰有区别，但是效果却一样，它的主纹也要靠地纹衬托出来[1]。2002年4月我在四川攀枝花市调查下湾新石器遗址，在一位乡村教师家中见到他采集的不少衬花纹饰的夹砂陶片。一般都是以密集成行的篦纹作衬，空出条带状光面作纹饰。由于所获陶片较小，衬花纹饰的构图并不明了，但可以看出是以弧形条带为主要单元，与云南地区所见有类似之处。下湾遗址与云南永仁菜园子遗址地理位置相去不远，主体文化内涵接近，衬花陶器的风格也比较接近。

在云南永仁县菜园子遗址的发掘中，也见到非常典型的衬花陶器。它一般是用

[1]礼州遗址联合考古发掘队：《四川西昌礼州新石器时代遗址》，《考古学报》1980年4期。

图4-2-5-7　永平新光衬花陶

成排的篦点纹衬出光滑的折线纹和弧线纹,构图也都比较严谨。这样的陶器纹饰在构图上,有的与西北地区的彩陶非常接近[1]。因此我们有理由认为,陶器的衬花工艺是在彩陶工艺基础上发展起来的。当然西南的衬花陶与西北的彩陶两者之间,它们究竟是什么关系,还可以进一步讨论。

在2000～2001年间,我往云南地区调查史前遗址,发现在若干地点都有类似的衬花陶器存在,有的还相当精彩。在查阅了相关资料后,使我相信在西南史前时代晚期的遗址中,普遍见到这种衬花图案陶器。在云南最先引起我注意的是永平县新光遗址出土的陶器,在永平观摩这些陶器时令人有耳目一新的感觉,它比过去印象中的云南新石器时代的陶器要精致得多。

新光遗址的这批资料的重要部分已经公布,让我们有机会细做研究[2]。新光遗址的陶器近半数都有纹饰,纹饰以刻划纹为主,以一种"细密刻划纹"最富特点。它是以细而密的线条刻划出成组的图案单元,构成均衡对称的纹饰带,制作技法娴熟。在这样的纹样中,有一部分采用的是衬花技法,用细密的地纹衬出各种折线纹和涡纹等(图4-2-5-7)。值得注意的是,"刻划部位还常常涂有彩绘,计有红彩和白彩",它们是陶器烧成后绘上去的,颜色容易脱落。这种加彩的衬花陶器,体现有更高的艺术价值,它也会让我们想到,其他一些衬花陶会不会有的也曾经是加绘过彩色?由于都是后绘的颜色,不大容易保留下来,也应当是这个原因让我们看到的衬花陶一般见不到有颜色遗留的痕迹。

云南元谋大墩子遗址是西南地区较早发掘的新石器遗址之一,出土的大件夹砂陶器多较粗糙,表面的纹饰可能已经剥落。但是小型泥质陶器表面的纹饰保存尚好,多数也是用比较整齐的篦点衬出折线纹和条带状纹饰,还见到少量具有律动感的旋形纹饰(图4-2-5-8)。衬花纹饰在大墩子遗址早晚两期的地层中都有发现,不同的是早期纹样中还见到菱形纹和三角形纹饰,纹饰更丰富一些[3]。

云南宾川白羊村遗址早期文化层中发现了一些典型的衬花陶(图4-2-5-9),多是以整齐的篦点为地,衬出光滑的折线纹和条带状纹[4]。

云南剑川海门口遗址属早期青铜时代,出土的陶器上也有衬花纹饰。在发掘报告上所附的陶片拓本上看不清楚,但报告在描述平底陶钵时说,"腹部划饰Z字形线条组成的带纹和方格纹,空隙处刮平磨光"[5],那刮平磨光处可能是衬花主纹所在。

云南耿马石佛洞遗址1984年作过试掘,在不大的面积内出土了一些大件陶器,外表见到繁复的衬花纹饰。与石佛洞距离不远的蓝碧桥遗址,也出土过类似的衬花陶器。石佛洞遗址出土的衬花陶非常精致,不论大型还是小型陶器,一般在显著部位都装饰有纹饰,多以衬花方式表现各种图案。陶器表面先行磨光,然后划出主体纹饰轮廓,采用排列有序的篦点纹衬底。衬花纹样均衡对称,构图多采用二方连续的形式,主体纹饰有勾连旋纹和圆圈纹等。其中有一件褐陶的纹饰为弧边三角作衬

[1]云南省文物考古研究所、成都文物考古研究所和中国社会科学院考古研究所发掘资料。

[2]云南省文物考古研究所等:《云南永平新光遗址发掘报告》,《考古学报》2002年2期。

[3]阚勇:《云南大墩子新石器时代遗址》,《考古学报》1977年1期。

[4]云南省博物馆:《云南宾川白羊村遗址》,《考古学报》1981年3期。

[5]肖明华:《云南剑川海门口青铜时代早期遗址》,《考古》1995年9期。

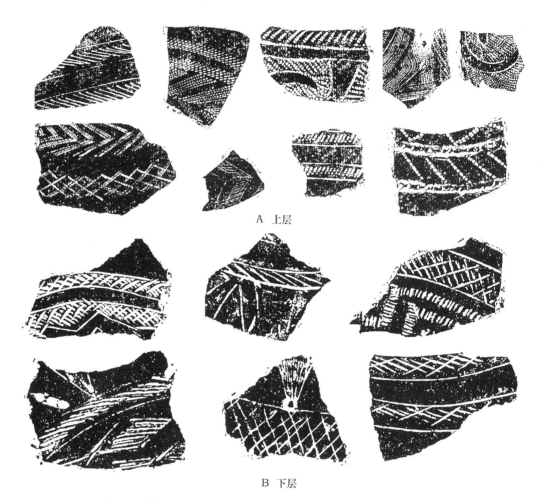

A 上层

B 下层

图4-2-5-8　元谋大墩子衬花陶拓本

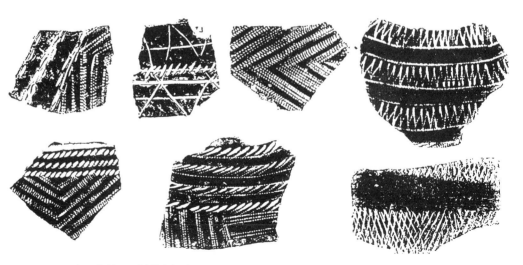

图4-2-5-9　宾川白羊下层衬花陶拓本

图4-2-5-10 耿马石
佛洞衬花陶

图4-2-5-11 拉萨曲
贡衬花陶

图4-2-5-12 拉萨曲
贡衬花陶杯及纹饰局
部

[1]王大道：《再论云南新石器文化的类型》，《西藏考古》第一辑，1994年。

[2]何金龙：《通海县海东村贝丘遗址》，《中国考古学年鉴（1990年）》。在后来刊出的简报中，并没有提及这种衬花陶，附图上也没有明确表现，见《通海海东贝丘遗址发掘报告》，《云南文物》1999年2期。

[3]中国社会科学院考古研究所：《拉萨曲贡》，中国大百科全书出版社，1999年。

[4]西藏自治区文物管理委员会等：《昌都卡若》，文物出版社，1985年。

底的旋形，旋纹连接处留出圆形空白构成四个圆形，初一看有彩陶的风格。另一件磨光黑陶的纹饰为圆圈纹，用密集的篦点作衬纹，空出原器表的光面组成10个圆圈纹，构图十分严谨。石佛洞遗址的这两件衬花陶，工艺水平与艺术价值，一点也不逊于那些最精致的彩陶（图4-2-5-10）。

特别值得提到的是，石佛洞遗址衬花陶的纹饰构图竟与遥远的西北地区马家窑和半山文化彩陶出奇的相似，我们无法否认它们之间具有的紧密联系[1]。此外在云南通海县海东村遗址，也发掘到了精致的衬花陶器，衬出有动物纹样，实属少有的发现[2]。

我最早注意到史前时期这种衬花工艺的存在，是1990~1993年在发掘西藏拉萨曲贡遗址的时候。在整理曲贡遗址出土陶片的过程中，发现了一些比较特别的刻划和压划有纹饰的陶片，这些纹饰乍一看往往表现有双关的特点，在饰纹处和纹饰间的无纹处都能构成明确的图案单元。细一观察，会发现主体纹饰却是在无纹之处，所饰纹样其实不过是一种衬纹[3]。曲贡遗址所见的这种衬花工艺陶器标本虽然在数量上并不是很多，尤其是复原器很少，但是却很典型，图案单元主要有菱格纹、圆圈纹和折线纹等，有的制作非常精致（图4-2-5-11）。

曲贡发现的最典型的一件带耳圈足杯，杯为磨光细泥红陶质，在折腹的上腹部饰有精美的衬花纹饰，用一周糙面衬出二方连续的菱形纹饰带，在菱格内再用糙面衬出小菱纹或圆圈纹（图4-2-5-12）。这件标本的衬花纹饰不论看实物还是照片都让人觉得有彩陶的意味，是曲贡文化中见到的一件精品衬花工艺陶器。曲贡遗址的发掘过去了十多年，后来每一提及曲贡，我都要说到那特别的陶器衬花工艺。后来我们还特地约请李文杰先生对曲贡遗址的衬花陶作了实验研究，仿制出了一批衬花陶器（图4-2-5-13）。有了这样的实验研究，我们对史前衬花陶技艺便有了更深入的了解。

西藏昌都卡若遗址发掘在曲贡遗址之先，出土陶器上饰有较丰富的刻划纹饰，其中有相当一部分应属衬花纹饰[4]，只是当时没有从这个方面认识。卡若遗址流行一种三角带状刻划纹，是先在陶器显著部位划出一周波折纹，然后在波折纹的上端或下端填上细划线，一般是在一个三角内填三四根线条。在填线与未填线的两个区域内，形成明显的对比，填线的三角衬出光面的三角，两种三角各自构成连续的纹饰带（图4-2-5-14）。另外在有的陶器上还有以同样的方式衬出的光面波折纹，有时波折纹层层重叠，体现出一种特别的韵律感（图4-2-5-15）。

卡若遗址的这两种衬花纹饰在曲贡遗址都能见到，由此也可以看出两个文化关系之密切。

目前云南、西藏和川西南所在的中国西南地区发现的新石器时代遗存，时代都比较晚，一般年代都只在距今4000年左右，少有超出5000年前的。在经过重点调查和发掘过的遗址中，一般都有衬花陶出土，说明衬花陶在这一地区有较为广泛的分布。换言之，衬花陶是西南地区晚期新石器文化的一个共有特征。当然如果观察仔细一

图4-2-5-13 复制的
拉萨曲贡衬花陶

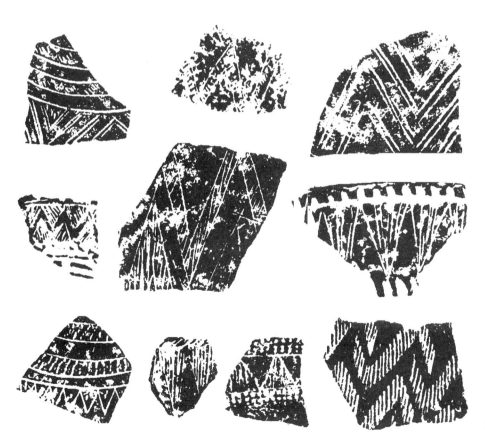

图4-2-5-14 昌都卡
若衬花陶拓本

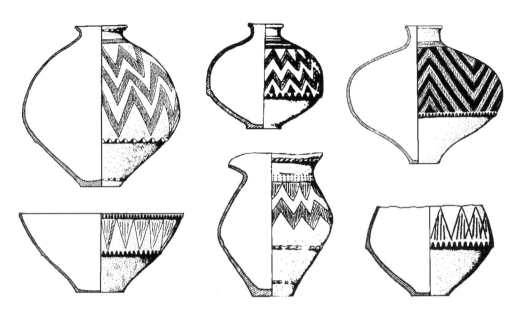

图4-2-5-15 昌都卡
若衬花陶

些，我们会发现在西藏的卡若和曲贡文化中，衬花陶的底纹以刻划纹为多，而云南地区衬花陶的底纹却以篦纹为主，不同地区存在一定区别。实际上这两种风格的衬花陶，除了底纹的不同，主纹也表现出一些差别，但都见到折线纹，它们的共性也很明显。

关于史前陶器的衬花工艺，在过去的陶瓷史著作中一般都没有提及，多数研究者似乎还没有注意到史前有这种陶器工艺存在。这主要是因为相关资料较为零散，数量显得也不是太多，让人不容易获得完整印象。更重要的原因是，过去习惯上是以刻绘留下的直接痕迹辨识陶器纹饰的内容，篦点仅是篦点，刻划仅是刻划，对于纹饰本体研究还比较欠缺，没有意识到这种工艺存在的意义。我在发掘西藏拉萨曲贡遗址之时开始注意到衬花陶器的存在，是因为遗址中出土了一些精美的衬花陶片，精美得让人不能忽略它的存在。解读这些具有特别装饰风格的陶片，当时并没有觉得太过于困难，因为它的构图非常明晰，明晰到你根本不必去看它直接刻画的那些纹饰，一眼就能读出那些并没刻划的光滑的纹饰带。曲贡遗址陶器上有些精美的纹饰甚至让人有彩陶的感觉，衬花显现出不同的色泽，构图匀称，刻工细腻，代表了西藏地区史前陶作的最高成就。

在撰写曲贡遗址考古发掘报告时，发掘参与者之一的古方先生对曲贡陶器作了全面描述，他对遗址所见的陶器衬花工艺进行了初步讨论。我们当时议定将这种工艺定义为"磨花"工艺，制成的纹饰就是"磨花纹饰"。在发掘报告中对这种工艺的描述是："所谓磨花就是在陶器表面先刻划出纹饰图案的轮廓线，在轮廓线内用磨光的方法将所要表现的纹饰打磨出来，如菱格纹内的重菱线条和圆圈、平行线或折线内的横人字纹的相间部分等。磨光纹饰周围必然要留有糙面或与糙面部分相间。磨花方法与刻花相反，是通过与周围糙面的明暗反差对比表现纹饰图案，磨花与刻花方法在同一陶器纹饰的制作上常结合使用"[1]。在很长时间内，我们在其他场合提及这种工艺时，所下的定义都是"磨花工艺"，认为曲贡人在制陶时采用的这种装饰工艺，是一种非常精致的工艺，过去国内史前考古还不曾有过类似的发现。它是在陶器表面打磨光亮后，再刻划出糙面作底纹，使保留下来的光面构成素雅的图案，这种无彩的装饰胜于有彩，是曲贡人独到的艺术创造[2]。

起初我们对曲贡陶器工艺所作的基本研究，在很大程度上是根据李文杰先生所做的制作和焙烧试验得出的结论。李先生认为，曲贡陶器在磨光后，"在粗糙的地儿上施加密集而纤细的放射状划纹"，有的"在磨光的表面上用刀具进行横向刮削，形成一周粗糙的宽带纹"。有的时候是在纹样之间磨光与划纹并用，使单色的纹饰形成对比。这样光线照在光滑的表面时形成反射而富有光泽，照在粗糙的地子上时则形成漫反射而没有光泽[3]。也就是说，这是一种在单色陶器上表现出多种光感的工艺，是史前制陶工艺上的新发展。

现在看来，当时以"磨花"之名来定义这种陶器工艺，并不十分贴切。它实际上是用刻划压印等不同方法在陶器上制出地纹，用以衬托出主体纹样，所以后来我提出更名为"衬花"工艺，用这种工艺装饰的陶器，称为"衬花陶"。为叙述方便，我们将史前陶器上用于衬托的纹饰称为地纹，而将陶工要表现的主体纹饰称为主纹。地纹一般采用比较细小的纹饰单元，使用点、线、小型几何形刻划或是糙面作衬。主纹一般是磨光的光滑器表组成连续的纹饰带，也以几何形纹多见。

对于史前陶器衬花工艺的程序，根据标本观察和实验过程的了解，我们认为有磨光、刻划纹饰轮廓、衬地和打磨几道工序，分述于下：

a. 磨光

磨光虽然不是陶器衬花工艺的独有程序，但却是一道很重要的程序。很多衬花图案主纹的基础，是在全器打磨光滑时就有了。衬花工艺选用的陶器，大多是较为细腻的泥质陶（也见到少量的夹砂陶），实际上只要按照传统的泥质陶打磨工艺将器表打磨光滑就可以了。一般要在陶胎半干时进行磨光，依李文杰先生试验的结果，以含水量在13～11%时磨光效果最好。磨光采用的工具是表面光滑的骨器或小块砾石，磨光的结果，是陶器表面结构更加紧密而富有光泽。许多彩陶在施彩后也要磨光，使彩料压入表层，经焙烧后彩纹显得更加光洁美观[4]。由这一点看，衬花工艺与彩陶工艺的关系是非常紧密的。

b. 划出主纹图案轮廓

衬花陶器上的主纹图案，多呈二方连续或四方连续形式，构图一般都比较严谨，有的还显得相当繁复，勾勒轮廓是少不了的一道工序。轮廓线用粗细适度的锥状物划出，在操作中也不排除用色料先绘出图案，然后于图案周边进行双勾处理。我自己有这样的经历，在黑板上写楷体空心字时不容易掌握好，就先用蘸水的毛笔把字写

[1]中国社会科学院考古研究所：《拉萨曲贡》，155页，中国大百科全书出版社，1999年。

[2]王仁湘：《雪域远古农牧文明探寻》，《文物天地》1997年5－6期。

[3]李文杰、黄素英：《曲贡遗址制陶工艺实验研究》，《拉萨曲贡》，260～266页，中国大百科全书出版社，1999年。

[4]李文杰：《黄河流域新石器时代制陶工艺的成就》，《中国古代制陶工艺研究》，科学出版社，1996年。

出，趁水未干时将轮廓用粉笔描出，水干后构形美观的空心字就显露出来了。在字外还可以衬些别的色彩或图案，使无色的字显得更有生气，这与衬花陶的感觉非常近似。实际上在衬花陶上我们很容易找到依然保留的主纹轮廓线，轮廓描绘认真的，成品衬花纹饰都非常精致。

c. 去光衬地纹

主纹轮廓确定后，选取不同的方法在主纹轮廓外作地，使主纹更加突出。衬地的方法，又分刻划、压印、剔刺和糙化几种。刻划一般是以短细的线条呈平行或放射状的填满地子，有时这种刻划本身也是一个个较小的纹饰单元。压印是以排齿类器具在地子上压划出篦纹或类似的纹饰，一般排列都比较整齐。剔刺是以用尖锥工具以点状或三角形刺出地纹，这样的地纹排列不一定整齐，但一般都会比较匀称。糙化是用刷子或小刀去除地子上的光滑面，使主纹和地纹在光感度上形成明显的对比。

不同方法衬地的目的，都是为了去除主纹轮廓外陶器的光滑面，以没有光泽的地子突出衬出光滑的主纹，这样衬花的装饰效果就达到了。

d. 局部打磨

陶器在衬好地纹以后，主纹已清楚地显现出来。为了使主纹更加整齐流畅和醒目，有时还要进行局部打磨，一般的精品衬花陶都要经过这道工序，以精益求精为目标。

在上面提到的这些工序之外，衬花陶也有一些较为简略的做法，就是先在器身预设的纹饰带施满地纹，然后直接在地纹上压划上纹饰，如四川礼州遗址的米字纹陶罐便是这样。这是一种比较简化的做法，不容易做出精品衬花陶，类似的标本在衬花陶中见到的并不是很多。

值得注意的是，西南新石器时代衬花陶器中的衬地纹饰，常见的是篦纹或类似的点划纹，这是发现篦纹标本较多的一个重要原因。过去研究者将这类标本都归入篦纹陶范畴，没有作深入的讨论。以篦纹和刻划纹作地的衬花陶器凸显了西南史前陶业的一个重要特点，对这种富有特征的陶器装饰工艺的研究，应当引起必要的重视。

确定西南地区新石器晚期存在较为普遍的衬花陶工艺以后，我们会很自然地要寻求它的起源，也会很自然地把目光转向中原地区，转向黄河和长江中游地区。

虽然中原地区没有发现年代较早的衬花陶，但是在除西南地区以外其他周边地区的史前文化中，我们注意到也有衬花陶发现。在北方地区的诸多史前文化陶器上，普遍见到篦点纹，不过篦点的排列并不以地纹方式出现，装饰风格同西南地区的史前陶器迥然有别。但在年代稍晚的北方新石器文化中，却也发现过以衬花工艺制作的纹饰陶器，虽然数量较少，但史前陶工已经掌握衬花工艺这一点则可以肯定。如内蒙古岱海地区距今4000~4500年的老虎山文化中，就见到表现有折线和菱形等图案的衬花陶器。凉城大庙坡遗址87F1和老虎山遗址F26出土的敛口瓮，就见到了这样的衬花图案[1]，为图案衬底的是细碎的划纹和点压的小三角纹，衬出的图案平整光滑。在其他一些地点也发现与衬花工艺相似的陶器，像吉林和龙兴城遗址所见，一般不是以衬花为特征，而是在主体纹饰中填纹，而不是在纹饰外填纹。但在细密刻划纹填以篦点纹组成的各种复合纹饰，也见到一些图案具有衬纹特点，纹饰单元有雷纹、菱形纹、涡纹和三角纹等[2]，其年代不晚于距今4300年前。

同类的发现还见于辽宁大长山岛小珠山和上马石遗址。小珠山遗址中上层和上马石遗址上层都见到典型的衬花陶，是以刻划细线或点状衬出纹饰[3]。这里的衬花陶年代在距今5000~4000年之间。

在东北地区的夏家店下层文化中，也发现了相当典型的衬花陶器。内蒙古敖汉旗大甸子遗址夏家店文化墓葬中随葬的陶器除极富特征的彩陶外，还见到一些衬花陶，不少盉、鬲类的袋足器上都见到衬花纹饰[4]。一般是在器腹位置用篦点和糙面衬出光滑的宽带与三角带状纹饰，宽带多为数条平行排列，做工细腻。

我们再将眼光转向东南，便会发现陶器上的衬花工艺，在中国史前有可能最早出现在良渚文化中，良渚文化的许多遗址都发现了水平很高的衬花陶器。如上海青浦福泉山遗址出土阔把黑杯刻画的太阳鸟等图形，就是在鸟形外衬上垂直连缀的方块图形而使鸟形突出。不过这种光面的方块图案却是由细刻的线条衬出来的，这样的衬花陶采用的是一种复式衬法，需要有更高的刻画技巧[5]。从这一点看，良渚文化的衬花陶已是非常成熟的作品，它不会是衬花陶起始阶段的产物。良渚文化陶器的衬花工艺应当会有更早的渊源，但是从时代比它早的崧泽文化中却并没有见到衬花陶，我们还是没法找到衬花陶起源的证据。

东南地区良渚文化的衬花陶虽然时代比较早，但我们并不能由此确定它就是东北和西南地区新石器文化中衬花陶的源头，因为它与后两个地区的风格有着明显的不同。仅就西南地区的衬花陶而言，它的技法源起应当与彩陶有一定的关系。证据主要有三个，一是有的衬花陶有加彩现象，二是有的衬花图案与彩陶图案在构图上有相似之处，三是衬花陶的时代晚于彩陶。与彩陶技法相比，衬花陶在工艺上有更高的技巧要求，更耗工费时。更进一步的论证还需要有更多的资料，还有待来日。

在研究者以往的印象中，西南史前时期的陶业处于相当原始的状态，一些规模不大的发掘也能证实这一点，出土的陶器质地粗糙，纹饰也很简单。特别是民族调查提供的资料显示，直到当代，西南民族地区的陶业还停留在原初发展阶段，具有器表少纹饰，无窑焙烧，火候较低等特点。可是由衬花陶的发现看来，现在是到了重新评价西南史前陶业发展水平的时候了。应当说，在新石器时代晚期，西南地区的制陶工艺还是较为发达的，不仅有了磨光黑陶，也有了在中原地区见不到的衬花陶。而且衬花陶作为一种重要的工艺技术，它对后来的铜器饰纹技术产生的影响不可低估，如果它的起源是在中原以外的周边地区，那么它出现的意义恐怕就不仅仅在于它自身了。还要提到的是，史前时代的衬花工艺在西南有一个明确的扩展范围，它背后的文

[1]内蒙古文物考古研究所：《岱海考古》，图461。科学出版社，2000年。

[2]吉林省文物考古研究所等：《和龙兴城》，文物出版社，2001年。

[3]辽宁省博物馆等：《长海县广鹿岛大长山岛贝丘遗址》，《考古学报》1981年1期。

[4]中国社会科学院考古研究所：《大甸子》，科学出版社，1996年。

[5]上海市文物管理委员会：《福泉山——新石器时代遗址发掘报告》，文物出版社，2000年。

[1]2003年我曾往越南参观考察，了解到越南北部红河下游平原地区，在早期青铜文化冯原（Phung Nguyen）、东山、梅发（Mei Pha）、红发等文化遗址，都见到了衬花陶。它们的年代为距今4000~3500年，衬花陶在红河下游延续的年代至少是在500年以上。衬花陶较早见于谅山省梅发遗址，多为磨光灰陶、褐陶，以篦纹和划纹作衬底。冯原文化的衬花陶比较精致，衬花以篦点和绳纹作底，构图多作连弧形，勾连回旋，纹样以二方连续为主要构图方式。年代稍晚的同豆（Dong Dou）、丘门（Gou Mun）遗址，也有较多的衬花陶发现。同豆遗址衬花陶纹饰的构图有铜器纹饰风格，纹样讲究对称，结构比较严谨。越南北部红河平原发现的衬花陶，光滑的主纹与粗糙的地纹表现出一种明显的对比，光滑的主纹感觉有彩陶的风格，好像上了一层浅淡的红彩一样。在泰国北部也发现过精致的衬花陶，工艺技术与纹饰特征也和越南北部的比较接近，纹饰构图简洁，主纹与地纹对比强烈，也有彩陶的感觉。越南与泰国北部见到的衬花陶，在当地找不到更早的渊源，在越南南方也没有它的踪迹，我们会很自然地将眼光转到红河发源的中国西南地区。红河下游史前衬花陶的渊源，是在中国西南地区，那里有精致的衬花陶。

化意义是什么，还值得进一步研究。

由目前获得的资料看，衬花陶的分布在史前仅限于周边地区，南北两个方向都有重要发现，以东南和西南地区的衬花陶比较典型。史前时期的衬花陶是一个新的研究课题，我们现在已经大体明确衬花陶是中国周边地区新石器时代晚期成熟起来的一种新的陶作工艺，它为什么在史前仅存在于周边地区而不见或少见于中原地区，这是另一个很值得探究的课题。

在越南境内红河下游附近地区发现许多史前衬花陶，它们分属于几个先后接续的考古学文化。在中国西南地区，也出土了不少史前衬花陶精品。红河下游与中国西南地区的衬花陶之间，应当存在着比较密切的渊源关系，它们有一个共同的工艺传统，这个传统可以上溯到黄河黄土地带的彩陶时代[1]。

通过考古寻找到的证据，我们完全可以有把握地说，汉代丝绸之路形成之前，连接西北与中原之间的文化通道已经形成。而且我们还知道，这个通道所发挥的作用，一直可以上溯到新石器时代中期。分布在西南地区的新石器时代衬花陶，大致年代在距今4500年上下，相当于龙山文化中期。翻检黄河中下游地区龙山文化的陶器资料，却没有发现明显的证据表明制陶有这样的衬花工艺，可以确定地说，中原史前陶业中没有使用过衬花装饰技术。

源自黄河的彩陶沿横断山再往南传，便不再保留烂漫的色彩，陶器上的装饰一变为以刻划压印为主的表现形式，但图案结构仍然保留着彩陶的样式，许多纹饰表现有衬花的特点。衬花陶完全可以与彩陶和磨光黑陶等相提并论，也是史前精品陶作之一。

沿横断山南传的衬花陶，进入东南亚地区后得到进一步发展，在泰国和越南北部红河平原发现的史前衬花陶，仍然有彩陶的风格，也见到局部涂彩的现象。

中国西南地区的史前衬花陶，明显影响了东南亚北部地区史前陶艺的发展。越南红河平原史前陶器的装饰工艺，其渊源也是中国西南的衬花陶。

追寻这一条史前陶器装饰艺术的传播之路，让我们又一次认识了横断山民族文化走廊的深厚底蕴，这条文化走廊开通的年代，比研究者过去认定的要古老得多，应当有了5000年以上的历史。

三　彩陶艺术浪潮

一个含有彩陶的考古学文化的分布范围，一般来说与它拥有的彩陶的分布范围是吻合的。这个说法显得过于直白，似乎没有什么实际意义。但这个说法又显然并不是多余的，因为有时考古学文化和它富有特点的彩陶这两个"分布范围"，又并不能完全吻合。史前彩陶的分布，也有越界现象，也会超越某一或者某几个考古学文化分布的范围。彩陶的这种越界现象，为我们理解它的意义它的魅力，提供了重要的启示。这种越界即是传播，这传播一定不仅只是一种艺术形式的扩散，它将彩陶艺术中隐含的那些不朽的精神传播到了更远的地域。

在有些考古学文化中，我们能看到这样的彩陶越界现象。在庙底沟文化中，这样的彩陶越界现象发生的频度很高，我们甚至可以说越界的发生是全方位的。若干类彩陶纹饰的分布范围，远远超越了这个考古学文化自身的分布范围，让我们感觉到有一种强大的推力，将庙底沟文化彩陶的影响播散到了与它邻近的周围的考古学文化中，甚至还会传播到更远的考古学文化中。这样的推力，也许只有用"浪潮"这样的词来描述最为贴切，彩陶激起的浪潮一波一波地前行，一浪一浪地推进，它将庙底沟文化的艺术传统与精神文化传播到了更广大的区域。

1. 彩陶的播散

彩陶某一类纹饰的分布区域，我们可以由发现它的一些点圈出一个大致的范围来，这个范围包括了这类纹饰的中心分布区与外部播散区。对于庙底沟文化一些典型纹饰的分布，我们可以用分布图来说明各类纹饰到达的空间区域，从这样的途径了解庙底沟文化彩陶传播的范围。

在这里我们重点要考察的是庙底沟文化彩陶的典型鱼纹、简体鱼纹、"西阴纹"、叶片纹、双瓣式花瓣纹、四瓣式花瓣纹、多瓣式花瓣纹、圆盘形纹、单旋纹和双旋纹的分布，了解各类纹饰分布的范围。末了，再将各类纹饰分布范围叠加起来，以获得一张庙底沟文化彩陶播散的整体区域图。

a. 典型鱼纹彩陶的分布

典型鱼纹彩陶的分布，是以关中地区为中心，西及渭河上游与西汉水，东至河南西部，南到陕南与鄂西北，北达河套以北的内蒙古地区（图4-3-1-1）。晋中南地区的庙底沟文化中极少见到典型鱼纹彩陶，这可能是工作的局限造成的，也可能是所获资料还未及公布，或是暂时没有辨识出来。不过我们相信，晋中南地区一定也属于典型鱼纹的分布范围。

在关中至河套的中介地带，并没有见到典型鱼纹彩陶，我们虽然暂时还不知道这类鱼纹向北传播的过程，但相信河套以北的典型鱼纹彩陶一定是来自于渭河流域，也相信以后在这一个中间地带会有新的发现来说明这一条传播路线的具体走向。

分布在汉水、西汉水和豫西地区的典型鱼纹彩陶，也应当是来自渭河流域。

典型鱼纹彩陶的最初出现地区，可以确定是在渭河流域，但具体是在哪一片区域，还值得进一步探索，最有可能是在渭河上游一带，在甘肃天水附近地区。秦安大地湾半坡文化晚期和邻近的陇县原子头庙底沟文化早期层位中出土了较多的典型鱼纹彩陶，这是这类彩陶起源于这一区域的最好证明。

b. 简体鱼纹彩陶的分布

简体鱼纹彩陶的分布范围，没有典型鱼纹那么大，不过除了在河套以北没有见

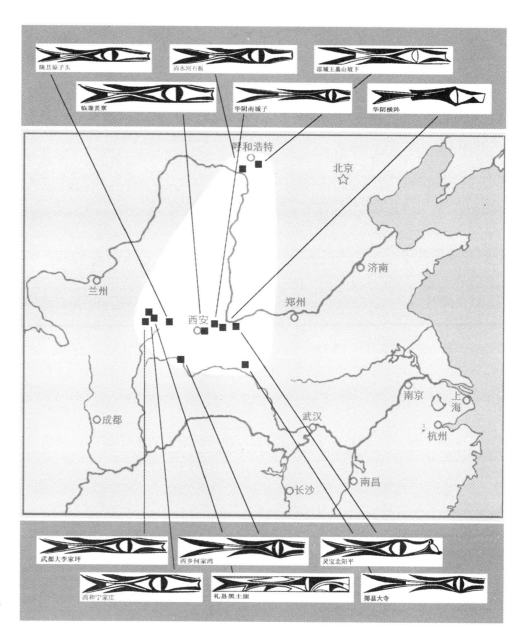

图4-3-1-1 典型鱼
纹彩陶分布范围图

到以外，其他地点简体鱼纹的分布地域与典型鱼纹大体吻合。还有一点不同的是，极少发现典型鱼纹的晋中南地区，见到了较多的简体鱼纹彩陶（图4-3-1-2）。

比起典型鱼纹来，彩陶上简体鱼纹的辨识会更加困难，因为纹饰结构过于简单，陶片破碎以后很难认出纹饰原貌，所以有可能许多资料因为不觉得重要而没能发表出来，这对于了解这类纹饰的分布范围是个缺憾。

将来也许在学者们认识到这类纹饰的重要性后，会给予更多的关注，会公布更多的资料，我们对简体鱼纹的分布范围也会了解得更准确一些。

c. "西阴纹"彩陶的分布

"西阴纹"彩陶的主要分布区，是在关中及邻近的豫西、陇东和晋南地区，更远

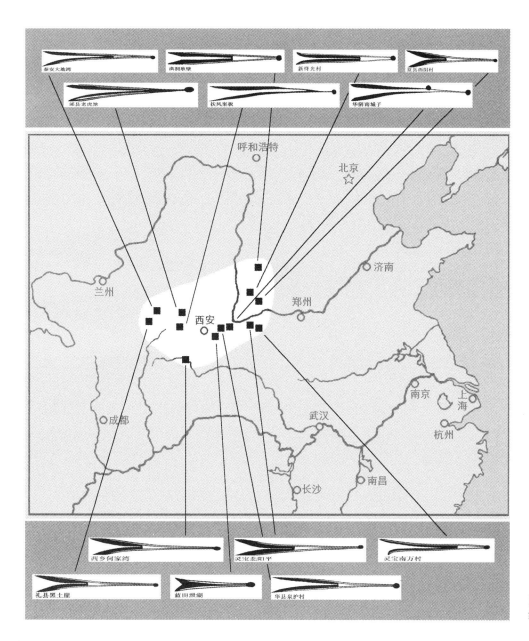

图4-3-1-2 简体鱼
纹彩陶分布范围图

的南方鄂西北、江南洞庭湖地区和北方河套以北地区，也都见到了"西阴纹"彩陶
（图4-3-1-3）。往东部方向，"西阴纹"彩陶的分布范围应当没有越过豫中郑州地
区。

同典型鱼纹一样，在关中到河套的中介地带，也没有发现"西阴纹"彩陶，不能
清晰地了解到这类纹饰向北的传播过程。当然"西阴纹"彩陶向南的传播虽然到了洞
庭湖地区，由鄂西北到那里的中间地带也没有见到相关资料，向南的传播过程与传
播路线我们同样也并不是很清楚。

"西阴纹"的最初起源地可能并不是夏县西阴村，但有可能是在晋南，也有可能
是在关中或是陇东地区。当然"西阴纹"最早是出现在半坡文化的彩陶上，在庙底沟
文化中是寻不到它的起源的。

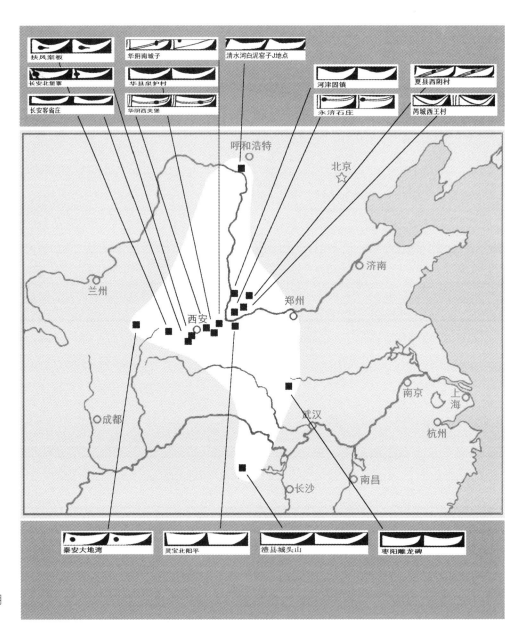

扶风案板　　　华阴南城子　　　清水河白泥窑子J地点　　　河津固镇　　　夏县西阴村

长安北堡寨　　　华县泉护村　　　　　　　　　　　　　　　　永济石庄　　　芮城西王村

长安客省庄　　　华阴西关堡

秦安大地湾　　　灵宝北阳平　　　澧县城头山　　　枣阳雕龙碑

图4-3-1-3 "西阴纹"彩陶分布范围图

d.叶片纹彩陶的分布

叶片纹彩陶的分布态势有些不同，不像"西阴纹"那样取南北纵向态势分布，而是大体沿黄河走向东西横向分布。除了庙底沟文化中心地区以外，向东在大汶口文化的鲁南地区，向西直抵青海东部地区，都有叶片纹彩陶发现。豫西南和鄂西北也是一个扩展分布区，有典型的叶片纹彩陶发现（图4-3-1-4）。

单瓣叶片纹的起源机制并不完全清楚，很有可能它是与"西阴纹"一起出现的一种伴生纹饰。前文已经提及，两式最为典型数量也最多的叶片纹，集中发现于晋南地区，不同形式的叶片纹在晋南都有发现，可能说明叶片纹的最初出现应当是在晋南地区。

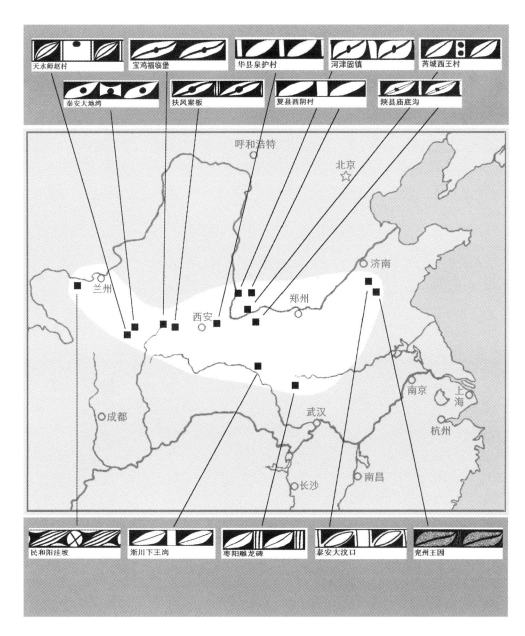

图4-3-1-4 叶片纹
彩陶分布范围图

e. 双瓣式花瓣纹彩陶的分布

双瓣式花瓣纹彩陶的分布有些特别，在庙底沟文化中心区的关中一带少有典型双瓣式花瓣纹彩陶发现。这类纹饰在晋中南地区发现稍多，向北河套及以北地区和青海东部地区也有发现（图4-3-1-5）。

关中地区不流行典型的双瓣式花瓣纹，更多见到的是与其他纹饰组合在一起的双瓣式花瓣纹。这类纹饰虽然在晋南地区发现较多，但最早出现并不是在庙底沟文化时期，在半坡文化晚期彩陶上已经见到，秦安大地湾就出土不止一例。

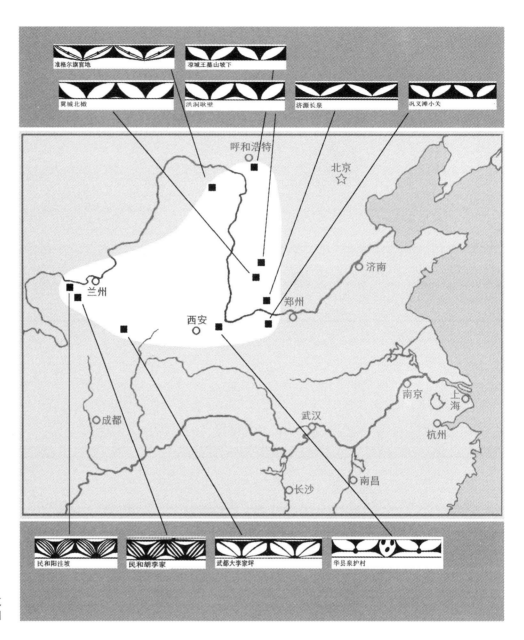

图4-3-1-5 双瓣式
花瓣纹彩陶分布范围图

f.四瓣式花瓣纹彩陶的分布

特征非常突出的四瓣式花瓣纹彩陶，它的分布大体也是取东西横向的态势，分布的中心还是在关中及附近地区，东到苏北，西及甘青。不过这种横向分布的态势，向南有一个明显的扩张，分布区域扩张到鄂北直至江南一带（图4-3-1-6）。

由外围文化的发现看，四瓣式花瓣纹彩陶以鄂西北发现较多，类型也比较丰富。当然那里的发现基本与庙底沟文化是属于同一系统，纹饰结构变化不大。但是西面的甘青和东面的山东地区有所不同，两个方向的四瓣式花瓣纹与庙底沟文化相比有一些明显变化，西面的花瓣变得较为肥硕，东面的花瓣则较为华丽，都是在庙底沟文化基础上的新发展。

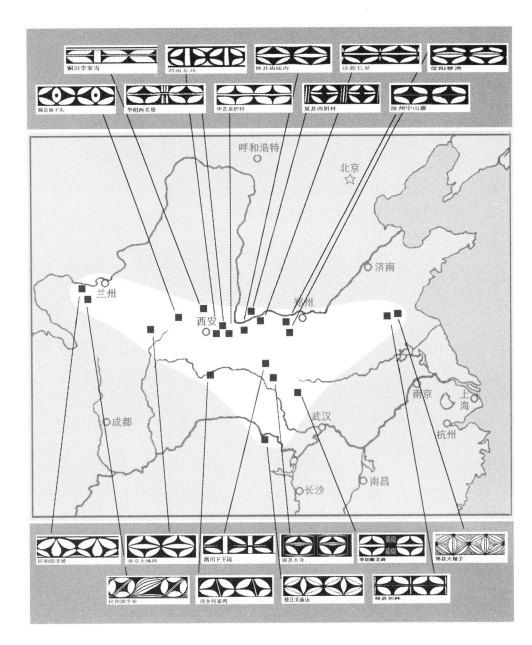

图4-3-1-6 四瓣式
花瓣纹彩陶分布范围图

　　从庙底沟文化时期四瓣式花瓣纹彩陶分布的东南西北四限看，它覆盖的范围非常之广，这在一定意义上证实了它的重要。四瓣式花瓣纹彩陶虽然在庙底沟文化时期分布范围很广，它也是在半坡文化彩陶中即已出现，可能与鱼纹的演变有密切关系。

g. 多瓣式花瓣纹彩陶的分布

　　多瓣式花瓣纹彩陶的分布范围，基本上与四瓣式花瓣纹的分布范围相吻合，也是东到鲁南苏北，西至甘青，往南也到了江南。略有不同的是，关中地区发现的多瓣式花瓣纹彩陶极少，分布的中心偏于晋南豫西一带（图4-3-1-7）。

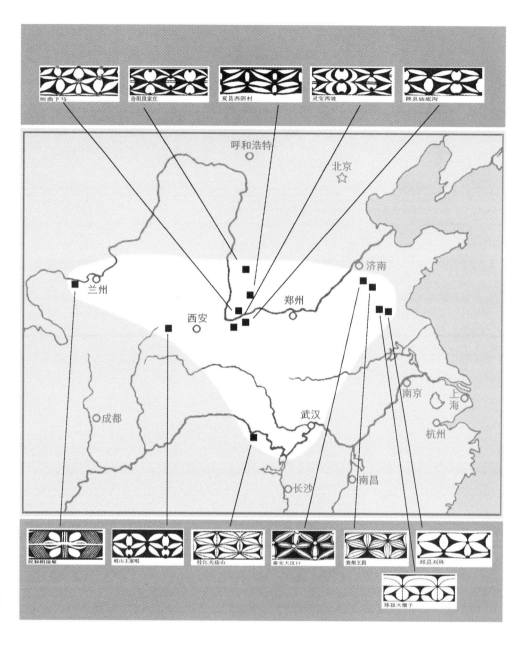

图4-3-1-7 多瓣式
花瓣纹彩陶分布范围图

多瓣式花瓣纹是在四瓣式花瓣纹彩陶基础上新构的纹饰,最早完成这种构图的可能是生活在晋南豫西一带的庙底沟人。关中地区少见多瓣式花瓣纹彩陶是个意外,也许以后这一地区会有一些新的发现。

h.圆盘形纹彩陶的分布

圆盘形纹彩陶的分布范围较上列几类彩陶要小一些,主要集中在晋南、豫西和关中及邻近的陇东地区,汉水上游和中游地区也有一些发现(图4-3-1-8)。

圆盘形纹一般不会独立出现,都是组合在复合纹饰中,它也是与鱼纹有关的一种纹饰,它的起源有可能是在陇东与关中西部一带。

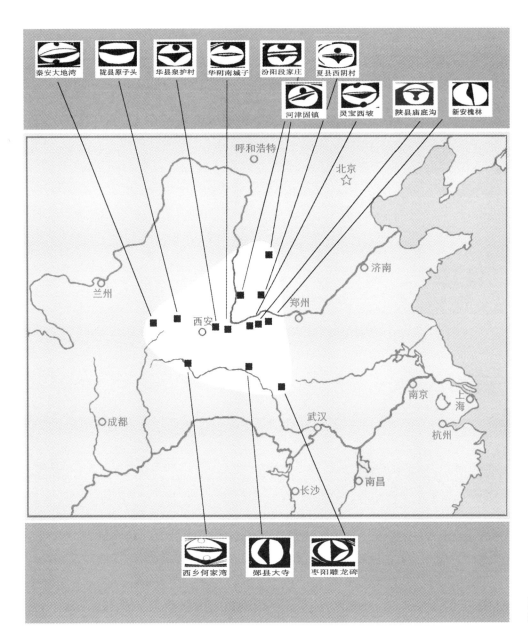

秦安大地湾　陇县原子头　华县泉护村　华阴南城子　汾阳段家庄　夏县西阴村

河津固镇　灵宝西坡　陕县庙底沟　新安槐林

西乡何家湾　郧县大寺　枣阳雕龙碑

图4-3-1-8　圆盘形纹彩陶分布范围图

i. 单旋纹彩陶的分布

单旋纹彩陶的分布主要集中在庙底沟文化中心区域的豫陕晋交界地区,向外传播只是沿着汉水往南,到达中游长江岸边(图4-3-1-9)。其他地区没有发现明确的单旋纹彩陶,相比而言,它的传播范围较为狭小一些。

单旋纹彩陶的起源有可能是在豫陕晋交界地区,起源的过程还需要探索。

j. 双旋纹彩陶的分布

双旋纹彩陶的分布范围最值得注意,因为它分布最广,影响最大。东过苏鲁,西至西汉水,北达河套以北,南抵长江,都见到双旋纹彩陶,中心分布区还是在豫陕晋

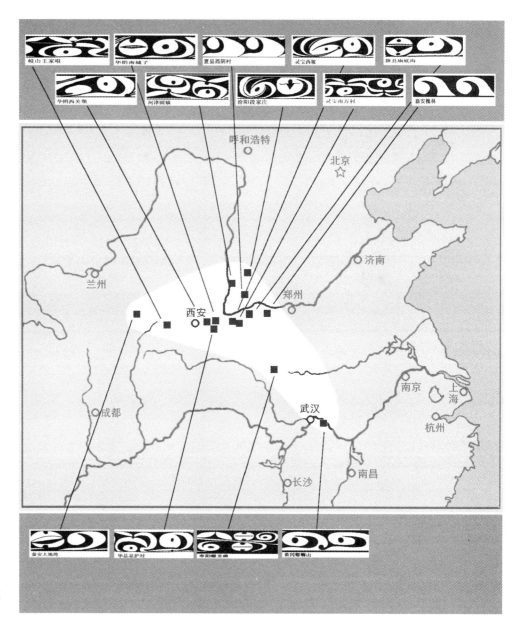

图4-3-1-9　单旋纹
彩陶分布范围图

[1]苏秉琦：《谈
"晋文化"考古》，
《华人·龙的传人·
中国人——考古寻根
记》，辽宁大学出版
社，1994年。

一带（图4-3-1-10）。现在看来这类彩陶还没有传播到青海东部，不然它就是能覆
盖全部庙底沟文化彩陶扩展分布区域的一种彩陶纹饰。

　　双旋纹彩陶的起源机制，我们在后文还会讨论，起源的地区应当是在关中或晋
南豫西一带。双旋纹彩陶能传播到这样广大的地域，它特别的构图需要分析研究，
它非常深刻的内涵更应当引起关注。

　　关于旋纹彩陶的传播，过去已有研究者进行过探讨。苏秉琦先生1985年在山西
侯马晋文化研究会的发言，谈到庙底沟文化时期"花卉"图案彩陶的传播[1]，他说：
"仰韶文化的主要文化特征是两种小口尖底瓶（壶罐口、双唇口），两种花卉图案彩
陶（玫瑰花、菊花），两种动物图案彩陶（鱼、鸟），是两类六种。其中生命力最强的

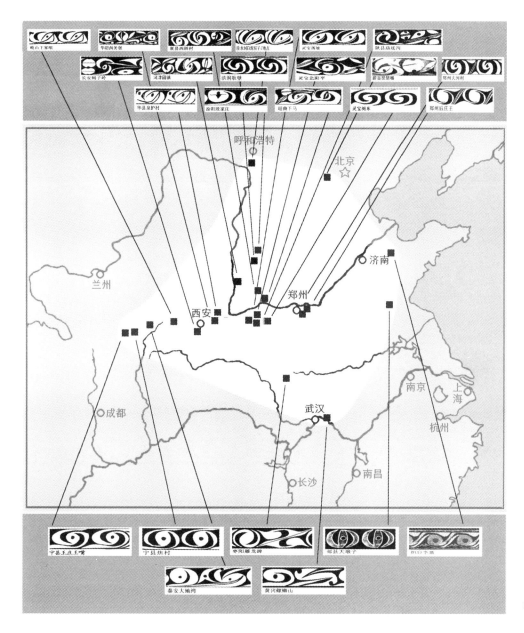

图4-3-1-10 双旋
纹彩陶分布范围图

是双唇口尖底瓶和玫瑰花图案彩陶。玫瑰花的完整图案是包括花、蕾、叶俱全的'一枝花',向东去,洛阳郑州间仰韶文化中的玫瑰花是'一朵花',而不是'一枝花'。向东北方向,经过山西省境,到达河北省西北部张家口地区蔚县西河营一带(属仰韶文化传布范围)的玫瑰花则是'一枝花'。……而'一朵玫瑰花'图案彩陶更远达辽宁朝阳、阜新地区大凌河流域红山文化范围,并有一个相当时间的发展序列,始终保存着玫瑰花'覆瓦状'花冠图案基本特征"。后来他在根据这个发言改写的另一篇文章中,依然表达了这样的认识[1]:"源于陕西关中西部的仰韶文化,约当距今六千年前分化出一个支系(宝鸡北首岭上层为代表),在华山脚下形成以成熟型的双唇小口尖底瓶与玫瑰花枝图案彩陶组合为基本特征的'庙底沟类型',这是中华远古文化中

[1]苏秉琦:《谈"晋文化"考古》,《华人·龙的传人·中国人——考古寻根记》,辽宁大学出版社,1994年。

435

翼城北橄

垣曲小赵

华阴南城子

秦安大地湾

泰安大汶口

枣阳雕龙碑

图4-3-1-11 重圈
圆纹与双瓣式花瓣纹
组合彩陶

清水河庄窝坪

以较发达的原始农业为基础的、最具中华民族文化特色的'火花'（花朵），其影响
面最广、最为深远，大致波及中国远古时代所谓'中国'全境，从某种意义上讲，影
响了当时中华历史的全过程。"

这里所说的花卉纹，自然就是我们所说的"旋纹"，苏秉琦先生对花卉纹传播途
径的推论和含义的评说，我们可以看作就是对旋纹彩陶而言的。当然就旋纹而言，它
所涉及的地域更为广泛，涉及的文化类型也更为众多。我们对张朋川先生在《中国彩
陶图谱》中所列2000余件彩陶进行了粗略统计，发现有300件以上绘有旋纹或与旋纹
有关的纹饰，占1/7强，数量不能不算多。发现有各式旋纹彩陶的新石器文化类型有
10多个，它们主要分布在黄河流域，有的则分布在长江流域或更远的地区。

在不同文化中见到的彩陶旋纹，有的联系相当密切，有的又较为疏远。从总体情形看，在时代大致相近的庙底沟、大河村、大溪、大汶口和红山文化中，相似性表现得更为明显一些。

k. 重圈圆与双瓣式花瓣纹组合彩陶的分布

以上对彩陶中一些重点纹饰的分布范围有了初步了解，当然这些都还只是单独纹样的分布情况，还有更多的组合纹样的分布虽然大多也能纳入其中，但进一步的梳理可能对深入的认识会有更多的帮助。对于这一点，我并不准备过多展开研究，只是想通过重圈圆与双瓣式花瓣纹组合彩陶的分布，来说明由这方面研究的重要性。

重圈圆与双瓣式花瓣纹组合彩陶在晋中南的翼城北橄和垣曲小赵两地有发现，纹饰单元绘成一正一倒的对称形式，不过所见双花瓣连成了一体，已经不是明显的两瓣了。华阴南城子见到的一例，更采用圆盘形纹作间隔的组合形式。秦安大地湾的一例，也是绘成一正一倒的对称形式。泰安大汶口的一例，用复彩绘成，与中游见到的一样也是一正一倒的形式。清水河的庄窝坪和枣阳雕龙碑，也都见到了重圈圆与双瓣式花瓣纹组合彩陶，构图风格与黄河流域基本没有区别（图4-3-1-11）。这样看来，重圈圆与双瓣式花瓣纹组合彩陶也是分布范围较广的一种纹饰，它分布的中心还是在黄河中游地区，往东到达下游的山东地区，北限越过河套进入塞北地区，南部则越过淮河进入长江流域（图4-3-1-12）。

由后文的研究我们得知，彩陶上重圈圆与双瓣式花瓣纹组合纹样非常特别，它是由变形鱼纹头部的纹饰重组而成，是与鱼纹相关的一类几何形纹饰，很值得关注。

l. 十类纹饰彩陶整体分布区域

选择以上几类纹饰彩陶的分布范围叠加起来，我们可以得到一张庙底沟文化彩陶典型纹饰整体分布图。这张分布图覆盖的范围，向东临近海滨，往南过了长江，向西到达青海东部，往北则抵达塞北（图4-3-1-13）。

庙底沟文化彩陶播散到这样大的一个区域，很值得注意，这可是后来中国历史演进的最核心的区域。

庙底沟文化彩陶有一种巨大的扩散力，它让我们清楚地感受到了中国史前时期出现的一次规模强大的艺术浪潮。庙底沟文化彩陶浪潮般播散的结果，不仅仅是将这种艺术形式与若干艺术主题传播到了这样广大的区域，更重要的是彩陶所携带和包纳的文化传统，将这广大区域的居民的精神聚集到了一起，在同一文化背景下历练提升，为历史时代的大一统局面的出现奠定了深厚的根基。

2. 彩陶艺术的延伸

由于史前制陶技术的进步，品质更坚实的陶器出现了，更实用的灰陶与黑陶出现了。原来适于描绘以黑色和红色为主色调的陶色没有了，彩陶技术失去了最好的载体，它的衰落成为很自然的事。彩陶时代虽然衰落了，但由彩陶创立的艺术精神却

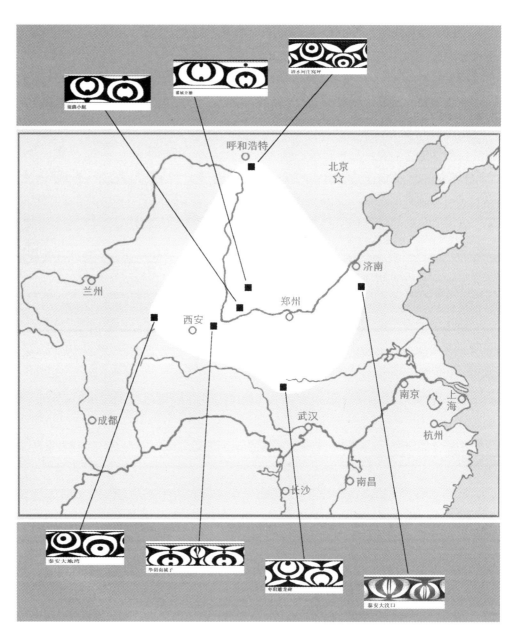

图4-3-1-12 重圈
圆纹与双瓣式花瓣纹
组合彩陶分布范围图

并没有消失。作为一种实用艺术的彩陶,虽然随着新石器时代的结束很快消失了,但由彩陶构建起来的艺术传统,在铜器时代和瓷器时代却依然得到传承,得到延伸,得到发展,艺术的血脉依然在陶器和后来出现的铜器与瓷器上涌动着。

在后庙底沟文化时期,彩陶艺术在陶器的装饰艺术中继续得到传承。在历史时期,在装饰艺术中也依然承继和发展着彩陶艺术的原则。

a.后庙底沟文化时期彩陶传统的延续

当庙底沟文化被新的考古学文化取代,彩陶也开始衰退。在庙底沟文化分布区域,取而代之的是西王村文化,其他地区也有后起的文化,我们统称之为后庙底沟文

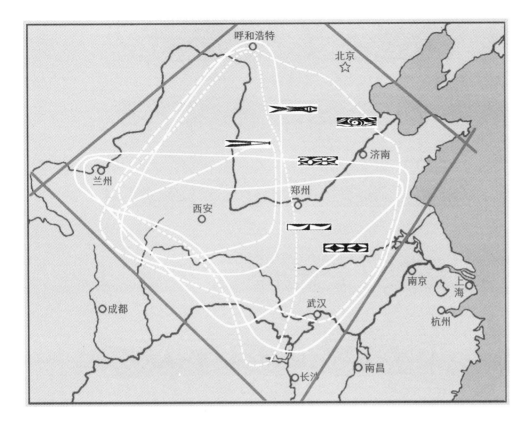

图4-3-1-13 几类
彩陶纹饰分布范围叠
加图

化。在后庙底沟文化时期，除了西北地区彩陶的发展又进入新的高涨以外，其他地区都出现了明显的衰退。在彩陶的衰退期，彩陶是很少见到了，但在庙底沟文化时期建立的艺术传统，依然还在延续。

后庙底沟文化时期，在原本分布着庙底沟文化的大部分区域及邻近区域，在不多的彩陶中可以明显看到庙底沟文化的影响。以彩陶纹饰构图而论，虽然过去普见的鱼纹没有了踪迹，但花瓣纹、旋纹等等富有特征的纹饰依然还能见到，有的与庙底沟文化的同类纹饰并没有明显区别，有的则出现了一些变化。

在庙底沟文化以后，双瓣式花瓣纹彩陶还有一些发现。在秦安大地湾第四期就见到较多的双瓣式花瓣纹彩陶，当然在细部出现了一些变化。最明显的变化是，在双瓣花瓣中加绘了一条中分线，就像是叶片的叶脉一样（图4-3-2-1）。这样一来，就改变了庙底沟文化彩陶双瓣式花瓣纹的构图，使两个时段的这类纹饰有了明显的区别，这也就成了年代上的一个标尺。大地湾见到这样的彩陶有六七件之多，可见双瓣式花瓣纹在当时还是比较流行的一种纹饰。到了青海东部，双花瓣中的中分线又有变化，变成了三、四条，如民和胡李家和阳洼坡所见，花瓣也宽得多。

四瓣式花瓣纹在后庙底沟时期的彩陶上也还能见到。如秦安大地湾四期文化中就几件四瓣式花瓣纹彩陶，从主体构图上看与庙底沟文化彩陶并无明显区别，有简式结构，也有带纵隔断和横隔断的结构。稍显不同的是，涂彩面控制较小，空白面较大，所以花瓣显得相当宽大（图4-3-2-2）。

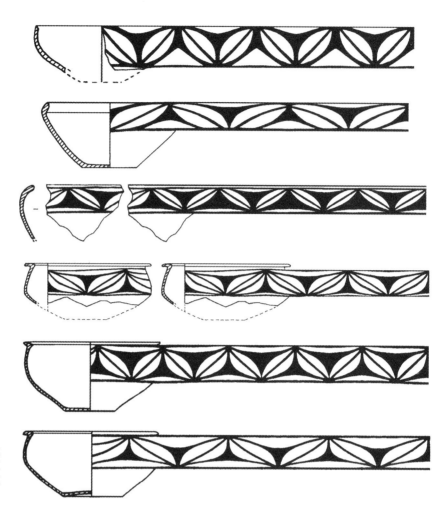

图4-3-2-1 秦安大
地湾四期后庙底沟文
化中的双瓣式花瓣纹
彩陶

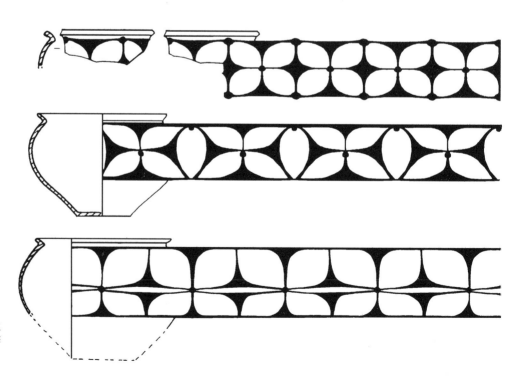

图4-3-2-2 秦安大
地湾四期四瓣式花瓣
纹彩陶

多瓣式花瓣纹在外围后庙底沟文化中也有精彩发现。在长江流域多瓣式花瓣纹比较重要的发现，有枣阳雕龙碑和枝江关庙山。雕龙碑发现一件彩陶罐，以复彩绘多瓣式花瓣纹，为五六瓣复合式（见图4-2-4-7）。

在外围文化的彩陶中，单旋纹并不多见。枣阳雕龙碑的一件残片复原的纹饰，为双旋纹与单旋纹组合，风格同于庙底沟文化。在黄冈螺蛳山发现的一件彩陶罐[1]，绘单旋纹与变形双旋纹组合，单旋的旋心缀有圆点。这是单旋纹彩陶分布的南限，绘法也非常精细，是典型的庙底沟文化风格（见图4-2-4-11）。

黄河中游地区在庙底沟文化之后，双旋纹彩陶仍然还能见到。如宝鸡福临堡的几件尖底瓶，用白彩绘连臂双旋纹，只是不再是运用地纹方式表现（图4-3-2-3）。而在秦安大地湾，在庙底沟文化之后，彩陶的地纹方式还在沿用，先前那种风格的双旋纹仍然可以见到，更多的是连臂旋纹。虽然还是采用弧边三角作衬底，有时旋心上还能见到圆点，不过这种连臂旋纹其实是左右两旋共用一臂，连臂本身也有了多种变化（图4-3-2-4）。

甘青地区在大仰韶之后，陆续又有马家窑文化、半山文化和马厂文化，这都是著名的彩陶文化。在马家窑文化和半山文化中，双旋纹彩陶非常流行，虽然偶尔还能看到弧边三角作旋纹的衬底，但旋纹一般都直接绘出，很少采用地纹方式表现。这

[1]中国科学院考古研究所湖北发掘队：《湖北黄冈螺蛳山遗址的探掘》，《考古》1962年7期。

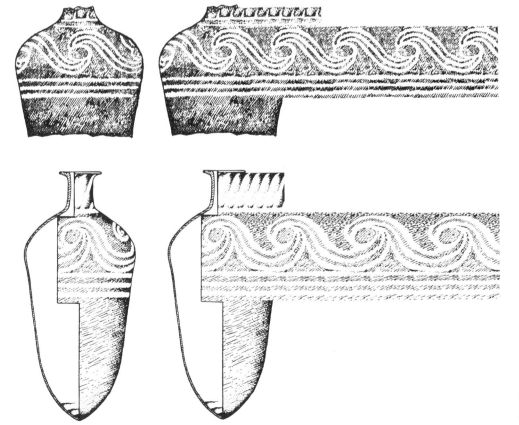

图4-3-2-3 宝鸡福临堡双旋纹彩陶

图4-3-2-4　秦安大地湾晚期双旋纹彩陶

[1]成都文物考古研究所等：《四川茂县营盘山遗址发掘报告》，《成都考古发现（2000）》，科学出版社，2002年；陈剑：《川西彩陶的发现与初步研究》，《古代文明（第五卷）》，文物出版社，2007年。

时的双旋纹都是连臂式，而且多数都是向着顺时针方向旋动（图4-3-2-5~9）。

马家窑文化的双旋纹，往南传布到四川西北地区，在茂县营盘山就见到典型的双旋纹彩陶[1]。那里发现的双旋纹也是连臂式，旋心绘有圆点。由西北往西南，过横断山到达云南，那里的史前陶器少见彩绘，却有精致的刻划纹装饰。这些纹饰一般是采用一些细碎的元素衬托出来，所以我称它为"衬花陶"。在耿马石佛洞出土大量衬花陶，所见纹饰就有类似彩陶的双旋纹。衬花陶上的旋纹也属于连臂式，有旋臂和旋心，一般也是向着顺时针方向旋转。看到这样的双旋纹衬花陶，让我们会自然地想到西北的双旋纹彩陶，它们之间虽然距离遥远，但其中内在联系却非常紧密。

从大西北到大西南，在空间距离上看，我们感觉到了双旋纹彩陶巨大的影响力。我们将注意力再回转到中原，会看到在彩陶文化衰落之后，双旋纹依然还持续影响着先民们的艺术生活。在龙山时代的山西襄汾陶寺，一些大型墓葬中发现了彩绘陶器，在彩绘纹饰中我们发现了双旋纹。在一件簋形器的圈足上，绘一周连臂式双旋纹，以白彩作衬底，有黑彩绘出旋臂和旋心，还保留着庙底沟文化地纹彩陶的风格。特别引人注意的是，在旋心中满填着红色，使得双旋纹色彩更加亮丽。在另一件尊形器的上腹位置，双旋纹的两条旋臂分别用红色和白色在黑色的器表绘成，旋心位置也填上了红色（图4-3-2-10）。在一件宽沿折腹盆上，以白彩作地，用红色绘出双旋纹，旋心很大，满涂着红色。其实环绕这大红旋心的是上下四条旋臂，一齐向着逆时针方向旋转（图4-3-2-11）。

图4-3-2-5 马家窑文化双旋纹彩陶（同德宗日）

图4-3-2-6 马家窑文化双旋纹彩陶（永靖七十亩地）

图4-3-2-7 半山文化双旋纹彩陶（兰州牟家坪）

图4-3-2-8 半山文化双旋纹彩陶（永登?）

图4-3-2-9 半山文化双旋纹彩陶（乐都柳湾）

图4-3-2-10 襄汾陶寺双旋纹彩陶

史前中国的艺术浪潮——庙底沟文化彩陶研究

444

图4-3-2-11 襄汾
陶寺双旋纹彩陶

图4-3-2-12 商周铜
器上的衬底兽面纹

让我们感兴趣的是，旋纹图案的阴纹表现方式在西北地区时代较晚的辛店文化唐汪式陶器中，还有上乘表现，也是以弧边三角作为衬底，以阴纹表现旋纹，旋纹多为二方连续形式[1]。在新疆地区，旋纹彩陶也有发现，木垒县四道沟见到的彩陶片上就有阴纹单旋图案，在吐鲁番艾丁湖、乌鲁木齐鱼儿沟也出土了单旋和双旋纹彩陶[2]。

b.历史时期装饰艺术中传统的再现

让我们接着前文的一些思路，继续讨论衬花陶相关问题，看看彩陶奠定的艺术传统继续发展提升的一些迹象。

我们看到商周青铜器上的纹饰，不少都采用类似陶器的衬花工艺铸造，尤以商代后期的饕餮纹最为典型，细细的雷纹衬托出饕餮醒目的脸面。西周早期铜器上的一些饕餮纹也沿用了这种表现手法，衬底的雷纹排列得井井有条。到了东周时期，在

［1］甘肃省博物馆编：《甘肃彩陶》，文物出版社，1999年。

［2］穆舜英、祁小山：《新疆彩陶》，文物出版社，1998年。

第四章 传承与扩散：一次艺术浪潮

445

作为主体纹样的饕餮纹退出青铜器的装饰后，采用衬底手法表现的纹样在铜器上仍然还有见到。虽然不能说铜器上的衬托表现手法与陶器上的衬花工艺完全相同，但铜器上的这种衬底工艺，必定也是受了年代更早的衬花陶器工艺传统的影响，或者说是直接脱胎于陶器的衬花工艺的（图4-3-2-12）。其实殷商时代的陶器中，也见到不少衬花陶器，常常是以绳纹作衬底，衬出的纹饰有各类几何纹，也有兽面纹（图4-3-2-13）。

我们特别注意到，东周时期开始出现的暗花黑陶，与衬花陶的工艺非常接近。河北平山战国墓出土的暗花陶器非常精美[1]，装饰手法实际上是衬花工艺的延展。它是在全器打磨光滑的基础上，先要在预设的纹饰带做出整体的糙面，然后再在糙面上压划光滑的纹饰。虽然不能说它与史前陶器的衬花工艺存在太直接的联系，但两者的工艺属于同一传统应当是可以认定的。

[1]文物出版社、光复书局企业股份有限公司编：《中国考古文物之美——河北平山中山国王墓》，文物出版社，1994年。

图4-3-2-13　安阳殷墟衬纹陶

图4-3-2-14　战国漆豆（左、中）和西汉漆卮与盒（右）

图4-3-2-15 北宋白
釉珍珠地与剔花瓷器

图4-3-2-16 金代黑
釉剔花瓷器

　　类似的衬托表现方式还见于战国时代的漆器纹样上,在随州曾侯乙墓出土的鸭形漆盒上就有采用衬底方法绘出的图案单元[1]。秦汉时代仍然大量制作使用漆器,这些漆器不仅大多采用类似彩陶的黑红两种对比色调,绘出的纹饰也有旋纹之类,同样也用篦点作衬纹,让人觉得真好像是远古彩陶与衬花陶工艺的再现(图4-3-2-14)。

　　我们把目光再延伸一些,中国古代后来装饰艺术中的加地和减地技法,也应当是根源于这种衬花工艺的。特别是从那些珍珠地瓷器和剔花瓷器上,我们可以清晰地看到远古彩陶艺术传统的影响。宋代大量见到的珍珠地和剔花瓷器,采用的正是衬花手法,以细小的圈点作衬底,或者是直接将底子剔去,用这样的方法将主体纹饰衬托出来(图4-3-2-15)。金代的一些黑釉剔花瓶,剔去的底子为浅色素胎,而衬出的花纹作黑釉色,对比非常强烈(图4-3-2-16)。

　　衬托手法在装饰工艺上的运用,当然远不只是限于这些例证,这只是一些比较典型的例证,这些已经足可以说明问题了。

　　艺术的脉象,古今就是这样代代承续着,有再现,也有发展。不管怎样发展,也不管怎样演变,古老的文化传统,就是这样一直传承到当代,也会接着传承到未来。

[1]文物出版社、光复书局企业股份有限公司编:《中国考古文物之美——湖北随县曾侯乙墓》,文物出版社,1994年。

第五章　纹饰意象

　　彩陶，首先是一种装饰艺术。普通的陶器，因之成为史前时代最重要的一种艺术载体。多数彩陶本身都是实用器，具有实用价值，也具有艺术欣赏价值。

　　彩陶与现代的实用器不同，对于史前人而言，彩陶上纹饰的构成常常体现有象征意义，彩陶是信仰与观念传播的重要媒介，所以彩陶又并不是一般的装饰艺术品。通过对彩陶纹饰象征意义的探讨，我们可以超越时空的距离，一窥史前人精神世界更多隐秘的内容，也可以由这一途径到达史前人的艺术世界，尝试探索彩陶的真谛。

一　认同：彩陶的传承背景

　　艺术是人类情感汇流的大河，创作者渲泄在大河中的，并不纯粹是他们自我的情愫，或者说根本就不会仅仅是他们个体的感悟，因为他们代表的是自己所处的那个时代，是那个时代的人类群体精神。艺术大河中澎湃的浪涛又会感染创作者之外的个体，让人类群体具备共通的艺术直觉，这才是艺术发展的重要基础。彩陶也是一样，它是画工情感的一个重要载体，但它又并非只是画工个体抒发情感的对象，画工一般表达的只能是他所在群体的情感与思维，作品要为群体所认同所理解，不然彩陶就没有了发展与存在的条件。

　　正因为彩陶为史前社会所需要，它的存在首先具有社会性，它得到一定范围社会的认可。

　　可能除了极少的彩陶纹饰以外，那些流行的图案一定具有一种非常广泛的认知基础，这种基础就是一定地域的人群对纹饰含义的理解与认同。这种认同，是彩陶传承的最重要的背景。彩陶上写实的图形，几何形的纹样，很多都具有象征意义，只是写实的意义更明确一些，而几何形的意义更隐晦一些。写实图案与几何形纹饰之间，也有一些若明若暗的联系，寻找这联系的脉络，也是彩陶研究中一个很受关注的问题。

　　是否可以这样认为，一般的装饰图案，可能都在某种程度上体现有象征意义。在选择用作装饰的纹样时，创作者都会有一定的原则标准，确定这样的标准应当至少有两个方面的考虑，一是形式美感，再就是象征或喻义。当然这其中有群体艺术素养的背景支撑，也会有创作者个体特定的情感投入。但这种喻义与象征，绝不会是个体意识的展现，它一定要获取一种共鸣效果，不然就没有存在的意义。

　　就彩陶纹饰的意境与象征性而言，可以分作两大类，一是明喻，一是隐喻。明喻自然是一看便能明白的象征图形，而隐喻则多是一些不能直接读出意义的符号，后者更多表现为一种约定的比喻。在经过了时间的洗礼以后，不论是明喻还是隐喻，真实的象征意义多少会抹掉一些，其中隐喻一类的意义也可能会完全被忘却。要准确恢复人类艺术中那些早已失忆的内容，也许是一件非常困难的事。尽管如此，许多研究者也还是努力作过一些尝试，忘却的记忆在这样的努力中多少会找回到一些。

　　以图形构成而言，明喻与隐喻采用的方式有明显不同，前者更直接更明确，后者更曲回更隐晦。一般来说，写实或偏于写实的图形更多用于明喻，而抽象图形则更多用于隐喻，当然两者都表现有浓厚的约定成分。例如中国古今对于蝙蝠图形的理解，就有一种明显的约定，只

图5-1-1　清代皇帝龙袍上的龙纹与蝠纹

图5-1-2　汉代画像石上的羊首纹

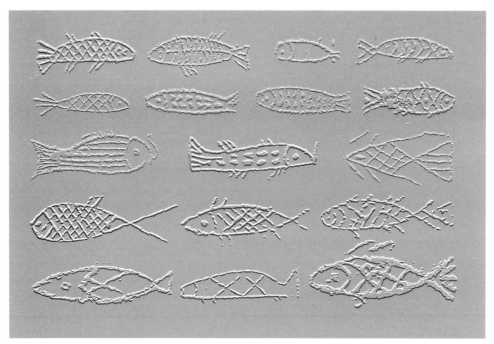

图5-1-3　汉代砖画上的鱼纹（河南方城）

是因为"蝠"谐音"福"，所以这个并不光彩的形象，却拥有了美丽的光环，成了人们追求幸福安康的一个重要象征符号。在皇帝的龙袍上，绣着与龙同在的红色蝙蝠图形，寓意是"洪福齐天"（图5-1-1）。还有对羊的图形的理解，古人将"羊"与"祥"两字联系在一起，以羊作为吉祥的符号。汉代在墓壁石面上流行刻划羊头，取的就是吉祥之意（图5-1-2）。有的地区在汉墓的墓砖上模印各式鱼纹，也是明确表达了某种希望（图5-1-3）。

那些用于暗喻的符号，没有了直观的象形结构，更强调的是一种意会，如象征祥瑞的灵芝形或云形的"如意"，还有当代流行的象征福寿团圞的"中国结"等等，都属于吉祥符号，都只是在大中国文化背景中才认同这种象征意义。

不论明喻还是暗喻，心理认同是非常重要的，没有了认同，纹样也就没有了任何象征意义。

一个特别的纹饰，就是一个具有象征意义的符号。有研究者注意到，符号和它所象征的概念之间有些相同，否则就不能起到象征作用；也有些不同，否则内容与形式恰相吻合，就失却了应有的象征性。由于有些不相同，从形式上就不大可能明确地看出内容，所以象征艺术都有些暧昧的感觉。这里所说的暧昧，就是不明确，就是一种心理约定。正如闻一多先生在《说鱼》一文中所言，"喻训晓，是借另一事物来把本来说不明白的说明白点；隐训藏，是借另一事物把本来可以说明白的说得不明白点"。正是因为如此，对于一些有意表述不明确的符号，我们要将它的象征性说得很明白，那确实会是一件非常困难的事。

我们之所以对史前彩陶上许多的纹饰百思不得其解，正是因为那些隐喻的约定不在掌握之中。有些纹饰的意义也许我们通过各种途径可以有所了解，而更多纹饰的意义也许永远不能完全明白，因为彩陶的时代离我们毕竟是太过于遥远了。我准备在这一章要阐述的，是彩陶纹饰的意象，并不是觉着自己可以破解彩陶的含义，更多的可能只是为论证纹饰象征性的存在而已。明确了纹饰象征性的存在，研究便可以深入一步，那距离揭示彩陶纹饰意义的目标就会更近一步。

　　彩陶图案象征意义表达的手法，虽然是处在史前时代，却依然具有非常卓越的艺术表现力。尽管是象形的纹饰，却力求以最简单最传神的构图表现，一笔一画在形似中传神，这便是"观物取象"。几何形的纹饰就更不用说了，在漫长岁月中通过一代代画工提炼出来的构图，不仅隐没了原形，而且也不再传神，阐发的只是彼此都能意会的象征符号，这便是"得意忘象"。

　　现在就让我们来推测一下，看彩陶纹饰由观物取象到得意忘象的变化过程，看看彩陶艺术的发展在史前时代走过了怎样的路程。

二　象形：观物取象

　　对于彩陶纹饰意义的解读，那些象生或象形类纹样是一个非常重要的切入点。在以往所作的庙底沟文化彩陶研究中，人们一般比较关注象生类图案，这是因为这类图案的构图明确，含义似乎也不难明白。例如我们在半坡文化中见到较多的鱼纹彩陶，对鱼纹的理解可能有许多的不同，但至少可以体会到半坡人对鱼这种生物所怀有的一种特别的感情。当然这鱼纹对于半坡人的文化意义，却又并不容易诠释明白。同样，对庙底沟文化中的鸟纹彩陶，我们会有各种不同的解说，一定会觉得鸟纹对于庙底沟人的文化意义也非常重要，但也不太容易将这意义说得很确切。我们不得不承认，对于生活在那遥远时代的画工的艺术作品，我们的欣赏能力是非常有限的。

　　不过由艺术欣赏的角度观察，绘画中的象生便是象形，这样的艺术是以形写意，而以形写意正是绘画艺术的重要宗旨之一。虽然艺术地摹写具体的事物，人们可能采用的表现方式非常之多，如果由形体上看可以一目了然，能非常直观地判断图像表达的事物，不论它表现的方式是否非常成熟，也不论图形的失真度与夸张度如何，那它们都是可以归入这象生与象形的范畴之内的。

　　由装饰艺术的角度看，许多象生类纹饰都会作不同程度的变形处理，但是只要保留着全形的基本轮廓，并不影响对纹饰原形的判定，我们仍然还是将这样的图形归入象生类。只有对那些形体迷失到很难判断出原形的纹样，我们才将它们排除在象生类之外。正像一些学者指出的那样，对于"简单而粗犷的表现图画"，"研究这类作品，无论是绘画还是造型艺术，都可以从中引出一条最重要的结论，即表现首先是通过象征图形达到的，作者在制作时并不追求线条的准确性。原始人或儿童在绘画或雕刻时，并不认为他的作品可以准确地表现某种形象"[1]。作品描绘虽然并不准确，但创作者对自己作品的象征性却是信心十足，他们尽力而为了。事实上这样的艺术行为，虽然并不以原真为动机，但它却是以形似为追求的终点，这也是一种创作。

　　象生与象形就是写真，虽然写真的程度会有变化，终归还是可以一目了然。在前文对典型纹饰解析时，我们已经知道庙底沟文化彩陶上的象生类纹饰主要有鱼、

[1]〔美〕弗朗兹·博厄斯著，金辉译：《原始艺术》，45页，贵州人民出版社，2004年。

鸟、蟾蜍和蜥蜴等。庙底沟人对他们所描绘的这几个对象，取舍的原则是什么，其象征意义又是怎样的，这都是需要回答的问题。当然这样的问题一时也不会有非常满意的答案，循序渐进地探索应当有可能找到最终的答案。

1.游 鱼

[1]中国科学院考古研究所编：《西安半坡》，185页，文物出版社，1963年。

庙底沟文化彩陶上的鱼纹，相比而言在数量上并不是太多，但却非常重要。过去因为关注不够，一些发现常常被忽略了，其实它的分布范围还是比较广泛的，特点也很突出。当然庙底沟文化的鱼纹，同半坡文化的鱼纹有区别也有联系，应当是承续了半坡文化的传统，正因为如此，所以在进行研究时，自然要将两个文化同类纹饰的彩陶相提并论。

主持西安半坡遗址发掘的石兴邦先生，因为最先见到半坡文化的鱼纹彩陶，所以也是最早试图揭示鱼纹变化规律的研究者。在编写《西安半坡》发掘报告时[1]，石兴邦先生注意到了鱼纹简化发展的趋势，认为鱼头与鱼体有分别演变的现象。当然由于当初所见资料有限，在研究时尽管有些环节只是一种推测，揭示这样的一个发展过程仍然具有重要意义（图5-2-1-1）。将一些

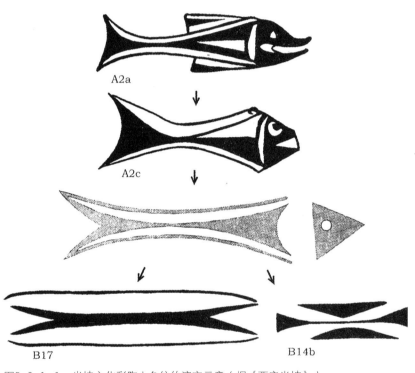

图5-2-1-1 半坡文化彩陶上鱼纹的演变示意（据《西安半坡》）

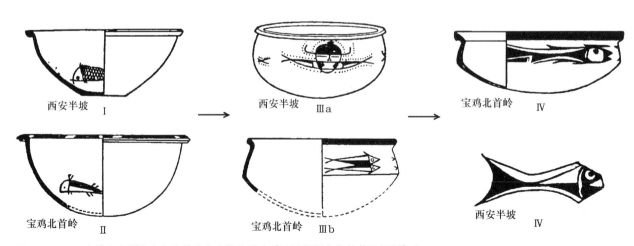

图5-2-1-2 半坡文化彩陶上鱼纹的演变（据苏秉琦《关于仰韶文化的若干问题》）

史前中国的艺术浪潮——庙底沟文化彩陶研究

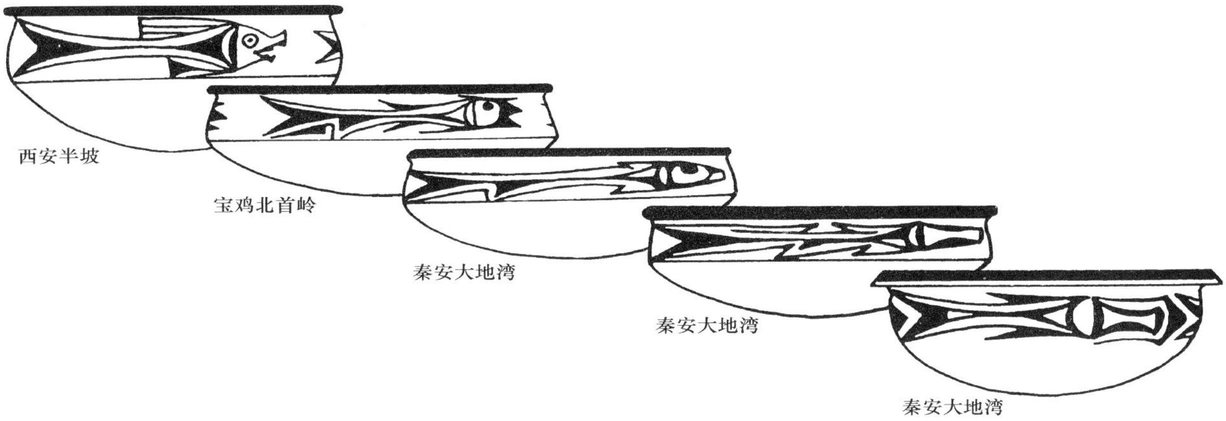

图5-2-1-3 半坡文化彩陶上鱼纹的演变（据张朋川《彩陶图谱》）

特别的几何形纹饰与象生形的鱼纹联系起来观察，这一方法为后来的一些研究者所效仿。

苏秉琦先生很早也注意到半坡文化彩陶鱼纹，并对它的演变进行了研究。他以西安半坡、宝鸡北首岭两地出土的4件标本为例，将鱼纹的变化序列归纳为四式[1]：

[1]苏秉琦：《关于仰韶文化的若干问题》，《考古学报》1965年1期。

Ⅰ式：写实鱼形，画在盆的里壁；

Ⅱ式：简化写实鱼形，鳞纹简化，画在盆的里壁；

Ⅲ式：图案化鱼形，鳍消失，上下对称，画在盆的腹部外壁；

Ⅳ式：发展的图案鱼形，各部分解为几何图案纹（图5-2-1-2）。

苏秉琦先生的这个归纳，在当初资料还不是很充足的前提下，勾画的鱼纹演变脉络还只是一种粗线条，以后人进一步研究所得的结果来检验，应当说大体是准确的。至于他说的鱼纹"各部分解为几何图案纹"，其实他并没有再细分下去，也没有列举相关的例证，不过这后面的演变已有另外一些学者进行了充分研究，这个问题我们留待下文再讨论，因为这已经不属于象生图案范畴。

对彩陶研究作出了重要贡献的张朋川先生，对鱼纹演变的研究也比较深入。他注意到半坡早期的鱼纹"比较写实，刻划形象较为具体"，鱼纹的各个部位都有明确描绘，比例也大体接近真实的鱼体，夸张变形的成分较小。所见鱼形都是一种正侧视图，虽属写实图形，但图案化特征也非常明显，彩陶纹饰"对鱼的自然形象已作了初步概括"。因为张朋川先生当时主要依据的是秦安大地湾出土的新材料，资料相对较为丰富，所以他的研究显得更充分一些[2]。大地湾出土了一批相对年代可能稍晚一些的鱼纹彩陶，鱼纹的图案化特征更显著，纹饰构成显得比较抽象，头部变化较大，鱼眼常常没有绘出，不过一看仍很容易确认是鱼纹（图5-2-1-3）。张朋川先生关于鱼纹向几何纹变化的研究，后文还会提及。

[2]张朋川：《中国彩陶图谱》，文物出版社，1990年。

参与主持发掘秦安大地湾遗址的郎树德先生，观察到半坡文化彩陶鱼纹的一些特点，根据秦安大地湾的发现，他指出，"大地湾鱼纹均为鱼的侧视图，唯独胸鳍的画法例外。胸鳍本在身体两侧，从侧面只能观察到一侧的胸鳍，大地湾先民却改为上下对称的一对胸鳍；无论鱼纹如何变化，尾鳍的画法始终不变。从鱼鳍的画法来分析，表现的鱼类属于淡水鱼。显而易见，地处内陆地区的仰韶先民只能描绘他们日常熟悉的鱼类形象"。郎先生根据器形和纹饰的不同特点，将大地湾彩陶鱼纹划分为以下五个发展阶段：

第一阶段：具有浓厚写实风格的鱼纹，此时的陶盆形制均为圜底侈口，因口沿部系用泥片重叠加厚，可称之为叠唇盆。鱼纹形象生动，尤其是椭圆形的眼睛以及位于眼眶偏上部的眼珠，将鱼表现得活灵活现。鱼鳍不全，无背、腹鳍。但口、眼、鳃、身、尾俱全，鱼的形象一目了然。

第二阶段：器形仍为叠唇盆。鱼头部分开始变长且图案化，复杂多变的画法使得鱼头细部令人费解。大多以直边和弧边构成的近三角纹填充头部，鱼身则变得更为完美，大多数鱼纹的胸、腹、背、尾鳍样样俱全。产生这种变化的原因以及鱼头各类线条所体现的具体含义，学术界尚无一致意见。但可以肯定的是，抽象化的画法自此开始引入鱼纹之中。

第三阶段：鱼纹仍然仅在叠唇盆上使用，但盆的口径逐渐增大，腹也变浅了。这一阶段最为显著的变化和特点是，鱼头部分变得极为简单而抽象，仅由上下相对的两条弧形纹组成，既扁且长。鱼鳍的画法则由斜三角纹变为直三角纹，画法更为规整。

第四阶段：使用鱼纹的器形由叠唇盆改变为卷沿盆，这类盆仍然为圜底，但口沿外卷，因此称为卷沿盆。它们是当时日常生活中大量使用的陶器之一，经常出土于房址和窖穴中。这时的鱼纹整体简化为一种十分稳定的图案。胸、腹、臀鳍三者合一，与拉长的背鳍上下相对，尾鳍前部出现隔断线。鱼的上下两部分完全对称，线条变得流畅柔美。

第五阶段：仍使用在卷沿盆上，此时的盆口部由侈口改为直口，卷沿愈甚。该阶段已跨入仰韶文化中期。大地湾虽未发现此段的完整器物，但根据大地湾出土的残器可以推测复原后的器形和纹饰。……鱼纹更为简化，头部以一圆点表示，鱼身简化为四条弧线，上下鱼鳍皆略去不画，

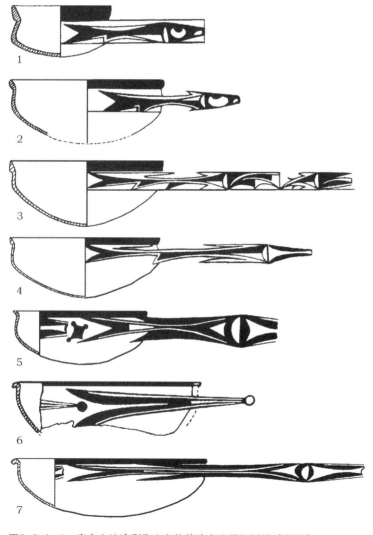

1
2
3
4
5
6
7

图5-2-1-4 秦安大地湾彩陶上鱼纹的演变（据郎树德《彩陶》）

仅保留较为夸张、舒展的尾鳍（图5-2-1-4）。

自仰韶中期以后，鱼纹逐渐消失。……

鱼纹的发展变化总体趋势是不断地简化，自然形态的鱼纹经概括和取舍逐渐凝练为固定化的图案，写意的表现手法逐渐取代了写实的风格。最早的鱼纹颇富个性，每件作品都有其独特的表现和创意，展现出了自然状态下鱼的万种风情。其后，从头部开始，继而鱼身、鱼鳍，不断地简化，最终成为几乎一成不变的固定图案[1]。

就半坡文化彩陶整体的鱼纹看，纹饰的变化脉络大略如此。我们特别注意到，郎树德先生提到的鱼纹变化的第五阶段，那正是我们所说的简体鱼纹，它始于半坡文化末期，盛于庙底沟文化时期。这已经不能归入标准的写实纹样之列，而是我们后面将要提到的"以体代形"的一个例证，这个问题留待后文再论。

半坡与庙底沟文化彩陶，都有一些鱼纹。虽然半坡文化的鱼纹风格更接近写实，庙底沟文化鱼纹则更趋于图案化，但这种艺术传统却是一脉相承。我们会问这样一个问题：半坡与庙底沟文化居民为何要在彩陶上表现这样多的鱼形呢？

在以往的研究中，彩陶上鱼纹的喻义被归结为两种：图腾崇拜与生殖崇拜。无论图腾论或是生殖崇拜论，都有学者深入探讨。在《西安半坡》发掘报告中，根据彩陶上广泛见到的鱼纹，发掘者认为半坡氏族可能是以鱼为图腾[2]。石兴邦先生认为，"彩陶纹饰是一定的人们共同体的标志，它在绝大多数场合下是作为氏族图腾或其他崇拜的标志而存在的"[3]。后来一些学者也发表了类似看法，如严文明先生根据半坡人和庙底沟人彩陶纹饰的不同，认为"仰韶文化的半坡类型与庙底沟类型分别属于以鱼和鸟为图腾的不同部落氏族"[4]。两大图腾，两个明显不同的标志，对于彩陶上鱼纹和鸟纹的这种象征意义，许多学者都深信不疑。何星亮先生则认为半坡类型彩陶上的鱼纹、蛙纹、鸟纹、鹿纹等都是图腾，或者是氏族、部落的图腾，或者是个人、家庭的图腾，也可能有一个氏族或家族奉两个图腾的现象[5]。图腾说有了进一步深化，彩陶的象征意义似乎也越发明确了。

将半坡文化彩陶中的鱼纹认作半坡人的图腾标记，以图腾崇拜理论对彩陶主体纹饰进行阐释，在研究者中有广泛的认知基础[6]。不少研究者都认为仰韶文化时期盛行图腾崇拜，彩陶上见到的各种动物纹很多可能就是图腾标志。半坡文化大量人面鱼纹彩陶的发现，使得许多研究者认为鱼应当是半坡人的图腾，不然就没法解释这普遍存在的现象[7]。有的研究者进一步认定，姜寨遗址的半坡人氏族至少有3个图腾标志，可能代表着3个以上的氏族，这三个标志绘在彩陶盆内，它们被分别埋入各自的氏族墓地。在这三种标志中，都包含有鱼的图形，表明氏族之间可能存在有特别的关系[8]。

除了动物类图腾，一些研究者认为仰韶居民也有植物类图腾，如庙底沟文化中见到的大量"花卉"彩陶图案，有可能是庙底沟人的图腾[9]。阎村彩陶缸上的鹳鱼石

[1]郎树德、贾建威：《彩陶》，敦煌文艺出版社，2004年。

[2]中国科学院考古研究所：《西安半坡》，文物出版社，1963年。

[3]石兴邦：《有关马家窑文化的一些问题》，《考古》1962年6期。

[4]严文明：《甘肃彩陶的源流》，《文物》1978年10期。

[5]何星亮：《半坡鱼纹是图腾标志，还是女阴象征？》，《中原文物》1996年3期。

[6]钱志强：《试论半坡期彩陶鱼纹艺术》，《史前研究辑刊》，1988年。

[7]宋兆麟等：《中国原始社会史》，文物出版社，1983年。

[8]高强：《姜寨史前居民图腾初探》，《史前研究》1984年1期。

[9]许顺湛：《中原远古文化》，河南人民出版社，1983年。在本书中并不赞成"花卉纹"之说，过去认定的花卉纹并不存在，参见王仁湘：《花非花——彩陶花瓣纹由四瓣到多瓣的扩展》，《中国文物报》2008年6月6日7版。

[1]严文明：《鹳鱼石斧图跋》，《文物》1981年12期；郑杰祥：《鹳鱼石斧图新论》，《中原文物》1982年2期；牛济普：《鹳鱼石斧图考》，《中原文物》1985年1期。

[2]张光直：《考古人类学随笔》，117～118页，生活·读书·新知三联书店，1999年。

[3]袁广阔：《试析姜寨遗址出土的一幅彩陶图案——兼谈半坡类型鱼纹消失的原因》，《中原文物》1995年2期。

[4]赵国华：《生殖崇拜文化略论》，《中国社会科学》1988年1期。

[5]赵国华：《生殖崇拜文化论》，145页，中国社会科学出版社，1990年。

[6]赵国华：《生殖崇拜文化论》，168页，中国社会科学出版社，1990年。

斧图，其中的鹳和鱼被有的研究者认作死者氏族的图腾[1]。

不过彩陶图腾论，也有一些问题需要回答。张光直先生1993年发表《谈"图腾"》一文，似乎就表达了不大相同的观点：

> 在考古学的书籍论文里面，常常看到"图腾"这个名词，是指称在古代器物上动物的图像的。例如，半坡村的仰韶文化的陶钵上画着鱼形，于是鱼便是半坡村住民的图腾。殷商青铜器上铸有虎、牛、蛇或是饕餮的纹样，于是虎、牛、蛇、饕餮这些实有的或是神话性的动物，便是殷商民族的图腾。但是"图腾"有什么意义呢？我们怎样来证明它是图腾呢？这些个问题便很少见有人加以处理。

张光直先生特别指出，在中国考古学上图腾这个名词"必须小心使用"。他说如果认为半坡的氏族是以鱼为图腾，就必须将鱼与个别氏族的密切关系建立起来，同时还要将其他氏族与其他图腾的密切关系也建立起来。可是在现有的材料中，建立这两项关系却并不那么容易。同样，殷商青铜器上的虎、牛、蛇和饕餮也适用于这个道理，所以张先生认为"在中国考古学上要证明图腾的存在是很困难的"[2]。这无异于是说，过去的彩陶图腾论，还有进一步检讨的必要，还并不是定论。既然在考古学上要证明中国史前图腾的存在非常困难，那就不能只是简单地概念化地阐述就得出什么结论。

半坡文化彩陶上的人面鱼纹，还被一些研究者认为是女性生殖崇拜的证据，鱼纹被认为是象征着女阴。有的研究者认为到了半坡文化晚期，女性生殖崇拜可能已转化为男性生殖崇拜，临潼姜寨遗址的彩陶中发现的男根图形便是证明。在其他一些遗址发现了陶祖和石祖等，是当时普遍流行男性生殖崇拜的表现。汝州洪山庙遗址瓮棺上的彩绘纹饰有男根图形，与仰韶文化彩陶上的图形相同，揭示了洪山庙人生殖崇拜的具体内容[3]。

赵国华先生是彩陶生殖崇拜论的力倡者，他在发表论文《生殖崇拜文化略论》之后[4]，出版了专著《生殖崇拜文化论》，他研究的主要对象是史前艺术遗存，彩陶图案中的许多纹饰，都被他解释为生殖崇拜的象征。他批评了图腾说的泛化现象，学术界广泛地无保留地接受了图腾理论，说半坡母系氏族公社以鱼为图腾、实行图腾崇拜，后来由半坡原始氏族以鱼为图腾说，又引出了河南庙底沟远古先民以蛙为图腾说、以花为图腾说，其他原始社会遗存中的以鸟为图腾说，还有葫芦图腾说、龙蛇图腾说等等，不仅有考古学家和历史学家提到图腾，民族学家、宗教学家、古文字学家、哲学家、美学家、美术史专家、神话学专家、民间文学专家和民俗学专家也几乎都在讲图腾。但是"许多著述往往是将图腾一词做简单的套用，普遍缺少应有的论证和具体的说明"[5]。赵国华先生批评图腾说，是为着引出他的新说。他认为，"从表象观察，是半坡先民崇拜鱼类；从深层分析，则是他们将鱼作为女阴的象征，实行生殖崇拜，其目的是祈求人口的繁盛"[6]。在一些研究者看来，彩陶鱼纹的生殖崇拜论让图腾论已经有了动摇。

赵国华先生说彩陶鱼纹是女阴崇拜，鱼纹是女阴的象征。他的论证也并不能说很充分，类似的旁证实在是太少，有人认为将一切都归因于"原欲"，贝壳、石祖、柱头、鱼纹都看成是生殖器的象征，也有推理过度的嫌疑，类似的研究也表现有简单化倾向。同他批评图腾说的泛化现象一样，他的生殖说也有泛论的倾向，也不能认为是不移之论。

后来还有一些研究者发展了生殖说，特别强调庙底沟文化"彩陶图案的中心主题是生殖"，认为"弧边三角"看阳纹是鸟是阳器，看阴纹是花是阴器[1]。不用说，这是一种先入为主的误读，解释的依据也是很难令人信服的。

我们在这里并不准备将彩陶鱼纹意义的探讨铺展开来，是因为这个问题眼下不可能会有准确的答案，包括下面提及的与鸟纹和蛙纹相关意义的解释，都不会很快有最终的结论。在本书中只是倾力于彩陶纹饰变化的讨论，虽然也感到纹饰一定包含有深层的含义，但并没有企图解开那些眼前并不能完全解开的谜。

其实，像半坡文化彩陶中的鱼纹，也许并非是一般意义上的图腾，也不一定会是与生殖崇拜有关。

首先，将分布地域这样广大的彩陶鱼纹归结为与生殖崇拜相关，有将问题简单化的倾向。我们知道半坡人的儿童死亡率非常高，他们的出生率应当并不低，人口增殖并不是社会关注的重要问题，相反过快的人口增长可能反而让他们感到会有更大的生存压力。从大量存在的儿童瓮棺葬看，半坡人也许实行过包括杀婴在内的种种限制人口增长的方法，而杀婴的结果，造成了男多女少两性比例的严重失调，客观上抑制了人口增长的速度。男多女少的高性比在半坡时代及以后，在整个黄河流域是普见的现象，半坡人的性比高达1.74∶1，这样的性比有可能是为抑制人口无序增长而有意控制的[2]。半坡人不应当有多产的愿望，确认这一点之后，将彩陶鱼纹解释为生殖崇拜的象征也就没有了立论的基础。我们也不能将个别彩陶纹饰有些像是女阴图形，就将所有的鱼纹都归入女阴符号之列。

其次，图腾崇拜之论也有简单化倾向。我们知道，图腾标志必须为一个规模有限的氏族所拥有，而在半坡文化中它却是普见的纹饰，分布范围很广，明显不可能为某一氏族专有。这样看来，鱼纹有可能为更大人类集团的徽识之类，这个集团正是半坡人的联盟，也许就是一种政治或军事组织，它应当是初期文明的一种形式。当然，半坡人为何要选择鱼纹作为这种标识，还值得深入研究。同样彩陶上的鸟纹，也可能是庙底沟人更大的集团徽识，并不能认为是某个氏族的图腾标志。

我们知道，半坡文化的鱼纹彩陶纹饰为庙底沟人沿用，虽然构图有了很大改变，但传统却是一脉相承，那鱼纹徽识给我们透露出来的信息，就有了更值得关注的内容。如果还要回归到图腾论的话，那半坡与庙底沟两个文化共同采用鱼图腾就需要重新进行解释，我们也许不久就能得到一些研究者新的解释。当然这种解释要达到非常圆满的程度也是很难的，因为这鱼图腾所覆盖的时空范围太大，作为一个氏族的标志，它承载的信息似乎就显得非常不相称了。而且根据后面的研究，鱼纹标

[1]余西云：《西阴文化：中国文明的滥觞》，17～20页，科学出版社，2006年。

[2]王仁湘：《中国新石器时代人口性别构成再研究》，《中国史前考古论集》，科学出版社，2003年；陈铁梅：《中国新石器墓葬成年人骨性比异常的问题》，《考古学报》1990年4期。

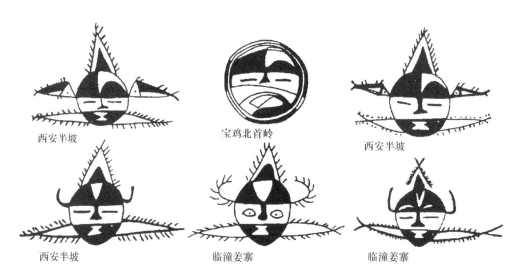

图5-2-1-5 仰韶文
化人面鱼纹彩陶

西安半坡　　　　　　宝鸡北首岭　　　　　　西安半坡

西安半坡　　　　　　临潼姜寨　　　　　　临潼姜寨

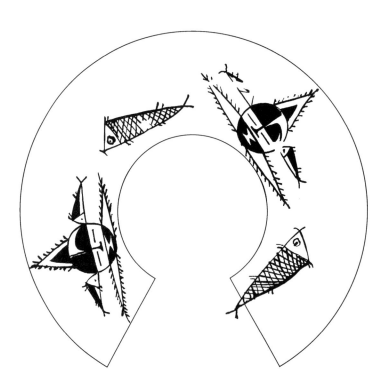

图5-2-1-6 西安半
坡人面鱼纹彩陶

识采用的范围大大超出了半坡和庙底沟文化，不同文化取用相同的图腾标识，也是难于理解的，应当说是不可能的事情。

　　游鱼在水，鱼水相得。绘着鱼纹，盛着清水的彩陶盆，也许真就不是一件平常的日用器皿。这种彩陶绝少出现在成人墓葬中，在西安半坡是这样，在秦安大地湾也是这样，在许多遗址都是这样。绘着鱼纹的彩陶盆，它当初应当是一样圣器。在西安半坡和临潼姜寨等遗址，都见到人面鱼纹盆，人面戴着尖顶的鱼形冠，嘴角两侧用鱼纹作装饰，有时冠两侧也有两鱼作装饰，一幅非常怪异的神态，一看就觉得这不应当是半坡人平常的装束（图5-2-1-5）。有时在这样的人面鱼纹之间，还绘出写实的鱼纹来（图5-2-1-6）。虽然许多人都对半坡文化的人面鱼纹作过解释，但要认定其中某种观点为确论，也并不容易。

　　其实，这人面鱼纹中的人面，它所表示的也许还是鱼头，或者说它是人格化的鱼头。在西安半坡和芮城东庄村遗址，都发现过人头鱼身纹，侧视的双身鱼前绘着一个人面。而这人面的局部特点，是与上述鱼纹中的人面接近的，如线形的眼，在半坡见到的一例就几乎是一样的。在半坡遗址，更见到一例将鱼头绘作人面的彩陶图案，将人与鱼融作一体，我们觉得这绝不会是一般的艺术作品（图5-2-1-7）。将动植物人格化，这是史前人造神的固定方式。一种动物图像，在给它安上一个人面之后，它便有了神格，半人半兽，也就成了神形的固定格式。这样说来，人面鱼纹还真可能是半坡人心中的神灵形象，是什么神格，会不会是水神，或是其他？

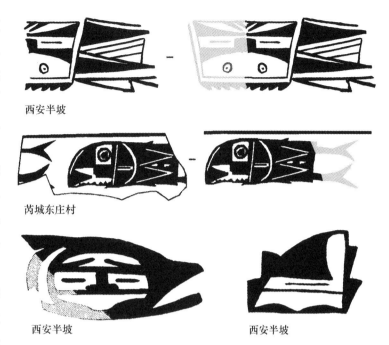

图5-2-1-7 半坡文化人格化鱼纹彩陶

近年关于仰韶文化彩陶鱼纹意义的研究，又有一些新观点问世。石兴邦先生提出了"鱼龙说"，他认为"中华龙的母题和原型是鱼"，由仰韶文化彩陶上的鱼纹发展演变而成。他还指出，红山文化的龙，也同仰韶文化的鱼龙有联系，红山文化玉龙并不是"猪龙"，也是鱼龙[1]。吴锐先生也有类似的观点，他也认定"龙的原型是仰韶文化的鱼"，以为夏族的来源与鱼族有紧密的联系[2]。

"鱼龙说"很值得关注，也值得进一步研究。也许仰韶文化这绘有人面鱼纹圣器的意义，要真正解读它还须等待来日。我们读到郎树德先生关注鱼纹彩陶含义[3]，值得思考：

近年来，随着考古调查与发掘的深入开展，许多新的发现不断涌现，关于仰韶鱼纹盆的报导也是层出不穷。我们惊喜地发现，在一个相当大的地理范围内，鱼纹有惊人的一致：甘肃境内最西端的发现是陇西二十里铺出土的属于第四阶段的变体鱼纹，最南端的发现是白龙江流域的武都大李家坪遗址出土的属于第四阶段的鱼纹，西汉水流域西和宁家庄遗址出土的第二阶段鱼纹，礼县石嘴村出土的第一阶段的鱼纹。渭河一带是中心区域，出土鱼纹的遗址更为集中，不再一一列举。这个地理范围最东可达关中平原武功、岐山一带，甚至在陕南南郑龙岗寺、内蒙古南部凉城王墓山下遗址都出土了颇为相似的鱼纹盆。上述范围大约有30万平方公里之大，涉及今日的3个省区。这种令人惊奇的一致现象至少告诉我们：第一，渭河流域的仰韶文化应该属于同一支文化，陇南和陕南属于这个文化圈的边缘地区；第二，在这个地理范围内，文化的交流、传播非常活跃，人们的居住地虽被千山万水所阻隔，但绝非想像中的闭塞；第三，鱼纹不是一般的彩陶纹饰，而是作为同一文化的标志性符号出现的。出现这种标志性符号的原因，以及所代表的什么内在的含义还应深入探讨。

关于彩陶鱼纹的含义，特别是它在分布上的意义，确实还有深入探讨的必要，也

[1]石兴邦：《中华龙的母题和原型是"鱼"——从考古资料探"中华龙的起源和发展"》，《庆祝何柄棣先生九十华诞论文集》，三秦出版社，2008年。

[2]吴锐：《从鱼族、龟族到夏族》，《庆祝何柄棣先生九十华诞论文集》，三秦出版社，2008年。

[3]郎树德、贾建威：《彩陶》，敦煌文艺出版社，2004年。

许今后我们还会寻找到新的答案。我们还注意到，在庙底沟文化彩陶上，鱼纹虽然见到不少，但人面鱼纹却没有发现。庙底沟人的彩陶承继了半坡人的鱼纹，也应当承继了以往的崇拜方式。有所改变的是，庙底沟人的彩陶鱼纹出现了简化的形式，也有了更多分解的形式，有时将鱼身鱼头都省略了，剩下的只是剪刀形的鱼尾；有时鱼身鱼尾没有了，只绘出鱼目鱼唇之类的象征符号。这种简化与意象化的种种迹象，后面还将细细道来。

2. 飞 鸟

飞鸟在天，与鱼游在水一样，那也是史前人很容易观察到的自然景象。庙底沟文化彩陶上的鸟纹，虽然也可以归入写实的图像之列，但其实它经过画工的高度提炼，常常被描绘成剪影样式，有时甚至连眼睛都没有绘出来。比起半坡文化的鱼纹来，庙底沟文化的鸟纹虽然也有生动之处，但在艺术表现上却是略逊一筹。尽管如此，鸟纹彩陶仍然引起学者们的广泛关注，常常将它与鱼纹相提并论。

石兴邦先生最先注意到彩陶中的鸟纹，他认为鸟纹的变化时代特征比较明显。在讨论到庙底沟文化的鸟纹图案时，他发表了第一张鸟纹的演变图式，勾画出象生形向几何纹变化的趋势（图5-2-2-1）。这个图式似乎为后来的研究者指出了一个思考的方向，这也是鸟纹彩陶研究一个很重要的切入点[1]。

苏秉琦先生在对半坡文化彩陶鱼纹研究的同时，对庙底沟文化彩陶中鸟纹的演变也进行了研究，他将鸟纹的变化序列归纳为以下五式[2]：

Ⅰ式：圆框，内加圆点，圆头，有眼、喙，短身；

Ⅱ式：圆框，长头，有眼、喙，短身；

Ⅲ式：长头，有眼、喙，长身；

Ⅳ式：圆点形头，无眼，长喙，长身；

Ⅴ式：圆点形头，无眼、喙，鸟形特征大部消失（图5-2-2-2）。

这样的一个变化的脉络，正是写实向抽象发展的脉络。当然苏先生列举出来的证据，同他研究鱼纹的变化一样，也还没有提及典型的几何形图案。后来严文明先生也曾指出，"早期的鸟纹还是比较写实的，到庙底沟类型晚期已有简化

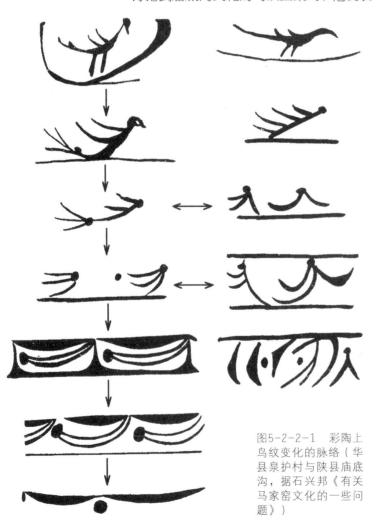

图5-2-2-1 彩陶上鸟纹变化的脉络（华县泉护村与陕县庙底沟，据石兴邦《有关马家窑文化的一些问题》）

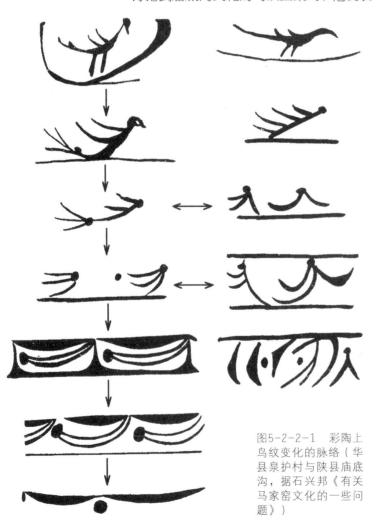

[1]石兴邦：《有关马家窑文化的一些问题》，《考古》1962年6期。

[2]苏秉琦：《关于仰韶文化的若干问题》，《考古学报》1965年1期。

史前中国的艺术浪潮——庙底沟文化彩陶研究

460

图5-2-2-2 庙底沟文化彩陶上鸟纹的演变（据苏秉琦《关于仰韶文化的若干问题》）

图5-2-2-3 彩陶上鸟纹变化的脉络（均为华县泉护村）

趋势"[1]。仅由后来发表的华县泉护村的例证可以看出，鸟纹由比较写实到抽象的变化脉络确实比较清晰。前期鸟体壮实，细部刻划认真。后期鸟体修长，有的已没有颈与腹的区别（图5-2-2-3）。

关于鸟纹由写实向几何形纹饰的变化，还有一些学者进行过探讨，这个问题我们在后面再作分析。

有写实的鸟纹，我们自然会想到鸟的象征意义。不能认为庙底沟人只是因为喜爱飞鸟，所以就在他们的陶盆上画出鸟形来作欣赏，许多研究者都认为鸟纹应当还有它作为纹饰之外的含义。很多的研究都由历史时代的传说入手，再向前追溯到史前时代。我们首先会想到商人崇拜玄鸟，所谓"天命玄鸟，降而生商，宅殷土茫茫"（《诗·商颂·玄鸟》）。《史记·殷本纪》也记有"殷契母曰简狄，见玄鸟堕其卵，取吞之，因孕生契"的传说。西边的秦人也有玄鸟神话，《史记·秦本纪》说，"秦之先，帝颛顼之苗裔孙曰女修。女修织，玄鸟陨卵，女修吞之，生子大业。"这是同样的鸟崇拜传说，有些学者将它归结为男性生殖崇拜，也有人认为远古先民崇拜鸟并非生殖崇拜，而是出于鸟与物候的关系，出于图腾崇拜[2]。

当然对于鸟崇拜遗迹更流行的解释，是太阳鸟之说，鸟崇拜也即是太阳崇拜。也有人说鸟崇拜比太阳崇拜更为古老，太阳崇拜可能并不是鸟崇拜的原因[3]。

太阳崇拜在世界上曾经普遍存在过。太阳从东方升起，至西方落降，古埃及人以为太阳神"拉"白天乘日舟晚上乘夜舟带着太阳运行，而希腊神话中的太阳神是每天清晨乘四马金车奔驰于太空。中国神话中的太阳，没有舟车劳顿，是"三足乌"带着他在飞翔。

"三足乌"是神鸟，它便是太阳鸟。《大荒东经》说"汤谷上有扶木，一日方至，

[1]严文明：《甘肃彩陶的源流》，《文物》1978年10期。

[2]刘德增：《从赤裸裸的崇拜到象征隐喻中国生殖崇拜文化发展的轨迹》，《原学》第三辑，56~58页，中国广播电视出版社，1995年。

[3]萧兵：《中国文化的精英太阳英雄神话比较研究》，57页，上海文艺出版社，1989年。

一日方出，皆载于乌。"这乌也即是鸟，晋人郭璞有注说：日中"有三足乌"，也就是《淮南子》中说的"日中有踆乌。"鸟本有二足，乌有三足，从何言起？是因为它贵为阳鸟，才有这样的特别之处么？不过从汉代时起，对日中有三足乌的说法就有人产生过怀疑。《论衡·说日篇》说，人们都说日中有三足乌，月中有兔和蟾蜍，这怎么可能呢？那鸟要是掉在一般的火里都活不了，何况是那么炽热的太阳呢！这是用科学的头脑来质问神话，双方并不是在一个对等的平台上讨论，当然也就没有办法辩驳了。

倒是的确有人在这则神话里读出了科学的结论，以为那所谓的日中三足乌，可能是古人观察到的太阳黑子。张衡《灵宪经》就说，"日者，阳精之宗，积而成乌象，乌而有三趾。阳之类，其数奇。"太阳中的黑子，逐渐累积多了，"积而成乌象"，人们误以为那就是阳鸟，而且还是三足的乌。清人王筠在《文字蒙求》中也有类似的说法："日中有黑影，初无定在，即所谓三足乌也。"他说"日"字中的一横（在甲骨文中有时是一点），是象征日中的黑子，以为三足乌就是指太阳黑子。

当代研究太阳神话的学者，很乐于接受这样的解释。当代的天文学家，也很乐于支持这样的解释（图5-2-2-4）。但是，那三足乌和阳鸟神话的本来面目，却未必由此完全破解了。汉代的人们，还有汉以后的人们，依然还在他们所绘的太阳图像里面，绘出一只黑油油的乌来，虽然通常它只有两足而不是三足。

在成都金沙商周时代遗址，出土一领太阳神鸟金箔，刻画着四鸟带动太阳旋转的图案（图5-2-2-5）。著名的长沙马王堆汉墓出土的帛画，日中有乌，月中有蟾（图5-2-2-6）。汉画上的许多日月图像上，也都可以找到金乌玉蟾的影子（图5-2-2-7）。我们或者可以这样设想，古代的那些工匠和画工们，一定可以如此回答王充在《论衡》里发出的疑问：太阳每天在不停运行，是神鸟带着太阳在飞翔。许多民族都以为只有飞鸟才是太阳的使者，作为太阳使者的各种神鸟形象飞遍世界，它们深深烙印在人们的脑海里。在现代的一些艺术品中，也能见到神话中太阳鸟的形象，都是古代留传下来的艺术传统（图5-2-2-8）。

在古代社会里，太阳鸟是无处不有的精灵。古埃及的日神霍鲁斯、拉，都是一幅雄鹰的模样。公元前14世纪太阳神崇拜成了古埃及的国教，雄鹰成了太阳的使者。太阳神拉常常与以鹰为形象的霍鲁斯相结合，霍鲁斯被视为太阳神。在一些古埃及的绘画中，霍鲁斯被描绘一只头佩日轮的鹰，或一个戴有王冠的鹰头人。美洲印第安人把太阳视为"活的精灵"。面对奔走不息的太阳和翱翔有力的鹰隼，印第安人很自然地把他们结合在一起。在美洲太阳鹰崇拜普遍存在，中美洲的太阳鸟也叫凯察尔鸟。中美洲飞鹰族的族徽图像呈圆形，外围是象征万道光芒的短线，内部为一只飞鹰。在玛雅人的太阳神庙雕塑中，有乌鸦和啄木鸟的身影。美洲其他民族的太阳鸟还有鹰、鹗、天鹅、啄木鸟、乌鸦、凯察尔鸟等。在印度和东南亚，人们认为有一种巨鹰兼百鸟之王叫迦卢荼，总是把它和太阳联系在一起，作为太阳初生和死后生命的象征。欧洲古代传说的太阳鸟有天鹅和鹰隼。在古代波斯帝国，也以鹰鸟作为太阳的象征。鹰隼飞旋，它飞得那么高那么远，它好像就在太阳中飞翔。它被古人当作太阳的使者，

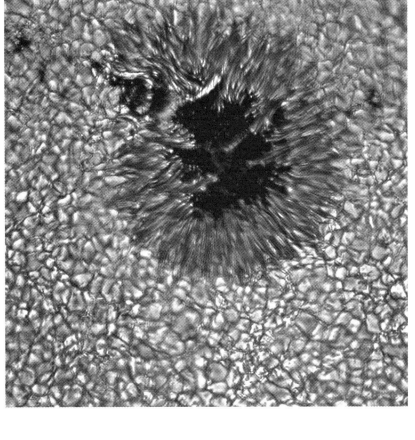

图5-2-2-4 太阳黑子图

图5-2-2-5 成都金沙太阳神鸟纹金箔

图5-2-2-6 长沙马
王堆西汉帛画上的日
中乌纹

图5-2-2-7 汉代图
画中的三足乌纹

传达着太阳的信息。
鹰的力量就像太阳一
样，征服了古人的灵
魂，他们把对鹰的崇
拜和太阳的崇拜联系
到一起。

在阳光下繁衍
生息的史前人类，他
们以最虔诚的心灵，
在世界的每一个角落
向未知的世界表达纯
洁的心声。无限的宇
宙，神秘的苍穹，光
明的太阳，孕育人类
的生命，造塑人类的
灵魂。那翱翔天际的

图5-2-2-8 现代蜡
染太阳鸟纹

鸟儿们，是最有资格接近太阳的使者，只有它们才能将人类的虔诚与感戴传递给万
能的太阳。于是在太阳崇拜出现之时，可能就有了太阳鸟崇拜。

太阳崇拜是一种天体崇拜，天体崇拜在史前时代出现较早。大河村文化居民的
天体崇拜，也以日月崇拜为主要表现形式。汝州洪山庙遗址瓮棺上的彩绘纹饰有红日
和白月，大河村遗址彩陶上有太阳纹、日晕纹、月牙纹和星座纹，都是当时人们对天
体崇拜的证据。庙底沟文化时期的天体崇拜已有了进化，人们崇拜的天体已有了明
确的标志物，一些研究者认为彩陶上的鸟纹和蟾蜍纹，很可能就是日与月的标志，象
征太阳神和月亮神，它是当时天体崇拜的一种方式[1]。庙底沟文化彩陶上频繁出现的
太阳鸟图像，在大汶口文化和良渚文化陶器上也能见到，可能说明当时的太阳神观念
普遍存在，传播范围很广。

庙底沟文化彩陶上的鸟纹，有的绘在圆形图案之中，有的则在背部上方绘出一
个大圆点，这圆形与圆点，可能真的是太阳的象征。我们也有理由相信，那些鸟纹，
表现的一定是早期神话中的太阳鸟。

当然，彩陶上见到的鸟纹，一般只见于庙底沟文化时期，这并不能证明太阳崇拜
最早形成的年代。彩陶上的鸟纹，只是体现了太阳崇拜的盛行，太阳崇拜的出现，一
定是更早年代的事情。

[1]严文明：《甘肃
彩陶的源流》，《文
物》1978年10期。

3. 行 蟾

行蟾在地，这也是史前人眼中常见的生物。半坡和庙底沟文化彩陶上都见到蟾
蜍纹，背上有明确的斑点，不过学者们有时也径称为蛙纹。蟾蜍为两栖动物，皮上有

[1]郎树德、贾建威：《彩陶》，敦煌文艺出版社，2004年。

[2]严文明：《甘肃彩陶的源流》，《文物》1978年10期。

许多疙瘩，形状像蛙，俗称"癞蛤蟆"，称蛙似乎亦无大错。

蟾之为纹，在庙底沟文化彩陶上很值得关注。从半坡文化开始出现的蟾蜍纹，经过庙底沟文化到西王村文化，由写实向抽象的演变过程也比较清晰[1]（图5-2-3-1）。庙底沟文化彩陶上见到的蟾蜍纹虽然没有一例是完整的，但大体可以复原出它原来的构图来。将出自西乡何家湾的半坡文化蟾蜍纹与出自陕县庙底沟的蟾蜍纹作一下对比，两者的联系还是比较明确的（图5-2-3-2）。蟾身表现的都是俯视的构图，背上满布斑点，屈曲的四肢，蟾蜍好似在跳跃之中。

严文明先生曾指出，蛙纹在半坡时期是绘在盆内，画法接近于写实。"到庙底沟期，蛙纹一般画在盆的外壁，样子也还接近于写实"。他说由半坡期经庙底沟期再到马家窑期，蛙纹与鸟纹一样，"很清楚地存在着因袭相承、依次深化的脉络。开始是写实的，生动的，形象多样化的，后来都逐步走向图案化，格律化，规范化"。他还特别研究了鸟纹与蛙纹的意义，认为"从半坡期、庙底沟期到马家窑期的鸟纹和蛙纹，以及从半山期、马厂期到齐家文化与四坝文化的拟蛙纹，半山期和马厂期的拟日纹，可能都是太阳神和月亮神的崇拜在彩陶花纹上的体现。这一对彩陶纹饰的母题之所以能够延续如此之久，本身就说明它不是偶然的现象，而是与一个民族的信仰和传统观念相联系的"[2]。像这样来完整理解彩陶的意义，将彩陶放在大文化背

图5-2-3-1 半坡文化和庙底沟文化彩陶上标准蟾蜍纹复原

西乡何家湾　　　　　　　　　　　　　　　　　　陕县庙底沟

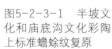

西乡何家湾　　　临潼姜寨　　　陕县庙底沟　　　秦安大地湾　　　天水师赵村

图5-2-3-2 彩陶上蟾蜍纹的演变（据郎树德《彩陶》补充）

景中来观察，应当是非常有见地的（图5-2-3-3）。

蟾在古代有特别的象征意义，它的文化性非常明确。在《淮南子》中记有这样的神话，后羿到西王母那里去求来了长生不死之药，嫦娥吃了逃到月亮里去了，变作一只蟾蜍，成为月精。嫦娥奔月化为蟾蜍的神话，最早见于《楚辞·天问》，所谓"夜光何德，死则又育？厥利为何，而顾菟在腹？"闻一多先生在《天问释天》解"顾菟"为"蟾蜍"。在汉代画像石上，我们可以看到月中的蟾蜍图像（图5-2-3-4）。蟾蜍为神话中的月神，对于汉代人而言，蟾蜍仍然被看作是月亮的象征。

古代月神的相关神话，其渊源看来是可以上溯到史前时代的，在半坡和庙底沟人那里，类似的神话是一定已经成型了，这是彩陶透露给我们的信息。庙底沟文化之后的彩陶上，将蟾蜍背上的斑点绘作网格形，或者将四肢扩展成折线形，有理由将部分彩陶上的折线与网格纹看作是蟾蜍纹的几何化图形。这样看来，蟾蜍图案符号在彩陶上出现的频率还是比较高的，真正象形的蟾蜍图形比较少见。

半坡和庙底沟文化彩陶都有蟾蜍纹，也都有鱼纹，又一次证实了两个考古学文化之间的联系之紧密。

4. 悬 璧

彩陶图案构图元素有许多，除了一些特定的动物以外，真正模写实物的图像非常少见，不过我们很意外地见到了环璧的图形，十分难得。

古代琮璧文化作为一种成熟文化的

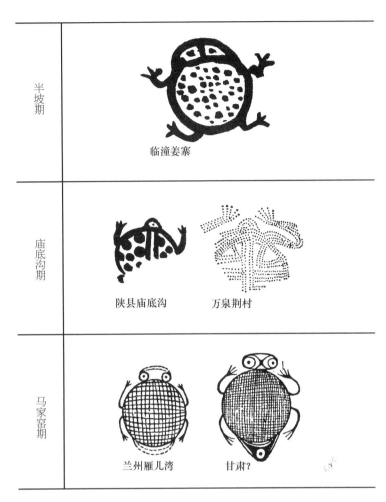

半坡期　临潼姜寨

庙底沟期　陕县庙底沟　万泉荆村

马家窑期　兰州雁儿湾　甘肃？

图5-2-3-3　彩陶上蟾蜍纹的演变（据严文明《甘肃彩陶的源流》）

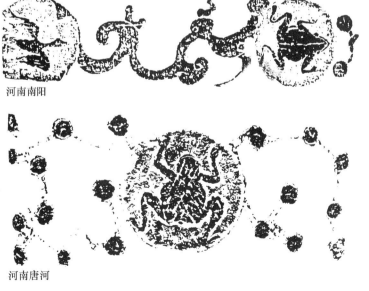

河南南阳

河南唐河

图5-2-3-4　汉代图画上的月亮蟾蜍图　467

形成，在研究者看来，那一定是良渚人的创造。良渚文化中发现了大量的琮与璧，良渚人将琮璧文化提升到了极致，这是没有什么疑问的了。人们还以为，到了历史时期，中原文明所崇尚的琮璧文化，自然在相当大的程度上也是承自良渚人的传统，我们没有理由说中原文化中的琮与璧是中原固有的传统。原本是"礼失求诸野"，若以琮璧文化的传承看，那是一种完全相反的路径。四野之域也有传至中原的礼数，这当然也没什么可奇怪的。

不过，新近的一些发现，又让我们增长出了些许的疑惑。在庙底沟二期文化中，居然也发现了不少的璧和琮。最集中的发现，当然是在山西芮城的清凉寺。那是一个在中条山之南黄河以北的处所，在刚刚知道出土玉器的消息时，不少研究者感到很有些意外，还以为那一定是相当了得的一个地方。我曾亲自到清凉寺走了一遭，才知道那是最平常不过的一个地方，出玉之地处在中条山南麓，许多纵横交错的沟壑将那也许原本可能有些齐整的黄土地块切得七零八落。我想，如果这样的地方都埋藏有这些让人吃惊的宝藏，那些膏腴之地，会不会更是了之不得呢？

那会儿站在破败的清凉寺前，让人不自主地往黄河南岸眺望，灰霾之中虽然望之不见，但却是可以想见得到的一方宝地，不远处就是灵宝闻名的黄帝铸鼎原。近年那里也有了一些惊世的发现，在庙底沟文化墓葬中发现了一些玉器，虽然现在还没有见到琮璧之类，也许是时间早晚的问题。朦胧之中，觉得庙底沟二期文化中的琮璧似乎不一定是东传过来的，在更早的庙底沟文化中应当可以寻到它们的踪迹。

无论是庙底沟文化还是庙底沟二期文化，有些研究者曾经将它们列入大仰韶范畴，这也即是说，仰韶文化应当也是琮璧文化的覆盖范围。当然多数研究者都将庙底沟二期文化从仰韶体系中分离出来，不过从绝对年代看，它的上限是并不明显晚于良渚文化的。交流一定发生过，东来西往，一定可以探寻到许多的故事。

是否可以反过来想一想，如果良渚的琮璧文化初始时并没有影响到庙底沟二期文化，那后者的琮璧当另有渊源。最大的可能是来自它前世的大仰韶，在庙底沟文化中兴许能寻找到一些线索来。

离开芮城的清凉寺，紧接着就越过黄河西行到了西安，在陕西省考古研究所一座资料还未及整理的文物库房里，我看见了一件熟悉又陌生的彩陶，它让我眼睛发亮。那件彩陶放置在较高的位置，一眼望去，我看到画面上是一只晃动的璧，还绘有两股线绳穿系着，这是极难见到的图像。脑子里浮现出一点模糊的印象，这图像似乎在哪儿见过！这是出自华县泉护村的一件标准的庙底沟文化彩陶器，彩陶绘出了璧的图像，莫非仰韶人真的早已经拥有了璧？

回到京城，赶紧翻检手边的资料，很快在仰韶彩陶上找到了相同的图像。这是出自山西夏县西阴村遗址的庙底沟文化彩陶，是一件已然残破的陶钵，在它的上腹位置，绘出二方连续图案，在斜向的叶片纹之间，是一个圆圈与圆点构成的纹样。以地纹观之，这正是璧的图像！那以黑色作地纹的图案，表现的恰是璧的图像，中间的圆点表现的是璧孔，两根线绳穿系在璧面上，似乎可以听得到它的叮叮当当，可以感觉到它的摇摇荡荡（图5-2-4-1）。

这是一个"悬璧纹"图案！

继安特生在河南渑池村及其他遗址发现彩陶之后，李济先生1926年发掘山西夏县西阴村遗址，也发现了一些特征鲜明的彩陶。1994年西阴村遗址经过了较大规模的再次发掘，又出土了不少彩陶，其中就有一件庙底沟文化的"悬璧纹"[1]。这是过去从未见过的画面，也是一个研究者还未及解读的画面。

[1]山西省考古研究所：《西阴村史前遗存第二次发掘》，《三晋考古》第二辑，山西人民出版社，1996年。

最近，出土陕西华县泉护村的那件悬璧纹彩陶即将正式发表，所幸这件彩陶保存非常好，纹饰与西阴村的那件完全相同（图5-2-4-2）。

按照过去的认识，仰韶无璧，如果说仰韶文化有璧存在——不论是玉璧还是石璧，那是天方夜谭。以迄今为止的发现而论，中原地区在前仰韶时期还没有流行使用真正的玉器，具有礼器性质的璧类器不会在那个时期出现。到了仰韶时期（约公元前5000~公元前3000年），中原及附近地区开始出现玉器，在陕西南郑龙岗寺半坡文化早期墓葬当中发现了玉斧、铲、锛、凿和镞等生产工具，均采用绿色或白色半透明状软玉制成。在陕西西乡何家湾遗址出土有碧绿色硬玉斧、锛等，都是实用工具。到了仰韶中期的庙底沟文化时期，开始出现玉环和石璜之类的前所未见的饰品，河南临汝中山寨就出土过一件石璜和玉环。相当于仰韶晚期西王村文化时期的一些遗址中，见到了可能具有礼仪性质的玉器，如河南郑州大河村四期发现了椭圆形玉饰、玉环和玉璜，还有一件玉刀。仰韶之后的庙底沟二期文化时期（约公元前3000~公元前2500年），玉礼器有了明显增加，见到了钺、琮、璧、圭等，如山西临汾下靳村和芮城清凉寺就有相当多的发现。研究者认为某些玉器可能受到良渚文化的影响，与良渚文化之间有密切的交流。

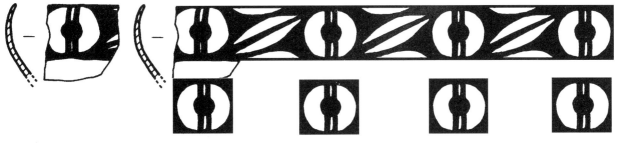

图5-2-4-1　夏县西阴村悬璧纹彩陶

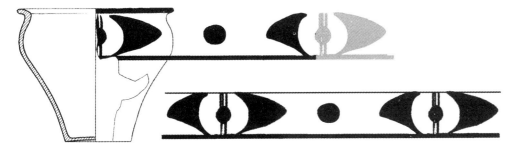

图5-2-4-2　华县泉护村悬璧纹彩陶

[1]宝鸡市考古工作队:《陕西扶风案板遗址(下河区)发掘简报》,《考古与文物》2003年5期。

这样看来,仰韶时期还没有出现璧,半坡文化没有璧,庙底沟文化也没有璧,最早出现在庙底沟二期文化中的琮璧,那只有可能来自远在东南的良渚文化。

不过且慢,庙底沟文化中其实是已经发现了璧的。1997年宝鸡市考古工作队再度发掘陕西扶风案板遗址,在单纯的庙底沟文化地层中,出土了一些包括鸟纹在内的典型庙底沟文化彩陶,也意外发现了数量"较多"的石璧[1]。这些石璧多数都残损了,一般规格是内径5~6厘米,外径10多厘米。较为特别的是,石璧边上开有凹口,由一侧至璧孔还有贯穿的小孔,这显然是穿绳挂系的璧。

扶风案板遗址发现的石璧,虽是孤证,但孤证不孤,出土的数量也不少。时代自然也没有疑问,属于庙底沟文化。也许在其他遗址还有一些我们未及检索到的出土资料,还可以再费力搜寻。

在有些研究者看来,琮与璧的出现与环镯类饰品有关。良渚文化中似乎可以寻到环与璧之间的演变线索。庙底沟文化也有使用镯类饰品的传统,有的遗址出土环镯数量非常可观,虽然发现的多为陶环之类,玉石环也并非没有。这么说来,庙底沟文化同良渚文化一样,也有由环镯制成璧类器的基本条件。

以西阴村发现的悬璧纹彩陶看,以案板发现的石璧看,大仰韶中的庙底沟文化应当有了璧。我们至今虽然没有更多关键材料发现,也许那只是时间问题。再仔细一想,良渚文化的琮璧都是出自一些重要的墓地,而庙底沟文化类似的墓地至今发现绝少,这大概也是一个重要原因。一当发现了高等级的墓葬,那结果一定是可以期待的。灵宝西坡遗址的大型墓地已经出土了不少玉器,这就是一个很好的兆头。

我们推想在庙底沟文化中,是一定存在璧的,庙底沟人将璧纹绘在彩陶上,传导出一个非常重要的信息。现在考古并没有发现太多的璧,是因为庙底沟文化墓葬发现很少,而且大型墓葬发现更少,我们相信不论石璧还是玉璧一定多是埋葬在墓葬中。有了彩陶画面上的图像,相信庙底沟文化之璧大发现的那一天一定会到来的。

这样的悬璧之象,在后世还能见到。在汉画中见到不少龙交于璧的图像,应当是祥瑞之象(图5-2-4-3)。此外汉画中还有四神悬璧的图像,有龙虎合力悬璧图,也有对立朱雀悬璧图,也有梁上悬璧图(图5-2-4-4)。悬璧是一种瑞景,如果只是作为一种礼仪传统来看待,我们也可以将传统的出现上溯到庙底沟文化的时代,彩陶上的纹饰记录了那个时代留下的证据。

5. 杖 戉

在彩陶上还有一种特别的象形题材,这就是戉。现在一般的论著都是将"戉"写作"钺",两字相通。在彩陶上见到的戉图像虽然极少,但因为觉得它非常重要,所以在这里要特别提及。

河南汝州阎村出土的大陶缸上,绘有戉形,与戉在一起的还有鹳鸟和鱼。我们在前面提到过研究者对这幅陶画的理解,在这里要特别关注的是图画中的戉。图中的戉,其实是一柄庙底沟时期常见的石斧,只是装饰得稍稍华丽一些而已(图

5-2-5-1）。近年在庙底沟文化墓葬中也发现了一些玉斧，形状与图中所见相似，故此我们也可以将彩画的戊想象为玉戊，也许画工所要描绘的就是一柄特别的玉戊，这就更显得它有不一般的意义。

《说文》云，"戊，大斧也"。《尚书·牧誓》说，"王左杖黄戊"，又见《顾命》说"一人冕执钺"。传说大禹执玄钺，栉风沐雨，足迹遍九州。成汤秉白钺，如火烈烈，威风抖擞。武王左杖黄钺，右秉白旄，牧野誓师灭纣。戊在三代，都是青铜铸成，文献中也就大多写成为"钺"了。

从石戊玉戊到铜钺，大钺见证了英雄时代，大钺凸显的是王权的威武，映射着中国早期文明行进的脚步。

砍倒山木，盖起干栏长屋，可能就是这一柄神奇的石斧，造就了一代新寨主。斩断头颅，战胜入侵敌酋，又是一柄无敌的石斧，让一位英雄展露头角。斧子变成大戊，用象牙雕饰，用美石琢磨，虽然不再直接用它去砍伐杀戮，却神威依旧。英雄手杖大钺，可以为子民求丰谷祈顺雨，可以威风凛凛地大野逐鹿开拓邦土。大戊在史前已经是一种重要的标识，伴着主人随生随死随葬坟墓。

不仅庙底沟人将大戊作为特别的标识，东方的大汶口人也有同样的做法。在山东莒县陵河出土的大汶口文化的陶缸上，发现有一些特别的刻画图像，其中就有戊的图像（图5-2-5-2）。到了良渚文化时期，戊的意义更加凸显，有时在高级贵族墓葬中一次就会出土多件玉戊。在有的墓葬中发现总有两样精雕玉件在墓中与玉戊形影相随，后来终于判明它们是钺柄首尾的装饰，称之为戊冠饰

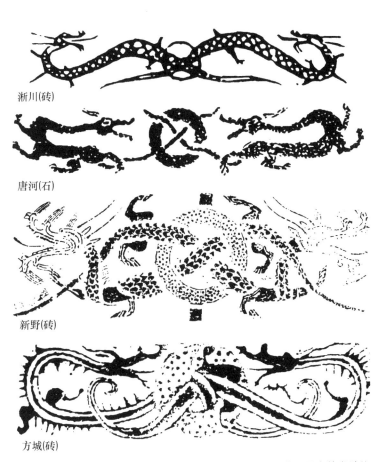

淅川(砖)

唐河(石)

新野(砖)

方城(砖)

图5-2-4-3 汉代图画中的龙璧纹

成都郫县

四川德阳

河南郑州

河南新野

图5-2-4-4 汉代图画中的悬璧纹

图5-2-5-1　汝州阎村彩陶缸上的石戉纹

和戉镦，这样的玉戉已经不再是生产工具。良渚文化作为权杖的玉戉出土不少，少数玉戉上还饰有神徽，它显示出墓主人原本所拥有的威权既高且重，威威赫赫（图5-2-5-3）。

良渚文化有的玉戉还用小玉琮作挂饰，标示着玉戉作为权杖的重要功能。有的戉则附加更多特别的装饰，可能都是为了提升它的权威性。在江苏金坛三星村遗址[1]，出土了若干玉戉石戉，有的戉柄首尾都有雕刻精美的装饰，与以往良渚墓中所见相同。特别引人注意的是，有两件戉首各附有一件骨质雕件，雕件像一个怪兽的长吻，似乎是一个鳄首的形象，我们可以称它为三星鳄戉。让人更为关注的是，那鳄的眼眶外延出上下两条旋形线条，这让人觉得不可思议。这旋目的鳄，觉得它应当就是我在寻觅的史前旋目神，在后文中我还会提到它。

良渚人还将戉形刻划在陶器上，戉可能已经表述为文字。江苏澄湖古井出土的一件良渚文化陶器，在下腹位置将戉形明明白白地作为一个字符刻入到一个词组中。这4000多年前成组字符的出现，虽是那样的简略，但它们足已让古文字学家激动一阵子（图5-2-5-4）。

在更晚一些的考古学文化中，也看到戉入陶画的例证。湖北天门石家河肖家屋脊遗址出土的一件陶器上[2]，见到一例造型特别的人形刻绘，同遗址还出土一些人首形玉饰件，这些发现也是非同寻常。对陶罐上的人形刻绘，按原报告的描述是："人像作站立状，方冠，冠上插羽，方口，直鼻，细颈，两臂平伸，右手似执一钺，两腿分开，双脚着靴"（《肖家屋脊》）。严文明先生在《石家河考古记》一文中还特别提到了这件器物，说陶器上的刻绘表现的是一位"武士"，这武士"头戴花翎帽，腰系短裙，脚着长靴，右手

[1]江苏省三星村联合考古队：《江苏金坛三星村新石器时代遗址》，《文物》2004年2期。

[2]石家河考古队：《肖家屋脊》，文物出版社，1999年。

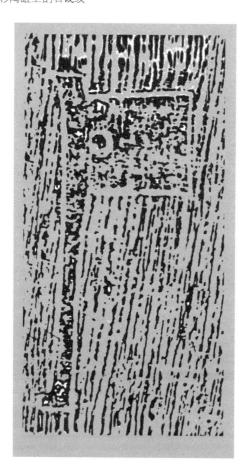

图5-2-5-2　莒县陵阳河陶器上刻划的戉纹

高举一把石钺或是玉钺，俨然是一位军事首领"。按报告所附线图观察，这人像高在15厘米以上，头面、颈部、躯干和四肢，还有手执的器具之类，多用直线刻出，只有头饰用圆形和弧线刻成，对比强烈。武士右手杖戈，虎虎生威（图5-2-5-5）。

史前的石戈玉戈，青铜时代的铜钺，在作为权杖时形体应当都不大。由天门石家河肖家屋脊遗址的陶画看，执戈一般可能是一肘的长度。在山东滕州前掌大商代墓葬中[1]，见到一件很小的玉戈，戈首有虎形，柄尾有镦（图5-2-5-6）。看到这件商代玉戈，我们也就等于是看到了史前的石戈玉戈，也看到了彩陶上绘出的戈，它是作为权杖的戈的最标准的造型。

在彩陶的时代，戈已经成为权杖，成了权力的一个象征。彩陶上表现的戈，显然已经有了这样的含义，这彩陶也正标示了权力社会的形成。在彩陶上除了象形的戈，也可能还有简略的戈形图案或是符号化的戈，不过我们至今并未辨认出来。

金坛三星村　　　　　余杭瑶山

图5-2-5-3　良渚文化玉戈

[1]中国社会科学院考古研究所：《滕州前掌大墓地》，文物出版社，2005年。

三　变形："得意忘象"

艺术的境界，有形似和神似之分。如果两相比较，神似也许可以看作是至高的或者是终极的境界。当然也有形神兼备之说，那也是一种境界，不过也是相对而言，要把握有度并不容易。"得意忘形"这个词，可以作为中国艺术的一个很高的境界，或者可以说是一个至高的境界，这便是神似的境界。不论是绘画还是书法，传写其神，不求形似，得其

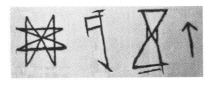

图5-2-5-4　澄湖古井良渚文化陶罐上刻划的戈文

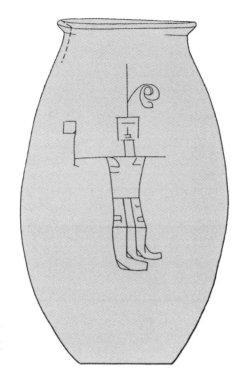

图5-2-5-5 天门石家河陶器上刻划的杖戊人像

图5-2-5-6 滕州前掌大商代玉戊

意而已。这所谓的"形",是指表达的形式,也指要表达的对象。所以在这里我将得意忘形这个词变换了一个字,改作"得意忘象",也许这样更贴合我要表达的意思,也更贴合古代中国艺术那个至高的境界。当然得意忘形这个词,在古今还有另外一层意思,是形容一个人心意得到满足而高兴得失去常态,自然是有些贬义在内,那又另当别论了。

得意忘象,用来说明彩陶上那些可能具有象征性的几何形纹饰,也许是太贴切不过的了。画工们将他们心中所要表达的意象,用简单的几何形表现出来,既简明、朴实,又含蓄、神秘。这胸中的意象,本来可能是实有所指的,可是描绘出来时却完全没有了那些实际的形象,这样的艺术化过程,就是一个得意忘象的过程。当然这个过程经历的时间也许是漫长的,经过了许多代画工的传承与变改。

有一种比较流行的说法认为,彩陶中的几何图形,很多都是由象生图案演化而成。研究者对某些图案作过排列分析,有些象生图案经过不断变形和变化,最终简化得非常精练,成为新的几何纹饰。纹饰虽然简化了,却依然可以判断出它的源头,形体已无,意象却还存在。要确定这样的一个变化过程是否一定出现过,寻找那些介于象生形与几何形之间的中间形态的纹样标本至关重要。过去一些研究者在这方面曾经作出了许多努力,有不少成果令人瞩目。这方面的研究也还有待深入,也一定会有一些更新的发现。

1.鱼纹：无体的鱼头

半坡和庙底沟文化彩陶都以鱼纹为重要题材，鱼纹表现的方式多种多样，典型鱼纹一般都是有头有尾，描绘非常精细。鱼纹中见到一种特别的情形，就是鱼身与鱼头的分离，有的鱼纹没有头部，有的鱼纹则不绘鱼身。在陶工的笔下，彩陶上的无头之鱼与无体之鱼也许各自会有一些特别的意义，但它们也一定还是表示着鱼的含义，是用鱼的某一部位代表整体的鱼。

我们先来看彩陶上的无体之鱼，这是一些没有绘出鱼身的鱼头纹。

无鱼身的鱼纹，是奇怪的无体之鱼。在半坡文化彩陶中，鱼纹虽是一个很流行的纹饰主题，但常常见到的是全形的鱼纹，也发现有一些特别的鱼纹，这其中就有无体的鱼纹。无体鱼纹的鱼身与鱼头分离，有时只见鱼头不见鱼体。在西安半坡遗址发现过几例无体鱼纹，其中有的被认为是正视的鱼头，还有一例为双头鱼纹，向左和向右的两个鱼头连在一起，没有鱼尾（图5-3-1-1）。这一例纹饰也可名为连体鱼头纹，是非常少见的鱼纹构图。需要特别指出的是，早期艺术中所见的双头双身动物绘画，并非是为着表现怪异的形体，而很可能是一种原始的多维表达方式，是为了展示动物不同的侧面，也是为着留下动物整体的印象。如果这只是一种特别的艺术表现方式，那可能在象征性上并没有太深刻的属性，这个问题还需进一步研究。

如果说西安半坡村的无体鱼纹还不典型，那芮城东庄村的发现就可能算是唯一的一例无体鱼纹了。它是在一件盆形器上绘成，为二方连续构图的鱼头纹，左右鱼头相对，中间有圆点组成的隔断。鱼头张嘴睁目，自腮以后没有绘出（图5-3-1-2）。虽然像这样的例子也并不多见，但对于半坡人而言，可以肯定当时一定有用只绘鱼头的方式表现鱼纹的做法。东庄村所见的鱼头纹，鱼头就像是从完整的鱼身上切下来的一样，在其他地点的鱼纹彩陶上见到过这样构图的鱼头。

彩陶绘无体鱼纹的用意，也许并无特别的考虑，只是绘法更简单，只用鱼头来表示鱼，对于史前画工来说，应当是一个很好的创意。这样的创意也可能并不仅仅只是限于以鱼头表示全鱼形，它会启示画工作出更多更大胆的选择，比如绘出鱼尾也可以代表鱼形，同样也许绘出鱼眼甚至是鱼唇，都可用于表示全形的鱼。仅从艺术的角度来说，这样的表现方法是非同小可的，它将图案装饰艺术提升到了新的高度，大量简练精致的纹饰也就在这样的启示下被非常有序地创作出来。

在庙底沟文化彩陶上，还没有见到明确的无体鱼纹，不过相关的更简略的表现鱼形的纹饰却更加丰富，不少纹饰都可以纳入到鱼纹系统中来。

2.鱼纹：无头的鱼体

再来看彩陶纹饰上的无头之鱼。

彩陶上有无体鱼纹，也见到一些特别的无头鱼纹，鱼头在图案上没有了。只绘鱼头可能比只绘鱼身要好理解一些，无头鱼纹更值得关注。鱼身与鱼头的分离，在半坡文化晚期和庙底沟文化彩陶纹饰是比较常见的一种特别现象。彩陶上有的鱼纹没

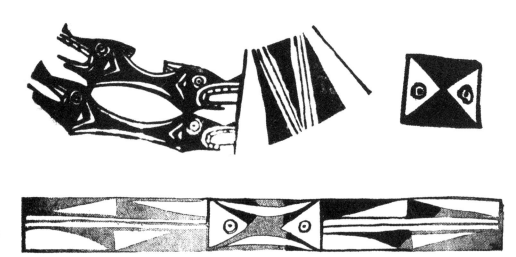

图5-3-1-1 西安半坡无体鱼纹彩陶

图5-3-1-2 芮城东庄村半坡文化无体鱼纹彩陶

有头部，有的鱼纹在鱼身前绘着一些特别的图形。彩陶上的这些奇怪的无头之鱼发现已经不少，虽然可以用频频出现这样的词来描述，但在研究者中并没有引起应有的关注。

在西安半坡遗址的彩陶上最先发现过一些无头的鱼纹，而且多见双体无头鱼纹，身尾都在，鱼头好似被齐刷刷地斩去（图5-3-2-1）。

这种无头鱼纹彩陶，在庙底沟文化中也有一些发现，原本应当有的鱼头失踪了，但在鱼头的位置出现了新的图形，它们取代了鱼头。这样的一些图形虽然出现在鱼头的位置，但明眼看来却并不是鱼头，不过这类图形后来又独立成纹，不再与鱼身共存，为我们研究鱼纹的变化指示出一条隐蔽的线索。

在庙底沟文化彩陶中，常常出现在无头鱼纹的鱼头位置上的纹饰，最主要的是一种双瓣花瓣纹与圆盘形组合。如在陕西陇县原子头的一件鱼纹彩陶盆上，双瓣式花瓣纹与中间绘有圆盘形的圆形组合在一起，这组合出现在鱼头的位置，而鱼头却没有绘出（图5-3-2-2）。这里也许透露出了一个重要的信息，加圆盘形的圆形与双瓣式花瓣纹在一起，这是一个非常特别的纹饰组合。

就是这样的一个组合形式，将双瓣式花瓣纹与鱼纹连接在一起了。陇县原子头这样的鱼纹组合，其实也并不是孤例。查秦安大地湾半坡文化彩陶，至少有三件彩陶片绘出了同样组合的纹饰，都是在鱼纹的鱼头位置，绘着有圆盘形的圆形与双瓣式花瓣纹。只是因为陶片过于破碎，发掘者没有将纹饰的原形复原出来（图5-3-2-2）。大地湾半坡文化彩陶上见到多例与原子头鱼纹相同的彩陶，这表明这种纹饰组合在半坡文化时期（应当是在末期）就已经出现。

到庙底沟文化时期，圆盘形与双瓣式花瓣纹组合更多的是脱离了鱼纹的鱼体，与其他一些元素构成新的组合。而且双瓣式花瓣纹本体也出现了一些值得注意的变化，重圈圆形或大单旋纹有时取代了圆盘形图案，形成两种新的组合，但它们与原来的构图依然固守着同样的风格，类似彩陶在豫、陕、甘都有发现。湖北枣阳雕龙碑彩陶上的双瓣式花瓣纹，与中原所见并无二致，它与单旋纹组合，与重圈圆形组合，从构图到布局都没有什么明显改变。处在河套地区的内蒙古清水县庄窝坪和准格尔官地，都见到了双瓣式花瓣纹彩陶。庄窝坪还见到一件深腹彩陶罐，绘双瓣花与重圆组合，以一正一倒的方式排列，与大地湾和雕龙碑见到的同类纹饰非常接近（图5-3-2-3）。

我们将圆盘形与双瓣式花瓣纹再分开作些考察。在半坡文化彩陶上已经见到典型的双瓣式花瓣纹。在秦安大地湾的半坡文化彩陶上，见到不少于3例的双瓣式花瓣纹。这时的双瓣式花瓣纹已经是一种定型纹饰了，绘得非常工整，与庙底沟文化的同类纹饰没有明显区别。这表明双瓣式花瓣纹出现很早。将半坡、庙底沟和后庙底沟

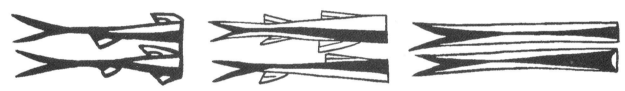

图5-3-2-1　西安半坡无头鱼纹彩陶

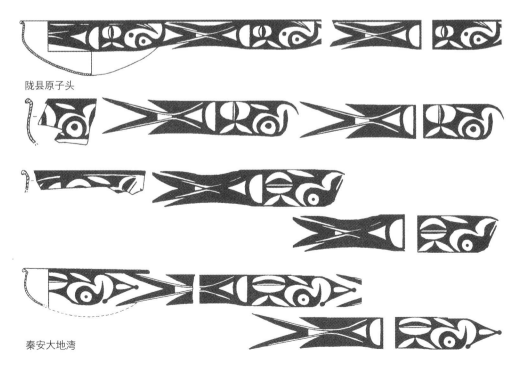

陇县原子头

秦安大地湾

图5-3-2-2　无头鱼纹彩陶

秦安大地湾

河津固镇

枣阳雕龙碑

图5-3-2-3 彩陶上
双瓣花瓣纹与圆盘形
纹的组合及变异

清水河庄窝坪

文化的双瓣式花瓣纹放在一起作比较，三个时期并没有太大变化。而组合型的双瓣式花瓣纹，那些在鱼纹头部出现的双花瓣，庙底沟文化显然也是承续了半坡文化的传统，二者也没有明显不同。而与重圈圆形和旋纹同组的双瓣式花瓣纹，则是在庙底沟文化时期才开始见到，这样的彩陶在后来传播到了外围文化，河套地区与长江流域都发现了同类纹饰组合。

除了双瓣式花瓣纹，取代鱼头的还有圆盘形纹。我们注意到庙底沟文化彩陶经常能见到一种圆盘形纹，圆盘形纹是一种很重要的纹饰，在过去的研究中注意不够，它甚至还不曾有过一个通行的名称。现在用"圆盘形纹"这个名称，其实并不贴切，暂且这样称呼。所谓圆盘形纹，是在地纹的圆圈中单绘出来的一种图案元素，最常见的是一种飞盘状，一边略平缓，另一面凸起，凸起的一面用色涂实。当然也有的构图有明显变化，如山西夏县西阴村和汾阳段家庄所见，凸起的一面已经不是圆弧形，变成了尖状形，左右伸展如翅，上方有一圆点如鸟首，难怪有的研究者将这图形看作是象形的飞鸟。

在陕西华县泉护村，彩陶上也有这种形如飞盘的图形。在西乡何家湾，彩陶上见到标准的圆盘形纹，是绘在四瓣式花瓣纹之间的圆形中。在华阴南城子和秦安大

华阴南城子

秦安大地湾

图5-3-2-4 彩陶上圆盘形纹与不同纹饰的组合

地湾的彩陶盆上，有非常标准的圆盘形纹饰，它的上方还绘有一个圆点。大地湾还有叠绘的圆盘形纹，两个圆圈上下并列，圆中绘相同的圆盘形纹。在华阴南城子和西关堡，彩陶上的圆盘形垂直出现在圆圈中。有时在同一器上，圆盘形纹既有横行的，也有竖列的。这种重叠并列的圆盘形纹也见于陇县原子头的彩陶罐，并列的横行圆盘形纹多达四组，感觉更为张扬。原子头也有双联的圆盘形纹，也见到竖列的圆盘形纹。圆盘形纹一般都是绘在地纹圆圈纹中，这种固定的图案单元一般不会单独出现，它都是作为纹饰组合中的一元出现。它常常出现在各种复杂的旋纹组合中，有时也与一些简洁的纹饰组合在一起（图5-3-2-4）。

将这种圆盘形纹饰作一个比较，可以区分为几种不同的样式。这种图形出现时的方向并不一致，一般以横平方向为多，而且明显凸起完全涂彩的那一面是向着下方，留白的一面则是向着上方。也有少数图形出现时垂直方向或略为倾斜的样式，倾斜时涂彩凸起的一面也是朝向下方，而垂直时涂彩凸起的一面是朝向左方，个别也有相反的情形。横行的圆盘形纹常有圆点作配合，圆点使纹饰单元产生出一种生动感。

这种特别纹饰的构图，过去并不清楚它的来历，也不明白它所具有的象征意义。不过现在有了一些值得注意的线索，在华阴南城子和陇县原子头，圆盘形纹饰出现在鱼纹的头尾之间，这说明它与鱼之间有一种内在的联系。而在秦安大地湾和陇县原子头，在无头的鱼纹中，本该绘鱼头的位置上出现了这种圆盘形纹饰，这就更有意思了（图5-3-2-5）。

彩陶鱼纹的鱼头失踪之后，取而代之的主要是双花瓣与圆盘形纹饰组合，表明这两种纹饰与鱼纹有着紧密的联系，或者可以说，它们本是代表鱼头的。在它们独立成纹时，或者在纹饰有所变异时，也许依然是鱼的一个象征符号。

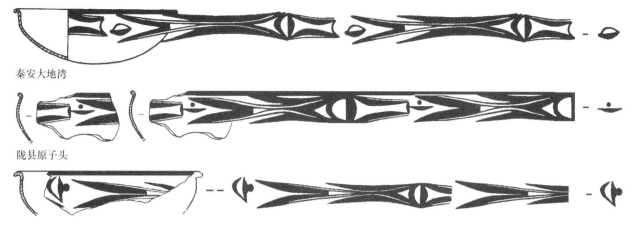

秦安大地湾

陇县原子头

华阴南城子

图5-3-2-5　与鱼纹同在的圆盘形纹彩陶

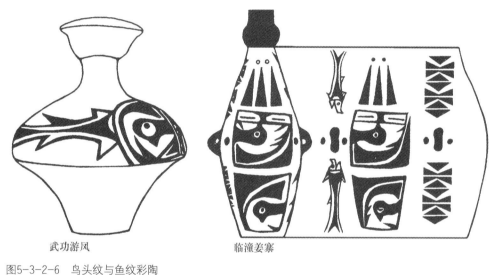

武功游凤　　　　　　临潼姜寨

图5-3-2-6　鸟头纹与鱼纹彩陶

在无头鱼纹中，另有一种加绘鸟首的鱼纹很值得关注。陕西武功游凤曾发现一件鱼纹彩陶壶，也不见鱼头，而在鱼头的位置却出现了一个鸟头纹，这样的鸟头纹在临潼姜寨遗址的彩陶壶上也见到过（图5-3-2-6）。其实类似的鸟头鱼纹在秦安大地湾和陇县原子头也都见到过，只是因为没有完整器，所以纹饰的原形不明晰，发掘者没有识别出来。彩陶上鱼身鸟首的结合，也许暗示了更深刻的文化背景，这个问题值得深入研究。当鱼纹化作无头或无身的样式，或者用其他图形取代鱼头鱼身，一定是有了相当大的变故，也许暗含着某种有所不同的象征意义。

由彩陶鱼纹的无头案，引出来许多彩陶之外的问题，让我们进一步了解到彩陶的深刻意义。

庙底沟文化彩陶纹饰鱼头的这些变化，让我们追踪出了一些相关的纹饰，圆盘形纹与双瓣花瓣纹，还有重圈纹与单旋纹等，这是鱼头失踪之后取而代之者，这些纹饰为研究者进一步解释鱼纹的象征意义提供了重要线索（图5-3-2-7）。当然鱼纹上的鱼头形状，在半坡文化时期就已经有了许多变化，有时这样的变化会在同一器的画面上出现（图5-3-2-8）。由这样的一些线索我们至少可以论定，庙底沟文化与

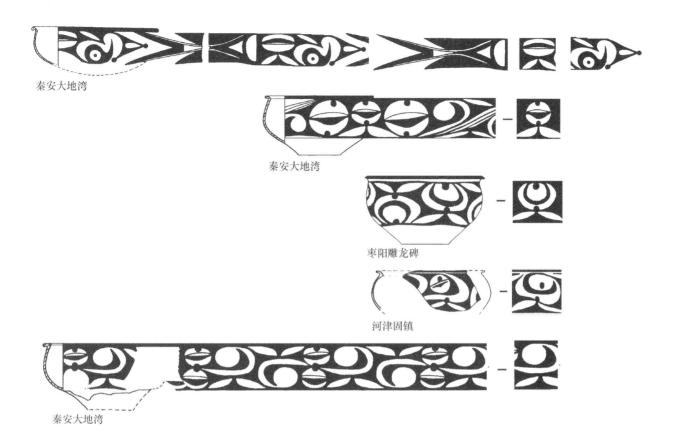

秦安大地湾

秦安大地湾

枣阳雕龙碑

河津固镇

秦安大地湾

图5-3-2-7　从鱼纹扩展出来的彩陶图案

图5-3-2-8　秦安大
地湾彩陶上鱼纹鱼头
的变化

半坡文化之间,在精神生活与艺术生活中有着非常紧密的联系,鱼是共同的艺术主题,鱼在两个文化的精神世界中占据着非常重要的位置。彩陶上鱼纹的这种变异,也让我们进一步相信鱼纹在史前所具有的文化内涵是非常深刻的,彩陶的意义也由鱼纹得到清晰的展现。

　　关于彩陶上几何形纹饰的产生,过去的研究似乎已经有了定论,即是大量的几何形纹饰都是来源于象形纹饰,是象形纹饰逐渐简化的结果。到了后来,纹饰简化到只表现局部特征,而且明显夸张变形,意存而形已无,得其意而忘其象隐其形矣。纹饰如何简化,简化的原则是什么,是否完全依从由抽象到象征变化的规律,这样的问题还需要研究。由彩陶上的鱼纹我们发现,彩陶纹饰不仅有象形与抽象纹饰的结合现象,更有纹饰的替代现象,这样的结合与替代是象征性的改变或是延展,也还有待进一步的研究。

从半坡和庙底沟文化彩陶鱼纹看，简化到只表现局部特征，明显夸张变形，意存形无，这是简化的又一重要原则，不是一般的抽象，也不是一般的象征，也可以说是更高层面的艺术表现。

这种纹饰简化的表现方法，也是一种拆分方法，这种拆分的例证，后文还会列举。

3. 鱼纹：无目之鱼

在彩陶鱼纹中，不仅见到无头与有头的不同，还有无眼和有眼的区别，有的鱼纹就没有绘出眼睛来。鱼形象生图案，一般来说，是应当绘出眼睛的，有了眼睛才显出生气。但是我们见到的彩陶上有一些鱼纹虽然有头，头部却并没有绘出眼睛，作无眼无珠状。这个绘法也比较特别，也很值得关注。

张朋川先生研究半坡文化彩陶鱼纹，在关注鱼头变化时，他已经注意到有眼与无眼的区别，从他绘出的变化图上也能看到无眼的鱼纹年代较晚，不过他没有对此作进一步讨论[1]（图5-3-3-1）。在秦安大地湾的彩陶鱼纹中，我们见到了较多的无目鱼纹，鱼纹的头、尾、鳃、身、鳍，样样都有描绘，唯独不绘出眼睛（图5-3-3-2）。在关中及其他一些地区，如华阴阵、陇县原子头和凉城王墓山坡下遗址，也都见到一些这样的无目鱼纹，构图大体相似（图5-3-3-3）。

彩陶上的无目鱼纹，也是一种鱼纹的简略形式。细细一想，为何鱼纹在作简化构图时，最先被省略的是鱼眼呢？也许是因为无论有眼无眼，鱼形依然能代表鱼，如果真是如此，无眼的鱼纹只是艺术表现手法有所不同而已。当然也不一定就是如此简单，因为眼睛对任何一种动物来说，都是非常重要的，不绘出眼睛来，也许有一些特别的理由。

[1]张朋川：《中国彩陶图谱》，文物出版社，1990年。

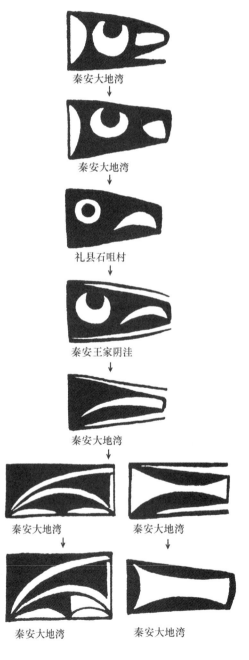

图5-3-3-1　陇东彩陶鱼纹鱼头的演变（据张朋川《彩陶图谱》）

秦安大地湾
秦安大地湾
礼县石咀村
秦安王家阴洼
秦安大地湾
秦安大地湾　秦安大地湾
秦安大地湾　秦安大地湾

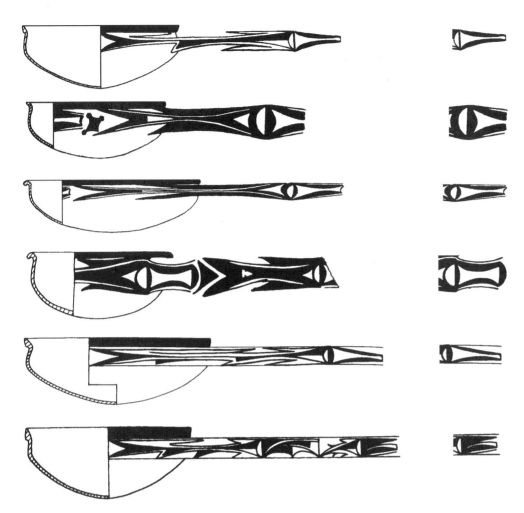

图5-3-3-2 秦安大
地湾无目鱼纹彩陶

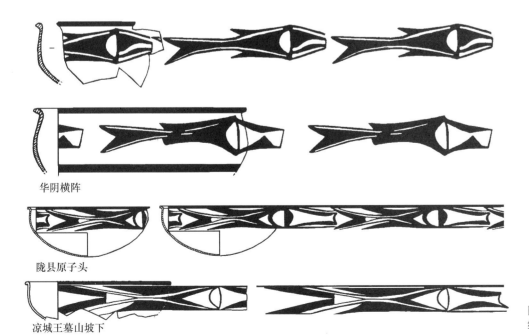

华阴横阵

陇县原子头

凉城王墓山坡下

图5-3-3-3 无目鱼
纹彩陶

无目的鱼纹是否表示有什么特别的意义，还值得进一步研究。

4. 鱼纹：圆目与偏目之鱼

[1]张朋川：《中国彩陶图谱》，文物出版社，1990年。

[2]陈雍：《半坡文化鱼纹的分类系统》，《华夏考古》1993年3期。

当然彩陶上很多鱼纹绘出了眼睛，鱼纹的眼睛，还有诸多的变化。张朋川先生研究半坡文化彩陶鱼纹，虽然他并没有专门展开讨论，但在《中国彩陶图谱》所附插图上（图5-3-4-1），还是注意到鱼纹眼形的区别[1]。我们从图中不仅看到了圆圈形鱼眼，也有圆圈中带点的鱼眼，还有眼睛偏于眼圈一侧的偏目鱼眼。彩陶鱼纹鱼眼中的圆目与偏目，是两种很不相同的构图。

陈雍先生曾依彩陶鱼目变化的规律，对各类鱼纹彩陶进行了区分，寻找在地域分布上的规律。他将半坡文化的彩陶鱼纹区别出鱼头的黑与白，提出了"黑头"和"白头"鱼纹之说。他还认定临潼姜寨遗址分为东西两半，房屋向东的西组绘的是黑头鱼纹，而房屋朝西的东组绘的是白头鱼纹，处在两组之间的房屋朝南的北组，所绘鱼头既有黑头也有白头。同时他还由鱼纹上鱼眼的状态，判断出泾水以西所绘为上视的椭圆眼，而以东则是正圆眼（图5-3-4-2），眼形的变化成为一个地域标志[2]。他所说的椭圆眼，正是本节所说的偏目。陈先生将圆目与偏目的地理分布作了这样明确的区分，应当是一个很重要的发现，我称之为"鱼眼东西说"。

从半坡与庙底沟文化的发现看，彩陶鱼纹上鱼眼的形状，有空圆圈形，有圈中点睛形，也有偏目形，最常见的还是圆目。仅以秦安大地湾的发现而言，彩陶鱼纹的鱼眼有圆目，也有偏目，偏目鱼眼数量似乎更多。有的偏目只绘出半个眼珠，个别的甚至绘成半闭着的样子（图5-3-4-3）。两种鱼眼共存，地域上也并没有太明确的东与西的区分。又在临潼姜寨的彩陶上发现，在第三期文化（半坡文化晚期）中，彩陶鱼眼中的圆圈眼与偏目眼共存，而且还有两种鱼眼出现在同一件彩陶上的例证，有一件彩陶钵上就绘有不同鱼眼的鱼纹（图5-3-4-4）。这样看来，陈雍先生"鱼眼东西说"，似乎又不尽然了。

临潼姜寨半坡晚期彩陶上见到的偏目鱼眼彩陶并不是个别现象，在好几件彩陶瓶上都绘着偏目鱼纹。由于这几件彩陶瓶上的鱼纹绘得比较特别，鱼身曲回，鱼体变形很大，所以不大容易辨认。其中有的鱼身隐没，仅绘出一只鱼眼来，纹饰更为简化（图5-3-4-5）。特别值得注意的是，这一类鱼眼的外轮廓都绘成方框形，眼睛也略呈方形，作了明显的变形处理。本来是圆形的眼睛，结果变幻成了方形，可见史前画

史前中国的艺术浪潮——庙底沟文化彩陶研究

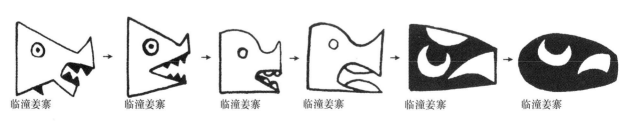

临潼姜寨　　　临潼姜寨　　　临潼姜寨　　　临潼姜寨　　　临潼姜寨　　　临潼姜寨

图5-3-4-1　半坡文化彩陶上鱼纹鱼头的演变（据张朋川《彩陶图谱》）

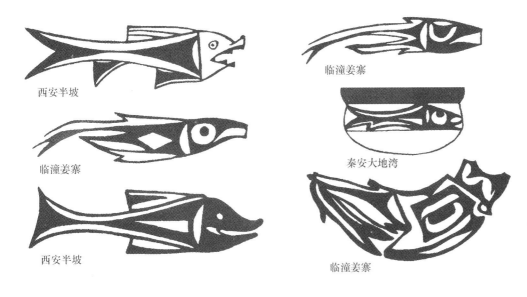

西安半坡

临潼姜寨

临潼姜寨

临潼姜寨

秦安大地湾

西安半坡

临潼姜寨

图5-3-4-2　半坡文化彩陶上鱼纹鱼头和鱼眼的变化（据陈雍《半坡文化鱼纹的分类系统》）

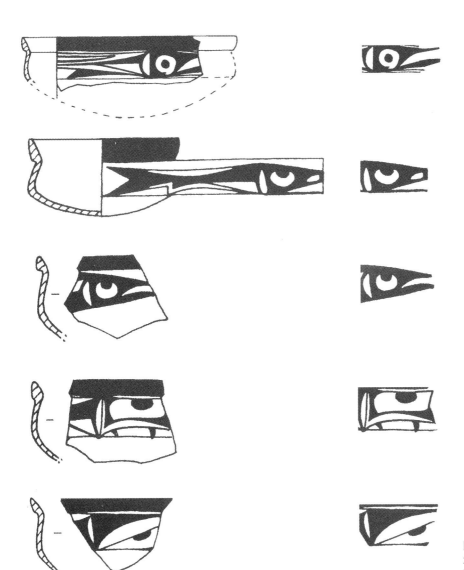

图5-3-4-3　秦安大地湾彩陶上鱼纹的眼形

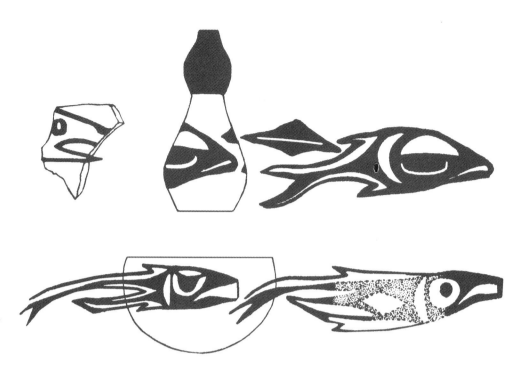

图5-3-4-4 临潼姜
寨彩陶上圆目与偏目
鱼纹共存的例证

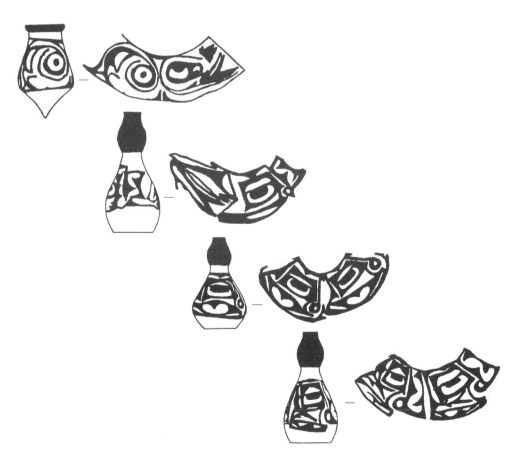

图5-3-4-5 临潼姜
寨圆目与偏目鱼纹彩
陶

工在图形处理方面是有一定的艺术原则的, 技艺也是非常高超的。

还有一点也值得注意, 就是鱼纹上鱼目的大小。一般的圆目, 常常绘得较小, 鱼身显得较大。而偏目却会绘得大一些, 有时会相当大, 鱼身显得略小。

我们知道, 鱼目是圆目, 不论生与死, 鱼都不会闭眼, 一般也不会将眼珠转向一侧, 形不成偏目。彩陶鱼纹中鱼目绘成偏目, 是一种艺术加工, 画工赋予鱼特别的表情, 也可能原本有着一种我们不能知晓的含义。另外那些方形的鱼眼, 也许不仅仅只是一种艺术的夸张变形, 也可能具有特别的含义。

说到鱼纹中的鱼眼, 我们自然会想到彩陶上大量见到的那些圆形中带点的纹样, 它们有可能代表的正是鱼眼。如果真是如此, 这种带点的圆圈纹就可以看作是鱼纹的另一种简略的形式。事实上在临潼姜寨遗址, 就见到一些以眼睛为主要题材的彩陶, 眼形有圆目, 也有偏目, 相信这中间有的就是鱼目 (图5-3-4-6)。甘肃出土一件彩陶盆, 腹面绘正视的鱼头纹, 圆圆的双眼之间, 是阔大的嘴。我们一点也不会怀疑, 这带点的圆圈形应当就是鱼眼, 这样的图形表示的就是鱼纹。值得注意的是两只鱼眼下面的双瓣纹, 还有双瓣纹之间的圆盘形纹, 它们也都是鱼纹的象征, 这一点在前面已经有过讨论[1] (图5-3-4-7)。在甘肃张家川的一件彩陶上, 见到了明确的偏目鱼纹 (图5-3-4-8), 这样的鱼目是独立存在的, 它所代表的当然就是偏目的鱼[2]。这些彩陶的年代介于半坡文化和庙底沟文化之间, 那后来庙底沟文化彩陶中一些类似的圆圈与圆点构图, 有可能真的与鱼目有联系, 是鱼纹的一种最简略的形式。

良渚文化玉琮上, 狰狞的神面最后只留下眼目。这一种变化, 不仅只是一种纹饰的简化, 它还是人类对于抽象艺术的一种认同。纹饰虽然明显简化了, 但在人们的感觉中, 它的含义并没有什么改变, 也许它的象征意义更加强化了, 所传达的信息也更为明朗了。商周铜器上的兽面纹, 人们多以饕餮称之, 那显然是来自史前艺术中的神面形象。饕餮之形, 只是一个以眼为代号的兽面, 这是以眼目代形的典型例证。不论是良渚文化的神面还是商周时代的兽面, 这种以眼目代形的指代手法, 最早却是出现在彩陶艺术之中。

5. 旋纹: 旋目之神

由以上的一些研究看来, 虽然彩陶象生图案是史前人非常关注的重要题材, 是他们艺术活动中的一个重要的点, 但与眼目相关的纹样, 却是他们更为关注的对象。除了上面提到的各类眼睛图形, 这里还要重点论及一种特别的眼式, 我们称之为"旋目"。这也一定是史前人某类神灵的眼睛, 以旋式眼睛作为重要特征, 我们称之为"旋目"神面图像。

在庙底沟文化的彩陶中, 已经有了典型的旋目神面图像。河南陕县庙底沟遗址出土一件旋纹彩陶罐, 上腹绘一周由四个双旋纹组成的图案, 如果只观察其中的一个图形单元, 那就是一个双旋纹, 两个对称的背向旋纹就组成了一个典型的神面图

[1]张朋川: 《中国彩陶图谱》, 图81, 文物出版社, 1990年。

[2]郎树德、贾建威: 《彩陶》, 图19, 敦煌文艺出版社, 2004年。

图5-3-4-6　临潼姜寨圆目与偏目纹彩陶

图5-3-4-7　甘肃圆目纹彩陶

图5-3-4-8　张家川独立出现的偏目纹彩陶

形,四个旋纹正好构成两个神面,一对旋纹便是一双旋目。这样的旋目还见于山西垣曲下马出土的一件陶瓶,陶瓶下腹满饰绳纹,上腹绘一对左右相对的旋纹,合成一对旋目(图5-3-5-1)。

彩陶上成对的旋目并不是能经常见到,但类似的旋目图像却并不稀见于其他史前艺术品。有一些刻绘图像特别引人注意,有的图形不易认读,有的涵义一时很难解说。在龙山文化玉器上见到一种十分特殊的"旋目"图像,就是让人难得其解的这一类刻绘。所谓"旋目",是指史前玉器上见到的一种附带旋线的眼目图像,它同样还出现在彩陶和后来的铜器装饰纹样中。

1998年黄帝陵基金会在西安举行了一个传统文化学术研讨会,在中国古代玉器研究方面卓有成就的台北故宫博物院邓淑苹女士,在大会上发表一篇讨论中国"玉器时代"的论文[1]。她在论文提要中有这样一段话:"虽然东夷集团的玉器,在器类上呈现较独特的面貌,但在花纹上,却与苗蛮集团玉器颇有相似之处。例如:围绕多层圆圈纹的大眼、具象与抽象的鹰鸟、戴介形冠帽的神祖像等"。文中附有几张良渚和龙山文化刻有"神祖"图像的玉器图片,细看那些神祖像的眼睛并不全是"围绕多层圆圈的大眼",也有梭形凤眼,更有旋形眼。在旋目神面的圆形眼目外,伸展出一两条弧形旋线,构成旋式眼形。刻有旋目神面图像的几件标本,既有属于山东龙山文化的出土品,也有归属并不十分明确的传世品。

这些资料多数过去虽然都比较熟悉,许多学者在论著中都曾引论,但是当将图片放大后观察,看起来会觉得有陌生感。特别是看到玉器上的旋目神面图像时,甚至让人觉得有些惊讶,立时被这些奇怪的眼目所吸引,这不会是普通的眼形。过去已有许多研究者在他们的论著中,对这些可能是属于神灵的图像进行过研究,但一般都没有涉及眼形异常问题。这种旋目是一个比较完整的神面的组成部分,如果为这神灵作一个临时的命名,可以名之为"旋目神"。邓淑苹女士以"神祖"为这图像作过笼统指称,也可以附和她的说法名之为"旋目神祖"。

[1]邓淑苹:《黄帝之时,以玉为兵——我对"玉器时代"一说的看法》,《黄帝与中国传统文化学术研讨会论文集》,陕西人民出版社,2001年。

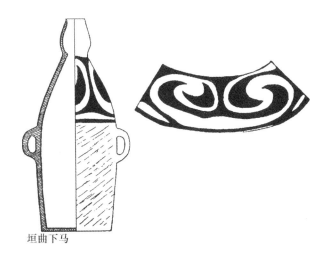

垣曲下马

陕县庙底沟

图5-3-5-1 庙底沟文化旋目纹彩陶

[1]刘敦愿：《记两城镇遗址发现的两件石器》，《考古》1972年4期。

[2]中国社会科学院考古研究所山东队：《山东临朐朱封龙山文化墓葬》，《考古》1990年7期。

[3]邵望平：《海岱系古玉略说》，《中国考古学论丛》，科学出版社，1993年。

[4]王青：《西朱封龙山文化大墓神徽饰纹的夏原研究》，《刘敦愿先生纪念文集》，山东大学出版社，1998年。

[5]那志良：《两件玉圭的时代》，《故宫文物月刊》第40期，1986年。

[6]那志良：《两件玉圭的时代》，《故宫文物月刊》第40期，1986年。

[7]东京国立博物馆编：《上海博物馆展》，中日新闻社，1993年。

翻检相关资料，发现刻绘着旋目神面图像的标本，以属于龙山文化的几件玉圭和玉饰最为典型，它们上面刻镂的纹饰都比较接近。其他新石器文化中带有旋目神面的标本也有一些，但多少有些区别。

山东日照县两城镇遗址出土龙山文化玉圭，1963年由当地农民在遗址上采集所得，最初报道称为石锛，实为玉质，后来定名为玉圭。报道仅十分简单地提到在玉圭的"正反两面均刻有类似兽面的纹饰，两面彼此不相同"，同时发表了线图和兽面纹的原大拓本[1]。玉圭上的兽面后来被认作饕餮纹或神面，采用阴线刻成，正背神面有一定区别，但双眼皆为旋目，圆形眼球外面是一上一下向两个方向伸展的旋形眼线。正背神面旋目的不同，表现在旋形眼线一为双线，一为单线；双线者的上旋向下收缩，单线者的上旋向上翘起；前者眼瞳较大，后者眼瞳较小。从整体风格观察，两个神面属于同一类型，这是龙山文化中发现的最典型的一件旋目神面图像标本（图5-3-5-2）。

山东临朐县西朱封村墓葬出土龙山文化玉饰，在1989年发掘的202号大墓中出土，为一件精美的玉笄，笄首嵌一块雕玉牌饰，牌饰上以椭圆形和卷云形等形状的镂孔镂出眼、眉、鼻、口齐全的兽面[2]。细细一看，兽面的眼形正是旋形，而且兽面的整个外轮廓形状与两城镇玉圭完全相同。两者之间也有一些区别，西朱封牌饰上的旋目不是双旋而为单旋，环绕眼目的旋臂只有一条，构成了一个封闭的眼眶（图5-3-5-2）。对这一件玉饰上的神面眼形，注意的人并不多，因为从线图上不易辨识清楚。不过邵望平女士在一篇论文中已有明识，而且她认为西朱封雕玉牌饰还与下面要提及的台北故宫博物院收藏的一件玉圭上的兽面图案相似，应属同一时代[3]。据近来一些研究者的复原研究，西朱封雕玉牌饰上的图像确为旋目无疑[4]。

台北故宫博物院藏龙山文化的一件玉圭，资料最初公布时称为人面纹圭，正面主体纹饰为神面形象，神面有獠牙，梭形眼，耳部有坠饰。背面也刻有神面，"有两只大圆圈眼睛，下面是一个大鼻子，仿佛没有嘴，面上配着用云纹组成的纹饰"（图5-3-5-3，1）。背面这神面与两城镇玉圭完全相同，都是标准的旋目，圆眼外有一上一下两条旋线[5]。此圭虽为传世品，时代确定为龙山文化时期，当不会有太大问题。

台北故宫博物院藏一件龙山文化玉圭，资料公布时称为鸟纹圭，正面刻有抬首展翅利趾的鹰纹，鹰为梭形眼。背面刻的是一只鸟的正面形象，眼为圆形，眼外环一上一下的旋线两条（图5-3-5-3，2）。那志良先生特别注意到这一件的鸟纹和上一件的神面纹，称"眼纹都是当中一个圆圈，由这个圈抛出一些弧线条"[6]，这正是旋眼的特征所在。值得注意的是，后来许多学者都指出这件玉圭上所刻鸟纹的腹部，还有一个人面图形，而且这人面的眼形也是旋式，不同之处是它表现有单旋的特征。

上海博物馆藏龙山文化石刀，刀身有三孔，两面均刻神面。正面一端有半边脸神面，靠近另一端有完整神面。背面也有一整一半的神面，只是完整神面的位置靠近刀的中部。正背两个完整神面的双目均具双旋特征，与两城镇玉圭相同，但神面上下都刻有介字形冠，似乎可以正视，也可以倒视[7]。

天津市艺术博物馆藏龙山文化玉饰。玉饰为透雕作品，上面是一只与台北故宫博物院圭相同的立鸟图形，也是昂首展翅，圆目利趾。下面是一富于装饰意味的台座形，中间部位是一神面，神面双目为旋形，作单旋式（图5-3-5-4）。与台北那件鸟纹圭相比，神面一在鹰腹，一在鹰尾之下，有异曲同工之妙[1]。这是少见的一件透雕旋目神面玉饰，是一件珍贵的龙山文化艺术品。

在国内外一些博物馆和私家还收藏有类似旋目图像刻划的玉圭等玉器多件，特征与龙山玉圭大体相同，不再细述[2]。

[1]天津市艺术博物馆：《天津市艺术博物馆》，文物出版社，1984年。

[2]邓淑苹：《雕有神祖面与相关纹饰的有刃玉器》，《刘敦愿先生纪念文集》，山东大学出版社，1998年。

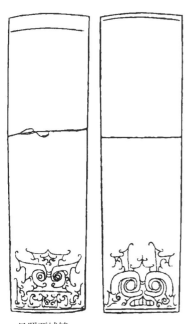

临朐西朱封

日照两城镇

图5-3-5-2　龙山文化玉器上的旋目纹

1

2

图5-3-5-3　传世古代玉器上的旋目纹（台北故宫博物院藏）

图5-3-5-4 龙山文
化旋目纹玉鸟饰

良渚文化许多玉器上都刻有兽形神面，所见神眼多刻划为圆形，有一部分神眼有单旋特征，也发现了一些双旋眼目，不过整体风格与龙山文化旋目图像有一些差别。良渚旋目神面玉器出土数量较多，这里仅列举双旋目和单旋目神面图像各一例略作对比。

浙江余杭县反山墓地出土良渚文化半圆形玉饰，1986年在12号墓中发现，编号为M12∶85。玉饰一面刻有巨目神面，兽面以夸张的目、鼻、嘴为主要结构单元，双目为圆圈形，目下各自在同一起点刻出两条旋线，一条环眼一周至鼻根处会合，另一条环内旋线半周至额头会合。值得特别注意的是，在神面的双目之间另外还刻有一条单旋线[1]。这是良渚文化玉器上发现的为数不多的双旋目图像，它与龙山文化的双旋目并不完全相同，不容易辨别出来，可称为假性双旋目（图5-3-5-5）。

浙江余杭县瑶山墓地出土良渚文化玉牌饰，1987年在10号墓中发现，编号为M10∶20。牌饰上部刻有带冠的人面，下部刻巨目阔鼻宽嘴的兽面，为一简化的人兽复合图像。图像中的兽目最为显眼，为重圆圈形，外面环以椭圆形眼眶，眼眶并未封闭，为一条完整的旋线构成，始自两目下面靠鼻梁的部位，绕眼约一周，在鼻梁处连接在一起[2]。这是一例典型的单旋目神面图像，我们同样注意到在双目之间也另外刻有一条旋线（图5-3-5-5）。

一些学者对良渚文化玉器上的神面像进行研究，从收集的全部图像看，并无龙山文化那样标准的双旋目。牟永抗先生曾撰文详细描述过良渚文化玉器上的神面图形[3]，虽然有少数神面的眼眶表现有单旋的特点，但是并不能确定是标准的旋目。郑振香先生亦曾注意到两城镇龙山玉圭上的神面在构图上与良渚文化"有所不同"，以

[1]浙江省文物考古研究所反山考古队：《浙江余杭反山良渚墓地发掘简报》，《文物》1988年1期。

[2]浙江省文物考古研究所：《余杭瑶山良渚文化祭坛遗址发掘简报》，《文物》1988年1期。

[3]牟永抗：《良渚玉器上神崇拜的探索》，《庆祝苏秉琦考古五十五周年论文集》，文物出版社，1989年。

余杭反山

余杭瑶山

图5-3-5-5 良渚文化玉器上的旋目神面纹

为良渚玉器上神面双目上不见眉毛，而两城镇玉圭神面双目上的纹饰近似眉毛，两者风格不同[1]。孙机先生有一篇论文讨论了龙山与良渚神面"旋涡眼"的异同，他说形成良渚旋涡眼的沟槽是从外眼角向内卷绕的，而龙山神眼的线条却是从内眼角向外卷绕的，方向明显不同[2]。

　　不论是单旋目还是双旋目神面图形，良渚文化都不大同于龙山文化。良渚神面左右旋目的旋线在绕过圆目后，最终都能在神面的鼻梁和额头会合为一体，而龙山文化神面左右旋目的旋线却是互不连接的。从现有材料进行的整体考察表明，山东龙山文化与良渚文化的旋目神面图像，并不属于一个体系，但是又似乎表现有一定的联系，说两者之间毫无干系，还不能遽下结论。从现有的资料判断，龙山与良渚文化的这类神灵图像可能不是一个系统。

　　前面在论及彩陶上的戉形图像时，提到过江苏金坛三星村遗址[3]，出土玉石戉中有两件柄首各附有一件骨质雕件，雕件似乎是一个鳄首的形象，鳄的眼眶外有上下两条旋形线条，这表现的是旋目的鳄（图5-3-5-6）。这两个例子可不同于以往良渚文化的发现，这样的旋目图像与良渚玉器上所见差别明显。我们可以从两个方面来理解这种不同，一方面它有可能是受到北方来的影响，与龙山文化神灵图像系统联系紧密；另一方面则可能说明良渚文化中也存在另一套双旋目神灵图像系统，只是过去没有发现而已。依据前面的分析，也许我们更应当相信第一种可能性更大一些，当然现在还不是下最终结论的时候。

　　我们注意到旋目神面标准的图像，多见于山东龙山文化，为了考察它的起源，可以将龙山时期假设为旋目神形象的定型期。同样也发现旋目神面图像的良渚文化，与山东龙山文化有一段在年代上的重合发展时期，我们可以再作一个假设，即这两个文化中的旋目神面图像在年代上大体同时。这样，我们就可以由这两个文化向前追溯，去寻找旋目神面图像的最初来源。

　　在良渚文化分布区更早时代的新石器文化中，如马家浜文化和崧泽文化，还没有见到与旋目神面图像相关的材料，目前还无法判断良渚玉器上的旋目神面图像是否承自当地更早的传统。

[1]郑振香：《殷墟玉器探源》，《庆祝苏秉琦考古五十五年论文集》，文物出版社，1989年。

[2]孙机：《龙山玉鹫》，《远望集——陕西省考古研究所华诞四十周年纪念文集》，陕西人民美术出版社，1998年。

[3]江苏省三星村联合考古队：《江苏金坛三星村新石器时代遗址》，《文物》2004年2期。

[1]中国社会科学院考古研究所山东工作队等：《山东兖州王因新石器时代遗址发掘简报》，《考古》1979年1期。

[2]南京博物院：《江苏邳县四户镇大墩子遗址探掘报告》，《考古学报》1964年2期。

[3]栾丰实：《海岱地区彩陶艺术初探》，《海岱地区考古研究》，159页，山东大学出版社，1997年。

[4]杜金鹏：《红山文化"勾云形"类玉器探讨》，《考古》1998年5期。

[5]邓淑苹：《带齿动物面纹玉饰》，《故宫文物月刊》119期，1993年。

[6]邓淑苹：《蓝田山房藏玉百选》，财团法人年喜文教基金会，1995年。

[7]天津市艺术博物馆：《天津市艺术博物馆藏玉》，文物出版社、两木出版社，1993年。

[8]方殿春、刘葆华：《辽宁阜新县胡头沟红山文化玉器墓的发现》，《文物》1984年6期；《香港大利公司藏红山文化玉佩》，《中国文物世界》102期；辽宁省文物考古研究所编：《牛河梁红山文化遗址与玉器精粹》，文物出版社，1997年。参见前引杜金鹏文。

在山东龙山文化分布区内的大汶口文化中，发现了一些重要线索。山东兖州王因墓地[1]和江苏邳县大墩子墓地[2]，都发现一种纹饰相当繁复的旋纹彩陶。王因遗址发现一件彩陶，图案是向相反方向旋转的两两相对的双旋纹，构成兽面模样。大墩子的发现也与此相类似，一件彩陶壶上有由8对正背相向错落有致排列的双旋纹图案。有的研究者认为这种彩纹"似为正倒相间的人面或兽面"[3]，其实它们正是旋目神面彩陶。让人感兴趣的是，大汶口文化有的彩陶上所绘的旋目神面多到4个或8个，而且彼此互相勾连，以双旋纹为基本构图，绘成了繁复的神面图像（图5-3-5-7）。这与龙山文化的玉圭双旋目神像，有明显的一脉相承的传统，发展演变关系非常清楚。

这些年来，旋目神面图像在庙底沟文化和大汶口文化彩陶上都能见到，表明在黄河流域它是一种重要的崇拜对象。

不仅在大汶口文化和庙底沟文化的彩陶上出现了旋目神面，北方的红山文化玉器上也有旋目神面。众说纷纭的"勾云形玉佩"，其实就是旋目神面繁简不一的造型。勾云形玉佩发掘品和传世品都不少，有各种不同的样式，已有学者进行了系统分类研究[4]，它们作为红山文化的特征性器物，还将受到研究者更多的关注。我们这里选择几件勾云形玉器，来看看它的旋目特征。首先看台北故宫博物院藏勾云形玉佩[5]，外形为T形，下方有3齿，中心有简略的神面，只刻出双眼，眼外以一单旋线构成眼形，表现的是单旋目神面。另一件勾云形佩属于标准的长圆形[6]，下方有5齿，中心神面亦仅刻双目，是与前件标本相似的单旋目。天津市艺术博物馆收藏的一件勾云形玉佩[7]，略为方形，下方有7齿，中心双目几乎占据整个佩饰表面，双目外既有下旋线，又有上旋线，表现出双旋特征，为同类玉器上不多见的双旋目，是与龙山玉圭神面最为接近的一例。红山文化中还见到大量无睛式旋目玉佩[8]，只见旋线而无眼目，是一种简略形式，有时双目旋线的方向并不一致。这种玉佩最简略的形式是单目单旋式，整体为一旋转的涡形，通常无睛，为独目式旋眼神面（图5-3-5-8）。

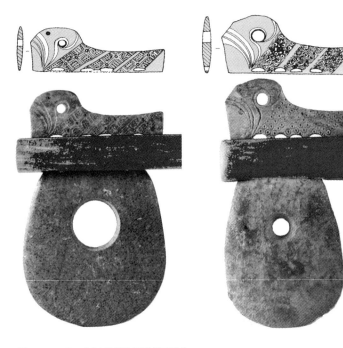

图5-3-5-6　金坛三星村石钺及装饰

兖州王因   邳县大墩子

图5-3-5-7 大汶口文化旋目纹彩陶

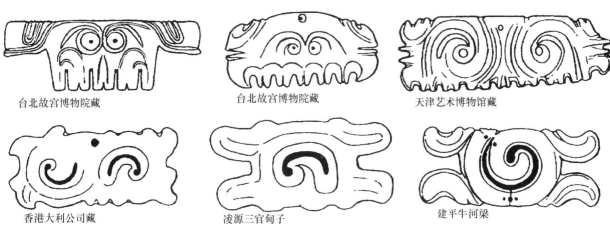

台北故宫博物院藏   台北故宫博物院藏   天津艺术博物馆藏

香港大利公司藏   凌源三官甸子   建平牛河梁

图5-3-5-8 红山文化旋目纹玉佩

　　尤仁德先生在讨论红山文化勾云形玉器时，提及它与龙山玉圭存在密切的联系，但他只注意到两者都具有的"勾"状外形，并没解说旋形眼目的相似[1]。在此之前，李缙云先生曾将红山双目勾云玉饰与后来铜器上的饕餮相提并论，而且以为单体的勾云玉饰有可能是双目勾云玉饰的简化形式[2]，认识是可取的，应作如是观。前引孙机先生一文论及龙山文化神面旋目与良渚文化不同，却与红山文化玉器神面上的眼型一致，他指的正是勾云形玉佩，说两者的眼形如出一辙："其旋涡眼系由两颊下部琢出的沟槽沿抛物线向额前延伸，再从内眼角向外卷绕，围住镂成圆孔的目睛"[3]。孙先生并由此认定龙山玉圭旋目神面同时兼有红山和良渚文化玉器的传统。现在看来，所谓勾云形玉佩应当就是各种样式的旋目神面，它卷云式的构图其实就是旋式眼目的象征。

　　红山文化各类带双眼的勾云形玉佩，是非常明白的旋目神面造像。那种发现数量很多的半体勾云形玉佩，实际可能是旋目神面的一只眼。这种单眼的勾云形玉佩在夏家店下层文化中还能见到，内蒙古敖汉旗大甸子墓葬中就出土过两件[4]。郭大顺先生有一种解释，认为勾云形玉佩只作为红山文化大型墓葬中的随葬品，并非为通

[1]尤仁德：《勾云形佩及相关器物探研》，《故宫文物月刊》1995年20卷11期。

[2]李缙云：《谈红山文化玉佩饰》，《中国文物报》1993年4月25日3版。

[3]孙机：《龙山玉鸷》，《远望集——陕西考古研究所华诞四十周年纪念文集》，陕西人民美术出版社，1998年。

[4]中国社会科学院考古研究所：《大甸子》，科学出版社，1996年。

[1]郭大顺:《中华五千年文明的象征》,《牛河梁红山文化遗址与玉器精粹》,文物出版社,1997年。

常理解的佩饰,而是一种类似斧钺或权杖的神器,是神权与王权结合的一种体现[1]。现在我们进一步指明它是一种以旋目为特征表现的神面,对于理解这种神器的意义应当会更有帮助。

根据现有的资料可以看出,早于龙山时期的若干新石器文化中,已经出现了标准的旋目神面。旋目神面图像最早可追溯到大汶口文化、庙底沟文化及红山文化时期,在龙山文化以前它已经出现在彩陶和玉器的装饰纹样上了,这表明对这类神灵的崇拜不仅很早就有了,而且传播的范围也很广。

过去学者们定性的庙底沟文化的彩陶"花卉纹",前文已经作出新的解释,我以为大体都是旋纹,旋纹广泛见于庙底沟、大河村、大汶口、红山、大溪、马家窑、凤鼻头等文化的彩陶上。旋纹结构非常严谨,是史前陶工最富韵味的创作。这种图案结构影响了整个古代中国的艺术生活,还在继续影响着现代人的艺术生活。旋纹不是普通的装饰纹样,也不是某一个文化独有的纹样,它从一时一地形成,在完成起源的过程后,迅速向周围传播,以不变的方式或变化的方式传播,几乎覆盖了中国史前文化较为发达的全部地区。这不单单是一种艺术形式的传播,而是一种认知体系的传播。正是由旋纹图案的传播,我们看到了中国史前时代在距今6000年前开始拥有了一个共有的认知体系。

彩陶上所见的旋目与旋纹,时代一致,特点相似,旋纹可能就是旋目神面的图案化或最初形式,它有时以圆点为目,有时又省略了目形。庙底沟、大河村、大汶口文化的双旋纹彩陶特征相同,都与旋目神面接近,或许它就是旋目神的一种变体(图5-3-5-9)。我们可以进一步推测,广布于中国新石器文化中的彩陶旋纹,本身已经具有了神格。特别是在黄河中下游地区,在庙底沟文化和大汶口文化中,旋目神一定是很重要的神灵,不然它不会这样频繁地出现在彩陶上(图5-3-5-10)。

[2]国分直一、金关丈夫著,谭继山译:《台湾考古志》,台北武陵出版有限公司,1990年。

[3]成都文物考古研究所:《金沙——再现辉煌的古蜀王都》,四川人民出版社,2005年。

[4]张掖地区文物管理办公室等:《甘肃高台骆驼城画像砖墓调查》,《文物》1997年12期。

旋形是表现力很强且极具魅力的一种图案形式,在更多的史前彩陶上,我们见到类似的旋式图案,那旋动的韵律感是那样有力,它们很容易让我们想起太阳来。旋转的太阳,炫目的光芒,我们看到现代的广告画,将太阳画成了一个带有光芒的螺旋形,而这样的螺旋形太阳图案早在史前陶器上就能见到。在甘肃永靖瓦渣嘴遗址出土辛店文化彩陶上,将太阳绘成螺旋形,太阳周围的光芒也绘成旋形,不知古代的画工是不是在告诉我们,他们眼中的太阳就是具有这旋转神力的天体,太阳旋转着,连它的光芒也是旋转着放射出来的(图5-3-5-11)。台湾台南六甲顶大湖文化遗址(图5-3-5-12),也发现了螺旋式太阳纹陶片,残陶片上分两排刻划着不少于10个旋形太阳图案[2]。四川成都金沙遗址,更是出土了太阳神鸟图案金箔(图5-3-5-13),太阳用12条弧形光芒衬托出旋转的形态,是古代罕见的艺术品[3]。在古代青铜器上见到的囧纹,也是一轮旋动的太阳。陕西发现的秦代瓦当上,也印有带着旋形光芒的太阳纹。我们也看到魏晋时代彩绘画像砖上的女娲手举的月亮中绘一蟾蜍,蟾蜍绘有四足双眼的身体为一非常简略的螺旋形[4]。

我们还发现大量商周青铜器上的饕餮,都以各式旋线(回纹)为地纹……。彩陶

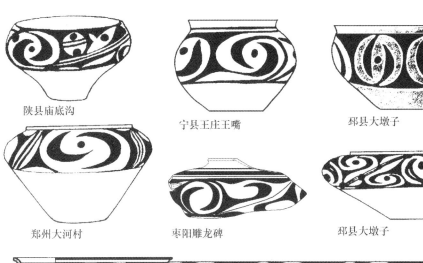

陕县庙底沟　　　　宁县王庄王嘴　　　　邳县大墩子

郑州大河村　　　枣阳雕龙碑　　　　邳县大墩子

灵宝西坡

图5-3-5-9　典型双旋纹彩陶

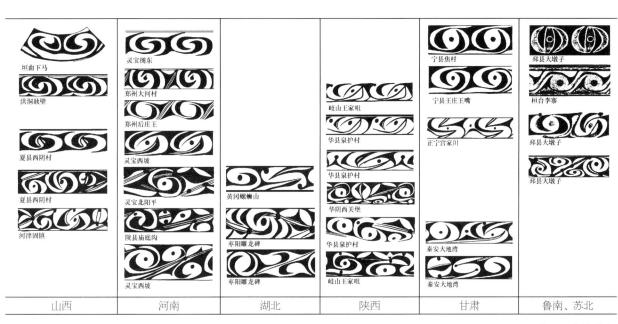

山西	河南	湖北	陕西	甘肃	鲁南、苏北

图5-3-5-10　典型双旋纹彩陶

图5-3-5-11　辛店文化彩陶上的太阳纹

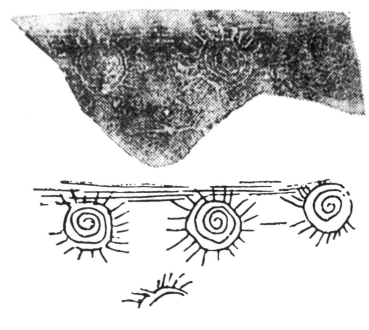

图5-3-5-12 台南六
甲顶贝丘墓太阳纹陶
片

图5-3-5-13 成都金
沙太阳神鸟纹金箔

之旋，神面之旋，日月之旋，在这些旋动的节律中，我们对这古今一脉相传的认知方式有了更多的了解。

也许这样的艺术品并不是古代东方所独有的创造。美洲古代阿兹特克人的太阳神徽，太阳中心的鸟身，也有一个旋动的螺旋形，它也是太阳旋飞的标志（图5-3-5-14）。

在文明时代的艺术品中，我们仍能见到一些旋形日月图形。直到现代艺术生活中，日月也常常被绘成旋形模样。天体都是以旋转的方式运行的，以现代人对天文学的认识描绘出天体的旋转形态是很自然的，但是我们的先人在4000多年前就开始用我们今天的方式图绘日月的旋转，如果不是他们已经有了同我们一样的认识，那可能就不会有这些旋转的日月图形留存到今天。

由古人绘出的旋形日月图像，还让人很自然地想到宇宙中那些具有旋形特征的星系。漩涡星系又分正常漩涡星系和棒旋星系，整体形状按旋臂数量区分，有双旋也有多旋。在银河系的中心，就有一个棒旋星系。其实整个银河系的外形，也是带有旋臂的旋涡状，它有三条叠旋的旋臂（图5-3-5-15）。

人类应当很早就想象到日月是以旋转的方式运行的，旋形日月图不仅表现了两大天体的形态，而且更形象地表现了它们运行的状态。

人类对天体运行的观察，应当是在史前时代就开始了，《春秋纬·元命苞》说"天左旋，地右动"，未必就没有包纳史前的认识成果。中国古代天文学关于天体运行方式的描述，有左旋说和右旋说的分歧，以地球为静止状态的观察，所观察到的天体运行为"视运行"。视运行就是直观的体验，不论体验到左旋还是右旋，天体的旋动是无疑的，这种体验最早未必不是出现在史前。

我们很难明白远古时代的人们是如

图5-3-5-14　阿兹特克太阳神徽

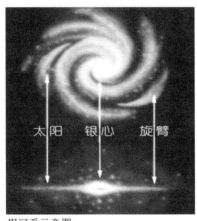

银河系示意图

银河系中心棒旋星系

漩涡星系

何想象到了太阳运行的规则，我们更惊奇那是一种超时代的艺术表现，现代人还是不时地画出这样的酷太阳来，现代广告、商标乃至儿童绘画，常将太阳绘作旋形的模样，这是今人的旋纹情结，也是古人旋纹情结的延伸，也可以看作是古代太阳崇拜观念的历史延伸。

这是远古太阳表现艺术的基因遗传，不然人们的聪慧又是从何而来？

从庙底沟和大汶口文化时期开始出现的旋目神面像，似乎经过龙山时代的精雕细刻以后，就没有了什么踪迹。至少我们由大量见于商周铜器上的饕餮纹，基本上没有见到旋目特征，饕餮的双眼一般都是固定的"臣"形眼或梭形眼，很难发现确定的旋目形状，似乎可以判定这种神面在龙山文化之后已经消失了。

不过在进一步细细翻检商周铜器纹饰时，我们注意到一种常见的"目雷纹"，它从图形结构上看，完全是仰韶文化彩陶旋纹的翻版，很耐人寻味。其实商代铜器上和一些玉器上习见的"目雷纹"，可能就是史前旋纹图案的变体。围绕圆形目纹的雷纹，都是由上下向左右伸展出的两条长臂，明显呈现出彩陶旋纹旋臂的特点。目雷纹的目形，就是旋纹旋心的圆点。铜器上的这种纹饰不会是突然出现的，因为在二里头文化的陶器上就出现了同类的"目雷纹"，河南偃师二里头遗址出土的花纹陶片上就见到了结构雷同的纹饰，目形上下的旋臂左右勾连，又被称作"云目纹"，属二里头文化时期[1]。这种目雷纹，其实可能就是旋目图像的进一步图案化的结果。这种明确的源流关系，既体现了商周文化传统的悠久深厚，也表现了中国文化一以贯之的传统，很值得探究。

更进一步说，铜器上的饕餮纹也并非全然不见旋目图形。如从郑州小双桥遗址出土商代建筑构件上的饕餮纹观察，虽为臣形眼目，但眉却为旋形，颊部也有比眼目还大的旋形，这都与史前的旋目相似，区别是旋形并不在眼睛的位置上[2]，类似的例证还可以举出一些。其实，旋目神面在三代铜器上并非毫无踪影。在河南偃师二里头遗址出土的几件嵌绿松石铜牌饰，一般都有以兽面为主体的图案，兽面的眼目有的为梭形，有的为"臣"形，有的就是旋形。如1981年出自一座墓葬的牌饰，所饰兽面即是旋目，而且具有双旋特点（图5-3-5-16），年代上在二里头文化中也是属于最早的[3]。李学勤先生曾著文对这些牌饰进行讨论，他注意到了兽面眼形的不同，认为两种兽面都属于饕餮，而且明确指出铜牌上的旋目与两城镇龙山玉圭属同一类型[4]。

此外，我们还注意到江西新干商代大墓出土铜器上不仅见到目雷纹，在一件合瓦式铜铙上还发现了典型旋目装饰。铙体铸有大小两组旋目兽面，大兽面的双目为"螺旋式的椭圆形巨目"。鼓部以弧旋线条构成一简略的小兽面，双眼纯由旋线组成，不见明确的双睛（图5-3-5-17）。同墓另一件铜铙的鼓部，也铸有相同的旋目小兽面[5]。这种情形并不仅仅只见于新干大墓，1963年在浙江余杭县徐家畈出土的铜铙上也有饕餮纹，"饕餮的两目作漩涡纹"[6]。1974年在江苏江宁县塘东村出土一件大铜铙，也铸有大小兽面各一，小兽面亦在鼓部，纹样构成与新干铙相同。这件铙上的大兽面亦与新干铙类同，只是突出的双目上铸有正背相对的双旋纹[7]。湖南宁乡县

[1]中国社会科学院考古研究所：《二里头陶器集粹》，图447，中国社会科学出版社，1995年。

[2]河南省文物考古研究所：《河南考古四十年》，图七八，河南人民出版社，1994年。

[3]中国社会科学院考古研究所二里头工作队：《1981年河南偃师二里头墓葬发掘简报》，《考古》1984年1期。

[4]李学勤：《论二里头文化的饕餮纹铜饰》，《走出疑古时代》，辽宁大学出版社，1994年。

[5]江西省文物考古研究所等：《新干商代大墓》，文物出版社，1997年。

[6]王士伦：《记浙江发现的铜铙、釉陶钟和越王石矛》，《考古》1965年5期。

[7]南波：《介绍一件青铜铙》，《文物》1975年8期。

史前中国的艺术浪潮——庙底沟文化彩陶研究

老粮仓出土一批铜铙，有几件钲部均饰变形兽面，双目以两条粗壮的螺旋线构成，不见明确的双睛。这样的旋目兽面铙在宁乡月山铺也出土一件，器形较大，为同类器之最[1]。由这些发现看，商周铜铙所铸兽面多以旋目为特征，这也许有助于我们将来进一步诠释旋目神。据高至喜先生对古代铜铙的专门研究，以"云纹"构成兽面装饰的商周铜铙在江南出土不少，这确实是一个值得重视的现象[2]。

在四川广汉三星堆遗址[3]，曾出土一件鸟首形器柄，鸟眼的位置刻划着双旋纹，虽然眼仁并未出现，但这是一例双旋眼形却是可以认定的。河南偃师二里头遗址出土的一件陶尊上，也刻划有一例少见的旋目，只是旋形出现在眼角位置，并不以眼仁为中心作旋（图5-3-5-18）。

令我们感兴趣的是，年代更晚的东周铜器上也发现有旋目雕塑，如曾侯乙墓的若干铜器上就有旋目龙和旋目兽附饰，有的眼眶外的旋线明显是上下两条，这种双旋目与史前玉器有异曲同工之妙；有的眼形为立体雕塑，旋转内收为尖尾螺壳状，这又与商周铜铙上的兽面雷同，特点非常突出[4]。

秦汉时代以后，器物装饰纹样中常见的旋式图案，应当与史前旋目图案和铜器上的目雷纹具有渊源关系，但这些纹样多重在体现旋形结构而省却了目形，所以就不能笼统归入旋目之列了。

我们说旋目应当是神灵的写照，当然对神格需要作出解释。可以确定以旋目为特征的神灵，在史前时代已由陶工在彩陶上描绘出来，继而又被雕刻在玉器上，在夏商周三代又铸刻在铜器上，这是一方占据先民心灵不下3000年之久的神灵。旋目神似乎已为历史所忘却，考古学家们将它混同于一般的饕餮，还没有来得及辨认清楚它到底有什么特别之处。

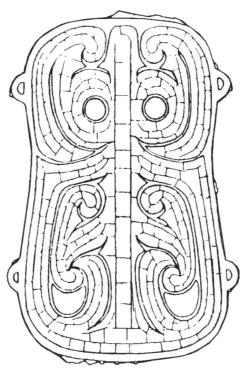

[1]《中国青铜器全集·东周5》，图140、142～145、149，文物出版社，1997年。

[2]高至喜：《中国南方出土商周铜铙概论》，《湖南考古辑刊》二辑，岳麓书社，1984年。

[3]四川省文物考古研究所：《三星堆祭祀坑》，文物出版社，1999年。

[4]湖北省博物馆：《曾侯乙墓文物艺术》，湖北美术出版社，1991年。

图5-3-5-16 偃师二里头镶嵌绿松石铜牌上的旋目纹

图5-3-5-17 新干商墓青铜铙上的旋目纹

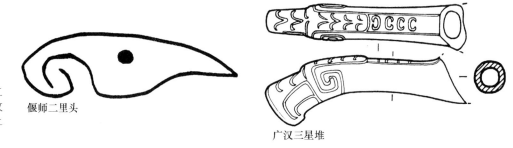

图5-3-5-18 偃师二
里头陶尊上的眼形纹
和广汉三星堆首柄上
的旋目鸟纹

偃师二里头

广汉三星堆

自人类开始塑造神灵偶像开始，在表现神灵的眼睛时，可能有过许多方面的考虑。一般的神面都有如同人类一样的双眼，有的还被表现成多眼的模样。神眼的形状，有大有小，也有圆有方，有梭形眼有圆眼，其原型大体都应当来自动物和人本身。但赋予某神为旋形眼，却不知是何用意，让人一时也不大容易清楚这种神眼的由来。我们不大容易说清旋目图形取自动物界中的哪一属，由直观印象中很难获得确定的答案。

孙机先生在《龙山玉鹫》一文中，将我们这里所说的旋目神理解为东夷祖神，而鹫则为始祖神，"二者共同组成复合神徽"，这种解释可备一说。在玉器上见到的旋目神面与鹫鸟确实有着不可分割的联系，许多玉圭图案上有鸟必有旋目神面，或是二者合而为一。但是更早时代的情形，却并不明确，而且崇拜旋目神的人群也大大超出了东夷人的范围。史前时代这种旋目神的真正神格，我们还不能说了解得十分清楚了。现在能够大体确定的是，远古时代对旋目神崇拜的人们分布范围很广，遍及黄河与长江中下游地区和北方地区。早期旋目神形象的造作，可能是居住在黄河中下游地区的庙底沟和大汶口文化居民完成的。但是我们不知道这神灵形象的模特究竟是什么，也就一时还无法对它的神化背景作出更准确的解释。

史前中国可能会有许多人所不知的神灵，现在我们又由彩陶和玉器图案得知还存在一种旋目神。由夏商时代的零星考古资料考察，旋目神崇拜延续到了历史时期。这以旋形眼为特征的陌生的神灵，与其他神灵形象明显不同。"旋目神"是我们暂定的一个形象的代称，它本来应当具有自己的神名，只是我们现在一时还不能确知而已。至于它所具有的神格，它在神界的具体职掌为何，究竟是日月星辰之主，或是风云雷电之象，要作出明确的判断还有待知者，有待来日。

[1]苏秉琦：《关于仰韶文化的若干问题》，《考古学报》1965年1期。

苏秉琦先生在他那一篇著名的《关于仰韶文化的若干问题》的论文中，提出了"仰韶文化的庙底沟类型可能就是形成华族核心的人们的遗存，庙底沟类型的主要特征之一的花卉图案彩陶可能就是华族得名的由来，华山则可能由于华族最初所居之地而得名"的论点[1]。到现在为止，还没有一个人对"花卉纹"图案这么重视。"花卉纹"正是我们所论的旋纹，旋纹作为一种图案确实是在华族居住区首创的，可很快它就传播到文化传统并不相同的东夷、西戎、南蛮的祖居之地，这又意味着什么呢？

我们反复讨论的旋纹彩陶，是庙底沟文化彩陶最难开解的一个谜。如果说某种纹饰的出现一定会有它的发展脉络的话，也一定会有一个源起的话，这旋纹我们是真的不容易明白它的由来。

旋纹彩陶流传的范围有如此之大，对于它的传播途径考察起来是比较困难的。我们推测它的传播方式可能是放射性的，是由一地起源后，向周围递进传播。寻找到旋纹彩陶的起源地，就等于寻找到了这个放射源。

在以往的彩陶研究中，研究者曾就仰韶文化几类主要几何形纹饰的由来，进行过非常有意义的探讨，在一定程度上理清了发展演变脉络。当然这种探讨在资料有限的情况下，不可避免地会带有明显的主观色彩，部分认识还有待完善，但人们还是比较乐于接受这些尚欠完备的结论。我们要追索中国新石器时代彩陶上旋纹的起源，面对的也将是这样一种局面，尽管目前还不能获得完满的解释，可又不能不作一些尝试，这是旋纹研究不能回避的一个重要问题。

探究彩陶旋纹来源的努力，过去主要侧重在由写实向抽象演变轨迹的寻找上，所以就有了钩羽纹来自鸟纹、旋花纹来自鱼纹、花卉纹来自玫瑰等说法。的确有不少几何形图案是动植物形图案夸张变形的结果，但旋纹是否如此，还需要仔细研究。现有的旋纹出自鸟、鱼和玫瑰的说法，本来都是可以自圆其说的，可是对于同一个问题作出这样三个完全不同的解释，我们无法判断其中哪一个正确或比较正确，感到还应当从另外的途径进行思考。

我们先就旋纹的表现形式上着手，探求它的由来。旋纹彩陶在彩绘方法上，主要是以阴纹来表现的，这种阴纹绘法，在半坡文化的彩陶上已开始采用。在庙底沟文化时期，以阴纹方式表现的彩陶纹饰并不仅限于旋纹一种，大量的花瓣纹等采用的都是阴纹方式。

再由纹样的结构观察。我们已经知道，在大量的旋纹彩陶中，见到不多的大画面的单体双旋纹，它在庙底沟、大河村、大汶口文化中都有发现。如彬县下孟村、夏县西阴村、郑州大河村、泰安大汶口、邳县大墩子都有这样的双旋纹。旋纹最早出现的形态，可能是单体形式，虽然单体旋纹与复体旋纹一直相始终，但我们不能否认由简单到复杂的发展脉络。严文明先生在讨论庙底沟遗址彩陶各式"回旋勾连纹"的早晚时，根据地层关系提供的证据，也是以结构简单的单体双旋纹为早出的形式[1]。

现在的问题是，这种单体双旋纹是如何出现的。与单体双旋纹共存的还有一种单旋的单臂旋纹，它是双旋纹的半体形式，因为它很明显是构成双旋纹的基本单元，所以称它为单旋纹。这种单旋纹在庙底沟和大河村文化中都有发现，只是在数量上没有双旋纹多，在大汶口文化中也有不多的单旋纹。

我们知道，半坡文化彩陶的基本构成方式主要是直线和折线，而庙底沟文化彩陶则以弧形线为主要表现方式。旋纹又是纯以弧线表现的纹样，所以寻求弧线的出现与变化，也许能够找到一些关键线索。半坡文化晚期，出现了一定数量的以弧形线条构成的纹样，旋纹彩陶的出现在那时已奠定了基础。有研究者注意到在半坡文化晚期，彩陶中弧线、曲线、椭圆、圆点、凹边三角已占有相当大的比例[2]，这就是旋

[1]严文明：《论庙底沟仰韶文化的分期》，《仰韶文化研究》，文物出版社，1989年。

[2]王志俊：《试论姜寨二期遗存的文化性质》，《史前研究》1985年3期。

纹出现的基础。

在这个基础上，我们可以暂时作出保守一点的估计：标准旋纹的出现最早应当是在关中或与它邻近的地区，很有可能是在陇东一带，那里不仅有旋纹演变的完整序列，而且旋纹作为彩陶的传统主题，一直使用到相当晚的时代。旋纹形成的最早时代，当为庙底沟文化早期，年代在距今6000年上下。当然早期阶段的旋纹彩陶标本，现在能确认的还不多，还要等待新的发现。

彩陶旋纹图案的绘制有一定的法则，由于陶工在运笔上彩时，他们要体现的图案全都在那些无彩之处，所以不仅要有统观全局的头脑，而且每下一笔都要心中有数，否则一画之差就可能面目全非。可以体验一下，我们在没有经验的时候，即便是在一页平展的纸张上画出哪怕是一个单元的双旋纹饰，也不是一件轻松的事。当然熟练之后又是另一回事了，虽然不一定画得很美，但基本结构不会出现问题。由此可以推测，史前能够熟练绘制出旋纹的陶工，当时一定具有较高的艺术素养。

就整体感觉而言，大汶口文化的双旋纹和红山文化的单旋与双旋纹绘制最是精工，大河村文化也还不错，只是在庙底沟文化中，除了有许多精品外，也有一定数量的绘制较为草率的旋纹彩陶，用笔没有到位，有时甚至令我们一时不易准确地辨认出来。

在庙底沟和大河村、大汶口文化彩陶上见到的旋纹，不论从艺术表现手法上看，还是从布局结构上看，它都是一种相当成熟的图案。旋纹在彩陶上的出现，似乎较为突然，它的演化脉络也不很清晰。彩陶中各类旋纹出现的时限，根据现有的材料，还不能完全考究明白，不过大致的线索还是可以寻找得到的，我们可以由这个途径探讨旋纹变化的轨迹。

我们将彩陶上的旋纹粗略划分单旋、双旋、叠旋、杂旋和混旋几种型式，它们出现的先后时序，大体是单旋—双旋—混旋—叠旋—杂旋，单旋和双旋为基本型式，其他均为派生纹样，以时代而论，当然是基本型为早，而派生型为晚。单旋和双旋在后来出现频率也很高，但已与早期的纹样有了一些区别。在单旋与双旋之间，哪个出现更早一些，依现有的材料还不能作出准确的判断，从理论上考虑应当是先有单旋，而后才有双旋，但我们还没有找到确切的地层证据来证明。我们主要根据庙底沟文化的彩陶并参照其他文化的资料进行排比，得到了这些初步的认识。

按照排列形式分析，旋纹还表现有"三行"样式的区别，即平行、竖行、圈行。具体排列特点如下：

平行 平行排列的旋纹，一器上绘两个以上的旋纹，纹样的大小和所在的水平高度相同。平行绘出的旋纹还可以细分为连续与不连续两种样式，不连续的旋纹彼此是独立的，中间往往有其他的附加纹饰作间隔；连续的旋纹左旋的上臂延至右旋为下臂，或左旋的下臂延至右旋为上臂，构成比较标准的二方连续图案。

竖行 旋纹彼此互不直接联系，中间也不一定绘有其他的间隔纹样，但排列成类似的二方连续图案。

圜行　数旋纹成圜状排列，一般绘制具备较大圆形环境的浅腹的器内或器盖上，旋臂一般彼此连接，也有互不连接的。

单旋和双旋纹都有"三行"排列形式，多数构图较为简练。杂旋的"三行"样式则复杂多变，出现的时代也晚一些。

旋纹的"三行"样式，以平行样式最为常见，以竖行样式少见，以圜行样式出现最晚。庙底沟文化双旋纹的双股旋臂，一般以上下方式排列，有时旋臂延伸很长，前一旋纹的上旋臂延展至后一旋纹而变为下旋臂，这样的旋纹实际上已具备了标准二方连续图案特征，它是庙底沟文化较为晚出的一类旋纹。这种演变趋势，在大汶口文化彩陶中同样可以看到。大汶口文化晚期不仅见到早期的单体排列的类似二方连续图案的旋纹，而且出现了标准的二方连续旋纹。红山文化中的二方连续式旋纹，时代也较晚。

在发现有旋纹彩陶的一些新石器文化中，旋纹还以其他艺术形式出现在陶器上。善于在陶器圈足部位作镂孔的大汶口人，常用三角和圆孔组成的装饰带，其实多为二方连续旋纹图案，借用的是彩陶旋纹的表现意境。

张朋川先生已注意到仰韶文化的旋纹与陶寺文化旋纹存在着明显的关系，都是以弧边三角为基本结构形式（图谱P.213），说明旋纹在龙山文化时代还在继续运用。这种图案模式在后来还明显影响到青铜时代的铜器装饰，也影响到后来更为晚近的时代。作为一种图案而言，旋纹的影响十分深远，史前陶工所创造的这种图案模式，不仅影响了古代中国人后来数千年的艺术生活，而且也继续为现代中国人的艺术生活注入活力。我们只要稍稍留心一点，在周围的生活中总可以发现旋纹结构模式存在的证据。过去读过一部雷圭元的《中国图案作法初探》[1]，书中详尽研究了古代艺术中的旋纹（他称为太极图形）图案，可以寻出一些演进的脉络来。

在庙底沟文化中，除了那些比较纯粹的旋纹外，在很多情况下与旋纹伴生的还有一些其他图案，主要有呈对生状态的叶片纹和附圆点、弧边三角的圆盘形纹，还有平行线纹等。在大汶口文化中，同旋纹伴生的纹饰与庙底沟文化有一些相似，也存在明显的区别。大汶口文化彩陶虽然见有与庙底沟文化相似的带有圆点、弧边三角的圆盘形纹，可它一般并不同旋纹一起出现。在有些彩陶上旋纹的附加图案并不全以阴纹方式出现，有的也以阳纹方式出现，认读并不困难。

这些与旋纹伴生的图案，在庙底沟文化时期虽然并不是旋纹必定的附加部分，却包含有相当重要的内容。我们在前文已经提到，圆盘形纹最早是出在鱼纹的头部，它是鱼纹的一个重要象征。圆盘形与旋纹一同出现，组成复合纹饰，可见这两者之间的联系非常紧密。将旋与鱼纹联系起来分析，可以认为两者具有相同的象征意义，由它们的相关性作出这样的判断，应当是可以成立的。

为什么这种彩陶纹饰在新石器时代流传的范围有如此之广，维系它生命力的能量是什么？作为一种艺术图案的纹样，它的生命力主要依靠它的象征性维系，而象征性本身，就应当包容着某种特定的认知体系。我以为，在中国新石器时代，旋纹一定

[1]雷圭元：《中国图案作法初探》，上海人民美术出版社，1979年。

具有表现着普遍存在的这样一种认知体系的功能，不然史前居民不可能对它表现出如此浓厚的兴趣，也不会如此普遍地接受它。

如果我们将旋纹只当作一种单纯的艺术表现形式来理解，问题可能比较简单。但是过去的研究并没有如此地简单化，人们论证旋纹来自鸟、鱼或花，以为它与鸟崇拜、鱼崇拜或花卉崇拜有关。现在看来，旋纹并不能认定是这三种自然物的抽象符号，所以将它归纳为某种自然崇拜观念的认识就有了重新定位的必要。要重新对旋纹的象征性进行定位，不是一件容易的事，我们现在无法确知它形成的真实社会与文化背景，所以相关的讨论只是初步的，或者只能算是一些推论而已。

首先我们思考的是，史前人生活的环境中有没有直接表现为旋纹图案的客体。过去一些研究者，包括我自己在内，试图用水的漩涡来解释彩陶上的波纹。我们知道螺壳上的旋形纹理也体现有旋动的特点，不过同水的旋动一样，这些自然状态的旋纹与本文讨论的旋纹毕竟距离太大，我们还得由另外的途径寻找答案。

从旋纹的特点看，它最有可能的是表现着一种运动方式，它不是直线运动，也不是波形运动，而是旋形运动。在史前人类的生活中，对这类旋形运动的观察机会并不缺乏，如纺轮的旋转，陶轮盘的旋转，舞蹈者的旋转等。如果是这一般的旋动，有没有可能激起陶工反复在陶器上进行描述的兴趣呢？好像不大可能。

旋纹应当有它另外的象征意义之所在。还有更大的处于运动状态的物体，它们是包括地球在内的天体。人类对天体运行的观察，应当是在史前时代就开始了，《春秋纬·元命苞》说"天左旋，地右动"，未必就没有包纳史前的认识成果。中国古代天文学关于天体运行方式的描述，有左旋说和右旋说的分歧，以地球为静止状态的观察，所观察到的天体运行为"视运行"[1]。视运行就是直观的体验，不论体验到左旋还是右旋，天体的旋动是无疑的，我同样也以为这种体验最早未必不是出现在史前。

那么，我们不妨作出这样一个假设：彩陶上的旋纹，是用于描述某天体运行方式的。对这类天体运行方式的描述，一方面是来自直接的观测体验，另一方面则来自大脑的加工创造。最值得描述的天体，首选是太阳，这对于农耕文化居民来说是确定无疑的。旋纹可能表达的就是太阳运行的方式，或者还有它运行的轨迹，甚至还表达有某些特别的天象。这样说，还有很重要的旁证，如在有些彩陶上单旋纹的旋心部位，绘有太阳鸟；与双旋纹一起出现的圆形图案内，也有类似太阳鸟的图形。中国新石器文化中普遍见到的旋纹，很可能是太阳（或者偶尔还包括了其他天体[2]）崇拜的衍生图案形式。只有太阳崇拜，才是一个可以令史前不同部族都能接受的观念，也只有这样的宇宙观才能成为广泛接受的认知体系。它不可能是某一文化共同体独自拥有的，这同一的认知模式，同一的表现方式，在黄河流域可能是一个共同的起源，它在关中或是陇东起源，然后向外部传播，它对中国史前文化的发展产生了深远的影响。

看到新石器时代那些大画面的单体旋纹彩陶，我想到有些研究者将时代晚得多

[1]郑文光：《中国天文学源流》，216页，科学出版社，1979年。

[2]天文学家将大量星系划分为若干类型，有椭圆星系和不规则星系，还有一种旋涡星系。旋涡星系又分正常旋涡星系和棒旋星系，整体形状有双旋也有多旋，旋臂的形状与彩陶上的旋纹非常相像。其实整个银河系的结构，也是带有旋臂的旋涡状，它有三条叠旋的旋臂。这样说，并不是为了在旋纹彩陶与旋涡星系之间简单地划上一个等号，我们很清楚，对于星系和银河系的科学观察，是在望远镜特别是射电天文望远镜发明以后，这在远古自然是不可想象的事。不过这种相似，虽然可以看作是风马牛不相及，但却又是那样的不可思议的，我们不能完全不加以理会，希望有研究者对此进行解释。

的石家河文化彩陶纺轮上的单体旋纹，看作是后世太极图的源头。虽然我暂时还无意像有些研究者那样，将太极图形的出现追溯到如此久远的年代，但却相信古代中国人类似的形象宇宙观在仰韶文化时代一定是已经形成了[1]。我们现在熟悉的太极图，最早只能追溯到宋代，我们无法在这隔离了数千年的事物之间划上一个完全的等号。不过，冯时先生讨论太极图的原始，确实是追溯到了史前时代，而且也是将它作为一种宇宙观体系理解的[2]，这就启发我们应当重新认识原始天文学的发展水平。

从艺术表现形式上考虑，彩陶上的多数旋纹都是反衬式图案，陶工们在这一阶段并没有直接绘出旋纹图案，而是采用阴纹来表现，其中是否包含有特别的意义，现在还无从谈起。

我们对新石器时代的彩陶进行了重新解读，认定了过去没有确认的旋纹，并且通过初步研究，认为旋纹涉及中国史前时代已经形成的一个传布极广的认知体系，这很可能是一个宇宙认识体系，或者可能直称为宇宙观体系。对于这个体系的内涵目前还不能完全确定，目前的研究尚处在猜想阶段。论证这个猜想，或者否定这个猜想，相信都不会没有用处。更有意义的是，旋纹装饰并非为史前中国所独有，对于它的研究还有从更大范围考虑的可能。

在很多新石器文化中，尤其是在庙底沟、大河村、大汶口和红山文化中，彩陶上的旋纹常以阴纹形式出现，它迷惑了许多考古学家和艺术史学家，过去人们习惯于按阳纹认读彩陶上的纹饰，对旋纹来说，认读一直是失败的。现在由阴纹模式解读，所有疑问迎刃而解，我们在它出土数十年后刚刚发现它结构非常严谨，是史前陶工最富韵味的创作。

旋纹不是普通的装饰纹样，也不是某一个文化独有的纹样，它的生命力应当来自我们尚不能确知的它的象征性。它不是简单的写实性的象生图案，也不像是由客体直接抽象出来的一般几何形图案。旋纹图案可能隐含着中国新石器文化一个共有的认知体系，是一个目前还不能完全破解的认知体系，我们暂时可以将它假设或猜想为原始宇宙观体系，还有待更深入的论证。旋纹从一时一地形成，在完成起源的过程后，迅速向周围传播，以不变的方式或变化的方式流传，几乎覆盖了中国史前文化较为发达的全部地区。这不单单是一种艺术形式的传播，而是一种认知体系的传播。正是由旋纹图案的传播，我们看到了中国史前时代在距今6000年前后拥有了一个共同的认知体系。

当然，旋目图像也并不是中国古代文化中所独有的现象。北美南部发现的霍霍卡姆（Hohokom）文化就有不少的旋纹彩陶，有单旋也有双旋，构图与中国所见相同（图5-3-5-19）。玛雅文化中的太阳神基尼·阿奥的雕像，螺旋形的眼睛和翅膀形的羽毛披饰是他的象征。他的双手挂在腿上，以体现他的威严。他的旋目，是最明显的标志（图5-3-5-20）。玛雅文化中还有松石太阳神，也是雕刻成一个旋目的人面形象[3]。

类似的旋式图案，在一些古代印第安人的艺术品上也能见到。南美洲秘鲁境内的

[1]过去将古代中国太极图的出现，追溯到石家河文化的彩陶纺轮的研究者，他可能会向前跨出一大步，将我们讨论的在6000年前出现、尔后盛行于各新石器文化的彩陶旋纹作为这个太极图形的雏样，不过论证还有很大的难度。

[2]冯时：《星汉流年——中国天文考古录》，四川教育出版社，1996年。

[3]中华世纪坛：《神秘的玛雅》，北京出版社，2001年。

维鲁河谷，曾是2000年前印第安人的先人莫奇卡人生活的地方，那里发现了许多相关的古文化遗存。1946年美国考古学家在维鲁河谷发掘到一座莫奇卡人的合葬墓，揭示了许多消失已久的秘密。这是一座地位较高的男子的墓葬，与他葬在一起的还有男女长幼四位殉葬者。墓中发现了较为丰富的随葬品，其中一些堆塑着人祭场景的陶罐和武士陶俑尤为珍贵。有一件武士陶俑最是引人注目，因为它包含了太多太多的古代信息，让人觉得它是遗存在历史中的非常难得的一件艺术珍品。

这件武士陶俑顶盔贯甲执盾，虽取蹲跪姿势，却由赭红的脸庞上和圆睁的双目中透出一种慑人的威猛气慨。最值得注意的是武士身上的旋式图案，它的胸甲左右都绘有大架构的赭红色双勾式旋纹图案，旋纹由两条尖首宽尾的弧形线构成，两线

图5-3-5-19 北美霍霍卡姆（Hohokom）文化彩陶上旋纹的演变

图5-3-5-20 玛雅人的旋目太阳神雕像

史前中国的艺术浪潮——庙底沟文化彩陶研究

勾而不连，线间留出的地色又构成另一组旋式图案。武士兜鍪上也有相同的一左一右两组旋式图案，绘法雷同，稍有区别的是胸前的图案呈二方连续的排列样式，而兜鍪上的图案则呈对称排列方式（图5-3-5-21）。武士俑的背甲上可能也绘有双旋图案，但仅由图片上还不能完全确认。

一见这描绘有旋式图案的武士俑图片，我们会产生这样的直觉，这武士俑可能是一尊"战神"，它身上的旋式图案不是普通的装饰，应是它具有神格的特别标志。

写到此处，我们心中会生出一个疑惑来：太阳与眼睛，两者间在神话的域间是否有联系？答案应当是肯定的，两者联系非常紧密。在一些神话中，本来有将太阳视作"天眼"的说法，对此汤惠生先生曾有论说：

> 古代太阳神还往往被绘制成眼睛状，因为在诸多古代神话中，太阳被认为是"天之眼"。如婆罗门教的太阳神，又称"天之眼睛"、"光明制造者"或"世界的眼睛"。在爱尔兰古语中，"sùil"意为眼睛，而该词在其他欧洲语言如立陶宛和拉脱维亚语中意为太阳（saule）。……在古埃及考古中，我们还可以发现太阳神、天神、眼睛和鹰神为一体的证据。……在许多场合下，天神荷鲁思被绘制成一双眼睛的形象，古埃及人认为这双眼睛是"幸福和健康的源泉"。此外古埃及的圣甲虫护身符也是一个太阳与眼睛结合的象征物。这种圣甲虫护身符看上去又像眼睛，亦像太阳（图5-3-5-22）[1]。

图5-3-5-21 南美洲莫奇卡人旋纹人像

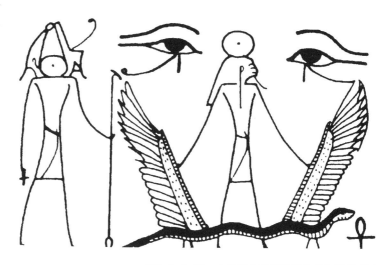

图5-3-5-22 古埃及金字塔壁画上荷鲁斯的眼睛

汤惠生先生接着还提到，在西亚发现了大量雪花石做的"眼睛神"及其庙宇，有英国学者出版过《眼睛女神》一书，在讨论欧洲新石器与青铜时代石刻、骨雕和彩陶纹饰中的眼睛主题时，将"眼睛神"崇拜的源头追溯到西亚地区（图5-3-5-23）。

古代文物上的眼睛图像，看来不可等闲视之。此处还值得提到的是，英文The eye of day和eye of heaven都作为"太阳"一词在诗中使用，指的也正是天眼，也很值得寻味。

旋眼也许与太阳崇拜有着密切的联系，在这一点上，玛雅人为我们提供了一个

[1]汤惠生、张文华：《青海岩画——史前艺术中二元对立思维及其观念的研究》，230~231页，科学出版社，2001年。

图5-3-5-23 西欧"眼睛神"纹骨雕

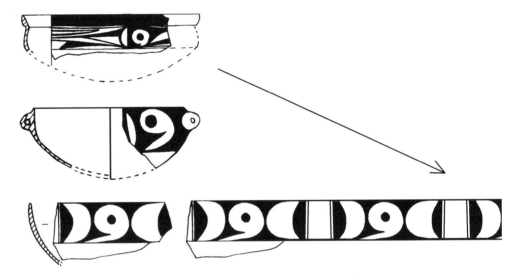

图5-3-5-24 秦安大地湾旋目鱼纹与单旋纹彩陶

证明。生活在旧大陆的庙底沟时代的史前人，也未必不会想象出带有旋目的太阳神来。可惜的是，我们在神话传说中没有见到蛛丝马迹。不过史前玉器和彩陶，弥补了神话中的缺憾，这也是很值得庆幸的事情。

我们的讨论还是要回到鱼纹彩陶上来。我们应当知道，彩陶上其实发现过带有旋目的鱼纹，只是因为发现的数量少，所以没有引起足够的注意。在秦安大地湾遗址半坡文化彩陶上，就见到一例旋目鱼纹，所绘鱼纹的鱼头与鱼体并无特别之处，唯见眼框绘作旋形，眼中点有圆睛。鱼纹的旋目，只带有一条旋臂，属于单旋。这种单旋还作为图案单元与其他的纹饰组合在一起，我们有理由相信它表示的正是鱼眼（图5-3-5-24）。

其实，作为艺术品的旋目之鱼，秦安大地湾的发现也并不是特例。远在埃及，也发现过古代旋目琉璃鱼，鱼的眼睛被做成旋转的样子，也是取单旋的样式（图5-3-5-25）。有些特别的是，琉璃鱼的鱼眼旋动的是眼仁，而中国彩陶上的鱼眼旋动的是眼框。

我们知道，在一般的动物中，并不存在旋目。虽然在古代称一种鸟为"旋目"，

图5-3-5-25 古代埃及的旋目琉璃鱼

它就是朱鹮，但也只是眼外有旋形排列的羽毛而已。鱼是不会有旋目的，鳄也似乎没有旋目，旋目只可能是一种想像的结果，这想像也许真的与作为天之眼的太阳有关，那这旋目也就一定是与太阳崇拜有关。我们所说的旋目神，会不会就是远古的太阳神呢？

四　意符：无象之象

经过了观物取象、得意忘象的过程之后，造型艺术还有一个境界，这便是"无象之象"。前面我们已经提及，得意忘象在很多艺术家看来，已经是至高的境界，而无象之象，则可以看作是这种至高境界的一种异化。或许可以说，真正的至高境界，是这种无象之象的境界。无象之象，不仅是艺术发达的历史时期的境界，在史前艺术中也有这样的境界。在庙底沟文化彩陶上，这样的境界就有体现。

形已隐，神已藏，仅存意象而已，这便是无象之象。

在绘画艺术表现中，如果描绘的对象是一个动物，画出动物的全形，当然是最完整最明确的体现。不过对于史前人来说，这样的做法并不被认为是到处都适用，也不被认为是最可取的方式，完全的形似并不一定是追求的目标，其实也是不可能达到的目标。他们常常会采用更简单的表现形式，通常是只描绘动物的一个特定的部位，或者就是一个约定的部位。这个特别表现的部位可以是动物的头面，也可以是动物的眼睛，甚至可以是动物无头的身体或身体的某一特别受关注的部分。艺术表现的境界，即使是在史前时代，也还有更高的追求，当绘画在表现动物特别部位的时候，还会有明显的夸张变形，有时或者会完全迷失原形，最终绘出的也许只是一个约定的符号而已。

这样一个约定的符号，便是无象之象的艺术境界，后世所谓的"大象无形"，也就是这样一种境界的深化。

1.纹饰的简化

[1]中国科学院考古研究所编：《西安半坡》，185页，文物出版社，1963年。

史前彩陶纹饰的变化规律，自西安半坡遗址发掘获得大量的鱼纹开始，就被认为是由写实到抽象、由象生形演变为几何形纹饰。《西安半坡》报告排列出了半坡鱼纹由写实到抽象的几何形纹饰演变图示，认为"有很多线索可以说明这种几何形花纹是由鱼形的图案演变而来的"[1]。严文明先生也认为"半坡彩陶的几何形花纹是由鱼纹变化而来的，庙底沟彩陶的几何形花纹是由鸟纹演变而来的，所以前者是单纯的直线，后者是起伏的曲线。……把半坡期到庙底沟期再到马家窑的蛙纹和鸟纹联系起来看，很清楚地存在着因袭相承、依次演化的脉络。开始是写实的、生动的、形

[1]严文明：《甘肃彩陶的源流》，《文物》1978年10期。

象多样化的，后来都逐步走向图案化、格律化、规范化"[1]。这里说的格律化与规范化的纹饰，显然指的是失去了象生形体特征的纹饰。

我们本章的论述，有许多是围绕鱼纹的演变展开的，将鱼纹的变化重点分为头部、尾部和眼部几部分进行观察。虽然鱼纹的几何化过程在研究者的眼中并不完全相同，但我们这里所说的简体鱼纹却是可以看作是这种几何化过程中的一个重要环节的，在这一点上大概不会有什么明显分歧。用典型鱼纹作观照，简体鱼纹将鱼头省略成了一个圆点，保留下来的只是剪刀式的鱼尾，鱼身完全不见了。简体鱼纹的鱼尾变化倒还不是很大，与典型鱼纹并没有太大不同。但是如果独立观察，会觉得简体鱼纹的鱼尾变化也非常大，鱼尾不仅绘得很长，分叉也很大，就像是两片柳叶。好在典型鱼纹上也有这样的鱼尾，我们可以很有把握地将它认定为鱼纹，而且在同一遗址两种鱼纹都见到过，辨认并不是很困难（图5-4-1-1）。

[2]石璋如：《关中考古调查报告》，《历史语言研究所集刊》第二十七本，1956年。

很明显，从图案构图的角度来说，简体鱼纹是在借鱼尾表示鱼的全形。如果没有典型鱼纹作观照，我们要将如此简化的图形认定为鱼纹会是很牵强的事。事实上，这类简体鱼纹在20世纪40年代的关中地区考古调查中就已经发现，石璋如先生在调查后的10多年后公布了资料[2]，不过当时并没有辨认出，陶片上只有一外圆点和两个尾尖，即使是现在要看明白纹饰的内容也很难，何况那时连典型鱼纹彩陶都还没有见到（图5-4-1-2）。

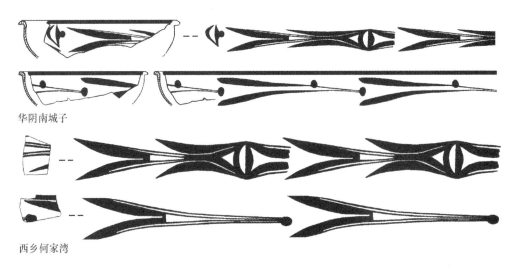

华阴南城子

西乡何家湾

图5-4-1-1 彩陶上典型鱼纹与简体鱼纹共存举例

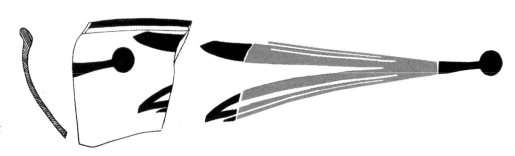

图5-4-1-2 邠县老虎煞简体鱼纹彩陶

在前面我们已经指出，彩陶上简体鱼纹出现的最早时代，可能是在半坡文化晚期，发现的数量也极少，只有一二例。也是因为发现太少，所以现有的资料也让我们有些怀疑它的可靠性。如果这一二例忽略不计，那简体鱼纹可以说是专属庙底沟文化彩陶的。

庙底沟文化彩陶的简体鱼纹与典型鱼纹具有共存关系，它们的时代并无明显距离。在有的遗址，见到两类鱼纹共存的例证，这一点我们在前面也已经作了说明。我们可以作一个推测，简体鱼纹是由典型鱼纹演变而成，是鱼纹的最简化形式。简体鱼纹简化到只存鱼尾，鱼尾拉伸得很长，作了明显夸张处理。

虽然由典型鱼纹到简体鱼纹的演变脉络可以推测出来，但要寻找到两类鱼纹之间的中间形态，这个过程似乎并不那么容易，这是证明这种演变发生过的坚实证据。目前这样的证据我们还没有发现，相信这只是迟早的事。尽管如此，我们由简体鱼纹的变化，还是可以寻找到一些渐变迹象的。将典型鱼纹和简体鱼纹进行比较，可以看出两者在形态上的距离并不小。我们怀疑两者之间一定有具备过渡特征的鱼纹形态。一般简体鱼纹的鱼尾，较典型鱼纹鱼尾的分叉明显，但从个别例证看分叉也有不很明显的，这是表明两者之间具有密切联系的关键点。再进一步观察，会发现多数简体鱼纹的鱼尾呈反剪形，像是反装的两片剪刀，上下都有一条单线勾勒，一直延伸到与圆点形的鱼头连接，这是标准的简体鱼纹样式。但还有更明显变形的简体鱼纹，鱼尾已经不再是那种剪刀样式，更像是飘扬的两片树叶，上下勾勒的线条也省略了（图5-4-1-3）。

在临潼姜寨遗址，见到典型鱼纹与简体鱼纹共存一器的例证。在一件小型尖底器上绘有并列的两类鱼纹，左为简体鱼纹，右为典型鱼纹。有意思的是，两类鱼纹绘作跳跃状，不过其中的简体鱼纹比一般的简体鱼纹要复杂一些，而典型鱼纹又比一般的典型鱼纹更简略一些。这主要的区别在于简体鱼纹的头部并不是常见的一个圆点，而是在圆圈中绘一圆点；典型鱼纹鱼体完全省略，只是鱼头与鱼尾结合在一起（图5-4-1-4）。

姜寨遗址这件器物的年代，正好是在半坡文化晚期，在庙底沟文化之前。根据姜寨的这个发现，我们可以绘出两种过渡形态的鱼纹（图5-4-1-5），由典型鱼纹向简体鱼纹演变的中间形态有了，演变的完整图式也就有了。

有一种观点认为，几何图案来自于写实图案的简化，为何有这样的简化，技术的原因还是其他？也有人认为并非如此，两者其实是同时并存的，弗朗兹·博厄斯就这样认为。"象征的表现手法还倾向于把形象加以简化，结果成为非常简单的示意图。……有些民族的艺术介于象征和写实之间，结果就出现了写实形象和简化纹样同时并存的现象"[1]。从彩陶的典型与简体鱼纹并存的事实看，这个认识似乎是可取的。当然写实与几何纹饰的并存，也不能完全否认它们之间的联系，两者之间不一定就没有演变关系。更重要的是，简体鱼纹在时间的整体分布范围上，是明显晚于典型鱼纹的。从这个意义上说，两者的共存是有限度的，这种共存是纹饰演变过程中的特殊

[1]〔美〕弗朗兹·博厄斯著，金辉译：《原始艺术》，96页，贵州人民出版社，2004年。

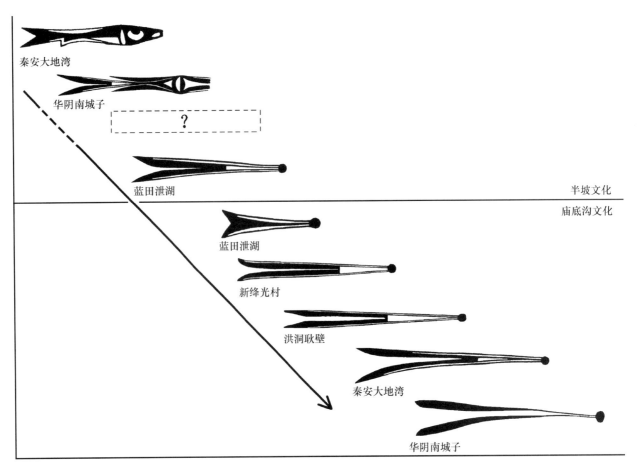

秦安大地湾

华阴南城子

?

蓝田泄湖

半坡文化
庙底沟文化

蓝田泄湖

新绛光村

洪洞耿壁

秦安大地湾

华阴南城子

图5-4-1-3　彩陶上典型鱼纹到简体鱼纹的演变

现象。

　　弗朗兹·博厄斯就如何判断写实与几何纹饰的关系,还有这样的论述:

[1]〔美〕弗朗兹·博厄斯著,金辉译:《原始艺术》,81页,贵州人民出版社,2004年。

　　　　我们在研究工作必须努力查明各种纹样的分布情况和不同的部落对于同样的纹样是如何理解的,研究的结果如果发现同一纹样在相当广大的地区具有同样的含义,甚至发现在一个国家的中央地区较为常见写实的纹样,而在这个国家的边远地区较为多见非写实纹样,所有纹样的含义都是相同的,就可以有充分的理由判定,非写实纹样的形式起源于写实的表现艺术。相反地,如果经过研究发现,写实的和非写实的纹样是无规律分布的,而且互相类似的纹样其含义并不一致,那就说明非写实纹样不大可能是从写实纹样发展而来。这样就应该在两种可能性之间抉择,要么就是某种纹样逐渐在整个地区传播开来,并且不同的民族独自赋予了这种纹样一定的含义——换言之,是先有纹样后有含义,要么就是那些本来是多种多样的写实形式在某种主导地位的艺术风格的影响下,逐渐变成相同的非写实纹样[1]。

　　这就是说,要判断某种纹饰由写实向几何化的发展,不仅要看几何纹饰的构图是否相似,还要注意纹饰的含义是否相同。博厄斯特别强调了这种含义的作用,他说

图5-4-1-4 临潼姜寨彩陶上共存的典型鱼纹与简体鱼纹

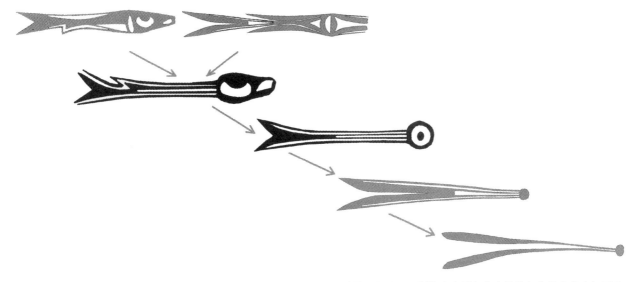

图5-4-1-5 彩陶上典型鱼纹向简体鱼纹演变的中间形态

[1]〔美〕弗朗兹·博厄斯著，金辉译：《原始艺术》，59页，贵州人民出版社，2004年。

"在原始人的艺术中存在着两种因素，一种是单纯的形式因素，只靠形式给人以艺术享受；另一种是形式本身具有某种含义，在这种情况下，含义就赋予艺术品以更高的美学价值。这是因为在含义的艺术品的内涵因素更为丰富，或者是由于制作者的艺术活动本身就具有美学价值"[1]。

博厄斯还指出，要讨论某种纹样由写实到简化的几何形是非常困难的，从他的论著中看，他并不倾向于赞成纹样由写实到几何形演变的观点。但不论怎样看，几何纹样都是装饰艺术中更高的境界，它的来源始终是研究者关注的焦点之一。对于许多研究者来说，这也是研究彩陶含义的一个必由的路径，因为我们见到的彩陶装饰最多的还是几何纹样。关于彩陶意象的研究，过去有学者作过一些努力，研究者从不同的角度探讨彩陶的含义，探讨纹饰的象征因素，提出了一些很有见地的认识。对于彩陶中一些典型纹饰由写实向几何化演变的探索，也发表了不少肯定性的意见。尤其是对于鱼纹的研究更是深入，很多学者都相信鱼纹经历了由写实向几何化发展的变化过程。

人类善于制造和使用各类符号，用符号交流思想和认识事物，表达特定的含义，传递丰富的信息。所以有人说，制造和运用符号是人类的基本特征之一，这也是人类文化的重要体现。彩陶上大量的几何纹饰，其实大多都是这样的人造符号，而且不少符号都是由写实的纹饰简化而成。一个符号制作出来的同时，也经历了认同的过程，只有认同的符号才有传播信息的功能。一旦那些最早的模仿因素被历史的选择完全淘汰，它就完成了一个从量变到质变的过程，程式化的符号也就不再是模仿对象的再现，而成为一种逻辑式的抽象表现。彩陶鱼纹的变化，也正是经历了这样的符号化过程，后来虽然还会有鱼的含义，但是它却并没有了鱼的形态。

我们在这一节里讨论的简体鱼纹，已经基本上失去了鱼的本体形态，虽然它还给人有动物的模糊印象，但独立地观察时，我们并不能确指它是何种动物。彩陶鱼纹在整体上的演变，基本上是循着两条脉络，一是线形的，一是块形的。简体鱼纹的演变可以列入线形类构图，下文将要讨论的，则是鱼纹块形类构图的演变例证。

2. 无形之象

在史前艺术中，有一些半人半兽的艺术形象，不论是彩陶上还是刻画纹样上，这样的形象都被我们认作是神面，是神灵人格化的偶像。这样的神面，表现有特别的恐怖感，你觉得它像人，但并非是人。神面的狰狞模样，在史前艺术的表现上大约是一个通例。圆瞪的大眼，龇出的獠牙，恐怖之态令人惶惑。这样的神面，是史前人制作的神灵的简化图形，它并不只是表示一个头面，而是以头以面代表神灵的本体，头面是神灵完形的一个象征，是一个简约的造型。

研究者比较关注的有像良渚文化玉器上雕刻的那些神面，神面装饰在一些玉牌、玉戉和玉琮等礼器上，神面刻有向上与向下龇出的獠牙，显出庄重与威严之感（图5-4-2-1）。从良渚人制作的神面看，有的神面是有体有面的完形，而大多都是简化的只有嘴与眼的脸面。大量的神面都是这样简化的结果，而最经典的简化，就是最后只留下了神的一双眼睛。玉琮上许多的神面，只有眼或嘴的刻画，或者连嘴也不见了（图5-4-2-2）。这样看来，对于良渚人来说，神的眼睛应当是最受他们关注的。

此外还有若干件收藏在各地博物馆的传世品玉神面，是研究者经常提到的一些藏品，如美国福格美术馆收藏的一件，旧金山亚洲艺术博物馆收藏的一件[1]，也都有龇牙瞪眼的模样。这些收藏品的年代并不容易确定，有的可以早到新石器时代，有的可能晚到商周之际。商周遗址出土的同类玉器往往被归入新石器时代。最值得关注的是新近在山西曲沃羊舌村西周晋侯大墓中出土的一件神面玉饰[2]，玉神面扁平形，正面阳刻狰狞兽面，臣字形大眼，上下均有一对獠牙龇出。这样的一些玉神面，虽然多数都有冠饰，有的甚至还有包括珥饰在内的细致刻画，但都只是一个头像，也都合于以头代体的神灵图像制作传统（图5-4-2-3）。

当然更早的发现，是湖南黔阳高庙陶器上刻画的神面[3]，那神面的构图已是非常完整，也已经是很固定的形态，也都显露着龇出的獠牙，狰狞之态跃然眼前。发掘者将这个遗址早期遗存命名为"高庙下层文化"，年代早到距今7000多年前，这是中国史前陶器上见到的年代最早的神面刻画。虽然是在7000年前，有的神面也已经相当简化，简化到只留下一张龇着獠牙的嘴（图5-4-2-4）。这与后来的良渚文化显得不同，良渚人简化的神眼已经没有了狰狞的模样，而高庙人简化的神面因为獠牙尚存，依然还显现着狞厉的神态。

狰狞的神面，也偶尔出现在彩陶上。半坡文化的彩陶上见过这样的神面，不过以往研究者似乎不大在意这个发现。在陕西临潼马陵遗址的一件陶瓶上，绘一戴着尖顶帽的神面，一双圆圆的大眼，宽大的嘴角向上龇出一对大獠牙。神面的左右，还绘有一对倒立的大鱼（图5-4-2-5）。不用太仔细地观察，我们就能作出一个明确的判断，半坡文化彩陶上的神面纹，与高庙下层文化以及良渚与龙山文化中的神面纹，并没有什么明显的不同，若大的獠牙是共同的特征。不同之处是那两条附加的鱼纹，这是一个很重要的提示，它告诉我们，半坡文化这样的神面，一定与鱼有着密切的关系。这也就是说，它与鱼崇拜有关。

令我们感到有些疑惑的是，半坡人绘在彩陶上的神面，至今仅见到马陵遗址的这一例。后来的庙底沟文化彩陶上，也没有见到类似的神面图像。彩陶上的神面为什么如此之少呢？最可能的解释是，半坡与庙底沟人一般并不在彩陶上描绘神面，即使要绘出这类神面，或者只是绘成简省的样式，以简化的图像作替代。到底神面图像减省到什么程度，是保留眼睛还是獠牙？这些目前并不能了解得很清晰，这个问题的解决，还需要更多的论据和更细致的论证。

上列史前艺术品上的神面例证，大多只是一个头面，是以头代体的一种艺术表现形式。不仅是以头代体，更简化的形式是以目代体或以牙代体等等。也有一些例子告诉我们，有的象形纹样会省略动物的头部，只绘出身体，是以体代形。这样的

[1]两器转引自张长寿：《记沣西新发现的兽面玉器》，《考古》1987年5期。

[2]李建生、王金平：《浅论山西出土的玉器》，《文物世界》2006年5期。

[3]湖南文物考古研究所：《湖南黔阳高庙遗址发掘简报》，《文物》2000年4期；贺刚：《中国史前艺术神器的初步考察》，《长江中游史前文化暨第二届亚洲文明学术研讨会论文集》，岳麓书社，1996年。

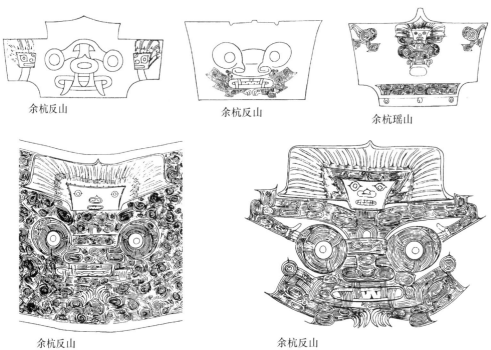

图5-4-2-1 良渚文
化玉器上的神面纹

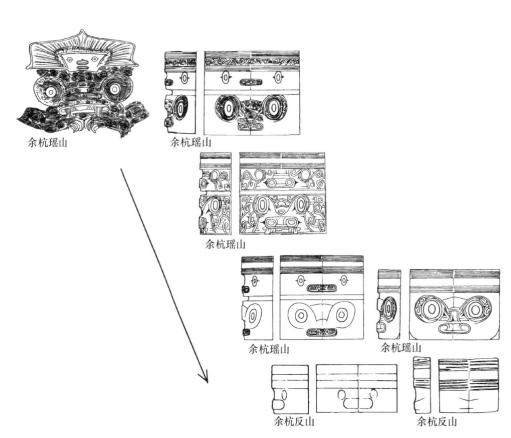

图5-4-2-2 良渚文
化玉器上神面纹简化
趋势推测

美国福格美术馆藏

台北故宫博物院藏

曲沃羊舌村

美国旧金山亚洲艺术博物馆藏

图5-4-2-3 夏、商、周三代玉雕神面纹

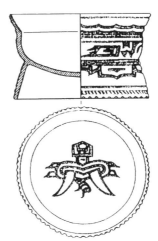

图5-4-2-4 黔阳高庙7000年前史前陶器上刻划的神面纹

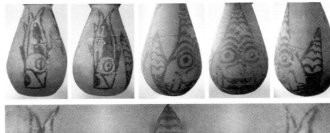

图5-4-2-5 陕西临潼马陵半坡文化神面纹彩陶壶

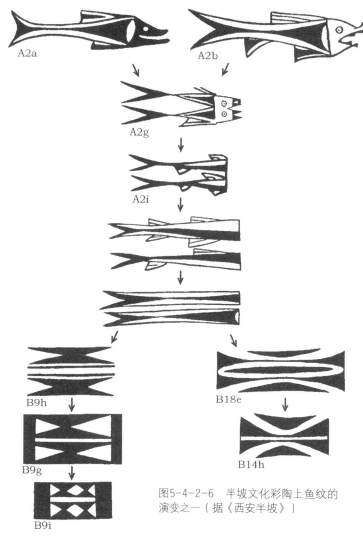

A2a

A2b

A2g

A2i

B9h

B18e

B9g

B14h

B9i

图5-4-2-6　半坡文化彩陶上鱼纹的演变之一（据《西安半坡》）

[1]张朋川：《中国彩陶图谱》，文物出版社，1990年。

"体"，既有象形的，也有变形为几何形的。前面提及的无头鱼纹，便是典型的以体代形，这里还要提到的变体的以体代形，依然是以鱼纹为例。

当"体"也失去了原型的时候，图形就完成了一次升华，这便是我们所说的"无形之象"。原型已不存，但原本的意义却依然保留着，也就是说外形虽然已经改变，但象征意义并没有改变。象征类纹饰完成几何化的转变之后，会焕发出一种新的魅力，这也许是彩陶几何纹饰吸引人的力量之所在。

我们在半坡文化彩陶上见到的黑白相间的菱形纹，石兴邦先生认为它可能是鱼体纹饰演变来的。石先生在《西安半坡》报告中绘出了一些演变图式，认为是无头的鱼体纹演变成了黑白相间的菱形纹（图5-4-2-6）；是半黑半白的鱼身纹被几何化以后，变成了黑白相依的菱形纹（图5-4-2-7）。这两种菱形纹小有区别，以后一种构图更加典型，流行的范围也更广一些。

张朋川先生也认为菱形是鱼纹中鱼体的几何化图形，他在《彩陶图谱》中讨论鱼纹的演变，也绘出了一些图式，有的大体与石兴邦先生的图式相同（图5-4-2-8）。不过张先生并没有将这样的构图称作菱形纹，而是名之为"对三角纹"。对于这种纹饰的演变过程，他有这样的推测：

　　有的鱼身纹的鱼鳍的尾都简化成上、下对称的直角三角纹。这种对向的鱼身纹又复合成上、下、左、右都对称的三角纹，后来又演变成由上下对置的弧边三角与左右对称的两个直角弧边三角纹相接，在陶地上形成左右相反的斜向的叶形阴纹。另一种以黑白对半的三角形鱼身纹，复合成黑白相间的直角三角纹组成的几何图案。后来还演变成由黑白相间的弧边三角形组成的梭形图案。这种等量的黑白相间的阴阳纹组成的图案，虚实相生地对立统一，具有耐人寻味的艺术魅力[1]。

彩陶上的菱形纹，黑白相间，均衡对称，构图非常严谨。乍一见觉得它不大像是那古老时代的作品，它甚至勃发着一种现代感，我们也许怀疑，这样的机巧构图怎么会出自史前陶工的手笔？

一点也用不着怀疑，这是彩陶时代的一个杰作。不论在半坡文化还是在庙底沟

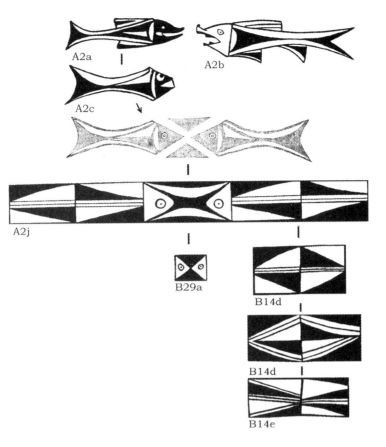

A2a

A2b

A2c

A2j

B29a

B14d

B14d

B14e

图5-4-2-7 半坡文化彩陶上鱼纹的演变之二（据《西安半坡》）

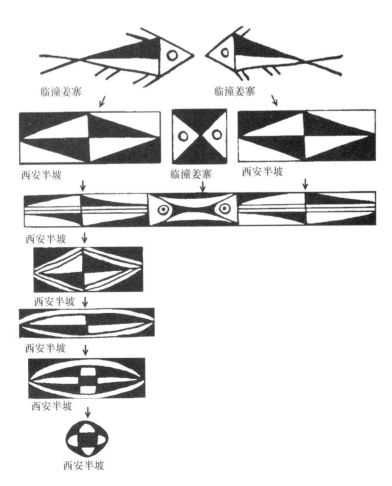

临潼姜寨

临潼姜寨

西安半坡

临潼姜寨

西安半坡

西安半坡

西安半坡

西安半坡

西安半坡

西安半坡

图5-4-2-8 半坡文化彩陶上鱼纹的演变之三（据张朋川《彩陶图谱》）

文化中，彩陶上都见到这种精彩的菱形纹，菱形的构图与色块的组织也都相似，艺术表现手法一脉相承，表明它们应当具有同一的来源（图5-4-2-9）。当然这种继承也并非是一成不变，庙底沟文化彩陶的菱形纹显得更为丰满，纹饰单元之间常常添加有另外纹饰组成的隔断，看起来显得更加多姿多色。

　　我们大体也相信，彩陶上美妙的菱形构图的来源可能是与鱼体图形有关，但是我们也不必回避这样的问题，在象征鱼纹向菱形图案演变的过程中，还是缺乏足够的中间图案形态的证据。菱形纹与鱼纹之间，过渡的间隔显得跳跃还是太大了一点。

　　不过甘肃的合水一处遗址见到了与鱼尾同在的菱形纹，透露出它们之间的密切关系。这件彩陶标本见载于郎树德先生的《彩陶》一书[1]，它其实是在一个简体鱼纹的前面，连接着一个还并不完整的菱形纹。特别要注意的是，画面上出现的菱形纹，仅仅是两个斜向对称的直边三角形纹，另外的两个直边三角其实并没有将斜边用线条封闭起来，我们要想象出这条边的存在才能体味出完整的菱形纹来，我想可以称它为"会意的"菱形纹（图5-4-2-10，下）。这件彩陶的时代，应当属于半坡文化。会意的菱形纹比起完整的菱形纹，显得更为生动含蓄，更富于艺术感。这样的纹样构成非常独特，但也并不是孤证，类似的发现还可以举出一例，它出土自临潼姜寨遗址，是一件彩陶钵残片。由残片上纹饰复原出的结构，与甘肃合水所见完全相同，也应当是在一个简体鱼纹前面，绘着一个会意的菱形纹（图5-4-2-10，上）。这件彩陶片上的鱼纹虽然残缺，但我们相信它原本大约是一个简体鱼纹。

　　这两个证据也许至少可以说明，菱形纹与鱼纹有割不断的联系，这联系很明确，也很紧密。过去推断鱼纹向菱形纹演变的种种努力，似乎都还有欠完满之处，但是现在有了这样的证据，即使过去的推论并无可取，也不能否认鱼纹与菱形纹的紧密联系。我们虽然还不能非常肯定说，菱形纹就一定是鱼纹某个部位的几何化图像，但却可以认定菱形纹所指代的就是鱼纹，彩陶上的菱形纹一定具有鱼纹的含义。

　　这样一来，我们似乎可以将菱形纹的出现，理出更清晰一点的脉络来。虽然菱形纹至少有四种小有区别的样式，但彼此应当是互有联系的，它们应当都是鱼纹的替代纹饰。周边没有衬托色块的菱形，是单纯的菱形，也可以说是基本的菱形构图。这种独立的菱形纹虽然并不多见，但却很典型，我们将它归为a式。a式来源于更简单的两个斜对称构图的直边三角，在这个构图基础上用边线连接成另一对斜对称的地纹直边三角，就构成了一个典型的菱形纹，我们在前面已经提及。b式菱形纹是a式的扩展，是在a式的外围再结出相应的直边三角，将菱形纹包纳在中间。画工在绘制图案时，特别注意到将黑白（红）两色交错分布，构图井然。当然，没有这样的双色交错，也不可能构成对称的菱形纹。a式与b式一样，在菱形的中间，留有横向的分割带。c式和d式却没有这样的分割带，斜对称的色块紧紧连接在一起。在菱形外围构图上，c式与b式完全相同，它的外围也是用交错的黑白三角纹包围着。从c式到d式又有变化，菱形的构图相同，但外围包裹的不再是交错的黑白三角纹，而是衬着一个全黑的背景（图5-4-2-11）。

[1] 郎树德、贾建威：《彩陶》，彩图22，敦煌文艺出版社，2004年。

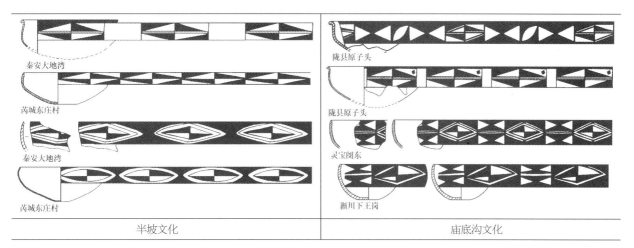

图5-4-2-9 半坡文化与庙底沟文化的菱形纹彩陶

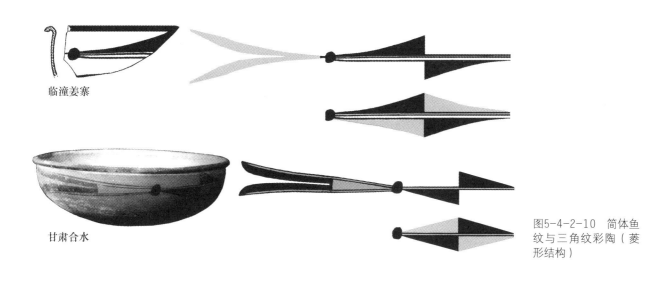

图5-4-2-10 简体鱼纹与三角纹彩陶（菱形结构）

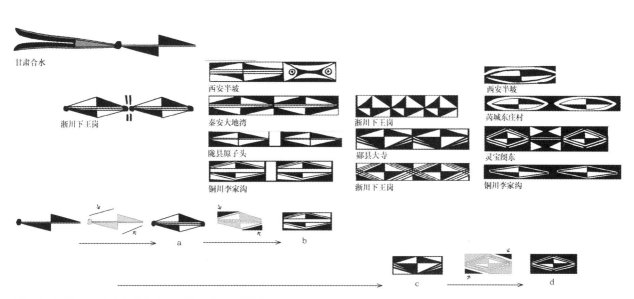

图5-4-2-11 彩陶上鱼纹向菱形纹演变的另类推测

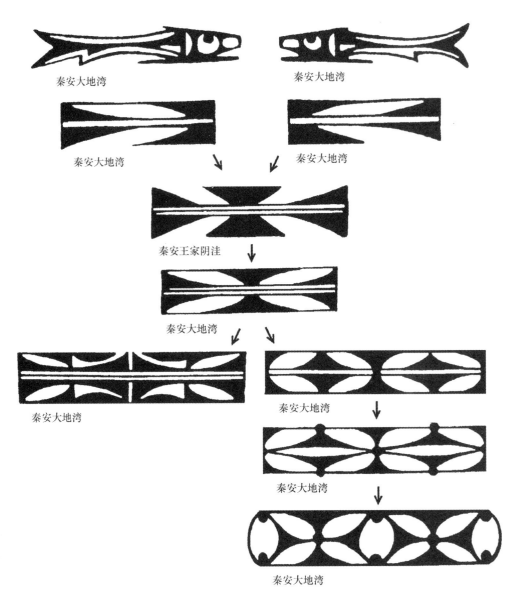

秦安大地湾　　　　　　　　　　秦安大地湾

秦安大地湾　　　　　　　　　　秦安大地湾

秦安王家阴注

秦安大地湾

秦安大地湾　　　　　　　　　秦安大地湾

秦安大地湾

秦安大地湾

图5-4-2-12　半坡文化彩陶上鱼纹的演变（据张朋川《彩陶图谱》）

末了还要提及的是，张朋川先生还认为四瓣花图形也是鱼体的几何化结果，这又是一个值得关注的切入点（图5-4-2-12）。如果真的如此，这是一个生动的以体代形的例子。不过我们觉得，四瓣花的构图应当另有来历，张朋川先生绘出纹饰演变图上，在最关键的环节上明显缺乏连贯性，分析还局限在推测的层面上。

写到这里，我们对鱼纹彩陶的认识可以说又进了一步。鱼纹在彩陶上真好似一个百变金刚，它留存在彩陶上的面孔原来有如此之丰富。关于它的演变轨迹，我在后文还会有一个小结，由此可以看出鱼纹在彩陶中所占据的重要位置，也可以看出它在半坡和庙底沟人心目中的重要位置。

3. 形离神存

鱼纹构图的变化多端，在彩陶上有许多线索可寻，而变化最大的当然还是在鱼纹的头部。鱼纹的头形、眼睛和嘴形，都有许多变化，变化后的图形完全几何化之后，又被作为新纹饰元素进行重新组合，与原有的本体纹饰有了明显不同，呈现出全新的面貌。

从半坡文化彩陶的完形鱼纹头部，可以看到一个弯角状的飞白形状，它表示的是鱼张开的嘴。半坡鱼纹嘴形有一些变化，其中有一种为黑白对比式，也是弯角状，但绘成一黑一白的样子，形成鲜明的对比（图5-4-3-1）。纹饰重新组合之后，不仅鱼纹的眼可以单独为纹，鱼唇轮廓也是彩陶表现的一个重要主题，也可以单独作为纹饰元素使用。这种经过变形处理后的鱼唇轮廓，后来演变成广泛传播的"西阴纹"。因为"西阴纹"脱离鱼纹本体以后，是以反复循环的二方连续构图出现，它已经完全没有了鱼纹的特征，成了一种非常简练的符号。

鱼纹嘴唇部的变化，比起鱼身和鱼尾来，有时夸张变形得不可捉摸，如果不看附图，我们很难作精准的文字描述（图5-4-3-2）。最有特点的变形鱼唇纹，是一种左右对称但一黑一白（红）的弯角状图形，它已经完全失去了鱼唇的轮廓（图5-4-3-2,b）。这种纹饰组合特别耐人寻味，它其实是两组互衬图形组合，上面是对称的弯角形，下面是对称的半弧形，都是一黑一白（红）地互相衬托，构图非常严谨。这种衬托与对比，不仅发生在同组纹饰之间，也表现在两组纹饰之间，与前文讨论过的黑白相间的菱形纹有异曲同工之妙。

将这类鱼纹中的嘴唇纹饰提取出来，仔细观察一番之后，我们会有更多的发现。首先我们会发现，那典型的人面鱼纹的阴阳头，也许启发了当初画工的灵感，类似的鱼唇样式似乎是借用了这个构图，两相比较，非常接近（图5-4-3-3，a）。鱼唇纹提取出来后，又被作为新的元素，重新构成另外的纹饰，最典型的是取用这种元素再作一次对称构图，有时还是以斜对称的方式出现，表现手法相当灵活（图5-4-3-3,b）。有时鱼唇纹会与其他纹饰组合，以更加复杂的形式出现（图5-4-3-3,c）；有时又只用这一种纹饰构图，绘出简单的二方连续图案（图5-4-3-3,d）。

彩陶鱼纹唇部的变形与元素提取，大大丰富了庙底沟文化彩陶的艺术表现力。在许多彩陶盆的腹部和唇面上，都见到了这样特别的鱼唇纹，也常常都是明显的黑白对称形式。这种对称，有时又以类似倒影的形式出现，有一种特别的韵味。不过当观察这类标本到一定数量时，会发现当我们的视线只落在地纹上时，这鱼唇纹其实是两种元素的组合，一是弧形边的叶片，一是一端齐一端尖的弯角（图5-4-3-4）。这样的组合，在秦安大地湾遗址的那件人形彩陶陶瓶上也能见到，人形满绘的纹饰，主要就是圆盘形纹与鱼唇形纹，都是变体鱼纹头部见到过的元素。这样看来，这件彩陶瓶对于史前人而言，就是一件图案已经几何化的鱼纹瓶（图5-4-3-5）。

鱼唇轮廓上的弯角状图形，我们并不陌生，它就是所谓的"西阴纹"。在半坡文化中，由独立的弯角状元素作二方连续图案的彩陶并不多见，但到庙底沟文化时期，这种被学者称为"西阴纹"的纹饰传播的范围就相当大了，构图也发生了一些变化，增加了一些修饰（图5-4-3-6）。

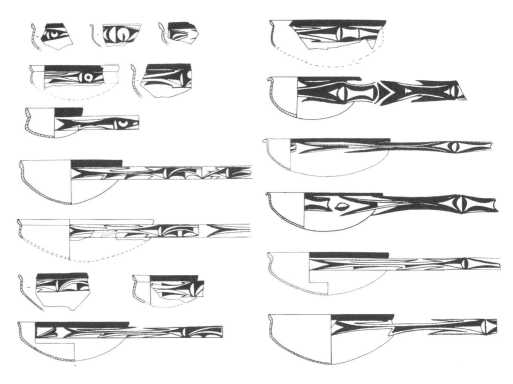

图5-4-3-1 彩陶上
鱼纹鱼头及鱼嘴形状
的变化

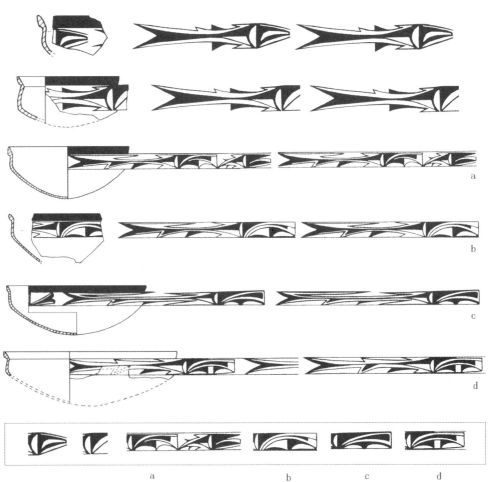

图5-4-3-2 彩陶上
鱼纹嘴部的变形处理

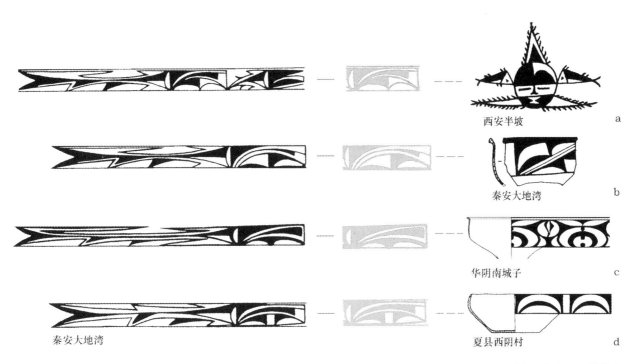

西安半坡   a

秦安大地湾   b

华阴南城子   c

秦安大地湾   夏县西阴村   d

图5-4-3-3　彩陶上鱼纹唇部的变形与元素提取

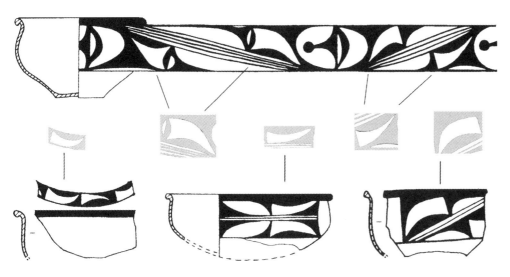

图5-4-3-4　秦安大地湾半坡文化彩陶上的"西阴纹"因素

　　我们在大地湾遗址半坡文化彩陶中发现了不少"西阴纹"因素，但它在多数情况下并没有单独出现，更多地保留有鱼唇纹的构图。庙底沟文化彩陶中的"西阴纹"就不同了，它更多的时候是独立成纹，组成二方连续纹饰，当然也会增加一些将要的附加纹饰，构图也有诸多变化。庙底沟文化彩陶典型的"西阴纹"主要有两式，一式是纯粹的二方连续构图，没有任何附加元素，另一式增加了隔断，隔断的变化很多（图5-4-3-7）。

　　对于具有弯角形状的"西阴纹"，它的来历真的是让人百思不得其解。经过这样的观察之后，我们觉得"西阴纹"就是由鱼唇轮廓变化而来。从另一个角度看，它又可能与人面鱼纹有关，是由人面头形取舍的一个结果。对于"西阴纹"的研究，过去

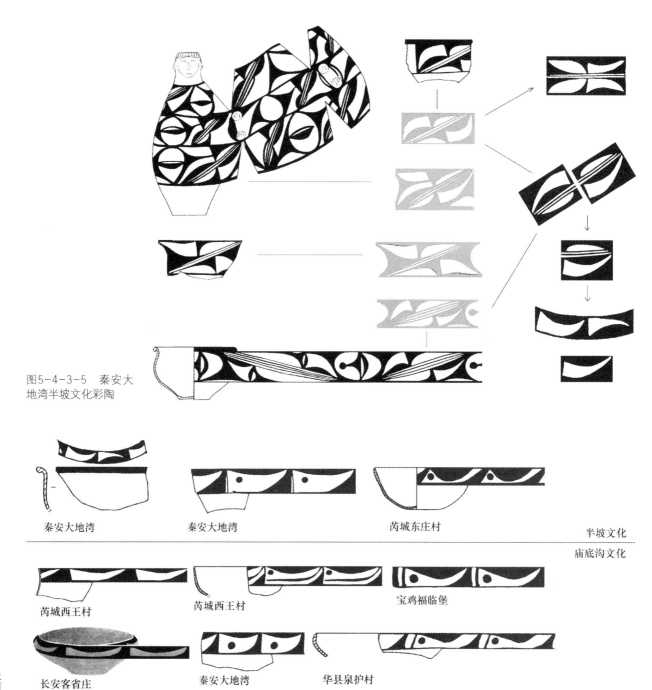

图5-4-3-5　秦安大
地湾半坡文化彩陶

秦安大地湾　　　　　　　秦安大地湾　　　　　　　芮城东庄村

半坡文化
庙底沟文化

芮城西王村　　　　　　　芮城西王村　　　　　　　宝鸡福临堡

长安客省庄　　　　　　　秦安大地湾　　　　华县泉护村

图5-4-3-6　半坡文化与庙底沟文化彩陶上的"西阴纹"比较

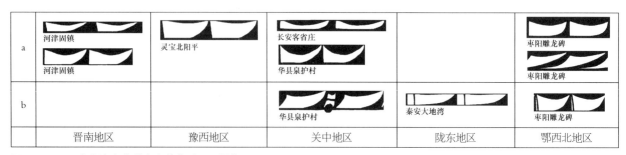

	晋南地区	豫西地区	关中地区	陇东地区	鄂西北地区
a	河津固镇 河津固镇	灵宝北阳平	长安客省庄 华县泉护村		枣阳雕龙碑 枣阳雕龙碑
b			华县泉护村	秦安大地湾	枣阳雕龙碑

　图5-4-3-7　庙底沟文化彩陶上的典型"西阴纹"

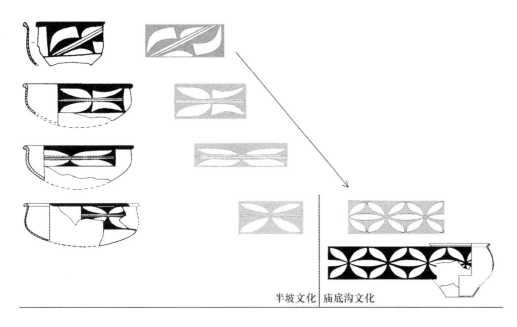

图5-4-3-8 秦安大
地湾彩陶上花瓣纹的
演变

半坡文化 | 庙底沟文化

基本没有什么结论，现在看来，它最有可能是鱼嘴图形的局部轮廓，它就是鱼形嘴部的一个象征，是彩陶纹饰以嘴代面代体的又一个例证。

我们注意到，变形的鱼唇其实是由叶片与弯角形两个图形元素构成，而且都是用地纹方式绘出。弯角形成为流行的"西阴纹"的同时，叶片纹也没有被舍弃，它最终演变成了花瓣纹。花瓣纹的完形是四瓣式花瓣纹，它在半坡文化中已经完成了构形过程，到庙底沟时期成了广泛流行的另一种重要纹饰（图5-4-3-8）。

鱼唇图形中叶片与弯角两相分离，新造出两大纹饰子系统，即花瓣纹与"西阴纹"子系统。这样的分解与重组，可以看作是彩陶的一个重要的构图规则。

不论"西阴纹"还是花瓣纹，与鱼纹本体都具有非常密切的联系，它们都可以看作是鱼纹的简化符号。在庙底沟人的眼里，这两种纹饰应当是被当作鱼纹接受的。如果这个推论成立，那我们对彩陶的理解可能又向前迈出了很重要的一步，这也同时给了我们一个启示，彩陶上许多的几何纹饰，都有必要重新认识，它们可能包含着相当隐晦的象征意义。

对于史前人来说，彩陶上的纹饰在经历了许多的变形与简化之后，虽然早已没有了原先的轮廓，但对于这些面目全非的图形，他们并不会觉得陌生，经历了千百年的传承，它的含义，它的象征，一定还保留着。对于这种变化，在这里我们用"形离神存"来作说明，形体早已迷失，象征性依然保留着，这就是彩陶纹饰几何化的意义所在。

4. 大象无形：纹饰的拆解与重组

史前彩陶上的纹饰，以几何形居多，象形者极少，这本身就是一个很值得关注的现象。象形图案很少，这并不是说这样的图案绘制很困难，其实规范的几何纹饰比起并不严格的象形图案绘制难度一定更大，很显然，史前人并不是由难易出发进行了这样的选择。我们必须改变角度来思考这个问题，看来只有这样一个可能，史前人就是要以一种比较隐晦的方式来表现彩陶主题，不仅要采用地纹方式，更要提炼出许多几何形元素，也许他们觉得只有如此才能让彩陶打动自己，打动自己之后再去感动心中的神灵。

[1]张朋川：《中国彩陶图谱》，文物出版社，1990年。

彩陶上无鱼形却象征鱼的大量纹饰，应当就是在这样的冲动下创作出来的，它们是无鱼的"鱼符"。无鱼的鱼符，在彩陶上看来有若干种，变化很多，区别很大，是通过纹饰拆解的途径得到的。张朋川先生认为，到了半坡晚期，鱼纹的表现采用了示意性的象征手法，"鱼纹常以分解和复合这两种形式出现。作分解形式的鱼纹，多将鱼的头和身子分开，各自经过概括变形成为几何形纹样。"他认为花瓣式纹样和黑白相间的菱形纹样，正是由鱼身变化而成[1]。通过我们在本书里所作的探索，我们对鱼纹的演变有了更深入的了解，将新发现的纹饰演变脉络作一番梳理，可以绘出几幅新的鱼纹演变图来。

在图中可以看出：

鱼纹全形的演变，在完成由典型鱼纹向简体鱼纹演变的同时，又创造出了均衡对称的菱形纹，菱形纹属于结构严谨的直边形纹饰系统（图5-4-4-1）。

变形的鱼唇在拆解后，分别生成了西阴纹和花瓣纹，这是庙底沟文化彩陶非常重要的两大弧线形构图系统（图5-4-4-2）。

鱼纹头部的附加纹饰拆解后，分别提炼出旋纹、圆盘形、双瓣花和加点重圈纹等元素，构成了庙底沟文化点与圆弧形彩陶纹饰体系，组合出更多的复合纹饰（图5-4-4-3）。

另外还有推论认为，鱼纹向菱形纹演变以后，又扩展成了素朴的线形图案，只是这类纹饰在庙底沟文化彩陶上并不怎么流行（图5-4-4-4）。

这样看来，许多的纹饰都能归入鱼纹体系。鱼纹的拆分与重组，是半坡与庙底沟文化彩陶演变的一条主线，这条主线还影响到这两个文化的时空之外。彩陶上有形与失形的鱼纹，在我们的眼中完全不同，也许对于史前人而言，它们并没有什么区别，它们具有同一的象征意义，有着同样大的魅力。作为"百变金刚"的鱼纹，我们已经想象不出它为史前人带来过多少梦想，也想象不出它给史前人带来过多少心灵慰藉。

"大象无形"，鱼纹无形，鱼符无鱼，彩陶纹饰的这种变化让我们惊诧。

循着艺术发展的规律，许多的彩陶纹饰经历了繁简的转换，经历了从有形有象到无形无象的过程。从鱼纹的有形到无形，彩陶走过了一条绚烂的路程。

在中国考古中发现的彩陶，不论时代早晚，纹样一般都是几何形，主要元素无非是点、线、方、圆和三角之类。直观告诉我们，由几何形元素构成的图案，它们都应当是一种抽象的表现，这些几何形纹饰许多都有特别的来历。

不知从什么时候开始，由具象到抽象的发展变化被研究者规定为一条图案演进

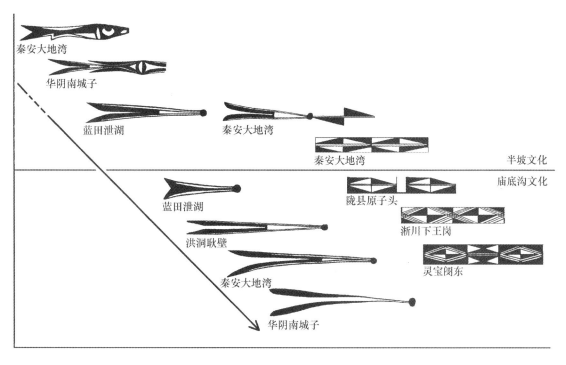

图5-4-4-1 彩陶上典型鱼纹向简体鱼纹的演变

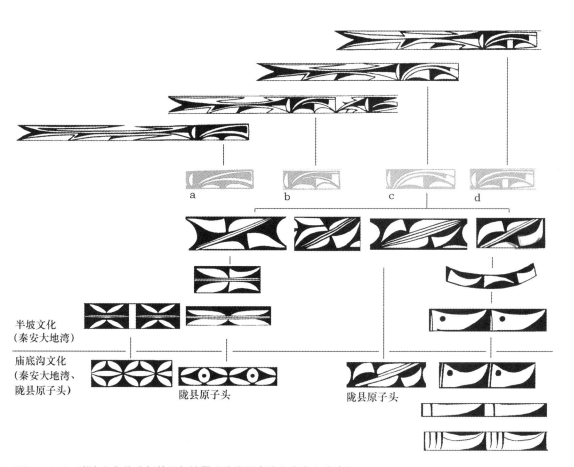

图5-4-4-2 彩陶上鱼纹头部的局部扩展（除注明者均为秦安大地湾）

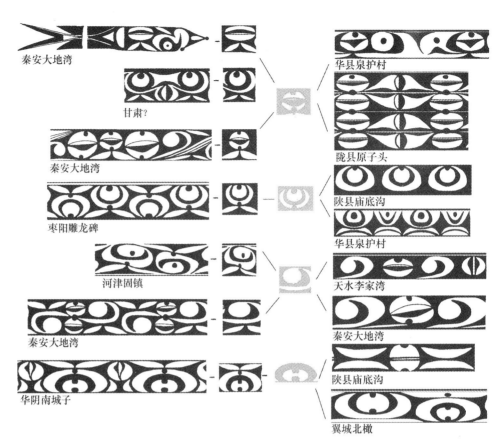

图5-4-4-3 彩陶上
鱼纹头部的分解与重组

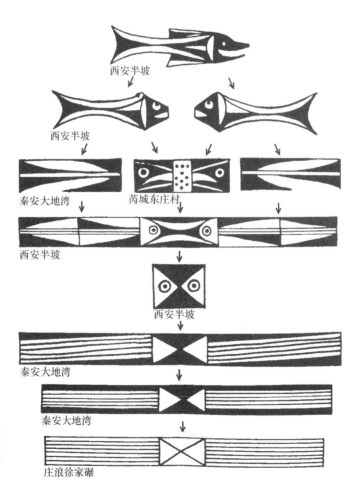

图5-4-4-4 半坡文
化彩陶上鱼纹演变的
另一种推测（据张朋
川《彩陶图谱》）

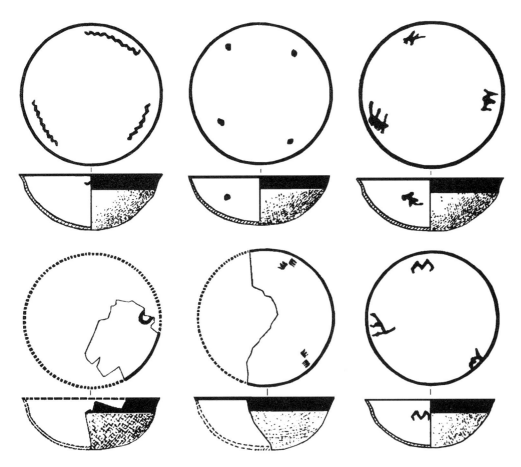

图5-4-4-5　前仰韶
文化彩陶纹饰（陕西
临潼白家村）

的必由之路。这似乎并不难理解，也似乎在情理之中。可是问题并没有这样简单，我
们也可以为相反的演变途径举证，也有可能是由简单开始向复杂发展。以彩陶纹饰
而论，它恰恰是由简单开始，逐渐向复杂化发展，最后又归为简单。这一点很值得关
注，前文在论及研究史时，曾引述过学者们的争论，有简单纹饰原始说，也有简单纹
饰衰落说。其实，从概念出发，这两种说法都不错，但在接触具体材料时却得出了完
全相反的结论。这是因为对于这具体的材料，当时并没有可能作出太具体的分析，还
不大容易判断那简单的纹饰到底是在原始阶段还是在衰落阶段留下的。

　　现在我们有了更丰富的资料，关于彩陶的构图，也就不再一概说是由具象开
始，然后逐渐简化到几何形。我们知道在前半坡文化中，彩陶纹饰非常简单，只是
点与线之类，与其说它们是纹饰，还不如说更像是一些符号，找不到一点儿象生形
的痕迹。面对这样的一些符号，我们无法说明它们是怎样由象生图形演变而成（图
5-4-4-5）。

　　当然就彩陶的更多纹饰而言，我们并不能否认，它们确实显示出由具象到抽象
变化的脉络。我们在前面不仅提到了一些研究者相关的研究成果，也对某些纹饰的
演变作了扩展研究，尤其是鱼纹的变化，图案化的演变趋势比较明显，非常值得关
注。

　　这也就是说，彩陶的发生与发展，并不完全与我们过去所知晓的机械性概念相

吻合。在彩陶孕育的初期，纹饰非常简单，以点、线构图为主流风格，没有象生纹饰。只是到了彩陶的成熟阶段，才见到写实的纹样，而且一般采用的多是种类非常有限的特定动物的形象。从繁荣期开始，彩陶纹饰的几何化体系才完全形成，象生纹饰相应减少。到了彩陶发展的末期，纹饰种类大大减少，构图趋于简单，绘制也不那么精致了。

在这里我们还要提到彩陶纹饰构图的另一种观点，即认为几何形纹饰与编织物的经纬结构相关，我将这种观点归纳为"技术论"。西安半坡博物馆编印的《半坡仰韶文化纵横谈》，分析了几何形纹样产生与发展的过程，提出了以下结论：

[1]西安半坡博物馆编：《半坡仰韶文化纵横谈》，108~109页，文物出版社，1988年。

> 半坡彩陶上的几何形图案花纹，主要源于编织物的几何形花纹。半坡的一些陶器的式样，也是模仿陶器出现前的编织器皿的器形和肌理纹样制作的。如有的陶器是依照篮筐的编织纹理，用锥形器在陶坯上戳成类似篮筐上的孔隙状的纹样；这种三角形锥刺纹被摹移于彩陶上，演变为排列成行的通体密布的直角三角形的黑彩纹。又如彩陶钵和碗的上腹，常装饰着正倒三角形线纹组成的二方连续图案，这种图案最先可能是模仿竹条交叉而成的编织物。后来，正倒三角形中间的线纹变粗，成为相间的正倒三角形夹复道折线纹。最后，实体的三角形中间还出现了与外三角方向相反的空三角纹。还有将实体的正三角形对分为两个直角三角形的。于是，最初模仿编织物的简单的平行斜线交叉组成的图案，演变成了有虚实、正反、粗细等变化的由三角形和斜线组成的二方连续几何形图案。彩陶上这类源于编织物的纹样，是对编织形式的摹拟，而编织物本身的构成形式就是几何形的。所以这类摹拟编织物的纹样从最初就是几何形纹样，而且这类图案纹样的早期骨式与作为纹样原型的编织物骨式相同。经过长期的发展，逐渐脱离了编织物的原始骨式，演绎出许多新的几何纹样和图案格式，不再是写实地摹拟编织物，只是示意地表现编织物的形象。半坡彩陶上的几何形纹样，在开始也是写实的，后来才由写实的表现演变为写意的表现[1]。

彩陶纹样来源于编织纹样的观点被广泛接受了，这也是顺理成章的事。不能否认，有些纹饰确与编织相关。林惠祥先生在20世纪30年代所著的《文化人类学》，就说到陶器上的纹饰与编织纹样的密切关系："陶器的制法有贴土于筐篮上而烧成的，这种制法使陶器上留了筐篮的纹，因而也成为一种几何体的纹样。编织的技术也能决定纹样的体式，如要将写实体的纹样施于编织物上，必致将曲线形的改为直线形的，这便是写实体变为几何体的一种原因"[2]。

[2]林惠祥：《文化人类学》，314~315页，商务印书馆，1991年。

不能完全确定也不能完全否认，陶器上的纹饰有的与编织纹相关。不过在这样的论断里，我突然觉到了一个研究者自己布下的陷阱：如果纹样是在编织时就完成了几何化的过程，那陶器上的纹饰就是取自现成的纹样，它应当不必再去经历一个由具象到抽象的变革过程。这样说来，最早的彩陶纹样中就是这样的几何纹样，这也非常好理解，因为彩陶表现的是已经几何化了的纹样。

这里面会不会还有什么疑问呢？

疑问并不能完全消除。研究彩陶纹饰的学者一般认为陶器的起源与编织物有关，认为陶器纹饰首先起源于陶器制作过程中胎体上的印痕与编织物的经纬结构，这已经成了一种普遍的认识，甚至是成了一种定论。我虽然觉得这其中的道理有合乎实际的一面，因为发现一些陶器纹饰表现有编织纹的特点，不过同时也认为这样的说法也还存有一些疑问。我们看到在最早出现的陶器上面，除了因制作留下的技术性纹饰以外，一般并没有刻意装饰的纹样，而且不多见到的纹饰与编织纹也没有什么关系。更重要的是，彩陶是在陶器出现数千年之后才出现的事物，要说那些纹样回溯了几千年前的传统，又显得说服力不够，因为中间缺乏连接的证据，时代上的缺环也太大了一些。

显然，彩陶纹饰与编织纹之间，可能并没有太紧密的联系。

有研究者认为，"一切艺术均源于自然主义，而由于制造者赋予表现对象本身并不具备的某些思想内容，才逐渐出现了几何图形。我们认为这种理论是站不住脚的。因为写实纹样和几何纹样的起源是不同的，在造型艺术中，这两种纹样的区别不如在绘画艺术中表现得那样明显"[1]。研究者还作过这样的假设："是否可以按照常规的现象去判断：所有纹样的发展都是从写实而逐渐发展为非写实形态，或认为有一种相反的发展过程，即一开始是非写实的图案，以后逐步向着写实纹样发展。换言之，这种非写实形体被赋予了某种含义，从而逐渐变成说明这种含义的具体形象。很遗憾，在这方面找不到历史的证据"[2]。论者还引述土著人的编织纹作说明，认为写实与非写实之间并无明确的时间距离，彼此之间也没有什么关联（图5-4-4-6~9）。

这个说法显得有些绝对，他既不认为几何纹样与写实纹样有关联，更不认为几何纹样所被赋予的象征意义。由于有了这样的认识，接着就有了下面的说法：

> 那种所谓写实纹样几何化的理论是讲不通的。多数情况表明，几何纹样具有各种含义的原因是人们喜欢赋予它一定的含义，像我们现在往往认为云朵和山峰的形态具有含义一样。……几何图形的产生并不是普遍存在的历史发展过程，很少有实例能够证明，几何图形和写实纹样产生的时间和地点互有先后关系。在多数情况下，两者是在同一民族中同时出现的[3]。

这样的说法当然有些绝对化了，"几何图形和写实纹样产生的时间和地点互有先后关系"并不是不能证明的，说它们常常"是在同一民族中同时出现"也欠准确。让我们还是以鱼纹为例，来对这个问题作进一步的讨论。在安徽蚌埠双墩新石器遗址，出土的陶器底部见到很多刻划纹样，多是一些简单的动物形体，更多的是动物的几何化图形。其中就包括有数量不少的鱼纹。鱼纹中也是少见象生图形，多见几何图形，简化的鱼纹也可区分几种不同的类型。由于篇幅关系，我们在这里不准备由考古地层提供的年代证据来说明双墩鱼纹刻画的简化趋势，稍加观察就能判断出结果，排出一个变化图式。

安徽双墩人在陶器焙烧之前，出于一些特别的原因，他们在陶器底部刻划了一

[1]〔美〕弗朗兹·博厄斯著，金辉译：《原始艺术》，239页，贵州人民出版社，2004年。

[2]〔美〕弗朗兹·博厄斯著，金辉译：《原始艺术》，79页，贵州人民出版社，2004年。

[3]〔美〕弗朗兹·博厄斯著，金辉译：《原始艺术》，240页，贵州人民出版社，2004年。

图5-4-4-6　圭亚那人编织图案的象征性（选自博厄斯《原始艺术》）

蜈蚣　荔枝螺

草　荔枝螺

蝴蝶　荔枝螺　荔枝螺

蛇

蛇　蛇

圭亚那编织图案

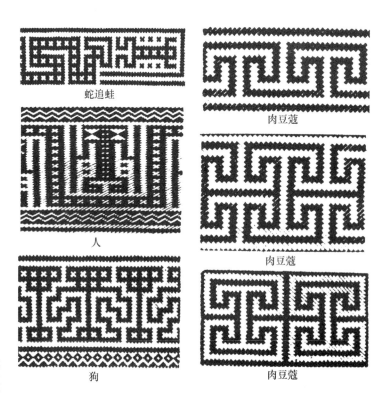

蛇追蛙

肉豆蔻

人

肉豆蔻

狗

肉豆蔻

圭亚那编织图案

图5-4-4-6　圭亚那人编织图案的象征性（选自博厄斯《原始艺术》）

图5-4-4-7　圭亚那人编织图案的象征性（选自博厄斯《原始艺术》）

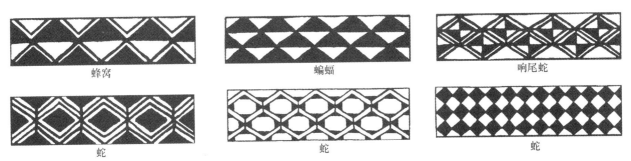

图5-4-4-8　卡拉亚人装饰图案的象征性(选自博厄斯《原始艺术》)

图5-4-4-9　巴西阿维托人装饰图案的象征性(选自博厄斯《原始艺术》)

些图形，其中以鱼纹最引人注目。最先出现的一定是那些象形的鱼纹，刻划虽然比较潦草，但鱼的各个部位都表现出来了，头尾眼腮鳍乃至鳞片一应俱全。接着出现的鱼纹仅只是一个轮廓，对腮鳍也还有刻画，此后的各类刻画全都省去了鳞片。最简的鱼纹是两条相对交合的弧线，完全没有了鱼的形体，已经提炼成了一个符号。接下去的变化值得注意，鱼纹完成最简的几何化以后，又有向复杂化发展的趋势，原来相交的单行弧线变成了双弧线，有时这弧线还会是并行的三条。这种几何化的鱼纹还被刻画为叠加的形式，像是几条鱼聚在一起。还见到在猪体内绘简鱼纹的图像，应当具有更特别的含义（图5-4-4-10）[1]。

　　观察了双墩的资料，无论如何我们都不会相信象形的鱼纹会晚于几何化的鱼纹，虽然两者有可能在相当多的情况下会同时并存，但几何鱼纹无论如何也是不可能演化为象形鱼纹的。

　　双墩刻划鱼纹的演变与彩陶并不完全相同，它的构图更强调轮廓而忽略细部，简式图形始终保持着鱼形的轮廓。虽然如此，我们还是要说，几何化的鱼纹其实已经失去了鱼的形体，只是在将它与象形的鱼纹放在一起观察时，我们才能认定它就是鱼纹。

　　当然我们也注意到，这简化的鱼纹偶尔也有复杂化的倾向，说明纹样的变化还在继续，远还没有到终结的时候。

[1]安徽省文物考古研究所等：《蚌埠双墩——新石器时代遗址发掘报告》，科学出版社，2008年。

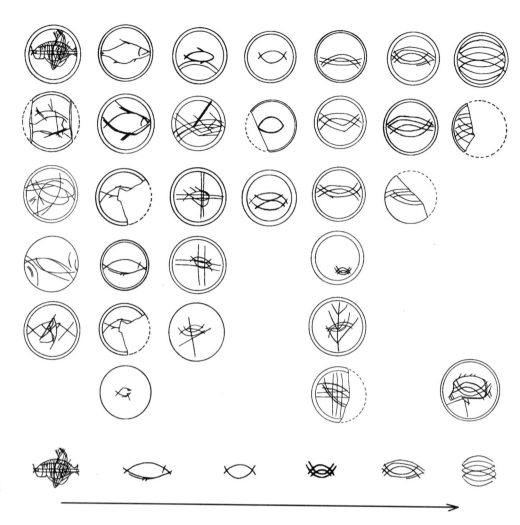

图5-4-4-10 蚌埠双
墩陶器底部刻划纹

汉字中鱼字的定形，由甲骨文、金文到篆隶楷宋，就经历了由象形到几何化再到符号化的一个过程，起初刻划的就是一个鱼体，最后的字形已经没有了鱼的形体，成了一个约定俗成的符号（图5-4-4-11）。

彩陶鱼纹几何化以后，变成了若干种符号，它们大多失去了鱼的形体。这种演变本身就具有非常重要的文化意义。我们可以将彩陶纹饰的演变放到符号学范围作些考察，这对于进一步理解史前彩陶的意义会有一些帮助。研究符号首先要作分类，吴越民先生2007年发表《象征符号解码与跨文化差异》一文，指出"在符号学思想史上，符号学家们以自己独特的视角，按照各自不同的标准对符号进行了形形色色的分类。其中美国符号学创始人皮尔斯关于符号的三分法思想，影响最为深远。虽然他所运用的分类标准前后曾多次改变，而且他的符号分类系统也没有最终完成，但这并不能抹杀他对符号学尤其是符号分类理论所作出的巨大贡献"。皮尔斯的符号三分法将符号分为图像符号（icon）、指索符号（index）和象征符号（symbol）三大类。"图像符号的表征方式是符号形体与它所表征的符号对象之间的肖似性。这就是说，图像符号的符形是用肖似的方式来表征对象的。指索符号的表征方式，是符号

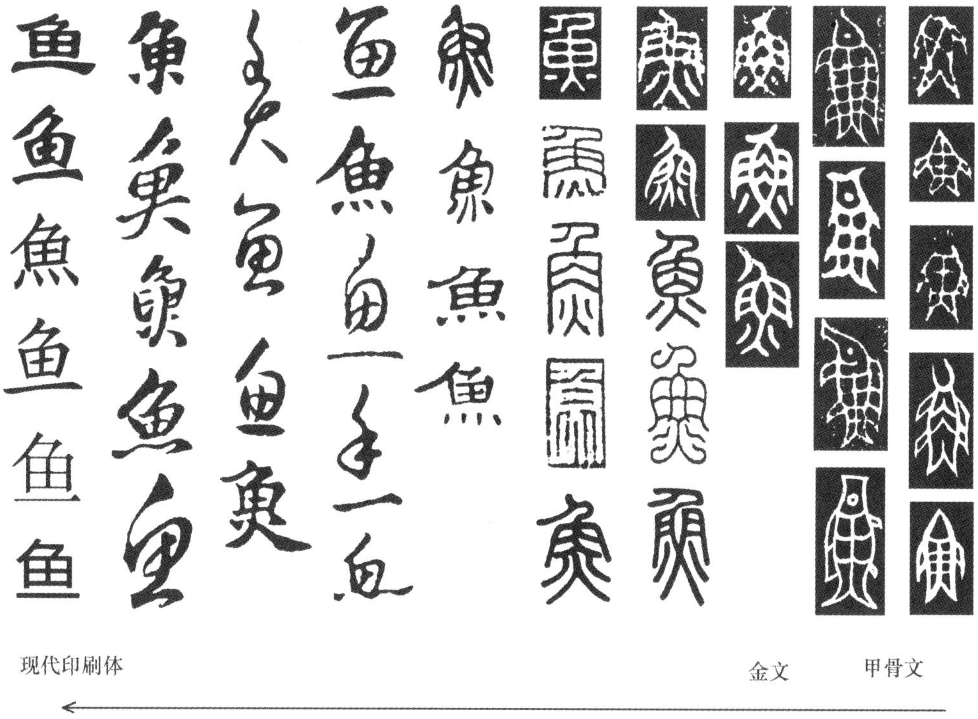

现代印刷体　　　　　　　　　　　　　　　　　　　　　　金文　　甲骨文

图5-4-4-11　汉字"鱼"从象形到字符的变化

形体与被表征的符号对象之间存在着一种直接的因果或临近性的联系，使符号形体能够指示或索引符号对象的存在。由于指索符号的这一特征，使得它的符号对象总是一个确定与时空相关联的实物或事件。象征符号的符号形体与符号对象之间没有肖似性或因果相承的关系，它们的表征方式仅仅建立在社会约定的基础之上，是基于传统原因而代表某一事物的符号"[1]。

由彩陶纹饰看，既有图像符号，也有象征符号，前者是象形类纹饰，后者是几何类纹饰。至于指索符号的有无，在彩陶上还不能确指，还需要更深入的研究。

在彩陶上大量绘出的是具有象征意义的纹饰，这也许可以称为"象征行为"。就像吴越民先生指出的那样，"透过符号具体形象的表层意义赋予某种特定的象征意义，以传递与符号具体形象相似或相近的观念、思想，或寄托某种特别的感情，我们称为象征行为。那个具有象征意义的符号叫象征符号。象征符号是具有至少双层意义的符号，第一层是符号的本意，即理性意义；第二层是符号经过类比或联想获得的具有象征性价值的意义，即象征意义"[2]。

吴越民先生对象征符号的存在背景也有讨论，他说：

象征符号也只有在传播的互动中才能实现价值，传受的任何一方出现不协调，符号就会失去象征意义。没有传受双方的互动关系，也就没有什么象征意义。在这里"意义-互动-解释"正是象征意义得以产生和实现价值的三个前提性的环节。人是依据"意义"从事行动的，意义是在传播"互动"中形成的，意义又是由人来"解释"的。当符号得到"解释"便产生回应，原来的受播者转为传播者，

[1]吴越民：《象征符号解码与跨文化差异》，《浙江大学学报（人文社会科学版）》2007年2期。

[2]吴越民：《象征符号解码与跨文化差异》，《浙江大学学报（人文社会科学版）》2007年2期。

第五章　纹饰意象

539

[1]吴越民：《象征符号解码与跨文化差异》，《浙江大学学报（人文社会科学版）》2007年2期。

他把自己的"解释"注入符号，形成"意义"。于是在新一轮传播互动里，"意义"已经不是原来层次上的意义。新一轮传播活动中，受播者是第一轮的传播者，他对自己在第一轮传播中的行动依据和"意义"进行修正或充实。这个过程，叫"意义交换"或"符号互动"。意义交换必须在传播活动双方所具有的共通的意义空间中实现，其关系可以有全同关系、交叉关系和全异关系。如果是全异关系，那么交际互动就失败，意义交换无法实现[1]。

[2]〔美〕弗朗兹·博厄斯著，金辉译：《原始艺术》，239页，贵州人民出版社，2004年。

博厄斯说，"不论是绘画或造型艺术中的几何纹样，还是音乐中的旋律或乐句，只要具有某种含义，就能唤起人们一定的感情甚至观念。……只有某些众所周知的，具有一定意义的象征符号才能产生象征艺术的效果"[2]。某些彩陶纹饰的传播，而且是大范围的传播，在这样范围的人们一定在纹饰的含义与解释上建立了互动关系，发明者是最早的传播者，受播者又会成为传播者。彩陶原来存在的文化背景，也随着纹饰的传播带到了新的地方。当某些彩陶纹饰传播到不能生根的地方，互动关系终止。也就是说，如果不能解释或接受这彩陶纹饰所具有的象征意义，传播也就中止了。

[3]吴越民：《象征符号解码与跨文化差异》，《浙江大学学报(人文社会科学版)》2007年2期。

研究者还特别强调了象征符号在传播过程中"解码"环节，"对中介符号形态的解码涉及两个方面，一是对意象群的重组、变形或创造。二是对意象隐喻意义的解码。由于艺术隶属于文化，各种文化传统都渗透到艺术活动中来。每一种文化中的宗教、神话、历史等传统都留下了大量具有隐喻性的象征符号，这种象征符号由于具有内容凝练、意味深长的优点常被艺术家作为表意功能单位组合到艺术品中，成为某特定的有机功能整体的组成部分。当这种象征符号形成意象后，就必须对其隐喻意义进行解码，才能深入体味意象群的意味。这种解码大多涉及经验性理解力，一种由文化传统和日常生活经验赋予的理解力。但对不了解该文化的传统的欣赏者来说，可能会发生解码失败或转而求助认知理解力，这种欣赏必然发生某种中断，或未能充分体味其中的意味"[3]。如此看来，彩陶的传播当初也会有"解码"过程，如果这个过程并不顺畅，它一定会影响传播的完成。由于文化背景的差异，解码会发生偏差直至失败，传播过程自然便会中止。我们现在研究彩陶，也有一个解码问题，发生解码失败应是常有的事，事实上我们是在"求助认知理解力"，而无法依赖彩陶固有的文化传统背景。而这种认知能力会存在很大的局限，解码成功的几率一定不会很高。

[4]尚民杰：《史前时期的偶像崇拜》，《中原文物》，1998年4期。

有很多学者都曾经试图解释彩陶纹饰的演变脉络，非常关注那些介于象生形与几何形之间的纹饰。以一些考古学家的认识来看，从写实的形象到抽象的几何形纹饰的变化脉络，是在地层关系和类型学研究的基础上认识到的，某种几何形纹饰是由某种象生类纹饰演化而来，演变的轨迹有的似乎非常明晰。有的研究者很明确地指出，"仰韶文化的鱼纹、鸟形纹、蛙纹等都是由一种比较写实的图形逐步演化为几何纹样"[4]。李泽厚先生也认为"仰韶、马家窑的某些几何纹样已比较清晰地表明，它们是由动物形象的写实而逐渐变为抽象化、符号化的。由再现（模拟）到表现（抽象化），由写实到符号化，这正是一个由内容到形式的积淀过程，也正是美作为'有意味的形式'的原始形成过程"。"这个由动物形象而符号化演变为抽象几何纹的积淀过程，对艺术史和审美意识史是一个非常关键的问题"[1]。彩陶纹饰由写实演变为几何形之后，人们看到的形式变得非常简约，而内心领会的含义却变得比较隐晦，甚或非常隐晦。

[1]李泽厚：《美的历程》，22~23页，中国社会科学出版社，1984年。

彩陶纹饰的演变，尤其是庙底沟文化彩陶纹饰的演变，在相当多的情况下，其实就是一个符号化过程，是由写实到写意的一个渐进过程。写实与写意的象征性其实都没有改变，改变的只是表达形式。这种改变由形式上看是向着简约的符号化发展，由有形向无象变化；由含义上看是向着象征性发展，由明示向隐喻转变。从有形到无形无象的转变，所经历的路程也许并没有那么漫长，也许并没有太多的曲折。

彩陶上"无象"的图案，它的象征意义却不曾削弱，而且还有增强。我用"得意忘象"来表述彩陶的这种变化，以为是再贴切不过的了。《庄子·外物》有"得意而忘言"，魏晋时的王弼在《周易略例·明象》中引申为"得意在忘象"，所谓"言者，所以明象，得象而忘言；象者，所以存意，得意而忘象"。得其意之后而忘其象，这是早在彩陶时代创立的艺术哲学，不用说这个"象"是有意忘却的，是为着隐喻而忘却的。无象而意存，这是彩陶远在艺术之上的追求。

末了，我们还是回到鱼纹上来。我们将很多的几何纹彩陶与鱼纹联系到了一起，鱼纹对于半坡人和庙底沟人为何如此重要？当然是在于鱼纹的象征，是鱼纹的象征性决定了它强大的生命力，决定了它在半坡人和庙底沟人心中的位置。

那么鱼纹的象征性何在呢？是学者们指出的图腾标志，还是生殖力的象征？以往已有的解释也许并没有完全破解这个谜，我们还需要继续努力。前面已经指出，近年关于彩陶鱼纹意义的研究，又有研究者提出了"鱼龙说"，认为"中华龙的母题和原型是鱼"，由仰韶文化彩陶上的鱼纹发展演变而成，以为夏族的来源与鱼族有紧密的联系。这也许可以作为解开鱼纹彩陶象征意义的一个非常重要的新切入点，很有希望得出有价值的结论。

鱼在人类心目中的位置之重要，尤其在国人心目中的位置之重要，在文明时代还可以寻到一些印证的迹象。汉代人在很多场所都要表现鱼纹，在建筑装饰上会采用一些鱼纹题材，以鱼为吉。江苏徐州一石上刻划带有三只鱼盘的窗棂，将鱼作为建筑装饰的题材，在汉代比较普遍。在山东潍县的一方石上，以三只羊头和若干条全鱼作为建筑构件的装饰，不仅让人想到鱼羊之鲜，也会想到鱼羊之吉。在山东东阿的一方石上，也是刻划有羊头和全鱼，可见以鱼羊为美味的代表、为吉祥的象征，在汉代一定是普遍存在的观念。山东邹城的一石上面，刻划一人（神）面的嘴角左右各有一条全鱼，不知是表达了嗜鱼的心态，还是与什么神话传说相关（图5-4-4-12）。这个构图很容易让我们想起史前时期半坡人彩陶上的人面鱼纹，两者的画意如出一辙，这也未必是一种巧合。如果这两者之间存在有什么联系，那这种联系则是至少有四千年之久文化传承的结果，单就艺术传统而言，能追溯到这样久远的历史，不能不说是一个奇迹。

　　在山东肥城的一石上见到了类似的画面，左右是两条相对的鱼，不过中间不是人面，而是一个四出的柿蒂纹，也是一种吉祥图案。

　　在画像石的建筑装饰画中，还值得提到的是带有鱼的门环铺首图像。在山东安丘和梁山、微山等地，都发现了相似的门环铺首刻石，在狰狞的兽面下，还悬有吉祥的双鱼（图5-4-4-13）。铺首与双鱼，似乎是一对矛盾的事物，一方面表现的是警觉，另一方面表现的却是温情。这双鱼，也许就是双鲤鱼，后来是男女爱情的象征物。在汉代好像这双鱼与爱情还没有明确的联系，见到这双鱼，让人想到汉乐府《饮马长城窟行》中脍炙人口的句子，"客从远方来，遗我双鲤鱼。呼儿烹鲤鱼，中有尺

图5-4-4-12　汉代建筑装饰画中的鱼纹　　山东肥城　　　　　　　　　　　　山东邹城

图5-4-4-13　汉代建筑装饰画中的铺首悬鱼纹　　山东梁山　　　　　　　　山东梁山　　　　　　　　山东微山

图5-4-4-14　高陵杨官寨彩陶与彩绘陶塑

素书"。原来这鲤鱼是传递书信的，闻一多先生曾考证说，那会儿多以鲤鱼状函套收藏书信，所以诗文中常以鲤鱼代指书信。据称到后来的唐代，传递的书信干脆以尺素结成双鲤之形，也许可以看作是汉代人遗下的传统。这么说来，汉画上那铺首下悬的双鱼，说不定还真是像信箱那样的物件呢。

我们反复讨论着鱼纹的象征性，这也并不是说在庙底沟文化彩陶中只有这么一个鱼纹系统。次要一些的纹饰系统，还有鸟纹系统和蟾蜍纹系统，可能还有蜥蜴纹和神面纹系统等，只是因为这些纹饰系统由于资料的局限和辨识的困难，目前还不能明确构建起来。近年来在陕西高陵杨官寨遗址出土了庙底沟文化蜥蜴纹彩陶和彩绘人面和猪首形雕塑器座（图5-4-4-14），这些前所未见的发现又提出了新的问题，让我们看到了庙底沟文化彩陶的新的亮点[1]。

今后还会获得的新彩陶资料，其内涵虽然不可完全预料，不过相信大多都脱离不了鱼纹纹饰系统。当然鱼纹系统也许可以再划分出若干亚系统或子系统来，后续的研究在这方面一定也会有所作为。

[1] 杨官寨考古队：《陕西高陵杨官寨遗址考古取得重大收获》，《中国文物报》2008年12月19日。

第六章 简短的结论：彩陶的魅力

关于庙底沟文化彩陶的研究，经过了前面的一番议论之后，我们现在可以有一个结论了。当然这只能是一个非常简短的结论，因为它还远不会是最终的结论，所以觉得还是简短一些简明一些为好。

在这个结论里，我要首先回顾一下本书研究的收获，也就是对庙底沟文化彩陶的魅力，再作一次回味。然后对彩陶研究的意义所在，约略整理一下自己的心得。或者可以将以下的主要文字看作是对庙底沟文化彩陶的一个综合评述，是一个并不夸张的评述。

庙底沟文化彩陶的发现，从河南渑池仰韶村算起，已经过去了近90年的时间。随着资料的逐渐积累，研究也在一步步深入，认识也在一层层深化。从某个单一的遗址看，庙底沟文化彩陶占全数陶器的比例并不大，一般只在3%～5%之间，彩陶的数量不能算多。不过因为发现的遗址很多，迄今所见庙底沟文化彩陶的总数却也并不算少，我们可以用"丰富"、用"成千上万"这样的词来形容。对于这样一批接着一批出土的彩陶资料，我们不仅是感到了量的丰富，而且还了解到了质的优异。

从研究的方法而言，我所能做的也只有这样的一些努力了，虽然尽可能地借鉴了以往可取的一些研究路径，吸收了前人的不少研究成果，但还是有许多的不如意。由于后续的课题需要投入更多的精力，我已经没有更多的时间来深化彩陶的研究了，不得不就此暂且打住。客观地说，可能我的方法更接近考古学传统，即使是由艺术的角度所作的探索，也还是有浓厚的考古学色彩。作为一个考古学家，自然是觉得彩陶研究首先应当这样做。不过可能有的考古学家也会不以为然，会觉得我的研究实际并不像考古学研究，因为在他们看来这样的研究可能显得太不传统了。面对大量的新鲜资料，当然是不能墨守成规的，只是我的一些突进，是不是有点过于冒险，有时也感觉不很踏实。不过这一步总得要迈出去，成败是不必在意了。当然艺术史家们可能更会不以为然，也许会觉得一个并不通艺术的考古学家在此奢谈艺术，是明显的越位。请艺术史家们不必对此要求太高，也不必感到太失望。怎么想都是一种越位，已经越出的步伐是缩不回来了，也是莫奈何矣。

经过了不同角度的讨论，我们现在要非常肯定地说：庙底沟文化的彩陶时代，是东方艺术传统奠基的时代。庙底沟文化彩陶在艺术上取得的成就，可能比我们原来所能体会到的要大得多高得多。

庙底沟文化彩陶所取得的艺术成就，我们至今并没有认真全面地评价过，甚至或者说还没有考虑给予认真的评价。如果仅由装饰艺术的角度来进行评价，庙底沟文化彩陶应当是史前艺术发展达到的第一个高峰。我们有理由相信，当时已经有了成熟的艺术理论，题材选择与形式表现都有非常一致的风格。庙底沟时期陶工的艺术素养已经达到相当的高度，陶工中一定成长起一批真正的艺术家，他们是原始艺术的创造者与传承者。

一 彩陶艺术原理

庙底沟人已经创立了体系完备的彩陶艺术原理，在艺术表现上体现最明确的是连续、对比、对称、动感与地纹表现方法，而成熟的象征艺术法则更是庙底沟人彩陶创作实践的最高准则，它应当是当时带有指导性的普适的艺术准则。

彩陶制作时对比手法的运用，充分展示了色彩与线形的力量。庙底沟文化彩陶强调了黑白红三色的对比，以黑与白、黑与红的两组色彩配合为原则，将双色对比效果提升到极致，也因此奠定了古代中国绘画艺术中的色彩理论基础。

庙底沟文化彩陶的色彩，主色调是黑色，与这种主色调相对应的是白色的地子，白色是绘彩前先平涂上去的，也是画工作为一种客观使用的色彩。彩陶上还有并非是画工主动绘出的一种借用色彩，它是陶器自显的红色。这种借用红色的手法，是一个奇特的创造，它较之主动绘上去的色彩有时会显得更加生动。

庙底沟文化彩陶是黑与红、白三色的配合，主色调是红与黑、白与黑的组合。从现代色彩原理上看，这是两种合理的配合。不论是红与黑还是白与黑，它们的配合结果，是明显增强了色彩的对比度，也增强了图案的冲击力。有时画工同时采用黑、白、红三色构图，一般以白色作地，用黑与红二色绘纹，图案在强烈的对比中又透出艳丽的风格。色彩对比是最鲜明的对比，庙底沟文化时代的陶工将有限的色彩，在陶器有限的表面上展示出无限的空间。他们一定掌握了基本的色彩原理，将色彩感觉发挥到了极致。

图形元素一目了然，将不同图形元素按一定秩序排列起来，会产生形状的对比。不同形状元素的对比，会增强彼此的原有特点。画工在彩陶上常常只采用一种图案元素，由一种元素构成的图案，有一种秩序、恒定和平静的美感。画工也常常使用形状对比手法，将不同的元素组合起来，增强构图的动态感，丰富了彩陶的内涵。如圆形与扁弧形组合，象征整形与分割的对比；网格与弧形、圆点组合，象征密集与疏懒的对比；圆形与单旋纹组合，象征闭合与开敞的对比；圆形与叶片纹组合，象征正与斜的对比等等。

地纹手法是中国史前彩陶非常重要的表现方法，它反用了色彩，以间接表现元素的方式构图，是一种复杂思维的体现。庙底沟文化多数彩陶采用地纹手法绘成，庙底沟人完善了地纹表现手法。地纹绘法需要更高的技法，需要掌握"计白守黑"的技巧。地纹彩陶在一定程度上隐藏了纹饰的含义，这种含而不露的用意也许是为着更好地隐现纹饰的象征性。在色彩与构图上的巧思安排，于地纹彩陶上得到了充分体现，彩陶也因成熟的地纹彩陶而将史前彩陶艺术推向了极致，也奠定了古代中国艺术表现的一个非常重要的基础。这是一种衬托手法，它最早应当出现在彩陶工艺上。史前居民有了一些新的认识与思想需要用全新的彩陶形式表达出来，地纹应当就是他们创造的在当时看来可能是最好表现形式。

彩陶纹饰因连续延伸而表现出一种井然的秩序，而规律性的间断构图则是连续图案行进的节奏。庙底沟文化彩陶遵循着这样一条基本形式原则，就是连续。庙底沟文化彩陶纹饰，多是沿着器物环周表现适形构图，画工在有限的空间表述了一种无限的理念，二方连续构图有着循环往复、无首无尾、无始无终、无穷无尽的性质。庙底沟文化彩陶上最多见到的是二方连续构图，这种艺术形式无疑也体现了庙底沟人在哲理层面的思考。连续形式变无序为有序，变混沌为和谐，这种艺术形式后来成为历代装饰艺术所采用的最基本的构图程式。

对称与平衡，是艺术设计中两个相互关联的原则。庙底沟文化彩陶在构图中，有对称也有平衡，许多精致的纹饰都采用了对称结构。彩陶图案左右非常对称，两边元素互为镜像，中间有一个或意想中有一个对称轴。大量见到的双瓣或多瓣式花瓣纹，它们的左右两边完全对称。彩陶中对称与平衡原则的掌握，在庙底沟人来说已经是相当熟练了，画面非常简洁，线条也十分流畅。

节奏感和韵律感，也是彩陶艺术的追求。节奏具有空间感，韵律具有时间感，彩陶上多见富有动感的纹饰，从那些多变的构图上，我们似乎可以感受到慢板、快板、散板和进行曲式的区别，彩陶内在的活力就体现在这律动的构图中。彩陶在二方连续图案上，我们能感受到的节奏是最明朗的。留给我们最明朗的快板印象的，是那些不加间隔元素的二分与四分连续图案。庙底沟文化彩陶中四分式的二方连续图案最多，元素较为固定，构图也非常简练，没有什么修饰图案。这样的快板式节奏图案，是庙底沟文化彩陶的代表性风格之一。

平铺直叙的纹饰图案，还涉及方向感问题。画工在陶器上会有绘制的始点和终点，因为纹饰一般都是环绕陶器一周，所以这个始点和终点是紧接在一起的，它们都隐藏在图案中。相当多的彩陶纹饰是这样的，它们有固定的走势，有明确的方向感。

半坡文化彩陶中的图案化鱼纹，几乎全是头右尾左的右向，基本都是剪刀尾向左，大嘴大头向右。庙底沟文化类似鱼纹，鱼头也向着右边，鱼尾向着左边。庙底沟文化的简化鱼纹，以圆点示意的鱼头也是无一例外地向着右边。鸟纹也几乎全是头向右边，尖尖的翅与尾向着左边。

彩陶几何纹的方向也有迹可寻。叶片纹的方向，基本上是向右上倾斜。各处发现的"西阴纹"，它起翘的尖角总是指向右边。彩陶中的单旋纹，旋臂不论是向上还是向下，一般都是按照顺时针方向旋转，是一种右旋态势。彩陶中大量见到的双旋纹，两个旋臂旋转的方向，也常常是顺时针方向，与单旋纹方向一致。双旋纹的旋臂只是偶尔见到逆时针旋转的例子，但总体旋动趋势是顺时针方向。

二 彩陶的象征手法

绘画中的写实是以形写意，以形写意正是绘画艺术的重要宗旨之一。对于史前人来说，完全的形似并不是追求的目标，也是不可能达到的目标。他们常常会采用更简单的表现形式，通常是只描绘动物的一个特定的部位，或者就是一个约定的部位。当绘画在表现动物特别部位的时候，还会有明显的夸张变形，有时或者会完全迷失原形，最终绘出的也许只是一个约定的符号而已。这样一个约定的符号，便是无象之象的艺术境界，后世所谓的"大象无形"，也就是这样一种境界的深化。无象之象，不仅是历史时期艺术发达的境界，在史前艺术中也有这样的境界。在庙底沟文化彩陶上，这样的境界就有体现。形已隐，神已藏，仅存意象而已，这便是无象之象。

庙底沟文化居民彩陶的创作原则之一，就是充分提炼纹饰的象征性。不论写实与几何形纹饰，不论有形与无形纹饰，象征性是彩陶的第一要义。象征性是彩陶纹饰构图的基础，也是纹饰播散的内在动力。在彩陶纹饰的符号化过程中，庙底沟人丰富和完善了自己的象征性思维，他们的心智得到提升，人格也得到锤炼。

庙底沟人表现彩陶纹饰的象征性，是通过纹饰的简化、分解和重组实现的。纹饰的象征性，是预先已经确定了的，本来一般是取自象生对象，后来逐渐抽象出一些图形符号，起初这样的符号多为象生对象的变形、变体和简化图形，是一看便能明知其象征性的。在这样的基础上，后来逐渐以相关联的简单的几何形作预定的象征符号，并不断地化简，不断地分解，又不断地重组，不仅经历了多次的逻辑思维过程，而且经历了反复的艺术加工过程。在经过了这样的创作过程以后，一些主要的象征符号成为普世接受的符号，象征艺术也已经是普世接受的艺术，人们通过这样的艺术形式作心灵的沟通与文化的交流。

人类善于制造和使用各类符号，用符号交流思想和认识事物，表达特定的含义，传递丰富的信息。所以有人说，制造和运用符号是人类的基本特征之一，这也是人类文化的重要体现。彩陶上大量的几何纹饰，其实大多都是这样的人造符号，而且不少符号都是由写实的纹饰简化而成。一个符号制作出来的同时，也经历了认同的过程，只有认同的符号才有传播信息的功能。彩陶鱼纹的变化，也正是经历了这样的符号化过程，后来虽然还会有鱼的含义，但是它却并没有了鱼的形态。

符号化的关键是提取与凝炼象征元素，当原先的象生类图形失去原形的时候，图形就完成了一次升华。原型已不存，但原本的意义却依然保留着，也就是说外形虽然已改变，但象征意义并没有改变。象征类纹饰完成几何化的转变之后，会焕发出一种新的魅力，这也许是彩陶几何纹饰吸引人的力量之所在。看来史前人就是要以一种比较隐晦的方式来表现彩陶主题，不仅要采用地纹方式，更要提炼出许多几何形元素，也许他们觉得只有如此才能让彩陶打动自己，打动自己之后再去感动心中的神灵。

很多的几何纹彩陶与鱼纹具有相同的象征意义，鱼纹对于半坡人和庙底沟人为何如此重要？鱼纹的象征性何在呢？是学者们指出的图腾标志，还是生殖力的象征？近年关于彩陶鱼纹意义的研究，又有研究者提出了"鱼龙说"，认为"中华龙的母题和原型是鱼"，由仰韶文化彩陶上的鱼纹发展演变而成，以为夏族的来源与鱼族有紧密的联系，这也许可以作为解开鱼纹彩陶象征意义的一个非常重要的新切入点。

三 彩陶掀起的艺术浪潮

将庙底沟文化彩陶典型的十数类纹饰集合在一起，我们会获得一个很清晰的印象。这十多类纹饰，每类只取一两个式样的标本，同时也将周边文化的同类纹饰作比照（图6-3-1、2），这就是庙底沟文化彩陶的一个典型纹饰系统。各类纹饰之间，存在一定的联系，这证明庙底沟文化彩陶分类系统非常完整，也非常严密。

在将庙底沟文化彩陶进行分类研究之后，我们大体可以构建起一个纹饰分类系统，而且进一步尝试证明这是一个明确的象征纹饰系统，包纳其中的最为壮观的是"大鱼纹象征纹饰系统"，也是庙底沟文化彩陶中心的象征纹饰系统。揭示了这个象征纹饰系统，我们突然发现原来许多的彩陶纹饰都可以纳入到这个系统中，也就进一步证实了彩陶的象征性。这个象征纹饰系统体现了两方面的意义，一是艺术的文化的，一是意识的思维的，即是说庙底沟文化居民拥有象征艺术形式，还拥有象征思维意识。当然也还会有其他的象征纹饰系统，比如鸟纹系统，只是我们目前还不能完全依据现有材料理出清晰的头绪来。

庙底沟人通过彩陶的形式，将象征艺术一步步提升到极致，他们使彩陶不仅成为史前时代伟大的艺术，也成为人类全史上的一座早期的艺术丰碑。彩陶的象征艺术思维方式，不仅影响了后彩陶时代艺术发展的轨迹，甚至至今还在左右着艺术家乃至常人的艺术思维模式。现在我们可以肯定地说，庙底沟文化彩陶是一种象征艺术，它一定不仅仅只是器具的装饰艺术。庙底沟人通过彩陶方式传导的，是他们的信仰与情怀。那是回荡在历史天空的幻影，那是发自心灵深处的歌唱。

史前同类彩陶的分布，有时会超越某一或者某几个考古学文化分布的范围。彩陶的这种越界现象，为我们理解它的意义它的魅力，提供了重要的启示。这种越界即是传播，这传播一定不仅只是一种艺术形式的扩散，它将彩陶艺术中隐含的那些不朽的精神传播到了更远的地域。在庙底沟文化中，这样的彩陶越界现象发生的频度很高，若干类彩陶纹饰的分布范围，远远超越了这个考古学文化自身的分布范围，让我们感觉到有一种强大的推力，将庙底沟文化彩陶的影响播散到了与它邻近的周围的考古学文化中，甚至还会传播到更远的考古学文化中。这样的推力，也许只有用"浪潮"这样的词来描述最为贴切，彩陶激起的浪潮一波一波地前行，一浪一浪地

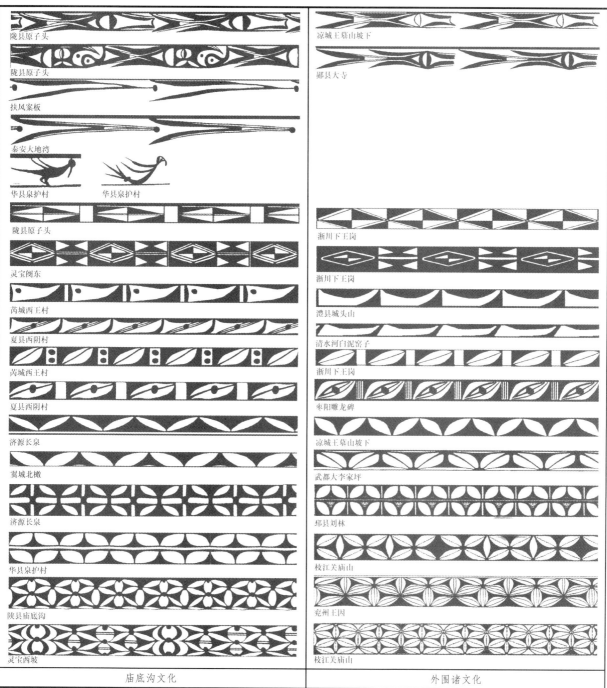

庙底沟文化	外围诸文化

图6-3-1　庙底沟文化彩陶上典型纹饰集成之一

图6-3-2　庙底沟文化彩陶上典型纹饰集成之二

推进，它将庙底沟文化的艺术传统与精神文化传播到了更广大的区域。

庙底沟文化彩陶某一类纹饰的分布区域，我们可以由发现它的一些地点圈出一个大致的范围来，这个范围包括了这类纹饰的中心分布区与外部播散区。我们可以用分布图来说明各类纹饰到达的空间区域，从这样的途径了解庙底沟文化彩陶传播的范围。重点考察典型鱼纹、简体鱼纹、"西阴纹"、叶片纹、双瓣式花瓣纹、四瓣式花瓣纹、多瓣式花瓣纹、圆盘形纹、单旋纹和双旋纹的分布，然后将各类纹饰分布范围叠加起来，可以获得一张庙底沟文化彩陶播散的整体区域图。

典型鱼纹彩陶的分布，是以关中地区为中心，西及渭河上游与西汉水，东至河南西部，南到陕南与鄂西北，北达河套以北的内蒙古地区。相信河套以北的典型鱼纹彩陶一定是来自于渭河流域，也相信以后在这一个中间地带会有新的发现来说明这一条传播路线的具体走向。分布在汉水、西汉水和豫西地区的典型鱼纹彩陶，也应当是来自渭河流域。

简体鱼纹彩陶的分布范围，没有典型鱼纹那么大，不过除了在河套以北没有见到以外，其他地点简体鱼纹的分布地域与典型鱼纹大体吻合。极少发现典型鱼纹的晋中南地区，见到了较多的简体鱼纹彩陶。

彩陶"西阴纹"的主要分布区，是在关中及邻近的豫西、陇东和晋南地区，更远的南方鄂西北、江南洞庭湖地区和北方河套以北地区，也都见到了"西阴纹"彩陶。往东部方向，"西阴纹"彩陶的分布范围应当没有越过豫中郑州地区。

叶片纹彩陶大体沿黄河走向东西横向分布，除了庙底沟文化中心地区以外，向东在大汶口文化的鲁南地区，向西直抵青海东部地区，都有叶片纹彩陶发现。豫西南和鄂西北也是一个扩展分布区，有典型的叶片纹彩陶发现。

双瓣式花瓣纹彩陶的分布有些特别，在庙底沟文化中心区的关中一带少有典型双瓣式花瓣纹彩陶发现。这类纹饰在晋中南地区发现稍多，向北河套及以北地区和青海东部地区也有发现。这类纹饰虽然在晋南地区发现较多，但最早出现并不是在庙底沟文化时期，在半坡文化晚期彩陶上已经见到。

特征非常突出的四瓣式花瓣纹彩陶，分布的中心是在关中及附近地区，东到苏北，西及甘青，扩张到鄂北直至江南一带。从四瓣式花瓣纹彩陶分布的东南西北四限看，它覆盖的范围非常之广，这在一定意义上证实了它的重要。

多瓣式花瓣纹彩陶的分布范围，基本上与四瓣式花瓣纹的分布范围相吻合，也是东到鲁南苏北，西至甘青，往南也到了江南。略有不同的是，关中地区发现的多瓣式花瓣纹彩陶极少，分布的中心偏于晋南豫西一带。多瓣式花瓣纹是在四瓣式花瓣纹彩陶基础上新构的纹饰，最早完成这种构图的可能是生活在晋南豫西一带的庙底沟人。

圆盘形纹彩陶的分布范围较上列几类彩陶要小一些，主要集中在晋南、豫西和关中及邻近的陇东地区，汉水上游和中游地区也有一些发现。圆盘形纹一般不会独立出现，都是组合在复合纹饰中，它也是与鱼纹有关的一种纹饰，它的起源有可能是在陇东与关中西部一带。

单旋纹彩陶的分布主要集中在庙底沟文化中心区域的豫陕晋交界地区，陇东也有发现，向外传播只是沿着汉水往南，到达中游长江岸边。其他地区没有发现明确的单旋纹彩陶，它的传播范围较为狭小一些。

双旋纹彩陶的分布范围最值得注意，因为它分布最广，影响最大。东过苏鲁，西至西汉水，北达河套以北，南抵长江，中心分布区还是在豫陕晋一带。起源的地区应当是在关中或晋南豫西一带，它能传播到这样广大的地域，它非常深刻的内涵更应当引起关注。

重圈圆与双瓣式花瓣纹组合彩陶也是分布范围较广的一种纹饰，它分布的中心还是在黄河中游地区，往东到达下游的山东地区，北限越过河套进入塞北地区，南部则越过淮河进入长江流域。

选择以上几类纹饰彩陶的分布范围叠加起来，我们可以得到一张庙底沟文化彩陶典型纹饰整体分布图。这张分布图覆盖的范围，向东临近海滨，往南过了长江，向西到达青海东部，往北则抵达塞北（见图4-3-1-13）。

庙底沟文化彩陶播散到这样大的一个区域，意味着什么呢？这样的一个范围很值得注意，这可是后来中国历史演进的最核心的区域。仅此一点，就足以让我们对庙底沟文化的彩陶好好思考一番了。

这是中国文明形成过程中的大范围文化认同，值得关注与深入研究。庙底沟文化彩陶有一种巨大的扩散力，它让我们清楚地感受到了中国史前时期出现的一次规模强大的艺术浪潮。这个艺术浪潮的内动力，是彩陶文化自身的感召力，传播是一种文化趋同的过程，文化趋同的结果，是主体意识形态的成功建构。

四 彩陶研究的意义

面对这样生动的彩陶纹饰，面对这样完美的纹饰分类体系，对于彩陶研究的意义，感到可以由考古学、艺术史、文化史和历史学层面的研究作整体的阐述。

首先在考古学研究上，考古学家最先得到了彩陶，得到了一个重要的标识。他们首先要做的是要为这些彩陶定性，要明确考古学文化的归属，是属于已知的还是未知的考古学文化。其次是判定它的大致年代，明确它在那个考古学文化中的时间位置。这样的研究结果，在资料积累到一定程度以后，可以建立起彩陶演变的序列，也就是说彩陶本身也可以构建起年代学框架，它又可以作为考古学文化编年研究的借鉴。当然考古学家通常是将彩陶放在它所属的那个考古学文化范畴进行研究，将它作为考古学文化的一个重要特征所在。彩陶不仅是评价某一考古学文化发展高度的一个标志，也是辨识考古学文化的重要标志。对于考古学家而言，彩陶研究的意义莫过于此。

庙底沟文化彩陶的研究，其次是艺术史层面的研究。

中国古代艺术的发展史，可以划出两个大的阶段。前一阶段关乎神界与灵境，表达的是幻像，主要目的是为了娱神。后一阶段关乎人本与自然，师法的是现实，主要目的变成了娱人。两个阶段的分界，大体应当是在两周嬗递之际，而东周至汉代之时，则是两类艺术的混装时代。当然我们可以这样理解，前后两个阶段的艺术，其实要表达的是同一的主题，这就是心之声，艺术是娱悦心灵的重要方式，艺术产品是精神之餐。彩陶正是表达了心之声的主题，它是史前时代的精神大餐。

将彩陶放在整个艺术发展史的层面考察，它当然是处在前一发展阶段。彩陶关乎的是神界与灵境，表达的是幻像，主要目的是为了娱神。娱神的目的，也还是为了娱人，愉悦人的性灵，所以彩陶表达的也还是心之声的主题。

彩陶艺术虽然是原始时代流行的艺术，但其实它并不原始了，已经是非常成熟的艺术，彩陶是存在于原始社会却并不那么原始的艺术。不论是题材的选择和纹饰的构图，彩陶已经达到非常完美的境界。彩陶的构图法则，彩陶的用色原理，庙底沟文化彩陶所建立的艺术体系，对中国古代艺术的发展产生了深远影响。即使是在

图6-4-1 庙底沟文化喜怒哀乐人面纹骨雕（陕西西乡何家湾）

今天，类似彩陶构图的一些商标图案，装饰图案中的许多元素，可以发现它们最先都可以在庙底沟人的作品里寻找到渊源。不少现代所见的时尚元素，与彩陶对照起来观察，我们会发现它们并没有发生什么根本的改变，艺术传统就是这样一脉相承。

彩陶的研究意义，其次是在文化史层面的研究，文化史家在彩陶上发现的是时代精神，他们看到史前人在饮食器皿上寄托的是信仰，营造在彩陶上的是精神家园。那一时代许多的文化信息都储存在彩陶上，都通过彩陶传递到远方。这些信息也随着彩陶的重见天日，逐渐显现到了我们的眼前。彩陶的魅力，绝不只是表现在它是一门史前创立的艺术形式，它是随着史前社会为着传承那些特别信息的需要而创造出来的，更重要的是这些信息本身给史前人带来的那些喜怒哀乐（图6-4-1）。

这样看来，彩陶的艺术史意义与文化史意义，其实是远远超过了它的考古学意义的。

在彩陶的研究上，我们还倡导由史学层面作研究，这个研究至今还并没有受到重视。将彩陶的传播过程，放到一定的历史背景中考察，我们发现彩陶成了原史中的一个重要表象。庙底沟文化彩陶浪潮般播散的结果，在将这种艺术形式与若干艺术主题传播到广大区域的同时，彩陶所携带和包纳的文化传统，也将这广大区域居民的精神聚集到了一起。作为象征艺术的彩陶明确画出了一个范围，这个范围内的人们统一了自己的信仰与信仰方式，在同一文化背景下历练提升，为历史时代的大一统局面的出现奠定了深厚的文化基础。由这一层面上看，庙底沟文化彩陶书写的一定是中国历史的序章，或者说是那一序章中最美妙的乐章。

庙底沟文化彩陶的传播，不仅仅是一种艺术思潮的扩散，它有着更深刻的背景。这种传播标志着古代华夏族艺术思维与实践的趋同，也标志着更深刻的文化认同。从这一个意义上看，6000年前以彩陶传播为象征的艺术浪潮，也许正是标志了华夏历史上的一次文化大融合。看来庙底沟文化彩陶传导给我们的信息，远不只是那些闪烁着艺术光芒的斑斓纹样，它还包容着逐渐集聚的文化意识，演化着戚速认同的象征符号，预示着一个伟大文明的开始形成。从这个意义上说，探讨中国文明的形成，彩陶应当是一个非常重要的研究对象。

彩陶作为一种艺术，在庙底沟文化时期它形成振荡史前人心灵的一次大浪潮。这一次彩陶艺术浪潮的影响，大大超越了彩陶的范畴，也大大超越了艺术的范畴。这次艺术浪潮不仅超越了地域，也超越了历史，使得古今传统一脉相承。

参考文献

一 田野考古报告

安特生：《中国远古之文化》，《地质汇报》第5号，1923年。

安特生：《甘肃考古记》，农商部地质调查所，1925年。

李 济：《西阴村史前的遗存》，清华学校研究院，1927年。

滨田耕作、水野清一：《赤峰红山后》，《东方考古学丛刊》甲种第6册，1938年。

夏 鼐：《临洮寺洼山发掘记》，《中国考古学报》第四册，1949年。

中国科学院考古所河南调查团：《河南渑池的史前遗址》，《科学通报》1951年2卷9期。

考古研究所西安工作队：《新石器时代村落遗址的发现——西安半坡》，《考古通讯》1955年3期。

石璋如：《关中考古调查报告》，《历史语言研究所集刊》第二十七本，1956年。

山西省文物管理委员会：《晋南五县古代人类文化遗址初步调查简报》，《文物参考资料》1956年9期。

中国科学院考古研究所：《庙底沟与三里桥》，科学出版社，1959年。

黄河水库考古队华县队：《陕西华县柳子镇考古发掘简报》，《考古》1959年2期。

黄河水库考古队华县队：《陕西华县柳子镇第二次发掘的主要收获》，《考古》1959年11期。

黄河水库考古工作队河南分队：《河南灵宝两处新石器时代遗址复查和试掘》，《考古》1960年7期。

夏 鼐：《临洮寺洼山发掘记》，《考古学论文集》，科学出版社，1961年。

江苏省文物工作队：《江苏邳县刘林新石器时代遗址第一次发掘》，《考古学报》1962年1期。

上海市文物保管委员会：《上海市青浦县崧泽遗址的试掘》，《考古学报》1962年2期。

中国科学院考古研究所湖北发掘队：《湖北黄冈螺蛳山遗址的探掘》，《考古》1962年7期。

中国科学院考古研究所：《西安半坡》，文物出版社，1963年。

代尊德等：《山西垣曲下马村发现新石器时代陶器》，《考古》1963年5期。

南京博物院：《江苏邳县四户镇大墩子遗址试掘报告》，《考古学报》1964年2期。

中国科学院考古研究所山东队：《山东曲阜西夏侯遗址第一次发掘报告》，《考古学报》1964年2期。

南京博物院：《江苏邳县刘林新石器时代遗址第二次发掘》，《考古学报》1965年2期。

南京博物院：《江苏邳县大墩子遗址第二次

发掘》,《文物》1972年3期。

中国科学院考古研究所山西工作队:《山西芮城东庄村和西王村遗址的发掘》,《考古学报》1973年1期。

山东省文物管理处、济南市博物馆:《大汶口》,文物出版社,1974年。

阚　勇:《云南大墩子新石器时代遗址》,《考古学报》1977年1期。

辽宁省博物馆等:《辽宁敖汉旗小河沿三种原始文化的发现》,《文物》1977年12期。

吉发习:《内蒙古托克托县新石器时代遗址调查》,《考古》1978年6期。

中国社会科学院考古研究所内蒙古工作队:《赤峰蜘蛛山遗址的发掘》,《考古学报》1979年2期。

礼州遗址联合考古发掘队:《四川西昌礼州新石器时代遗址》,《考古学报》1980年4期。

旅顺博物馆等:《旅顺于家村遗址发掘简报》,《考古学集刊》第1集,1981年。

南京博物院:《江苏邳县大墩子遗址第二次发掘报告》,《考古学集刊》第1集,1981年。

辽宁省博物馆等:《长海县广鹿岛大长山岛贝丘遗址》,《考古学报》1981年1期。

临汝县文化馆:《临汝阎村新石器时代遗址调查》,《中原文物》1981年1期。

中国社会科学院考古研究所湖北工作队:《湖北枝江县关庙山新石器时代遗址发掘简报》,《考古》1981年4期。

云南省博物馆:《云南宾川白羊村遗址》,《考古学报》1981年3期。

赵康民:《临潼塬头、邓家庄遗址勘查记》,《考古与文物》1982年1期。

中国社会科学院考古研究所内蒙古工作队:《赤峰西水泉红山文化遗址》,《考古学报》1982年2期。

安徽省文物工作队:《潜山薛家岗新石器时代遗址》,《考古学报》1982年3期。

西安半坡博物馆等:《渭南北刘新石器时代早期遗址调查与发掘简报》,《考古与文物》1982年4期。

中国社会科学院考古研究所湖北工作队:《湖北枝江县关庙山遗址第二次发掘》,《考古》1983年1期。

河南省文物研究所等:《渑池仰韶遗址1980—1981年发掘报告》,《史前研究》1983年1期。

南京博物院:《江苏海安青墩遗址》,《考古学报》1983年2期。

青海省文物考古队:《青海民和阳洼坡遗址试掘简报》,《考古》1984年1期。

西安半坡博物馆:《铜川李家沟新石器时代遗址发掘报告》,《考古与文物》1984年1期。

西安半坡博物馆:《西安南殿村新石器时代遗址的调查》,《史前研究》1984年1期。

西安半坡博物馆:《陕西岐山王家嘴遗址的调查与试掘》,《史前研究》1984年3期。

中国社会科学院陕西工作队:《陕西华阴南城子遗址的发掘》,《考古》1984年6期。

方殿春、刘葆华:《辽宁阜新县胡头沟红山文化玉器墓的发现》,《文物》1984年6期。

安徽省文物考古研究所:《安徽肥西县古埂新石器时代遗址》,《考古》1985年7期。

山东省博物馆、山东省文物考古研究所:《邹县野店》,文物出版社,1985年。

西藏自治区文物管理委员会等:《昌都卡若》,文物出版社,1985年。

西安半坡博物馆等:《渭南北刘遗址第二、三次发掘简报》,《史前研究》1986年1、2期。

杨恭笃等：《辽宁凌源县三官甸子城子山遗址试掘报告》，《考古》1986年6期。

辽宁省文物考古研究所：《辽宁牛河梁红山文化"女神庙"与积石冢群的发掘》，《文物》1986年8期。

中国社会科学院考古研究所山东队：《西夏侯遗址第二次发掘报告》，《考古学报》1986年3期。

裴文中：《甘肃考古报告》，《裴文中史前考古学论文集》，文物出版社，1987年。

崔璿等：《内蒙古清水河白泥窑子C、J点发掘简报》，《考古》1988年2期。

浙江省文物考古研究所反山考古队：《浙江余杭反山良渚墓地发掘简报》，《文物》1988年1期。

浙江省文物考古研究所：《余杭瑶山良渚文化祭坛遗址发掘简报》，《文物》1988年1期。

庆阳地区博物馆等：《甘肃正宁县宫家川新石器时代遗址调查记》，《考古与文物》1988年1期。

河南省文物研究所：《郑州后庄王遗址的发掘》，《华夏考古》1988年1期。

半坡博物馆等：《姜寨——新石器时代遗址发掘报告》，文物出版社，1988年。

李红雄：《甘肃庆阳地区南四县新石器时代文化遗址调查与试掘简报》，《考古与文物》1988年3期。

河南省文物研究所等：《淅川下王岗》，文物出版社，1989年。

中国社会科学院考古研究所陕西工作队：《陕西华阴西关堡新石器时代遗址发掘》，《考古学集刊》第6集，1989年。

河南省文物考古研究所：《河南临汝北刘庄遗址发掘报告》，《华夏考古》1990年2期。

中国社会科学院考古研究所山东队：《山东临胸朱封龙山文化墓葬》，《考古》1990年7期。

陕西省考古研究所：《龙岗寺——新石器时代遗址发掘报告》，文物出版社，1990年。

中国社会科学院考古研究所：《青龙泉与大寺》，科学出版社，1991年。

中国社科院考古所河南一队：《河南汝州中山寨遗址》，《考古学报》1991年1期。

中国社会科学院考古研究所陕西六队：《陕西蓝田泄湖遗址》，《考古学报》1991年4期。

宝鸡市考古工作队等：《宝鸡福临堡》，文物出版社，1993年。

山东省文物考古研究所：《大汶口续集》，科学出版社，1993年。

青海省文物考古研究所：《青海省民和县古文化遗址调查》，《考古》1993年3期。

山西省考古研究所：《山西翼城北橄遗址发掘报告》，《文物季刊》1993年4期。

陕西省考古研究所等：《陕南考古报告集》，三秦出版社，1994年。

河南省文物考古研究所：《汝州洪山庙》，中州古籍出版社，1995年。

李振翼：《甘南出土的人头形器口彩陶瓶》，《文物》1995年5期。

郑州市文物工作队等：《河南荥阳楚湾新石器时代遗址调查报告》，《考古》1995年6期。

肖明华：《云南剑川海门口青铜时代早期遗址》，《考古》1995年9期。

山西省考古研究所：《山西河津固镇遗址发掘报告》，《三晋考古》第二辑，山西人民出版社，1996年。

山西省考古研究所等：《山西洪洞耿壁遗址调查、试掘报告》，《三晋考古》第二辑，山西人民出版社，1996年。

山西省考古研究所等：《山西新绛光村新石器时代遗址调查》，《文物集刊》1996年2期。

中国社会科学院考古研究所：《大甸子》，科学出版社，1996年。

山西省考古研究所侯马工作站：《山西侯马乔山底遗址1989年二区发掘报告》，《文物季刊》1996年2期。

辽宁省文物考古研究所：《辽宁牛河梁第二地点四号冢筒形器墓的发掘》，《文物》1997年8期。

内蒙古社会科学院历史所考古研究室：《清水河县白泥窑子遗址A点发掘报告》，《内蒙古文物考古文集》第二辑，中国大百科全书出版社，1997年。

乌兰察布博物馆等：《清水河县庄窝坪遗址发掘简报》，《内蒙古文物考古文集》第二辑，中国大百科全书出版社，1997年。

内蒙古文物考古研究所等：《清水河县后城嘴遗址》，《内蒙古文物考古文集》第二辑，中国大百科全书出版社，1997年。

内蒙古文物考古研究所等：《商都县章毛勿素遗址》，《内蒙古文物考古文集》第二辑，中国大百科全书出版社，1997年。

内蒙古文物考古研究所：《准格尔旗官地遗址》，《内蒙古文物考古文集》第二辑，中国大百科全书出版社，1997年。

中国社会科学院考古研究所内蒙古工作队：《内蒙古中南部古文化遗址调查》，《考古学集刊》12集，1998年。

中国科学院考古研究所山西工作队：《山西垣曲县小赵新石器遗址的试掘》，《考古》1998年4期。

国家文物局等：《晋中考古》，文物出版社，1998年。

河南省文物考古研究所等：《河南灵宝铸鼎塬及其周围考古调查报告》，《华夏考古》1999年3期。

河南省文物考古研究所等：《河南灵宝铸鼎塬及其周围考古调查报告》，《华夏考古》1999年3期。

河南省文物管理局等：《黄河小浪底水库考古报告（一）》，中州古籍出版社，1999年。

中国社会科学院考古研究所：《师赵村与西山坪》，中国大百科全书出版社，1999年。

四川省文物考古研究所：《三星堆祭祀坑》，文物出版社，1999年。

中国社会科学院考古研究所：《拉萨曲贡》，中国大百科全书出版社，1999年。

北京大学考古学系：《甘肃武都县武都大李家坪新石器时代遗址发掘报告》，《考古学集刊》第13集，2000年。

内蒙古文物考古研究所：《岱海考古》，科学出版社，2000年。

上海市文物管理委员会：《福泉山——新石器时代遗址发掘报告》，文物出版社，2000年。

湖南文物考古研究所：《湖南黔阳高庙遗址发掘简报》，《文物》2000年4期。

中国社会科学院考古研究所山东工作队：《山东王因》，科学出版社，2000年。

西北大学文博学院考古专业：《扶风案板遗址发掘报告》，科学出版社，2000年。

中国科学院考古研究所山西工作队：《山西垣曲小赵遗址1996年发掘报告》，《考古学报》2001年2期。

中国社会科学院考古研究所河南一队等：《河南灵宝市西坡遗址试掘简报》，《考古》2001年11期。

郑州市博物馆:《郑州大河村》,科学出版社,2001年。

中国社会科学院考古研究所甘青工作队等:《青海民和县胡李家遗址的发掘》,《考古》2001年1期。

成都文物考古研究所等:《四川茂县营盘山遗址发掘报告》,《2000成都考古发现》,科学出版社,2002年。

河南省文物考古研究所等:《河南灵宝西坡遗址2001年春发掘简报》,《华夏考古》2002年2期。

云南省文物考古研究所等:《云南永平新光遗址发掘报告》,《考古学报》2002年2期。

宝鸡市考古工作队:《陕西扶风案板遗址(下河区)发掘简报》,《考古与文物》2003年5期。

北京大学考古学系等:《华县泉护村》,科学出版社,2003年。

内蒙古文物考古研究所等:《岱海考古(三)》,科学出版社,2003年。

浙江省文物考古研究所、萧山博物馆:《跨湖桥》,文物出版社,2004年。

江苏省三星村联合考古队:《江苏金坛三星村新石器时代遗址》,《文物》2004年2期。

早期秦文化联合考古队:《西汉水上游新石器时代遗址调查简报》,《考古与文物》2004年6期。

成都市文物考古研究所等:《四川茂县波西遗址2002年的试掘》,《成都考古发现(2004)》,科学出版社,2004年。

甘肃省文物考古研究所:《秦安大地湾》,文物出版社,2005年。

宝鸡市考古工作队等:《陇县原子头》,文物出版社,2005年。

中国国家博物馆考古部:《垣曲盆地聚落考古研究》,科学出版社,2006年。

中国社会科学院考古研究所湖北工作队:《枣阳雕龙碑》,科学出版社,2006年。

王仁湘、王杰主编:《雕龙碑史前彩陶》,文物出版社,2006年。

湖南省文物考古研究所:《澧县城头山》,文物出版社,2007年。

湖北省文物考古研究所、湖北省文物局南水北调办公室:《湖北郧县大寺2006年发掘简报》,《考古》2008年4期。

甘肃省文物考古研究所等:《西汉水流域考古调查报告》,文物出版社,2008年。

杨官寨考古队:《陕西高陵杨官寨遗址考古取得重大收获》,《中国文物报》2008年12月19日。

二 论 文

梁思永:《小屯龙山与仰韶》,《庆祝蔡元培先生六十五岁论文集(下册)》,1935年。

安志敏:《中国彩陶文化之概况》,《益世报史地周刊》17期,1946年11月27日。

裴文中:《中国之彩陶文化》,《历史与考古》第一号,1946年。

荆三林:《安特生彩陶分布说之矛盾》,《新中华》6卷7期,1948年。

夏鼐:《齐家期墓葬的发现及其年代之改定》,《中国考古学报(第三册)》,1948年。

梁思永:《山西西阴村史前遗址的新石器时代的陶器》,《梁思永考古论文集》,科学出版社,1959年。

石兴邦:《黄河流域原始社会考古研究上的若干问题》,《考古》1959年10期。

安志敏：《中国新石器时代考古学上的主要成就》，《文物》1959年10期。

安志敏：《试论黄河流域新石器时代文化》，《考古》1959年10期。

石兴邦：《黄河流域原始社会考古研究上的若干问题》，《考古》1959年10期。

中国科学院考古研究所：《庙底沟与三里桥》，科学出版社，1959年。

杨建芳：《庙底沟遗址彩陶纹饰的分析》，《考古》1961年5期。

马承源：《略论仰韶文化和马家窑文化的问题》，《考古》1961年第7期。

杨建芳：《略论仰韶文化和马家窑文化的分期》，《考古学报》1962年1期。

石兴邦：《有关马家窑文化的一些问题》，《考古》1962年6期。

张忠培：《三里桥仰韶遗存的文化性质与年代》，《考古》1964年6期。

苏秉琦：《关于仰韶文化的若干问题》，《考古学报》1965年1期。

严文明：《论庙底沟仰韶文化的分期》，《考古学报》1965年2期。

史　地：《中国彩陶文化的分布》，《中原文献》3卷11期，1971年。

刘敦愿：《记两城镇遗址发现的两件石器》，《考古》1972年4期。

吴　力：《略论庙底沟仰韶文化彩陶纹饰的分析与分期》，《考古》1973年5期。

吴　山：《试论我国黄河流域、长江流域和华南地区新石器时代的装饰图案》，《文物》1975年5期。

谷　闻：《漫谈新石器时代彩陶图案花纹带装饰部位》，《文物》1977年6期。

安志敏：《略论中国新石器时代文化的年代问题》，《考古》1972年6期。

严文明：《甘肃彩陶的源流》，《文物》1978年10期。

安志敏：《裴李岗、磁山和仰韶》，《考古》1979年4期。

严文明：《论半坡类型和庙底沟类型》，《考古与文物》1980年1期。

张绍文：《原始艺术的珠宝——记仰韶文化彩陶上的〈鹳鱼石斧图〉》，《中原文物》1981年1期。

苏秉琦：《姜寨遗址发掘的意义》，《考古与文物》1981年2期。

苏　盷：《内蒙古自治区黄河沿岸的彩陶艺术》，《内蒙古日报》1981年10月21日。

严文明：《鹳鱼石斧图跋》，《文物》1981年12期。

安志敏：《庙底沟与三里桥的文化性质及年代》，《中国新石器时代论集》，文物出版社，1982年。

安志敏：《磁山、裴李岗和仰韶》，《中国新石器时代论集》，文物出版社，1982年。

汤　池：《黄河流域的原始彩陶艺术》，《美术研究》1982年3期。

巩启明：《试论仰韶文化》，《史前研究》1983年1期。

张广立、赵信、王仁湘：《黄河中上游地区出土史前人形彩绘与陶塑初释》，《考古与文物》1983年3期。

张朋川：《彩陶艺术纵横谈》，《美术》1983年8期。

高　强：《姜寨史前居民图腾初探》，《史前研究》1984年1期。

华　泉：《公元前两千年以前黄河中上游彩陶文化的演变》，《史学集刊》1984年3期。

廖永明：《大河村新石器时代的彩陶艺术》，《中原文物》1984年4期。

吴家哲等：《大汶口—龙山文化原始艺术初探》，《史前研究》1984年4期。

王志俊：《试论姜寨二期遗存的文化性质》，《史前研究》1985年3期。

丁清贤：《关于"仰韶文化"的问题》，《史前研究》1985年3期。

郭大顺、马沙：《以辽河流域为中心的新石器文化》，《考古学报》1985年4期。

苏秉琦：《纪念仰韶村遗址发现六十五周年》，《论仰韶文化——纪念仰韶村遗址发现六十五周年学术讨论会论文集》，《中原文物》1986年特刊。

魏京武：《汉江上游及丹江流域的仰韶文化》，《论仰韶文化——纪念仰韶村遗址发现六十五周年学术讨论会论文集》，《中原文物》1986年特刊。

张居中：《仰韶时代文化刍议》，《论仰韶文化——纪念仰韶村遗址发现六十五周年学术讨论会论文集》，《中原文物》1986年特刊。

赵 辉：《铜川李家沟仰韶文化遗存的初步分析》，《考古与文物》1986年4期。

严文明：《中国史前文化的统一性与多样性》，《文物》1987年3期。

王仁湘：《甘青地区新石器时代彩陶图案母题研究》，《中国考古学研究论集》，三秦出版社，1987年。

张长寿：《记沣西新发现的兽面玉器》，《考古》1987年5期。

刘 溥、尚民杰：《涡纹、蛙纹浅说》，《考古与文物》1987年6期。

马宝光等：《庙底沟类型彩陶纹饰新探》，《中原文物》1988年3期。

钱志强：《试论半坡期彩陶鱼纹艺术》，《史前研究辑刊》，1988年。

严文明：《论庙底沟仰韶文化的分期》，《仰韶文化研究》，文物出版社，1989年。

严文明：《略论仰韶文化的起源和发展阶段》，《仰韶文化研究》，文物出版社，1989年。

牟永抗：《良渚玉器上神崇拜的探索》，《庆祝苏秉琦考古五十五周年论文集》，文物出版社，1989年。

郑振香：《殷墟玉器探源》，《庆祝苏秉琦考古五十五周年论文集》，文物出版社，1989年。

杨 虎：《关于红山文化的几个问题》，《庆祝苏秉琦考古五十五周年论文集》，文物出版社，1989年。

王仁湘：《论我国新石器时代彩绘花瓣纹图案》，《考古与文物》1989年7期。

严文明：《从王湾看仰韶村》，《仰韶文化研究》，文物出版社，1989年。

张忠培：《中国史前时期的彩陶艺术——庙底沟文化的彩陶》，《瞭望周刊》（海外版）1990年8月6日。

魏京武、杨亚长：《近年来陕西新出土的仰韶文化原始文化艺术品》，《考古与文物》1991年5期。

张星德：《红山文化分期初探》，《考古》1991年8期。

段宏振：《试论庙底沟类型彩陶的传播》，《文物春秋》1991年11期。

邓淑苹：《带齿动物面纹玉饰》，《故宫文物月刊》119期，1993年。

邵望平：《海岱系古玉略说》，《中国考古学论丛》，科学出版社，1993年。

严文明：《龙山时代考古新发现的思考》，《纪念城子崖遗址发掘六十周年——国际学术讨论会文集》，齐鲁书社，1993年。

李缙云：《谈红山文化玉佩饰》，《中国文物报》，1993年4月25日3版。

陈　雍：《半坡文化鱼纹的分类系统》，《华夏考古》1993年3期。

杨　虎：《辽西地区新石器——铜石并用时代考古文化序列与分期》，《文物》1994年5期。

王大道：《再论云南新石器文化的类型》，《西藏考古》第一辑，1994年。

尤仁德：《勾云形佩及相关器物探研》，《故宫文物月刊》1995年20卷11期。

袁广阔：《试析姜寨遗址出土的一幅彩陶图案——兼谈半坡类型鱼纹消失的原因》，《中原文物》1995年2期。

刘德增：《从赤裸裸的崇拜到象征隐喻中国生殖崇拜文化发展的轨迹》，《原学》第三辑，中国广播电视出版社，1995年。

李文杰：《黄河流域新石器时代制陶工艺的成就》，《中国古代制陶工艺研究》，科学出版社，1996年。

何星亮：《半坡鱼纹是图腾标志，还是女阴象征？》，《中原文物》1996年3期。

贺　刚：《中国史前艺术神器的初步考察》，《长江中游史前文化暨第二届亚洲文明学术研讨会论文集》，岳麓书社，1996年。

郭大顺：《中华五千年文明的象征》，《牛河梁红山文化遗址与玉器精粹》，文物出版社，1997年。

张忠培：《仰韶时代——史前社会的繁荣与向文明时代的转变》，《文物季刊》1997年1期。

孙　机：《龙山玉鸷》，《远望集——陕西省考古研究所华诞四十周年纪念文集》，陕西人民美术出版社，1998年。

王　青：《西朱封龙山文化大墓神徽饰纹的复原研究》，《刘敦愿先生纪念文集》，山东大学出版社，1998年。

邓淑苹：《雕有神祖面与相关纹饰的有刃玉器》，《刘敦愿先生纪念文集》，山东大学出版社，1998年。

尚民杰：《史前时期的偶像崇拜》，《中原文物》，1998年4期。

杜金鹏：《红山文化"勾云形"类玉器探讨》，《考古》1998年5期。

戴向明：《试论庙底沟文化的起源》，《青果集——吉林大学考古系建系十周年纪念文集》，知识出版社，1998年。

王仁湘：《关于中国史前一个认知体系的猜想》，《华夏考古》1999年4期。

李文杰、黄素英：《曲贡遗址制陶工艺实验研究》，《拉萨曲贡》，中国大百科出版社，1999年。

邓淑苹：《黄帝之时，以玉为兵——我对"玉器时代"一说的看法》，《黄帝与中国传统文化学术研讨会论文集》，陕西人民出版社，2001年。

汤惠生、张文华：《青海岩画——史前艺术中二元对立思维及其观念的研究》，科学出版社，2001年。

王仁湘：《中国史前彩陶地纹辨识》，《中国史前考古论集》，科学出版社，2003年。

王仁湘：《仰韶文化绝对年代研究检视》，《中国史前考古论集》，科学出版社，2003年。

王仁湘：《黄河上游彩陶南传之路探索》，《中国彩陶网》2005年12月19日。

陈　剑：《川西彩陶的发现与初步研究》，《古代文明》第五卷，文物出版社，2006年。

李建生、王金平：《浅论山西出土的玉器》，《文物世界》2006年5期。

王仁湘：《红山文化彩陶简论》，《红山文化研究——2004年红山文化国际研讨会论文集》，文物出版社，2006年。

吴越民：《象征符号解码与跨文化差异》，《浙江大学学报(人文社会科学版)》2007年2期。

王仁湘：《中国西南地区史前陶器衬花工艺研究》，《四川文物》2008年1期。

王仁湘：《彩陶"西阴纹"细说》，《古代文明》第7卷，文物出版社，2008年。

石兴邦：《中华龙的母题和原型是"鱼"——从考古资料探"中华龙的起源和发展"》，《庆祝何炳棣先生九十华诞论文集》，三秦出版社，2008年。

吴　锐：《从鱼族、鼋族到夏族》，《庆祝何炳棣先生九十华诞论文集》，三秦出版社，2008年。

王仁湘：《庙底沟文化彩陶花瓣纹研究》，《庆祝何炳棣先生九十华诞论文集》，三秦出版社，2008年。

三　著　作

阿尔纳：《河南石器时代之着色陶器》，《古生物志》丁种第一号第二册，1925年。

安特生：《中国史前史研究》，1943年。

尹　达：《中国新石器时代》，《新石器时代》，生活·读书·新知三联书店，1955年。

南京博物院：《江苏彩陶》，文物出版社，1978年。

雷圭元：《中国图案作法初探》，上海人民美术出版社，1979年。

甘肃省博物馆编：《甘肃彩陶》，文物出版社，1979年。

郑文光：《中国天文学源流》，科学出版社，1979年。

许顺湛：《中原远古文化》，河南人民出版社，1983年。

宋兆麟等：《中国原始社会史》，文物出版社，1983年。

中国社会科学院考古研究所：《新中国的考古发现与研究》，文物出版社，1984年。

李泽厚：《美的历程》，中国社会科学出版社，1984年。

西安半坡博物馆编：《半坡仰韶文化纵横谈》，文物出版社，1988年。

萧　兵：《中国文化的精英太阳英雄神话比较研究》，上海文艺出版社，1989年。

赵国华：《生殖崇拜文化论》，中国社会科学出版社，1990年。

张朋川：《中国彩陶图谱》，文物出版社，1990年。

国分直一、金关丈夫：《台湾考古志》，谭继山译，台北武陵出版有限公司，1990年。

林惠祥：《文化人类学》，商务印书馆，1991年。

中国社会科学院考古研究所编：《中国考古学中碳十四年代数据集（1965—1991年）》，文物出版社，1991年。

天津市艺术博物馆：《天津市艺术博物馆藏玉》，文物出版社、两木出版社，1993年。

苏秉琦：《华人·龙的传人·中国人——考古寻根记》，辽宁大学出版社，1994年。

河南省文物研究所：《河南考古四十年》，河南人民出版社，1994年。

李学勤：《走出疑古时代》，辽宁大学出版社，1994年。

贾荣建等：《中国彩陶图案的艺术形式探寻》，河北美术出版社，1994年。

程　征、钱志强：《黄河彩陶》，台北南天书局，1994年。

贾荣建、刘凤琴：《中国彩陶图案的艺术形式探寻》，河北美术出版社，1994年。

邓淑苹：《蓝田山房藏玉百选》，财团法人年喜文教基金会，1995年。

冯 时：《星汉流年——中国天文考古录》，四川教育出版社，1996年。

李文杰：《中国古代制陶工艺研究》，科学出版社，1996年。

河南省文物考古研究所：《河南史前彩陶》，河南美术出版社，1996年。

栾丰实：《海岱地区考古研究》，山东大学出版社，1997年。

辽宁省文物考古研究所编：《牛河梁红山文化遗址与玉器精粹》，文物出版社，1997年。

张光直：《考古人类学随笔》，生活·读书·新知三联书店，1999年。

安晓波、王晓芬等：《艺术设计造型基础》，化学工业出版社，2000年。

王菊生：《造型艺术原理》，黑龙江美术出版社，2000年。

王剑冰主编：《那一个史前女人的手印》，广西人民出版社，2000年。

中华世纪坛：《神秘的玛雅》，北京出版社，2001年。

王仁湘：《中国史前考古论集》，科学出版社，2003年。

张之恒：《中国新石器时代考古》，南京大学出版社，2004年。

〔美〕弗朗兹·博厄斯著，金辉译：《原始艺术》，贵州人民出版社，2004年。

郎树德、贾建威：《彩陶》，敦煌文艺出版社，2004年。

郑 军、杨晓娟：《图案与表现》，上海书店出版社，2006年。

〔英〕E.H.贡布里希著，范景中等译：《秩序感——装饰艺术的心理学研究》，湖南科学技术出版社，2006年。

美国时代生活出版公司编：《人类文明史图鉴》，吉林人民出版社、吉林美术出版社，2006年。

余西云：《西阴文化：中国文明的滥觞》，科学出版社，2006年。

张家口文物考古研究所：《张家口古陶瓷集萃》，科学出版社，2008年。

后 记

    我长长地嘘了口气，终于写完了这部彩陶研究的书稿，自以为好像完成了一件大事。突然觉得很疲惫，也觉得很值得。我想起30多年前一次攀登峨眉山金顶的经历，那会儿带着足疾硬撑着上山，艰难至极，最后关头已是觉得寸步难移。在终于看到奇诡佛光中自己晃动的身影时，我被自己感动了，觉着能一步一挪地站到了金顶上，是人生中的一个大成功，成就了一件本来可能做不到的事。这次作庙底沟文化彩陶研究，很像是又重登了一次峨眉山，也是那样一步一挪，也觉得是在艰难中完成了一件本来可能做不到的事，虽然还说不上成功，但这是一次难得的经历，这疲惫中也夹杂着感动，还有些许的沾沾自喜。

    我是被史前中国的彩陶感动了。彩陶是伟大的艺术，彩陶造就了东方伟大的艺术传统，彩陶又一次震撼了我的心。20多年了，我试图通过彩陶与先人沟通，但一次次都觉得是那样的渺茫，有时渺茫得不知所措，感到有些痛苦，感到没有了自信。有时又觉得自己像是一粒细小的铁屑，彩陶就像磁石一样吸引着我，这样的引力无法挣脱。当我在电脑上一点点重绘彩陶纹样的时候，一幅幅拼合集成图的时候，一次次感受到了陶醉，感觉到了愉悦，也产生过许多的疑惑。其中的一个疑惑是，如此丰富的彩陶，为什么对它静心作研究的考古人那样的少呢？也许是不以为然，也许是觉着琐碎，或者是其他？

    记得在一次夜航时，彩陶的影像又突然在脑海中散漫出来，在飞行中我写下了这样的话：

    先人的彩陶给了后人许多的想象空间，可是当我们在选择或确定自己想象的正确与否时，会感到特别的困难，因为现在任一想象可能都不是正确的答案。

    现在我也并不以为自己的答案有多少可取之处，更不敢说这会是什么不移之论，不过终归是细细地摸索了一遍，对彩陶应当是更加熟识了一些。我的努力还可能有一点另外的作用，也许能唤来更多的人关注这个研究，果真如此，我也会心满意足，也是值得沾沾自喜一回的吧。

    记得几年前在塞北的一个遗址发掘现场，曾经在仰望夜空星点时想到，史前时期的艺术家好像缺乏首创精神，他们的作品很容易让人感觉像是星光一样，千篇一律，缺乏新意，那是因为作品并不是单纯的艺术创作，而往往只是为了记录或转录一些符号而已。这传统一直延续到青铜时代，只是到东周时代，才有了百花齐放的局面。其实彩陶与青铜器一样，都是一种象征艺术，就是这样的象征艺术画出了明确的地域范围，这个范围内的人们认同了信仰与信仰方式，也认同了艺术表现形式与艺术符号。这样一想，又觉得彩陶的作者是非常忠实于他们的时代的，他们留下的是那个时代的精髓，那些"星光"中闪烁出来的光芒，其中的色彩有我们想象不出的斑斓。

史前艺术是什么，彩陶艺术又是什么？那不仅仅是愉悦心灵的艺术，它就是史前先民恢廓的精神家园。

我在不断的思考中，不断地改变着本书的大纲，最后写成了这个样子，这是起初没有想象到的。觉得事先准备并不充分，所以写着写着不断又有一些新收获，拟定的纲目也在不断改动着。最先我为本书所取的名字，直接写作"庙底沟文化彩陶研究"。书稿完成大半的时候，觉得这个名字需要变更。我深深感到庙底沟文化彩陶作为一种艺术，它是振荡史前人心灵的一次大浪潮，它在黄土高原掀起，席卷到塞北江南。它还波及后来的时代，为东方艺术传统奠定了基础。于是我中途决定用"史前中国的艺术浪潮"这样的字眼来作书名，希望感动过我的史前彩陶，同样也会感动读到本书的人。

作者识于京中自大斋，2008岁末

书稿在电脑中沉睡了一年多，最近又将它唤醒，用了一点时间校改了一回，查出了一些错漏，增补了彩色图片。日记中记着2005-12-20，开始作"庙底沟文化彩陶研究"，到如今修改定稿，前后经历了4年多的光景。此刻那些疲惫的感觉居然已经忘却，心内由彩陶大潮激起的浪花也开始归于平静。也许还会匀些心思关注未来的新资料，希望还会有打动我的新发现。

本书在写作过程中受到多方关注和鼓励，很多同行与我讨论，给我教益。我也得到许多支持与帮助，特别感谢陕西省考古研究院王炜林院长，他提供了尚未正式刊发的华县泉护村的新资料，为本书增色不少。

作者又识，2010岁首

"西阴纹"彩陶

1.河南陕县庙底沟　2、3.湖北枣阳雕龙碑　4.湖南澧县城头山

1

2

3

4

圆弧类纹彩陶

1.山西夏县西阴村　2.河南郑州大河村　3.甘肃秦安大地湾　4.河南舞阳?

圆弧类纹彩陶

1.山东泰安大汶口　2.河南三门峡　3.河南唐河?

图版四

四瓣式花瓣纹彩陶

1.陕西华阴西关堡　2.甘肃秦安大地湾　3.湖北枝江关庙山

四瓣式花瓣纹彩陶

1.湖北枣阳雕龙碑　2、3.江苏邳县大墩子

图版六

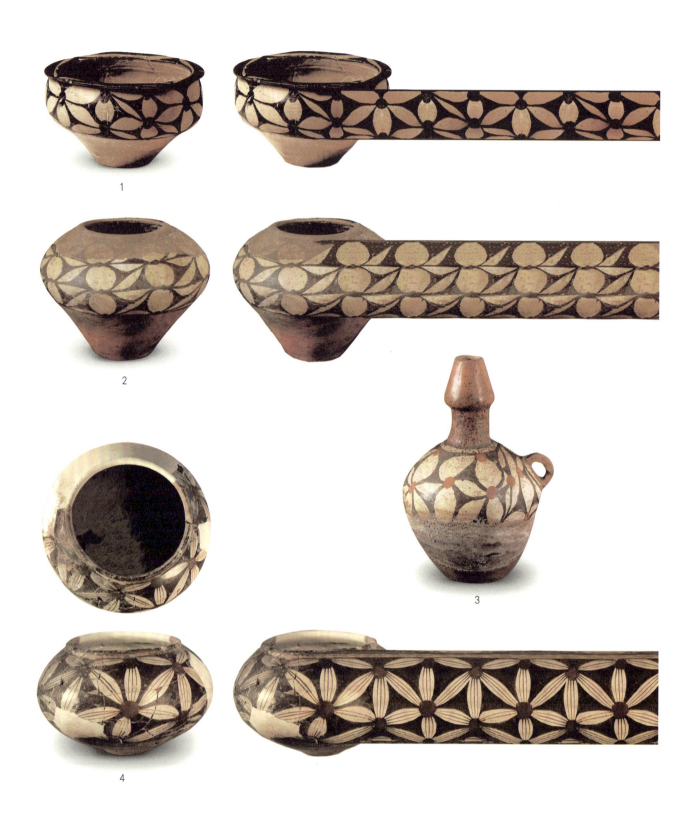

多瓣式花瓣纹彩陶

1.河南陕县庙底沟 2、3.山西垣曲上马 4.湖北枣阳雕龙碑

多瓣式花瓣纹彩陶

1.山东兖州王因　2.山东泰安大汶口　3.江苏邳县大墩子

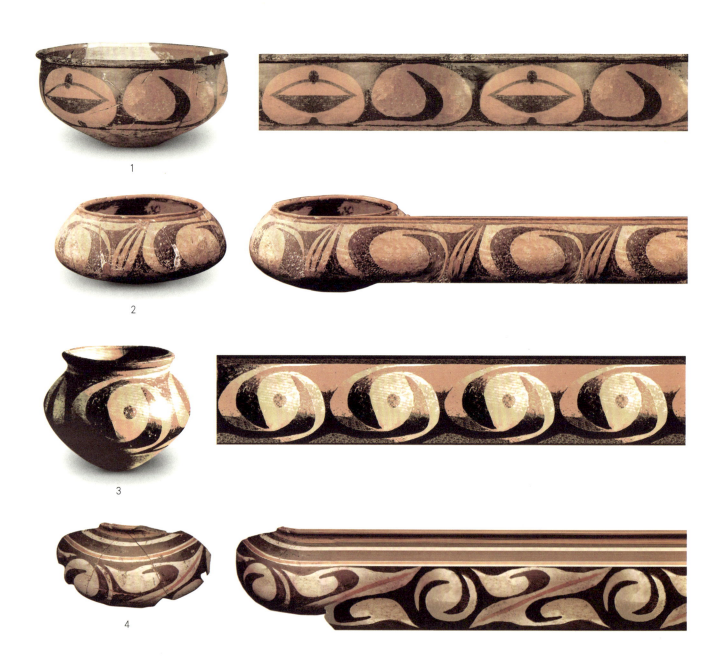

单旋纹与双旋纹彩陶

1.陕西千阳？ 2.河南郑州后庄王 3.甘肃宁县焦村 4.湖北枣阳雕龙碑

双旋纹彩陶

1、4.河南陕县庙底沟　2.山西洪洞？　3.陕西华县泉护村

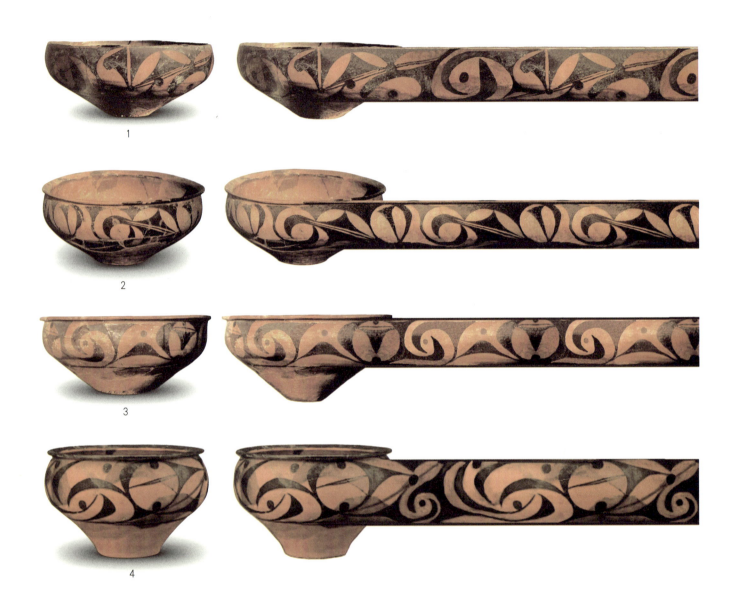

双旋纹彩陶
1、2、3.陕西长武下孟村　4.河北蔚县琵琶嘴

双旋纹彩陶
1、2、3.山西垣曲上马

双旋纹彩陶

1.山西夏县肖家河　2.山西方山峪口　3.山西垣曲？　4.山西垣曲下马

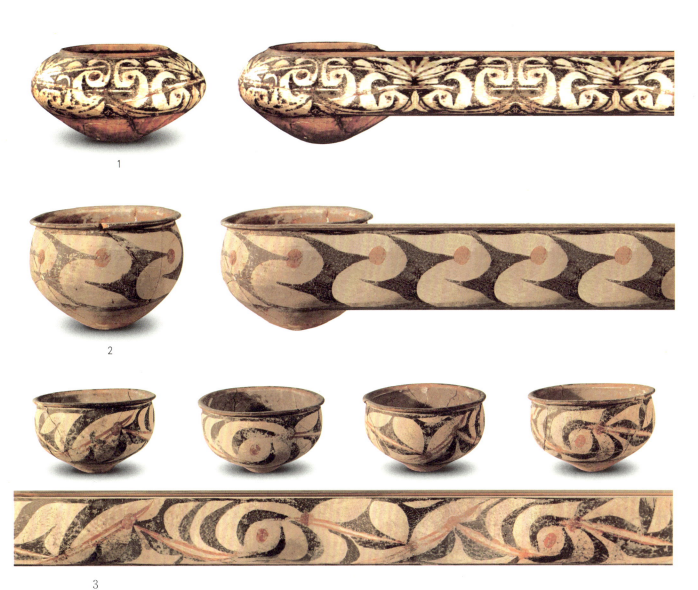

双旋纹彩陶

1.山东兖州王因　2、3.湖北枣阳雕龙碑

动物纹彩陶

1.陕西华县泉护村　2.甘肃秦安大地湾　3.甘肃正宁吴家坡

动物纹彩陶

1.陕西临潼姜寨　2.河南汝州阎村

动物纹彩陶

1.甘肃武山傅家门　2.甘肃甘谷西坪